Fahrradführer
Europa
Herbert Lindenberg

REISE KNOW-HOW
E-Mail-Adresse des Verlags:
rkhhermann@aol.com
www.reise-know-how.de
Ergänzungen nach Redaktionsschluss
kostenlose Zusatzinfos und Downloads
das komplette Verlagsprogramm
aktuelle Erscheinungstermine
Newsletter abonnieren
Direkt einkaufen im Verlagsshop mit Sonderangeboten

Rhôneradweg

Reise Know-How

Herbert Lindenberg

Fahrradführer Europa

IMPRESSUM

Herbert Lindenberg
Fahrradführer Europa

erschienen im
Reise Know-How Verlag
ISBN 978-3-89662-385-0

Untere Mühle
D - 71706 Markgröningen
1997 • 2003 • 2007
4. Auflage 2010

– Printed in Germany –

www.reise-know-how.de

E-Mail-Adresse des Verlags:
rkhhermann@aol.com

Gestaltung und Herstellung
Umschlagkonzept: Carsten Blind
Inhalt: Carsten Blind
Karten: Helmut Hermann, Carsten Blind
Lektorat: Helmut Hermann
Druck: Fuldaer Verlagsanstalt
Fotos: siehe Anhang

Dieses Buch ist erhältlich in jeder Buchhandlung in
Deutschland, Österreich, Schweiz, Niederlande und Belgien
Bitte informieren Sie Ihren Buchhändler über
folgende Bezugsadressen:
D: PROLIT GmbH, Postfach 9, 35461 Fernwald
www.prolit.de (sowie alle Barsortimente)
CH: AVA-buch 2000, Postfach 27, 8910 Affoltern, www.ava.ch
A: Mohr Morawa Buchvertrieb GmbH, Postfach 260, 1011 Wien
NL, B: Willems Adventure, www.willemsadventure.nl

Wer im Buchhandel trotzdem kein Glück hat, bekommt
unsere Bücher auch über unsere Büchershops im Internet (s.o.)

Wir freuen uns über Kritik, Kommentare und Verbesserungsvorschläge.
Alle Informationen und Daten in diesem Buch sind mit größter Sorgfalt gesammelt und vom Lektorat des Verlags gewissenhaft bearbeitet und überprüft worden. Da inhaltliche und sachliche Fehler nicht ausgeschlossen werden können, erklärt der Verlag, daß alle Angaben im Sinne der Produkthaftung ohne Garantie erfolgen und daß Verlag wie Autor keinerlei Verantwortung und Haftung für inhaltliche und sachliche Fehler übernehmen. Die Nennung von Firmen und ihren Produkten und ihre Reihenfolge sind als Beispiel ohne Wertung gegenüber anderen anzusehen. Qualitätsangaben sind subjektive Einschätzungen der Autoren.

PROLOG

Ob für einen Urlaub oder ein halbes Leben, immer öfter reisen wir mit dem Fahrrad in die Welt. Und die meisten tun es immer wieder. Das Angebot unterschiedlichster Radtourenziele in Europa ist ja auch wirklich zu groß und verlockend. Dieser nimmermüden Lust verdankt der Fahrrad-Europaführer mittlerweile seine vierte Auflage.

Im Fahrrad-Europaführer ist all das versammelt, was Reiseradler in Europa interessieren könnte. Neben Daten und Fakten gibt es auch viel Subjektives und Erlebtes. Gerade diese persönlichen Beiträge, Erfahrungen und Tipps der Co-Autoren machen aus dem Fahrrad-Europaführer ein wirkliches Buch *von Radlern für Radler.* Den Co-Autoren sei Dank!

Damit ganz Fahrrad-Europa überhaupt zwischen zwei Buchdeckel passte, wurde weg gelassen, was für passionierte Radreisende keine oder nur geringe Bedeutung hat. Minuziös vorgefertigte Radtourenbeschreibungen mit Unterkunftsadressen etc. pp. gibt es hier nicht. Dafür umso mehr Infomaterial für die ganz konkrete, persönliche Tourenplanung.

Der Aufbau des Buches ist auf schnelles Finden ausgerichtet. Allen europäischen Ländern ist ein eigenes Kapitel gewidmet (nur drei Kapitel behandeln mehrere Länder: „Alpen“, „Baltikum“ und „Osteuropa/GUS)“. Erstmals dabei sind im Buch die Länder Serbien, Bosnien-Herzegowina und Kosovo. Damit ist die Länderliste endlich komplett. Die Länderkapitel sind alphabetisch sortiert – auf die Niederlande folgt Norwegen und nicht etwa das benachbarte Belgien, auf Osteuropa (GUS) folgt Österreich. Ebenfalls alphabetisch sortiert sind die Bundesländer in den Großkapiteln Deutschland und Österreich.

Was noch? Jedes Länderkapitel ist unterteilt in einen landschaftlichen Tourenteil („Routen & Regionen“) mit Einschätzungen, Vorschlägen und Tipps sowie einen reisepraktischen Infoteil (i-Box bzw. Info-Box). Auf herkömmliche Adressen und Telefonnummern wurde zu Gunsten von Internet-Adressen verzichtet, die Kartenskizzen dienen der Orientierung beim Lesen, Tipps für Mountainbiker sind durch ein Piktogramm markiert. Ein Register (Index) unterstützt das gezielte Auffinden von Orten, Landschaften, Routen, Events. Zur Erleichterung wurde der Index dabei nicht nach Ländern unterteilt.

Bliebe nur noch eines: Nach dem Lesen losfahren!

Viel Radelspaß im Norden, Süden, Osten
und Westen Europas wünscht euch

Herbert Lindenberg

Online-Ergänzungen und Neuigkeiten
zum „Fahrradführer Europa“ gibt es auf
www.europa-rad.de

INHALTSVERZEICHNIS

KARTENVERZEICHNIS

Grand Canyon du Verdon
(südl. Straße, Westeingang)

AL

ALBANIEN

Daten 28.748 qkm • Ausd. 330 x 140 km • 3,2 Mio. Einwohner • 111 Ew./qkm

Land und Leute

Gleich das erste Land in diesem Buch ist ein Ziel für Entdecker. Vier Jahrzehnte war Albanien das isolierteste Land Europas. Die kleinen Schutzbunker, die immer noch wie Pilze aus dem Boden ragen, zeugen von der Paranoia des steinzeitlichen Regimes von Enver Hodscha. Die geografischen Bedingungen begünstigten die Abschottung. Kleiner als das deutsche Bundesland Brandenburg umschließen schwer zugängliche, bis zu 2693 m hohe Gebirge von drei Seiten das zentrale Bergland. Und die 200 km lange Küstenebene ist nur zur Adria und zum Ionischen Meer offen.

Das „Land der Skipetaren" gehört immer noch zu den Armenhäusern Europas. Die Hälfte der Bevölkerung muss mit 50 € auskommen, die Infrastruktur wird nur langsam modernisiert, auch das zivile Rechtssystem kommt nur mühsam voran. Während unten in Tirana Computerkurse besucht werden, gilt oben in den Bergen erneut der verbotene alte Gesetzeskanon mit der berüchtigten Gjakmarrja (Blutrache). Dennoch herrscht eine gewisse Aufbruchstimmung im Land. Die Versorgung mit dem alltäglichen Bedarf ist jedoch gut, und eine blühende Schattenwirtschaft sorgt dafür, dass alles erhältlich ist, was Satelliten-Fernsehwerbung verspricht. Die Hotel- und Tankstellendichte entlang der Hauptverkehrsverbindungen sucht ihresgleichen in Europa. So gering der Auslandstourismus im Lande noch ist, so aufgeschlossen und freundlich zeigt sich die Bevölkerung. Generell herrscht ein sehr freundliches Miteinander. Die Verständigung klappt manchmal mit Englisch, ausnahmsweise mit Deutsch, in der Regel aber mit Italienisch, das fast jeder jüngere Albaner spricht.

per Rad entdecken

Thomas Longin: „Albanien ist überraschend dicht und gleichmäßiger als etwa Mazedonien oder Montenegro besiedelt und in Kultur genommen, selbst in Regionen, die kaum noch mit einem Fahrzeug zugänglich sind. Zwischen den einzelnen inneren Gebirgen und im Übergang zum westlichen Tiefland findet der Radler attraktives Hügelland wie z.B. in Korsika, mediterran, eher anstrengend, z. B. zwischen Gramsh und Elbasan, um den Krrabe-Pass zwischen Elbasan und Tirana, und in der ganz eigenwilligen Region Mati um den gleichnamigen Fluss. Mittelgebirgig ohne ausgesprochen felsige Höhen, doch auch schwer zugänglich die legendäre, zur Mati stets antagonistische Region Mirdita um die Fan-Flüsse, südlich des Qaf e Malit. Albaniens Berge sind noch dicht bewaldet; ruinöser Raubbau ist aber nicht zu übersehen: ein gravierendes Problem, das z. Zt. natürlich hintan gestellt wird. In eher mediterranen Übergangszonen und im Flachland findet man Macchia-Artiges. Ein besonderes Landschaftsbonbon Albaniens sind äußerst reizvolle Stauseen, z.B. die albanischen Stauseen des Drin und des Mat bei Ulza."

ALBANIEN UND MAZEDONIEN
© REISE KNOW-HOW VERLAG HERMANN
0
100 km
Pec
Podgorica
SERBIEN
SOFIA
BUL-GARIEN
Skardasko-See
Shkodër
Drin
Slakut-Pass (849 m)
Kukës
SKOPJE
Tetovo
Vardar
Struma
Kocani
Mavrovo Nat.-Park
Titov Veles
ALBANIEN
Debar
MAZEDONIEN
Strumica
TIRANA
Prilep
Durrës
Ohrid
Elbasan
Gevgelija
Ohridsee
Shkumbin
Prespa-see
Bitola
Semani
Apol-lonia
Fiër
Berat
Thessaloniki
Osum
Korçë
Vlorë
Vijose
Korçë-Pass (1196 m)
Logara-Paß (1055 m)
Tepe-lana
Katerini
Leskovicu
Dhërmi
Thermai-scher Golf
Gjirokastër
Saran-dë
Adria
Butrint
GRIECHENLAND
Korfu
Larisa
Kérkira
Ioannina
Trikala

Shkoder

m, Ragam ca. 1.000 m. Einschwenken in die Schlucht auf linker Fusseite, vor Valbona etwas steiler, danach bis Ragam flach. Gegen Ende muss man leider durch das grobsteinige Flussbett fahren bzw. schieben, das fast den gesamten Talgrund einnimmt, aber es lohnt sich wirklich sehr. Unbedingt bis Ragam fahren, nicht schon von Valbona zurück. – **3. Tag**: Von Bajram Curri hinab ins Tal, am Abzweig der Straße nach Kukes (durch die Region Has) links auf gute Piste; wenn man den Ort Tropoja rechts umfährt gibt es einige schwierige Stellen, aber vermutlich ist die Strecke bald gut ausgebaut (Entwicklungsprojekt, um die Region Tropoja wieder besser an ihre natürliche Schwesterregion Gjakova anzubinden). Problemlose Grenzpassage auf kleinem Pass, nach einigen km sehr guter Asphalt, Kosova mit seiner für uns völlig gewohnten, praktisch mitteleuropäischen Infrastruktur. Gjakova, zwei gefährliche Stunden auf schmaler Straße mit viel sehr schnellem Verkehr, Decani, weite Blicke über Hügelland, Peja. – **4. Tag**: Rugovska-Schlucht bald ohne Asphalt, folgend durchweg gute Piste, kaum Verkehr (ab Grenze wegen Straßenschaden kfz-frei), immer angenehmer Anstieg, viele Walderdbeeren, hoher Pass mit gewaltigem Panorama, montenegrinischer Polizeiposten auf Pass (Grenze lange vorher), sehr lange Abfahrt, halbwegs wieder Asphalt, Plav (Jugo-Hotel, Doppelzimmer mit Bad allein 13 Euro). Unbedingt Abstecher nach Vusanje, Grebaje (auf Karte „Dolja“ und weiter talaufwärts) und zu einigen abgelegenen kleinen Seen; aufpassen wegen Grenznähe. – **5. Tag**: Guter Asphalt bis zum neuen Grenzposten bei Grncar, im Vermosh-Tal Piste, die schnell endet. Um auf den Weg ins Cem-Tal und zum Shkodra-See zu gelangen, muss man entweder ein Stück im Fluss talaufwärts zurücklegen oder eine Durchschlageübung durch Wald, eingezäunte Weiden und Grundstücke auf die südliche Talseite veranstalten. Dort kleine Passfahrt, dann lange (30-35 km), mit der Zeit verflachende Abfahrt auf wegen Schotter rutschiger Piste durchs spektakuläre Cem-Tal, aufpassen und langsam fahren. Nach „Abbiegen“ des Flusses nach Montenegro ebenso spektakuläre, leichte Serpentinen nach

Hodschas Wahn

Rrapsh. Berauschender Blick zurück, wieder Asphalt, Abfahrt zum Shkodra-See, Shkodra.

Shkodra – Kir – Shala – Theth – Boga – Koplik – Shkodra
Sehr abwechslungsreiche Runde durchs berüchtigte Land der „Malessoren“. 2 Tage, mit wenig Gepäck machbare Pisten, Übernachtung in Theth. Keinesfalls wild campen. Am ersten Tag gehts durch die wasserführenden, grünen Täler von Kir und Shala, am zweiten durchs düstere Trockental „Perroi i Thate“. – **1. Tag**: Shkodra in der Verlängerung der ehemaligen Enver-Hoxha-Straße (viele Ladengeschäfte, in Höhe der Moschee) nach Ost verlassen, sehr schlechte Straße durch armselige Vororte; ein Asphaltende fällt nicht auf. Nach Inspektion der berühmten Bogenbrücke von Mes auf der rechten Kir-Seite bleiben; ab jetzt sehr schön und ruhig. Herrlichste Landschaft. In Ura e Shtrenjte eine große Moschee; danach kennzeichnen viele Kreuze die Region als katholisch. Etwa wie auf der Karte wendet sich nahe Kir die Piste zögerlich in Serpentinen auf Ost und zieht teilweise steil auf einen hohen Pass, anfangs ein oder zwei Quellen. Nach dem Pass bald Häuser und eine Quelle, dann sehr lange Abfahrt ganz hinab zur Brücke über den Shala-Fluss. Mäßig aufwärts durch geheimnisvollen Karst mit dichter Macchia. Wo vom Qaf-e Terthores ein rechter Seitenarm des Shala einmündet, steht ein kleines Wasserkraftwerk mit chinesischen Turbinen.Von seinem Hausberg kann man angeblich mit dem Fernglas die Burg von Shkodra sehen. Nachher der letzte Anstieg ins steinerne Meer der verstreuten Siedlung Theth. Talschluss mit den dramatischsten Gipfeln des Balkan, am eindruckvollsten der Mal-i Harapit, der aussieht wie die Nase einer in der Erde verborgenen „shtriga“ (etwa: Hexe). Der Name des Bergs wohl von „harap“: türkisch für „verwüstet“; vom albanischen Wort für „Farbiger“ eher nicht. – **2. Tag**: Angenehmer Anstieg zum Qaf-e Terthores; ab jetzt desolate Trockenlandschaft. Holprige Abfahrt über Boga nach Dedaj, wo rechts vom Flussbett, beim Austritt aus der Schlucht, neuer Asphalt beginnt. Rechts führt (vorläufig) Asphalt hinauf nach Razem und weiteren Dörfern von Shkreli. Schneller Downhill nach Koplik; Shkodra.

Südalbanien

Berat – Kelcyra
Die, jedenfalls in der zweiten Hälfte, schönste Tour Südalbaniens, Panorama über ganz Südostalbanien bis Grammoz, Timfi usw., einige kleine Seen. Anfangs schlechte, später recht gute, flotte Piste, ab Ballaban Asphalt. Auffahrt vom Osum: Brücke nach Gorica, links, hinter dem Ort rechts ab auf nagelneuer Teerstraße aufwärts bis zu einem grossen Restaurant, dann furchtbare ruinierte Naturstein-Pflasterstraße, bald besser, durch ein Tal auf einen parallelen Bergrücken, hinab nach Rehova, höchste Stelle (Qaf e Gllaves) unterhalb einer sehr markanten Funkstation. Jetzt schönster Teil, herrliches Auf und Ab, Buz, nun vorwiegend abwärts, Umfahrung eines winzigen Sees zu Füssen der Trebeshina, Abfahrt nach Ballaban und Asphalt nach Kelcyra. Vor allem der zweite Abschnitt der Etappe beeindruckt dermaßen, dass man gut mehrere Tage hier verbringen könnte; evtl. auch Abstecher nach Osten möglich.

Vlora - Saranda

Asphalt, Traumstraße der „albanischen Riviera“, während der Saison nicht mehr so ruhig und unberührt wie noch vor wenigen Jahren. Zunächst direkt am Meer, landeinwärts z.T. sehr steil zum Llogara-Pass, zunehmend dichter mediterraner Wald, vor dem Pass Übernachtungsmöglichkeiten, weite Blicke auf Küste und Meer, Südseite des Passes völlig kahl (Klimascheide). Im folgenden viele Höhenmeter, Straße schmal und oft steil, herrliche Mittelmeerküste vor felsigem Gebirge, Traumstrände. Einige grössere Ortschaften und Sehenswürdigkeiten. Ab ca. 15 km vor Saranda wieder im Land und weniger reizvoll. Von Saranda unbedingt Abstecher nach Butrint.

Piskova - Frasher

Wunderbarer Tagesausflug in völlig abgeschiedene Region („Tibet Europas“), anstrengend. Halbwegs zwischen Kelcyra und Permet links ab auf gute Piste (Schild: Parku Kombetar „Bredhi Hotove“). Ca. 10 km leicht aufwärts, mittwegs Abzweig links zur Tekke von „Baba Aliut“. Kleiner Ort und letzte Möglichkeit, überflüssiges Gepäck zu deponieren, gleich nachher Serpentinen, Wechsel in südlicheres Tal, immer steiler, z.T. rutschig, Pass lange vorher im Blick. Dort unter einem Holztor Eingang zum Nationalpark, dichter Wald, Haus des Parkverwalters, bald wieder aufwärts, diesmal weniger steil. Kleiner Pass in wieder kahle, düstere Landschaft, tief eingefressene Schlucht eines linken Nebenfluss des Osum. In Frasher erinnert nur noch das Museum an frühere Größe. (Am Gegenhügel prangt der Weg nach Kolonja zur Straße Erseka - Korca, vermutlich extrem schwierig. Von dort kommend in Gegenrichtung südlich unterhalb des Qaf-e Qarrit abzweigen, beschildert u.a. „Ballabanove 26 km“. Bis Clirim bzw. zur Osum-Brücke soll der Weg gangbar sein, der letzte hohe Pass aber selbst für Geländefahrzeuge schwierig. Vielleicht etwas für ganz Harte. Von der Polizei untersagt und nicht getestet.)

Kelcyra – Permet – Leskovik – Erseka – Korca
Schönste Asphaltstraße Albaniens, echtes, dünn besiedeltes Hochland, Wälder, Hochebenen, sehr bunt, sensationelle Ausblicke, kunstvolle Straßenanlagen, gute Asphaltqualität, viele angenehme Höhenmeter (auch im Vjosa-Tal), ein Muss. Besonders schöne Abschnitte: gegenüber der sagenhaften Nemercka-Felswand südlich Permet, packende Schluchtauffahrt nach Leskovik, dem vielleicht schönstgelegenen Ort Albaniens (Balkon und Logenplatz über der Ebene von Konitsa, wo die Einheimischen leider nicht hindürfen, Blick auf Timfi, leider früh im Schatten), Qaf e Qarrit zwischen den Hochebenen von Kolonja und Korca. — Evtl. Abstecher nach Griechenland: weiter die Vjosa hinauf auf nagelneuem Asphalt, neuer großer Grenzübergang „Tre Ure".

Korca – Boboshtica – Dardha – Bilisht – Korca
Herrlicher Tagesausflug in frischen, grünen Bergen, nicht zu anstrengend. 4 km hinter Korca links ab, in Boboshtica wieder links, auch im weiteren gut beschildert. Steil aber angenehm auf nagelneuer, sehr schmaler Asphaltstraße in ein typisches schlängeliges Tal der Morava-Berge. Nach Asphaltende bald eine Quelle und nicht mehr weit bis zum (unscheinbaren) Pass. Ein letzter Blick in die Ebene von Korca, und zunächst steil abwärts, durch Dardha, die beliebte Sommerfrische der Leute aus Korca. Immer flacher auslaufende Abfahrt, ab Miras wieder Asphalt. Rückwegs nach Korca evtl. Abstecher zum Kleinen oder Großen Prespa-See.

Korca – Großer Prespa-See
Herrliche Fahrt entlang des schönsten Teils des Prespa-Sees, Asphalt bis Liqenas, folgend 20 km gute, etwas anstrengende Piste bis zur Grenze nach Mazedonien, wenig Verkehr. Von Korca her hält man auf den markanten Iwansberg zu, wo man die wunderschönen Serpentinen zu einem kleinen Pass gern ins schier Unendliche verlängern könnte (ab kurz nach dem Funkmast nicht mehr radelbar; oben Eingänge in alte Erzstollen); Pass besonders schön „verbunkert". Den Prespa-See sollte man von Albanien aus unbedingt besichtigen, auch wenn man nicht nach Mazedonien weiterfährt. Das Inselchen Mali Grad wirkt wie ein Bissen vom großen Sandwich Golem Grad, der um die Ecke in albanisches Wasser geschwommen ist, weil es ihm dort besser gefällt. Die Region Korca/ Ohrid-See/ Prespa-See ist übrigens ethnologisch interessant.

Fortgeschrittenen Albanienradlern könnte man vielleicht im Norden die Regionen Has, Shishtavec, Mirdita (Nebenstrecken) und Martanesh, im Süden vor allem den Großraum Kolonja - Dangelli - Skrapar um den oberen und mittleren Osum empfehlen. Vergleichbar unbeschriebene Blätter wird man in Europa nicht mehr finden.

ⓘ-Box Albanien

Einreise Der Pass genügt zur Einreise (D/A/CH). Einreisegebühr an der Landgrenze 1 €. Die Weiterreise nach Mazedonien und Montenegro ist problemlos möglich.

Geld Albanischer Lek (ALL), 1 € = 136 ALL (2010). Geldautomaten in den Städten. Heimliche Zweitwährung ist der Euro. Das Preisniveau ist sehr günstig.

Sicherheit, Gesundheit Aktuelle Hinweise: *www.diplo.de* (Länderseite Albanien). Reise-KV abschließen. Das Leitungswasser in den Städten ist trotz allgemeinen Abratens in der Regel genießbar. Sehr gut ist das Quellwasser in den Bergen.

Infos
- Tourismusamt: *www.albaniantourism.com*
- Newsletter Albanien: *www.albanien.ch* Schweizer Infodienst für Hilfsorganisationen, gute Links, Reiseführerteil.

Wetter, Wind, Reisezeit Das Klima ist vor allem im Westen ausgeprägt mediterran (trocken-heiße Sommer über 40 °C), während der Osten etwas moderater temperiert ist. Westwinde sind vorherrschend. Beste Reisezeit: April–Juni, Sept./Okt.

Anreise Am einfachsten per Flug zunächst nach Korfu/GR, von dort per Fähre nach Saranda (3–4 x tägl.). Wer auf dem Landweg von Montenegro einreist, sollte den Lkw-freien Übergang Ulgin/Shkodra wählen. Lkw müssen den nördlichen Übergang bei Han-i-Hotit benutzen.

Transport im Land Busse sind alt und langsam, ansonsten aber verläßlich. Das Bahnnetz ist mit 447 km sehr dünn, und die Bahnen fahren selten. Die Fahrradmitnahme muss bei Bussen und Bahnen immer im Einzelfall geklärt werden, es gibt keine Regelungen. Kleinbusse bedienen auch Nebenstrecken, sind allerdings prinzipiell voll. Dennoch ist hier gegen Bares viel machbar.

Übernachten Relativ problemlos, da ständig neue kleine Hotels an den Küsten und entlang der Hauptverkehrsachsen entstehen. Zimmer ab 10 €. Im Landesinnern jedoch weit weniger Hotels und oft nur einfache Privatunterkünfte. Keine offiziellen Campingplätze. Freies Campen ist nicht empfehlenswert.

Thomas Longin: „Touren im **Gebirge** sollte man so planen, dass man rechtzeitig an einen Ort gelangt, für den man zuvor eine Unterkunft ermittelt hat (albanische Bekannte, andere Reisende, Internet) oder wo man zumindest damit rechnen kann, bei Einheimischen aufgenommen zu werden. **Wildes Zelten** ist in Albanien wegen dichter Besiedlung, meist eher offener Landschaft und der speziellen albanischen Mentalität (siehe „spezielle Gefahren") leider nicht die Methode der Wahl wie in den ex-jugoslawischen Nachbarländern. Vor allem in Nordalbanien sollte man nur ganz ausnahmsweise an ganz sicheren Stellen biwaken, nördlich des Drin aber auf gar keinen Fall!"

Karten

- Reise Know-How: Albanien 1:220.000, 8,90 €. Viele Fehler.
- Freytag & Berndt: Albanien 1:400.000, 9,95 €. Halbwegs okay.
- ADAC: Kroatien, Bosnien und Herzegowina, Serbien, Montenegro, Albanien, Kosovo, Mazedonien, Slowenien, 1:750.000, 8,50 €. Nur zur Übersicht.
- Mairs, Euro-Regionalkarte (EuroCart): Albanien 1:300.000. Beste Karte. Leider nicht mehr im Handel.

Fahrrad

Reise-MTB mit zuverlässigen Komponenten. In den großen Städten gibt es einfache Fahrradläden. Pannen sollten aber prinzipiell mit Bordmitteln behoben werden können.

Fortschritt jetzt!

Straßen und Wege

Das Straßennetz (18.000 km) ist weitmaschig und – abgesehen von den Hauptstraßen – in schlechtem Zustand. Nur ein Drittel der Straßen sind überhaupt befestigt. Viele Gebirgsregionen sind noch gar nicht erschlossen. Wegweiser und Ortsschilder waren in Albanien aus militärischen Erwägungen verpönt, inzwischen sind zumindest alle wichtigen Straßen gut beschildert.

Der Autoverkehr auf den Hauptstraßen ist teilweise unangenehm schnell und hautnah. Wie auf dem ganzen Balkan gibt es auch in Albanien die beiden Standard-Verhaltensweisen der Autofahrer:

1. Kurzes Hupen vorm Überholen von Radfahrern.
2. Überholen, auch wenn's eng wird. Entgegenkommende Radler sind kein Grund, nicht zu überholen.

Thomas Longin:

„Eine Albanienradtour muss auch über Pisten führen. Schwierigkeitsgrad und Materialbelastung sind meist hoch, die Geschwindigkeit sehr gering. Typische Probleme beim Pistenradeln sind die eklatante Schotterung (besonders unangenehm felsiger Untergrund mit groben Steinen und immer wieder Schotter und Kies aller Größen), besonders rutschig und gefährlich bei stärkerem Gefälle oder Seitenneigung, und das Schlimmste vom Schlimmen, besonders rutschig und gefährlich bei Nässe, ist die grauenhaft kaputte Natursteinpflasterung ohne Ausweichmöglichkeit. Vor allem in Nordalbanien kann man nach mehr als nur vorübergehender Nässe (z.B. Regentag im Sommer) wegen fürchterlicher Verschlammung und Beschädigung der Pisten kaum mehr vom Asphalt weg, und selbst dort wird man sehr schmutzig."

Spezielle Gefahren *von Thomas Longin*

Raubüberfälle, vor allem Straßenraub, waren besonders häufig im Norden Albaniens, und beliebte Opfer z. B. die aus Mitteleuropa per Auto heimreisenden Kosovaren, bei denen man viel bare Devisen vermuten durfte. Überhaupt entwickelte sich das Räuberunwesen vermutlich auch deshalb so gut, weil Albaner viel Bargeld bei sich tragen (unterentwickelter und schlecht angesehener Bankensektor, Abwicklung aller Geschäfte in bar, Spargeldhaltung zuhause). Dicke Bündel großer Euro- und Dollarscheine sieht man nicht selten in Albanerhand. Luxus vor allem in auto- und immobiler Form ist ebenfalls allgegenwärtig, und viel spricht dafür, dass professionelle Straßenräuber, falls sie überhaupt noch existieren, nicht an einfachen Reiseradlern interessiert sind.

Gelegenheitsüberfälle (Mobbing) kann man nirgends ausschließen. Am besten verhält man sich wie die Einheimischen: tagsüber entlang von Straßen und Pisten aufhalten, immer im Bilde sein, möglichen Tätern nicht als mögliches Opfer erscheinen und auch nicht durch hilfloses, sprachloses, ängstliches, unsympathisches Auftreten unerwünschte Handlungsmuster provozieren, keine teuren Gegenstände zeigen, Nächte in Ortschaften bei vertrauenswürdigen Leuten verbringen. Albaner bewegen sich außerdem nicht gern allein durchs Land. Solche im Prinzip universellen Regeln sollte man umso konsequenter befolgen, je weiter man sich von den Hauptstraßen entfernt und je weiter man nach Norden vordringt; das westliche Tiefland ist z. Zt. unproblematisch zu bereisen, und auch auf den Süden des Landes, jedenfalls entlang der Hauptstraßen, braucht man sich wohl kaum besonders einstellen.

Die albanische Gesellschaft ist die traditionellste in Europa und im Grunde zutiefst vertrauenswürdig. Amokläufe im Kontakt mit der westlichen Zivilisation haben sie gefährdet und leicht beschädigt, aber nicht zerstört. Diese Vertrauenswürdigkeit gilt nur eingeschränkt für einige Regionen des Nordens, z.B. Mirdita und Tropoja, mit ihrer traditionell staatsfernen Stammes- oder Klangesellschaft, strengen eigenen Gesetzen, schwer durchschaubaren Sozialstrukturen und neuzeitlichen Wirtschaftsaktivitäten, und überhaupt gewissen Anforderungen an Fremde. In ganz besonders hohem Maße gelten eigene Spielregeln in den Albanischen Alpen im äußeren Norden/Nordosten des Landes (Regionen Shkodra, Malesia e Madhe, Tropoja), die man unbedingt nur sehr gründlich informiert und vorbereitet betreten und beradeln sollte (siehe auch *www.missinginalbania.cz*)

ALPEN

Vorbemerkung

Dieses Extrakapitel widmet sich dem mittleren Alpenraum, an dem die Schweiz, Österreich und Italien Anteil haben. Weitere Alpen-Infos befinden sich bei den Kapiteln Schweiz, Österreich, Italien, Frankreich, Deutschland und Slowenien.

Die Alpen für Radler

Mit dem MTB kam das Dreifachkettenblatt, und damit die Suche nach neuen Zielen und Herausforderungen. So avancierte fast zwangsläufig der Alpenraum zum populären Tourengebiet. Immer häufiger zogen nun neben Radsportlern und Mountainbikern auch ganz „normale“, gepäckbeladene Reiseradler durch Europas höchstes und formenreichstes Gebirge.

Geografisches

Flächenmäßig bedecken die Alpen rund 220.000 qkm, ihre mittlere Höhe beträgt 1400 m, ihre höchste Erhebung markiert das Gipfelkreuz auf dem Montblanc: 4807 m.

In einem rund 1200 km langen und bis zu 250 km breiten Bogen führen sie von den *Ligurischen Alpen* bei Genua (Turchino-Pass, 532 m) über die *Savoyer Alpen* (Montblanc, 4807 m) und *Berner Alpen* (Finsteraarhorn, 4274 m) nordwärts bis zu den *Bayerischen Alpen* (Zugspitze, 2963 m), und nordostwärts bis zum *Wienerwald* (Schöpfl, 892 m). Dabei fächert sich der anfängliche Hauptkamm in mehrere Gebirgsketten auf, die nach Osten allmählich an Höhe verlieren.

Das *Rheintal* zwischen Bodensee und Comer See ist die geografische Trennlinie zwischen West- und Ostalpen. Drei Hauptzüge bestimmen die **Ostalpen:** *Nördliche Kalkalpen* (auch Nordalpen), *Zentralalpen* sowie *Südliche Kalkalpen* (auch Südalpen). Während die Zentralalpen aus kristallinem Urgestein bestehen und hoch droben noch vergletschert sind, zeichnen sich die jüngeren Kalkalpen durch schroff-karstige Felswände und zerklüftete Hochflächen aus (Bayerische Alpen, Dolomiten).

Val d'Isère (Savoyer Alpen)

ⓘ-Box Alpen

(Nur alpenspezifische Hinweise, alle anderen Hinweise bei den Info-Boxen der Länder)

Reisezeit

Drei Gründe sprechen für Juni und September als ideale Tourenmonate:

- Die allermeisten Passstraßen und Übernachtungsmöglichkeiten sind von Juni bis September geöffnet (im Juni kann es allerdings in bestimmten Jahren noch bis zur Monatsmitte einige wenige Sperrungen geben, wobei Radler, im Gegensatz zu Autos, trotzdem meist schon durchkommen).
- Der Verkehr ist geringer als in der Hochsaison.
- Die Temperaturen sind angenehmer als in Juli/August.

Der Juni ist landschaftlich am schönsten, alles grünt und blüht (später Frühlingsbeginn wegen der Höhenlage). Der September ist hingegen der sicherste Monat bezüglich offener Pässe ist und ziemlich wetterstabil (abnehmende Gewitterneigung).

Eisiger Sommerregen

Wie ungünstig das Wetter im Juli sein kann, hat *Georg Föcker* am **Col de l'Iseran** erlebt: „27. Juli. Der Regen wird immer kräftiger, und der kalte Wind nimmt weiterhin zu. Kilometer um Kilometer kämpfen wir uns den Pass hinauf. Von Unterhaltung keine Spur mehr. Jeder ist nur noch mit sich selbst beschäftigt. In den ständig treibenden Regenwolken sehen wir uns teilweise nicht mehr. Mir ist klar, anhalten dürfen wir nicht mehr, wir würden sofort radikal auskühlen. Als ich endlich oben ankomme, schlottere ich bald fürchterlich. Die Finger sind steif gefroren. Der eisige Regen sticht wie Nadeln. Zu klaren Gedanken bin ich nicht mehr fähig. Ich stürze in das auf der Passhöhe gelegene Restaurationsgebäude und hoffe, dass mir dort wärmer wird. Kurz darauf erscheinen auch Martin und Burkhard, ebenfalls vollkommen fertig. Unsere Körper wollen und wollen nicht wärmer werden. Nach einer halben Stunde entscheide ich mich für die Abfahrt, brauche dringendst eine Toilette, die es auf der Passhöhe, auch nach mehrmaligem Nachfragen, nicht gibt. Wir machen noch schnell gegenseitig Fotos, dann habe ich nur noch einen Gedanken, hinab nach Bonneval sur Arc, in tiefer gelegene Regionen. Die Abfahrt wird noch schlimmer, die Finger werden immer steifer, ich kann kaum mehr bremsen und friere noch mehr. Gefühlsmäßig will die Abfahrt einfach nicht enden. In meinem ganzen Leben habe ich noch nicht so gefroren. Ich stürze in die direkt am Abfahrtsende gelegene Touristikinformation. Nach 15 Minuten ist mir immer noch nicht wärmer. Eine Möglichkeit sich ungestört umzuziehen besteht in dem stark frequentierten Raum nicht. Die Touristikinformation verlassen möchte ich auch nicht, ich habe Angst, Burkhard und Martin könnten an mir vorbeifahren, ohne mich wahrzunehmen ..."

Übernachten

An Übernachtungsmöglichkeiten ist kein Mangel. Preisbewußte Straßentourer sollten sich auf **Campingplätze** und **Jugendherbergen** konzentrieren.

Günstig sind auch **Berghütten**, die sich als Stütz- und Etappenpunkte für *Mountainbiker* anbieten (nur wenige sind für Straßentourer zugänglich). Die nationalen Alpenvereine unterhalten die meisten dieser Berghütten. Die Preise richten sich u.a. nach Lage und Ausstattung, Nichtmitglieder zahlen ca. 13 €. Teurer sind privat bewirtschaftete Hütten. Einzelpersonen kommen auch ohne Reservierung meist unter, Reservierungspflicht besteht oft in der Schweiz. Ansonsten kann ein Telefonanruf am Morgen nicht schaden. Wegen des Wetters weiß man ja nie so genau, wann man wo sein wird. *Infos:* Eines der umfangreichsten Verzeichnisse für den mittleren Alpenraum ist der zweibändige Führer aus dem Bergverlag Rother, der über 2200 Vereinshütten auflistet („Alpenvereinshütten"). Die aktuellsten Infos gibt es allerdings unterwegs: Hüttenwirte wissen ziemlich genau Bescheid über die nächst gelegenen Hütten.

Alpenstraßen-Tipps

von Andreas Hollmann

Wintersperre von Schweizer Alpenpässen: Einige Tage vor der offiziellen Öffnung für den Autoverkehr ist die Passstraße meistens schon mit Schneefräsen geräumt. Die durch den Frost entstandenen Fahrbahnschäden werden kurz vor der Freigabe behoben. Mit dem Fahrrad sind die meisten Schäden aber kein Hindernis, so dass man bei der Kantonspolizei nachfragen sollte, ob der Pass mit dem Fahrrad schon befahren werden kann. Die Gasthöfe auf der Passhöhe werden in der Regel erst einige Wochen nach Aufhebung der Wintersperre geöffnet.

Auf den größeren Pässen fahren Motorräder regelrechte Rennen und nehmen dabei weder auf sich noch auf andere Rücksicht. Als Radfahrer kann man sie aber trotzdem bremsen, wenn man in den Serpentinen möglichst in der Mitte der Fahrbahn fährt. Die Motorradfahrer können dann die Kurve nicht mehr auf der Ideallinie durchfahren und müssen ihre Geschwindigkeit deutlich verringern.

Eine vermeidbare Panne passierte meinem Mitfahrer am Kunkelspass. Dort beträgt das Gefälle auf der Südrampe satte 22%, und die Fahrbahn besteht aus grobem Schotter. Hier kann man das Rad nicht einfach rollen lassen, sondern muss ständig bremsen. Da man immer unter 15 km/h bleibt, bekommen die Felgen keine ausreichende Luftkühlung mehr. Nach zwanzigminütiger Bremsorgie sprang meinem Mitfahrer dann mit lautem Knall der Reifen von der überhitzten Felge – zum Glück standen wir gerade.

Wintertouren

Kleidung

Optimal sind mehrere Lagen Kleidung aus synthetischen Materialien nach dem Zwiebelschalensystem. Während langer Anstiege unter der Wintersonne Bekleidung reduzieren, für längere Abfahrten zusätzliche, trockene Kleidungsstücke anlegen. Die inneren Lagen sollten „kuschelig" sein, und die Feuchtigkeit möglichst gleichmäßig verteilt nach außen transportieren. Die Oberbekleidung muss vor allem wind- und regendicht sein und darf nebenbei auch atmen. Hände, Füße, Gelenke und Ohren sind besonders

Winterradeln in den Alpen erfordert spezielle Ausrüstung

kälteempfindlich. Besonders gefährdet sind die Kniegelenke, die kein Fettgewebe besitzen und deshalb durch Bandagen gegen Kälte geschützt werden müssen. Sonnenmilch, Lippenschutz, Sonnen- oder Skibrille und Sturmhaube schützen das Gesicht. Gar nicht so einfach ist es, Füße und Hände so zu schützen, damit sie einerseits beweglich bleiben, andererseits auch warm. Schuhe sollten groß genug sein für zwei paar Strümpfe. An die Pedale geschraubte Yuppie-Caps schützen zusätzlich gegen Matsch und Wind. Wenn die Fingerhandschuhe nicht mehr ausreichend wärmen, helfen am Ende nur noch Fäustlinge. Motorradshops führen auch Zwitterhandschuhe, bei denen sich jeweils zwei Finger ein Fach teilen.

Fahrrad

- Für bestmögliche Traktion bei gleichzeitiger Fähigkeit zur Selbstreinigung kommen eigentlich nur **Spikesreifen** mit offenem Profil in Frage. Schwalbe hat neben dem eher gemächlichen „Marathon Winter" mit 240 Spikes den agilen Ice Spiker Pro mit 361 Spikes im Programm.
  Infos: *www.schwalbe.com*
- Um den bei einer bestimmten Temperatur anbackenden Schnee besser entfernen zu können, sind **Steckschutzbleche** festen Blechen vorzuziehen. Der Schnee wird an den Blechen sonst rasch zum Bremsklotz verdichtet.
- Bewegliche Metallteile gut ölen, damit keine Feuchtigkeit anfrieren kann und die Funktionen behindert (Schalt- und Bremszüge, Schaltwerk).
- Wichtig ist auch eine zuverlässige **Lichtanlage.** Im Winter wird es schneller dunkel als einem lieb ist. Ideal ist ein kraftschlüssiger Nabendynamo. Die Alternative wäre eine leistungsstarke batteriebetriebene LED-Beleuchtung.
- Eine **Thermosflasche** ersetzt die im Winter sinnlose Rahmenflasche. Darüber hinaus sollte auch normales Trinkwasser an Bord sein. Zwar hält sich das Schwitzen in Grenzen, aber mit der Atemluft geht doch mehr Flüssigkeit verloren, als man vermutet.

Straßenverhältnisse

Wunderschön zum Radeln kann eine feste, nicht zu hohe Neuschneedecke sein. Weniger schön ist Schneematsch, wirklich fies *gefrorener* Schneematsch. In diesem Fall sind Abfahrten mühsam; auch mit Spikesreifen, die sich nur schwer um enge Kurven lenken lassen.

Über den aktuellen Straßenzustand informieren u. a. die großen Autoclubs auf ihren Internet-Seiten, aber der ADAC bspw. nur seine Mitglieder. Frei zugängliche Infos s. Info-Boxen Österreich, Schweiz (Straßen und Wege). Auch Alpenstraßen und -pässe, von denen es heißt, sie seien ganzjährig befahrbar, können wegen Lawinen oder heftigen Neuschnees tagelang gesperrt sein!

Infos Infos und Spinnereien zum Thema Winterradeln: *www.icebike.org*

Infos, Karten, Literatur

Infos Die Leidenschaft fürs Pässeradeln äußert sich auch im Web. Einige interessante Adressen für den Anfang:

- Witzig, informativ, umfangreich: *www.alpentouren.at (http://alpentouren.teamone.de)*
- 100e von Pässen in D, A, CH, I, F: *www.alpenrennradtouren.de*
- Ausführliche Berichte übers Pässe sammeln mit dem Reiserad: *www.alpenradtouren.de* (Georg Föcker)
- Schweizer Alpenpässe, ausführlich beschrieben: *www.montivagus.de* (Holger Rudolph)
- Englische Seite zum Thema Gebirgstouren, mit den Alpen natürlich: *www.ocd.org.uk*
- „Hauptsache bergauf" ist das Motto von *www.quaeldich.de,* einem Portal für Renn- und Reiseradler, denen schon der Anblick eines Höhendiagramms ein freudiges Ziehen in der Magengrube bescheren kann.

Karten

- RV: Die Alpen 1:800.000. Übersichtskarte, listet alle wichtigen Alpenpässe mit Öffnungszeiten und Maximalsteigung auf.
- Mairs (RV/Falk): Die Alpen1:300.000. Broschierter Atlas. Völlig ausreichend für Straßentouren. 12,95 €.
- Michelin: 1:200.000, 4 Bl., Schweiz und angrenzendes Italien (Aosta bis Comer See).
- Michelin: 1:400.000, Schweiz, Österreich, Norditalien.
- Kompass: Wanderkarten überw. 1:50.000. Nahezu flächendeckend für die Alpenregionen Österreichs und Norditaliens.

Literatur

- Denzel (Verlag und Autor): „Großer Alpenstraßenführer". Der Denzel erscheint alle ein bis zwei Jahre neu. Standardwerk mit über 640 Beschreibungen von Pass- und Gebirgsstraßen (mit Schwierigkeitsgraden, landschaftlicher Wertung, Kartenausschnitten und Höhenprofilen). In erster Linie für Auto- und Motorradfahrer konzipiert, für Radler interessant als zusätzliche Planungs- und Entscheidungshilfe. Auch als Taschenbuch erhältlich.
- Verlag Delius Klasing: Hier werden Mountainbiker fündig. Früher erschienen hier die beliebten „Moser-Bike-Guides", jetzt der „Transalp"-Bestseller von Ulrich Stanciu (mit CD-ROM zum Erstellen individueller Roadbooks, außerdem CD-ROM mit GPS-Daten für unterwegs). Verlags-Infos: *www.delius-klasing.de,* Infos von Ulrich Stanciu: *www.traumtouren-transalp.de*

PÄSSE, TOUREN, ROUTEN

Nord-Süd-Passagen der Alpen *von Ulrich Lamm*

Wie und wo kommt man mit dem Rad am besten über die Alpen? Tourenfuchs *Ulrich Lamm* ist dieser Frage nachgegangen und seziert im Folgenden die wichtigsten Nord-Süd-Passagen im Bereich der mittleren West- und Ostalpen. Seine Übersicht beginnt im Südwesten der Schweiz und setzt sich schrittweise nach Osten fort.

Großer Sankt Bernhard (2468 m)

(Schweizer Mittelland) – Unterwallis – Aosta/Italien
Nördliche Zufahrt: Zunächst wie zum Simplonpass (s.u.).
In Martigny (476 m) zweigt die *Passstraße* aus dem Rhônetal ab. Leider muss man bis auf 1915 m Höhe größtenteils auf der Zufahrt zum Schnellstraßen-Tunnel radeln. Oberhalb des Tunnels ist die Straße ruhig. Auf der Südseite treffen sich alte Straße und Tunnelzufahrt erst bei 1400 m.
Wanderer und Radler können direkt am Pass im **Hospice du Grand-Saint-Bernard** preiswert übernachten und speisen! *www.gsbernard.ch*
Südliche Zufahrt: Im Aostatal und in dessen nördlichem Seitental des Artanavaz gibt es fast auf der ganzen Länge Nebenstraßen, allerdings teilweise mit zusätzlichen Steigungen.

Col du Grand St. Bernard (2473 m)

Simplonpass (2005 m)

(Schweizer Mittelland) – Oberwallis – Piemont/Italien
Trotz Europastraße nur mäßiger Autoverkehr, da Entlastung durch Eisenbahntunnel (Bern – Lötschberg – Simplon-Bahn) und direktere Nachbarpässe. Für beide Richtungen gleich gut.
Nördliche Zufahrt: Im Schweizer Mittelland große Auswahl von Nebenstraßen und mehrere Radwanderwege. Von Châtel St. Denis nach Montreux am Genfer See (372 m). Dort Hauptstraße von vor Chillon bis hinter Villeneuve. Im Rhônetal befestigte Feldwege, asphaltierte Wege auf Deichen, Nebenstraßen, weniger als 30 km Hauptstraße (bei Evionnaz und von Sierre bis Turtmann).

Pass: Gut asphaltierte alte Straße von Brig (684 m) bis Schallberg, zeitweise unterbrochenes altes Straßenstück weiter oben, Wiesenwege von der Passhöhe bis Simplon Dorf.

Weiterfahrt in Italien: Im Val d'Ossola Nebenstraßen – um Lago d'Orta und Lago Maggiore (193 m) überall dichter Autoverkehr – weiter bis fast nach Pavia kleinere Straßen und eine *Pista ciclabile* entlang des Naviglio Grande (Parallelkanal östlich des Flusses Ticino).

Sankt Gotthard (2108 m)

Vierwaldstätter See – Tessin

Vorteil: Alte Passstraße dreifach entlastet durch neue Passstraße, Autobahntunnel und die „rollende Straße" der SBB.

Nachteil: Alte Passstraße Steinpflaster, vor allem auf der Südseite mit Bodenwellen. Beide Zufahrtsstrecken gehen durch Ballungsgebiete.

Nördliche Zufahrt: Wegen enger Täler und Vierwaldstätter See überwiegend stark befahrene Hauptstraßen, Ausnahmen sind der Weg nördlich des Rotenthurmer Moores (am Sattelpass, 800 m) und Nebenstraßen bei der Urner Hauptstadt Altdorf (462 m).

Pass: Im oberen Teil der Südseite darf man auch auf der neuen Landstraße radeln, bergab nicht unangenehm.

Weiterfahrt südlich von Airolo (1142 m): Im oberen Teil des Tessins mäßig befahrene Hauptstraße (parallel die Autobahn), dazu teilweise Nebenstraßen. Ab Bellinzona (227 m) überall dichter Autoverkehr.

Lukmanierpass (1916 m)

Vorderrhein – Tessin

Pass selber recht ruhig, aber *nördliche Zufahrt* (im Tal des Vorderrheins überwiegend auf der Hauptstraße) stärker autobelastet als bei den anschließend vorgestellten Pässen.

Südliche Zufahrt: Situation im Tessin, s.o.

San Bernardino (2065 m)

Hinterrhein – Tessin

Auf der alten Straße nur noch örtlicher Verkehr, da von Chur bis kurz vor Bellinzona parallel eine Kfz-Straße mit Tunnel führt.

Nördliche Zufahrt: Bezeichneter Radwanderweg großteils am Rheinufer vom Bodensee bis Thusis (710 m), einzig zwischen Domat und Rothenbrunnen mit beladenem Rad schwierig, anschließend gut asphaltierte alte Straße parallel zur Kraftfahrstraße. Im Bereich der beeindruckenden Hinterrheinschlucht „Via Mala" wurde unlängst auch die einfache Landstraße in einen Tunnel verlegt und die alte Landstraße zum Radwanderweg umgestaltet.

Südliche Zufahrt: Tessin, s.o.

Splügenpass (2113 m)

Hinterrhein – Comer See

Beste Fahrradverbindung zwischen Deutschland und Italien. Schöner von Süden nach Norden.

Nördliche Zufahrt wie zum San Bernardino.

Der Pass zweigt als Nebenstraße in Splügen (1450 m) von der San-Bernardino-Straße ab. Auf der Südseite gab es jahrelang gefährliche Fahrbahnschäden in den dunklen Steinschlag-Galerien. Sie sind inzwischen behoben.

Die südliche Zufahrt ist etwas weniger autobelastet als bei den vorigen Pässen: Auf der ruhigen Halbinsel zwischen Como und Lecco bis zur Mitte

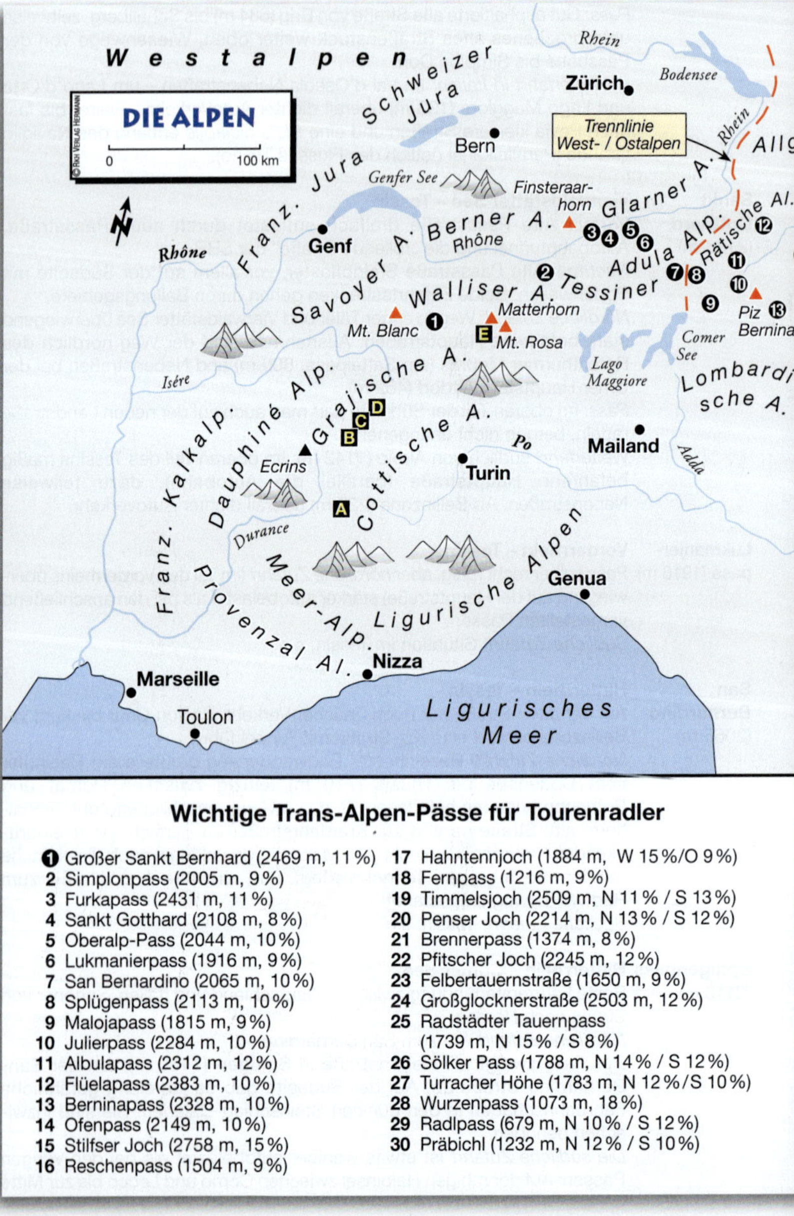

Wichtige Trans-Alpen-Pässe für Tourenradler

1 Großer Sankt Bernhard (2469 m, 11 %)
2 Simplonpass (2005 m, 9 %)
3 Furkapass (2431 m, 11 %)
4 Sankt Gotthard (2108 m, 8 %)
5 Oberalp-Pass (2044 m, 10 %)
6 Lukmanierpass (1916 m, 9 %)
7 San Bernardino (2065 m, 10 %)
8 Splügenpass (2113 m, 10 %)
9 Malojapass (1815 m, 9 %)
10 Julierpass (2284 m, 10 %)
11 Albulapass (2312 m, 12 %)
12 Flüelapass (2383 m, 10 %)
13 Berninapass (2328 m, 10 %)
14 Ofenpass (2149 m, 10 %)
15 Stilfser Joch (2758 m, 15 %)
16 Reschenpass (1504 m, 9 %)
17 Hahntennjoch (1884 m, W 15 %/O 9 %)
18 Fernpass (1216 m, 9 %)
19 Timmelsjoch (2509 m, N 11 % / S 13 %)
20 Penser Joch (2214 m, N 13 % / S 12 %)
21 Brennerpass (1374 m, 8 %)
22 Pfitscher Joch (2245 m, 12 %)
23 Felbertauernstraße (1650 m, 9 %)
24 Großglocknerstraße (2503 m, 12 %)
25 Radstädter Tauernpass (1739 m, N 15 % / S 8 %)
26 Sölker Pass (1788 m, N 14 % / S 12 %)
27 Turracher Höhe (1783 m, N 12 %/S 10 %)
28 Wurzenpass (1073 m, 18 %)
29 Radlpass (679 m, N 10 % / S 12 %)
30 Präbichl (1232 m, N 12 % / S 10 %)

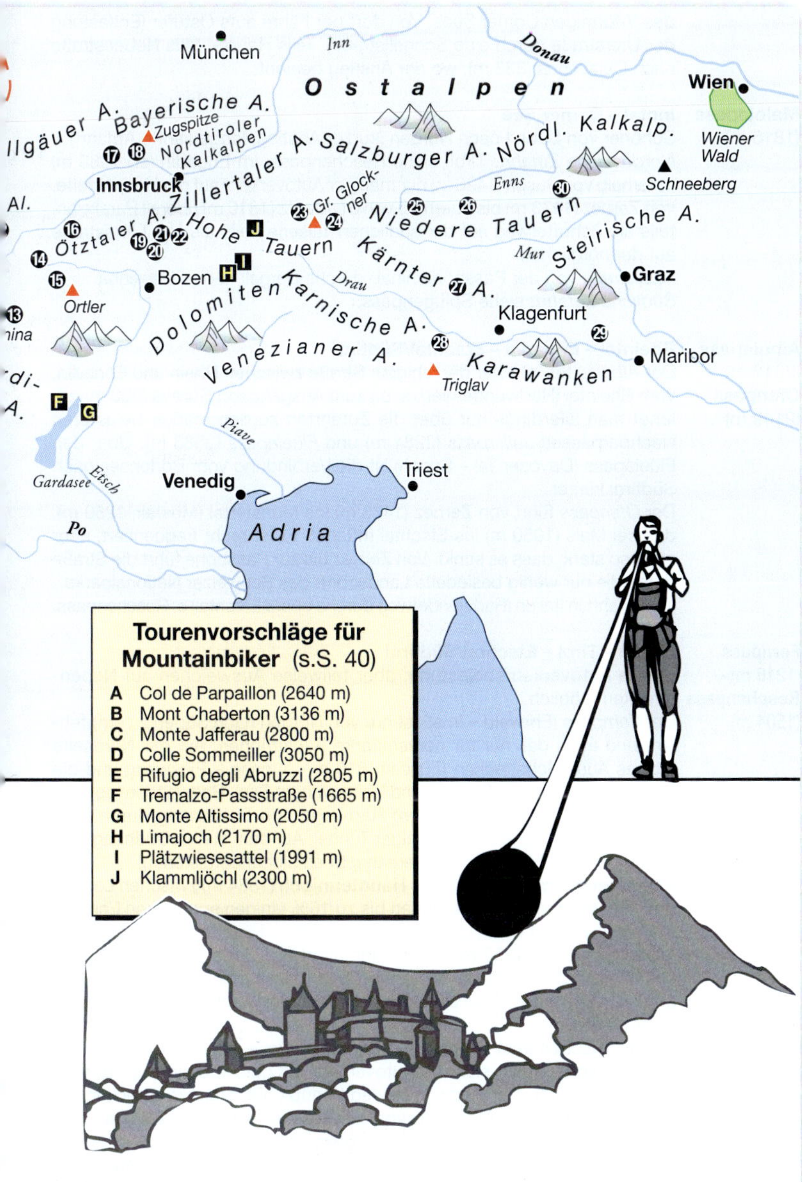

Tourenvorschläge für Mountainbiker (s.S. 40)

A Col de Parpaillon (2640 m)
B Mont Chaberton (3136 m)
C Monte Jafferau (2800 m)
D Colle Sommeiller (3050 m)
E Rifugio degli Abruzzi (2805 m)
F Tremalzo-Passstraße (1665 m)
G Monte Altissimo (2050 m)
H Limajoch (2170 m)
I Plätzwiesesattel (1991 m)
J Klammljöchl (2300 m)

des Y-förmigen Comer Sees. Von dort per Fähre aufs Ostufer (Entlastung der Uferstraße durch eine Schnellstraße). Teils Haupt-, teils Nebenstraße nach Chiavenna (333 m), wo der Anstieg beginnt.

Malojapass (1815 m)

Inntal – Comer See

Schöner von Süden nach Norden (kurzer Anstieg, lange sanfte Abfahrt).
Nordöstliche Zufahrt: Tirol, siehe Reschenpass. Im Engadin (ab 1086 m) unterhalb von Susch (1426 m) nur mäßiger Autoverkehr auf der Hauptstraße, von Zernez (1473 m) bis oberhalb von St. Moritz (1810 m) überall Parallelen, teils als Schotterweg auf der südlichen Talseite, teils als alte Landstraße auf der nördlichen.
Passstraße von der Passhöhe hinab durchs Bergell nach Chiavenna.
Südliche Zufahrt: siehe Splügenpass.

Albulapass (2312 m) – **Ofenpass** (2149 m)

Rheintal – Engadin – Etschtal/Südtirol

Der *Albulapass* ist zwar die ruhigste Straße zwischen Rhein und Engadin, vom Rheintal (Radwanderweg, s. o.) zum Ausgangsort Surava (900 m) gelangt man allerdings nur über die Zufahrten zu den stärker belasteten Nachbarpässen *Julierpass* (2284 m) und *Flüelapass* (2383 m). Über den Flüelapass (Davoser Tal – Susch) ist die Verbindung vom Bodensee nach Südtirol kürzer.
Der *Ofenpass* führt von Zernez (1473 m) ins Münstertal (Müstair, 1250 m), das bei Mals (1050 m) ins Etschtal mündet. Er ist recht frequentiert, aber nicht so stark, dass es stinkt. Von Zernez bis zur Passhöhe führt die Straße durch die nur wenig besiedelte Landschaft des Schweizer Nationalparks. Weiterfahrt in Italien (Radwanderweg durchs obere Etschtal) s. Reschenpass.

Fernpass (1216 m) – **Reschenpass** (1504 m)

Allgäu – Tirol – Etschtal/Südtirol

Starke Autoverkehrsbelastung, aber teilweise Ausweichen auf Nebenstrecken möglich.
Der *Fernpass* (Ehrwald – Imst) ist nur von Norden nach Süden zu empfehlen, und auch das nur für nervenstarke Radler/innen. Auf der Nordseite gibt es Ausweichstrecken (Füssen, 810 m – Alpsee – Pinswang und die Mountainbikeroute an Plansee und Heiterwanger See), Radwanderwege wie im Heiterwanger Tal, außerdem Radwege und Entlastung durch Umgehungsstraßen und den Ehrwalder Tunnel. Auf dem steilen Südhang zwischen der Passhöhe und Nassereith gibt es nichts dergleichen.
Alternativen zum Fernpass: Das **Hahntennjoch** (1884 m) zwischen Lechtal und Imst erfordert mit Steigungen bis zu 16% einigen sportlichen Ehrgeiz. Kräfteschonender ist ein Umweg von/nach Osten: Mittenwald – **Leutaschtal** – Übergänge um 1250 m – Telfs – Inntalradweg. Jener verläuft auf manchen Teilstücken so nahe an der Autobahn, dass man statt dessen auch zwischen Zirl und Imst auf der Bundesstraße radeln kann (schnell, aber nicht stark befahren).
Inntal zwischen Imst (828 m) und Kajetansbrücke (980 m): Bis Zams bei Landeck konzentriert sich der Autoverkehr auf der Autobahn, die das Tal sehr verunstaltet. Der Radwanderweg benutzt auf längeren Strecken die leere Bundesstraße. Oberhalb von Landeck ist die Bundesstraße stark autobelastet, aber mit Ausnahme von 6 km gibt es eine Nebenstrecke. Wo in Landeck die Häuser zwischen Straße und Inn aufhören, gelangt man über eine Brücke auf einen auch bei Regen befahrbaren, aber nicht ganz

autofreien Waldweg. Kurz nach dessen Ende in Urgen beginnt oberhalb von Altenzoll ein Asphaltsträßchen, das mehrmals den Inn kreuzt und in beiden Richtungen benutzt werden muss.

- *Reschenpass Nordseite:* Zumindest bergauf empfiehlt sich ein kleiner Umweg: Die Talstraße ins Engadin ist ruhiger als die Reschenstraße. Von Martina (1035 m) aus führt die „Engadiner" Straße nach Nauders (1394 m) an der Reschenstraße. Es sind nur 60 Höhenmeter mehr zu steigen als auf dem direkten Weg. Von Nauders zum italienischen Grenzübergang gelangt man ruhig auf einem asphaltierten Wiesenweg weit links der Hauptstraße.

St.-Anna-Turm
Reschensee (Vinschgau)

- *Reschenpass Südseite / Vinschgau:* Am Reschensee entlang gibt es gleich zwei Ausweichwege, die Promenade zwischen Straße und See und den etwas hügeligen Schotterweg auf dem Gegenufer. Wenig unterhalb von St. Valentin auf der Heide (1460 m) beginnt die ausgeschilderte Radwanderroute, die auf Wirtschaftswegen und Nebenstraßen auf der rechten Talseite bis kurz vor Meran (323 m) führt. Oberhalb von Burgeis (1215 m) ist die Route ein gepflegter Schotterweg – gut für bergauf –, die Hauptstraße eine einmalig schöne Abfahrt. Zwischen Burgeis und Schleis ist die Route nur etwas für beherzte Mountainbiker, dann aber eine sehr gepflegte, meist asphaltierte Wanderroute, die ab Laas überwiegend durch Obstgärten führt.
- *Weiterfahrt durchs untere Etschtal:* An Meran vorbei gelangt man auf Nebenstrecken auf der rechten Talseite bis Bozen. Anschließend muss man die „Nebenstrecke" über Kaltern mit recht vielen Autos teilen, ein Radweg von Bozen nach Auer/Ora wird aber derzeit am Etschufer angelegt. Bis zum südlichen Alpenrand dann weiter auf der rechten Talseite bleiben. Dazu zwei Tips: – Kurz vor Trento wechselt die Straße schräg hinüber zur Nationalstraße links der Etsch. Kurz bevor sie die Autobahn kreuzt rechts in eine Siedlung abbiegen! Man findet dann einen romantischen Schotterweg nach Trento. – Von Rivoli Veronese (schon am Alpenrand) nach Pontone empfiehlt sich die Nebenstrecke durch das Dorf Rivolti; weiter in Richtung Verona das erste Stück dann links der Etsch.

Timmelsjoch (2509 m) **Ötztal/Tirol – Meran/Südtirol**

Sportliche Alternative zu den beiden Nachbarpässen.

Nördliche Zufahrt: Zufahrt bis ins Inntal vergl. Reschenpass. Das Ötztal geht 10 km östlich von Imst auf 734 m aus dem Inntal ab. Im Ötztal liegen zahlreiche Urlaubsorte mit entsprechendem Autoverkehr.

Italienische Seite (Herbert Lindenberg): Viele scharfe Kehren und mehrere unbeleuchtete Tunnel führen auf italienischer Seite hinab ins Passaiertal. Diese grandiose, nicht ungefährliche Abfahrt war früher für Fahrräder und Wohnanhänger gesperrt. Da sich die oben angekommenen Radler aber nicht daran halten wollten, kniffen die Zöllner, die es damals noch gab, regelmäßig ein Auge zu. Seit einigen Jahren ist die Abfahrt nicht mehr für Radler gesperrt. Vorsichtig sollte man dennoch fahren.

Brennerpass (1374 m) **(Garmisch) – Innsbruck – Südtirol/Italien**
Von allen Nord-Süd-Übergängen ist dies der mit der stärksten Autobelastung. Eine Nebenstrecke gibt es fast nur von Innsbruck (574 m) bis Matrei (990 m), in Italien u.a. von Gossensass = Calle Isarco nach Sterzing (zusätzl. Steigung) und weiter nach Franzensfeste = Fortezza (bei Pfulters mountainbikelike). Von dort bis nach Bozen (262 m) fährt man fast nur auf der Nationalstraße.
Nördliche Zufahrt: Der Zirler Berg von Reith bei Seefeld (1130 m) ins Inntal hat sehr starken Lkw-Verkehr. Zum bergauf Radeln ist er ungeeignet, bergab wegen 16% Gefälle für Radler verboten, aber mit guten Bremsen selbst bei Regen zu schaffen.
Sportliche Alternativen: Statt durchs Wipptal über den Brenner kann man aus dem Zillertal über das **Pfitscher Joch** (2245 m) nach Sterzing (Vipiteno, 1247 m) gelangen. Auf österreichischer Seite ist das Rad allerdings 400 Höhenmeter zu schieben, teilweise zu schleppen. Auf italienischer Seite führt ein Fahrweg aus dem Tal bis zur Passhöhe.
Von Sterzing nach Bozen kann man, statt an der Eisack abwärts zu fahren, die Straße über das **Penser Joch** (2214 m) ins Sarntal nehmen.
Südliche Anschlüsse: Außer dem Etschtal auch das Pustertal, das bei Franzensfeste (Fortezza, 657 m) vom Eisacktal abzweigt.

Felbertauerntunnel (1650 m)
Für Fahrräder gesperrt, Kleinbusdienst der Tunnelgesellschaft mit Fahrradtransport.

Großglocknerstraße (2503m) **(Chiemgau) – Zell am See – Mölltal – (Iselsberg – Osttirol) – (Veneto)**
Nördliche Zufahrt bis Bruck a.d. Großglocknerstraße: Mehrere Möglichkeiten, alle mit stärker autobelasteten Abschnitten. Davon zwei:
- Marquarstein (608m) – Kössen – (ruhig) – Erpfendorf – (belastet) – Waidring – (mäßig) – Piller See – (ruhig) – Hochfilzen (959m) – (belastet) – Leogang – (Radwanderweg) – Bahnhof Saalfelden (724m) – (Radwanderweg, nicht immer gut zu finden) – Zell am See (Uferweg) – Bruck (755m).
- Salzachtal: Salzburg – (Salzachradweg und Tauernradweg teils abseits, teils auf der Bundesstraße) – Bruck. Kleiner Tipp: von Kuchl nach Golling statt des autobahnnahen Radwanderwegs Wiesensträßchen links der Eisenbahn von Dorf zu Dorf.

Pass: Oft starker Ausflugsverkehr von Pkws und Bussen. Zwischen den drei „Toren“ Fuscher Törl (Radrennziel), Mitteltor und Hochtor geht es jeweils wieder ein Stück hinunter, insgesamt ca. 200 Höhenmeter. Auf der Nordseite gibt es eine sehr anspruchsvolle Mountainbike-Strecke (bis 30%) von Rauris (958 m) zum Hochtor. Auf der Abfahrt nach Heiligenblut (1288m) gibt es etwas unterhalb der Abzweigung zum Franz-Josefs-Haus noch einmal eine verlorene Höhe.
Südliche Weiterfahrt: Von Winklern (965 m) kann man über den Pass Iselsberg (1208 m) nach Lienz (673 m) in Osttirol gelangen. Die einfachste Weiterfahrt von dort nach Italien ist zwar etwas umwegig, aber wenig anstrengend: Von Lienz ist Drau-aufwärts der Pustertal-Radweg ununterbrochen bis fast zur

Grenze abseits der Hauptstraße fertig, überwiegend am südlichen Drau-Ufer. Die 500 Höhenmeter bis San Candido/Innichen (1174 m) verteilen sich fast unmerklich auf 30 km. Weiter: Sexten (Dolomiten-Panorama!) – Kreuzberg-Sattel/Monte Croce (1636 m) – Piave-Tal. Dort, ab 10 km unterhalb S. Stefano, spürbarer, südlich von Longarone sogar sehr starker Verkehr. Mehrere Neubaustrecken mit teilweise langen Tunneln; die alten Straßenabschnitte parallel dazu ermöglichen mancherorts angenehmes Rad fahren, während sie in anderen Fällen gesperrt sind.

Radstädter Tauernpass (1739 m)

Salzburg – Oberes Murtal – (Kärntener Seen)
Außerhalb der Skisaison muss nur an den Wochenenden mit stärkerem Verkehr gerechnet werden.
Nördliche Zufahrt: Salzachtal von Burghausen durch Salzburg hindurch und bis Golling weitgehend autofrei auf den Salzachdämmen. Weiter Flussaufwärts auf der nicht schönen, aber durch die Tauernautobahn entlasteten Bundesstraße bis Altenmarkt.
Südliche Zufahrt: Die Katschberg-Straße ist im Tal der Lieser eng an die Tauernautobahn gedrängt. Schöner ist die Durchquerung der Gurktaler Alpen über die **Flattnitz** (1400 m, Dreieckspass). Alternativ bietet sich auch die inzwischen entschärfte **Turracher Höhe** an.

Sölker Pass (1788 m)

Salzburg – Steiermark – (östliches Kärnten)
Schönes, ruhiges Asphaltsträßchen, in beiden Richtungen zu empfehlen.
Nördliche Zufahrten: Aus Bayern durch das Salzachtal bis Radstadt wie zum dortigen Pass. Die stark belastete Ennstalstraße lässt sich dank neu ausgewiesener Radwanderwege weitgehend vermeiden. Ein Umweg über Filzmoos und Ramsau (400 Höhenmeter) ist nicht nötig, wird aber mit eindrucksvollen Ausblicken belohnt. Zufahrten aus Oberösterreich mit zusätzlichen Pässen.
Der *Pass* selber ist oben auf beiden Seiten über mehrere Kilometer bis zu 15% steil. Darum vorher nicht mit letzter Kraft fahren!
Südliche Fortsetzungen: Südwestlich über Murau (809 m) – Wöbringer Joch (1175 m) – **Flattnitz** (1400 m) – Steuerberg – zum Ossiacher See, weiter östlich über den **Neumarkter Sattel** (ca. 1000 m) – Hüttenberg – St. Margarethen bei Völkermarkt nach Slowenien, entweder über den **Kärntener Seeberg** (1230 m) oder östlich um die Karawanken herum.
Noch weiter östlich sind die Alpen so sehr aufgefächert, dass die Beschreibung der Überquerungsmöglichkeiten einen ausführlichen Österreich-Führer ergeben würde. Darum sei hier nur einer herausgehoben:

Präbichl (1232m)

(Linz) – Hieflau – Leoben – (Graz)
Das ist der Pass mit dem berühmten Erzberg. Entlang der ganzen Pass-Straße mehrere Industriemuseen („Eisenstraße“).
Nördliche Zufahrt: Ims Ennstal zwischen Steyr und Hieflau gibt es eigentlich nur die Bundesstraße. Die ist wegen vieler verlorener Höhen berüchtigt, aber von Weyer-Markt bis Hieflau (503m) alles andere als verkehrsreich, da sie durch extrem dünn besiedeltes Gebiet führt (Nationalpark Österreichische Kalkalpen, ein bisschen „Schluchten des Balkan“).
Pass: Auf der Nordseite der Ort Eisenerz (736m) mit dem Erzberg (1485m). Auf der Südseite, unterhalb von Trofaiach (659m), mehr Verkehr.

Weiterfahrt nach Südosten: In Leoben (532m) Richtung Bruck a.d. Mur immer links am Hang halten, Radweg führt zu abgehängtem alten Landstraßenstück. Im Zentrum von Bruck in Richtung Semmering fahren. Am Ostrand des Zentrums biegt dann rechts der Murtalradweg in Richtung Graz ab (linkes Mur-Ufer).

Alpen Offroad

Vorbemerkung

Für szenisch spektakuläre Offroad-Touren sind die Alpen ein fast unendlich großes Traumrevier. Wanderwege lassen sich weitgehend vermeiden. Generell wichtig für alpine Offroad-Touren ist eine gute Planung mit Zeitreserven.

Zur Ergänzung für die hier vorgestellten Touren gibt es gutes Kartenmaterial, Streckenbeschreibungen und Spezialführer (s. o., Karten u. Literatur).

Wer längere Touren plant, wird sich bei der Ausarbeitung der Route zwangsläufig an der Lage von Berghütten orientieren (s.o. Übernachten). Wer es zünftig mag, sollte dabei die leicht zugänglichen Hütten (etwa in Seilbahnnähe) meiden.

Von Mountainbikern eher gering geschätzt werden kleine, verkehrsmäßig unbedeutende Passstraßen. Dabei sind diese, nur teilweise asphaltierten Sträßchen steigungsmäßig oft genug der Hammer, 25% keine Seltenheit. Eine echte Herausforderung also, mit dem Vorteil vergleichsweise einfacher Orientierung. Schwieriger wird es bei Hochalmen, Gehöften, Waldungen und zu sonstigen Arealen führenden Fahrwegen – hier lauern bei laxer Planung frustrierende Sackgassen.

Zu den eindrucksvollsten und gar nicht mal schweren Offroad-Strecken gehören die aufgelassenen *Militärstraßen* aus dem 1. Weltkrieg. Nichts erinnert mehr daran, dass diese Schotterwege Relikte einer mörderischen Zeit sind. Die schönsten dieser Wege verlaufen in den italienischen und französischen Alpen als kunstvoll angelegte Höhenstraßen, geschützt knapp unterhalb der Grenzkämme. Dem Fremdenverkehr zuliebe werden sie weiterhin unterhalten.

Ausgewählte Alpenpässe und -touren für Mountainbiker *von Michael Kristl*

Mont Chaberton (3136 m, ital.-frz. Grenzgebiet, Piemont)

14 grob geschotterte Kilometer winden sich von dem kleinen Örtchen Fenils über satte 1850 Höhenmeter bis auf den „König des Susatals“ hinauf. Für konditionsstarke Bergkraxler ist das einst für Militärfahrzeuge konzipierte Serpentinensträßchen bis auf etwa 2000 m Höhe befahrbar. Der Mittelabschnitt bis zum Col del Chaberton (2670 m), über den die ital.-frz. Grenze verläuft, kann dann, am „Gespaltenen Fels“ vorbei, aufgrund des verfallenen Zustandes und der extremen Steilheit (bis über 20%) größtenteils nur schiebend zurück gelegt werden. Auch auf dem letzten Abschnitt über sich kühn am Steilhang empor windenden Zickzackkehren geht nicht nur dem Normalradler in der dünner werdenden Luft die Puste aus. Ist das Gipfelplateau auf französischem Staatsgebiet erreicht, kann sich der entkräftete Radler bei einem eindrucksvollen Tiefblick von den mächtigen Geschütz-

Abfahrt vom Gipfel des Mont Chaberton

türmen einer ehemaligen italienischen Festung ins fast 2 km tiefer liegende Tal noch mal den überwundenen Höhenunterschied vor Augen führen. Die Abfahrt fordert wegen der Steilheit und dem miserablen Wegzustand viel Geschick im Umgang mit dem Mountainbike und absolut einwandfreie Bremsen.

Seit 2000 ist der Chaberton für den motorisierten Verkehr komplett gesperrt.

Colle Sommeiller (3050 m, Italien/ Piemont)

Der Anstieg von Bardoneccia verteilt sich beim Colle Sommeiller auf einen viel längeren Streckenabschnitt (26 km) als beim Chaberton und kann deswegen von konditionsstarken Bergradlern komplett befahren werden – es sei denn, Schneereste zwingen einen, die letzten Höhenmeter zu Fuß zurückzulegen. Nicht zuletzt wegen Höhenlage und Länge ist dies eine außergewöhnlich kräftezehrende MTB-Tour! Steile Anstiege (bis 18%) wechseln mit flacheren Abschnitten ab. Auf den ersten 5 km ist die Straße geteert, geht dann aber in einen losen Schotterbelag über. Landschaftlicher Höhepunkt der Sommeiller-Strecke ist, neben dem Stausee des „Lac de Rochemolles“, ein riesiger Wasserfall, der auf etwa halber Strecke direkt an dem einsamen Bergsträßchen über eine Felswand herabstürzt. Nicht zu vergessen natürlich die Abfahrt, welche wohl zu den längsten in den Alpen zählt.

Seit 2007 ist die Strecke jeweils am Wochenende für den motorisierten Verkehr gesperrt.

Rifugio degli Abruzzi (2805 m, Italien/ Aostatal)

Landschaftlich einmalige MTB-Tour an den Fuß des Matterhorns. Vom Skigebiet Breuil/Cervinia leitet ein geschottertes Sträßchen zur im Sommer bewirtschafteten „Rifugio degli Abruzzi“. Zahlreiche Kehren führen den Radler auf einer Länge von 7 km bei bis zu 20% Steigung mitten in eine phantastische Hochgebirgslandschaft. Der mächtige Gebirgsstock des Matterhorn wirkt von der italienischen Seite zwar ungewohnt, ist aber nicht minder eindrucksvoll.

Wer nur eines der baltischen Länder bereisen möchte, sollte sich auf Estland konzentrieren, das landschaftlich, kulturhistorisch und infrastrukturell die Nachbarn klar aussticht. Das soll nicht heißen, dass man die beiden anderen Länder vergessen könnte. Ihre Höhepunkte sind nur rarer.

ROUTEN & REGIONEN

Mit je einer fiktiven Rundtour sollen die drei baltischen Länder hier skizziert werden. Landestypische Etappenziele stehen als Anhaltspunkte für die konkrete Tourenplanung.

Litauen

Weite Ebenen, sanftes Hügelland, dichte Wälder mit Sumpfgebieten, über 800 Flüsse, rund 3000 Seen und 99 km Küste: Das sind die landschaftlichen Hauptelemente Litauens, die samt arttypischer Fauna und Flora in fünf Nationalparks bewahrt werden. Auch an historisch Sehenswertem hat sich das ehemals mächtige Fürstentum, das einst bis zum Schwarzen Meer reichte, einiges bewahrt.

Kurische Nehrung

Wer mit dem Schiff angereist ist, beginnt seine Tour zwangsläufig in **Klaipeda** (Memel), einer „modernen" Hafenstadt mit 200.000 Einwohnern und einer ostpreußischen Altstadt, wo die Personenfähren zur gegenüberliegenden **Kurischen Nehrung** ablegen. Litauens berühmteste Landschaft ist ein streng reglementierter Nationalpark. Wer Kasse und Schlagbaum südlich von Smiltyn passiert hat (Zugangsbeschränkung in der Hochsaison möglich), den erwartet ein Wechselspiel aus Dünen und Tälern, endlosen Sandstränden und kristallklaren Buchten, alten Nehrungswäldern (Elche) und verträumten Fischerdörfern. Allerdings ist auf der alten Poststraße, der einzigen Straße der Nehrung, der Ausblick meist durch die Wälder verstellt. Man muss also schon jeweils kleine Abstecher zum Wasser machen. Landschaftlicher Höhepunkt ist das große Dünengebiet zwischen Juodkrante und Pervalka (Nagliu rezervatas). Auch diese Dünen sieht man zunächst von der Straße aus nicht. Hauptort der Nehrung ist schließlich **Nida** mit dem Thomas-Mann-Haus und den Fortsetzungen der „Litauischen Sahara": der *Großen Düne* und dem *Tal des Schweigens*. Wer bis zur russischen Grenze hinter Nida geradelt ist (50 km), kann mit einem GUS-Visum sogar bis nach Königsberg weiterkurbeln. Die meisten werden allerdings die selbe Straße wieder zurückfahren.

Alternativ zur Straße existiert ein beschilderter Radweg, der durch die Nehrungswälder führt. Er ist Teil des 212 km langen **Litauischen Küstenradweges,** der über Klaipeda und Liepaja nach Lettland führt. Der Litauische Küstenradweg ist seinerseits in den **Europaradweg R1** und die **EuroVelo-Route 10** (Ostsee-Runde) integriert.

Memellland

Südlich von Klaipeda führt die P211 ab Priekul, parallel zum Kurischen Haff, durch stille grüne Wiesen mit Futter suchenden Störchen und vorbei an ostpreußischen Backsteinhäusern mit roten Ziegeldächern zum Mündungsgebiet des **Nemunas** (Memel). Es lohnt, die Sackgasse bis zum Fischerdorf V*ente* an der Spitze der Landzunge zweimal zu radeln. Vorbei

Mitradler in Litauen

am Nemunas-Delta (Vogelschutzgebiet) geht es dann weiter nach Silute, einem Provinzstädtchen, das im einstigen Memelland als Heydekrug bekannt war. Südlich von Silute folgt ab Rusne, entlang des Nemunas, eine idyllische Strecke durchs Memelland. Pferdewagen, Milchkannen und Störche säumen den Weg durch die dünn besiedelte Region. Verkehrsarm sind besonders die P190 und P189 bis **Panemun** (Renaissance-Schloss).

Östlich von Pagegiai folgt dann die A228 weiter dem Memellauf bis Kaunas. Auch diese Straße ist nicht sehr befahren und radelnswert. 10 km NO Panemun passiert die A228 das Dorf Lumpnai, südlich davon liegt am Nemunas-Ufer der mystische *Rambynas-Berg* (heidnische Kultstätte). In Pilis, Raudon, Veliuona, bei Klangiai und Raudondvaris liegen Burgen und Schlösser am Weg, der schließlich nach über 200 km in Kaunas endet.

Als Alternative zur A228 kommt ab Vilkija auch die ruhigere Süduferstrecke in Frage. Dazu nach der alten Zollbrücke ab Mikitai für ca. 10 km auf einem Feldweg entlang dem Nemunas radeln. Anschließend führt die P107 über Zapyskis (bedeutende gotische Kapelle) nach **Kaunas**. Litauens zweitgrößte Stadt gilt als „Stadt der Museen". Meistfotografiertes Bauwerk der schmucken Altstadt ist ein kirchenähnliches Rathaus, das der Volksmund „Weißer Schwan" nennt.

Kaunus – Vilnius

Südlich von Kaunas mäandert der Oberlauf des Nemunas durch hügeliges Hochland (80–200 m), das von Seenplatten, Wäldern und Feuchtgebieten geprägt wird. Hinweis: Wer das am Kaunas-Stausee gelegene *Freilichtmuseum von Rumsiskes* besuchen will, kommt nur über die Autobahn dorthin. Südlich von Kaunas führen P108, P75 und P84 landschaftlich schön über Prienai (lohnender Abstecher nach Birstonas) nach **Druskininkai** (Kurort am Oberlauf des Nemunas, umgeben von Wäldern). Von hier aus auf der P19 nach **Varena** (Skulpturen-Straße an der A233) und über Rudiskes weiter nach **Trakai,** der in einem besonders schönen Seengebiet gelegenen einstigen Hauptstadt (imposante gotische Wasserburg). Von Trakai ist es dann nur noch ein Sprung bis **Vilnius** (trotz etlicher Sehenswürdigkeiten wenig Tourismus in der Hauptstadt).

Litauische Schweiz

Das nächste lohnende Etappenziel ist der rund 100 km nördlich von Vilnius gelegene **Aukstaitija-Nationalpark,** dessen einstiger Schönheitsfehler, das benachbarte AKW Ignalina (Tschernobyl-Typ), am 31.12.2009 endgültig vom Netz genommen wurde. Urwälder, Moränenhügel, Seen und Moore fügen sich hier so hübsch zusammen, dass die Landschaft als *Litauische Schweiz* bezeichnet wird. Günstiger Standort zur Erkundung des 300 qkm großen Parks ist das Touristendorf **Palus.** Eine Wanderkarte ist bei der Parkverwaltung erhältlich (in der Nähe von Meironys).

Siauliai – Klaipeda

Ca. 150 km westlich ist **Siauliai** der nächste bemerkenswerte Etappenpunkt einer Rundtour durch Litauen. 17 km nördlich davon erhebt sich der berühmte *Berg der Kreuze*. Der mit Tausenden von Kreuzen übersäte Hügel ist Wallfahrtsort und nationales Kraftzentrum. Interessante Etappenpunkte für das letzte Teilstück bis Klaipeda sind **Telsiai** (Dom), **Plateliai** (Hauptort im Zemaitija-Nationalpark, Seen und Sümpfe) und **Kretinga** (Kirche, Kloster, Marktplatz). Küstenwälder und Sandstrände ziehen sich von der lettischen Grenze bis Klaipeda. Der gepflegte alte Kurort **Palanga** ist das Zentrum einer 24 km langen Badeort-Gemeinde.

Wer von Litauen nun weiter nach Lettland will, kann die Grenze an sechs Stellen passieren: Auf der Küstenstraße nördlich Palanga, nördlich Mazeikiai, nördlich Joniskis, auf der 10 zwischen Panevezys und Bauska, nördlich Obeliai, bei Zarasai.

Lettland

Drei Großräume gliedern das Land: im Westen die Kurländische Halbinsel (bis 182 m), in der Mitte die von Gauja und Daugava durchflossene Niederung, im Osten die Hochländer Latgaliens und Livlands (bis 311 m).

Kurländische Halbinsel

Ausgangspunkt einer Lettland-Tour ist fast immer **Riga.** Die größte und potentiell schönste Stadt des Baltikums ähnelt deutschen Hansestädten wie Lübeck oder Stralsund. Trotz aller negativen Einflüsse der 50 sowjetischen Jahre existiert im einstigen „Paris des Ostens“ viel historische Bausubstanz, u. a. der größte Dom des Baltikums und über 800 große Jugendstilhäuser.

Von Riga aus bietet sich zunächst die **Kurländische Halbinsel** als beschauliches Tourengebiet an. Der Reiz liegt vor allem in der abgeschiedenen Verträumtheit vieler Winkel. Von **Jurmala,** der „Badewanne“ Rigas, führt eine reizende kleine Küstenstraße (P126, P125) nach **Kolka.** Besonders urwüchsig ist der Abschnitt Roja – Kolka, der jahrzehntelang Sperrgebiet war. Westlich von Kolkasrags (Leuchtturmruine) führt die Küstenstraße durchs *Sliteres-Naturreservat,* das auch 14 Fischerdörfer der Liven umfasst – ein fast schon ausgestorbenes Volk. Bis Ventspils bietet sich als reizvolle Alternative zur eigentlichen Küstenstraße A220 auch ein küstennaher Fahrweg an (führt durch winzige Fischerdörfer und auf den letzten 15 km auch an Steilküste vorbei). Von **Ventspils,** Lettlands wichtigstem Hafen, führt die A221 in südlicher Richtung weiterhin an schöner Küste entlang. Nach einem Abstecher zum urigen Fischerdorf Pavilosta auf der nun küstenfern verlaufenden A221 weiter bis **Liepaja** (gemütliche Hafenstadt mit hübscher Altstadt).

Etwa 120 km NO Liepaja windet sich die *Abava* durch eine der schönsten Partien der Kurländischen Halbinsel. Wer die P129 über Sabiles und Kandava wählt, bekommt eine Ahnung davon, weshalb diese Region auch „Kurländische Schweiz“ genannt wird. Der nächste bedeutende Etappenpunkt ist *Schloss Rundale* (Pilsrundale), ein barockes Prunkschloß, dem 15 km weiter östlich das Städtchen **Bauska** folgt, das selbst zwar bescheiden ist, aber eine große Ordensburgruine über der Musa, mit schönem Rundumblick, bietet.

Latgalisches Hochland

Entlang der Grenze zu Litauen (oder aber dem trägen Lauf der Daugava folgend) liegen nun rund 200 km durch unspektakuläres Agrarland vor dem Lettland-Radler, bevor **Daugavpils** erreicht ist. Die zweitgrößte Stadt im äußersten Südosten des Landes hat zwar außer einer Kathedrale und einer Festung ebenfalls wenig Aufregendes zu bieten, ist aber günstiger Verschnauf- und Ausgangspunkt fürs **Latgalische Hochland** (Latgales Augstiene). Flüsse und Bäche füllen dort, inmitten von Wäldern und Hügeln, hunderte kristallklare Seen. Dünn besiedelt und der Tradition verhaftet ist dieses „Land der blauen Seen“, die touristische Infrastruktur ist sehr dünn, freies Zelten angesagt.

Gauja-Nationalpark

Für die Tour zur *Livländischen Schweiz* (Gauja-Nationalpark), Lettlands landschaftlichem Top-Spot, empfiehlt sich die problemlose und weitgehend verkehrsarme Strecke Rezekne – Gulbene – Smiltene – Valmiera (190 km). In **Valmiera** angekommen, lohnt zunächst ein Abstecher zum 40 km NW gelegenen Mazsalaca, wo eine Stichstraße ins wildromantische Tal der *Salaca* führt. Dann zurück nach Valmiera, das am Nordrand des 900 qkm großen **Gauja-Nationalparks** liegt. Auf einer Länge von rund 100 km mäandert die Gauja hier inmitten ursprünglicher Wälder durch tief eingeschnittene, höhlenreiche Täler aus Sandsteinfelsen. **Sigulda** und **Cesis** sind die touristischen Zentren der Region, zahlreiche hübsch gelegene Biwakplätze sind im Park ausgewiesen. Die unbefestigten Fahrwege, die in Form mehr oder weniger fester Sandwege die Wälder durchziehen, sind super für gepäcklose MTB-Tagestouren. Karte und Infos: Parkverwaltung in Ligatne.

Blick auf Riga

Estland

Mit allen Buchten und Inseln summiert sich Estlands Küstenlinie auf stolze 3800 km. Allerdings sind die meisten der rund 1500 Inseln so winzig, dass sie auf keiner normalen Karte verzeichnet sind. Unübersehbar sind hingegen die beiden Großinseln *Saaremaa* (2673 qkm) und *Hiiumaa* (989 qkm). Landeinwärts bestimmen in Estland große Wälder, fruchtbare Niederungen und hügelige Hochländer (bis 318 m) das Bild, außerdem an die 500 Flüsse, rund 1400 Seen und mindestens noch zehnmal so viele Teiche und Sümpfe. Wie ein vollgesogener Schwamm sind daher weite Teile Estlands und entsprechend lückenhaft das Straßen- und Wegenetz.

Tallin – Tartu

Auch in Estland ist die Hauptstadt Anreise- und Ausgangspunkt der meisten Touren. **Tallin** glänzt mit einem geschlossenen, mittelalterlichen Altstadtbild und weiteren sehenswerten Bauwerken rundum. Ein großes Freilichtmuseum liegt am westlichen Stadtrand. Die Küstenregion östlich von Tallin offeriert mit dem **Lahemaa-Nationalpark** und der *Festung von Narva* zwei bedeutende Ziele. Nur die Radelbedingungen sind nicht sonderlich attraktiv, denn die einzige Straße östlich von Tallin ist für 50 km eine Autobahn, und bedeutende Abschnitte der Küstenregion sind durch Industrien und Ölschieferabbau ökologisch zugrunde gerichtet (insbesondere um Kohtla-Järve, aber auch Rakvere).

Gründe also, um NO-Estland, trotz schöner Küstenabschnitte, ggf. links liegen zu lassen und stattdessen nach SO durchzustarten. Abwechslungsreicher als die A202 ist hier der etwas längere Weg über die alten Landstraßen: Tallin – Aegviidu – Järva-Jaani – Jogeva – Saadjärv-See (!) – Tartu, insgesamt rund 220 km. **Tartu**, lebendige Universitätsstadt mit klassizistischer Altstadt und bewegter Vergangenheit, wurde als „Heidelberg des Nordens" bekannt.

Hochländer von Otepää und Haanja

Südlich von Tartu erstreckt sich das landschaftlich reizvolle Hochland von Otepää, wo sich Wiesen, Wälder, Hügelketten, Gewässer und Gehöfte zur „Estnischen Schweiz" verbinden. Lokaler Top-Spot ist der **Pühajärv-See,** der so manchem als malerischster See Estlands gilt. Von **Otepää** geht's südostwärts über **Võru** ins Hochland von Haanja zum **Suur Munamägi** (Großer Eierberg, 318 m). Ein Sandweg führt zum Aussichtsturm des höchsten baltischen Berges. Der weitere Weg übers westlich benachbarte **Rõuge** führt durch das anmutige „Land der Täler und Seen". Haanja und Rõuge sind schöne Ausgangspunkte für **MTB**-Unternehmungen.

Otepää – Pärnu – Virtsu

Das mit Tälern und Seen angefüllte Hügelland zieht sich bis hinauf nach Viljandi. Wer diese abwechslungsreiche Landschaft voll auskosten will, radelt erneut über **Otepää** zum Künstlerort *Elva* und von dort am Nordostufer des großen **Vortsjärv-Sees** (Wirz-See) entlang nach Viljandi, einem hübsch gelegenen Landstädtchen mit Ordensburg. Am Sumpfgebiet *Kuresoo* vorbei, und den Flussläufen von Navesti und Pärnu folgend, führt die große Estland-Tour schließlich nach **Pärnu**: 3 km Badestrand besitzt Estlands beliebtestes Ostseebad und ist auch noch Kur-, Hafen- und Industriestadt. Für die anschließende Tour nach **Virtsu** kommen zwei Strecken in Frage: Szenisch lohnender ist die Küstenstraße P70, kürzer und durchgehend asphaltiert hingegen die „Sumpf"-Straße P73.

Marktstand auf Sareemaa

Sareemaa

Stündlich verkehren Fähren von Virtsu zur Insel **Muhu**. Die drittgrößte Insel Estlands (198 qkm) ist ein Vorgeschmack auf die größte: Eine Dammstraße verbindet Muhu mit **Sareemaa** (dt. Ösel, 2671 qkm, 15 Ew./qkm), das in sowjetischer Zeit Sperrgebiet war und durch diese Isolation ursprünglich und bodenständig geblieben ist. Ackerbau kann nur auf einem Fünftel der flachen Insel betrieben werden, Dolomit wird beim Dorf Kaarma gewonnen, der Rest ist mehr oder weniger Landschaft pur: Kiefernwälder, Wacholderheide und 800 km Küste mit Buchten, Halbinseln, Steilufern und Dünen. Wehrkirchen und alte Bockwindmühlen sind Zeugen der Siedlungsgeschichte. Sehenswert sind die gotische Bauernkirche in *Karja,* der Windmühlenhügel im benachbarten *Angla,* die Meteoritenkrater von *Kaali* (3 km südl. Valjala), das Steilufer von *Panga,* die Bischofsburg im Hauptort **Kuressaare.** Das asphaltierte Straßennetz ist noch bescheiden, unebene Schotter- und Naturstraßen überwiegen. Da keine Steigungen zu bewältigen sind, kommen auch Gepäckradler auf ihnen zurecht.

Hiiuma

Noch steiniger, unfruchtbarer und dünner besiedelt ist die Schwesterinsel **Hiiuma** (989 qkm, 12 Ew./qkm). Aber auch hier viel unzerstörte Natur für beschauliche „Picknicktouren" per Rad. Hiiuma ist per Fähre von Rohuküla aus erreichbar; liegt 8 km westlich von **Haapsalu** (hübsches Hafenstädtchen mit sehenswerter Altstadt). Von Haapsalu aus bietet sich für den Rückweg nach Tallinn die Nebenstrecke über **Keila** an.

Sareemaa

Zimmer Hotels existieren in den meisten größeren Orten, sind aber nicht immer leicht zu finden. Während die Hotelpreise in Litauen noch niedrig liegen, haben sie in Estland westliches Niveau erreicht. Privatzimmer werden zunehmend in Feriengebieten angeboten.

Um die 30 **Jugendherbergen** gibt es bislang im Baltikum, die meisten in Litauen.

- *www.balticbookings.com*
- *www.hostellinglatvia.com*
- *www.lithuanianhostels.org*

Zelt Campingplätze hat es ca. 60 in Estland, ca. 30 in Lettland und ca. 20 in Litauen (www.camping.lt). In unmittelbarer Nähe von Gewässern auch diverse Biwakplätze (sehr einfach, oft ohne sanitäre Einrichtungen). Eine zunehmende Zahl von Bio-Bauernhöfen bietet ebenfalls Zeltmöglichkeiten an. Erfahrungsgemäß sind die Bauern im Baltikum sehr hilfsbereit, wenn es um einen Standplatz fürs Zelt geht Liter Milch frisch von der Kuh. Freies Zelten wird analog zum skandinavischen Jedermannsrecht großzügig toleriert. Ausdrücklich verboten ist es in Nationalparks, wo nur die dafür bezeichneten Plätze benutzt werden dürfen.

Karten und Literatur

Tourenkarte

- *Empfehlung:* Jana Seta: Straßenatlas 1:500.000 „Baltic countries & Kaliningrad region", 14,50 €, Spiral-Autoatlas mit allen Straßen und Infos, völlig ausreichend für Radtouren, Radwege sind allerdings nicht eingezeichnet.
- Freytag & Berndt: 1:400.000 „Baltische Staaten", 9,95 €, ähnlich dem Autoatlas, aber alles auf einem Blatt (doppelseitig bedruckt), gut für Streckenplanungen auf einen Blick.
- Vanta Aga 1:410.000, „Eesti Rattateed", 8,50 €, schön gemachte Fahrradkarte für Estland, mit vollst. Straßennetz und allen beschilderten Radrouten.

Osteuropa-Karten-Versand: *www.geobuchhandlung.de, www.mapfox.de*

Tourenführer

- Kettler Vlg: „Baltikum per Rad". Erstauflage 2006. Viele Infos, gute Skizzen, Streckennetz aber noch verbesserungsfähig.
- Vlg. Esterbauer (Bikeline): „Ostseeküste Baltikum". Entlang der Küste von Jurmala (Lettland) bis Tallin (Estland).

Fahrrad, Straßen, Wege

Fahrrad Fahrrad = dviratis (LT), velosipéds (LV), jalgratas (EST).
Das Baltikum ist selten bergig, so dass eine Nabenschaltung oft ausreichen würde. Eine Kettenschaltung ist aber vorzuziehen, da die Hinterachse stabiler ist, der Wirkungsgrad besser und mehr gefühlvolle Power auf sandigen Wegen zur Verfügung steht. Außerdem kann Gegenwind viel Kraft kosten, die bei kleinen Gängen leichter aufgebracht wird. Wegen Rauasphalt und häufiger Schotterstraßen ist Trekking- oder MTB-Bereifung empfehlenswert.

Man darf nicht mit vielen Fahrradwerkstätten rechnen, die westliche Fahrräder reparieren können. Daher ausreichend Ersatzteile und Werkzeug mitnehmen.

Events

In den Sommermonaten organisieren die baltischen Radlerverbände Sternradfahrten, die von Jahr zu Jahr mehr Teilnehmer haben. Kontakt: *www.bicycle.lt*

Straßen- und Verkehr

Wegen der dünnen Besiedlung ist das asphaltierte Straßennetz vergleichsweise weitmaschig, zu etlichen Hauptstraßen existieren keine Alternativen. Praktisch alle längeren Touren beinhalten daher immer einen Teil unbefestigter Straßen.

Der **Verkehr** ist allgemein gering. Die Fahrweise ist nur in Estland westeuropäisch-defensiv. Hingegen scheren sich in den Städten von Litauen und Lettland viele Autofahrer wenig um Radfahrer. Manchmal ist es unvermeidlich, auf der Standspur der Autobahn zu radeln. Baltische Autofahrer kennen das, niemand regt sich auf. Ohnehin ähneln die Autobahnen eher gut ausgebauten Landstraßen.

Estland besitzt bereits ein gut markiertes **Radroutennetz,** das geeignete Haupt- und Nebenstraßen verbindet, auch Internationale Radwege wie der Europaradweg R1 und der Eurovelo 1 sind markiert. Die beiden Nachbarn ziehen allmählich nach. Details: *www.bicycle.lt*

In Litauen gilt seit 2008 **Helmpflicht** (außer auf Radwegen). Außerdem muss bei Dunkelheit bzw. schlechten Sichtverhältnissen eine Leuchtweste getragen werden.

Radeln auf der „Autobahn“

Offroad (MTB)

Die Übergänge vom Tourenradeln zum Offroad-Biken sind fließend. Sanfte Topografie und ein dichtes Netz von „Naturstraßen“ ermöglichen auch mit Gepäck leichte bis mäßig anspruchsvolle MTB-Touren in allen Regionen. Generell kann davon ausgegangen werden, dass auf allen Wanderwegen geradelt werden darf. Einschränkungen können in Nationalparks wie dem der Kurischen Nehrung bestehen. Allgemein besteht aber wenig Neigung, das Biken irgendwo zu verbieten. Unbefestigte Wege sind im Südbaltikum sandiger als im Norden, wo die Böden steiniger sind.

BELGIEN

Daten 30.518 qkm • Aus. 220 x 270 km • 10,6 Mio. Einwohner • 347 Ew./qkm

Land Naturräumlich ist das *Niederbelgien* des Nordens eine Fortsetzung der Niederlande: Dem Dünengürtel der flandrischen Nordseeküste folgen fruchtbares Marschland und sandig-lehmige Geest, die höchsten Erhebungen liegen bei 50 m. Daran schließt sich das flachwellige *Mittelbelgien* an, das allmählich auf 200 m ansteigt. Dieses Hügel- und Tafelland ist von fetten Böden bedeckt und gilt als Kernland Belgiens. Schließlich bilden die Flusstäler von Maas und Sambre die Grenze zu *Hochbelgien,* wo sich das arg zerfurchte Gebirgsmassiv der Ardennen erhebt (bis 694 m).

und Leute Eine unsichtbare Grenze zwischen germanischer und romanischer Welt verläuft durch Belgien. Sie führte zum sog. Sprachenstreit der Belgier, die sich auch anderthalb Jahrhunderte nach der Staatsgründung schwer damit tun, eine gemeinsame Nation zu bilden. Niemand spricht „belgisch", eine belgische Sprache gibt es schlicht nicht. Drei Fünftel aller Belgier leben im flämischen Norden und sprechen niederländische Dialekte (germanisch), das Bevölkerungsdrittel im südlichen Wallonien ist dagegen französischer Zunge (romanisch). Zweisprachig ist nur die Hauptstadt Brüssel. Eine kleine deutschsprachige Minderheit (0,7%) lebt im Kreis Eupen (Provinz Lüttich).

„Berittene" Polizei in Belgien

per Rad erfahren Lange lag Belgien radtouristisch im Dornröschenschlaf, doch zumindest der nördliche Teil Belgiens, das „holländische" Flandern, ist aufgewacht und wirbt mit Verve um Radwanderer. Untermauert wird das Werben durch gut markierte Radrouten, bauliche Radwege und korrespondierende Tourenführer. Herzstück ist die **Vlaanderen Fietsroute,** ein gemütlicher Rundkurs, der es auf insgesamt 800 km bringt.

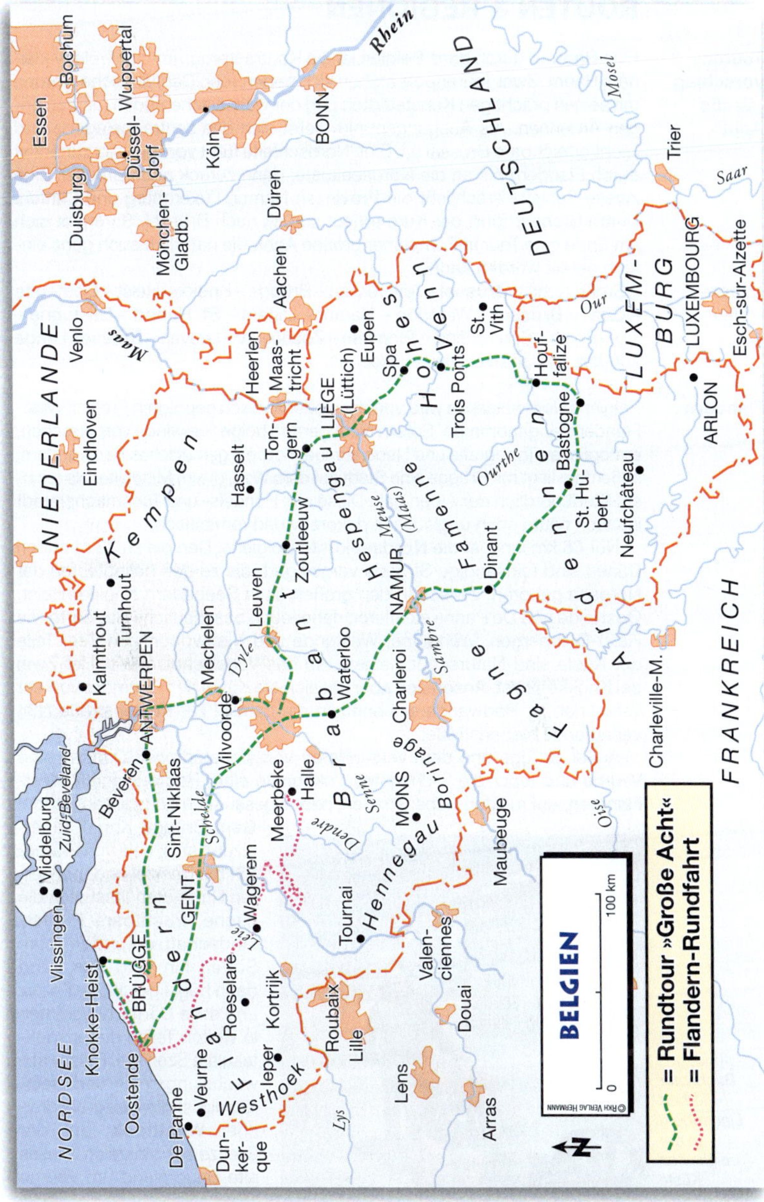
BELGIEN
0
100 km
= Rundtour »Große Acht«
= Flandern-Rundfahrt
© RKH VERLAG HERMANN
NORDSEE
NIEDERLANDE
DEUTSCHLAND
LUXEMBURG
FRANKREICH
Westhoek
Flandern
Kempen
Brabant
Hespengau
Hennegau
Borinage
Famenne
Ardennen
Hohes Venn
Rhein
Maas
Mosel
Saar
Our
Ourthe
Meuse (Maas)
Sambre
Dyle
Schelde
Senne
Dendre
Leie
Lys
Oise
Essen
Bochum
Duisburg
Düssel-dorf
Wuppertal
Köln
BONN
Mönchen-Gladb.
Düren
Aachen
Venlo
Eindhoven
Heerlen
Maas-tricht
Eupen
Spa
St. Vith
Trois Ponts
Houf-falize
Trier
LUXEMBOURG
Esch-sur-Alzette
ARLON
Bastogne
St. Hu-bert
Neufchâteau
LIEGE (Lüttich)
Ton-gern
Hasselt
Zoutleeuw
Leuven
Mechelen
Turnhout
Kalmthout
ANTWERPEN
Vilvoorde
Waterloo
NAMUR
Dinant
Charleroi
Charleville-M.
Halle
Meerbeke
MONS
Maubeuge
Beveren
Sint-Niklaas
GENT
Wagerem
Tournai
Valen-ciennes
Douai
Arras
Lens
Lille
Roubaix
Kortrijk
Roeselare
BRÜGGE
Knokke-Heist
Vlissingen
Middelburg
Zuid-Beveland
Oostende
Veurne
Ieper
De Panne
Dun-ker-que

ROUTEN & REGIONEN

Tourenvorschlag „Große Acht“

Eine Radtour durch ganz Belgien ist ein Kontrastprogramm auf relativ kleinem Raum. Zwei Tourenpole stehen sich gegenüber: Der flämische Norden mit seinen prächtigen Kunststädten und der wallonische Süden mit den urigen Ardennen. Als Ausgangspunkt bietet sich das zentral gelegene und leicht erreichbare Brüssel an. Eine Nordschleife führt von hier aus zunächst durch Flandern bis an die Nordseeküste, dann zurück nach Brüssel. Eine zweite Schleife erschließt die Provinzen Namur, Luxemburg und Lüttich. Durch Brabant führt der Kurs erneut zurück nach Brüssel. So ergibt sich am Ende eine Tour in Form einer großen Acht, die natürlich auch ganz einfach geteilt werden kann.

Tourenverlauf

(„Große Acht“): **Brüssel** – Antwerpen – Brügge – Knokke-Heist – Oostende – Gent – **Brüssel** – Waterloo – Namur – Dinant – St. Hubert – Bastogne – Trois Ponts – Spa – Liège – Tongeren – Zoutleeuw – Leuven – **Brüssel**. Länge 700 km. Dauer zwei bis vier Wochen.

Flandern

Belgiens Nordwestecke wird von der niederländisch geprägten Provinz West-Flandern eingenommen. Sofern nicht gerade böige Seewinde vorherrschen, ermöglichen Topografie und Nebenstraßennetz ein gemütliches Radwandern, außerdem liegt mit Brügge eine Stadt auf dem Weg, die im Mittelalter als reichste Stadt nördlich der Alpen galt. Diese alte Handels- und Tuchmacherstadt ist auch heute noch unglaublich dekorativ und romantisch.

Nur 66 km lang ist die **Nordseeküste** Belgiens. Den bis zu 33 m hohen Dünen sind feinsandige Strände vorgelagert, die zu den beliebtesten der Nordsee gehören. Zwischen den großen alten Seebädern Knokke-Heist, Oostende und De Panne existieren daher auch beschauliche Badeorte wie Heist-Duinbergen, Wenduine, Westende und Nieuwpoort aan Zee. Teile der Küste sind Naturschutzgebiete, so das Vogelschutzgebiet Het Zwin bei Knokke-Heist. Ansonsten aber hat sich die Küste dem Fremdenverkehr verschrieben. Radwanderer benutzen die parallel zur Küstenstraße N34 verlaufende Nebenstraße.

Außer Brügge und dem versandeten Vorhafenstädtchen Damme sind Veurne und Ieper die wichtigsten Eckpunkte einer Radtour durch West-Flandern. Auf ruhigen Nebenstraßen, pappelgesäumten Kanalalleen (schön: Gent-Brügge-Kanal, Ieper-IJzer-Kanal, Leie von Warneton bis Deinze) und markierten Radrouten lässt sich die flache, fruchtbare Polderlandschaft erkunden; zum Süden hin wird das Land dann hügeliger. Weite Felder und stille Dörfer bestimmen in weiten Teilen die unspektakuläre Szenerie. Relativ abwechslungsreich und kleinräumig ist die wellig-waldreiche **Westhoek** an der Grenze zu Frankreich. Dieses alte Bauernland um Veurne

Buchautor Herbert Lindenberg an der belgischen Küste

und Poperinge gilt als ausgesprochen bodenständig und gemütlich.

Eine friedliche Agrarregion Ost-Flanderns ist die **Zwalm,** unterhalb von Gent. Ein dichtes Netz von landwirtschaftlichen Versorgungssträßchen bietet sich für familienfreundliche Radwanderungen an. Die Landschaft ist leicht hügelig, die maximale Höhendifferenz liegt bei 80 m. In nahezu jedem Dorf findet sich noch eine alte Wassermühle. Neben der autoorientierten „Zwalm-Route" existieren drei Radrouten, die jeweils in Munkzwalm, Roborst und Nederzwalm beginnen. Während die Autoroute gut ausgeschildert ist, hapert es bei den Radrouten noch. Geeignete Karten gibt es aber in den lokalen Buchhandlungen und bei den i-Büros von Munkzwalm und Zottegem.

Ronde van Vlaanderen

Die **Flandern-Rundfahrt** (Ronde van Vlaanderen, erstmals 1913) gehört zu den fünf Monumenten des internationalen Radsports. In Belgien ist es der Klassiker schlechthin. Jahr für Jahr verfolgen Anfang April Hunderttausende frenetischer Radsportfans die Eintagesfahrt von Brügge nach Meerbeeke (25 km westl. Brüssel, bei Ninove). Höhepunkte des ca. 260 km langen Kurses sind die 17 giftigen Anstiege („Hellingen") in den sog. „flämischen Ardennen", meist auf Kopfsteinpflaster (bei den Rennen mit Streusand abgemildert). Am schwersten sind Helling 6 und 7 (Paterberg und Koppenberg). Berühmt-berüchtigt ist aber der vorletzte Anstieg (Helling 16) durch Geraardsbergen (30 km südlich von Gent), wo sich ein schmaler Pflasterweg, genannt die „Kapellmuur", mit bis zu 23% Steigung auf einen 110 m hohen Kapellenberg windet. Hier, 17 km vor dem Ziel, brennt die Hütte lichterloh. Mit viel belgischem Bier wird gelöscht. Im April 2008 konnte der Belgier Stijn Devolder die Rundfahrt nach 6:24:02 h für sich entscheiden. Am Tag vor der eigentlichen Rundfahrt ist der Kurs für Jedermann freigegeben.

Für Radtouristen ist u. a. die grüne **„Ronde van Vlaanderen"-Route** (114 km) ausgeschildert. Ausgangspunkt ist Oudenaarde.

Antwerpen, Limburg

Abgesehen von der Kunststadt Antwerpen ist für Radwanderer in den beiden ostflämischen Provinzen vor allem das **Kempenland** attraktiv. Diese nördlich des Albert-Kanals (Antwerpen – Maastricht) gelegene Landschaft ist relativ unfruchtbar und daher dünn besiedelt. Große Heidegebiete (exemplarisch der Naturpark *Kalmthoutse Heide* nördlich Antwerpen-Stadt), Kiefernwälder, Viehweiden und Kanäle bestimmen dieses nach Osten hin ansteigende, friedlich unspektakuläre Land.

Hennegau, Namur, Lüttich

Zu den nahezu unbekannten Radelregionen gehört das einst von wallonischen Kohle- und Stahlbaronen beherrschte **Hennegau** (Hainaut). Vom Zechensterben gezeichnet ist dort die *Borinage,* südlich von Mons. Ebenso die Industrielandschaften an Sambre und Maas (zwischen Mons und Lüttich-Stadt). Treidelwege und Nebenstraßen laden zum Entdecken dieser von morbidem Charme und Industriebauten im Stil der Neorenaissance geprägten Industrieregion ein.

Freundlich und wohlhabend präsentieren sich hingegen die bäuerlichen Landstriche dieser Industrieprovinzen, wie etwa das **Hespengau** (Hesbaye) westlich von Lüttich-Stadt – welliges, fruchtbares Land mit Gutshöfen, Schlößchen, Herrensitzen, vielen asphaltierten Wirtschaftswegen und alle paar Kilometer ein Gasthof. Ein hübsches, allerdings schon recht hügeliges

Tourengebiet ist die den Ardennen vorgelagerte Senke der **Fagne Famenne** im Süden der Provinzen Hennegau und Namur mit schönen Laubwäldern, kleinen Flusstälern, Stauseen, Feldern und Wiesen.

Ardennen

Südöstlich der Maas-Furche erstreckt sich das landschaftlich interessanteste Tourengebiet Belgiens. Es beginnt mit dem Hügelland der **Niederardennen,** wo lang gezogene Steigungen über mehrere Plateaus führen, die nach Nordosten hin von 200 auf 500 m ansteigen. Wald, Heide und Weideland bedecken die durch Täler getrennten Hochflächen. Unten haben Ourthe und Lesse – Nebenflüsse der Meuse – enorme Tropfsteinhöhlen in den Kalkstein der Niederardennen gegraben (berühmt: die Grotte von Han-sur-Lesse). Nordöstlich schließen sich ab einer Höhe von 500 m die **Hochardennen** an. Hier hat sich eine bemerkenswerte Hochmoorlandschaft gebildet: das zum Deutsch-Belgischen Naturpark gehörende **Hohe Venn** (Hautes Fagnes). Uhrglasmoore sind typische Erscheinungen der herben und stark zerhügelten Landschaft. 14 km lang zieht sich die befahrene, aber breit ausgebaute 68 mit stetiger Steigung von Eupen auf den *Signal de Botrange* (694 m), höchste Erhebung des Hohen Venns und zugleich Belgiens.

Generell sind die Ardennen anstrengendes Tourenterrain. Aus den tief eingeschnittenen Flusstälern strebt manch kleine Nebenstraßen so direkt nach oben, dass man das Gefühl hat, gegen eine Wand zu fahren. Während normale Anstiege unter wallonischen Radsportlern als „Côte“ durchgehen (Steigung), werden solche Pochwerke ab 18% ehrfürchtig „Mur“ genannt (Mauer) und krönen so manches Radrennen.

Wie beschaulich ist da die Route durchs **Tal der Ourthe.** Von Houffalize bis Tohogne folgen Nebenstraßen diesem Tal. Auf diese Länge (ca. 60 km) hat das kein anderes Flusstal in den Ardennen zu bieten.

Dem Allgäu schließlich ähnelt die Ardennen-Landschaft im **Dreiländereck,** südlich von St. Vith. Die Sträßchen sind zwar sehr hügelig, aber nahezu autofrei und idyllisch.

Nebenstraße an der Maas

-Box Belgien

Einreise	Die Grenzen sind offen (Schengener Abkommen), ein Personalausweis genügt (D/A/CH).
Geld	Belgien gehört zur Euro-Zone, das Preisniveau entspricht dem deutschen.
Gesundheit	Das EU-weite Sozialversicherungsabkommen erlaubt Mitgliedern einer gesetzlichen Krankenkasse die Inanspruchnahme medizinischer Dienste. Details: *www.dvka.de*
Infos	▸ Tourismuszentrale Belgien: *www.visitbelgium.com* ▸ Tourismuszentrale Wallonien: *www.belgien-tourismus.de* ▸ Tourismuszentrale Flandern: *www.flandern.com* ▸ Tourismuszentrale Limburg: *www.toerismelimburg.be* ▸ Tourismuszentrale Ostbelgien: *www.eastbelgium.com* ▸ Fahrradverband: *www.fietsersbond.be* (nur holländisch) ▸ Große Flandernroute: *www.rad.flandern.de* ▸ Bezugsquelle für Topogids-Führer zur Flandernroute: *www.manymaps.de*
Wetter, Wind, Reisezeit	**Wetter** – Belgiens Klima bestimmt der Atlantik – mäßig warme Sommer und milde Winter. Die „feuchtesten" Monate sind Juli und August. Während Nieder- und Mittelbelgien im Jahresdurchschnitt nur 600–800 mm Niederschläge auf die Mütze bekommen, sind es im kühleren Hochbelgien 1100–1400 mm. **Wind** – Überwiegend *mäßige Brisen* (Windstärke 4) wehen an der Küste; Windrichtungen N bis SW. Im Landesinnern sind es vornehmlich *schwache Brisen* (Windstärke 3), die dann meist aus SW kommen. **Reisezeit** – Angenehm ist die Zeit von Mai bis Oktober. Schulferien sind von Anfang Juli bis Ende August. Optimale Tourenmonate sind Juni und September.

Anreise

Per Rad	Wenig reizvoll ist der direkte Weg von Aachen aus durch die Industrieprovinz Liège. Wesentlich freundlicher ist der „Umweg" durchs niederländische Limburg auf dem Radfernweg LF 6 (Aachen – Maastricht – Ieper/Westflandern). Daneben führen noch weitere Radwege grenzüberschreitend von NL nach Belgien. Schön, aber anspruchsvoll ist die Einreise durch den *Deutsch-Belgischen Naturpark.* Entweder via Monschau durchs **Hohe Venn** (Hertogenwald), oder über die **Schneifel** Richtung St. Vith (Übergang bei Weveler).
Per Bahn	Am besten mit dem **Nachtzug.** Nachtzüge haben Fahrradmitnahmemöglichkeiten (15 €, reservierungspflichtig), fahren direkt, und es gibt oft sehr günstige Sonderangebote (SparNight, früh buchen). Nach Brüssel bestehen Nachtzugverbindungen ab Hamburg und Bremen sowie Berlin und Hannover. Weitere Infos: *www.railpassenger.info, www.bahn.de/bahnundbike.*

Transport im Land

Die **Belgischen Eisenbahnen** (SNCB, www.b-rail.be) bedienen rund 3200 km Strecke und betreiben damit das zweitdichteste Bahnnetz in Europa (auf Platz 1: Tschechien). Fahrradmitnahme ist von allen Bahnhöfen aus in Nahverkehrs-, Regional- und IC-Zügen möglich (Fahrradkarte einfach 5 €, Tageskarte 8 €).

In **Bussen** ist keine Fahrradmitnahme vorgesehen und wegen des guten Eisenbahnnetzes eigentlich auch nicht erforderlich. In Flandern startete die staatliche Bus- und Tramgesellschaft **De Lijn** 2008 allerdings einen Test mit Fahrradabteilen in ausgewählten City- und Intercity-Bussen.

Übernachten

Zimmer DZ in Hotels und Pensionen ab 25 €. Privatzimmer gibt es kaum. Recht gleichmäßig verteilen sich die mehr als 30 Jugendherbergen übers Land (Infos über *www.djh.de*). Bei großem Andrang kann der Aufenthalt auf drei Übernachtungen begrenzt werden. In den Ferienzeiten für die JHs in Antwerpen, Brügge, Brüssel und Gent daher unbedingt reservieren. Hinzu kommen 15 Naturfreundehäuser, die vorrangig Mitgliedern offen stehen, aber auch Nichtmitglieder aufnehmen.

Campen Landesweit existieren rund 500 Campingplätze in drei Kategorien. Schwerpunkte sind die Küste und die Ardennen. Wanderhütten für vier Personen gibt es auf vielen Campingplätzen in Flandern (30 €/Hütte). Freies Campen ist nur auf Privatland und mit Einwilligung des Besitzers gestattet.

Karten und Literatur

Tourenführer

- Esterbauer Vlg. (Bikeline): „Radatlas Flandern-Route“, „Radatlas Limburg“.
- Esterbauer Vlg. (Bikeline): „bed & bike Flandern“.
- Meyer + Meyer Vlg.: „Radwanderführer Flandern“.
- Kettler Vlg.: „Belgien / Luxemburg per Rad“, die aktuelle Auflage stammt allerdings von 1994, Aktualisierungen: *www.kettler-verlag.de*
- NGI: „Topogids Vlaanderen Fietsroute“, Spiralführer mit 61 Karten (1:50.000) und deutscher Beschreibung. Bestellung nur online über *www.manymaps.de*

Fahrrad, Straßen, Wege

Fahrrad Eine 3-Gang-Schaltung reicht nur für Niederbelgien aus. Schon an den kurzen, oft knackigen Steigungen Mittelbelgiens und erst recht in Hochbelgien benötigen Radler, die mit Gepäck unterwegs sind, eine bergtüchtige Schaltung. Wegen der wechselhaften Wegbeschaffenheit sollten Felgen und Reifen nicht zu schmal sein. In Flandern, dem Land von Eddie Merckx & Nachfolgern, herrscht kein Mangel an Fahrradwerkstätten. Schlechter bestellt ist es in Wallonien (Südbelgien). An 35 Bahnhöfen der

SNCB können robuste Fahrräder mit 3-Gang-Schaltung gemietet werden. Rückgabe an anderen Bahnhöfen ist gegen Aufgeld möglich.

Straßen und Wege

Belgien hat zwar das dichteste Straßennetz Europas, aber die Hauptstraßen sind sehr befahren. Die vorhandenen Radwege sind meist in dürftigem Zustand, dennoch besteht eine Radwegbenutzungspflicht. *Klaus Gattner:* „Ein typisch belgischer Radweg besteht aus uraltem Asphalt oder Betonplatten mit faustgroßen Löchern. Auf Dauer macht einen das Geratter so mürbe, dass man irgendwann doch lieber auf der gut asphaltierten Hauptstraße fährt - egal wie befahren die auch ist." Ruhiges Radfahren ermöglicht das sehr dichte Nebenstraßennetz – vor allem südlich von Maas und Sambre (Hochbelgien). In Dörfern und auf abgelegenen Nebenstraßen muss mit Kopfsteinpflaster gerechnet werden (berüchtigt: die flämischen Ardennen in Ost-Flandern). Die Wegweisung ist gut, bei Fernzielen meist zweisprachig. Ausgeschilderte **Radwanderwege** sind vor allem im flämischen Landesteil verbreitet. Hauptachsen sind der Flandern-Rundkurs („Vlaanderen Fietsroute") und die grenzüberschreitende „Nordzeeroute" LF 1 (erster Abschnitt des „Europaradweges" R 1). Daneben gibt es sieben weitere Landelijke Fietsroutes, die das Flandern-Netz mit bilden. Die meisten, und mit dem Knotenpunktsystem auch am besten markierten Radwege hat die Provinz Limburg (2000 km). Auch die belgischen Ostkantone offerieren zusammen mit der Provinz Lüttich ein 850 km umfassendes Radwegenetz („Velotour Hohes Venn – Eifel").

Offroad (MTB)

Attraktiv und vielfältig sind die Möglichkeiten in den Ardennen. Forst- und Wanderwege erschließen die weiträumigen Hochplateaus und Kammlagen. Tabu sind die Schutzzonen der Kategorien C und D im Deutsch-Belgischen Naturpark.

„blikvanger" – Abfallkorb für Radler

BIH BOSNIEN-HERZEGOWINA

Daten 51.129 qkm • Ausd. 300 x 280 km • ca. 4,6 Mio. Einwohner • 89 Ew./qkm • Hauptstadt Sarajevo ca. 0,3 Mio. Ew.

Land und Leute Im Norden die Save-Niederung, im Westen, Osten und in der Mitte bewaldete und verkarstete Mittelgebirge, aus denen sich bis zu 2400 m hohe Gipfel erheben, im Südwesten die Dinarischen Alpen, tief im Süden zwanzig Kilometer Adria-Küste – macht zusammen Bosnien-Herzegowina! Das mittlerweile wieder recht friedliche Zusammenleben der großen Bevölkerungsgruppen – der muslimischen Bosniaken, der katholischen Kroaten und der orthodoxen Serben – wurde durch Abgrenzung erreicht. Als sog. Entitäten bilden die Bosniakisch-Kroatische Föderation und die Republik Serbien (Republika Srpska) den Staat Bosnien-Herzegowina. Überwacht wird der Burgfrieden vom Hohen Repräsentanten der UN. Dieses komplizierte Konstrukt spielt aber für den Reisenden praktisch keine Rolle. Oder doch: Sind die Wegweiser ausschließlich kyrillisch beschriftet, ist man in der Republika Srpska – Welcome!

per Rad entdecken In Bosnien-Herzegowina wütete der letzte Balkankrieg am heftigsten. Allerorten noch sichtbar sind die Zeichen des 1995 beendeten Krieges (Abkommen von Dayton). Zerschossene Häuserfassaden, verlassene Dörfer, abgetakelte Museen, verwilderte Ausflugsziele, gedrückte Stimmung. Die

Gebirgiger Süden bei Trebinje

größten touristischen Highlights – die Altstädte von **Mostar** und **Sarajevo** – sind aber bereits wieder so umfassend hergestellt, dass ein Besuch auf jeden Fall lohnt. Andere interessante Städte wie **Travnik,** die Stadt der Wesire, oder **Jajce** und **Banja Luka,** blieben vom Krieg weitgehend verschont. Auch den Gebirgslandschaften mit ihren schroffen, wie auch romantischen Ansichten konnte der Krieg wenig anhaben: sehenswerte **Schluchten** (Rakitnica, Kruscnica), **Seen** (Blidinje, Prokosko, Satorsko) und **Wasserfälle** (Kravice, Skakavac, Kozica) gibt es weiterhin.

Die Hauptstraßen sind in gutem Zustand, der Verkehr hält sich in Grenzen, das Preisniveau ist (noch) niedrig. Es könnte sich also wieder lohnen, das multikulturelle Balkan-Land nicht nur zu durchqueren, sondern auch intensiver per Rad zu erkunden. Leider dämpfen ungeräumte Minenfelder den Entdeckerspaß. Nirgendwo sonst wurden während des Balkankriegs so viele Minen gelegt wie in Bosnien-Herzegowina. 592 qkm des Landes sind weiterhin vermint. Jedes Jahr gibt es neue Opfer. Vielleicht wird das Land 2019 minenfrei sein (Quelle: BHMAC). Beradeln kann man das Land aber auch schon vorher. Man muss halt umsichtig sein und Extratouren vermeiden.

ⓘ-Box Bosnien-Herzegowina

Infos
- FVA: *www.bhtourism.ba*
- Minenräumdienst BHMAC: *www.bhmac.org*
- Air Bosna: *www.airbosna.ba*
- Balkan-Forum: *www.balkanforum.info*

Einreise D/A mit Pass oder Personalausweis, CH nur mit Reisepass. Kein Visum erforderlich für D/A/CH.

Geld 1 € = 1,95 Konvertible Mark (KM). Das Preisniveau ist ähnlich günstig wie in Serbien.

Gesundheit, Sicherheit Bislang kein Sozialversicherungsabkommen mit der EU. Auslands-KV sehr ratsam. In Städten und größeren Gemeinden ist das Leitungswasser generell trinkbar. Die Kriminalität ist gering. Gefahr geht von ungeräumten Minenfeldern aus: Überall wo Gras und Gestrüpp wuchern, ist große Vorsicht angeraten.

Klima, Reisezeit Kontinentales Klima mit kalten Wintern und warmen Sommern, zur Küste hin mediterran. Reisezeit ist von Mai bis Okt. (die wenigsten Regentage in Aug. u. Sep.).

Anreise
- Per **Flieger** mit Air Bosna, Adria Airways, AUA, Lufthansa, Malev von D und A nach Sarajevo.
- Per **Bahn** via Zagreb, dort Umsteigen nach Sarajevo. Die Fahrradmitnahme ist aber sehr unsicher, da kein Gepäckwagen. Infos: *www.hznet.hr*

Kyrillisch-Kenntnisse vorteilhaft

Nun springen sie wieder (Mostar)

Transport im Land Das Bahnnetz umfasst 1030 km, Fahrradmitnahme soll unproblematisch sein. Bei Bussen entscheidet der Fahrer (meist wird versucht, das Rad irgendwie mitzunehmen).

Übernachten Viele kleine Hotels und Privatzimmer. DZ in Mostar ab 10 €, in Sarajevo ab 25 €. Die auf dem Papier bestehende polizeiliche Meldepflicht wird normalerweise vom Hotel bzw. Vermieter erledigt. Im Idealfall erhält der Gast einen Durchschlag, den er bei der Ausreise vorweisen kann. In der Praxis wird man aber weder einen Durchschlag bekommen, noch bei der Ausreise danach gefragt werden.

Karten und Literatur
- Freytag & Berndt: Bosnien-Herzegowina, 1:200.000, 2008, 9,95 €.
- Freytag & Berndt: Slowenien / Kroatien / Serbien-Montenegro / Bosnien-Herzegowina / Mazedonien, 1:600.000, 2004, 7,95 €.
- ADAC: Kroatien, Bosnien und Herzegowina, Serbien, Montenegro, Albanien, Kosovo, Mazedonien, Slowenien, 1:750.000, 8,50 €

Fahrrad Es sind kaum Fahrräder im Lande unterwegs. Ersatzteile gibt es in beschränktem Umfang in den fünf bis sechs wichtigsten Städten des Landes.

Straßen und Verkehr Die Hauptstraßen sind in gutem Zustand, Nebenstraßen oft löcherig und geflickt.

Der Verkehr ist „mörderisch" lautet ein gängiges Urteil unter Radreisenden. Ermordet wird man nun zwar nicht, aber ein dickes Fell braucht man auf stark befahrenen Strecken, angesichts knapper Überholmanöver, schon. Auto- bzw. Lkw-Fahrer können oder wollen sich einfach nicht in die Lage eines Radfahrers versetzen.

BG BULGARIEN

Daten 111.000 qkm • Ausd. 280 x 440 km • 7,7 Mio. Einwohner • 70 Ew./qkm

Land Bulgarien ist ein bergiges Land mit zahlreichen, intakten Landschaftsvarianten. Zwei Drittel der Oberfläche bestehen aus Erhebungen, die mittlere Landeshöhe beträgt 470 m. Landschaftsräumlich prägen vor allem zwei Gebirgsbarrieren das Land: Im Zentrum der Querzug des karstigen *Balkan-Gebirges* (Stara Planina, bis 2376 m) und im Südwesten das steil aufragende *Rila-Rhodopen-Massiv* (bis 2925 m). Im Norden bildet die Donau die Grenze zu Rumänien. Südlich davon schließt sich die vom Donau-Hügelland unterbrochene Kornkammer der *Donau-Tiefebene* an (Nordbulgarien). Zwischen Balkan und Rhodopen erstreckt sich das *Tieflandbecken der Marica* vom Hochland um Sofia bis zur Thrakischen Ebene. In dieser zentralen Region schlägt das wirtschaftliche Herz Bulgariens, und das bedeutet Industrie und Zersiedlung. Etwa ein Drittel der 380 km langen *Schwarzmeer-Küste* eignen sich zum Baden.

und Leute Bulgariens Bevölkerung schwindet allmählich dahin. Seit 1980 hat das Land mehr als 10 Prozent seiner Einwohner verloren. Die hauptsächlich in den östlichen Rhodopen siedelnden Türken sind die größte Minderheit (4,5%). Auch die bulgarischen „Pomaken" (3%) bekennen sich seit der osmanischen Besetzung zum Islam. Wichtigste Religion ist jedoch die orthodoxe Kirche. Ihr verdankt Bulgarien das kyrillische Alphabet. Im touristischen Bereich wird zwar auch mit lateinischen Buchstaben geschrieben, aber nicht alle Wegweiser sind „zweisprachig". Gastfreundlicher als der orthodoxe Norden zeigt sich der moslemische Süden Bulgariens.

Auf einem ländlichen Marktplatz südlich von Kârdzali

per Rad entdecken Als Radreiseziel ist Bulgarien immer noch eine Art „terra incognita". Gründe sind sicherlich die dürftige touristische Infrastruktur (zumindest jenseits des Schwarzen Meeres), der Mangel an guten Nebenstraßen und überhaupt das Fehlen zugkräftiger Radrouten. Bulgarien hat aber durchaus seine Reize, auch wenn die manchmal überraschend sind. Entscheidend für den Wunsch durch Bulgarien zu radeln, dürfte vor allem Neugier sein. Neugier auf ein weniger bekanntes Land Europas, Neugier auf die Menschen dort und ihren bulgarischen „way of life". Der Rest findet sich, und die Chancen stehen nicht schlecht, dass es hinterher doch heißt: Wir kommen wieder!

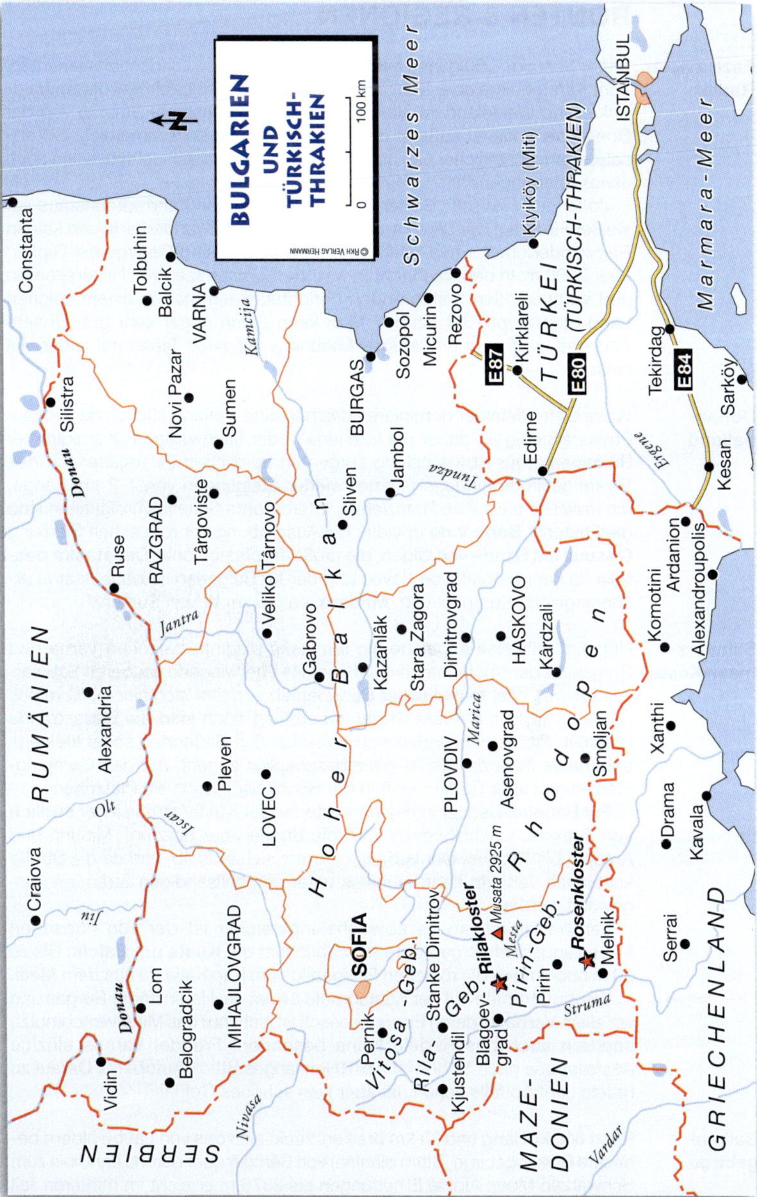
BULGARIEN UND TÜRKISCH-THRAKIEN
0
100 km
© RKH VERLAG HERMANN
Schwarzes Meer
Marmara-Meer
RUMÄNIEN
SERBIEN
MAZE-DONIEN
GRIECHENLAND
TÜRKEI (TÜRKISCH-THRAKIEN)
Hoher Balkan
Rhodopen
Vitosa-Geb.
Rila-Geb.
Pirin-Geb.
Musata 2925 m
Rilakloster
Rosenkloster
SOFIA
PLOVDIV
VARNA
BURGAS
RAZGRAD
LOVEC
HASKOVO
MIHAJLOVGRAD
ISTANBUL
Constanta
Tolbuhin
Balcik
Silistra
Novi Pazar
Sumen
Ruse
Târgoviste
Veliko Târnovo
Gabrovo
Sliven
Jambol
Sozopol
Micurin
Rezovo
Kirklareli
Kiyiköy (Miti)
Edirne
Tekirdag
Sarköy
Kesan
Ardanion
Alexandroupolis
Komotini
Xanthi
Kavala
Drama
Serrai
Melnik
Pirin
Smoljan
Asenovgrad
Kârdzali
Dimitrovgrad
Stara Zagora
Kazanlâk
Pleven
Alexandria
Craiova
Lom
Vidin
Belogradcik
Pernik
Kjustendil
Stanke Dimitrov
Blagoev-grad
E87
E80
E84
Donau
Olt
Jiu
Iscar
Jantra
Kamcija
Tundza
Marica
Ergene
Mesta
Struma
Nivasa
Vardar

ROUTEN & REGIONEN

Fazit zweier Radler

Dieter Schmidt: „Bulgarien besitzt zahlreiche intakte Landschaftsvarianten. Vom Karstgebirge über Schluchten, Obst- und Weinbauhügel bis zu Wald-Acker und Weideland ist alles zu sehen ... Die gesamte Strecke von der Donau bis Sofia ist äußerst empfehlenswert und panoramareich. Ein absoluter landschaftlicher Genuss, besonders die Iskarschluchten, wenn auch etwas anstrengend.“

Johannes Meusel: „Bisher ist Bulgarien für den Fahrradtourismus ein weißer Fleck auf der Landkarte. Es gibt keine Radwanderkarte und keinen Radwanderführer. Etwa zwei Drittel des Landes sind Gebirge mit Gipfeln über 2000 m. In den Nachrichten wird zur Sommerszeit von Hitzerekorden und verheerenden Waldbränden berichtet. Kann man in einem solchen Land überhaupt Rad fahren? Man kann – und sogar sehr gut. Unsere Radreise wurde ein großartiges Erlebnis – mit zwölf Tagen nur leider viel zu kurz.“

Donautiefland

Weite Getreidefelder dominieren das hügelige Tiefland südlich der Donau. Etwas eintönig ist daher die Szenerie in der flachwelligen „Kornkammer Bulgariens“, für Abwechslung sorgen im nördlichen Einzugsbereich des Balkangebirges hingegen immer wieder Steigungen von 1–2 km Länge, die teilweise bis auf 16% anziehen. Interessante Sehenswürdigkeiten sind die Festung **Baba Vida** in Vidin, die Ausgrabung der römischen Siedlung **Oescus** am Rande von Gigen, die große Tropfsteinhöhle **Devetaska pestera** 30 km nordöstl. von Lovec und der für Bulgarien so bedeutsame archäologische Komplex von **Madara** (ca. 15 km W von Sumen).

Schwarzmeer-Küste

Hügelig, teilweise sogar bergig (Eminska planina, zwischen Varna und Burgas) ist der Küstenstreifen entlang des überwiegend sauberen Schwarzen Meeres. Viel touristischer Badebetrieb entfaltet sich hier im Sommer. Dennoch wirkt die Küste weder zubetoniert noch sind die Badestrände überfüllt. Problemlos finden sich zwischen den Badeorten sogar kleinere, unbebaute Strände, wo es ganz beschaulich zugeht. Auf den Campingplätzen gibt's für Radler auch in der Hochsaison noch ein Plätzchen.

Für Badefans ist der interessanteste Teil der Küstenstraße jener **südlich von Burgas.** Leicht hügelig führt die Straße über Sozopol, Micurin und Ahtopol bis Rezovo. Der Verkehr nimmt zusehends ab, und da die Straße küstennah verläuft, kann mühelos unter den hellsandigen Stränden ausgewählt werden.

Landschaftlich etwas abwechslungsreicher ist der von hübschen Felsenlandschaften geprägte Nordabschnitt der **Küste um Balcik.** Bis zu 70 m hoch ragen die rötlichen Felsgebilde am Kap Kaliakra aus dem Meer.

Wermutstropfen auf der Küstenroute bilden die Hafenstädte Burgas und vor allem **Varna.** In deren Einzugsbereich ist nicht nur das Meer verschmutzt, sondern auch das Radeln keine besondere Freude. Varnas einzige Ausfallstraße nach Süden ist ein 10 km langes Stück Autobahn. Darauf zu radeln geht notfalls schon, ist aber kein schönes Gefühl.

Balkangebirge

Rund 600 km lang und 35 km breit erstreckt sich das von Laubwäldern bedeckte Balkangebirge (Stara planina) von Serbien quer durchs Land bis zum Schwarzen Meer. Alpine Erhebungen bis 2376 m erreicht im mittleren Teil der **Hohe Balkan,** der dennoch den sanften Mittelgebirgscharakter behält, der das gesamte Karstgebirge auszeichnet. Trotz seiner guten Zugänglichkeit ist der Balkan straßenmäßig nur vertikal erschlossen. So sorgen mehr als sechzehn bis zu 1438 m hohe Pässe für Durchlässigkeit von Nord nach Süd, aber keine einzige Straße verläuft in Kammrichtung. Da die **Nordhänge des Balkans** weniger steil als die südlichen sind, radelt es sich von N nach S entsprechend leichter.

Eine Ausnahme von dieser Regel bildet die landschaftlich schönste Straße im Balkan: Die durchs **Iskar-Tal** führende 16 radelt sich vorteilhafter von Sofia nach Mezdra als umgekehrt. Doch auch in dieser Richtung ist die im engen Durchbruchstal des Flusses ständig auf- und abpendelnde Straße noch anstrengend genug.

Rosental

Völlig anders geartet ist die Route durch das 130 km lange Rosental, das zwischen Hohem Balkan und dem südlich vorgelagerten Mittelgebirge Sredna Gora versteckt ist. Wer Ende Mai oder Anfang Juni auf der von **Klisura nach Kazanlak** führenden 6 unterwegs ist, radelt durch Meere von Rosen-, Lavendel- und Pfefferminzplantagen. Achtung: Tagsüber ist das Tal völlig reizlos, da alle neuen Blüten schon frühmorgens abgeerntet werden. Schöne Eindrücke bringt erst der späte Nachmittag, wenn sich die nächste Blütengeneration entfaltet.

Balkangebirge

Sehenswert im Bereich des Balkangebirges sind u. a. die Felsen- und Festungsstadt **Belogradcik,** die Tropfsteinhöhle **Magura** beim Dorf Rabisa, die malerisch gelegene, kulturträchtige Stadt **Veliko Tarnovo,** das denkmalsgeschützte Dorf **Koprivstica,** das **Trojan-Kloster** bei der Töpferstadt Trojan, das Museumsdorf **Etara,** die Ausgrabungen der bulgarischen Ur-Hauptstadt **Preslav.**

Offroad Balkan

Die im Allgemeinen nicht sehr schwierigen Fernwanderwege durchs Balkangebirge eignen sich technisch zwar gut für MTB-Touren, allerdings ist der Balkan lange nicht so gut erschlossen als die südlichen Gebirge Bulgariens (es gibt nur wenige Berghütten, kaum Wegemarkierungen und -karten).

Vitosa, Rila, Pirin und die Rhodopen

Vitosa, Rila und Pirin heißen die Gebirgsmassive südlich von Sofia. Bestens durch Wanderwege erschlossen ist das kleine, vor der Haustür der Hauptstädter gelegene **Vitosa-Gebirge** (bis 2290 m, allgemein aber unter 1400 m). Das überwiegend als Nationalpark ausgewiesene Gebirge ist uninteressant für Tourenradler, bietet sich aber für *MTB-Ausflüge* von Sofia aus an. Wegeskizzen sind erhältlich.

Deutlich größer und potenter ist schon das südlich ans Vitosa grenzende **Rila-Gebirge.** Über 200 Gebirgsseen, üppige Laub- und Nadelwälder, Almwiesen, liebliche Täler, felsige Gipfel und abgeschiedene Wildnisgebiete kommen hier zusammen. Außerdem der höchste Berg Südosteuropas – der begehbare *Musala* (2925 m) – und Bulgariens bedeutendste Sehenswürdigkeit, das in einem Hochtal gelegene *Rila-Kloster* (Übernachtung möglich).

Noch weiter südlich türmt sich das **Pirin-Gebirge** auf. Das starke Gebirgsprofil bewirkt Höhenunterschiede bis zu 1900 m. Das „Dach" des Pirin ist eine abwechslungsreiche Hochgebirgslandschaft rund um den *Vihren* (2914 m), die folgerichtig zum Nationalpark erklärt wurde. Kulturelle

Feuerwächter in der bulgarischen „Kornkammer" des Nordens

Anziehungspunkte sind das von bizarren Sandsteingebilden umgebene, museale Städtchen **Melnik** und das 6 km entfernte *Rozen-Kloster* (Rosenkloster).

Weniger alpin, flächenmäßig aber am größten, ist das **Massiv der Rhodopen** (bis 2191 m), die – getrennt durch das Tal der Mesta – östlich ans Pirin-Gebirge anschließen und mit ihren südlichen Extremitäten nach Griechenland hineinragen. Die Dörfer in den nahezu lückenlos von Wäldern und Wiesen bedeckten Rhodopen gelten als besonders traditionsverbunden. Heiter und harmonisch wie das Gebirge selbst gibt sich auch das im nördlichen Teil gelegene *Backovo-Kloster* bei Asenovgrad.

Rila-, Pirin- und Rhodopen-Gebirge sind straßenmäßig soweit erschlossen, dass sich einige landschaftlich sehr reizvolle Rundtouren auf Asphalt realisieren lassen. Die Passhöhen liegen zwischen 800 und 1400 m. Eine durchgehend „bequeme" Route gibt es nicht, alle denkbaren Rundtouren setzen sich aus leichteren und anstrengenden Abschnitten zusammen. Während die nordwärts gerichteten Straßen vorzugsweise in stetigen Flusstälern verlaufen (Struma, Iskar, Mesta, Vaca, Cepelarska), führen die Ost-West-Strecken in der Regel querab über Berg und Tal. Anstiege bis zu 15% müssen auf solchen Abschnitten verkraftet werden.

Offroad (MTB)

Günstige Ausgangspunkte für MTB-Touren sind:

- im **Rila-Gebirge:** Stanke Dimitrov, Kostenec, Samokov, Borovec und das Rila-Kloster (im Kloster oder nahebei, mehrere Campingplätze).
- im **Pirin-Gebirge:** Razlog, Bansko, Sandanski, Melnik.
- in den **Rhodopen:** Smoljan, Sokolovci, Pamporovo (u.a.).

Außerdem existieren rund 25 Gebirgshütten, die allerdings in der Hochsaison chronisch belegt sind.

ⓘ-Box Bulgarien

Einreise Seit 2007 ist Bulgarien Mitglied der EU. Touristen aus EU- und EFTA-Staaten benötigen zur Einreise lediglich ihren Pass (bis 90 Tage Aufenthalt).

Geld Der Kurs der Landeswährung Bulgarischer Lew (BGL) ist nahezu fest an den Euro gekoppelt. 1 € = 1,94 BGL (2010).

Ein- und Ausfuhr von Landeswährung ist verboten. Als bargeldlose Zahlungsmittel empfehlen sich EC- und Kreditkarten. Geldautomaten sind zahlreich vorhanden, die Gebühren für die Nutzung sind allerdings recht hoch (5–8%) und es heißt, dass sie auch ausspioniert werden. Auch bei den privaten Wechselstuben soll es relativ oft Betrügereien geben. Sicher ist der Geldwechsel bei einer Geschäftsbank. Das Preisniveau ist für Radreisende gut ein Drittel günstiger als in D.

Gesundheit Mit einem Anspruchsausweis ist die Behandlung nach bulgarischem Recht möglich. Die Leistungen sind aber sehr beschränkt. Reise-KV abschließen!

Infos
- Bulgarisches Fremdenverkehrsamt: *www.bulgariatravel.org*
- Infoportal: *www.bulgarien-web.de*

Wetter, Wind und Reisezeit Nördlich des Balkan-Gebirges ist das **Klima** kontinental geprägt, südlich davon – besonders im offenen Osten – werden mediterrane Einflüsse spürbar. Etwas regenreicher sind Mai und Juni, warm und regenarm Juli bis September. Furchtbar schwül kann es im Sommer in den Tiefebenen werden, angenehmer ist es zu dieser Zeit an der Schwarzmeer-Küste, erfrischend in den Höhenlagen der Gebirge.

Der **Wind** weht überwiegend aus westlichen Richtungen, am Schwarzen Meer auch aus östlichen. Starkwinde sind selten.

Schulferien sind landesweit von Anfang Juli bis Mitte September. Günstige Tourenmonate für die tiefergelegenen Landesteile sind Mai/Juni und September/Oktober, für die Gebirge Juni bis September.

Anreise

Per Rad Gut 2000 km sind bspw. für die Anreise Frankfurt – Sofia zu veranschlagen (via Tschechien, die Slowakei, Ungarn und Rumänien oder Ungarn und Serbien). Sind die Rhodopen das eigentliche Zielgebiet der Tour, empfiehlt sich der nordwestlichste Grenzübergäng Calafat/RO – Vidin/BG (Donau-Fähre). Für die Schwarzmeer-Küste empfiehlt sich der Donauradweg (via Ungarn und Serbien nach Rumänien). Einreise von Rumänien aus über die „Brücke der Freundschaft“ (Giurgiu – Ruse), besser noch der Übergang bei Silistra (Donau-Fähre). Der Streckenanteil in Rumänien beträgt je nach Übergang 400 bis 800 km.

Per Bahn Aufwändig! Direktverbindungen nach Sofia bestehen ab München und Berlin. Die Fahrtdauer beträgt mit Umsteigen bis zu 36 Stunden. Die schnellste Verbindung ab München (via Slowenien, Kroatien, Serbien, Rumänien) dauert immer noch 25 Stunden. Weiterer Nachteil: Das Fahrrad kann nur zerlegt im Abteil mitgenommen werden, kein Versand!

Per Flieger Die eindeutig einfachste Möglichkeit nach Bulgarien zu gelangen, ist die mit dem Flieger. Linien landen in Sofia, Urlaubsflieger am Schwarzen Meer in Varna und Burgas.

Transport im Land

Gut 4000 km umfasst das Streckennetz der **Bulgarischen Staatsbahnen** (BDZ). Fahrradmitnahme ist bei allen Zügen gegen eine geringe Gebühr möglich (Ausnahme Expresszüge). Ist kein Gepäckwagen oder -abteil vorhanden, wird das Fahrrad im letzten Waggon transportiert. Zettel mit Namen und Zielbahnhof am Fahrrad befestigen. Fahrradversand ist in Bulgarien ebenfalls möglich, kostet max. 3 €.
Infos: *www.railpassenger.info*
Fahrradmitnahme in **Überlandbussen** ist gegen geringes Entgelt möglich.

Übernachten

Zimmer Preiswert sind Hotels mit bis zu drei Sternen, aber auch Pensionen und Privatzimmer. DZ ab 8 €, aber nicht in den Urlauberzentren, dort bis zu vier mal so hohe Preise wie normal. Während die Anzahl moderner Quartiere in den Urlaubsregionen (Küste, Gebirge) relativ groß ist, wird man sich in den übrigen Landesteilen oft mit einfachen, renovierungsbedürftigen Hotels abfinden müssen. Über 50 Jugendherbergen zählt man in Bulgarien, die meisten im Einzugsbereich der Rhodopen. Der Komfort ist bescheiden, die Preise aber relativ hoch (3–13 €, 30% Rabatt mit Ausweis). In der Feriensaison ist Reservierung angebracht. Einfach, aber stimmungsvoll sind Übernachtungen in Kloster-Herbergen. Die meisten sind billig, manchmal wird dort aber auch abgewimmelt oder abgezockt, etwa im Rila-Kloster.

Campen Die meisten Campingplätze finden sich an den Badestränden der Schwarzmeer-Küste. In der Regel sind dies große Plätze mit mäßigem Standard und riesigem Strand. Auch im Sommer nicht überlaufen. Zwei Pers. mit Zelt zahlen in der Hochsaison rund 6 €. Mehrere Plätze auch in den Rhodopen und im Balkan, so gut wie keine jedoch in den Tiefebenen. Freies Campen ist verboten, stellt aber mancherorts die einzige Übernachtungsmöglichkeit dar. Wer sich von der Polizei erwischen lässt, muss mit Geldstrafe rechnen.

Tourenkarten

- Freytag + Berndt, Bulgarien, 1:400.000. 9,95 €. Zuverlässige Standardkarte.

- Freytag + Berndt, Schwarzmeerküste, 1:130.000. 9,95 €.
- World Mapping Project, Reise Know-How, Bulgarien, 1:400.000. 8,90 €
- World Mapping Project, Reise Know-How, Schwarzmeerküste, 1:130.000, 8,50 €.

Fahrrad

Minimalstandard sind eine bergtüchtige Schaltung, nicht zu schmale Reifen (ab 32 mm), rüttelfeste Gepäckträger und ein bequemer Sattel. Bislang haben sich nur in den Großstädten einige Fahrradläden etabliert, die auch höherwertige Komponenten führen. Selbsthilfe ist angesagt.

Straßen und Wege

Straßen Bulgariens befestigtes Straßennetz ist nicht sehr dicht, es umfasst nur rund 35.000 km. Radreisende werden daher auch Fernstraßen benutzen müssen, zu denen es – auch wegen der Übernachtungsmöglichkeiten – oft keine sinnvolle Alternative gibt. Auf den verkehrsarmen regionalen Hauptstraßen sind „ondulierte" Asphaltdecken möglich, auf Ortsdurchfahrten Pflastersteine. Wegweiser sind prinzipiell kyrillisch beschriftet, zweisprachig sind sie nur an den großen Fernstraßen. Bulgariens Autofahrer begegnen Radlern überwiegend friedfertig.

Offroad (MTB) Mit der nötigen Umsicht kann auf allen Wegen und Trails geradelt werden, die auch für Wanderer frei zugänglich sind. Bulgariens attraktivste MTB-Reviere befinden sich in den Gebirgen Rila und Rhodopen.

Those were the days: Schwarzes Meer anno 1988

Verschlungene Wege durchs Pirin-Gebirge

von Ralf Farrelmann

Ein schmaler Schotterweg

Nach dem Besuch des Rosenklosters mache ich nun eine Kehrtwendung in Richtung Nordosten, die mich zum Schwarzen Meer bringen soll. Anstatt aber bis ganz an die griechische Grenze zu fahren, will ich durchs Pirin-Gebirge radeln. Auf meinen Karten ist ein entsprechender Weg eingezeichnet. Doch bald wird aus der Schotterpiste ein schmaler Weg, der nur noch aus tiefem Schotter besteht, von der Steigung ganz zu schweigen! An einem Bach fülle ich noch einmal meine Flaschen auf, dann geht es entlang einer Bergkette, und die Aussicht ins Tal, das inzwischen weit unter mir liegt, ist überwältigend. Allerdings zweigen immer wieder Forstwege ab, und es ist schwer zu erkennen, welcher Weg der richtige ist. So verfahre ich mich auch prompt und stehe nach zehn Kilometern plötzlich zwischen ein paar Holzstapeln und einer Meute Hunde, die mich nicht gerade willkommen heißen. Also zurück und eine andere Piste versuchen.

So vergehen Stunden und plötzlich wird mir bewusst, dass ich schon lange an keinem Bach mehr vorbeikam und es bereits dämmerig wird. In der Dunkelheit werde ich nicht mehr fahren können, denn immer wieder machen mir faustgroße Steine das Leben schwer. So sollte es auch nicht lange dauern, bis ich in so einem Geröllfeld zum Stillstand komme, und, da ich nicht rechtzeitig aus den Pedalhaken komme, mitsamt Rad umfalle.

Langsam reut mich meine Entscheidung, denn aus den geschätzten 20 km sind inzwischen schon weit mehr als 40 km geworden, den Umweg nicht mitgerechnet! Mein einziger Trost ist die Flasche Rotwein im Gepäck, die zugleich meine letzte Flüssigkeitsreserve ist. Mit dem letzten Tageslicht erreiche ich eine Schlucht. Ich halte an, um zu schauen, ob in einem kleinen Einschnitt vielleicht Wasser zu finden wäre und höre ein leises Rauschen. Ist es der Wind, der durch die Bäume pfeift oder ein entfernter Wasserfall? Immer wieder halte ich an und lausche, ohne mich recht entscheiden zu können. Es geht um eine Kurve und plötzlich ist da eine kleine Wiese mit einem Bach. Zuerst wird der Rotwein kalt gelegt, dann das Abendessen angesetzt, das Zelt baue ich schon im Dunkeln auf. Eine tiefe Stille macht sich breit, nur das Plätschern des Bachs ist noch zu hören. Lange liege ich noch wach und genieße es, hier sein zu dürfen.

Wodka macht die Runde

Am nächsten Tag versichern mir ein paar Forstarbeiter, dass ich noch auf dem richtigen Weg bin. Doch der verschlechtert sich erneut zusehends, bis nur noch zwei ausgespülte Rinnen übrig bleiben. Alles was noch an eine Straße erinnert, sind ein paar verrostete Straßenschilder, die scheinbar im Nichts stehen. Unerwartet versperrt mir eine Rinderherde den Weg. Erst sieht der Bulle in meinem Rad einen Rivalen, dann stellt mir der Wachhund nach. Danach folgen sechs Kilometer Serpentinen, die ich zum größten Teil schiebend zurücklege. Als ich gegen Mittag den Bergkamm erreiche, bin ich ziemlich froh, bin allerdings nicht alleine. Eine Familie ist mit ihrem Trecker hier hochgefahren, um ein Lager aufzuschlagen. Das wirkt so irreal wie alles an diesem Unternehmen. Nach einer gebührenden Pause, in der ich Berge und Vegetation auf mich wirken lasse, wechsle ich in ein anderes Tal, wo es nach Pirin geht. Pirin ist ein arg zerfallenes Dorf. Durch die Ritzen der Holzhäuser könnte man Hüte werfen, und der einzige Laden hat nur früh morgens und spät abends geöffnet, wenn die Leute von den Feldern kommen. Bei einer Hütte werde ich angehalten und zum Mittagessen eingeladen. Es gibt leckeren Salat und Wurst, und eine Wodkaflasche macht die Runde. Gut gestärkt und etwas „fröhlich" mache ich mich an die Abfahrt ...

DK DÄNEMARK

Daten

43.000 qkm • Ausd. 340 x 280 km (ohne Bornholm) • 5,2 Mio. Einw. 120 Ew./qkm

Land

Flachwellig ist das Brückenland zwischen Mitteleuropa und der skandinavischen Halbinsel. Als landesweit höchste Erhebung bringt es der *Yding Skovhøy* in Mitteljütland auf 173 m. Das gilt in Dänemark bereits als Gebirge. Der zweithöchste „Berg" krönt die abgeschiedene Granitinsel Bornholm (162 m). Ausgeprägtes Flachland findet sich vor allem im westlichen Jütland. Hügeliger ist das östliche Jütland, wo der Jütländische Höhenrücken zur Küste hin sogar mit längeren Steigungen aufwartet.

Zwei Drittel der dänischen Landesfläche werden landwirtschaftlich genutzt, ein Zehntel ist bewaldet. Während die Westküste des dänischen Festlandes eine sandige Ausgleichsküste ist, zerfällt die Ostküste in ein Puzzlespiel aus kleinen Förden, Sunden und rund 480 Inseln, von denen Seeland, Fünen, Falster, Lolland und Bornholm die größten sind.

Außenpolitisch gehören auch die Färöer Inseln und Grönland zu Dänemark. In diesem Buch haben sie ihren eigenen Platz.

und Leute

Einer Umfrage zufolge sind die Dänen das zufriedenste Volk der EU. Hochfahrendes ist ihnen ebenso fremd wie Protzerei. Lieber gestalten sie ihr kleines Land gleichmäßig „hyggelig" (gemütlich) und versuchen eine homogene, friedliebende Nation ohne allzu viele Einwanderer zu sein. Das Image des klassischen Familienurlaubslandes ist den Dänen auf den Leib geschneidert. Englisch und Deutsch sind weit verbreitet.

per Rad erfahren

„Hjertelig velkommen!" Die Bedingungen für Alltags- wie auch Urlaubsradler gehören zu den besten in Europa. Der Durchschnittsdäne radelt 800 km im Jahr. Gemeinsam mit dem Durchschnittsholländer ist er damit der eifrigste Radbenutzer in Europa. Während in den Niederlanden aber jedem Einwohner alle 16 Jahre ein Fahrrad gestohlen wird, trifft es den Durchschnittsdänen statistisch nur einmal in 80 Jahren.

Wegen der guten Möglichkeiten, das Land auf separat geführten Radwegen zu erkunden, der nicht zu anstrengenden Topografie und den kurzen Entfernungen ist Dänemark für stressarme Radwanderungen ideal. Familien sind hier bestens aufgehoben. Auch Tandem- und Liegeradfahrer sind hier richtig – besonders wenn es gegen den Wind geht.

Gute Bedingungen für Liegeradler

Nordsee
Skagerrak
Skagen
Hirtshals
Hjørring
Frederikshavn
Göteborg
SCHWEDEN
Atran
Jammerbugten
Vendsyssel
LÆSØ
Hanstholm
Thisted
Limfjord
ÅLBORG
Mors
Kattegat
Halmstad
ANHOLT
Mariagerfjord
Lemvig
Skive
Randers
Holstebro
VIBORG
Gudena
Djursland
Grenå
Öresund-brücke (f. Radler gesperrt)
Storå
Silkeborg
Molsbjerg
ÅRHUS
Himmel-bjerget 197 m
Herning
Ringkobing Fjord
Skjern
Helsingborg
Sjællands Odde
Helsingør
Lands-krona
Hillerød
Horsens
Samsø
SEELAND
Billund
VEJLE
Kalund-borg
Holbæk
Kopenhagen
Varde
Hindsholm
Großer Belt
Fredericia
ROSKILDE
Esbjerg
Kolding
FÜNEN
Malmö
Slagelse
Køge
FANØ
RIBE
ODENSE
Haderslev
Fynsker Alper
Nyborg
Korsør
Næstved
Fladsa
Kleiner Belt
RØMØ
Faborg
Beltbrücke (f. Radler gesperrt)
Svendborg
Åbenrå
Stege
Møns Klint
Ostsee
Tønder
LANGE-LAND
Nak-skov
MØN
Sylt
Sondera
ALS
Sønderborg
Padborg
AERØ
Maribo
NYKØBING
Flensburg
Gelting
Bagenkop
FALSTER
n. Saßnitz auf Rügen
Rødby
LOLLAND
Gedser
Schleswig
Rügen
Kieler Bucht
Puttgarden
Zingst
Kiel
Fehmarn
Stralsund
DEUTSCHLAND

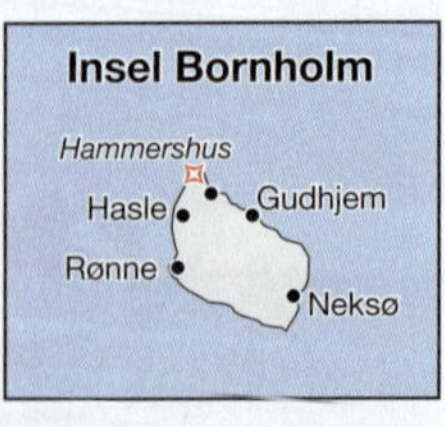

Insel Bornholm
Hammershus
Hasle
Gudhjem
Rønne
Neksø

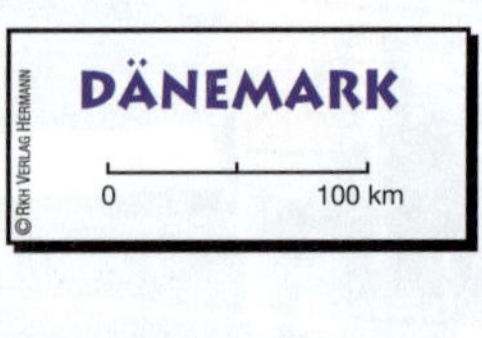

©RKH Verlag Hermann
DÄNEMARK
0
100 km

ROUTEN & REGIONEN

Dänemarks Radfernwege (National cykelrute)

National Cykelrute 1

Westküste
Von Rudbøl über Esbjerg bis Skagen entlang der Nordseeküste. Von insgesamt 550 km ca. 180 km auf nichtasphaltierten Wegen. Kaum Steigungen, sehr wenig Verkehr. Es gibt mehrere Museen mit Küsten- und Meeresthematik.
National

National Cykelrute 2

Hanstholm –Kopenhgn.
Nördliche Querschnittsroute durch alle Landschaftsformen. Hanstholm – Insel Mors (!) – Grenå – Kopenhagen. Insgesamt 420 km, davon rund 40 km auf nichtasphaltierten Wegen. Hügelig.

National Cykelrute 3

Hærvejen
Dänemarks Radroutenklassiker, der Hærvejen, verläuft auf bis zu 5000 Jahre alten Wegtrassen (Heeres-, Viehhandels- und Pilgerwege) entlang des Jütländischen Höhenrückens von Padborg über Viborg nach Skiveren. Maßvoll hügelig. Von insgesamt 450 km rund 100 km Kieswege. In D: Anschlussradwanderweg Ochsenweg bis Wedel. Karte: Hærvejen, 1:100.000, DCF-Kartenset mit Infos, auch für den deutschen Abschnitt, ist erhältlich.

National Cykelrute 4

Søndervig – Kopenhgn.
Zentrale Querschnittsroute durch Mitteljütland (Silkeborger Seenhochland, Jütländischer Höhenrücken) und Seeland. Søndervig (bei Ringkøbing) – Århus – Kopenhagen. Insgesamt 300 km, davon 45 km auf Kieswegen. Hügelig, höchster Punkt 160 m.

National Cykelrute 5

Ostküste
Von Skagen über Århus nach Sønderborg entlang der jütländischen Ostseeküste mit ihren Fjordstädten und Kunstmuseen. Von insgesamt 625 km etwa 60 km Kieswege. Die ersten zwei Drittel sind oft recht hügelig.

National Cykelrute 6

Esbjerg – Kopenhgn.
Querschnittsroute durch Mitteljütland, Fünen und Seeland. Esbjerg – Odense – Kopenhagen. Von 325 km nur 20 km auf Kieswegen. Hügelig in Mittel-Seeland, ansonsten flach bis sanft wellig. Diverse Museen für Groß und Klein.

National Cykelrute 7

Sjællands Odde – Gedser
Von Nord nach Süd durch Seeland und Falster (Sjællands Odde – Næstved – Gedser). Insgesamt 230 km, davon 25 km Kieswege. Nahezu flach. Freizeit- und Naturparks.
National

National Cykelrute 8

„Südsee“
Querschnittsroute durch Südjütland und über die Südinseln (Als, Fünen, Tåsinge, Langeland, Lolland, Falster, Bogø und Møn). Rudbøl – Svendborg – Maribo – Møns Klint. Insgesamt 325 km, davon nur 14 km auf Kieswegen. Nahezu flach.

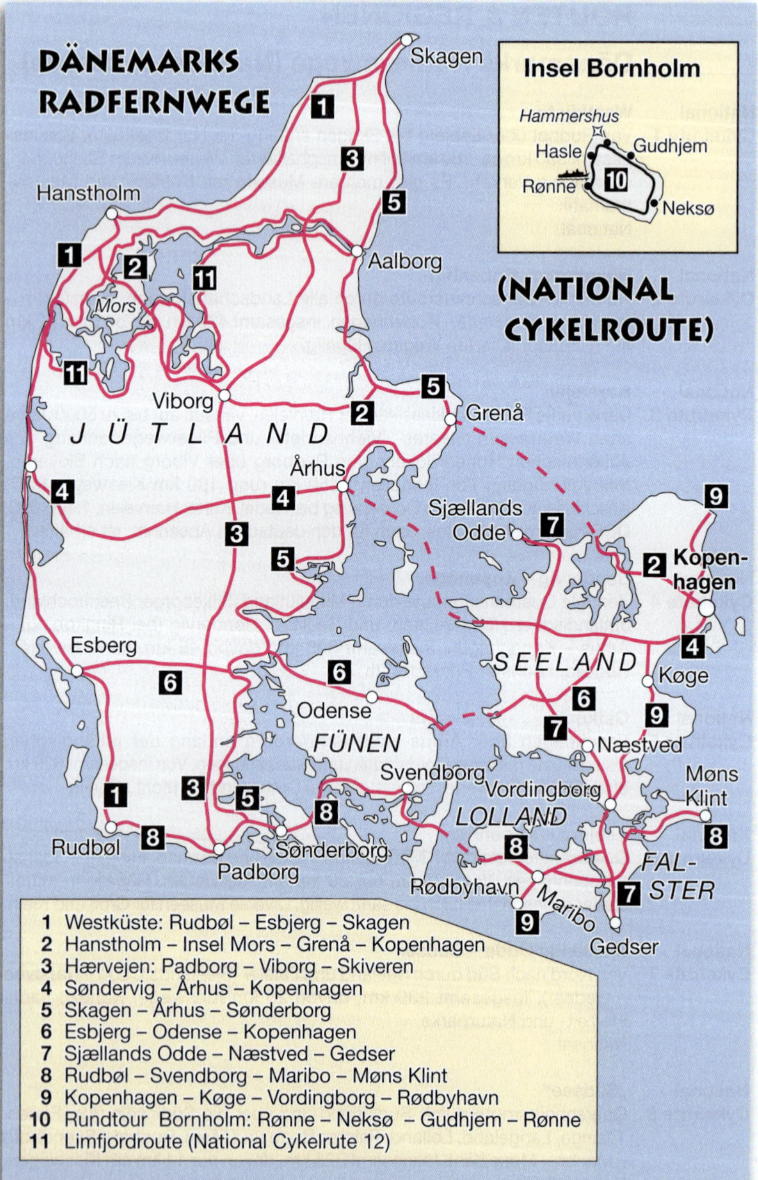
DÄNEMARKS RADFERNWEGE
(NATIONAL CYKELROUTE)
Insel Bornholm
Hammershus
Hasle
Gudhjem
Rønne
Neksø
Skagen
Hanstholm
Aalborg
Mors
Viborg
Grenå
JÜTLAND
Århus
Sjællands Odde
Kopenhagen
Esberg
SEELAND
Køge
Odense
FÜNEN
Næstved
Svendborg
Vordingborg
Møns Klint
LOLLAND
Rudbøl
Padborg
Sønderborg
Rødbyhavn
Maribo
FALSTER
Gedser
1 Westküste: Rudbøl – Esbjerg – Skagen
2 Hanstholm – Insel Mors – Grenå – Kopenhagen
3 Hærvejen: Padborg – Viborg – Skiveren
4 Søndervig – Århus – Kopenhagen
5 Skagen – Århus – Sønderborg
6 Esbjerg – Odense – Kopenhagen
7 Sjællands Odde – Næstved – Gedser
8 Rudbøl – Svendborg – Maribo – Møns Klint
9 Kopenhagen – Køge – Vordingborg – Rødbyhavn
10 Rundtour Bornholm: Rønne – Neksø – Gudhjem – Rønne
11 Limfjordroute (National Cykelrute 12)

National Cykelrute 8

Vogelflugroute
Auf der Vogelflugroute durch Seeland, Falster und Lolland. Helsingør – Kopenhagen – Køge – Vordingborg – Rødbyhavn. Insgesamt rund 230 km, davon 14 km auf Kieswegen. Flach.

National Cykelrute 10

Bornholm
Rundtour auf Bornholm im Uhrzeigersinn. Rønne – Neksø – Svaneke – Gudhjem – Hammershus – Rønne. Insgesamt gut 115 km, davon 10 km auf Kieswegen. Sanft wellig im Süden, hügelig im Norden. Tipp: Wer nicht gleich zu Beginn mit den Steigungen im Nordwesten konfrontiert werden will, fährt die Route besser entgegen dem Uhrzeigersinn.

Weitere Radfernwege

Hinzugekommen sind die **Limfjordroute** als **National Cykelrute 12** (eine bis zu 610 km lange Rundtour im nördlichen Jütland) und der **Ostseeradweg** (800 km, Kombination der Nationalrouten 5–8). Außerdem hat Dänemark Anteil am internationalen **Nordseeküstenradweg** und am Radweg **„Berlin-Kopenhagen"**, der hier die Cykelruten 6–9 nutzt. Mehr zu „Berlin-Kopenhagen" im Deutschland-Kapitel (Mecklenburg-Vorpommern).

Ostseeradweg

www.bikeandsea-denmark.com
Wenn es nach den Absichten der Initiatoren geht, soll der im Jahr 2000 eingeweihte **Ostseeradweg** - laut Werbung die „schönste Fahrradroute Dänemarks" – so populär wie der Donauradweg werden. Nach anfänglicher Euphorie schwächelt das Interesse aber etwas. An der Route kann das weniger liegen. Denn die verbindet alle Hauptinseln und führt dabei durch einige der schönsten Landesteile. Der Weg ist auch dort separat ausgeschildert, wo bereits andere Radwegweisungen bestehen. Das kostet zwar Geld, erleichtert aber die Orientierung und macht die Route als solche überhaupt erst real. Für 20 € ist ein deutschsprachiger Spiral-Radführer, der die Tour in 23 Etappen unterteilt, bei den Touristenbüros erhältlich. Ähnlich, aber billiger ist das Pendant vom Esterbauer-Verlag („Ostsee-Radweg").

Unterwegs auf der National Cykelrute 10

 Karte S. 76

Jütland / Jylland

Tourenkarten DCF-Karten 1:100.000 für die Kreise Sütjütland, Ribe, Vejle, Ringkøbing (1.200.000), Århus, Viborg, Nordjütland.

Überblick Jütland Die lang gestreckte Halbinsel Jütland ist das weiträumigste Tourengebiet Dänemarks. Wie ein Dreiakter entfaltet sich das Landschaftsszenario zwischen Nord- und Ostsee: Breite Sandstrände, Dünenketten und Wattenmeer im raueren *Westen* – Marschland, Waldheide und Landwirtschaft in der verträumten *Mitte* – Erhebungen, Küstenwälder und Buchten im heiteren *Osten.* Abgesehen von den großen Städten Ålborg und Århus ist das dünn besiedelte Jütland Provinz im besten Sinne – mit mittelalterlichen Städtchen wie Ribe und rund 2000 km exzellenten Badestränden. Wer will, kann Jütland auf einer der nationalen Radrouten entdecken oder auch ganz auf eigene Faust. Ruhige Nebenstraßen und Radwege gibt's genug.

Tourentipps Jütland

- **Silkeborger Seenhochland** – Mit Dänemarks lohnendstem Aussichtsgipfel, dem 147 m hohen Himmelbjerget.
- **Halbinsel Djursland** – Östl. von Randers und Århus, mit dem „mächtigen" Hügelland *Mols Bjerge* (Naturreservat).
- **Mors** – Größte Insel im Limfjord, landschaftliches „Jütland en miniature" mit Potenzial für Halbtagestouren.
- **Mariagerfjord** – Umgeben von schöner Landschaft und sehenswerten Zeugnissen der Siedlungsgeschichte.
- **Nordjütland** – Lockt nicht nur mit den schönsten Stränden Dänemarks, sondern auch mit den variierenden Wald- und Hügellandschaften von Vendsyssel und der Landspitze Grenen, vor deren Nase Nord- und Ostsee ineinander fließen.
- **Laesø** – Radlerfreundliche Insel mit viel Natur (Fähre ab Frederikshavn, 2–4 x tägl.).

Radwandern auf Jütland

Fünen / Fyn

Touren-karte DCF: „Fünen, Langeland und Årø“ 1:100.000, Kartenset mit Routenbeschreibungen.

Überblick Fünen ist der Dänen liebste Ferienregion. Wenig hat sich nach außen hin auf Fünen verändert, seit Hans Christian Andersen seine Heimatinsel als „Garten Dänemarks“ bezeichnete. Getreide, Obst, Gemüse und Topfblumen gedeihen prächtig, allgegenwärtig sind Felder und Treibhäuser. Dass die Landwirtschaft auf der knapp 3000 qkm großen Insel schon früher sehr profitabel gewesen sein muss, zeigen die zahlreichen Herrensitze der einstigen Feudalherren. Zahlreich auch die Schlösser jener Reichen, denen es anderswo in Dänemark zu ungemütlich geworden war. Außerdem Windmühlen, Wassermühlen, Holzhäuser, Bauernhöfe, Wäldchen, kleine Badeseen, Promenaden, Spielzeugdörfer – alles adrett und ansprechend, so wie es sich für die „Gute Stube“ Dänemarks gehört. Selbst die Inselhauptstadt **Odense** fügt sich in das Märchenkonzept der Tourismuswerber. Verkehrsarme Nebenstraßen schlängeln sich zwischen den Feldern über sanft hügeliges Inselland. Über 1000 km umfasst das durchnummerierte, regionale Radroutennetz Fünens. Hügeliger ist nur der Süden, wo die bis zu 128 m hohen **Fynsker Alper** betagte Nabenschaltungen knirschen lassen.

Der Süden mit seinen Highlights ist zugleich auch der touristischste Teil. Das Flachland nördlich von Odense ist der ruhigste Inselteil, lohnend ist hier auch die noch sehr ursprünglich wirkende Halbinsel **Hindsholm**.

Auch die südlichen Nachbarinseln **Langeland** und **Årø** sind jede auf ihre Weise reizvoll, die eine strenger, die andere lieblicher. Beide sind während der Feriensaison als „Badeinseln“ recht bevölkert.

Sjælland (Seeland), Møn, Falster, Lolland

Touren-karten DCF-Karten 1:100.000 für die Kreise Westseeland, Frederiksborg, Kopenhagen (1:50.000), Roskilde, Storstrøm (Lolland, Falster, Møn).

Anreise Per Fähre ab D nach Rødbyhavn oder Gedser (s.o.). Alle vier Inseln sind untereinander durch Brücken verbunden. Die Superbrücke **über den Großen Belt,** die Fünen mit Seeland verbindet, ist nur für Autos passierbar. Windböen könnten Radler auf der 18 km langen Querung gefährden. Die müssen vom Bahnhof Nyborg bzw. Korsør den Zug oder den Fahrradbus nehmen. Der Fahrradbus verkehrt nur im Sommerhalbjahr regelmäßig. Preis ist bei beiden gleich, ca. 12 € mit Fahrrad.

Falster, Lolland Weniger ist manchmal mehr: Bis auf einige sanfte Hügel sind Falster und Lolland platt wie die sprichwörtlichen Flundern. Liebevoll-spöttisch werden Lollands höchste Hügel (bis 30 m) auch als „Lolländische Schweiz“ bezeichnet. Obwohl beide Inseln mit freundlichen Landschaften, guten Bademöglichkeiten, netten Städtchen und einigen Attraktionen aufwarten, sind sie touristisch wenig gefragt. Viele lernen sie nur im Transit vom Fährhafen nach Seeland kennen. Auch während der Hochsaison finden Familien daher viel Freiraum für friedliche, leichte Radtouren auf Nebenstraßen und regionalen Radrouten.

-Box Dänemark

Einreise Die EU-Binnengrenzen sind offen. An den Außengrenzen genügt der Personalausweis zur Einreise (D/A/CH).

Geld Dänemark hält zwar formell noch an der Krone fest (DKK), hat aber faktisch bereits am Euro angedockt. 1 € = 7,44 DKK (2010). Das dänische Preisniveau liegt um rund ein Viertel über dem deutschen. Camping und Selbstverpflegung sind aber zu ähnlichen Preisen wie in D möglich.

Gesundheit Ein Sozialversicherungsabkommen ermöglicht Mitgliedern gesetzlicher Krankenkassen die Inanspruchnahme medizinischer Leistungen (D, A). Details: *www.dvka.de*

Infos
- Dänisches Fremdenverkehrsamt: *www.visitdenmark.com*
- Tourismusverband Fünen: *www.fyntour.dk*
- Dänischer Radfahrerverband DCF (Dansk Cyklist Forbund): *ww.dcf.dk*
- Radfahren in Dänemark, Promotionplattform: *www.cycling-embassy.dk*
- Dänische Staatsbahnen DSB: *www.dsb.dk*

Wetter, Wind und Reisezeit Atlantik, Arktik, Golfstrom und Ostsee sind die Klimaköche Dänemarks. Sie rühren ein mildes, aber wechselhaftes Seeklima an. Der dänische Sommer ist mäßig warm und für skandinavische Verhältnisse relativ lang.

Wegen fehlender Bergketten zum Abregnen sind die von den Westwinden herangetragenen Niederschläge vergleichsweise gering. Regenbewölkung ist häufiger als tatsächlicher Regen. Am feuchtesten ist der Westen (800 mm), am trockensten der Osten (450 mm). Mit einem besonders freundlichen Klima kann das weitab in der Ostsee gelegene Bornholm werben.

Begegnung bei Skagen

Der Wind kommt meist aus W bis NW, im Mai auch öfter aus O.

Radelsaison ist von Mai bis September. Am wärmsten, aber relativ unbeständig sind Juli und August. Den meisten Regen auf die Mütze gibt's im August. Die Schul- und Industrieferien enden mit dem Juli, so dass ab August der große Trubel vorbei ist. Beginnt der Frühling in Europa früh, dann ist auch der regenarme April ein geeigneter Tourenmonat. Ab Oktober kann es stürmisch werden.

Anreise

Per Bahn Mit einer Internationalen Fahrradkarte (Stellplatzreservierung inkl.) ist in bestimmten Regionalzügen die grenzüberschreitende Fahrradmitnahme nach Jütland möglich. Bequem ist die Anreise mit dem Nachtzug (u. a. von Köln, München, Nürnberg, Basel, Frankfurt) über Fünen bis Kopenhagen. Fahrradmitnahme inklusive (Reservierung erf.).
Weitere Infos: *www.railpassenger.info, www.bahn.de/bahnundbike*

Per Fähre Die wichtigsten Fährverbindungen von Deutschland zum dänischen Archipel:

- Puttgarden/Fehmarn – Rødbyhavn auf **Lolland** („Vogelfluglinie", etwa alle 20 Min., 1 h)
- Rostock – Gedser auf **Falster** (ca. 10 x tägl., 2 h)
- Rügen (Saßnitz) – Rønne auf **Bornholm** (1–2 x tägl., 3,5 h). (Preise inkl. Fahrrad: 4–20 €.)

Per Flieger Das Luftverkehrskreuz Kopenhagen besitzt Verbindungen zu allen größeren Flughäfen Europas.

Transport im Land

Bahnen Mit Ausnahme der EC-Züge können Fahrräder in allen Zügen mit Fahrradpiktogramm mitgenommen werden (Selbstverladung). Eine Stellplatzreservierung ist nur für Fernzüge erforderlich.

Busse Die meisten Überlandbusse nehmen drei bis vier Räder gegen Aufpreis mit. Wenn die oft am Fahrzeugheck angebrachten Fahrradträger belegt sind, hängt es vom Fahrer ab, ob auch Platz im Kofferraum geopfert wird. *Keine* Radmitnahme bei der Linie Kopenhagen – Ystad – Rønne/Bornholm.

Fähren Die Fahrradmitnahme auf den Inlandsfähren ist problemlos (1–2 €).

Übernachten

Zimmer Über 1000 *Hotels*, *Motels*, *Landgasthöfe* und *Pensionen* enthält das Hotelverzeichnis vom FVA. Verschiedene Schecksysteme (Kroscheck, Pro Skandinavia ...) ermäßigen die sehr hohen Zimmerpreise auf erträglichere 70–80 € fürs DZ mit Frühstück. Besonders beliebt ist bei Radwanderern *Bed & Breakfast,* das ab 18 € pro Person zu finden ist.

Rund 100 *Familien- und Jugendherbergen* (Vandrerhjem) sind in radelfreundlichen Distanzen übers Land verteilt. Das Reglement ist skandinavisch locker, die Ausstattung meist sehr gut (häufig 4-Bett-Zimmer mit eigener Nasszelle). Für den Zeitraum Juni–September ist eine Reservierung ratsam, für die Nebensaison (1.9.–15.5.) sogar obligatorisch. Wer keinen IYHF-Ausweis besitzt, kann einen Tagesausweis erwerben.

Campen Mit 500 Campingplätzen ist Dänemark bestens versorgt. Die Ausstattung ist gut bis ausgezeichnet. Ab 22 Uhr herrscht tatsächlich Nachtruhe. Nur Tische und Bänke sind leider selten. Die erforderliche *Camping Card Scandinavia* kann vor der Reise bestellt werden, oder als provisorische Karte unterwegs beim ersten Campingplatz erworben werden (in Dänemark 90 DKK bzw. 12 €). Die Karten gelten in ganz Skandinavien. Hütten können bei dreiviertel aller Campingplätze gemietet werden. Ü Camping 5–8 €/Person. Speziell für Wanderer und Radler existieren außerdem etwa 700 einfache Naturlagerplätze und Privatzeltplätze (oft auf Bauernhöfen), Ü 2–3 €/Person. Für diese Plätze ist keine Camping Card erforderlich! Infos: *www.dk-camp.dk, www.teltpladser.dk*

Zeltplatz-Verzeichnis: DCF, "Overnatning i det fri", 900 Zeltplätze für Radler, 17,80 €. Bezug über *www.mapfox.de*

Das skandinavische Jedermannsrecht gilt in Dänemark nicht. Prinzipiell ist freies Zelten daher immer von der Zustimmung des Landbesitzers abhängig.

Karten und Literatur

Tourenkarten

- Kort + Matrikelstyrelsen: Danmark Færdselkort 1:200.000. Handlicher Spiralatlas, mit großz. Überlappungen, dt. Legende, Register und Großraumplänen Kopenhagen, Odense, Arhus, Aalborg. Basiskarte für Dänemark-Radler, alle weiß eingezeichneten Nebenstraßen sind potenzielle Radrouten. 22,95 €, Bezug über *www.nordland-shop.net*
- Topografischer Atlas Dänemark, 1:100.000, 75 €. Teuer, aber die beste Karte für alle, die sich jenseits der ausgeschilderten Radrouten ihren Weg suchen wollen. Sehr zuverlässig. Bezug über *www.mapfox.de*
- Fahrradkarten der Landkreise 1:50.000/1:100.000, versch. Verlage.
- DCF: Fahrradferienkarte 1:500.000, nützliche Planungskarte mit Radrouten, Erläuterungen und prakt. Hinweisen. Jährlich neu. Bezug über *www.dcf.dk, www.mapfox.de.*

Tourenführer

- Kettler Vlg.: „Dänemark per Rad"; Radreiseführer mit variablem Tourennetz.
- Stein Vlg.: „Dänemark – Nordseeküstenradweg", „Ostseeküstenradweg".
- Esterbauer Vlg. (Bikeline): „Limfjordroute", „Ostsee-Radweg", "Heerweg/Ochsenweg", „Nordseeküsten-Radweg 4 – von Tønder nach Skagen", „Radfernweg Berlin – Kopenhagen".

Fahrrad, Straßen und Wege

Fahrrad (cyklen) Prinzipiell lässt sich Dänemark mit jeder Art Fahrrad bereisen. Sinnvoll sind eine 5-Gang-Nabenschaltung und eine Mindestreifenbreite von 32 mm. Pannenband und tägliche Sichtkontrolle des Mantels verhindern unnötige Flickarbeit. Wegen der relativ seltenen Steigungen und der über dem platten Land oft stark auffrischenden Winde kommen Liegerad- und Tandemfahrer in den vollen Genuss der Vorzüge ihrer Gefährte.

Reparaturen lassen sich leicht organisieren. Die Fahrradhändler sind freundlich und hilfsbereit, das Ersatzteilsortiment auch in kleineren Orten ausreichend. Einfache Fahrräder für Tagesausflüge können bei ausgewählten Bahnhöfen der DSB, Fahrradhändlern, Campingplätzen und Touristenbüros ab 5 €/Tag gemietet werden.

Straßen Entlang der befahrenen Hauptstraßen sind begleitende Radwege mittlerweile die Regel. Schöner sind aber die vielen landeinwärts gelegenen Nebenstraßen, die wegen des geringen Verkehrs meist ohne Radwege auskommen. Die Straßenwegweisung ist konsequent und durchdacht, Irrtümer sind selten.

Verkehr Was die dänische Sprache von motorisierten Gefährten hält, drückt schon das Wort „knallert“ für Moped aus. Ergo haben auch Autos einen mäßigen Stellenwert, Fahrräder jedoch einen hohen. Da praktisch jeder Autofahrer auch Radler ist, kommen beide Gruppen gut miteinander aus. Spezielle Verkehrsregeln: Wer in Gruppen oder Pulks radelt, muss vor dem Anhalten den linken Arm heben – damit es keinen Auffahrunfall gibt. Haltelinien aus weißen Dreiecken regeln an verkehrsarmen Kreuzungen die Vorfahrt. Wer auf die Spitzen zufährt, muss Vorfahrt gewähren!

Radwege Das Fahrrad gehört zu Dänemark wie der Süßrahm zur Roten Grütze (bloß nicht von Vanillesauce reden). Radwege, die Teil einer Radwanderroute sind, werden häufig auch abseits der Straßen geführt, sind dann zwar meist befestigt, aber nicht immer asphaltiert. Feuersteinbeimengungen machen den Rollsplitt auf den Radwegen gelegentlich recht scharfkantig.

Aus einem Guss ist das 1993 eröffnete nationale Radroutennetz. Zehn **National Cykelrute** spannen ein Netz mit insgesamt 3500 km Radrouten übers Land. Sie sind gut gewartet und lassen Radwanderer praktisch nie im Stich. Hinzu kommen rund 10.000 km regionaler Radwanderwege. Damit die Wegweiser der nationalen Routen nicht mit denen der regionalen verwechselt werden, sind die nationalen Radrouten mit einer weißen Zahl auf rotem Rechteck markiert. Nur die Cykelrute 10 auf Bornholm tanzt mit „rot auf grün“ aus der Reihe.

Offroad (MTB) Prinzipiell dürfen in öffentlichen Wäldern und auf dem offenen Land alle angelegten Wege und Pfade befahren werden. Etwaige Verbotsschilder sind natürlich zu beachten. In privaten Wäldern ist die Benutzung der Wege auf die Zeit zwischen 7 Uhr und Sonnenuntergang beschränkt.

D DEUTSCHLAND

Mit Ausnahme der Stadtstaaten Berlin, Hamburg und Bremen ist allen Bundesländern ein eigenes Kapitel gewidmet. Geordnet sind sie alphabetisch. Landschaften oder Regionen, die mehrere Bundesländer betreffen, sind jeweils bei dem Bundesland mit dem größten Anteil beschrieben. Querverweise sind aufgenommen. Die beliebtesten Radfernwege Deutschlands sind in einer „Radweg-Parade" zusammengefaßt.

Routen & Regionen:

Daten 357.050 qkm • Ausd. 875 x 640 km • 82 Mio. Einwohner • 230 Ew./qkm

Von der Nordsee bis zu den Bayerischen Alpen, vom Bodensee bis Rügen, von der Eifel bis zur Oberlausitz erschließen große und weniger große Radfernwege die deutschen Lande. Man könnte sie einmal um die Welt legen, denn sie bringen es auf eine Gesamtlänge von 50.000 km. Dazu kommen noch etwa 100.000 km lokaler Radrouten. Kein Zweifel, Deutschland ist beliebt bei Radwanderern. Die Gründe liegen auf der Hand: Die Anreise ist einfach, das Tourenspektrum groß, das Milieu vertraut und die touristische Infrastruktur gut – oft sogar sehr gut. Ende der Vorrede. Richten wir den Blick nun aufs „Fahrradland Deutschland", wie es sich gegenwärtig darstellt.

Umfunktionierter Wachturm an der Elbe bei Lenzen

ROUTEN & REGIONEN

Baden-Württemberg (Bw)

Daten 35.751 qkm • 10,3 Mio. Ew. • 287 Ew./qkm • Landeshauptstadt Stuttgart

Infos ▸ Tourismuszentrale Baden-Württemberg: *www.tourismus-bw.de*

Überblick „Ländle", welch ein Wort für ein Bundesland, das größer ist als Belgien und mit zwei bemerkenswerten Mittelgebirgen gesegnet. Vollen Pedaleinsatz fordern Touren im Südschwarzwald, moderater sind der nördliche Schwarzwald und die Schwäbische Alb. Auch das fruchtbare Schwäbisch-Fränkische Schichtstufenland, das sich vom Hochrhein kommend nach Norden hin weiträumig öffnet, hält des Radlers Kreislauf durch Bergwälder (Schwäbischer Wald) und tief eingekerbte Flusstäler (Hohenloher Ebene) auf Touren.

Da immer mehr Urlauber mit dem „Gebbel" (schwäb. für Fahrrad) anrücken, wurde das Radfernwegenetz überholt. Lücken wurden geschlossen, neue Wege angelegt und die Beschilderung vereinheitlicht. Über den konkreten Verlauf mancher Radfernwege lässt sich streiten. Schließlich ist nicht jeder Ort so toll, dass er mit einer zusätzlichen Steigung erobert werden muss, während unten beispielsweise ein flacher Uferweg lockt. Abschnittweise kann es durchaus lohnend sein, eigene Wege zu suchen, die naturnäher oder flacher sind. Das gilt aber nicht nur für Baden-Württemberg.

Während die **Radfernwege** durch *Schwarzwald* und *Schwäbische Alb* vor allem sportliche Tourenradler ansprechen, finden Genussradler ihr Glück eher in Tälern wie *Tauber-*, *Jagst-* und *Neckartal* und in Niederungen wie dem *Rheingraben* oder *Kraichgau*. Ulm ist Knotenpunkt mehrerer beliebter Radfernwege.

Schwarzwald

www.schwarzwald-tourist-info.de

Wie ein mächtiger Faustkeil überragt das höchste deutsche Mittelgebirge den Oberrheingraben: 160 km lang und bis zu 60 km breit. Dabei von Nord nach Süd bis auf 1493 m ansteigend – sieben Meter mehr und der Schwarzwald wäre definitorisch ein Hochgebirge. Steil fällt dieser Faustkeil westlich zum Rhein hin ab. Nach Osten sind Höhenunterschiede und Steigungen deutlich geringer.

Heilquellen und Karseen, Rebhänge, Wiesen und Mischwälder sind typisch für den sanften **Nordschwarzwald** (bis 1166 m). Für beschauliches Radwandern bieten sich die Radwege im Murg- und Nagoldtal an.

Tief eingeschnittene Täler, große Erbhöfe, freie Hochflächen und die berühmten Wasserfälle von Triberg stehen für den **mittleren Schwarzwald** (bis 1241 m). Verkehrsarme Nebenstraßen führen von Kehl am Rhein durch Kinzig- und Brigachtal zur *Baar.* Diese Hochebene ist das ideale Sprungbrett zur Schwäbischen Alb und zum Schichtstufenland. Landschaftlich am eindrucksvollsten ist der **Süd- bzw. Hochschwarzwald** (bis 1493 m). Von den waldarmen Höhen um Feldberg, Titisee und Schluchsee gehen nach allen Richtungen tiefe Täler aus. Bis zu 600 m hoch sind die felsigen Wände, die das *Höllental* westlich von Hinterzarten begrenzen.

Touren-tipps

Eine abwechslungsreiche Tour mit Eindrücken von Nord bis Süd ermöglicht der **Schwarzwald-Radachter** (380 km): Baden-Baden – Freudenstadt – Hausach – Villingen-Schwenningen – Schluchsee – Freiburg – Hausach – Offenburg – Baden-Baden.

Wer den Schwarzwald hingegen ohne viel Kletterarbeit durchqueren will, vertraut sich besser dem **Drei-Täler-Radweg** an (204 km). Beginnend in Villingen-Schwenningen führt er durch die Flusstäler von Neckar, Glatt und Kinzig bis zum Endpunkt Strasbourg überwiegend bergab.

Wer des Schwarzwalds müde ist, auf den wartet das weinselige **Markgräfler Land** mit dem Hauptort Müllheim. Grob gesagt nimmt es die Rheinebene zwischen Freiburg und Basel ein. Wobei der Begriff Ebene etwas irreführend ist, denn das Markgräfler Land ist deutlich hügelig. Die liebliche, klimabegünstigte Weinbaulandschaft mit ihren vielen heimeligen Winzerorten hat dem Markgräfler Land den Beinamen „Toskana Deutschlands" eingetragen. Es ist tatsächlich eine der klimatisch privilegierten Regionen Deutschlands. Mehr Sonne als Regen und mildes Klima vom März bis in den späten Oktober. Zusammen mit dem angrenzenden Hochschwarzwald als Radsportrevier kaum zu schlagen.
Tourentipps zu Freiburg und Umgebung: *www.freiburg-aktiv.de*

MTB Schwarz-wald

In Baden-Württemberg gilt der „Zwei-Meter-Erlass! Auf schmaleren Waldwegen ist Radeln nicht erlaubt. Ausnahme: Speziell für Radler/Biker ausgewiesene Wege. Von rund 20.000 km Wanderwegen kommen im Schwarzwald daher „nur" etwa ein Viertel fürs Biken in Frage. Die Höhenunterschiede sind oft frappant, selbst im Nordschwarzwald sind 1000 Hm Differenz in einem Ritt realisierbar.

Ein besonders attraktives Bike-Revier ist natürlich der Hochschwarzwald mit dem **Belchenland** (rund um den Belchen, schönster Berg des Schwarzwalds, 1414 m) und der **Feldberg-Schluchsee-Titisee-Region.** Von den tiefen Tälern, die sich in den südlichen Schwarzwald kerben, seien als Beispiele das bikerfreundliche **Achertal** bei Ottenhöfen genannt, und natürlich das durchs Ultra-Bike-Marathon bekannte **Dreisamtal** bei Kirchzarten. MTB-Events und -Infos: *www.dreisamtal.de*

Eine MTB-Route durch den Schwarzwald der Länge nach (Karlsruhe – Lörrach, 354 km) beschreibt der Tourenführer **Mountainbikeweg Schwarzwald,** zu bestellen im Online-shop von *www.schwarzwaldverein.de*

Neckartal-Radweg

Länge 380 km

Verlauf Zwischen Schwarzwald und Schwäbischer Alb. Villingen – Schwenningen – Tübingen – Stuttgart – Heilbronn – Heidelberg – Mannheim.

Beschaffenheit Bunter Wege-Mix von Treidelpfaden bis Bundesstraße. Insgesamt bergab, anfangs auch hügelig. Durchgehend beschildert.

Eindrücke Sehr abwechslungsreich mäandert der Fluss zwischen Wiesentälern, bewaldeten Höhen und Weinbergen. Immer wieder taucht eine Ruine, eine Burg oder ein Schloss auf. Außerdem Spuren der Römer, Fachwerkromantik

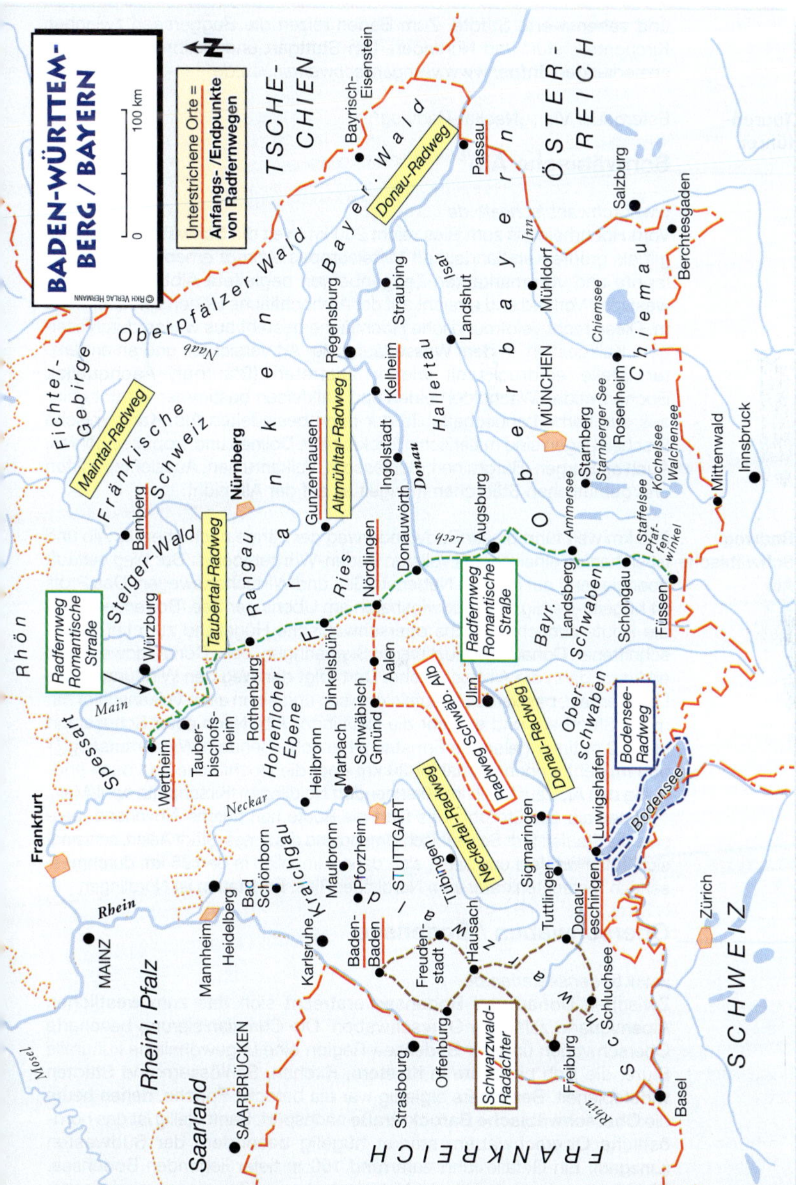
BADEN-WÜRTTEMBERG / BAYERN
© REISE KNOW-HOW VERLAG HERMANN
0
100 km
N
Unterstrichene Orte = Anfangs- /Endpunkte von Radfernwegen
TSCHECHIEN
ÖSTERREICH
SCHWEIZ
FRANKREICH
Saarland
Rheinl. Pfalz
Rhön
Spessart
Fichtel-Gebirge
Oberpfälzer Wald
Bayer. Wald
Fränkische Schweiz
Steiger-Wald
Rangau
Franken
Hohenloher Ebene
Kraichgau
Ries
Hallertau
Oberbayern
Chiemau
Bayr. Schwaben
Ober-schwaben
Schwäb. Alb
Schwarzwald
Radfernweg Romantische Straße
Maintal-Radweg
Taubertal-Radweg
Altmühltal-Radweg
Donau-Radweg
Radweg Schwäb. Alb
Neckartal-Radweg
Bodensee-Radweg
Schwarzwald-Radachter
Main
Rhein
Neckar
Naab
Donau
Lech
Isar
Inn
Mosel
Rhein
Frankfurt
MAINZ
SAARBRÜCKEN
Mannheim
Heidelberg
Bad Schönborn
Karlsruhe
Maulbronn
Pforzheim
Baden-Baden
STUTTGART
Heilbronn
Marbach
Schwäbisch Gmünd
Tübingen
Freudenstadt
Hausach
Offenburg
Strasbourg
Freiburg
Schluchsee
Basel
Donaueschingen
Tuttlingen
Sigmaringen
Luwigshafen
Bodensee
Zürich
Wertheim
Tauberbischofsheim
Würzburg
Rothenburg
Bamberg
Nürnberg
Dinkelsbühl
Aalen
Nördlingen
Gunzenhausen
Donauwörth
Ingolstadt
Ulm
Augsburg
Kelheim
Regensburg
Straubing
Landshut
Passau
Bayrisch-Eisenstein
MÜNCHEN
Mühldorf
Rosenheim
Chiemsee
Salzburg
Berchtesgaden
Starnberg
Starnberger See
Ammersee
Landsberg
Schongau
Staffelsee
Kochelsee
Walchensee
Pfaffenwinkel
Füssen
Mittenwald
Innsbruck

und sehenswerte Städte. Zum Baden reizen die Baggerseen zwischen Kirchentellinsfurt und Nürtingen. Um Stuttgart und Heilbronn Industrieansiedlungen. **Infos:** *www.villingen-schwenningen.de*

Tourenführer Esterbauer Vlg.: „Neckar-Radweg".

Schwäbische Alb

www.schwaebischealb.de
Vom Hochrhein bis zum Ries reicht 200 km weit die Schwäbische Alb, sie gilt als größte Karstlandschaft Mitteleuropas. Abrupt erhebt sich der zerlappte und von markanten Zeugenbergen begleitete Albtrauf über das westliche Vorland und erreicht auf der Albhochfläche Höhen von über 1000 m. Diese recht velofreundliche Hochfläche besteht aus wasserdurchlässigem Kalkgestein, in dem Wasserläufe aller Art versickern und an entfernter Stelle eindrucksvoll wieder austreten (Blautopf, Aachquelle). Buchenwälder, Wacholderheiden und Kalkfelsen bestimmen darüber hinaus das herbe Landschaftsbild der dünn besiedelten Alb. Karsttypische Erscheinungen sind malerische Trockentäler, Dolinen und Tropfsteinhöhlen. Auch an Burgen, Burgruinen, Schlössern, Vulkanruinen, Aussichtspunkten und gemütlichen Städtchen mangelt es auf der Alb nicht.

Radweg Schwäbische Alb 335 km weit führt dieser Radwanderweg der Länge nach über die Alb und ist sicherlich einer der reizvollsten Baden-Württembergs. Der Weg verläuft überwiegend auf ruhigen Nebenstraßen und Wirtschaftswegen. Das Profil ist hügelig-bergig. Von Ludwigshafen am Überlinger See (Bodensee) führt die Route zunächst durchs oberschwäbische Hügelland zum tief eingeschnittenen Donautal, kreuzt hier, in Sigmaringen, den „Donauradweg" und erklimmt dann die Albhochfläche. Dort folgt der Weg den Windungen des Laucherttals, passiert den Teufelstorfelsen und einen alten Vulkanschlot namens Sternberg und erreicht die Reutlinger Alb. Nach einer Schussfahrt ins 300 m tiefer gelegene Ermstal mit anschließendem Wiederaufstieg (+ 500 m) geht's noch einmal für 20 km über die Hochfläche und dann endgültig den Albtrauf hinab ins Kirschendorf Neidlingen (Kirschblüte April/Mai!).

Unterhalb des Steilabhangs führt die Route nun durchs Albvorland, passiert die Stauferstadt Schwäbisch Gmünd und die Limes-Stadt Aalen, schwingt sich aufs Härtsfeld und senkt sich dann allmählich in den 25 km durchmessenden Meteoritenkrater vom Nördlinger Ries. Endstation ist Nördlingen.

Oberschwaben / Bodensee

www.bodenseeferien.de
Zwischen Donau und Bodensee erstreckt sich das zum westlichen Alpenvorland zählende Oberschwaben. Die Christianisierung bescherte Oberschwaben und der Bodensee-Region eine ungewöhnliche kulturelle Blüte, die sich bis heute in Klöstern, Kirchen, Schlössern und Städten widerspiegelt. Besonders ergiebig war die barocke Epoche, denen heute die **Oberschwäbische Barockstraße** nachspürt. Sanft wellig ist das nordöstliche Oberschwaben, stärker hügelig besonders der Südwesten (Linzgau). Ein Gefälle führt zum rund 150 m tiefer liegenden Bodensee. Dicht ist das oberschwäbische Netz der Nebenstraßen, zudem sind die ver-

streut liegenden Einzelgehöfte fast alle durch asphaltierte Wirtschaftswege verbunden. Wer sich keine eigene Route stricken mag, folgt einfach dem **Donau-Bodensee-Radweg,** entweder der 160 km langen Hauptstrecke oder einer der beiden Varianten (je 170 km). Alle drei Strecken führen auf verkehrsarmen, aber hügeligen Wegen von Ulm zum über 500 qkm großen „Schwäbischen Meer". Im Sommer werden die umgebenden Berge oft von einem Dunstschleier verborgen, nur bei Föhn hat man die Allgäuer Alpen dann klar vor sich.

Bodensee-Radweg

Länge 270 km

Verlauf Die komplette Tour führt um Ober-, Unter- und Überlingersee. Anteil am Bodensee haben Deutschland (Baden-Württemberg, Bayern), die Schweiz (St. Gallen, Thurgau) und Österreich (Vorarlberg).

Beschaffenheit Familienfreundlich. Ebene Strecke, überwiegend asphaltierte Radwege, fast immer separat vom Verkehr, in beiden Richtungen gut beschildert.

Eindrücke Ein relativ schmaler Uferstreifen (selten breiter als 10 km), bebaut und blühend, mit Strandpromenaden, Auenwäldern, Schilfgürteln. Sehenswert sind u.a. die Blumeninsel Mainau (Radfahrverbot), die Kircheninsel Reichenau, das Pfahlbautenmuseum in Unteruhldingen, die Alploch- und Rappenlochschlucht bei Dornbirn (Abstecher), die Wasserburg in Hagenwil, das Städtchen Stein am Rhein („Rothenburg des Hochrheins"), die überdachte Holzbrücke bei Bad Säckingen, der Rheinfall Schaffhausen (Abstecher, kein Radweg).

Anmerkungen Kultur, Landschaft und mildes Klima haben die Bodensee-Region zum Touristenmagneten gemacht. Orte und Campingplätze sind im Sommer proppenvoll und die Preise nicht ohne. Wer die Tour abkürzen will: Bodenseefähren verkehren nicht nur quer über den See, sondern auch entlang des Ufers (Radmitnahme soweit Platz vorhanden).

Fazit 250.000 Radler pro Jahr können nicht irren!

Infos ▸ *www.bodenseeferien.de*

Tourenführer Esterbauer Vlg.: „Bodensee-Radweg"
BVA: „Bodenseeradweg".

Blick auf Lindau am Bodensee

Weitere Tourentipps für Baden-Württemberg

Radweg Liebliches Taubertal 90 km, Rothenburg ob der Tauber (425 m) – Tauberbischofsheim – Wertheim am Main (140 m). Einer der dienstältesten Radwanderwege Deutschlands (eröffnet 1983). Ganzjährig befahrbar, familienfreundlich, kaum Steigungen, insgesamt bergab, überwiegend autofreie Asphaltwege. Sehr gut beschildert. Der Radweg führt durch das naturbelassene, windungsreiches Tal der Tauber mit einer bunten Kette von Burgen, Schlössern, Klöstern, Kirchen, Weinorten und Fachwerkstädtchen. Tourenführer: Esterbauer Vlg.: „Liebliches Taubertal" • Stöppel Vlg.: „Taubertal-Radweg".
Infos: *www.liebliches-taubertal.de*

Kraichgau-Burgen-Radweg 160 km, Bad Schönborn – Heilbronn – Rothenburg. Dieser beschaulicher Zubringer zum „Taubertal-Radweg" führt durch die nördlichen Gäulandschaften Kraichgau, Heuchelberg und Hohenloher Ebene. Vorbei an Weinbergen und Wasserschlössern durch hügelige Toskana-Landschaften und Wälder.

Kocher-Jagst-Radweg Der Kraichgau-Burgen-Radweg kreuzt die romantischen, ca. 150 m tief eingeschnittenen Täler der Flüsschen Jagst und Kocher, durch die der gleichnamige Radrundweg führt: „Kocher-Jagst-Radweg", 330 km. Infos: *www.kocher-jagst.de*

Stromberg-Enztal-Radweg 95 km, Karlsruhe – Maulbronn – Marbach. Die steigungsreiche, aber auch nahezu autofreie Strecke verläuft überwiegend durch den Naturpark Stromberg. Highlight ist das ehemalige Zisterzienserkloster in Maulbronn: Deutschlands schönstes Kloster, zugleich das größte nördlich der Alpen.

Bayern (By)

Daten 70.547 qkm • 11,9 Mio. Ew. • 168 Ew./qkm • Landeshauptstadt München

Infos ▸ Tourismuszentrale Bayern: *www.bayern.by*

Überblick Franken, Ostbayern, Schwaben und Oberbayern haben wegen ihrer Landschaften einen überdurchschnittlich hohen Freizeitwert. Geografisch bedeutsam ist die quer durch Bayern verlaufende Donau. Nördlich davon liegen die fränkisch-oberpfälzischen Mittelgebirgs-, Stufen- und Beckenlandschaften, südlich davon erstrecken sich das Alpenvorland und der bayerische Alpensaum.

Radwegenetz „Bayernnetz" Infos und Gratisübersichtskarte „Bayernnetz": *www.bayerninfo.de*
111 Radwege, insgesamt 8700 km: Umfangreich ist das Angebot regionaler Radwanderwege, besonders gut ausgebaut sind die Netze in Oberfranken, Ostbayern und dem östlichen Oberbayern. Auch das Netz der bayerischen Radfernwege ist recht attraktiv. Echte Langstreckenradler bevorzugen allerdings öfter die Landstraße, ihnen sind Radrouten, wie die durchs Main- oder Altmühltal, zu umständlich.

Franken

www.frankentourismus.de, www.flussparadies-franken.de
Ein Drittel Bayerns ist fränkisches Territorium, von den Bewohnern des bayerischen Stammlandes gern auch etwas herablassend als „Beute-Bayern" bezeichnet. Im Westen und Osten wird Franken von Mittelgebirgen begrenzt, den Raum um Nürnberg nimmt das Mittelfränkische Becken ein, den Rest bedecken gemäßigte Bergwaldgebiete (Haßberge, Steigerwald, Frankenhöhe, Fränkische Alb).

Acht fränkische Naturparks bieten sich als Reviere für Radwanderungen an: Bayerischer Spessart (1300 qkm), Bayerische Rhön (1090 qkm), Haßberge (788 qkm), Steigerwald (1280 qkm), Frankenhöhe (1070 qkm), Frankenwald (1116 qkm), Fichtelgebirge (1004 qkm), Fränkische Schweiz – Veldensteiner Forst (2340 qkm), Altmühltal (2900 qkm).

Flächendeckend ausgebaut ist vor allem das oberfränkische Radwegenetz, das die Täler und Höhen von Fränkischer Schweiz, Frankenwald und Fichtelgebirge erschließt und sehenswerte Städte wie Bamberg, Bayreuth, Coburg und Kulmbach mit einbindet.

Als familienfreundliches Radwandergebiet empfiehlt sich das mittelfränkische Rangau. Von hier aus bestehen auch gute Anknüpfungen zu den bekannten Radfernwegen Maintal, Romantische Straße, Taubertal und Altmühltal.

Fränkische Schweiz

www.fraenkische-schweiz.com
Der nördlich von Nürnberg gelegene Teil der Fränkischen Alb ist von oben betrachtet eine wellig-karge Hochfläche, die von Flusstälern durchzogen ist. In diesen tief eingeschnittenen Tälern verstecken sich die eigentlichen Reize der Fränkischen Schweiz: Dolomitfelsen, Höhlen, Burgen, Herrensitze, Mühlen, Fachwerkorte. Besonders romantisch sind Wiesent-, Püttlach- und Ailsbachtal; an Wochenenden beliebt-belebt, denn Nürnberg ist nah. Wer von Tal zu Tal über die Hochflächen abkürzen will, wird teilweise mit brutalen Anstiegen bestraft. Echte 14% auf 1 km Länge können einem den ganzen Tag versauen, also Achtung.

Lakejumper (Brombachsee, Franken)

Franken-wald *www.frankenwald-tourismus.de*
Flusstäler gliedern das immergrüne Mittelgebirge in einzelne Hochflächen um 600 – 700 m. Herausragende Berge sind selten, höchste Erhebung ist der Döbraberg (795 m). Geliebt wird der Frankenwald wegen seiner relativen Unberührtheit. 3000 km Wanderwege erschließen die großen Nadelwälder, die 70 % des Naturparks bedecken. In den Tälern verstecken sich Burgen und Ruinen, alte Schmieden und Mühlen. Besiedelt und weitgehend gerodet ist die Münchberger Hochfläche, die aber schon außerhalb des Naturparks liegt.

Fichtel-gebirge *www.fichtelgebirge.de*
Ochsenkopf (1024 m) und Schneeberg (1053 m) markieren im Fichtelgebirge das Dach Frankens. Hier entspringen Main, Saale, Eger und Naab. Zudem beleben zahlreiche Teiche und Bäche die Szenerie aus Fichtenwäldern und verwitternden Felsmeeren (Naturtheater Luisenburg!). Viele Wanderwege verlaufen als angenehme Talwege, die auch mit dem Bike gut befahrbar sind. Ruhigster Teil des beliebten Fichtelgebirges ist der oberpfälzische **Steinwald**, ein 270 qkm großer Naturpark mit dichten Fichtenwäldern und bizarren Felsformationen.

Rangau Von der Teichlandschaft des **Aischgrunds** (zwischen Höchstadt und Erlangen) bis zur **Frankenhöhe** reicht die altfränkische Kulturlandschaft Rangau, die auch als „Romantisches Franken" bezeichnet wird. Zentrum ist die sehenswerte Rokoko-Stadt **Ansbach.** Radwanderer dürfen sich im Rangau auf viel ländliche Idylle, romantische Fachwerkstädtchen und verkehrsarme Nebenstraßen freuen. Die Tourenprofile sind vor allem im östlichen Rangau, das im Mittelfränkischen Becken liegt, überwiegend sanft. Hügelig wird's in der Frankenhöhe, wo die „Romantische Straße" verläuft. Südöstlich von Ansbach erstreckt sich das durch Radwanderwege gut erschlossene **Neue Fränkische Seenland,** das trotz seiner etwas hochtrabenden Bezeichnung durchaus lohnend ist (www.fraenkischeseen.de).

Im angrenzenden Gunzenhausen beginnt der populäre „Altmühltal-Radweg", der anschließend durch das Karstgebiet der Fränkischen Alb führt. Entlang des nördlichen Rangaus führt der „Aischtal-Radweg" von Rothenburg nach Bamberg (135 km, überw. Rad- und Waldwege), wo dann der „Maintal-Radweg" beginnt (www.romantisches-franken.de).

Neu konzipiert wurde der **Regnitz-Radweg,** der nun eine Tal-Route und eine Kanal-Route hat. Man kann also vom Umkehrpunkt bei Möhrendorf wieder zum Ausgangspunkt bei Bamberg zurückkehren und hat doch zwei völlig verschiedene Wege gemacht (insges. 156 km, *www.regnitzradweg.de*).

Ostbayern (Oberpfalz / Niederbayern)

www.ostbayern-tourismus.de
Westlich des Naabtals erstreckt sich die zerklüftete Hochebene des **Oberpfälzer Juras,** südlich der Donau wellt sich *niederbayerisches* Agrarland, im Osten markieren **Oberpfälzer** und **Bayerischer Wald** die Grenze zu Tschechien, wo der anverwandte Böhmerwald wartet. Wichtigste Radfernwege im Bereich Ostbayerns sind der „Donau-" und der „Naabtal-Radweg". An diesen Hauptachsen orientiert sich das ostbayerische

Radwanderwegenetz, das vor allem die Täler der Nebenflüsse nutzt. Auch für den Bayerischen Wald, anspruchsvollste Radelregion Ostbayerns, sind Routen vorgesehen.

Oberpfälzer Wald

www.oberpfaelzerwald.de
Gemütliches Waldgebirge (bis 934 m) mit Wiesentälern, romantischen Felsformationen, Burgen und Klöstern, ungezählten Teichen und dem europäischen Bleikristallzentrum Neustadt a.d. Waldnaab. Weit weniger anspruchsvoll als der Bayerische Wald. Radwanderwege führen durch die Täler von **Heidenaab, Fichtelnaab, Waldnaab, Pfreimd** und **Schwarzach.** Ein beschauliches Tagestourengebiet im *Vorland* des Oberpfälzer Waldes ist die Senke zwischen den Flüssen Schwarzach und Regen; empfehlenswerter Ausgangspunkt ist das über 1200 Jahre alte Kreisstädtchen **Cham.** Der von Neustadt a.d.Naab nach Eslarn führende **Bocklradweg** ist mit 50 km Bayerns längster Bahntrassen-Radweg.

Oberpfälzer Jura

Neumarkt und Amberg sind die Hauptorte im Oberpfälzer Jura, der östlichen Unterformation der Frankenalb. Bewaldete Inselberge bis 657 m überragen die karge Karsthochfläche, die wahren Reize sind ein Stockwerk tiefer angesiedelt – in den Flusstälern, Kalksteinriffen und Tropfsteinhöhlen. Ausgehend von Nürnberg erschließt der **Fünf-Flüsse-Radweg** den Oberpfälzer Jura. Wendepunkt des 310 km langen Rundkurses ist das mittelalterliche Regensburg: *www.fuenf-fluesse-radweg.de*

Bayerischer Wald

www.bayerwald.net
Südöstlich der *Cham-Further-Senke* erhebt sich bis zu 1456 m der Bayerische Wald, kurz auch Bayerwald genannt. 60 Gipfel über 1000 m, Mitteleuropas größtes geschlossenes Waldgebiet und die sauberste Luft Deutschlands schmücken dieses urige Mittelgebirge, das in Hinteren und Vorderen Wald („Donaugebirge") unterschieden wird. Dazwischen verläuft eine marmorweiße Quarzrippe, die einst die Glashütten anlockte, der 150 km lange *Pfahl.*

Breite Quertäler, steile Flanken, mächtige Bergrücken und ein Hauptkamm um 1300 m prägen den **Hinteren Wald;** eine wellig ansteigende Stufenhochfläche (500/700 m) und ein Hauptkamm um 1000 m bestimmen den **Vorderen Wald.**

Das Nebenstraßennetz ist relativ dicht und daher auch verkehrsarm. Scheinbar unberührte Landstriche lassen sich bei Touren mit wenig Gepäck entdecken, beispielsweise am Regen bei Viechtach, oder östlich von Bayerisch Eisenstein, wo es wie im schottischen Hochland ausschaut. Fast alle Strecken haben sportliches Profil; zwischen den einzelnen Anstiegen bleibt aber immer noch Luft zum Verschnaufen und nicht alle sind so extrem wie die folgende Panoramarunde, die auf nur 70 km 1600 Hm vom Körnerkonto schaufelt: Kötzting – Viechtach – St. Englmar – Haibach – Mitterfels – Ascha – Zinzenzell – Schorndorf – Cham – Kötzting.

Dagegen ist der **Arber-Radmarathon,** das größte Radsportevent im Bayerwald, fast noch gnädig: 3300 Hm auf 250 km. Start und Ziel ist Regensburg. Infos: *www.arberradmarathon.de*

Blick hinaus ins „Radlerland“ Bayerischer Wald, Burg Falkenstein

Offroad/MTB Bayerischer Wald

Der Bayerische Wald ist ein ergiebiges MTB-Revier mit Trails von leicht (Taltouren) bis schwer (Gipfeltouren). Hoch hinaus führen Touren im **Hinteren Wald**, vor allem dem einsamen Grenzgebiet zu Tschechien. Nicht unterschätzt werden sollte aber auch der weniger hohe **Vordere Wald.** Gut beschilderte Wanderwege erleichtern die Orientierung, aber nicht alle Wege können in den Pedalen bewältigt werden. Bei Quertouren von Tal zu Tal sind die steil ansteigenden Pfade oft wurzelig und steinig und degenerieren im Kammbereich nicht selten zu Schiebe-, manchmal sogar Tragestrecken. Solche Gipfelnüsse sind beispielsweise Teufelstisch, Dreisessel, Frauenwald, Staffelberg, Tiessenberg und Brotjacklriegel. Allemal leichter sind dagegen Touren, die Gewässerläufen folgen, wie etwa der 115 km lange Pandurensteig durchs Ilztal. Ideal sind in diesem Sinne auch die im Sommer ungenutzten **Langstrecken-Loipen** der Skifahrer (über 2000 km). Die längste ist die „Bayerwald-Loipe“ durch den Hinteren Wald (225 km, ab Silbersbach bei Lohberg bis Passau).

Ein guter Ausgangspunkt für Bayerwald-Biker, ist sicherlich die im Schatten des Großen Arber gelegene Glasstadt Zwiesel. In ihrer Umgebung, dem **Zwieseler Winkel,** wurde ein **1000 km-Radwegenetz** geschaffen, das zu 95% auf Forststraßen verläuft – konfliktfrei, gut beschaffen und nicht zu steil (www.zwiesel-tourismus.de).

Wer im geschützten Bereich des **Nationalparks** biken will, findet auf der Homepage des Nationalparks Bayerischer Wald entsprechende Empfehlungen: *www.bayerisch-eisenstein.de*

Südliches Niederbayern

Fest in Bauernhand ist das von Laber, Isar, Vils, Rott und Inn durchflossene Voralpenland südlich der Donau. Die wellige Gäulandschaft ist nicht nur Bayerns Kornkammer, sondern umfasst auch noch das größte Hopfenanbaugebiet der Welt: die Hallertau. Bauerndörfer mit Feuerwehrteich, Biergarten, Maibaum und Pfarrkirche liegen adrett hingetupft zwischen der sanften, grünen Hügellandschaft. Sehenswert sind vor allem die altbayerische Residenzstadt **Landshut** und die von den Asam-Brüdern ausgeschmückten *Klosterkirchen* in Osterhofen, Aldersbach und Rohr. Über 900 km familienfreundliche Radwanderwege wurden in der preiswerten Urlaubsregion markiert. Die meisten Routen folgen den Flusstälern. So auch der **Isarradweg,** der ohne nennenswerte Steigungen 300 km weit von Scharmitz (Oberbayern, Karwendel) über München nach Deggendorf führt, wo die Isar ganz naturbelassen in die Donau mündet: *www.isarradweg.de*

Allgäu / Bayerisch-Schwaben

www.allgaeu.info
Iller und Lech, Nördlinger Ries und Alpenkamm umrahmen Bayerisch-Schwaben. Den südlichen Teil des rund 10.000 qkm großen Regierungsbezirks nimmt – zwischen Bodensee und Lechtal – das **Allgäu** ein (ca. 4000 qkm). Hügelig-grünes Voralpenland und die bis über 2600 m aufragenden Kalkalpen bilden hier malerische Tourenkulissen. Die Jahrhunderte der Kleinstaaterei bescherte dem Allgäu eine bemerkenswerte kulturelle und bauliche Vielfalt. Neben alten Reichsstädten, Burgen und Schlössern (darunter auch das romantische *Neuschwanstein)* sind es vor allem stolze Erbhöfe und barocke Dorfkirchen, die das Bild prägen. Die meisten landschaftlichen und kulturellen Sahnehäubchen vereint das **Ostallgäu.** Attraktive Radwanderwege sind dort der „Forggensee-Rundweg" (32 km) und der „Dampflok-Rundweg" (80 km auf ehemaligen Bahntrassen). Via Rosshaupten oder Premer Lechsee lassen sich beide zu einer Super-Acht verbinden.

Zwei beliebte Radfernwege führen durch Bayerisch-Schwaben: Im Norden, eher kurz und knapp, der „Donauradweg"; für Schwaben-Neulinge sicherlich die interessantere Route ist aber der von Nord nach Süd verlaufende „Radweg Romantische Straße". Sportlich eingestellte Radler schätzen am Allgäu auch das sehr dichte Netz geteerter Almwirtschaftswege, die oft für den Autoverkehr gesperrt sind und sich hervorragend in Rundtouren integrieren lassen (Ausgangspunkte Oberstdorf, Sonthofen, Immenstadt, Kempten).

Hügeliges Allgäu mit Fernblick auf Oberstaufen, bei Steibis

Oberbayern

www.muenchen-oberbayern.de
Von der Lech bis zur Salzach, von der Altmühl bis zum Watzmann, erstreckt sich Bayerns größter Regierungsbezirk (17.500 qkm). Wie aus dem Bilderbuch präsentiert sich Oberbayern vor allem südlich von München: Ebenen und Hügel, Seen und Flusstäler, Wiesen und Wälder, Almen und Alpen – alles fließt und passt zusammen. Auch die typischen Zwiebelturmkirchen, barocken Klöster und Schlösser, Dörfer und Städtchen, sie fügen sich wie vorbestimmt in die Landschaften. So richtig bajuwarisch, inklusive Schuhplattler, Geranienbalkons und Bauerntheater, geht es aber erst südlich der „Jodelgrenze" zu – sie verläuft etwa zwischen Chiemsee und dem Südzipfel des Starnberger Sees. Mit Radwanderwegen, Tourenvorschlägen und Radkarten bemühen sich die einzelnen Ferienregionen um entsprechende Gäste. Die meisten Routen sind leicht bis mittelschwer und, wie oft sehr gern betont wird, familienfreundlich ausgewählt.

Zwischen Inn und Salzach (EuRegio)

Besonders attraktiv für Radler ist die Region zwischen Inn und Salzach, wo die FVVs ein dichtes Radwegenetz geknüpft haben. Diese rund 3.500 qkm umfassende Region wird vor allem vom **Chiemgau** und **Chiemsee** bestimmt (1100 km Radwege, *www.mychiemsee.de*), umgeben vom **Rosenheimer Land** (1700 km Radwege), **Berchtesgadener Land** und der **Inn-Salzach-Region** um Mühldorf. Zusammen mit dem angrenzenden **Salzburger Land** (Österreich) bildet sie den überregionalen Tourismusverbund **EuRegio.** Radler profitieren von diesem Projekt besonders. Radwelt EuRegio: *www.radwandern.com, www.bergradler.com*

Neben den eher lokal konzipierten Radwanderwegen stechen als *Radfernwege* hervor: **Inn-Radweg** (150 km, Fortsetzung des österr. Inn-Radweges, Kiefersfelden – Rosenheim – Mühldorf – Marktl), **Salinenweg** (131 km, orientiert sich u. a. am Verlauf der historischen Sole-Pipeline, Rosenheim – Traunstein – Bad Reichenhall – Berchtesgaden – Hallein), **Tauernradweg** (325 km, Krimml – Passau, s. Österreich) und **Mozart-Radweg** (410 km, Salzburg – Wolfgangsee – Wasserburg – Kufstein – Bad Reichenhall – Berchtesgaden – Salzburg, *www.mozartradweg.com*).

Fünf-Seen-Land, Pfaffen-'winkel

Wer auf den Spuren des „Kinni" (König Ludwig) radeln will, den zieht es eher ins südwestliche Oberbayern. Lieblich-hügelig gibt sich dort das Starnberger **Fünf-Seen-Land** (Starnbergersee, Pilsensee, Wörthsee, Wesslingersee, Ammersee), das von München aus direkt per S-Bahn erreichbar ist; gut ausgebaute Radwege sollen beschauliches Radwandern ermöglichen. Kultureller Höhepunkt ist **Kloster Andechs** auf dem Heiligen Berg. Ungewöhnlich dicht stehen die Sakralbauten im angrenzenden **Pfaffenwinkel**. In dieser historischen Landschaft zwischen Ammer und Lech durchstreifen Lustradler eine intime, parkähnliche Voralpenlandschaft, stoßen immer wieder auf neue Kirchen und Klöster und lassen sich Zeit.

Beide Regionen verbindet die **Königlich Bayerische Radltour,** die auf dem König-Ludwig-Wanderweg basiert (nicht zu verwechseln mit dem „König-Ludwig-Radlweg" am alten Main-Donau-Kanal!): 98 km, Starnberg – Andechs – Raisting – Peißenberg – Wieskirche – Füssen (Schlösser Neuschwanstein, Hohenschwangau). Die gut beschilderte Route ist mäßig hügelig und verläuft überwiegend autofrei auf geschotterten Radwegen. Infos: *www.sta5.de, www.pfaffenwinkel.de*

Via Claudia Augusta (VCA)

Leichtester Alpenübergang für Radler

www.viaclaudia.at
Im Lechtal, das die Grenze zu Oberbayern bildet, wurde im Sommer 2000 die **Via Claudia Augusta** als internationale Rad- und Wanderroute eröffnet. Die 700 km lange Route folgt den Spuren der ersten Gebirgsstraße, die die Römer vor rund 2000 Jahren als leichten Alpenübergang anlegten. Überreste der originalen Römerstraße wurden bislang vor allem im deutschen Abschnitt freigelegt (u. a. nördlich Füssen).

Die VCA führt von **Donauwörth** nach Füssen, erklimmt den **Fernpass** (1209 m), führt im **Inntal** durch Tirol, überquert den **Reschenpass** (1508 m), führt auf italienischer Seite durchs **Etschtal** nach Trient und schließlich durchs **Piavetal** zur einstigen römischen Handelsmetropole Altinum (heute **Altino,** kleiner Ort an der ss14 gegenüber Venedig).

Die VCA-Route ist durchgehend beschildert. Auch wenn sie als leichtester Alpenübergang für Radler gepriesen wird, bleiben zwei Pässe zu überwinden, für die von Mai – Okt. auch ein *Bus-Shuttle* genutzt werden kann.
Tourenführer: Esterbauer Vlg. (Bikeline): „Via Claudia Augusta".

Bayerische Alpen

Deutschlands Anteil an den Nördlichen Kalkalpen beschränkt sich auf einen rund 250 km langen Saum, der mit schroffen Kämmen, Bergseen und Almen eine malerische Kulisse entlang der Südgrenze Bayerns bildet. Genau genommen bezeichnen die *Bayerischen Alpen* den vom Wettersteingebirge (bis 2963 m, Zugspitze) dominierten mittleren Alpenzug zwischen Lechtal und Saalach. Daran schließen sich im Westen die formenreichen *Allgäuer Alpen* an (bis 2657 m), im Osten die malerisch um den Königssee drapierten Kalkstöcke der *Berchtesgadener Alpen* (bis 2713 m, Nationalpark).

Die **Deutsche Alpenstraße,** die von Lindau am Bodensee zum Königssee bei Berchtesgaden führt (450 km), stellt für Straßenradler die einzige Möglichkeit dar, um die bayerischen Alpen ohne Grenzüberschreitung der Länge nach kennen zu lernen. Wegen nie fertig gestellter Teilstücke pendelt die Alpenstraße allerdings häufig zwischen Voralpenland und Hochgebirge und sorgt so für ein ebenso abwechslungsreiches wie anstrengendes Alpen-Erlebnis: Viele Höhenmeter und Steigungen bis 15%.

Deutlich leichter, wenn auch nicht wirklich leicht, da im hügeligen Voralpenland verlaufend, ist der **Bodensee-Königssee-Radweg** (410 km, 3310 Hm, www.bodensee-koenigssee-radweg.de). Man sollte ihn nicht unbedingt während der Sommermonate fahren, da er einerseits auch die stark befahrenen Ortsdurchgangsstraßen nutzt und andererseits die Regenwahrscheinlichkeit im August nicht zu unterschätzen ist.

Offroad Bayerische Alpen

Auch Mountainbiker können sich wie einst Bayernkönig Max II. von Lindau aus nach Berchtesgaden längswärts durch die Alpen schlagen. Ein gewisses Handicap ist, dass die bayerischen Alpen stark von Quertälern zerschnitten sind, so dass erhebliches Auf und Ab programmiert ist. Mit den sehr präzisen 1:50.000-Topokarten vom LVA Bayern lässt sich eine ca. 600 km lange Route austüfteln, die am Ende 17.000 Höhenmeter akkumuliert und Panoramablicke en gros eröffnet.

Die meisten Biker werden sich auf Ein- bis Zweitagestouren beschränken und dabei das wellige Voralpenland und die bewaldeten Vorgebirge mit einbeziehen (beispielsweise Chiemsee / Chiemgauer Alpen). Dadurch ergibt sich trotz des schmalen Alpensaumes ein erstaunlich großer Tourenradius. Populärer Ausgangspunkt für aufregende Touren aller Art ist das in einem Kessel gelegene **Mittenwald** (markierte MTB-Routen, auch grenzüberschreitend durch Wetterstein- und Karwendelgebirge). Rund um die **Zugspitze** (Deutschlands höchster Berg ist ein Geschenk des österreichischen Kaisers Franz Joseph I.) sind in den letzten Jahren ebenfalls viele Strecken beschildert worden, darunter auch sieben MTB-Routen.

Infos: *www.deutsche-alpenstrasse.de, www.garmisch-partenkirchen.de.* MTB Allgäu/Bayerische Alpen (private HP, informativ): *www.bikeandhike.de*

Bodensee-Königssee-Radweg bei Neuschwanstein

Brandenburg

Daten 29.481 qkm • 2,5 Mio. Ew. • 86 Ew./qkm • Landeshauptstadt Potsdam

Infos ▸ *www.reiseland-brandenburg.de, www.radeln-in-brandenburg.de*

Überblick 17% Radverkehrsanteil machen Brandenburg zum Fahrradland. Brandenburgs dienstältester Reiseschriftsteller ist Theodor Fontane. Seine über hundert Jahre alten „Wanderungen durch die Mark Brandenburg" können auch heute noch mit Gewinn nachvollzogen werden. Brandenburg, im Südosten des Norddeutschen Tieflandes, umfasst eine Vielzahl historischer Landschaften wie das Havelland, die Prignitz, Ukkermark und Niederlausitz. Sandböden mit Kiefern- und Mischwäldern, Sumpf- und Moorgebiete, Heide und Wiesen, Felder und Gärten, Mittelstädte und Weiler bedecken das Land, das immer wieder von Flüssen und Bächen, Kanälen, Seen und Teichen unterbrochen wird. Flache Niederungen, Urstromtäler und sanfte Hügel bestimmen die Topografie und lassen das Radeln nirgendwo in Schwerarbeit ausarten. Die im 17. Jh. eingewanderten Niederländer legten die heute so typischen Alleen an – zum Schutz vor Sonne, Wind und Schnee.

Der Ausbau des **Radwegenetzes** wurde in den letzten Jahren intensiviert und mittlerweile umfasst das beschilderte Radwegenetz 5000 km. Quer durch Brandenburg verläuft bis Küstrin-Kietz der „Europaradweg R 1". Durchs nördliche Brandenburg führen die Radfernwege „Berlin-Kopenhagen" (s. Mecklenburg-Vorpommern) und „Berlin-Usedom" (s.u.). Rund um Brandenburg führt die 1111 km lange „Tour Brandenburg" (s.u.). Der bislang schönste regionale Radweg ist der „Spree-Radweg" (s.u.).

Berlin

www.meinberlin.de, www.bbbike.de (s.u.), www.stadtentwicklung.berlin.de/verkehr/mobil/fahrrad/radrouten
Oft steht Berlin am Anfang einer Brandenburg-Tour. Die nach allen Himmelsrichtungen aus der Stadt führende S-Bahn erspart die Auseinandersetzung mit dem Hauptstadtverkehr (Radmitnahme problemlos). In Berlin spürt der 160 km lange **Mauer-Radweg** den Resten des Eisernen Vorhangs rund um West-Berlin nach. Esterbauer Vlg. (bikeline): „Mauer-Radweg".

Drei Radfernwege führen durch Berlin bzw. beginnen dort: Berlin-Kopenhagen, Berlin-Usedom und der Europaradweg R1. Der R1 durchquert Berlin auf einer Länge von 68 km von West nach Ost und zeigt die Stadt von ihren schönsten Seiten. Seit Ende 2009 ist der R1 innerhalb Berlins komplett fertig gestellt – inklusive lückenloser Beschilderung und baulicher Radwege entlang der Havel.

www.bbbike.de ist ein einfach zu bedienender, lernfähiger Routenplaner für Berlin. Die Site entstand aus einer Diplomarbeit und hat mittlerweile Ableger in einigen anderen Städten.

Prignitz

www.fremdenverkehr-prignitz.de
Verträumt und dünn besiedelt ist die Prignitz im Nordwesten Brandenburgs. Rund 1600 qkm groß ist diese flachwellige und seenarme Region zwischen Elbe und Dosse, deren sandige Böden überwiegend landwirtschaftlich genutzt werden. Stärker bewaldet ist die Prignitz im südlichen und östlichen Bereich, ansonsten dominieren landschaftsparkähnliche Szenerien mit Wiesen und Hainen. Hügelgräber, slawische Burgwälle, Festungen und Klöster können besichtigt werden. Die Nebenstraßen sind nahezu autofrei, wenn auch oft holperig, die Waldwege gelegentlich versandet. Besonders reizvoll ist der **Naturpark Elbetal,** ein Auengebiet, in dem auch Rühstädt liegt, Deutschlands storchenreichstes Dorf. (Linum, das andere bekannte Storchendorf Brandenburgs, liegt 80 km weiter östlich, im Rhinluch.)

Nordöstliches Brandenburg

Uckermark *www.tourismus-uckermark.de*
Eines der interessantesten Radelreviere Brandenburgs ist die rund 4000 qkm umfassende Uckermark zwischen oberer Havel und unterer Oder. Das sanfte Kuppen- und Hügelland birgt Moore, Auenlandschaften und über 300 Seen. Landwirtschaft wird im Norden betrieben, während der Süden von großen Waldgebieten eingenommen wird. Highlights sind der Nationalpark Untere Oder, die Seengebiete bei Prenzlau (gotische Hallenkirchen) und Templin (Stadtbefestigung), das Lychener Seekreuz und die Schorfheide, außerdem Kloster Chorin und das Schiffshebewerk Niederfinow am Südrand der Uckermark.

Noch nicht fertig ist der 225 km lange **Uckermärkische Radrundweg.** Bereits eröffnet wurde 2006 aber ein 75 km langes Teilstück zwischen Lychen im Westen (RW Berlin-Kopenhagen) und Stolpe im Osten (Oder-Neiße-RW).

Untere Oder *www.untere-oder.de, www.nationalpark-unteres-odertal.de*
Der **Nationalpark Unteres Odertal** umfasst 105 qkm Auenlandschaften, Polderwiesen und Vogelschutzgebiete. Deich- und Versorgungswege sind weiträumig zum Radeln freigegeben. Am interessantesten ist der Park bei Niedrigwasser (etwa ab Jahresmitte), dann sind auch die tiefer gelegenen Polderwege befahrbar. Treffpunkt der Zugvogelbeobachter ist die Gegend um Mescherin (nördl. von Gartz).

Schorfheide Schorfheide heißt das flachwellige (50 – 70 m), wildreiche Waldgebiet zwischen dem Städtchen Zehdenick und dem idyllischen Werbellinsee. Es umfasst etwa 400 qkm und ist Teil des *Biosphärenreservats Schorfheide-Chorin* (1258 qkm). Super einsam, schöne Waldseen, wenige Nebenstraßen und viele, oft sandige Waldwege mit Wildschweinbegegnungen.

Spreewald

www.spreewald.de, www.spreewald-info.com
Die einst sumpfige Hügel- und Heidelandschaft der Lausitz ist die Heimatregion der traditionsbewußten *Sorben.* Während die Oberlausitz zu Sachsen gehört, liegt die etwa gleich große **Niederlausitz** auf brandenburgischem Gebiet. Südlich von Cottbus hat der Braunkohletagebau hier riesige Mondlandschaften geschaffen. Nordwestlich von Cottbus wartet hingen die Zauberwelt des Spreewalds. Mangels Gefälle löst sich die Spree hier in rund 300 Bäche und Kanäle auf und hat dabei ein 55 km langes und bis zu 16 km breites, grünes Insellabyrinth geschaffen: das „Venedig der Sorben". Der feuchte, aber weithin gerodete **Oberspreewald** ist Dauergrünland für Gemüse und Obstbau, nur teilweise sind noch die alten Erlenbruchwälder vorhanden. Der kleinere, waldreiche **Unterspreewald** ist weniger feucht; hier gehen die alten Bruchwälder bereits in Hochwälder über, Grünland und Ackerflächen bilden Lichtungen. Der gesamte Spreewald ist als *Biosphärenreservat* geschützt (476 qkm), dessen Kernzonen nicht betreten werden dürfen (Totalreservate).

In puncto Wegebeschaffenheit dürfen Radler nicht wählerisch sein, denn das touristische Hauptverkehrsnetz bilden die Spreewald-Kanäle mit ihren

Kähnen. Den Landwegen kommt oft nur sekundäre Bedeutung zu, wobei das Spektrum vom schmalen Trampelpfad über zugewucherte Betonplattenwege, tiefsandige Waldwege, holpriges Kopfsteinpflaster bis hin zu passablen Dammwegen, komfortabel ausgebauten Wanderwegen und neu asphaltierten Nebenstraßen reicht. Beliebtester Ausgangspunkt für Spreewaldtouren ist **Lübben.** Hier kommen auch die beiden großen Radwege vorbei: der Spree-Radweg (s.u.) und der **Gurken-Radweg** (250 km Radweg-Achter), der entlang der Hauptspree über Lübbenau und Lehde (schönes Museumsdorf) nach Leipe und von dort weiter nach Burg Kauper führt, das auf einer der inselartigen Erhebungen des Oberspreewalds liegt.

Spree-Radweg

Führt durch Sachsen und Brandenburg.

Länge 410 km

Verlauf Spreequelle bei Neugersdorf – Bautzen – Boxberg – Spremberg – Cottbus – Burg – Lübbenau – Lübben – Schlepzig – Alt Schadow – Beeskow – Fürstenwalde – Erkner – Berlin.

Beschaffenheit/Verkehr Neu angelegte Radwege, Feld- und Waldwege, ruhige Nebenstraßen. Insgesamt sehr angenehme Streckenführung Nur wenige Abschnitte sind bzgl. Verkehr bzw. Beschaffenheit weniger angenehm. Die Beschilderung ist reichlich, allerdings nicht einheitlich und auch nicht völlig lückenlos. Spürbare Steigungen gibt es nur zu Beginn (Spreequelle bis Bautzen), ab Bautzen ist der RFW dann sehr familienfreundlich. Für den Endspurt von Erkner bis Berlin (ca. 40 km) empfiehlt sich die S-Bahn.

Eindrücke Der Weg, der sich am Lauf der Spree orientiert, die oft auch zu sehen ist, führt durch diverse Parklandschaften („Natur vom Feinsten"). Die Strekkenführung sorgt für viel Abwechslung. Sehenswert sind u.a. die Spreequellen (es gibt drei), das Waldhufendorf Schirgiswalde, das mittelalter-liche Bautzen, die Spreewaldlandschaft (hier wohl auch der schönste Abschnitt des Radweges: Lübben – Schlepzig), Beeskow (Altstadt, Burg), Fürstenwalde (Dom).

Infos ▸ *www.spreeradweg.de*

Tourenführer Esterbauer Vlg.: „Spree-Radweg".

Berlin-Usedom-Radweg

Führt durch Brandenburg und Mecklenburg-Vorpommern

Länge 337 km

Verlauf Berlin – Bernau – Joachimsthal – Prenzlau – Pasewalk – Ueckermünde – Anklam – Usedom – Kamminke – Ahlbeck (Swinemünde/Polen) – Zinnowitz – Peenemünde. Abkürzungen sind möglich, vor allem die Fähre übers Stettiner Haff (Ueckermünde – Kamminke) verkürzt den Weg erheblich.

Beschaffenheit/Verkehr Überwiegend asphaltiert und steigungsarm! Straßenbegleitende Radwege, Feld- und Waldwege, ruhige Nebenstraßen. Nur wenige Abschnitte sind stärker befahren (Bundesstraßen) oder unangenehm (gepflasterte Ortsdurchfahrten). Die Beschilderung ist sehr gut.

Eindrücke Wälder, Seen, Schleusen, Dorfkirchen aller Art. Der Weg führt durch den Barnim, das Biosphärenreservat Schorfheide-Chorin und die Region der Uckerseen. Im Vordergrund stehen Naturerlebnis und Abgeschiedenheit.

Infos ▸ *www.berlin-usedom-radweginfo.de, www.radweg-berlin-usedom.net*

Tourenführer IS Radweg: „Unterwegs auf dem Berlin-Usedom Radfernweg“ (mit CD-ROM, Bestellg. über www.berlin-usedom-radweginfo.de), Esterbauer Vlg. (Bikeline): „Radfernweg Berlin-Usedom“.

Fläming

www.reiseregion-flaeming.de www.flaeming-skate.de

Fast scheint es, als sei der betriebsame **Fläming-Skate** das neue Wahrzeichen dieser Landschaft geworden, die doch eigentlich so einsam und herb ist. Der **Fläming** ist ein über 100 km langer und bis zu 50 km breiter, dicht bewaldeter Höhenrücken, der sich bis nach Sachsen-Anhalt hinein erstreckt.

Im westlichen Teil, dem **Hohen Fläming** findet sich die höchste Erhebung Brandenburgs (201 m, Hagelberg), weiter östlich gipfelt der **Niedere Fläming** im Golmberg (178 m). Was den Radwanderer erwartet, sind Kiefern- und Buchenmischwälder, tief eingeschnittene Trockentäler (sog. Rummeln, die bekannteste in Garrey), Bäche, deren Wasser verloren geht und wieder auftaucht (daher der Ortsname Verlorenwasser), Ebenen und Hügel, außerordentlich klare Luft, 400 km markierte Wanderwege und ehemalige Patrouillenwege. Besonders im Herbst ist das „Drei- Burgen-Land“ (Burg Rabenstein, Burg Eisenhardt, Schloß von Wiesenburg) für Radwanderer eine der schönsten Landschaften im Brandenburgischen – wenn anderswo die Seen nicht mehr locken und im Fläming das Laub der Buchen ins Rotgelbe umschlägt.

Berühmt wegen seiner gotischen Wandmalereien ist das Zisterzienserkloster *Zinna* im Niederen Fläming. Fast noch berühmter ist mittlerweile aber der **Fläming-Skate.** Dieses gut 190 km lange Wegenetz besteht aus sechs steigungsarmen Rundkursen (RK1–6), die ausschließlich für Radler und Skater geschaffen wurden. Der Kurs ist perfekt asphaltiert und so angelegt, dass sich Radler und Skater möglichst nicht ins Gehege kommen. Da die Skater vor allem die kleineren Rundkurse bevorzugen, sind die Radler auf der fast 100 km langen Südrunde RK1 nahezu unter sich. Weder Skater noch Radler bedauern diese Entmischung. Schöne Rastplätze und Schutzhütten gibt es aber überall.

Weitere Tourentipps für Brandenburg

Kreis Oberhavel *www.oberhavel.de*
Rhinluch, Ruppiner Schweiz (Seengebiet, markierte Radwanderrundwege ab Neuruppin). Granseer Seenplatte. Seenplatten zwischen Rheinsberg

und Fürstenberg sowie nördlich davon, mit Fontanes Lieblingssee, dem Großen Stechlin.

Dahme-Spree-Region Altes Erholungsgebiet zwischen Berlin und Spreewald mit tausend Seen und Waldteichen, Kanälen und Flüssen.

Havelland *www.havelland-tourismus.de*
Kleinräumig und abwechslungsreich, vor allem das Gebiet der vielfach gewundenen Havelseen (Schwielowsee, Trebelsee, Beetzsee, Plauer See, Breitlingsee u.a.). Unbedingt sehenswert sind Potsdam (Sanssouci), die Stadt Brandenburg und das Kloster Lehnin. Großes Obstanbaugebiet an den Hängen des klimatisch begünstigten Hügellandes um Werder (Baumblütenfest).

Barnim *www.barnim.de*
Teil der Ostbrandenburgischen Platte. Reicht vom Nordosten Berlins bis an die Märkische Schweiz im SO. Hügelig und abwechslungsreich. Große Waldgebiete und Naturrefugien zwischen Parsteiner See, Werbellinsee und Bernau.

Märkische Schweiz *www.amt-maerkische-schweiz.de, www.rund-um-buckow.de*
Ein idyllisches Wald- und Seengebiet rund um Buckow am Ostrand des Barnim. Biosphärenreservat mit Felsen, Kehlen (Schluchten) und Steilufern. Bekanntester See ist der 45 m tiefe Schermützelsee. Das dichte Netz gut beschilderter Waldwege ermöglicht wunderschöne *MTB-Touren* ohne allzu große Schwierigkeiten.

Oderbruch *www.oderbruch.de*
Ehemalige Sumpfniederung zwischen Oderberg und Küstrin (Bruch = Sumpf-/Moorland). Rund 60 km lang und bis zu 15 km breit. Östlich der Seelower Höhen völlig flaches Bauernland ohne größere Sehenswürdigkeiten, dafür aber mit Wiesen, Feldern, Kanälen, Naturrefugien, Störchen, adretten Dörfern und Nebenstraßen (Asphalt und Pflaster). Am schönsten ist das Odervorland, durch das auch der „Oder-Neiße-Radweg“ führt (s. „Radweg-Parade“).

Schlaubetal *www.schlaubetal-online.de*
Naturpark, südl. von Müllrose. 20 km langes, eiszeitlich geprägtes Bach-Seen-Tal, das durch Moor, Heide u. wildwüchsigen Wald führt. Abwechslungsreich und ursprünglich. 190 km Radwege. Abstecher zum Oelsener See und zum „Urwald Fünfeichen“.

Tour Brandenburg Ringförmig führt die „Tour Brandenburg“ durchs ganze Bundesland und verbindet dabei all die anderen, über Berlin verlaufenden Radwege. Wem die immerhin 1111 km zuviel auf einmal sind, kann fast beliebig nach Berlin abkürzen oder den Nahverkehr benutzen. Der Radweg ist überwiegend asphaltiert und bis auf wenige Abschnitte auch beschildert.
Infos: *www.tour-brandenburg.de*
Tourenführer: Vlg. Esterbauer, bikeline: „Tour Brandenburg“.

Hessen

Daten 21.114 qkm • 6 Mio. Ew. • 283 Ew./qkm • Landeshauptstadt Wiesbaden

Infos ▸ Tourismuszentrale Hessen: *www.hessen-tourismus.de*

Überblick Reinhards-, Kaufunger- und Odenwald, Hoher Meißner, Kellerwald, Knüllgebirge, Vogelsberg, Rhön, Hoher Westerwald, Taunus, Spessart – kein Zweifel, Hessen ist Mittelgebirgsland. Damit Radlern beim Blick auf die Karte nicht vorschnell die Puste ausgeht, sind zwischen die Höhenrücken Tal- und Beckenlandschaften gestreut, die weniger anspruchsvoll profiliert sind. Die größte Ebene ist die Wetterau zwischen Frankfurt und dem Vogelsberg. Aber selbst die bergigen Regionen erweisen sich am Ende meist sanfter als befürchtet. Was noch für Hessen spricht, ist die velosympathische Kleinräumigkeit, der „skandinavische" Waldreichtum (40%), über 300 Burgen aus den Zeiten der Kleinstaaterei und außergewöhnlich viele hübsche Fachwerkstädte. Zahlreiche Kurorte mit Heilquellen und Gradierwerken signalisieren den hohen Erholungswert Hessens.

Radwegenetz Hessen Ein Massenphänomen ist der Fahrradtourismus in Hessen nicht. Um ein wenig nachzuhelfen, wurde ein landesweites **Radfernwegenetz** mit 9 Routen von insgesamt 2200 km Länge geschaffen (R 1 bis R 9). Dazu kommen 1100 km von überregionalen Flussradwegen wie Main-, Rhein- und Elberadweg.

Fast der gesamte hessische Raum jenseits der Ballungsgebiete – um Kassel im N und dem Rhein-Main-Gebiet im S – bietet sich für Radtouren an. Wer weder Höhen noch Tiefen, sprich Täler scheut, kann seine Route mitten durch die Naturparks legen, von denen es ebenfalls neun gibt (29% der Landesfläche) und versäumt dabei auch nicht die attraktiven Höhenrouten der einzelnen Gebirgsstöcke (beste Fernsicht bieten die kargen Basalthöhen von Vogelsberg und Rhön).

Wer es softer mag, folgt einem der **Flussradwanderwege** (Main, Lahn, Eder, Fulda, Werra) oder dem (Nord-Süd)-Radfernweg R 4, der durch die Beckenlandschaften der Hessischen Senke verläuft und dabei viel Spielraum nach beiden Seiten bietet (Bad Karlshafen – Trendelburg – Hofgeismar – Wolfhagen – Fritzlar – Alsfeld – Schotten – Nidda – Bad Vilbel – Heusenstamm – Dieburg – Michelstadt – Hirschhorn/Neckar).

Reinhardswald (472 m), Kaufunger Wald (641 m) und Meißner (753 m) bilden in der wenig besiedelten nordöstlichen Grenzregion Hessens, dem sog. „Hessisch-Sibirien", ein großes Naturpark-Ensemble mit Buchen und Eichen, die teilweise noch älter sind als die Sababurg, die hier den Gebrüdern Grimm als Vorlage für Dornröschen diente. Schöne Kirschbaumblüte im Frühjahr rund um Witzenhausen. In **Münden** treffen sich die Radfernwege von Weser, Fulda und Werra.

Genaue Beschreibung aller RFW in Hessen und Online-Tourenplaner: *www.hessen-tourismus.de*

Taunus

www.taunus-info.de, www.daslahntal.de
Wegen der Nähe zum Rhein-Main-Gebiet ist der bekannteste hessische

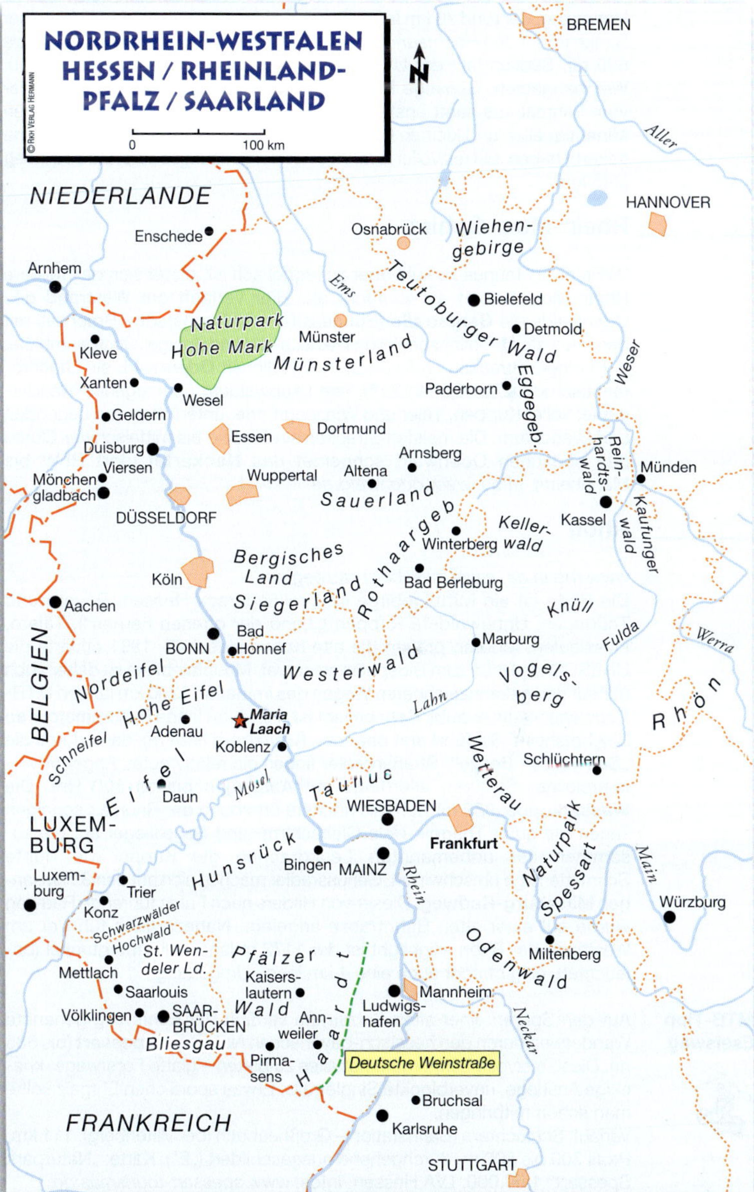
NORDRHEIN-WESTFALEN
HESSEN / RHEINLAND-PFALZ / SAARLAND
© RKH VERLAG HERMANN
0 100 km
N
BREMEN
Aller
HANNOVER
NIEDERLANDE
Enschede
Osnabrück
Wiehengebirge
Arnhem
Ems
Teutoburger Wald
Bielefeld
Naturpark Hohe Mark
Detmold
Münster
Kleve
Münsterland
Weser
Xanten
Wesel
Paderborn
Eggegeb.
Geldern
Essen
Dortmund
Duisburg
Rein-hardts-wald
Viersen
Arnsberg
Mönchengladbach
Wuppertal
Altena
Münden
Sauerland
Kassel
DÜSSELDORF
Kellerwald
Kaufunger wald
Winterberg
Rothaargeb
Bergisches Land
Köln
Bad Berleburg
Aachen
Siegerland
Knüll
Bad Honnef
BONN
Marburg
Fulda
Werra
BELGIEN
Westerwald
Nordeifel
Vogelsberg
Lahn
Hohe Eifel
Rhön
Adenau
Maria Laach
Schneifel
Koblenz
Wetterau
Schlüchtern
Eifel
Daun
Mosel
Taunus
WIESBADEN
LUXEMBURG
Frankfurt
Naturpark Spessart
Hunsrück
Bingen
MAINZ
Main
Luxemburg
Trier
Rhein
Würzburg
Konz
Schwarzwälder Hochwald
Odenwald
St. Wendeler Ld.
Pfälzer Wald
Miltenberg
Mettlach
Kaiserslautern
Mannheim
Saarlouis
Haardt
Völklingen
SAARBRÜCKEN
Annweiler
Ludwigshafen
Neckar
Bliesgau
Pirmasens
Deutsche Weinstraße
Bruchsal
FRANKREICH
Karlsruhe
STUTTGART

Höhenzug, der rund 70 km lange Taunus, ziemlich touristisch. Die Idsteiner Senke trennt den *Hochtaunus* im O (bis 879 m) vom *Untertaunus* im W (bis 620 m). Südlich fällt der Untertaunus zum Main hin steil ab (Rheingau, Weinbaugebiet). Günstige Radwanderbedingungen bietet vor allem der vom Lahntal aus sanft ansteigende *Hintertaunus* mit seinen zahlreichen Mineralquellen und kleinen Flüssen, die sich in die bewaldete Hochebene gekerbt haben. Ein reizvoller Zubringer ist der gut ausgebaute **Lahnradweg** (245 km).

Rhein-Main-Gebiet

Wenn es im Taunus zu kühl oder zu regnerisch ist, bietet sich das mildere Rhein-Main-Gebiet als Zuflucht an. Hier verläuft am Westrand des Odenwalds die **Bergstraße** (Bundesstraße 3, Darmstadt – Bruchsal) mit dem frühesten Frühlingsbeginn in Deutschland und üppiger Obstbaumblüte.

Ruhigere Strecken finden sich im westlichen **Odenwald,** ein „hochromantisches“ (Zitat Eichendorff), von Laubwäldern überzogenes Wandergebiet voller Kuppen, Täler und Wiesengründe, unterfüttert von Legenden und Brauchtum. Die meisten Strecken sind mäßig bis mittelschwer. Durch den südlichen Odenwald schneidet das **Neckartal** (dort RFW bis Mannheim). Infos: *www.odenwald.de*

Rhön

www.rhoen.de, www.milseburg-radweg.de
Die Rhön ist ein Mittelgebirge im Dreiländereck Hessen, Bayern und Thüringen. Unbewaldete Kuppen („Land der offenen Fernen“), Tälern, Flussläufen, Mooren prägen die alte Kulturlandschaft. 1991 erklärte die UNESCO die Rhön zum Biosphärenreservat. Mountainbiken ist daher auch nur auf den gekennzeichneten Wegen des immerhin 1200 km langen MTB-Radwegenetzes erlaubt. Sehr beliebt ist die 46 km lange Panoramatour ab Bischofsheim. Sie führt erst über den **Kreuzberg** (928 m), dann durch die **„Schwarzen Berge“**. Straßenradler finden ein relativ gutes Angebot verkehrsarmer Straßen, allerdings mit Anstiegen bis zu 500 Hm. Die **Wasserkuppe** (950 m) zieht als höchste Erhebung der Rhön an sonnigen Tagen mit guter Thermik viele Gleitschirm- und Segelflieger an, die zusammen mit unbemannten Lenkdrachen die Kuppe wie bunte Schmetterlinge umschwirren. Genussradler machen sich auf den 32 km langen **Milseburg-Radweg.** Dieser von Hilders nach Fulda führende Radweg wurde auf einer alten Bahntrasse angelegt. Nahezu flach führt er am Westhang der Rhön. Highlight ist der 1172 m lange Milseburgtunnel (beleuchtet), es gibt aber auch eine 4 km lange Umgehung.

MTB-Tipp Eselsweg

Auf den Spuren einer alten Salzstraße verläuft der **Eselsweg** genannte Wanderweg durch den hessisch-bayerischen Naturpark **Spessart** (bis 585 m). Diese reizvolle Längsroute hat alles zu bieten – glatte Forstwege, knackige Anstiege, unverblockte Singletrails. Etwas sportlichen Ehrgeiz sollte man schon mitbringen.
Verlauf: Schlüchtern (Bahnstation)– Großheubach (bei Miltenberg), 111 km, Profil 300 bis 500 m, durchgehend ausgeschildert („E“). Karte: „Naturpark Spessart“ 1:50.000, LVA Hessen. Infos: *www.spessart-tourismus.de*

Mecklenburg-Vorpommern

Daten 23.169 qkm • 1,8 Mio. Ew. • 79 Ew./qkm • Landeshauptstadt Schwerin

Infos ▸ Tourismuszentrale Mecklenburg-Vorpommern: *www.auf-nach-mv.de*

Überblick Mecklenburg-Vorpommern bietet seinen Fans wenig Industrie und wenig velofeindliche Erhebungen, aber viel Landschaft und unverbaute Natur, hohen Himmel und Badewasser bis zum Abwinken. Ostseeküste und Mecklenburgische Seenplatte üben größte Anziehungskraft auf Fahrradurlauber aus. Und dies trotz eines unzureichenden Straßennetzes. Da der Fahrradtourismus jedoch konsequent gefördert wurde, allein in den letzten Jahren wurden 100 Millionen Euro investiert, entstand ein umfassendes Radfernwegenetz. Die Radwege **Hamburg-Rügen** und **Berlin-Kopenhagen** bilden das Hauptkreuz dieses Netzes. - Tourenführer: BVA, „Radfernwege in Mecklenburg-Vorpommern", Bd. 1 u. 2.

Ostseeküste

Die reich gegliederte Küste Mecklenburg-Vorpommerns zählt zu den besonders attraktiven Abschnitten der Ostsee. Inseln, Halbinseln und flache Meeresbuchten (Bodden), Küstenwälder, Sandbänke und Steilufer, Strände und Klippen sorgen für viel Abwechslung und schöne Landschaftsbilder. Wer dabei von West nach Ost radelt, sichert sich die Chance auf im Tagesverlauf zunehmenden Rückenwind.

Küstentour Der mecklenburgische Teil des **Ostseeküsten-Radwegs** (ab Travemünde) führt mit einem Abstecher zur Insel **Poel** (flach, unbewaldet, Steilküsten) über Wismar nach **Kühlungsborn**. Landschaftlich ist dieser Abschnitt noch relativ eintönig, Wiesen und Felder, ab und zu ein kleiner Wald oder ein Stück Allee. Wer will, kann dann von Kühlungsborn mit „Molli", der Dampflok, nach Heiligendamm zischen und ab Börgerende auf einem schönen Radwanderweg, entlang des Steilufers, nach Nienhagen und weiter bis Warnemünde radeln.

Mit der Fähre geht's über die Warnow und weiter durch die Rostocker Heide zur Halbinselkette **Fischland-Darß-Zingst**. Darß und Zingst gehören zum *Nationalpark Vorpommersche Boddenlandschaft,* der auch die Insel Hiddensee einschließt. Alles sehr reizvolle Radlerlandschaften, bestehend aus Flachküsten, Stränden, Dünen, Bodden und Mooren, windgezaustem Küstenurwald (Darß!) und hübschen, teilweise aber auch sehr touristischen (und teuren) Fischer- und Badeorten. Ehemalige Patrouillenwege führen in die Dünen, jenseits dieser Wege lauert dann tiefer Sand. Da **Zingst** eine verkehrstechnische Sackgasse ist, verläuft der weitere Weg zwangsläufig über **Stralsund** (eindrucksvolle Altstadt). Ab Stralsund (Autobrücke) oder Reinberg-Stahlbrode (Fähre) ergibt sich die Möglichkeit einer großen Runde durch Rügen. Weiter führt der Radweg über Greifswald und Wolgast nach **Usedom** – eine Halbinsel mit nostalgischen alten Seebädern und 40 km feinsten Sandstrandes. Der Radweg endet in **Ahlbeck,** an der Grenze zu Polen, eine Weiterführung ist beabsichtigt. (Ostseeküsten-Radweg: s. „Radweg-Parade")

Rügen

www.ruegen.de
Rügen ist Deutschlands größte Insel (926 qkm), mit der längsten Küstenlinie, der höchsten Erhebung (Piekberg, 161 m) und den meisten Urlaubern (über 1 Mio. pro Jahr). Was Rügen so anziehend macht, ist die landschaftliche Vielfalt. Mit dem Fahrrad kann man sich auf Rügen leicht eine Woche amüsieren, bevor man das Gefühl hat, alle Ecken beschnuppert zu haben. Feine Sandstrände und feuersteinübersäte Küstenstreifen, Bodden und Steilufer, ausgedehnte Buchenwälder und berühmte Kreidefelsen (Stubbenkammer), sanfthügelige Wiesen und alte Leuchttürme (Kap Arkona), Gründerzeitcharme (Putbus, Binz) und Hünengräber, schnuckelige Fischerorte… es gibt viel zu sehen, und es ist sehr, sehr voll im Sommer. Hauptstraßen sollten in dieser Zeit möglichst gemieden werden, denn es gibt dort kaum Radwege, auch nicht an der „Deutschen Alleenstraße“, die auf Rügen ihren Ursprung hat (in Sellin). Beschaulicher geht es im Inselinnern zu, wo zahlreiche Wirtschaftswege existieren (gute Karte erforderlich).

Auch Rügens Radwanderwege basieren weitgehend auf nichtasphaltierten, witterungsabhängigen Wegen. Ausgezeichnete Radwege finden sich entlang der Küsten im Norden und Westen. Im Osten, bei den Kreidefelsen hingegen, überwiegen Kopfsteinpflaster und Sandwege.

Nicht versäumen sollten Rügenradler die **Halbinsel Mönchgut,** die von der UNESCO zum „Biosphärenreservat Südostrügen“ erklärt wurde. Hier zuckelt auch der „Rasende Roland“, eine dampf betriebene Nostalgiebahn, von Göhren über Binz nach Putbus (problemlose Fahrradmitnahme im Gepäckwagen).

Mit dem „Rasenden Roland“ durch Rügen

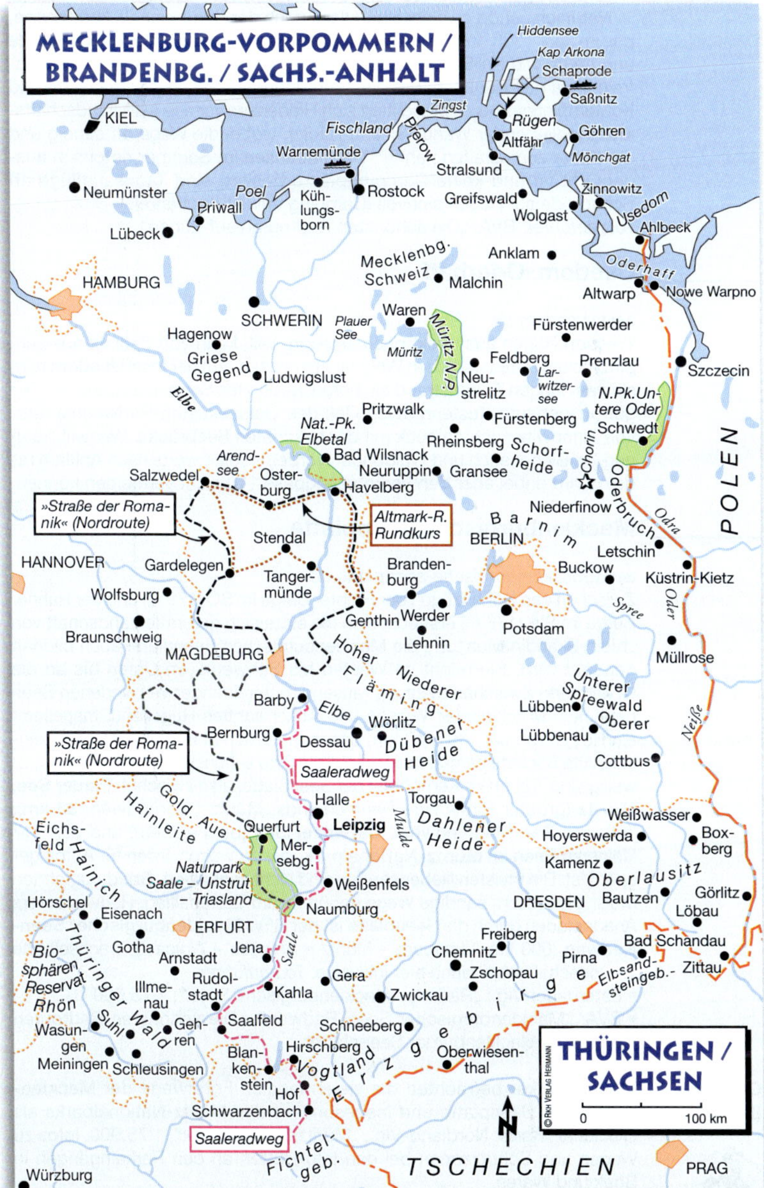
MECKLENBURG-VORPOMMERN / BRANDENBG. / SACHS.-ANHALT
Hiddensee
Kap Arkona
Schaprode
Saßnitz
Zingst
Rügen
Göhren
Altfähr
Mönchgat
KIEL
Fischland
Prerow
Warnemünde
Stralsund
Neumünster
Poel
Kühlungsborn
Rostock
Greifswald
Zinnowitz
Priwall
Wolgast
Usedom
Lübeck
Ahlbeck
Mecklenbg. Schweiz
Anklam
Oderhaff
HAMBURG
Malchin
Altwarp
Nowe Warpno
SCHWERIN
Plauer See
Waren
Müritz N.P.
Fürstenwerder
Hagenow
Müritz
Feldberg
Prenzlau
Szczecin
Griese Gegend
Ludwigslust
Neustrelitz
Larwitzersee
N.Pk.Untere Oder
Elbe
Pritzwalk
Fürstenberg
Nat.-Pk. Elbetal
Rheinsberg
Schorfheide
Schwedt
Arendsee
Bad Wilsnack
Chorin
Salzwedel
Osterburg
Neuruppin
Gransee
Oderbruch
Havelberg
POLEN
»Straße der Romanik« (Nordroute)
Altmark-R. Rundkurs
Niederfinow
Barnim
Odra
Stendal
BERLIN
Letschin
HANNOVER
Gardelegen
Tangermünde
Brandenburg
Buckow
Küstrin-Kietz
Wolfsburg
Oder
Spree
Genthin
Werder
Potsdam
Braunschweig
Lehnin
Müllrose
MAGDEBURG
Hoher Fläming
Niederer Fläming
Unterer Spreewald
Barby
Elbe
Lübben
Oberer
Wörlitz
Lübbenau
Neiße
Bernburg
Dessau
Dübener Heide
»Straße der Romanik« (Nordroute)
Saaleradweg
Cottbus
Gold. Aue
Halle
Torgau
Hainleite
Mulde
Weißwasser
Eichsfeld
Querfurt
Leipzig
Dahlener Heide
Hoyerswerda
Boxberg
Hainich
Merseburg
Naturpark Saale – Unstrut – Triasland
Kamenz
Oberlausitz
Weißenfels
Görlitz
Hörschel
Naumburg
DRESDEN
Bautzen
Eisenach
Löbau
ERFURT
Freiberg
Bad Schandau
Thüringer Wald
Gotha
Jena
Saale
Chemnitz
Pirna
Biosphären Reservat Rhön
Arnstadt
Zschopau
Elbsandsteingeb.
Zittau
Ilmenau
Rudolstadt
Gera
Kahla
Zwickau
Erzgebirge
Suhl
Gehren
Saalfeld
Schneeberg
Wasungen
Hirschberg
Oberwiesenthal
THÜRINGEN / SACHSEN
Meiningen
Schleusingen
Blankenstein
Vogtland
Hof
Schwarzenbach
0
100 km
Saaleradweg
Fichtelgeb.
N
TSCHECHIEN
PRAG
Würzburg
© REISE KNOW-HOW VERLAG HERMANN

Natürlich gehört zu einer Rügentour auch der Sprung nach **Hiddensee,** das im Jahr 1308 durch eine Sturmflut von der Hauptinsel abgetrennt wurde und heute wie ein Seepferdchen vor Rügen liegt. Die 17 km lange, autofreie Insel galt Künstlern um die Jahrhundertwende als Ort der Ruhe und Kontemplation. Heute präsentiert sich Hiddensee vor allem als Landschaftsidyll friedliebender Wanderer und Radler, wobei die Wege oft sandig und die Küste zum Greifen nah ist. Da Hiddensee im Sommer notorisch ausgebucht ist und keine Campingplätze besitzt, sind Tagesausflüge ab Schaprode auf Rügen sinnvoll (Camping unweit der Fähre).
Tourenführer: BVA: „Die schönsten Radtouren auf Rügen".

Usedom, Oderhaff

www.usedom.de
Wer von Rügen aus direkt nach Usedom will, kann von Saßnitz aus zum pittoresken Hafenstädtchen Wolgast übersetzen. Auf der Insel **Usedom** reiht sich am langen Außenstrand ein herausgeputztes Seebad ans andere. Der gut ausgebaute Küstenradweg (Teil des Ostseeküsten-Radweges) führt von Zinnowitz nach Ahlbeck mit der bekannten Seebrücke. Wer will, kann nun (an Binnenseen und Waldungen vorbei) inseleinwärts nach Anklam radeln, wird dabei aber den Verkehrsengpass 110 nicht vermeiden können.

Mecklenburgische Seenplatte

www.mecklenburgische-seenplatte.de
Zwischen den Höhenzügen der Helpter Berge im SO (179 m) und der Ruhner Berge im SW (178 m) erstreckt sich die eiszeitlich geformte Landschaft von „Klein-Skandinavien" wie die Mecklenburgischen Seenplatte auch bildhaft genannt wird. Sie reicht im Westen bis Schwerin, im Osten bis an die Uckermark. Zwischen mehr als tausend, untereinander verbundenen Seen bedecken Mischwälder, Wiesen und Äcker sanftes Hügelland. Insgesamt ein Revier von ca. 130 x 40 km, das zu naturnahen Radwanderungen einlädt. Alte Backsteinarchitektur macht die Orte sehenswert. Besonders kurzweilig sind Touren im Kerngebiet der Seenplatte, also zwischen **Plauer See, Müritz** (größter Binnensee Deutschlands, Müritz-Radrundweg, 83 km), **Tollense-See** (Radrundweg), **Carwitzer See** (bei Feldberg) und den 117 kleineren Seen im **Müritz-Nationalpark,** der zu weiten Teilen für Autos gesperrt ist. Die meisten Nebenstraßen sind nicht asphaltiert, Ortsdurchfahrten meist gepflastert, sandige Wege gehören zum Tourenalltag. Radwanderers Ariadnefaden durch die Seenplatte ist der RFW **Mecklenburgischer Seen-Radweg** (600 km, Lüneburg – Müritz – Ahlbeck – Wolgast), wechselhafte Wegbeschaffenheit auch hier inklusive. *Tourenführer:*

- Esterbauer Vlg.: „Radatlas Mecklenburgische Seen", 1:75.000
- BVA: „Mecklenburgischer Seen-Radweg", „Die schönsten Radtouren durch die Mecklenburger Seenplatte".

Offroad (MTB)

Mountainbiker betrachten die vielen legalen Forstwege der Mecklenburgischen Seenplatte und insbesondere des Müritz-Nationalparks als Glücksfall. *Karte:* Nordland-Vlg., „Müritz-Nationalpark", 1:75.000. Infos zu Wegen und Schutzzonen bei den Info-Hütten an den Parkeingängen in Boek und Waren.

Weitere Tourentipps

Radweg Berlin-Kopenhagen

„630 grün-blaue Kilometer" verspricht der Radweg Berlin-Kopenhagen. Und tatsächlich sind Wälder und Gewässer Hauptmerkmale des Weges, der durch **Brandenburg** (155 km), **Mecklenburg-Vorpommern** (240 km) und an den Küsten der **dänischen Inseln** Falster, Møn und Sjælland (235 km) nach Kopenhagen führt.

Als der Radweg im April 2001 eingeweiht wurde, war er alles andere als fertig. Schilder fehlten, etliche Passagen befanden sich noch im Urzustand, kurz, es war eine abenteuerliche Radroute voller Schlaglöcher und tiefen Sandes. Inzwischen hat sich fast alles zum Guten gewendet, insbesondere was die durchgehende Beschilderung betrifft, aber ein bisschen abenteuerlich wird der Weg wohl bleiben. Denn es wurde ja kein 630 km langer Radweg neu angelegt, sondern vorhandene Wege und Straßen wurden verknüpft, die als naturnah und radlerfreundlich galten. Nur dort, wo Verbindungswege bislang nicht befestigt waren, wurden tatsächlich neue Radwege geschaffen.

Insgesamt ergibt sich so eine bunte Wegemischung, die von mittelmäßig bis superkomfortabel reicht. Nach 395 Radweg-km durch Brandenburg und „Meck-Pomm" geht es mit der Fähre in zwei Stunden von Rostock hinüber nach Gedser, und in Dänemark, überwiegend auf Nationalradrouten, die nicht mehr zusätzlich markiert sind, weiter bis Kopenhagen.

Der Radweg ist auf der Website (s.u.) in 15 Etappen eingeteilt, Unterkünfte werden angegeben. Für die **Rückreise inkl. Fahrradmitnahme** bietet sich der DB-Nachtzug an (Kopenhagen-München bzw. Kopenhagen-Köln).**Infos:** *www.bike-berlin-copenhagen.com*
Tourenführer: Esterbauer Vlg. (Bikeline): „Berlin-Kopenhagen". BVA Spiralo: „Radweg Berlin-Kopenhagen":

Mecklenburgische Schweiz

Nördlich der Seenplatte erstreckt sich um Malchin die **Mecklenburgische Schweiz.** Auch hier gibt es Seen und liebliches Hügelland mit Wäldern und Feldern. Allerdings liegen die Seen sehr tief, so dass die Höhenunterschiede zwischen Seespiegel und Hügelkuppen ausgeprägter sind als in der Mecklenburgischen Seenplatte, deshalb der Begriff „Schweiz".

Griese Gegend

Ein hübsches Kontrastprogramm zur Mecklenburger Seenplatte ist die wenig bekannte **Griese Gegend.** Zahlreiche Wege führen kreuz und quer durch die einsame Wald- und Heidelandschaft, der von Kanälen und Bächen durchzogenen Gegend zwischen Hagenow und **Ludwigslust** mit seinem berühmten Pappmaschee-Schloss.

Niedersachsen

Daten

47.605 qkm • 7,7 Mio. Ew. • 162 Ew./qkm • Landeshauptstadt Hannover

Infos

▸ Tourismuszentrale Niedersachsen: *www.tourismus.niedersachsen.de*

Überblick

Außerhalb der Niederlande dürfte Niedersachsen vielleicht das Land mit den meisten Hollandrädern sein, nicht nur weil auf dem platten Lande ohnehin viel rad gefahren wird, sondern weil auch das Terrain, das sich von den Ostfriesischen Inseln bis zum Mittellandkanal erstreckt, ähnliche Umfänge hat wie die Niederlande. Erst im tiefen Süden Niedersachsens beginnt mit Weserbergland und Harz der Mittelgebirgsraum. Die meisten Bundesstraßen sowie auch stärker frequentierte Nebenstraßen werden von Radwegen begleitet. Einschließlich der Radfernwege erschließen 70.000 km Radrouten die weiträumigen Erholungsgebiete Niedersachsens. Darüber hinaus lassen sich auch die zahlreichen nicht markierten Forst- und Wirtschaftswege mit einer Radwanderkarte vom niedersächsischen Landesvermessungsamt bestens für eine Landpartie nutzen.
Radfernwege im Weser-Ems-Gebiet: *www.fahrradurlaub.net*

Ostfriesische Inseln – Sieben Schwestern

www.echtundklar.de
Die Eselsbrücke für Südlichter und sonstige Landratten, die sich die **Reihenfolge der Ostfriesischen Inseln** partout nicht merken können, lautet: **W**elcher **S**eemann **l**iegt **b**ei **N**anni **i**m **B**ett? Die Antwort entspricht – von Ost nach West – den Anfangsbuchstaben der Frage: **W**angerooge, **S**piekeroog, **L**angeoog, **B**altrum, **N**orderney, **I**uist (korr. Juist), **B**orkum.

Populär sind die „sieben Schwestern" wegen ihres Heilklimas. Dünen, Strände und Vogelschutzgebiete sind die Freiformelemente der sandigen

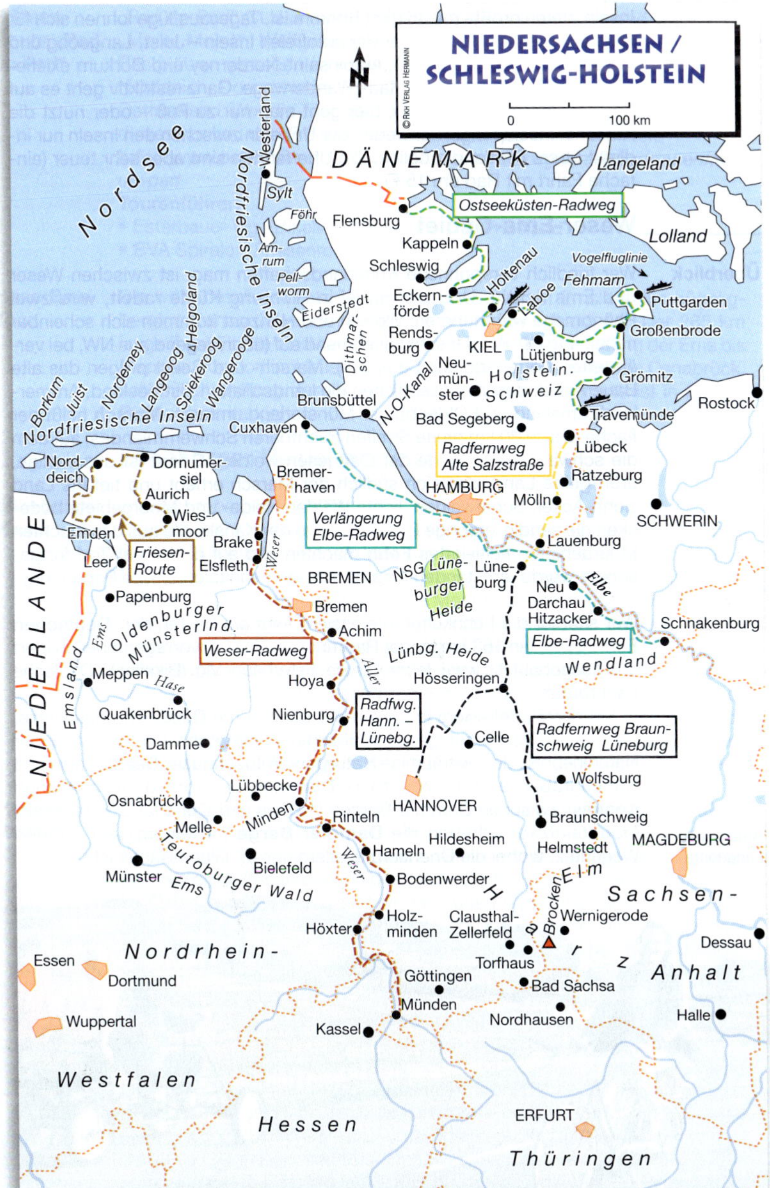
NIEDERSACHSEN / SCHLESWIG-HOLSTEIN
© RKH VERLAG HERMANN
0
100 km
N
Nordsee
DÄNEMARK
Langeland
Lolland
Westerland
Sylt
Föhr
Amrum
Pellworm
Nordfriesische Inseln
Eiderstedt
Dithmarschen
Helgoland
Borkum
Juist
Norderney
Langeoog
Spiekeroog
Wangerooge
Nordfriesische Inseln
Flensburg
Ostseeküsten-Radweg
Kappeln
Schleswig
Vogelfluglinie
Fehmarn
Puttgarden
Holtenau
Laboe
Eckernförde
Großenbrode
Rendsburg
KIEL
Lütjenburg
Neumünster
Holstein.
Schweiz
Grömitz
N-O-Kanal
Brunsbüttel
Travemünde
Rostock
Cuxhaven
Bad Segeberg
Lübeck
Radfernweg Alte Salzstraße
Ratzeburg
Norddeich
Dornumersiel
Bremerhaven
HAMBURG
Mölln
SCHWERIN
Aurich
Wiesmoor
Verlängerung Elbe-Radweg
Emden
Brake
Lauenburg
Friesen-Route
Leer
Elsfleth
Weser
BREMEN
NSG Lüneburger Heide
Lüneburg
Elbe
Neu Darchau
Hitzacker
Papenburg
Bremen
Oldenburger Münsterlnd.
Achim
Elbe-Radweg
Schnakenburg
Ems
Emsland
Weser-Radweg
Lünbg. Heide
Wendland
Meppen
Hase
Aller
Hoya
Hösseringen
Quakenbrück
Nienburg
Radfwg. Hann. – Lünebg.
NIEDERLANDE
Radfernweg Braunschweig Lüneburg
Celle
Damme
Wolfsburg
Lübbecke
Osnabrück
HANNOVER
Minden
Rinteln
Braunschweig
Melle
Hildesheim
Helmstedt
MAGDEBURG
Teutoburger Wald
Hameln
Bielefeld
Weser
Elm
Münster
Ems
Bodenwerder
Harz
Sachsen-Anhalt
Holzminden
Clausthal-Zellerfeld
Brocken
Wernigerode
Höxter
Dessau
Nordrhein-Westfalen
Torfhaus
Essen
Dortmund
Göttingen
Bad Sachsa
Münden
Wuppertal
Nordhausen
Halle
Kassel
Hessen
ERFURT
Thüringen

zu verdanken, dass die meisten Wirtschaftswege geteert sind. Die landschaftlich reizvollsten Teile des Wendlands umfasst der hügelig-bergige **Naturpark Elbufer-Drawehn.**

Osnabrücker Land, Weserbergland, Harzvorland, Harz

Osnabrücker Land

www.osnabruecker-land.de
Von Quakenbrück bis Glandorf, oder anders gesagt, vom Unterlauf der Hase bis zum nördlichen Teutoburger Wald reicht das Osnabrücker Land. Einen guten Ruf hat sich das alte Bistum, das wegen dieser Kirchengrenze sackförmig nach Westfalen hineinragt, als Umweltschutz-Region erworben. Mit 2500 km bestens ausgeschilderten Radwanderwegen auf rund 250 qkm ist es eines der best ausgebauten Radwandergebiete Niedersachsens. Radrouten erschließen die ländlich-flachen Erholungsgebiete ebenso wie die bewaldeten Höhenzüge von Teutoburger Wald und Wiehengebirge mit ihren Heilbädern. Eine gediegene Radwanderregion mit Geheimtippcharakter.

Abstecher

Im benachbarten **Mühlenkreis Minden-Lübbecke** (Nordrhein-Westfalen) lockt die „Mühlenroute". Der 320 km lange Radrundkurs verläuft auf flachen, meist autofreien Wegen links und rechts des Mittellandkanals und verbindet dabei etwa 40 funktionstüchtige Wind-, Wasser- und Roßmühlen. Leider gibt es kein Mühlen-Abitur zum Abschluss.

Offroad Weserbergland

www.weserbergland.com, www.teutoburgerwald.de
Waldreiche Kleingebirge von 300 bis 528 m Höhe säumen den romantischen Oberlauf der Weser zwischen Münden und Minden, gemeinsam bilden sie das **Weserbergland.**

Gute Tourenmöglichkeiten auf Forstraßen und bestens markierten Rad-/Wanderwegen bieten die waldreichen Naturparks *Nördlicher Teutoburger Wald / Wiehengebirge* (1220 qkm); *Weserbergland – Schaumburg – Hameln* (1116 qkm); *Solling – Vogler* (528 qkm) und *Münden* (374 qkm). Klarer Favorit geländebikender Nordlichter ist dabei der niedersächsisch-westfälische **„Teuto"** (Teutoburger Wald), wo sich eine Bergkuppe an die nächste reiht und der von Rheine kommende „Hermannsweg" dem Gebirgskamm folgt (bis 468 m).

Harzvorland

www.elm-lappwald.de, www.helmstedt.de
Wie eine Vorankündigung auf den Harz wirkt der östlich von Braunschweig gelegene Höhenrücken des **Elm** (bis 322 m, Kuxberg). Das fossilienreiche Niedergebirge, das vom „schönsten Buchenwald Norddeutschlands" bedeckt wird, bildet das Herzstück des **Naturparks Elm-Lappwald.** Radwanderer können in der über 300 qkm großen Ferienregion zahlreiche familienfreundliche Touren auf Feld- und Waldwegen unternehmen und werden dabei neben Landschaftsidyllen (Reitlingstal, Velpker Schweiz) auch allerlei Mittelalterliches entdecken.

Harz

www.oberharz.de, www.unterharz-info.de
Deutschlands nördlichstes Mittelgebirge gilt vielen als das schönste. Anteil daran hat Niedersachsen mit dem **Oberharz** und Sachsen-Anhalt mit dem **Unterharz.** Wo in der Walpurgisnacht furcht erregende Damen mit dem

Besen tanzen, markiert der **Brocken** mit seinen 1142 m die höchste Erhebung. Ausgrabungen auf dem *Wurmberg* (971 m) deuten allerdings eher auf den zweithöchsten Berg des Harzes als Versammlungsplatz der Hexen. Am Brocken und NW davon ist der Harz sehr niederschlagsreich, im südlichen und östlichen Vorland hingegen sehr niederschlagsarm. Tief zertalt ist das geologisch hoch interessante Waldgebirge, eintausend Jahre Bergbau haben Orte und Kultur geprägt.

Radtouren im Harz sind ebenso abwechslungs- wie steigungsreich, wobei harztypische Straßensteigungen aber eher lang als „irre steil“ sind (es gibt auch 18-prozentige, aber nicht auf Durchgangsstraßen). Radfahren im Harz beinhaltet zwischendurch auch längere Talstrecken, die für einen gewissen Ausgleich sorgen. Prinzipiell ist der Ostharz sanfter gebaut als der Westharz. Nicht vermeiden lässt sich bei einer Harzrundtour die streckenweise Benutzung von Bundesstraßen. Abgesehen von der radlerfeindlich ausgebauten „Harz-Heide-Straße“ über Torfhaus sind sie unter der Woche aber durchaus okay.

Tipp: Aus drei Linien besteht das Netz der dampfbetriebenen Schmalspurbahnen im Unterharz (Sachsen-Anhalt), es ist das größte in Deutschland. Interessant ist vor allem die 60 km lange Panoramastrecke der **Harzquerbahn** von Wernigerode nach Nordhausen, daneben auch die **Selketalbahn** und für Tretfaule natürlich die **Brockenbahn.** Fahrradmitnahme im Gepäckwagen ist problemlos möglich.
Harzer Schmalspurbahnen: *www.hsb-wr.de*

Offroad Harz

Reizvoll und ideal für leichte bis mittlere Touren ist praktisch das gesamte Gebiet zwischen Bad Harzburg, Osterode und Bad Sachsa. In den überwiegend als Natur- bzw. Nationalpark deklarierten Regionen von **Hoch- und Südharz** (im Oberharz) existieren neben diversen für den Autoverkehr gesperrten Forststraßen viele gut ausgebaute Wanderwege und zahlreiche bequem zu befahrende Grabenwege aus der Zeit des Bergbaus mit seinen kunstvoll verbundenen Teichen, Gräben und Stollen (Oberharzer Wasserregal, Clausthal-Zellerfelder Hochplateau). Die höchste Tour Nord- und Mitteldeutschlands führt auf den **Brocken.** Am einfachsten ist die Auffahrt auf der geteerten Brockenchaussee ab Schierke, relativ leicht ist auch der „Goetheweg“ ab Torfhaus (ca. 7 km langer Höhenwanderweg), anstrengender hingegen der nördliche „Hirtenstieg“. Wanderungen auf den „Blocksberg“ (Brocken) sind sehr beliebt, daher am besten den späten Nachmittag für die Tour wählen, denn sonst wird's eng.

Nordrhein-Westfalen (NRW)

Daten

34.071 qkm • 17,8 Mio. Ew. • 522 Ew./qkm •
Landeshauptstadt Düsseldorf

Infos

▸ Tourismuszentrale Nordrhein-Westfalen: *www.nrw-tourismus.de*

Überblick

In Nordrhein-Westfalen begegnen sich Norddeutsche Tiefebene und Mittelgebirge. An beidem hat das bevölkerungsreichste deutsche Bundesland etwa gleich großen Anteil: Im Nordosten begrenzen Teutoburger Wald und Eggegebirge die Westfälische Bucht (Münsterland), im Süden schmei-

Trinkwasser fürs Ruhrgebiet (Möhnesee)

Region Niederrhein

www.niederrheinroute.de, www.niederrhein-tourismus.de
Ohne größere Höhen und Tiefen verlaufen Radtouren am **Unterlauf des Rheins**, der etwa ab Bonn beginnt und zunächst von prosaischen Industrieanlagen und Kraftwerken gesäumt ist. Dieser Abschnitt des Rheines ist ohne größere Lücken auf Rad- und Uferwegen befahrbar. Reizvoller wird der Niederrhein aber erst wieder hinter Duisburg.

Nordwestlich von Duisburg ist aber auch die **linksrheinische Tiefebene** anziehend. Diese fruchtbare Landschaft hat viel mit den benachbarten Niederlanden gemein: Kanalisierte Sümpfe und Moore, verträumte Altwässer und blühende Wiesen, Pappelalleen und Kopfweiden, Herrensitze, Burgen, Ruinen, Spuren der Römer (in Xanten und anderswo) und natürlich auch ein paar Windmühlen (in Geldern etwa). Ein sehr dichtes Radwegenetz erschließt die Landkreise **Kleve** und **Wesel**, darunter auch die „Herrensitz-Route" entlang der Niers und die „Via Romana" (www.via-romana.de), die auf einer alten Römerstraße von Xanten nach Nijmwegen führt. Auch den südlicher gelegenen **Kreis Viersen** durchzieht ein exzellentes Radroutennetz – speziell den niederländ.-deutschen Naturpark **Maas-Schwalm-Nette.** Alles in allem bietet die Region Niederrhein mit ihrem dichten Radwegenetz (über 2000 km) beste Voraussetzungen für beschauliche Radwanderungen.

Tourentipp Ruhrgebiet

Das „Radwegenetz Route Industriekultur" umfasst 700 km Radwege durchs Ruhrgebiet. U.a. den **Emscher-Park-Radweg** („Rad-Tour Ruhr") mit Duisburg-Ruhrort als Start und Ziel. Der Radweg verbindet zwei anschauliche Rundkurse durchs Ruhrgebiet (230 km), die neben den Industrie-Kathedralen der Ruhrpottgeschichte auch die grünen Seiten des Reviers zeigt. Infos: *www.tour-de-ruhr.de, www.ruhrgebiettouristik.de*

Rheinland-Pfalz

Daten 19.845 qkm • 4 Mio. Ew. • 199 Ew./qkm • Landeshauptstadt Mainz

Infos ▸ Tourismuszentrale Rheinland-Pfalz: *www.rlp-info.de*

Überblick Zwei hügelig-bergige, von Flüssen gegliederte Großräume erwarten den Radler in Rheinland-Pfalz: Im Norden das **Rheinische Schiefergebirge** mit Eifel, Westerwald und Hunsrück, im Süden die **Pfalz** (Rheinhessen) mit Nordpfälzer Bergland und Pfälzer Wald, Rheinhessischem Hügelland (Alzeyer Hügelland) und Oberrheinischer Tiefebene. Seit den Zeiten der Römer wird in den geschützten Lagen von Rhein, Mosel und Ahr Wein angebaut. Mittlerweile erzeugt Rheinland-Pfalz 70% des deutschen Weines. Da aber nur 4% der Fläche von Weinreben bedeckt sind, bleibt noch genügend Raum für andere Eindrücke. Radwanderwege wurden in den letzten Jahren vermehrt angelegt, darunter auch auf den Trassen stillgelegter Bahnstrecken. Am ergiebigsten ist das Radwegenetz der Eifelregion mit den angrenzenden Flusstälern.

Eifel und Ahrtal

www.ahrrheineifel.de, www.eifel.info, www.vulkanbike.de
Erst vom Meer bedeckt, später von Vulkanen, hat die Erdgeschichte der rheinland-pfälzischen Eifel einige herausragende Erscheinungen beschert: Maare (Kraterseen), Fossilien, Mineralwasser und Rotwein. Ihrer vulkanischen Vergangenheit verdankt die Eifel auch ihr weich fließendes Profil (450 – 600 m) und die Kargheit ihrer Böden. Fichtenwälder, Heideflächen und Ackerbau wechseln mit Steinigem ab.
Mountainbiker und sportive Radwanderer treffen in der **Vulkaneifel** auf ein erfreuliches Streckenangebot. Neben Forst- und Wanderwegen existieren über 1000 km ausgewiesener Radwanderwege. Wegen der einst zahlreichen kleinen Bauernhöfe durchzieht zudem ein dichtes Netz von Wirtschaftswegen die Vulkaneifel. Schwere und leichte Strecken treffen am Ende immer wieder zusammen, so dass auch Gruppen mit unterschiedlichem Leistungsniveau gut bedient werden. *Tourenführer:* Esterbauer Vlg. (Bikeline), „Radatlas Vulkaneifel“.

Schöne Bikerziele sind, neben zahlreichen Burgen und Schlössern, die Kuppen der **Hohen Eifel** (bis 747 m) und die Maare der Süd- und Osteifel – allen voran die drei **Dauner Maare** (super Panoramablick vom Mäuseberg bei Daun). Größtes Maar ist der **Laacher See** mit dem berühmten Kloster Maria Laach. Südlich davon wurden im **Maifeld** ehemalige *Bahntrassen* als Radwege hergerichtet. Flaggschiff dieses 250 km langen Routennetzes ist der **Maare-Mosel-Radweg** (Daun – Bernkastel-Kues, 55 km, 450 m Gefälle, 160 m Gegensteigung, www.maare-moselradweg.de). Der komfortabel ausgebaute Radweg führt über hohe Viadukte (gesichert) und durch längere Tunnel (schwach beleuchtet). Mehrere Nebenflüsse führen von der Mosel in die Vulkaneifel. Interessant ist für Radler vor allem die 140 km lange **Kyll,** beschauliche Nebenstraßen führen in ihrem Tal bis zur **Schneifel** (Schnee-Eifel), wo eine lohnende Höhenstraße wartet (Forsthaus Schneifel – Schneifel). Viel Spaß werden *Mountainbiker* in dem von Schluchten und Hochflächen zerklüfteten Gebiet zwischen Kyll und Lieser haben.

Ahrtal

Das Pendant zum Moseltal bildet im Norden, zwischen Hoher Eifel und Ahrgebirge, das Ahrtal, wo statt Weißwein Rotwein angebaut wird. Der „Ahrtalradweg" ist rund 100 km lang und lässt sich via Adenau und Maria Laach zu einer Rundtour erweitern.

Mosel

www.mosellandtouristik.de

Von Perl an der französischen Grenze bis Koblenz am Rhein reicht der **Mosel-Radweg** (250 km). Überwiegend verläuft er auf Rad- und Wirtschaftswegen, ab und zu auch auf der Bundesstraße (Randstreifen). Besonders reizvoll sind die 200 km von **Trier** bis **Koblenz:** Ungewöhnlich viele Flussschleifen, die schon Goethe begeisterten, endlose Weinberge, altertümliche Winzerstädtchen und romantische Burgen. Die Enge des Tales steigert den Eindruck, kanalisiert aber auch den Verkehr, so dass die meisten Straßen mehr oder weniger stark befahren sind. Wo es keine Brücken gibt, ermöglichen Fähren den Wechsel zur jeweils verkehrsärmeren Flussseite. Die Steigungen im Tal sind gering. Wer sich hingegen auf eigene Faust durch die steil ansteigenden Weinberge schlagen will, braucht Zähigkeit und eine gute Regionalkarte.

Erst einmal auf Höhe, lässt es sich auf den Winzerwegen beim Weiterradeln wunderschön ins Tal schauen. Leider verhindern Zwischentäler, dass dieser Spaß von Dauer ist. Wer der guten Beschilderung des Mosel-Radweges folgt, braucht sich darüber jedoch keine Gedanken machen. Allerdings ist die Streckenführung dafür häufiger auf Tuchfühlung mit dem Autoverkehr, insbes. zwischen Cochem und Kobern. Die Mosel-Radtour lässt sich auf auch schon im französischen Metz beginnen (+ 50 km); hier ist der Ausbauzustand aber noch nicht so radelgerecht (teilw. ungetrennt vom Autoverkehr).

Tourenführer: Esterbauer Vlg. (Bikeline), „Mosel-Radweg" • Mosellandtouristik: „Mosselland-Radwanderführer".

Moselschleife bei Kröv

Hunsrück

www.naheland.net
„Mosel, Nahe, Saar und Rhein schließen rings den Hunsrück ein." Kulturelle Sehenswürdigkeiten sind im Hunsrück rar. Unspektakulär ist auch die besiedelte, waldarme Hunsrücker Hochfläche (450 – 550 m), reizvoller schon die dicht bewaldeten Höhenrücken von Osburger und Schwarzwälder Hochwald (bis 818 m), Idarwald und Soonwald. Die **Hunsrück-Höhenstraße** erschließt die schönsten Teile dieser einsamen Waldgebiete, wo sich einst Schinderhannes und der Jäger aus Kurpfalz Gute Nacht sagten.

An der Südflanke des Hunsrück verläuft das *Nahetal.* Der gut ausgebaute, familienfreundliche **Nahe-Radweg** führt von der Nahequelle (bei Selbach) nach Bingen am Rhein (120 km, www.naheradweg.de, Esterbauer Vlg.: „Nahe-Radweg").

Pfälzer Wald

www.pfalztouristik.de
Südlich von Kaiserslautern erstreckt sich der weitgehend zum Naturpark erklärte Pfälzer Wald (1800 qkm). Gut zwei Drittel seiner Fläche werden von Wald bedeckt. Auf den bis zu 600 m hohen Bergkuppen ragen markante Burgruinen aus den weiten Mischwäldern. Besonders attraktiv ist das Gebiet südlich von Pirmasens und Annweiler. Charakteristisch für das **Wasgau** sind bizarre Sandsteinfelsen, die sich im *Dahner Felsenland* geradezu drängeln (140 Felsmassive und 80 Felstürme). Der *Teufelstisch,* ein Felsen bei Hinterweidenthal, ist das sehenswerte Wahrzeichen des Pfälzer Waldes. Das **Haardt-Gebirge,** ein ausgeprägter Bergrücken (674 m), riegelt den Pfälzer Wald schließlich zur Rheinebene hin ab.

MTB-Tipp Wasgau

Für *Mountainbiker* ist der Pfälzer Wald mit seinen Schluchten, Wurzelpfaden und sandig-steinigen Anstiegen ein ebenso wildromantisches wie herausforderndes Revier. Schon seit 1993 findet hier in Lemberg der **Wasgau-Mountainbike-Marathon** statt (www.wasgau-mtb-marathon.de). Tourenradler kommen angesichts der reichen Auswahl szenisch schöner Nebenstraßen ebenfalls auf ihre Kosten.

Wärmstens empfiehlt *Michael Kristl* die folgende Tour durchs **Wasgau:** „Ab Neuhof bei Rodalben (nördlich von Pirmasens) folgt ein wunderschöner, beschilderter Radweg dem Verlauf einer teilweise stillgelegten Eisenbahnstrecke. Zwischen Münchweiler und Hinterweidenthal durchfährt man auf einem besonders schönen, durch dichten Wald führenden Abschnitt einen ehemaligen Eisenbahntunnel. Dann radelt man durch das bei Kletterern bekannte Dahner Felsenland und kann dem Verlauf der Lauter bis Wissembourg an der französischen Grenze folgen. Tourenverlauf: Neuhof – Münchweiler – Hinterweidenthal – Dahn – Bruchweiler – Bundenthal – Bobenthal – Wissembourg."

Deutsche Weinstraße

www.deutsche-weinstrasse.de, 24 Radtouren entlang der Dt. Weinstraße: *www.radwandern.de*
Unterhalb der steilen Osthänge des Haardt-Gebirges verläuft die 85 km

lange *Deutsche Weinstraße.* Von der **Weinpforte** in **Bockenheim** zum **Deutschen Weintor** in **Schweigen** (Grenze Frankreich) führt sie auf- und abschwingend durch ein wogendes Rebenmeer, in dem heimelige Winzerdörfer und geschäftige Weinstädte Inseln bilden. Alternative Nebenstrecken, Abstecher zu Burgen und Schlössern (auf den Kuppen und Vorbergen der Haardt) und Weinproben können die Strecke zu einer gemütlichen 2–3-Tagestour dehnen. Ein durchgehender Radweg existiert noch nicht, radlerfreundliche Verbindungen zwischen den Orten sind jedoch ausgeschildert.

Mittelrhein

www.rhein-lahn-info.de

Abgesehen von einigen hübschen Orten lohnt eine Tour am **Oberrhein** wenig. Von Wörth bis Ludwigshafen durchfließt „Gevatter Rhein" eine unspektakuläre Tiefebene und hat dann bis hinter Mainz reichlich Industrie-Applikation.

Ganz anders der sich anschließende **Mittelrhein,** der auf seiner 130 km langen Reise von **Bingen** bis **Bonn** das *Rheinische Schiefergebirge* durchsticht. Er gilt als romantischster Abschnitt des Rheins überhaupt. Enger als in jedem anderen Flusstal der Welt stehen hier mittelalterliche Burgen und Schlösser – hübsche Weinstädte im Fachwerkstil, sehenswerte Klöster und Flussinseln gibt's obendrauf. Besonders malerisch geht's zwischen den Quarzfelsen von Hunsrück und Taunus zu (Bingen – Koblenz, Loreleyfelsen). Erst hinter dem Siebengebirge (Drachenfels) weitet sich der Mittelrhein wieder und wird zum *Niederrhein* (s. Nordrhein-Westfalen).

Rhein-Radweg

Zum Radeln bieten sich am **Mittelrhein** die asphaltierten Uferwege an, die den Fluss unterhalb der Straßen begleiten (Achtung bei Hochwasser im Frühjahr), aber auch etwas ferner verlaufende Nebenstraßen sind bei der Streckenführung des Rhein-Radweges integriert. Die Beschilderung ist durchgehend, aber uneinheitlich. Dem Mittelrhein verbunden sind die Radfernwege von Nahe, Lahn und Mosel, ein günstiger Zubringer ist der „Mainradweg", der bereits bei Mainz auf das Rheintal trifft. *Tourenführer:* Esterbauer Vlg. (Bikeline), „Rhein-Radweg 3".

Saarland

Daten

2.570 qkm • 1,1 Mio. Ew. • 422 Ew./qkm • Landeshauptstadt Saarbrücken

Infos

▸ Tourismuszentrale Saarland: *www.tourismus.saarland.de*

Überblick

Das für Kohle, Stahl und Schwerindustrie bekannte Saarland gehört zu den weniger bekannten Urlaubsregionen Deutschlands. Wer aber auf Vorurteile pfeift, den erwarten „zwischen Mittelgebirge und Schlackehalden" zahlreiche ländlich-grüne Oasen und bewaldete Landstriche – dazu heiteres Wetter, frankophile Lebensart und Kulturzeugen aus über zwei Jahrtausenden: Von keltischen Hinkelsteinen über römische Bodenmosaike bis hin zur Völklinger Hütte und der „Straße der Skulpturen".

Protegiert wird im Saarland der sanfte Tourismus. Über die grünen Grenzen hinweg verbindet das Radwegenetz Saarland, Lothringen und Luxemburg. Die früher so mangelhafte Beschilderung wurde grundlegend erneuert und ist nun so, wie man es in einem Bundesland erwarten darf, wo Rad fahren als Freizeitspaß gleich nach gutem Essen kommt.

Auf regionaler Ebene ist das Saarland mit *1800 km Radwanderwege* bereits ähnlich dicht versorgt wie Niedersachsen. Unterschiede bestehen aber in der Qualität der Wege, die oft unbefestigt sind (Feld- oder Forstwege), sowie im vorwiegend hügelig-bergigen Profil. Im Norden des Saarlands reicht der **Schwarzwälder Hochwald** bis 695 m, im Süden bringen es die Hügelländer im **Bliesgau** auf gut 400 m. Bequeme Radwanderwege existieren praktisch nur an den größeren Seen (Bostalsee, Losheimer See, Nonnweiler Stausee) und in den Flusstälern (Saar-Radweg, Köllertal-Radweg).

Tourentipps

Saar-Radweg (80 km)

Das Tal der *Unteren Saar* erinnert mit seinen Windungen, Fachwerksorten und Weinbergen an die Mosel, ist aber fast noch schöner. Höhepunkt ist die 10 km lange Saarschleife bei Mettlach mit Abstecher zum Aussichtspunkt Cloef. Nachdem die Völklinger Hütte (abenteuerliches Industriemuseum) und die barocke Landeshauptstadt Saarbrücken passiert sind, kann die Tour an der Saar auf französischer Seite fortgesetzt werden. **Tourenführer:** Esterbauer Vlg. (Bikeline), „Saar-Radweg".

Saarland-Radweg (362 km)

Einmal rund ums Saarland nahe der Bundeslandgrenzen, mit einer ganzen Reihe sehenswerter Stationen – auch ein Stück Saar ist dabei. In Saarbrücken schließt sich der Kreis. Im Vergleich zum Saar-Radweg sind mehr Steigungen einzukalkulieren, dafür ist die Streckenführung auch verkehrsferner. *Tourenführer:* Esterbauer Vlg. (Bikeline), „Saarland-Radweg".

Saarschleife bei Mettlach (Cloef)

Weitere Tourentipps

Ein hübsches Tourenrevier mit Wäldern, Seen und Flüssen ist das bergige **Sankt Wendeler Land** im Nordosten. Hier gibt es Badeseen, die „Straße der Skulpturen“ (St. Wendel – Bostalsee) und (rund um St. Wendel) ein 270 km langes Routennetz für Mountainbiker. Im Südosten empfiehlt sich das ländlich-friedliche, aber auch hügelreiche **Bliesgau** für grenzüberschreitende Radwanderungen ins **Bitscher Land** (Lothringen/Frankreich).

Sachsen

Daten

18.408 qkm • 4,6 Mio. Ew. • 249 Ew./qkm • Landeshauptstadt Dresden

Infos

▸ Tourismuszentrale Sachsen: *www.sachsen-tour.de*

Überblick

Von rund 100 Höhenmetern in der Leipziger Tieflandsbucht steigt Sachsen zu den Kämmen des Erzgebirges bis auf 1214 m an (Fichtelberg). Landschaftlich bemerkenswert sind vor allem das Elbsandsteingebirge (Sächsische Schweiz) und die Oberlausitz. Touren durchs Erzgebirge lohnen wegen der überall präsenten Bergbaugeschichte, deren letztes Kapitel im Schneeberger Raum die sowjetische Wismut AG schrieb. Unangefochtene Kunstmetropole ist Dresden, das wiedererstandene „Elbflorenz“ des Barockzeitalters, gefolgt von Leipzig, der alten Buch-, Messe- und Musikstadt.

Wie in allen östlichen Bundesländern sind auch in Sachsen die Bundesstraßen überlastet und sollten, soweit noch keine Radwege angelegt wurden, gemieden werden (s. ADFC-Radkarte). Attraktive Radrouten sind die Flusstäler von Elbe, Mulde, Weiße Elster, Spree und Neiße. An ihnen orientiert sich auch das sächsische Radwegenetz. Kleinräumig betrachtet ist wohl die Oberlausitz am besten durch Radwanderwege erschlossen.

Radfernwege

Der sächsische Abschnitt des **Elbe-Radweges** war um 1930 Deutschlands erster Radwanderweg. Zu DDR-Zeiten verfallen und vergessen, ist dieser Abschnitt mit der Kulisse des Elbsandsteingebirges der landschaftliche Höhepunkt des mittlerweile perfekt ausgebauten Radfernweges (s. „Radweg-Parade“).

Durch das „Tal der Burgen“ führt der **Muldental-Radweg** (390 km); Eindrücke: Auen und Feuchtgebiete, historische Orte und Burgen; Infos: *www.muldentalradweg.de*

Überwiegend durch Berg- und Bergvorland verläuft der **Radfernweg Bayreuth – Zittau** (450 km), der den gesamten Süden Sachsens erschließt. In Zittau beginnt der naturnahe **Oder-Neiße-Radweg,** der den beiden Grenzflüssen zu Polen folgt und nach 465 km am Oderhaff in Ueckermünde endet (s. „Radweg-Parade“).

Erzgebirge

www.tourismus-erzgebirge.de

Das Flöhatal trennt das westliche vom östlichen Erzgebirge. Gut 140 km lang ist der gesamte Erzgebirgszug. Tiefe Täler mit bewaldeten Hängen kennzeichnen das bis zu 1214 m hohe *Westerzgebirge,* weite Hochflächen mit Landwirtschaft das niedrigere *Osterzgebirge*. Typisch sind die bäuerlichen Straßendörfer in den Tälern und die alten Bergstädte auf den Hochflächen. Forstwirtschaft und Bergbau haben dem Erzgebirge ein riesiges Wegenetz beschert, das von Mountainbikern gern genutzt wird.

MTB-Tipp

Beliebter Ausgangspunkt für MTB-Touren im Erzgebirge ist die Region um den **Fichtelberg,** die lange Abfahrten durch die Seitentäler ermöglicht. Wer mag, kann sich und sein Bike von der Seilschwebebahn auf den Fichtelberg transportieren lassen und anschließend 70 km Talfahrt durchs Zschopautal bis Flöha genießen. Tourenradler können dafür auch eine der asphaltierten Forststraßen wählen. Ebenfalls lohnend sind die Kammwege von Oberwiesenthal (höchste Stadt Deutschlands) entlang der tschechischen Grenze, anschließend geht's durch romantische Täler ins Vogtland (ca. 80 km). Auch im **Mittleren Erzgebirge,** südöstlich von Zschopau, tut sich was in Sachen MTB, rund 200 km Bikerouten sind markiert: *www.miriquidi-bike-trails.de*

Oberlausitz

www.oberlausitz.com, www.radwandern-oberlausitz.de
Häufig taucht neben der Bezeichnung Oberlausitz auch noch das Wort Niederschlesien auf, wozu das deutsch-sorbisch besiedelte Ostsachsen eine Zeitlang gehörte. Jahrzehntelang kohlten riesige Schaufelbagger das nördliche Tiefland der Oberlausitz aus und verödeten die Landschaften zwischen Hoyerswerder, Weißwasser und Boxberg. Die Landschaften werden zwar wieder renaturiert, aber viel authentischer präsentiert sich das Dreiländereck südlich davon: Heide- und Teichlandschaften, Wälder, Bergland und Gebirge, mittelalterliche Städte als Zeugen einer wohlhabenden Vergangenheit (Bautzen, Görlitz, Löbau, Zittau, Kamenz), die typischen Umgebindehäuser der Weber (Kombination aus Block- und Fachwerkhaus, bsds. sehenswert in Großschönau u. Obercunnersdorf). Über 2400 km markierter Radwanderwege erschließen die Oberlausitz. Der RFW „Bayreuth – Zittau“ verbindet Oberfranken/Bayern mit dem Bergland der südlichen Oberlausitz. Die letzten 100 km des RFW stellen zugleich den **Umgebindehaus-Radweg** dar.

Sanft hügelig und familienfreundlich ist die Region nördlich von **Bautzen.** Hier führt eine große Radrundroute durch und um die **Oberlausitzer Heide- und Teichlandschaft** (Biosphärenreservat). Mäßig hügelig ist die „Ferienlandschaft der Umgebindehäuser“ südlich von Bautzen, anspruchsvoll wird es im daran anschließenden **Lausitzer Bergland** (bis über 500 m) und im **Zittauer Gebirge** (bis über 700 m), das eine Art Echo des Elbsandsteingebirges ist. Radwanderrouten sind in allen Regionen markiert, natürlich auch in den Flusstälern von Spree, Mandau und Neiße.

Weitere Tourentipps für Sachsen

Mittelsachsen

Kleinräumig besiedeltes Land im Großraum Leipzig – Dresden – Chemnitz. Dichtes Straßennetz. Sanfte Hügel und Buchenwälder. Wo ein kleiner Berg übers Land schaut, thront auch oft ein Schloss oder eine Burg. Zu den Idyllen gehören die **Dübener** und **Dahlener Heide** (Radrundkurs), die

Flusstäler der **Weißen Elster,** der **Zschopau** (Radwanderwege ab Mittweida), **Mulde** (RFW) und **Elbe** (RFW).

Vogtland *www.vogtlandtourist.de*
Übergang vom Thüringer Schiefergebirge zum Erzgebirge. Im Norden 250 – 300 m, im Elstergebirge bis 759 m. 300 km Radrundkurs „Quer durchs Vogtland" (Aussichtshöhen, Naturschutzgebiete, Elstergebirge, „Musikwinkel").

Sächsische Schweiz *www.saechsische-schweiz.de*
360 qkm, bis 560 m. Berühmtester Teil des deutsch-tschechischen Elbsandsteingebirges. Eindrucksvoll zerklüftetes Erosionsgebirge mit bizarren Klettertürmen, Elbdurchbruchstal und Festung Königstein. Tolle Aussichtspunkte.

Sachsen-Anhalt

Daten 20.445 qkm • 2,7 Mio. Ew. • 135 Ew./qkm • Landeshauptstadt Magdeburg

Infos ▸ Tourismuszentrale Sachsen-Anhalt: *www.sachsen-anhalt-tourismus.de*

Überblick Viele Pflasterstraßen, diesige Horizonte und riesige Ländereien, Freileitungen und Abraumhalden … Punkte, die eher gegen ausgedehnte Radtouren in Sachsen-Anhalt sprechen. Für eine Radtour sprechen aber u. a. die Altmark, das Saaletal, die Elbe und der Harz, sowie der große Bestand an Zeugnissen der Romanik, den es in ähnlicher Dichte nur noch im Rheinland gibt. Sachsen-Anhalt ist deutschlandweit das Bundesland mit den meisten UNESCO-Weltkulturerbe-Stätten.

Mit einer Nord- und einer Südschleife verbindet die **Straße der Romanik** 60 dieser sehenswerten Orte und ist dabei auch landschaftlich interessant. Zwei Streckenführungen für Radler beschreibt der vom Tourismusverband herausgegebene Radwanderführer „Straße der Romanik": Nordroute 540 km, Südroute 780 km.

Unterwegs in Sachsen-Anhalt

Altmark

www.altmarktourismus.de
Von den Auen der mittleren Elbe zu den Niederungen des Naturparks **Drömling** und den sanft hügeligen Waldgebieten der **Colbitz-Letzlinger Heide** reicht die flach-wellige Altmark. Dazwischen: Immer wieder Landwirtschaft und kleine Flüsse wie die Jeetze, Hügel mit Weitblick wie die Dolchauer Berge (97 m), ausgedehnte Wälder wie der Klötzer Forst, stille Dörfer mit romanischen Kirchen (insg. ca. 200) und eine Handvoll sehenswerter Städte wie Salzwedel, Stendal, Tangermünde und Gardelegen.

Als Perle der Altmark gilt der 5,5 qkm große *Arendsee,* hier gibt es sogar zwei Campingplätze. Ansonsten sind Seen und Campingplätze rar in der oft etwas schwerblütig wirkenden Altmark.

Altmark-Rundkurs Der 500 km lange **Altmark-Radrundkurs** ist das Herzstück des Altmark-Radwegenetzes. Er ist zugleich ein Rundkurs um die mittlere Elbe und nicht zuletzt deshalb attraktiv. *Route:* Stendal – Gardelegen – Salzwedel – Osterburg – Havelberg – Genthin – Parey – **Elbe-Radweg** – Arneburg – Stendal. Die Wege sind anhängergeeignet beschaffen.
Tourenkarte: BVA: „Altmark" 1:75.000.

Mittlere Elbe

Wer mit dem Rad durch das größte Auenwaldgebiet Mitteleuropas streifen will, findet in der Bauhaus-Stadt *Dessau* einen zentralen Ausgangspunkt. Das 430 qkm große *Biosphärenreservat Mittlere Elbe* reicht von Barby bis zur Lutherstadt Wittenberg und umfasst die Auenwälder der mittleren Elbe sowie ihrer Nebenflüsse Saale und Mulde. Ein Teil der Auen wurde bewusst ins **Dessau-Wörlitzer-Gartenreich** einbezogen: Prächtige Landschaftsparks aus feudaler Zeit, **Fürst-Franz-Weg-Radrundweg** ab Dessau (45 km).

Elbe-Radweg s. „Radweg-Parade".

Saale-Radweg

Nach Bayern und Thüringen durchquert der Saale-Radweg das südliche Sachsen-Anhalt und endet schließlich an der Elbe.

Länge 427 km

Verlauf *Innerhalb Bayerns:* Saalequelle bei Zell – Schwarzenbach – Hof – *Thüringen:* Hirschberg – Saalburg – Saalfeld – Kahla – Jena – Dorndorf – *Sachsen-Anhalt:* Naumburg – Weißenfels – Merseburg – Halle – Bernburg – Saalemündung bei Barby an der Elbe.

Beschaffenheit Die Ausschilderung ist gut, aber der Ausbauzustand ist nicht vergleichbar mit dem anderer Flussradwege. Neben asphaltierten Wegen und befahrenen Straßenabschnitten sind auch unwegsame und steile Wanderwege miteinbezogen.

Eindrücke Viele romantische Abschnitte entlang der Naturparks von Fichtelgebirge und Frankenwald, Thüringer Wald und Schiefergebirge, Saale-Talsperren, Harzvorland. Sehenswerte mittelalterliche Orte, Burgen und Schlösser, u.a. Hof, Theresienstein, Saalburg, Ziegenrück, Saalfeld, Rudolstadt/Heidecksburg, Leuchtenburg, Jena, Tautenburg, Naumburg, Weißenfels, Merseburg, Halle, Wettin und Bernburg.

Anmerkungen: Insgesamt ein sportlicher Radfernweg für Leute mit Treckingrad oder MTB. Der leichtere Teil verläuft in Sachsen-Anhalt, der anspruchsvolle in Thüringen.

Fazit Obwohl landschaftlich herausragend, hat der Saale-Radweg – wegen seines sportlichen Charakters – nur eine begrenzte Zielgruppe.

Infos ▸ *www.saale-radwanderweg.de, www.saaleland.de*

Touren-karten/ -führer Vlg. Grünes Herz: „Radwanderkarte Saale" / Esterbauer Vlg. (Bikeline): „Saale-Radweg".

Schleswig-Holstein

Daten 15.738 qkm • 2,7 Mio. Ew. • 172 Ew./qkm • Landeshauptstadt Kiel

Infos ▸ Tourismuszentrale Schleswig-Holstein: *www.sh-tourismus.de*

Überblick Radfahren hat Tradition im Norden – im Landesteil Schleswig (nördlich der Eider) ebenso wie im Landesteil Holstein (südlich der Eider). Fleißig „gepettet" wird im flachen, windigen Westen ebenso wie im wellig-hügeligen, aber dafür etwas weniger windigen Osten. Separate Radwege begleiten die meisten Bundesstraßen und zunehmend auch Nebenstraßen. Darüber hinaus bilden 30.000 km asphaltierter Wirtschaftswege, sowie ungezählte Schotter- und Waldwege eine breite Basis für individuelle Radwanderungen. Das **Radfernwegenetz Schleswig-Holstein-Routen** umfasst zwölf Routen. Die längste verläuft entlang der Ostseeküste (430 km), kaum kürzer sind der Mönchsweg (340 km) und der Nordseeküsten-Radweg (325 km), ein weiterer führt entlang der Alten Salzstraße (95 km), und der Ochsenweg (mit Varianten sogar 504 km) setzt den dänischen RFW Hærvejen fort.

Wer vor dem Wind, der an 300 Tagen im Jahr aus West bis Nordwest bläst, durchs meerumschlungene Schleswig-Holstein radelt, lernt rasch die wesentlichen Landschaftszonen kennen:

- Im Westen die raue **Nordseeküste** mit den klimabegünstigten Nordfriesischen Inseln, dem einzigartigen Wattenmeer, den Salzwiesen und den Deichen
- landeinwärts die flachen, fetten **Marschen** mit kleinen Wasserläufen und Weidevieh (Nordfriesland, Eiderstedt, Stapelholm, Dithmarschen)
- in der Mitte die teilweise bewaldete, wellig-karge **Geest**
- östlich davon Felder, Wälder, Seen und „Knicks" in den durch Förden getrennten **Hügellandschaften** (Angeln, Schwansen, Dänischer Wohld, Probstei und Ostholstein)
- schließlich Schleswig-Holsteins beliebteste Seite, die **Ostseeküste** mit

ihren großen Buchten, langen Stränden, alten Hafenstädten, beliebten Seebädern und der Insel **Fehmarn** (eigentlich keine Insel, da eine Straßenbrücke inkl. schmalem Radweg existiert).

Nordseeküste

www.nordseetourismus.de
Deiche schützen das bewirtschaftete Marschland **Nordfrieslands** vor Sturm- und Springfluten. Jenseits der Deiche erstreckt sich das **Wattenmeer**, das zweimal am Tag überflutet wird und als Nationalpark großen Vogel- und Seehundkolonien geschützten Lebensraum bietet. Meist verlaufen Nebenstraßen oder Asphaltwege hinter den Deichen. In **Dithmarschen** häufig auch außendeichs, was schön, aber auch windig ist. Auch die Katastrophenschutzwege hinter den Deichen sind zum Radfahren freigegeben. Auf der Halbinsel **Eiderstedt** warten zudem 250 km ausgeschilderte Radwanderwege, die von Kirche zu Kirche führen (Prospekt „Kirchenrundwanderwege" bei den Touristeninformationen auf Eiderstedt).

Nordfriesische Inseln

Mehr als einen Abstecher wert sind die vor der Nordseeküste liegenden Geest-, Marscheninseln und Halligen – genannt die *Nordfriesischen Inseln*.

- **Sylt** ist die „Königin", wo auch noch die Sonne scheint, wenn's auf dem Festland regnet. Weitere Attraktionen: Rote Kliffs, Dünen- und Heidelandschaften, 40 km weiße Strände, Naturschutzgebiete, Geldadel und Punks, Leuchttürme und Deutschlands nördlichste Fischbude in List. Anreise: per Bahn über den durchs Wattenmeer gebauten Hindenburgdamm bis Westerland. Schöne zweitägige Rundtour (ca. 120 km). Insgesamt 350 km kombinierte Rad-/Fußwanderwege. Aber nicht für dünne Reifen, da oft Schotter. Sylt ist wegen des milden Golfstromklimas ganzjährig interessant, ist aber auch teuer und touristisch.
- **Föhr** gilt als friesischste und gemütlichste des nördlichen Insel-Dreigestirns. Anreise per Fähre von Dagebüll aus. Ausgesprochen familien-/velofreundlich, ca. 100 km Rad-/Wanderwege, Inselbus mit Fahrradanhänger.
- **Amrum** ist klein und schön, eine landschaftliche Perle. Anreise ebenfalls von Dagebüll aus (Wattenweg von Föhr aus, aber nur mit Führung!). Jenseits der verkehrsreichen Hauptstraße führen 40 km Rad-/Wanderwege u.a. durch Kiefernwälder und ins Vogelschutzgebiet.
- Auch die *Marscheninseln* **Nordstrand** und **Pellworm** geben sich velofreundlich, und selbst die kleine Hallig **Hooge** meldet noch 10 km Radwege. Verboten ist Radfahren hingegen auf **Helgoland**; es ist auch nicht erforderlich.

Flüsse und Kanäle

www.schleswig-holstein-binnenland.de
Flüsse und Kanäle sind immer gut für eine familienfreundliche Radwanderung quer durchs Land. Auch in Schleswig-Holstein. Solche Touren sind meist auf verkehrsarmen bis autofreien Wegen realisierbar und weisen nur ausnahmsweise Steigungen auf. Da die Strecken teilweise auf unbefestigten Wegen verlaufen, sind breitere Reifen empfehlenswert.

Nord-Ostsee-Kanal (NOK-Radroute)

www.nok-sh.de, www.traumschiffe-im-kanal.de
Mit dicken Pötten um die Wette radeln? Kann man am drittgrößten Schifffahrtskanal der Welt machen. 99 km misst der über 100 Jahre alte „Kiel-Canal", der heute Nord-Ostsee-Kanal – kurz NOK – heißt und von Brunsbüttel nach Kiel-Holtenau führt. Die Wettfahrt lässt sich relativ leicht gewinnen, denn die „Pötte" schaffen im Kanal maximal 15 km/h. Mehr als hundert befahren den NOK täglich, immer wieder auch große Kreuzfahrtschiffe. Die Betriebswege zu beiden Seiten des Kanals sind für Radler und Fußgänger freigegeben. Trotzdem müssen Schlenker gemacht werden, so dass die kürzest mögliche Befahrung per Rad auf etwa 130 km kommt. Erwähnenswerte Steigungen gibt es nicht. Im Juni 2006 wurde die **NOK-Radroute** eröffnet, die mit etlichen Abstechern auf 325 km Länge kommt. Tourenführer: BVA Spiralo: „Radroute Nord-Ostsee-Kanal".

Schlei

In Haithabu bei Schleswig gründeten die Wikinger vor 1200 Jahren einen Handelsplatz. Sie kamen dabei über die **Schlei,** eine gut 40 km lange Förde mit Flussähnlichem Charakter. Mit vielen Seitenbuchten hat sie sich zwischen die kleinräumigen Landschaften von *Schwansen* und *Angeln* geschoben. Eine Rundtour – evtl. mit Abstecher zu den Hüttener Bergen – vermittelt hübsche Eindrücke von beiden Regionen.

Alte Salzstraße

www.hlms.de
Auf den Spuren der „Alten Salzstraße" radelt, wer mal links, mal rechts des **Elbe-Lübeck-Kanals** durchs ehemalige Herzogtum **Lauenburg** streift, das von saftigem Weideland, bewaldeten Hügeln und Seen geprägt ist. Verschiedene Streckenführungen mit Abstechern nach Ratzeburg und zu den Lauenburger Seen sind möglich.

Auf direkter Route sind es von Lübeck bis Lauenburg ca. 70 km, bis Lüneburg 95 km. Dabei wird überwiegend auf autofreien, befestigten Wegen. geradelt. Auch die Treidelpfade am **Elbe-Seitenkanal** lassen sich befahren (sehenswert: Schiffshebewerk bei Scharnebeck und die älteste Schleuse Europas in Lauenburg).

Holsteinische Schweiz – Ostholsteinische Seenplatte

www.ostsee-schleswig-holstein.de
Trotz meist nur geringer Höhenunterschiede geht das Radeln im hügeligsten Landesteil Schleswig-Holsteins schon kräftiger in die Beine, besonders bei Gegenwind. Es sei denn, die *Knicks* sind davor! So heißen die hohen Wallhecken, die speziell in Angeln und Ostholstein Felder und Fluren begrenzen. Damit die Knicks vom Boden her gleichmäßig winddicht bleiben, werden sie etwa alle zehn Jahre gestutzt, „geknickt" eben. Im Windschutz eines Knicks lässt es sich selbst bei Regen noch halbwegs würdevoll radeln. Stehen Knicks zu beiden Seiten des Weges, ist man auf einem *Redder* unterwegs.

Holsteinische Schweiz

Die attraktive Holsteinische Schweiz ist eine in der Eiszeit entstandene Moränenlandschaft, die aber keineswegs wirklich bergig ist. Lieblich ist sie vielmehr und hügelig, waldreich und mit über 80 Seen gespickt; der größte Teil wurde zum Naturpark erklärt. Zentrum der Holsteinischen Schweiz ist der **Große Plöner See** (Radrundweg), höchste Erhebung ist der Bungsberg

(168 m), besonders sehenswerte Städte sind **Plön** und **Eutin**. Zahlreiche kommunal angelegte Radwanderwege erschließen die gesamte Region. Auch die Seen bei Bad Segeberg und Lütjenburg werden oft noch zur Holsteinischen Schweiz gezählt. *Radkarten/Touren-Infos* bei den Touristeninfomationen von Bosau, Dersau, Eutin, Lütjenburg, Malente, Plön, Preetz, Selent, Bad Segeberg.

Mönchsweg *www.moenchsweg.de*
Der 2007 eingeweihte Themenradweg **Mönchsweg** ist eine Verknüpfung bestehender Radwege zu einem 342 km langen Fernradweg mit einheitlichem Mönchsweg-Logo. Der Weg führt von Glückstadt an der Elbe nach Nordosten und endet in Puttgarden auf Fehmarn. Thema ist die Christianisierung und Kirchengeschichte Schleswig-Holsteins. In der Holsteinischen Schweiz um Plön ist es hügelig, sonst bestimmt flaches Marsch- und Geestland das Streckenprofil. Zu den rund 50 thematischen „Points of interest" gehören das Kloster Cismar und der holsteinische Bischofssitz Oldenburg. Über die Fehmarnsundbrücke weiter nach Puttgarden. *Tourenführer:* BVA Spiralo: „Mönchsweg".

Thüringen

Daten 16.175 qkm • 2,5 Mio. Ew. • 156 Ew./qkm • Landeshauptstadt Erfurt

Infos ▸ Tourismuszentrale Thüringen: *www.thueringen-tourismus.de*

Überblick Wer durch Thüringen radelt, muss sich mit durchwachsenen Straßenverhältnissen arrangieren. Zwar sind die meisten Straßen asphaltiert (kaum Pflasterstraßen), aber starker Verkehr, fehlende Radwege und holprige Wegstrecken gehören zum Alltag einer weiteren Tour. Kommt hinzu, dass gut die Hälfte Thüringens bergig ist. Im Norden hat Thüringen Anteil am Unterharz und der Goldenen Aue, den Osten nehmen Hochflächen ein (Oberland, Holzland), durch die Saale und Weiße Elster fließen. Das fruchtbare Thüringer Becken und bewaldete Höhenzüge bestimmen Mittelthüringen. Südlich erheben sich Thüringer Wald (bis 982 m) und Thüringer Schiefergebirge (bis 867 m), südwestlich verläuft das Werratal. Thüringen sieht sich daher als „grünes Herz Deutschlands":

Thüringen ist auch ein ausgesprochen geschichts- und kulturträchtiges Land voller sehenswerter Städte, Burgen und Schlösser; die meisten davon in der Südhälfte gelegen. Die „Klassikerstraße Thüringen" (kein Radweg) verbindet die berühmte Städtekette Eisenach–Gotha–Erfurt– Weimar–Jena mit Rudolstadt, Ilmenau, (Arnstadt), Schleusingen, Meiningen und Wasungen. Das typische Handicap für Radler besteht darin, dass sich nur teilweise verkehrsarme Alternativen zu den befahrenen Bundesstraßen finden lassen.

Radwege Thüringens erster Radfernweg war 1991 das 30 km lange Endstück des Main-Werra-Radweges (Würzburg – Meiningen, 150 km). Bedeutsam war drei Jahre später die Einweihung des „Saale-Radweges" (s.u.), dem Radfernwege durch den Thüringer Wald, entlang der Weißen Elster und durchs Werratal folgten. **Werratal-Radweg:** 335 km, *www.werratal.de*

Thüringer Becken

Thüringens Kernland ist weiträumig, hügelig, von kleinen Flüssen durchzogen und überwiegend landwirtschaftlich geprägt. Reizvoller als das niederschlagsarme, aber fruchtbare Beckeninnere sind die 200 bis 300 m darüber liegenden, meist von Buchenwald bedeckten Höhenzüge und Hochflächen in den westlichen und nördlichen Randbereichen: *Hörselberge*, *Hainich*, *Eichsfeld* (mit Ohmgebirge und Dün, Naturpark Oberes Eichsfeld), *Hainleite*, *Windleite*, *Schmücke*, *Schrekke*, *Finne* und *Kyffhäusergebirge*, in dem der Sage nach seit 800 Jahren König Barbarossa nebst Hofstaat schlummert. Am Südrand des Thüringer Beckens reihen sich die fünf „Klassikerstädte" Eisenach, Gotha, Erfurt, Weimar, Jena auf.

Thüringer Wald, Thüringer Schiefergebirge

www.thueringer-wald-info.de
Praktisch einen durchgehenden Höhenzug bilden *Thüringer Wald* und *Schiefergebirge*. Die kaum wahrnehmbare Schnittstelle zwischen den beiden geologisch unterschiedlichen Mittelgebirgen verläuft auf der Linie Gehren – Schleusingen. Als günstiger Ausgangspunkt für Tagestouren gilt seit Goethes Zeiten das zentral gelegene **Ilmenau.**

Gemeinsam ist beiden Gebirgen der Waldreichtum (Buchen und Fichten) und der Wechsel von quer verlaufenden Flusstälern mit zergliederten, welligen Hochflächen. Dieses ausgeprägte Profil bedeutet einerseits Abwechslung und romantische Perspektiven, andererseits eine permanente Reihung mittelschwerer Steigungen (speziell bei Längstouren). Sehr tief eingeschnitten haben sich die Flüsse ins Schiefergebirge, besonders das windungsreiche Tal der 53 km langen **Schwarza,** wo seitlich die Hänge bis zu 300 m emporstreben. Die Straße, die von Limbach bis Bad Blankenburg durch dieses malerische Tal führt, verläuft zwar überwiegend bergab (mit

Platz da!

Ausnahme einer größeren Steigung), ist aber im Sommer und an Wochenenden recht befahren. Das zweite bemerkenswerte Tal im Schiefergebirge wird von der **Saale** und ihren diversen Stauseen gebildet (Saale-Radweg s.u.). Eines der szenischsten Gewässer im Bereich des Thüringer Waldes ist der **Ohra-Stausee,** der vollständig umradelt werden kann und sich als Baustein einer größeren Rundtour anbietet.

MTB-Tipp Rennsteig

www.rennsteigportal.de
Ein besonderer Mythos umgibt Deutschlands bekanntesten Wanderweg, den **Rennsteig.** 1300 Grenzsteine säumen den mittelalterlichen Grenz- und Kurierpfad, der den Kammlinien von Thüringer Wald und Schiefergebirge folgt und bei gutem Wetter exzellente Fernblicke bietet. Die durchgehend mit einem weißen „R" markierte Route besteht aus Wander- und Forstwegen, teilweise auch Asphaltstraßen. Unter mehreren scharfen Anstiegen ist die 25%-Rampe zum **Großen Inselsberg** (916 m) die anstrengendste. Den höchsten Punkt erreicht der Rennsteig am **Großen Beerberg** (982 m, Straßenanstieg). Günstig ist die Tourenrichtung von Blankenstein im O nach Hörschel (bei Eisenach) im W, umgekehrt ist's schwerer. Achtung, feuchte Baumwurzeln! Der Rennsteig ist sehr beliebt bei Wanderern. Wochenenden daher meiden. *Route:* Blankenstein, Schlegel, Brennersgrün, Steinbach, Neuhaus, Masserberg, Neustadt, Großer Inselsberg, Hörschel (168 km). *Karte:* Kompass Vlg., „Der Rennsteig", 1:50.000.

Rennsteig-Radweg

www.radweg.rennsteigportal.de
Seit Juni 2000 gibt es auch einen „zivilen" Rennsteig-Radweg. Den klassischen Kammweg nutzt er allerdings nur auf 26 km und verläuft ansonsten auf besser befahrbaren Waldwegen und Straßen. Mit 195 km ist der Rennsteig-Radweg 27 km länger als das Original. *Tourenführer:* Esterbauer Vlg.: „Rennsteig-Radweg" • Vlg. Grünes Herz: „Rennsteig-Radwanderweg".

Weitere Tourentipps für Thüringen

Holzland, Hintere Heide/ Vordere Heide

Dünnbesiedeltes, teilweise noch sehr urwüchsiges Wälderplateau zwischen Jena, Gera, Orlasenke und Saalfeld. Familienfreundliches Tourengebiet mit hübschen Fachwerkdörfern, Burgen, Schlössern und Klöstern. Idyllische kleine Flusstäler wie das „Mühltal" der Rauda (südl. Eisenberg, 12 km Rad-/Wanderweg durchs Mühltal).

Biosphärenreservat Röhm

Kuppiges Mittelgebirgsregion bis über 800 m. Sanfter und lieblicher als der Thüringer Wald. Lohnt in Verbindung mit den Naturparks Hessische und Bayerische Rhön, wo es eine Fülle von Wehrkirchen gibt. Mehr zur Rhön bei Hessen.

Nationalpark Hainich

www.nationalpark-hainich.de
Deutschlands jüngster Nationalpark ist zwar klein, aber fein. Da der **Hainich** zu DDR-Zeiten Sperrgebiet war, hat sich hier ein, für Mitteleuropa einzigartiger Buchenbestand entwickelt. Die 16 markierten Themenwege, die den Urwald-Höhenzug dem geneigten Besucher erschließen, dürfen auch per Fahrrad genutzt werden.

Karte S. 141

Radweg-Parade
Die beliebtesten Radfernwege Deutschlands

Altmühltal-Radweg

Führt durch Bayern.

Länge 166 km

Verlauf Gunzenhausen – Treuchtlingen – Eichstätt – Beilngries – Riedenburg – Kelheim.

Beschaffenheit Die Route ist bestens beschildert und familienfreundlich (anhängergeeignet) auf autofreien Rad-, Forst- und Flurwegen geführt (Ausnahme Ortsdurchfahrten). In beiden Richtungen kaum Steigungen, die Altmühl hat nur ein minimales Gefälle.

Eindrücke Das mittlere und untere Flusstal ist eingebettet in den großzügig dimensionierten Naturpark Altmühltal (2900 qkm). Im mittleren Bereich ist das Flusstal licht und offen, nur selten muss sich die Altmühl hier um Felswände winden. Sehenswert sind u. a. Kastelle aus der Römerzeit (Limes), die Felsengruppe „Zwölf Apostel", das barocke Eichstätt, diverse Burgen; in Mörnsheim kann nach Versteinerungen gepickelt werden; in Kelheim ist ein Schiffsausflug zum Donaudurchbruch bei Weltenburg machbar. Der schönste Abschnitt des Altmühltals beginnt ab Kipfenberg. Ab Dietfurt geht's dann entlang des Main-Donau-Kanals (MDK), der zu 60% im ehemaligen Bett der Altmühl verläuft und deshalb nicht so öde und geradlinig ist wie der Oberlauf des Kanals nördl. von Dietfurt. Wer sieht, wie wenige Schiffe den MDK nutzen, erkennt eine gigantische Fehlinvestion.

Wasser- und Radwanderer am Altmühlradweg (Pappenheim)

WICHTIGE RADFERNWEGE IN DEUTSCHLAND
0
100 km
1 Ostseeküsten-Radweg
2 North Sea Cycle Route
3 Elbe-Radweg
4 Weser-Radweg
5 Oder-Neiße-Radweg
6 Rhein-Radweg
7 Mosel-Radweg
8 Main-Radweg
9 Altmühltal-Radweg
10 Radweg Romantische Str.
11 Donau-Radweg
N
DÄNEMARK
NORDSEE
OSTSEE
NIEDER-LANDE
POLEN
LUXEMBURG
TSCHECHISCHE REPUBLIK
FRANKREICH
SCHWEIZ
ÖSTERREICH
Flensburg
Schleswig
Husum
Kiel
Neumünster
Itzehoe
Lübeck
Cuxhaven
Hamburg
Wilhelmshaven
Bremerhaven
Emden
Bremen
Oldenburg
Lüneburg
Stralsund
Rostock
Greifswald
Wismar
Schwerin
Neustrelitz
Schwedt
Wittenberge
Neuruppin
Berlin
Potsdam
Frankfurt an der Oder
Guben
Cottbus
Hannover
Wolfsburg
Braunschweig
Magdeburg
Dessau
Nordhorn
Osnabrück
Minden
Hameln
Bielefeld
Münster
Nijmegen
Goslar
Höxter
Aschersleben
Hamm
Paderborn
Göttingen
Halle
Leipzig
Bautzen
Dresden
Zittau
Meissen
Duisburg
Dortmund
Essen
Arnsberg
Hannoversch-Münden
Kassel
Düsseldorf
Gotha
Weimar
Jena
Erfurt
Chemnitz
Zwickau
Köln
Aachen
Bonn
Marburg
Giessen
Plauen
Fulda
Hof
Prag
Koblenz
Coburg
Frankfurt am Main
Wiesbaden
Mainz
Darmstadt
Würzburg
Trier
Worms
Rothenburg
Amberg
Mannheim
Nürnberg
Ludwigshafen
Heidelberg
Regensburg
Saarbrücken
Heilbronn
Metz
Karlsruhe
Baden-Baden
Stuttgart
Ingolstadt
Landshut
Passau
Heidenheim
Tübingen
Augsburg
Ulm
München
Freiburg
Memmingen
Rosenheim
Donaueschingen
Kempten
Friedrichshafen
Weil
Konstanz
Füssen
Basel
Fehmarn
RÜGEN
USEDOM

Anmerkungen Rund 500 km weitere Radwanderwege sind im Naturpark markiert. Kostenlose Biwakplätze an der Altmühl zwischen Treuchtlingen und Beilngries.

Varianten In der Hochsaison und an Wochenenden müssen sich Radler den Weg mit Fußwanderern und Skatern teilen. Wem das zu nervig ist, kann sich in einem der steigungsreichen Seitentäler abarbeiten (Heumöderntal, Anlautertal, Wellheimer Trockental / retour ab Rennertshofen per Museumsbahn, Kleines Schambachtal, Großes Schambachtal) oder eine Schleife durchs gut mit Radwegen versorgte „Neue Fränkische Seenland" ziehen (Altmühlsee, Kl. Brombachsee, Rothsee). Wem der eigentliche Altmühltal-Radweg zu wenig ist, kann auch bereits in Rothenburg beginnen; bis zum Altmühlsee heißt der Weg hier noch „Altmühlweg" (+70 km).

Fazit Der Altmühltal-Radweg ist ein kleiner, feiner Radweg ohne Tücken, fast ein „Radspazierweg".

Infos ▸ Altmühltal-Radweg: *www.naturpark-altmuehltal.de*
Altmühlweg: *www.romantisches-franken.de*

Tourenführer
- Esterbauer Vlg. (Bikeline): „Altmühl-Radweg" (Rothenburg – Kelheim)
- BVA: „Altmühltal-Radweg".

Donauradweg, der deutsche Teil

Führt durch Baden-Württemberg und Bayern.

Länge 610 km

Verlauf Donaueschingen – Tuttlingen – Sigmaringen – Ulm – Donauwörth – Kelheim – Regensburg – Deggendorf – Passau.

Beschaffenheit Gute sandgebundene und asphaltierte Radwege. Kaum Steigungen. Familienfreundlich. Ab Kelheim auch als „Tour de Baroque" ausgeschildert.

Eindrücke Der landschaftlich schönste Abschnitt kommt gleich zu Beginn: Von Tuttlingen bis Sigmaringen ist das Donautal wildromantisch, schließlich versickert die Donau eindrucksvoll (Naturpark Obere Donau) und taucht erst nach 12 km wieder auf. Landschaftlich weniger beeindruckend ist der mittlere Abschnitt des Donauradweges (ab Ulm). Wenn der Weg nur an Wiesen, Feldern und Badeseen vorbeiführt, die Auenlandschaft von Donauried und Donaumoos sich aber selten zeigen, könnte der Radweg fast auch irgendwo in Niedersachsen sein. Auch das 6 km lange Schauspiel des Donaudurchbruchs beim Kloster Weltenburg ist nur vom Schiff aus richtig erlebbar. Was den mittleren Donauradweg dennoch interessant macht, sind vor allem die alten Residenzstädte (Höhepunkt Regensburg) und eine Fülle solitärer Barockarchitektur. Am Ende der Tour steht das Orgelkonzert im Passauer Dom (täglich um 12 Uhr).

Anmerkungen Der Donauradweg setzt sich in Österreich fort und endet zur Zeit in Bratislava (Slowakei). Linienschiffe mit reichlich Platz für Fahrräder verkehren donauabwärts ab Deggendorf. Vom 1. Mai bis 4. Okt. verkehren zwischen Ulm und Passau täglich je zwei gegenläufige Züge mit reichlich Stellplätzen für Fahrräder (Stand 2009).

Fazit Von gewissen Schwächen abgesehen ein schöner, kein großartiger Radweg.

Infos ▸ *www.ostbayern-tourismus.de,*
ARGE Deutsche Donau: *www.deutsche-donau.de*

Tourenführer
- ARGE Deutsche Donau: „Donau-Radwanderführer"
- Esterbauer Vlg. (Bikeline):„Donau-Radweg 1"
- Bruckmann Vlg.: „Der Donau-Radweg" (bis Passau).

Elbe-Radweg

Führt durch Niedersachsen, Hamburg, Mecklenburg-Vorp., Sachsen-Anhalt und Sachsen.

Länge 890 km

Verlauf Von der Elbmündung bei Cuxhaven über Hamburg, Wittenberge, Magdeburg und Wittenberg nach Dresden und weiter bis zur tschechischen Grenze hinter Bad Schandau.

Beschaffenheit Alles kommt vor, vom sandigen Waldweg über Kopfsteinpflaster bis zum Flüsterasphalt. Insgesamt ist der Weg gut zu befahren und wird kontinuierlich verbessert. Auch mit einem Anhänger kommt man meist gut durch. Die Beschilderung ist manchmal interpretationsbedürftig.

Eindrücke Ab Cuxhaven durchs Alte Land (Obstanbaugebiet, Kirschblüte April/Mai). Die Städte Glückstadt, Stade und natürlich Hamburg. Durchs hügelige Wendland mit seinen rauschenden Wäldern und herausgeputzten Städtchen. Eine breite Flusslandschaft aus Auen und Altwasserarmen bis Wittenberge! Sehenswerte alte Städte folgen (Havelberg, Jerichow, Magdeburg). Nächstes großes Highlight ist die Wörlitzer Gartenlandschaft. Auf die Bauhaus-Stadt Dessau folgt die Lutherstadt Wittenberg, Torgau (Schloss Hartenfels), die schöne Porzellanstadt Meißen (Albrechtsburg), die Hänge der Sächsischen Weinstraße, das barocke „Elbflorenz" Dresden, schließlich das Elbsandsteingebirge (Naturpark Sächsische Schweiz).

Anmerkungen Es setzt sich die Erkenntnis durch, dass es lohnender ist, die Elbe stromaufwärts zu fahren. Einerseits hat man dann den vorherrschenden Westwind im Rücken (vor allem anfangs), andererseits steigern sich die Eindrücke. Eine Fortsetzung der Elbetour bis Prag ist möglich (+160 km, ab Melnik entlang der Moldau).

Fazit Der deutsche Abschnitt der Elbe ist der letzte „freie" große Strom Mitteleuropas, und der Elbe-Radweg die heimliche Nummer 1 in Deutschland!

Infos ▸ *www.elberadweg.de*

Tourenführer Esterbauer Vlg. (Bikeline): „Elbe-Radweg", 2 Bd. (stromabwärts beschrieben).

Main-Radweg

Führt durch Bayern und Hessen.

Länge 510 km

Verlauf Bayreuth – Bamberg – Schweinfurt – Würzburg – Wertheim – Aschaffenburg – Frankfurt – Mainz.

Beschaffenheit Autofreie Rad- und Uferwege, verkehrsarme Uferstraßen. Überwiegend direkt am Fluss. Kaum Steigungen, aber einige unbefestigte Wegstrecken. Viele Varianten möglich. Seit 2008 sehr gute Beschilderung.

Eindrücke Fränkische Kulturlandschaften mit sehenswerten historischen Städten, Barockklöstern und romantischen Winzerorten. Rund 100 m tief windet sich der mittlere Main durch die Gäuflächen des Schichtstufenlandes. Von Schweinfurt bis Aschaffenburg werden die Hänge für den Weinbau genutzt (Fränkisches Weinland).

Anmerkungen Vielerorts ist das Umsteigen aufs Schiff möglich. Da das Maintal sehr niederschlagsarm ist, reicht die Tourensaison bis Ende Oktober.

Fazit Ein harmonischer Radweg mit vielen positiven Eindrücken und fortwährenden Verlockungen zur Einkehr.

Infos ▸ *www.mainradweg.com, www.fraenkisches-weinland.de*

Tourenführer Esterbauer Vlg. (Bikeline): „Main-Radweg“ • BVA: „Main-Radweg“.

Oder-Neiße-Radweg

Führt durch Sachsen, Brandenburg und Mecklenburg-Vorpommern.

Länge 465 km

Verlauf Der Radweg verläuft auf der deutschen Seite der beiden Grenzflüsse zu Polen. Zittau – Görlitz – Forst – Guben – Frankfurt/Oder – Küstrin-Kietz – Schwedt – Mescherin – Penkun – Ueckermünde. Ab Mescherin entfernt sich der Radweg von der Oder, die nun vollständig auf polnischem Gebiet liegt.

Beschaffenheit Etwa 60% des Weges sind autofrei (Bestmarke in Deutschland). Guter Radweg neben der befahrenen B99. Die Beschilderung ist zwar nicht einheitlich, aber ausreichend, da die Orientierung wenig Probleme bereitet.

Eindrücke Sachsen glänzt mit den Zeugnissen einstigen Wohlstandes (Zittau, Görlitz, Bad Muskau). In Brandenburg trifft der Radler auf eine Mischung aus DDR-Erbe und preußischer Vergangenheit. Dafür sind die Landschaften umso schöner. Auf Deichen „schwebt“ der Radler durch die vogelreichen Überflutungsgebiete der Oder (Oderbruch, Nat.-Park Unteres Odertal). Durch hügeliges Waldland und flaches Schilfreich erreicht der Weg schließlich das Oderhaff.

Anmerkungen In beiden Richtungen sinnvoll befahrbar. Abstecher nach Polen bieten sich wiederholt an. Wer die gesamte Tour machen will, sollte sie flussaufwärts machen, dann steigern sich die Eindrücke.

Fazit Ein toller (n)ostalgischer Radweg mit Natur und Landschaft im Breitwandformat.

Infos ▸ *www.oder-neisse-radweg.de*

Tourenführer Esterbauer Vlg. (Bikeline): „Oder-Neisse-Radweg".

Ostseeküsten-Radweg

Führt durch Schleswig-Holstein und Mecklenburg-Vorpommern.

Länge 836 km

Verlauf Kupfermühle (Grenze DK) – Flensburg – Kappeln – Eckernförde – Kiel – Laboe – Hohwacht – Großenbrode – Puttgarden (Fehmarn) – Großenbrode – Grömitz – Travemünde – Boltenhagen – Wismar – Zingst – Stralsund – Greifswald – Wolgast – Ahlbeck.

Beschaffenheit Der Wegezustand ist sehr wechselhaft und nicht immer vom Feinsten. Wer mit einem Anhänger unterwegs ist, bekommt Plattenwege, Spurrillen, Kopfsteinpflaster, Sand und evtl. auch Matsch besonders zu spüren. In beiden Richtungen beschildert, jedoch nicht immer lückenlos und eindeutig. Zahlreiche Campingplätze und Unterkünfte.

Eindrücke Landschaftlich: Felder, Wälder, Wiesen, Naturstrände, Strandseen (Bodden), Vogelschutzgebiete, Steilküsten, Buchten, Deiche, Inseln und Halbinseln. Kulturell: Kirchen, Hünengräber, Wasserschlösser, Windmühlen, Leuchttürme, Fischerdörfer, Hansestädte, Hafenstädte, Ostseebäder.

Anmerkungen Wegen des vorherrschenden Westwindes ist Rückenwind wahrscheinlich. Es soll aber auch Tage mit Ostwind geben. Um das ungemütliche Ostufer der Kieler Förde zu vermeiden (Industriegebiet), am besten vom Kieler Stadthafen per Fähre gleich nach Laboe. Eine Rügen-Runde schlägt mit 145 km zusätzlich zu Buche.

Die Meiningenbrücke verbindet die Halbinsel Zingst mit dem Festland

ⓘ-Box Deutschland

Einreise Die EU-Binnengrenzen sind offen. Grenzkontrollen gibt es nur an den Außengrenzen. Ein Personalausweis genügt für die Einreise (EU und CH).

Geld Währung ist bekanntlich der Euro (€, EUR).

Infos
- DZT (Deutsche Zentrale für Tourismus): *www.deutschland-tourismus.de*
- Portal der dt. National- u. Naturparks: *www.europarc-deutschland.de*
- Tiscover AG, Tourismus-Portal für ganz Dtld.: *www.tiscover.de*
- Bundespresseamt, Das Deutschland-Portal): *www.deutschland.de*
- ADFC (Allgemeiner Deutscher Fahrradclub): *www.adfc.de*
- VCD (Verkehrsclub Deutschland): *www.verkehrsclub-deutschland.de*
- BDR (Bund Deutscher Radfahrer e.V.): *www.rad-net.de*
- DIMB (Deutsche Initiative Mountainbike): *www.dimb.de*
- Fahrrad-Fernschnellrouten durch Deutschland: *www.radweit.de*
- HPV Deutschland (Human Powered Vehicles, Schwerpunkt Liegerad): *www.hpv.org*
- Fundus von z. Zt. 450 Radwegen auf ehemaligen Bahntrassen: *www.bahntrassenradeln.de*
- Deutsche Bahn AG: *www.bahn.de/bahnundbike*
- GPS-Touren: *www.gps-tour.info, www.gpsies.com*

Wetter Deutschland liegt in der Begegnungszone von atlantischen und kontinentalen Einflüssen. Biomediziner bescheinigen dem Land ein gesundes, mildes Reizklima. Die vorherrschenden Westwinde bringen oft feuchte Meeresluft ins Land und sorgen für wechselhaftes Wetter. Die wärmsten Regionen sind die Oberrheinische Tiefebene, der Bodensee, die Täler von Mosel, Main und Saale sowie das ostdeutsche Binnentiefland südlich Berlins. Niederschlagsreichste Monate sind Juli und August, wobei besonders der Osten, aber auch der Norden Deutschlands, niederschlagsärmer sind als der Westen und der Süden.

Wind Der Wind weht im Binnenland überwiegend aus westlichen bis südwestlichen Richtungen. An den Küsten häufiger aus nordwestlichen Richtungen. Bei stabilen Schönwetterlagen tritt häufiger auch Ostwind auf. Unter den regionalen Winden ist der Föhn der bekannteste. Er streicht in Bayern als trocken-warmer Südwind die Alpen herunter und sorgt ganz nebenbei für gute Fernsicht.

Reisezeit Die beste Reisezeit für Radtouren reicht ungefähr von Mai bis Oktober. In der Rheinischen Tiefebene zieht der Frühling schon ab Mitte April ein, an der Kieler Bucht erst einen Monat später. Camper sollten aber bis in den Juni für Kälteeinbrüche gewappnet sein („Eisheilige“, „Schafskälte“). Eine stabile Schönwetterlage verspricht Ende September der „Altweibersommer“.

Anreise

Die **grenzüberschreitende Fahrradmitnahme** nach Deutschland ist mittlerweile von allen Nachbarländern aus möglich. Entsprechende Verbindungen lassen sich über die Website der Deutschen Bahn ermitteln (s.u.).

Transport im Land

Deutsche Bahn

Bahn&Bike-Infos: *www.bahn.de/bahnundbike*
Unter „Fahrpläne/Reiseauskunft" können europaweit Verbindungen „mit Fahrradbeförderung" gesucht werden. An Bahnhöfen oder bei DB-Agenturen ist die jährlich aktualisierte DB-Broschüre „Bahn & Bike" erhältlich.

Fahrradmitnahme: Alle Züge, die eine Fahrradmitnahme erlauben, sind im Fahrplan mit einem Fahrradsymbol gekennzeichnet. Im Fernverkehr sind diese Plätze generell reservierungspflichtig (IR, IC/EC, ICN, D, D-Nacht, 9 € inkl. Reservierung, 6 € mit BahnCard). Werden Plätze nicht vergeben, dürfen auch Räder ohne Reservierung mit. Ist aber Glückssache, denn Stellplätze sind knapp. Keine Reservierungspflicht besteht im Nahverkehr (IR, RB, RE, S-Bahnen, 4,50 €).
Fahrradversand: ist durch den KurierGepäck-Service der Fa. Hermes möglich (24,90 €). Es kann nur von Haus zu Haus versendet werden. Die einzige Ausnahme ist bislang Freiburg, wo das Rad bei einer privaten Fahrradstation aufgegeben und abgeholt werden kann.

Andere Verkehrsmittel

Flussfähren begegnen einem häufiger als vermutet. Sie verkehren meist nur bei Tageslicht, dafür aber regelmäßig. Passage um 1 €, Fahrrad um 0,50 €. Vergleichsweise teuer sind die **Küstenfähren** zu den Ost- und Nordfriesischen Inseln! In fahrradtouristisch engagierten Regionen ist die Fahrradmitnahme in **Bussen** des Regionalverkehrs möglich, gelegentlich gibt es auch spezielle Fahrradbuslinien. Viele **Seil- und Bergbahnen** nehmen im Sommer auch Bikes mit.

Übernachten

Infos ▸ *www.jugendherberge.de, www.naturfreunde.de, www.alpenverein.de, www.bettundbike.de*

Zimmer Rund 40.000 **Hotels**, **Gasthöfe** und **Pensionen** sorgen in Deutschland für ein flächendeckendes Angebot regulärer Übernachtungsmöglichkeiten. Hinzu kommt noch eine stattliche Zahl privater Zimmeranbieter, die sich oft erst durch ein „Zimmer frei"-Schild zu erkennen geben.

Im Ursprungsland der Jugendherbergsidee gibt es noch immer die höchste Jugendherbergsdichte weltweit. Unter der Regie des DJH (Deutsches Jugendherbergswerk) halten fast 600 **Jugendherbergen** ihre Pforten meist ganzjährig geöffnet. Am dichtesten ist das Netz in Nordrhein-Westfalen, Rheinland-Pfalz, Baden-Württemberg und Sachsen. Die meisten Häuser sind räumlich großzügig und relativ modern. Unzeitgemäß ist nur, dass deutsche JHs, im Gegensatz zu denen anderer Länder, kaum Selbstkochermöglichkeiten bieten. **Preise:** Ü/F 11,50–26 € (je nach Kategorie und Lage). Für Juli und August immer vorbuchen, in den großen Städten generell vorbuchen. In Bayern finden Einzelwanderer über 26 Jahre nachrangig Aufnahme.

Hübsch gelegen, preiswert und gut ausgestattet sind auch die **Naturfreunde-Häuser,** von denen es rund 500 in Deutschland gibt. Sie sind mit Jugendhergen vergleichbar und stehen auch Nichtmitgliedern offen.

In den **Berghütten** des Deutschen Alpenvereins (DAV) genießen Mitglieder Preisvorteile (Notlager 5 €, Matratzenlager 10–16 €) und das Privileg, schon ab 15 Uhr einchecken zu können. Nichtmitglieder sind ebenfalls willkommen, zahlen aber das Doppelte und müssen bis 19 Uhr mit der Anmeldung warten. DAV-Mitglieder können auch die Hütten anderer Alpenvereine so benutzen, als wären sie dort Mitglied (Gegenrecht). Auch mit vielen Besitzern privater Berghütten bestehen Rabattabkommen.

Campen *www.d-camping.de*
Rund 3000 Campingplätze gibt es in Deutschland. Die meisten natürlich dort, wo im Sommer Urlaub gemacht wird: Küsten, Seen, Wandergebiete. Ansonsten bestehen im Binnenland oft recht große Lücken, so dass Umwege erforderlich werden können. Die meisten Plätze sind von April bis Oktober geöffnet, viele auch ganzjährig (400 Winterplätze in Skigebieten). Die Preise für 2 Pers. mit Zelt liegen bei 8–16 €.

Freies Zelten ist nur mit Einwilligung des Landbesitzers erlaubt. Wer bei einem Bauern fragt, wird selten abgewiesen.

Bett&Bike, ADFC-Dachgeber **Bett&Bike:** Vom Hotelzimmer bis zum Campingplatz hat der ADFC mittlerweile über 4800 Übernachtungsmöglichkeiten aus Radlersicht gecheckt und aufgelistet (Esterbauer Vlg. „Bett & Bike Deutschland", 11,90 €; das ADFC-Verz. „Bett & Bike Deutschland" ist in den ADFC-Infoläden erhältlich). Die dort als besonders radlerfreundlich aufgeführten Häuser und Plätze dürfen sich nach außen hin mit einer Bett&Bike-Plakette zu erkennen geben.

ADFC-Dachgeber: Wer alternativ und kostenlos übernachten will, sollte Mitglied beim Dachgeber werden: *www.dachgeber.de.* Das jährlich neu erscheinende Übernachtungsverzeichnis enthält ca. 3000 Adressen von netten Menschen in Deutschland, die Radlern nach Voranmeldung eine Übernachtung ermöglichen und dafür im Gegenzug selbst die Adressen im Dachgeber nutzen können.

Karten und Literatur

Infos

- Einen schönen Überblick über beliebte Radelrouten und -regionen bietet der 90seitige Prospekt **„Deutschland per Rad entdecken“** von DZT und ADFC (als Broschüre oder pdf, s. Infos).
- Listing aktueller Radführer und -karten zu beliebten deutschen Radwegen: *www.radweg.org*

Tourenkarten

- BVA, ADFC-Radtourenkarte, 1:150.000, 27 Blätter, flächendeckend für Deutschland, 6,80 €, fahrradspezifisch gestaltet, regelmäßig aktualisierte Auflagen, *www.bva-bielefeld.de*
- BVA, ADFC-Regionalkarte, 1:50.000 / 1:75.000, div. Blätter, für das Umland deutscher Großstädte und ausgewählte Radtourengebiete, 6,80 €, *www.bva-bielefeld.de*
- ADAC, Reiseatlas Deutschland 1:200.000, 9,95 €, viel Karte fürs Geld, leider verschwindet ein Teil der Karten im Falz. Besser ist da die spiralgebundene 1:150.000er Version, die aber unhandlich groß ist (19,95 €).
- ADAC, Kompaktatlas Deutschland, 1:300.000, 6,95 €. Spiralgebunden. Handliche Kompromisslösung.

Tourenführer

Es gibt in Deutschland eine große Anzahl regional verlegter Radtourenführer, die nicht selten nur vor Ort erhältlich sind. Überregional vertreiben die Verlage **BVA** und **Esterbauer** ihr Programm, das Tourenführer zu beliebten Radrouten und -revieren enthält. Auch der **Bruckmann** Verlag hat einiges für Radwanderer in petto, wie bspw. den erfolgreichen Tourenführer „RailTrails – Die schönsten Radwege auf ehemaligen Bahntrassen. Von der Vulkaneifel bis zu den Alpen“. Auf den MTB-Bereich hat sich hingegen der Verlag **Delius Klasing** fokussiert.

Fahrrad

Ausstattung

Für norddeutsche Tourengebiete tut's schon ein solides Rad mit Nabenschaltung. Spätestens für Mittel- und Süddeutschland braucht's aber ein bergtaugliches Bike. Wer nicht ohnehin auf breiten MTB-Schlappen fährt, findet mit 32 mm Reifenbreite ein gutes Allroundmaß, um gelegentlich auch mal einen Waldweg mit Gepäck befahren zu können. Rennlenker, Hörnchen oder Thriathlonaufsätze sind bei Regen und Gegenwind vorteilhaft; um sich klein zu machen.

Reparaturen Unterwegs fährt man an vielen Fahrradläden vorbei. Nur, wenn man einen braucht, ist gerade Feiertag, oder weit und breit kein Service in Sicht. Wenn der Schaden dann auch noch etwas kniffliger ist und sich nicht mit Bordmitteln beheben lässt, wird ein Ausflug in die nächst größere Stadt unumgänglich sein.

Mieten Einfache und gute Tourenräder können bei 250 Vermietstationen der DB und Partnern der DB gemietet werden. In Berlin, Frankfurt, Köln und München hat die Deutsche Bahn zudem eine Flotte spezieller Stadträder stationiert, die mit Handy und Kreditkarte gemietet werden können (Call-A-Bike). Sie sind vor allem für den Stadtgebrauch konzipiert.

Auch in Jugendherbergen und praktisch allen Urlaubsorten können Fahrräder gemietet werden, die für leichtere Tagestouren in der Umgebung ausreichen. Gute MTBs werden vor allem bei den MTB-Spots (Bike-Arena usw.) vermietet.

Straßen und Wege

Straßen und Verkehr Generell gut ist das Straßennetz der westlichen Bundesländer in puncto Straßendichte und -zustand. Die Hauptstraßen sind zwar stark befahren, aber doch häufig mit separaten Radwegen ausgestattet. Wo dies nicht der Fall ist, lassen sich fast immer alternative Nebenstrecken finden, die deutlich ruhiger sind. Die Wegweisung orientiert sich vorrangig an den Bedürfnissen der Autofahrer. Besonders in Städten und an Knotenpunkten, wo Haupt- und Nebenstraßen dicht vermengt sind, ist erhöhte Aufmerksamkeit erforderlich, um die Nebenstrecke nicht aus den Augen zu verlieren bzw. wieder zu finden. Die Bereitschaft der Städte, den Radverkehr zu fördern ist sehr unterschiedlich ausgeprägt. Einige Städte wie Münster und Erlangen konnten mit entsprechender Infrastruktur den Radleranteil im Verkehr auf über 30% bringen. Auch Bremen, Freiburg, Dessau, Oldenburg, Offenburg und Bocholt gelten als fahrradfreundlich.

Vergleichsweise dünn ist das Straßennetz in den östlichen Bundesländern. Viel hat sich in den letzten Jahren getan. Viel mehr wird es aber nicht mehr werden, wenn sich die strukturschwachen Landkreise weiter entvölkern. Dafür fördern aber *alle* **östlichen** Bundesländer den Fahrradtourismus ganz besonders und präparieren dafür unablässig neue Radrouten. Und darauf kommt es ja hier an.

Radwege, Radrouten **Radwanderwege** gibt es mittlerweile in kaum noch überschaubarem Ausmaß. Ihre Entstehung verdanken sie in der Regel den einzelnen Kommunen, die radellustigen Urlaubsgästen etwas bieten wollen und daher aus bereits vorhandenen Wegen und Nebenstraßen eine Route in der Umgebung stricken. Landschaftlich attraktiv, abwechslungsreich, verkehrsarm und nicht zu anstrengend wollen die meisten dieser Routen sein, mit einem Wort: familienfreundlich. Ein wichtiges Qualitätsmerkmal ist dabei die Beschilderung, die im Idealfall deutlich, aufschlussreich und lückenlos in beiden Richtungen vorhanden sein sollte. Bei der Wegweisung offenbart sich auch am ehesten, wie viel für die Wartung getan wird. Ohne kontinuierliche Pflege kann auf Dauer der schönste Radwanderweg nicht bestehen.

Für *überregionale* Radwanderwege hat sich die Bezeichnung **Radfernweg** (RFW) eingebürgert. Was aber nicht bedeutet, dass es sich hier um Radler-„Schnellwege" handelt. Im Gegenteil, nicht wenige Routen sind aufgrund von unbefestigten Wegabschnitten und unvollständigen Beschilderungen ziemlich langsam. Was Radfernwege jedoch auszeichnet, ist das Versprechen, eine reizvolle, überregionale Tour auf verkehrsarmen Wegen zu ermöglichen. Inwieweit es eingelöst wird, hängt ab von der Streckenführung (Verkehrsferne, Naturnähe, Sehenswürdigkeiten, Lokalitäten) und der Qualität der Radroute (Wegbeschaffenheit, Wegweisung, Radler-Unterkünfte, Service, Dokumentation). Besonders beliebt sind Radfernwege, die Gewässern folgen. Dies sind vor allem Flusstäler, aber auch Uferlinien und Meeresküsten.

Zunehmend populärer werden auch **Bahntrassen-Radwege.** Bevor sie unwiderbringlich verschwinden, werden still gelegte Bahntrassen in letzter Zeit vermehrt in Radwege umgewandelt. Der Erfolg ist groß, denn diese Radwege haben mehrere Vorteile: autofrei, steigungsgarm (max. 2,5%), interessant (Tunnels, Brücken, Ausblicke), überschaubare Distanzen, problemlose Orientierung. Mehr Infos: *www.bahntrassenradeln.de,* Downloads: *www.adfc-tourenportal.de*

Eine Alternative zu beschilderten Radfernwegen bietet *Ulrich Lamm* auf seiner Homepage *www.radweit.de.* Da auch Ulrich meint, dass Radfernwege im Alltag kein zügiges Vorankommen ermöglichen, dokumentiert er verkehrsarme **Fahrrad-Fernschnellrouten** für Deutschland. Die nicht beschilderten Routen sind in topografische Karten der Vermessungsämter eingetragen und können ausgedruckt werden. Ein (be)merkenswertes Projekt.

Offroad (MTB)

www.bike-transgermany.de, www.fa-tourismus.adfc.de, www.dimb.de
Seit 2007 scheucht die **Trans-Germany** Mountainbiker in einem Etappenrennen durch Deutschlands Mittelgebirge. Grundsätzlich erlaubt das **Bundeswaldgesetz** das Rad fahren in Wäldern und Forsten, aber nur auf Straßen und Wegen. Das Gesetz gilt für alle Eigentumsarten, also auch private Wälder. Die Regelung der Einzelheiten überlässt das Gesetz den Ländern. Besonders restriktiv sind dabei Baden-Württ. und Thüringen, wo das Rad fahren auf Waldwegen, schmaler als 2 m, untersagt ist. In Bayern gibt es eine ähnliche Soll-Regelung. Andere Bundesländer sind toleranter, behalten sich aber Einschränkungen im Einzelfall vor. Zwei Gebote sollten Mountainbiker in deutschen Wäldern auf jeden Fall beachten:

1.) Fußwanderer haben immer Vorfahrt!
2.) Bleibe auf den Wegen!

GPS-Tracks (für MTB): *www.bicirutas.net*

FO FÄRÖER

Tourenziel Färöer

Die außenpolitisch zu Dänemark gehörende Inselgruppe der Färöer sind eine eigene Nation mit innerer Autonomie. 48.000 Färinger bewohnen 17 von insgesamt 25 Eilanden. Steilküsten, Fjorde und Sunde bestimmen die äußere Gestalt der Färöer (wörtl. „Ferne Inseln", im Volksmund auch „Schafinseln"), Wiesen, Heiden, Hochplateaus und Vogelfelsen die innere. Wer auf der Überfahrt nach Island in Tórshavn an Land geht, sollte den zweitägigen Stopover für Tagestouren nutzen.

Kurzinfo Färöer

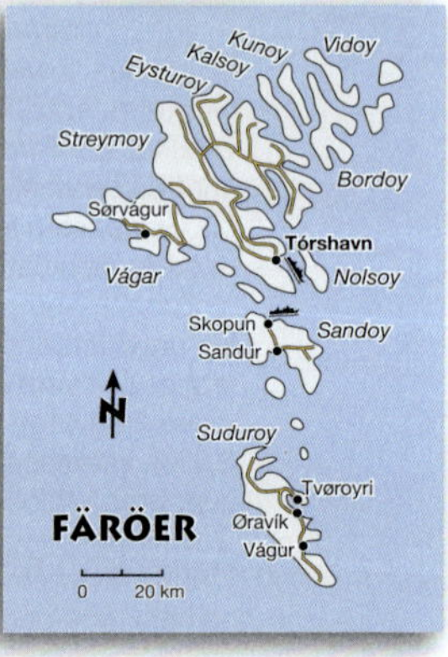

Daten

1400 qkm • 48.000 Einwohner

Wetter

Kräftiger Wind meist aus Süd bis West, ansonsten viel Nebel und 280 regnerische Tage pro Jahr (Irland ist dagegen die reinste Sonnenbank).

Infos

▸ *www.faroeislands.com, www.tourist.fo*

Übernachten

Fünf Jugend- und Familienherbergen: *www.farhostel.fo*
Freies Zelten ist zwar erlaubt, jedoch nicht auf Kulturland, und deshalb schwierig.

Karte

Kort + Matrikelstyrelsen: Färöer-Karte 1:200.000, 14,90 €. Färöer-Atlas 1:100.000, 6 Seiten. 19,50 €. Beide fast identisch, der „Atlas" jedoch mit Höhenlinien.

Radeln

Kein Zuckerschlecken. Da die melancholischen Inseln praktisch nur aus Erhebungen bestehen (höchste auf Eysturoy, 882 m) erlebt der Radler das weitgehend asphaltierte Straßennetz als stete Abfolge von Anstiegen und Gefällen, gelegentlich unterbrochen von einem einspurigen, u. U. kilometerlangen Tunnel (manche beleuchtet und gut, andere stockfinster und voller Schlaglöcher). Eine Sundbrücke verbindet die Hauptinseln Streymoy und Eysturoy, was eine größere Rundtour ermöglicht. Durch Dämme mit den Nachbarinseln verbunden ist Bordoy. Fähren verkehren regelmäßig zwischen allen Inseln. Bei starkem Seegang besteht allerdings die Gefahr, auf einer der Inseln hängenzubleiben und dann ggf. die Fähre nach Island zu versäumen. Die öffentlichen Hubschrauber nehmen keine Räder mit!

Nicht erlaubt ist Geländeradeln abseits von Fahrwegen. Wer es trotzdem tut, den bestraft der Dicknebel!

FIN FINNLAND

Daten 338.000 qkm • Ausd. 1150 x 600 km • 5,3 Mio. Einwohner • 16 Ew./qkm

Land Finnland, Land der Zehntausend Seen, macht seinem Beinamen alle Ehre. Die allerkleinsten gar nicht mitgerechnet, sind es sogar an die 190.000 Seen. Ein Zehntel der Landesfläche steht solchermaßen unter Wasser, und über zwei Drittel sind bewaldet. Was Wunder, dass in Finnland die Sauna erfunden wurde. Sümpfe und Moore, diese dritte Landschaftsform, finden sich vor allem in Mittel- und Nordfinnland. Spätestens hier wird klar, weshalb die Finnen ihr Land Suomi nennen – Suomi, Sumpfland!

Das Übergangsgebiet zwischen den nordskandinavischen Gebirgen und dem osteuropäischen Flachland heißt Finnland. Die durchschnittliche Landeshöhe liegt bei 150 m. Der Haltia (1324 m), Finnlands höchste Erhebung, gehört ohnehin fast schon zu Norwegen. Dennoch ist das von Eisgletschern modellierte Finnland alles andere als flach. Felsige Moränenzüge bilden im Süden bis zu 250 m hohe „Querfalten“ (Salpausselkä!), im Norden ragen Inselberge und Fjälls (baumlose Hochflächen) aus weit schwingendem Land. Wirklich flach sind nur die Küstenregionen und die Åland-Inseln. Während Finnlands Südhälfte von der granitfelsigen Schärenküste und der dicht bewaldeten Seenplatte geprägt ist, wird die Nordhälfte vom hügeligen Waldfinnland und den menschenarmen Weiten Finnisch-Lapplands eingenommen.

und Leute Finnische Haustüren gehen traditionell nach außen auf. Vielleicht weil die Finnen es nicht mögen, wenn man mit der Tür ins Haus fällt. Den Unterschied zum finnischen Temperament merkt man in den schwedischsprachigen Gebieten Finnlands, wo der menschliche Kontakt unkomplizierter ist. Dass die stoische Wesensart der Finnen auch Vorteile hat, zeigt ihre Badefreude in eiskalten Seen und ihr lässiger Umgang mit blutrünstigen Mücken. Wirtschaftlich hat sich das einst bäuerliche Finnland in eine Industrie- und Dienstleistungsgesellschaft verwandelt. Neben den im Norden lebenden Sami (Lappen) lebt als zweite ethnische Minderheit eine schwedischstämmige Bevölkerung im Südwesten. Diese Region ist komplett zweisprachig, auch die Ortsnamen sind finnisch/schwedisch (Helsinki/Helsingfors usw.). Englisch ist in Finnland gängig, Deutsch zumindest nicht unbeliebt.

per Rad entdecken Die ganz großen Speicherkarten müssen fotografierende Finnlandradler vielleicht nicht mitnehmen, denn die Landschaft bleibt sich irgendwie immer treu bzw. ändert sich nur langsam. Kilometerweit geht es in Südfinnland geradeaus durch Wälder, dann kommt eine Kurve oder ein See, und schon geht es wieder kilometerweit geradeaus durch Wälder. Überzeugte Finnlandradler wissen schon, auf was sie sich einlassen. Hyvää matkaa – Gute Reise!

Schweden vs. Finnland *Joachim Klaas:* „Wir fanden Schweden landschaftlich reizvoller, da abwechslungsreicher als Finnland. Dort überwiegt Wald, der nur in Südwestfinnland häufiger von bewirtschaftetem Land unterbrochen wird. Auch die Siedlungen bieten mehr Abwechslung. Außerdem sind die Seen in Schweden eher zugänglich als in Finnland.“

ROUTEN & REGIONEN

Åland-Inseln

Mit Å wie Åland beginnen wir unsere Finnland-Tour ganz im Westen, mit einem der schönsten (und leider auch teuersten) Radelreviere Finnlands. Die Ålands sind eine schwedischsprachige, autonome Region Finnlands mit eigener Flagge und eigenen Briefmarken. Die meisten der 6500 Åland-Inseln sind winzig kleine Schären, nur 80 der größeren sind bewohnt. Die Gesamtfläche aller 6500 Inseln wird mit 1480 qkm angegeben, die Anzahl der Einwohner mit 25.000, wovon die Hälfte in der Inselmetropole Mariehamn lebt. Der Rest ist total einsam. Selten gibt es mal ein richtiges Dorf, fast immer nur einzelne Bauernhöfe.

Anreise

a) Mehrmals täglich verkehren Autofähren zwischen Turku (Finnland) und Stockholm (Schweden) mit Zwischenstopp in Mariehamn (Åland).
b) Die zwischen den Schärengemeinden verkehrenden, kostenlosen Inselfähren lassen sich zu einer alternativen An- bzw. Rückreiseroute verbinden.

Karte

Karttakeskus, 1:100.000, Åland (Ahvenanmaa)

Infos

▸ Åland-Touristeninformation: *www.visitaland.com*

Radwanderwege

Radlern stehen auf den Hauptinseln rund 800 km ruhiger Autostraßen sowie zahlreiche feste Sandwege zur Verfügung. Die Hauptinseln sind durch Brücken verbunden. Durch die Einrichtung spezieller Fahrradfähren (7–9 €) konnten die Radwanderwege teilweise zu Rundwegen ausgebaut werden. Natürlich berühren die Radrouten auch die Sehenswürdigkeiten der Inseln: alte Wehrkirchen und knarrende Windmühlen, eine Burg aus dem 13. Jh., ein Naturschutzgebiet, prähistorische Gräberfelder…

Das immer wiederkehrende grüne Tandem auf den Radwegschildern will signalisieren, dass es sich bei den Ålands um weitgehend flaches Terrain handelt. Hügeliger sind nur die einsamen NO-Küsten der Hauptinseln (bis 129 m). Während die Hauptinseln für sehr beschauliche Radwanderungen gut sind, sorgen die labyrinthisch verschachtelten Schärengemeinden schon mehr für Augenjucken.

Ziemlich flach (Åland-Inseln)

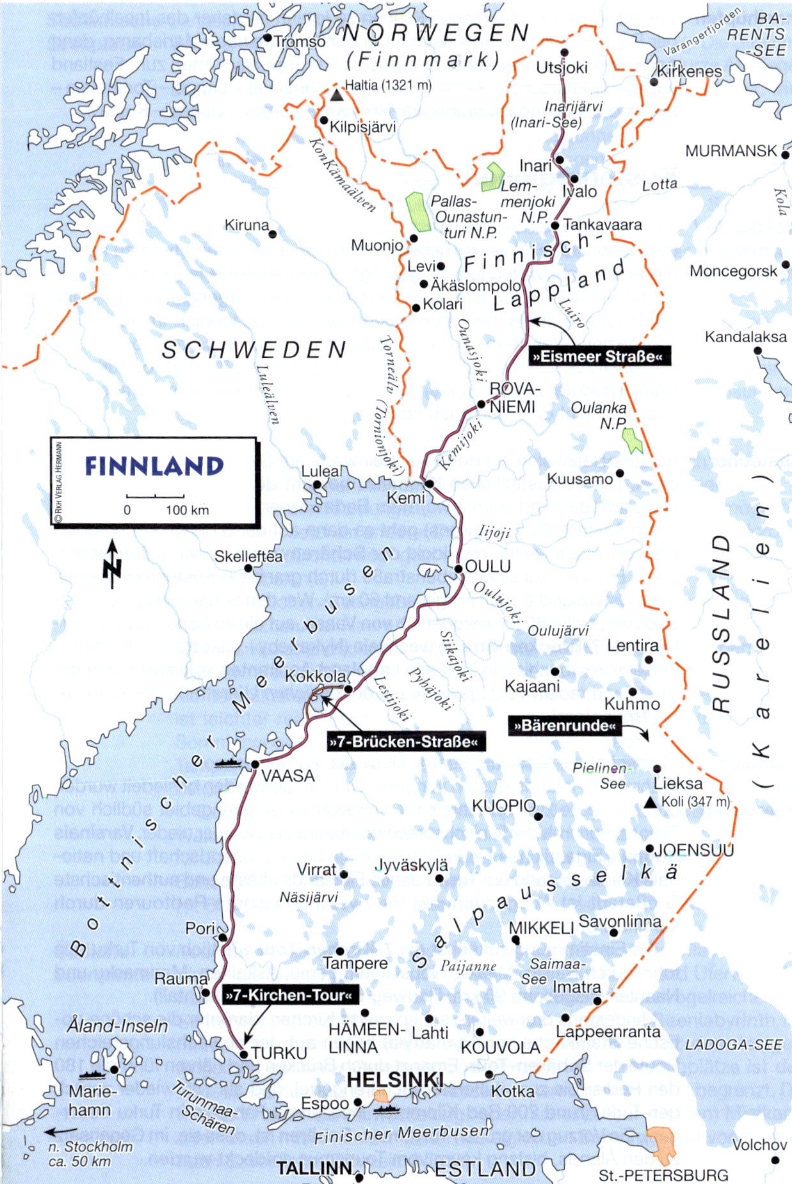
FINNLAND
0 100 km
©RKH VERLAG HERMANN
NORWEGEN (Finnmark)
SCHWEDEN
RUSSLAND (Karelien)
ESTLAND
Finnisch-Lappland
Salpausselkä
Bottnischer Meerbusen
Finischer Meerbusen
BARENTS-SEE
Varangerfjorden
LADOGA-SEE
»Eismeer Straße«
»7-Brücken-Straße«
»Bärenrunde«
»7-Kirchen-Tour«
Tromso
Haltia (1321 m)
Kilpisjärvi
Utsjoki
Kirkenes
Inarijärvi (Inari-See)
Inari
Ivalo
Lemmenjoki N.P.
Pallas-Ounastunturi N.P.
Tankavaara
MURMANSK
Lotta
Kola
Kiruna
Muonjo
Levi
Äkäslompolo
Kolari
Luiro
Moncegorsk
Kandalaksa
KonKämäälven
Torneälv (Tornionjoki)
Luleälven
Ounasjoki
ROVANIEMI
Kemijoki
Oulanka N.P.
Kuusamo
Luleå
Kemi
Iijoji
Skellefteå
OULU
Oulujoki
Oulujärvi
Siikajoki
Pyhäjoki
Lestijoki
Lentira
Kajaani
Kuhmo
Kokkola
VAASA
Pielinen-See
Lieksa
Koli (347 m)
KUOPIO
JOENSUU
Virrat
Jyväskylä
Näsijärvi
Pori
MIKKELI
Savonlinna
Tampere
Paijanne
Saimaa-See
Imatra
Rauma
Åland-Inseln
HÄMEENLINNA
Lahti
KOUVOLA
Lappeenranta
TURKU
Mariehamn
Turunmaa-Schären
HELSINKI
Espoo
Kotka
n. Stockholm ca. 50 km
TALLINN
St.-PETERSBURG
Volchov

i-Box Finnland

Einreise	Die EU-Binnengrenzen sind offen. Grenzkontrollen gibt es nur an den Außengrenzen. Ein Personalausweis genügt für die Einreise (EU und CH).
Geld	Währung ist der Euro. Das Preisniveau ist deutlich höher als in D.
Gesundheit	Versicherungsschutz für GKV-Mitglieder. Details: *www.dvka.de*. Achtung, Selbstbeteiligungen obligatorisch, Reise-KV abschließen!
Infos	▸ Finnische Tourismuszentrale: *www.visitfinland.com*. Mit detaillierten deutschsprachigen Infos (auch zu den Radfernwegen, s.u.). ▸ Finnische Botschaft (Landesinfos): *www.finnland.de* ▸ Deutsch-Finnische Gesellschaft (Landes- u. Reiseinfos): *www.finland.de* ▸ Nordis-Verlag (Reiseinfos): *www.skandinavien.de*
Infos vor Ort	In Finnland selbst findet sich in jedem größeren Ort eine **Matkailutoimisto** – eine Touristeninformation also – die umfangreiches Material bereit hält, vieles davon gratis (Karten, Sehenswürdigkeiten, Campingverz., Fahrpläne, Radtouren ...).
Wetter	Ausläufer des Golfstromes bewirken, vor allem im Süden Finnlands, ein wärmeres Klima als es der geografischen Lage entspricht. Im Juli klettert das Thermometer in Helsinki locker über 25 °C. Im Norden ist es zu dieser Zeit um 5 Grad kühler, nachts sind dort sogar Bodenfröste möglich. Die Niederschläge nehmen von Südwesten (700 mm) nach Osten und Norden (400 mm) ab, regenreichster Monat ist der August. Das subpolar-kontinentale Klima verkürzt das Sommerhalbjahr und sorgt für erhebliches Temperaturgefälle zwischen Sommer und Winter. Die Finnen bezeichnen ihre Heimat sogar als „Land mit den drei Wintern". Auf einen kurzen Sommer folgen demnach die Jahreszeiten *Herbstwinter*, *Hochwinter* und *Frühlingswinter*.
Wind	In Südfinnland weht der Wind fast immer aus S bis SW, in Mittel- und Nordfinnland überwiegend aus NW. Im *Landesinnern* weht er vergleichsweise schwach, da die Wälder Windschutz geben.
Reisezeit	Die günstigste Jahreszeit für Radtouren ist von Mitte Juni bis Ende August (Lappland: Juli bis Mitte August), für Süd- und Mittelfinnland sind auch Mai und September geeignete Monate. Aber Nachtfröste sind möglich, viele Campingplätze sind geschlossen, dafür gibt es noch wenig Mücken bzw. keine mehr, denn die **Mückenplage** nimmt nach der Sommersonnenwende (Anfang Juli) rasch ab.
Sommersonnenwende	Am 21. Juni erreicht die Sonne ihren höchsten Stand und geht am Polarkreis den ganzen Tag nicht unter. Nördlich davon lässt ich das Phänomen der fahlgelben **Mitternachtssonne** auch vor und nach diesem Stichtag beobachten – in Utsjoki, dem nördlichsten Punkt Finnlands,

sogar vom 17. Mai bis 28. Juli. Abgehärtete Naturen, die evtl. im Oktober durch Lappland radeln, werden mit dem Naturschauspiel des Polarlichts belohnt (finnisch kaamos), sehr beeindruckend!

Anreise

Per Rad Auf dem Landweg über Warschau und St. Petersburg nach Finnland zu radeln, ist zwar aufwändig, aber nicht ohne Reiz. Zwischen Berlin und Helsinki liegen 3000 km, wofür 5–6 Wochen zu veranschlagen sind. Ein russisches Visum ist erforderlich. Details in den Kapiteln „Baltikum“ und „GUS“.

Per Fähre Nur noch zwei Reedereien bieten Fährpassagen zwischen Deutschland und Finnland an. Die teuerste (keine Schlafsessel, nur Kabinen) ist Finnlines. Deren Fracht-Passagierschiffe fahren dafür sehr zuverlässig das ganze Jahr über an jedem Tag der Woche. Preiswerter geht es im Schlafsessel mit Tallink-Silja nach Finnland.
Finnlines: tägl., Travemünde – Helsinki, 26 h, Ticket: ab 354 € (6-Bett-Kab., H+R, HS), Fahrrad 36 €, *www.ferrycenter.fi*
Tallink-Silja: 4 x wö., Rostock – Helsinki, 27 h, Ruhesessel 98 € (einfach, HS), *www.tallinksilja.com*

Per Flieger **Finnair** fliegt ab D/A/CH nach Helsinki. Von dort aus bestehen 19 Inlandsverbindungen, die von kleineren Maschinen bedient werden (wenig Gepäckraum): *www.finnair.com.*
Ryanair fliegt von Bremen und Frankf.-Hahn nach Tampere: *www.ryanair.com.*

Transport im Land

Bahnen *www.vr.fi*
Die **Finnischen Staatsbahnen** (VR) befahren rund 6000 km. Gut ausgebaut ist das Netz vor allem in Südfinnland. Die subventionierten Fahrpreise sind nur halb so hoch wie in Westeuropa. Auch die **Fahrradmitnahme** ist gut organisiert, entweder im Gepäckwagen oder im Zugbegleiterabteil, nicht jedoch bei IC- und Pendolino-Zügen. Ist der Bahnhof ohne Gepäckschalter, wird fürs Fahrrad direkt beim Zugbegleiter bezahlt (ca. 9 €).

Fernbusse *www.expressbus.com*
Wo die Eisenbahn nicht hinkommt, ist der Linienbus *das* öffentliche Verkehrsmittel. Speziell in Lappland gibt es kaum eine Alternative. Die Fahrpreise liegen höher als bei der Bahn, mit internat. Studentenausweis gibt es jedoch 30% Rabatt. Fahrradmitnahme ist generell möglich und auch preiswert (um 4 €). Da spezielle Halterungen fehlen, kann das im Laderaum liegende Bike auf schlechten Strecken ziemlich geprügelt werden. Aufrecht steht es in Postbussen, die ein separates Heckgepäckabteil haben.

Inlandsfähren Fähren dienen im Seengebiet und an der Schärenküste als Brückenersatz und können inklusive Fahrrad kostenlos benutzt werden.

Übernachten

Zimmer Wenn die Finnen im Sommer Urlaub in ihren Hütten machen, locken die Hotels in den Städten mit Sonderpreisen. Finnische **Hotels** haben einen recht hohen Standard und entsprechende Preise (ab 80 €). Normalerweise kämen Hotelübernachtungen daher kaum in Frage, aber es gibt die skandinavische Besonderheit, im Sommer große Rabatte zu gewähren. Geknüpft sind diese Rabatte (bis zu 60%) an ein Schecksystem, dem sich bestimmte Hotelketten anschließen (beispielsweise Finn-Cheque). Hotel-Schecks müssen zuvor im Heimatland erworben werden, Rückgabe ist möglich. Infos/Bezug über Reisebüros.

Wer preiswert, jedoch ohne Campingausrüstung reisen will, kommt an den rund 84 **Herbergen** des Finnischen Jugendherbergsverbandes SRM nicht vorbei. Die Art dieser Häuser reicht von Jugendherbergen über Sommerhotels (Studentenwohnheime) bis zu „Finnhostels". IYHF-Ausweis ist nicht obligatorisch, reduziert den Übernachtungspreis jedoch. *www.srmnet.org*

Was noch? Ein Doppelzimmer in einem original finnischen **„Gasthaus"** (heißen wirklich so) oder privates **B&B** schlägt mit 30–60 € aufs Portemonnaie. Ansonsten heißt das Motto „hytter, hytter", sprich **Ferienhütte** am See. Diese finnischste alle Unterkunftsarten ist aber eher etwas für längere Aufenthalte.

Christian Zschalig über Wildnishütten: „Eine Besonderheit sind die **Wildnishütten.** Einfache Hütten mit Ofen, Pritsche, Tisch, zwei Bänken, meist ein paar Kerzenstummeln, Streichhölzern, Teebeuteln, ein Holzschuppen usw.; sie sind kostenlos nutzbar, befinden sich jedoch meist abseits von Straßen. Wenn möglich, sollte man sich eine Nacht in so einer Hütte nicht entgehen lassen!". Infos: *www.wildnorth.net*

Campen Es wäre schade, Finnland *ohne* Campingausrüstung zu beradeln. Erst beim Zelten stellt sich das wahre Finnland-Feeling ein – besonders im Norden mit einem *mückendichten* Zelt. **600 Campingplätze** gibt's, die allermeisten liegen an Seen, sind zumindest von Juni bis August geöffnet (70 Plätze ganzjährig) und verlangen pro Zelteinheit 6–9 €. Die erforderliche *Camping Card Scandinavia* kann vor der Reise bestellt werden, oder als provisorische Karte unterwegs beim ersten Campingplatz erworben werden (in Finnland 6 €). Die Karten gelten in ganz Skandinavien. Wer mag, kann auch eine Campinghütte mieten (4 Betten, Küche, ab 30 €). Camping-Verz. in Finnland kaufen (Buchhandlungen, R-Kioske). Finnischer Campingverband: *www.camping.fi*

Freies Zelten ist im Rahmen des **Jedermannsrechts** mit Ausnahme der Åland-Inseln möglich (zum Jedermannsrecht s. Schweden);. Manchmal kann es (besonders im Norden) allerdings schwierig sein, einen Platz zu finden, der nicht sumpfig und/oder von Mücken verseucht ist. Da nimmt man dann freudig das Stückchen Wiese in Beschlag, das sich in der Regel bei einem Straßen-Rastplatz findet.

Karten und Literatur

(Adressen zum Bezug von Karten und Reiseführern im Anhang.)

Tourenkarten

- *Empfehlung:* Freytag & Berndt: Skandinavien-Atlas 1:250.000/400.000, 27,95 €: Aktuell und detailliert. Die preiswerteste Komplettlösung für ganz Finnland bzw. Skandinavien. Aber schwer und unhandlich, daher die benötigten Seiten heraustrennen, lohnt sich trotzdem.
- *Empfehlung:* Karttakeskus: Straßenkarte mit Radlerinfos 1:800.000. 12,90 €. Aktuell und informativ, gute Planungskarte.
- Karttakeskus: GT Suomen Tiekartta 1:200.000, 17 Bl., je 12,70 €. Optimale Tourenkarte mit allen erforderlichen Details. In Finnland billiger.
- *Offroad:* In neueren 1:50.000-Wanderkarten sind auch MTB-Tracks ausgewiesen.

Tourenführer

- Kettler Vlg.: „Finnland per Rad". Radreiseführer mit variablem Tourennetz, zwar schon 1994 erschienen, aber noch brauchbar.
- Karttakeskus: Führer zu den einzelnen Radfernwegen

Fahrrad (polkopyörä)

Art und Ausstattung

Wer nicht gerade eine Wintertour plant (für die Nokia die enstprechenden Spikesreifen produziert), kommt mit einem **Reise- oder Trekkingrad** (ATB) gut voran. Wen es auf Entdeckungstouren in den Norden zieht, wird einem **MTB** den Vorzug geben. Auch für **Liegerad- und Tandemfahrer** ist das relativ flache Finnland ein hervorragendes Ziel. Tipp: Rückspiegel montieren.

Reparaturen

Werkstätten sind außerhalb der wenigen großen Städte dünn gesät und dann nur auf die einfachen Alltagsräder der Finnen eingestellt. Wo kein Fahrradhändler existiert, helfen auch Autowerkstätten, Tankstellen oder Sportgeschäfte weiter. Grundsätzlich sollten Pannen in Selbsthilfe behoben werden können.

Bunte Drahtesel-ansammlung, Helsinki

Straßen und Wege

Straßen Rund 80.000 km lang ist Finnlands Straßennetz, davon ist etwa die Hälfte asphaltiert. Ist das Straßennetz im Süden noch vergleichsweise dicht, so reduziert es sich nach Norden hin auf wenige Hauptstraßen. Straßen 1. und 2. Ordnung (ein- bzw. zweistellige Nummerierung) sind immer asphaltiert, andere Straßen oft nur mit einer Kiesschicht befestigt. Auch diese lassen sich in trockenen Jahreszeiten gut beradeln. Problematisch können Straßenbaustellen von 20 Kilometer Länge und mehr sein, die in einer bestimmten Bauphase nur den faustgroßen Schotter des Unterbaus als Fahrbahn anbieten. Vermeiden lassen sich solch üble Pisten mit der **Tielaitos-Straßenkarte.** Sie zeigt alle größeren Straßenbauvorhaben des laufenden Jahres an und ist kostenlos bei Touristenbüros und an Tankstellen erhältlich. Auch ein Blick in die Website der Straßenbaubehörde **Tiehallinto** lohnt.

Auf *www.tiehallinto.fi* sind nicht nur die Straßenbauabschnitte vermerkt, sondern auch hilfreiche Links, und „Road Weather Cameras", die bis hinauf nach Utsjoki hunderte aktueller Schnappschüsse von wichtigen Straßen zeigen. Eher unromantisch, aber sehr authentisch!

Christian Zschalig: „Ansonsten sind die unbefestigten Straßen gut in Schuß und erreichen in trockenem Zustand fast Asphaltqualität. Im Gegensatz zu Schweden übrigens, wo ich unbefestigte Straßen vor allem als Felgen mordende Huckelpisten erlebte."

Verkehr Der meiste Verkehr fließt über die Europa-Straßen in N-S-Richtung sowie von Turku nach Helsinki. Sie sollten nach Möglichkeit gemieden werden. Ansonsten ist der Verkehr, gemessen an deutschen Verhältnissen, herrlich gering. Autofahrer nehmen Rücksicht auf Radler, die meisten sind sogar richtig höflich. Genau umgekehrt verhalten sich die finnischen Trucker, die offenbar ein Schild mit „Platz da!" im Führerhaus vor der Stirn haben.

Andrea Pühse: „Autofahrer überholen stets mit Sicherheitsabstand, Lkw-Fahrer nur selten, dafür aber mit lautem Hupen. Teilweise hilft nur die Flucht auf den Grünstreifen oder in den Seitengraben."

Christian Zschalig: „Besonders muss man aufpassen, wenn man auf einer unbefestigten, meist recht schmalen Straße fährt, da die dort verkehrenden Lkw (die kommen öfter, als man denkt) auf Radfahrer absolut keine Rücksicht nehmen. Anhalten und ganz rechts ran ist dann am sichersten!"

Radwege Einheitlich beschilderte *Radfernwege* beschränken sich auf regionale Ausnahmen. Radwege an Ortsdurchfahrten und Ausfallstraßen sind meist nur einseitig angelegt. Generell ist das Primat des Autoverkehrs unübersehbar – kein Wunder in einem weiträumigen, dünn besiedelten Land. Immerhin verfügen die großen Städte über ein Netzwerk separat geführter Radwege, die auch aus den Städten hinausführen. Problematisch ist für Ortsunkundige, dass die Zielangaben auf den Radwegweisern oft wechseln.

In Helsinki ist es selbst mit der lokalen Radwegekarte nicht leicht, die Hauptausfallstraßen zu vermeiden. Zu allem Überdruss muss man auch noch mit ansehen, wie die Autos elegant über Brücken huschen und wie umständlich die Radler geleitet werden. Am Ende nimmt man dann doch den einfachsten Weg entlang der Hauptstraße.

Radfernwege Mittlerweile existieren im Süden des Landes sechs, sich kreuzende Radfernwege:

- **Via Finlandia** (Helsinki – Tampere – Seinäjoki – Vaasa, 596 km, leicht).
- **Die Küstenroute** (Turku – Vaasa – Kokkola – Oulu, 955 km, leicht).
- **Durch den Süden Finnlands** (Turku – Hämeenlina – Lahti – Kouvola, 360 km, leicht)
- **Die Königsstraße** (Turku – Helsinki, 253 km, moderat)
- **Große Seenrundfahrt** (Lappenranta – Imatra – Savonlinna – Mikkeli – Lappenranta, 458 km, sportlich)
- **Die Mittelfinnland-Route** (Helsinki – Lahti – Jyväskylä, 312 km, sportlich)

Alle Radfernwege sind markiert. Es werden Nebenstraßen bevorzugt, die zwar nicht immer befestigt, aber auch dann gut in Schuss sind. Zu jedem RFW ist bei **Karttakeskus** (s. Anhang) ein separater Tourenführer erschienen (18 €).

Offroad (MTB) Mountainbiker sind in Finnland herzlich willkommen, solange sie nicht querfeldein brettern! In Naturschutzgebieten und Nationalparks darf nur auf ausgewiesenen Biketrails geradelt werden (verzeichnet in neueren Wanderkarten). Ansonsten bieten landauf, landab viele tausend Kilometer Forstwege Auslauf genug. Auch Wanderwege und Wildnispfade dürfen mit der nötigen Umsicht benutzt werden. Zwar sind in Nord- und Ostfinnland einige MTB-Routen kartografiert und markiert (auch Skiloipen werden in den Fjällregionen vermehrt als MTB-Routen ausgewiesen), doch generell tendiert die Wegweisung abseits befestigter Straßen gegen Null.

Mein Rad, mein Zelt, mein See

Karte S. 176

Großbritannien
Southampton
Dover
Brighton
Calais
Portsmouth
Plymouth
Isle of Wight
Boulogne sur Mer
LILLE
BE
DER KANAL - LA MANCHE
AMIENS
Cherbourg
Baie de la Seine
Guernsey (U.K)
Le Havre
ROUEN
Beauvais
Jersey (U.K)
St-Lô
Cotentin
CAEN
Bocage Normandie
Seine
Baie de Saint-Malo
PARIS
Roscoff
Suisse Normandie
St-Malo
Mayenne
Brest
St-Brieux
Mont-St-Michel
Parc Reg.
Alençon
Chartres
Douarnenez
Quimper
RENNES
ORLÉANS
Le Mans
Vannes
Loire
Carnac
Quiberon
Sarthe
Angers
Tours
Cuffy
St-Nazaire
Cher
Belle-Île
Loire
St-Brévin-les-Pins
NANTES
Bourges
Nevers
Loire-Radweg
Châteauroux
Creuse
POITIERS
Allier
La Rochelle
Île d'Oléron
Charente
Vienne
CLERMONT-FERRAND
Puy de Dome
ATLANTIK
Gironde
LIMOGES
Angoulème
Vézère
Massif
Périgord
Tulle
Volcans d'Auvergne
Golfe de Gascogne
Médoc
Périgueux
Central
Sarlat-la-Caneda
Aurillac
BORDEAUX
Entre-Deux-Mers
Dordogne
Célé
Cevennen Nat.Pk.
Les Landes
Garonne
Lot
Puy
Figeac
Aveyron
Cahors
Agen
Tarn
Midouze
Santander
Auch
St-Jean-de-Luz
TOULOUSE
Bayonne
Kanal du Midi
Béziers
Bilbao
San Sebastian
Pau
Tarbes
Garonne
Pyrenäen
Lourdes
Carcasonne
Ebro
Pic du Midi
Pamplona
Pyrenäen
Perpignan
SPANIEN
ANDORRA

FRANKREICH
© RKH VERLAG HERMANN
0 100 km
Calais
Boulogne sur Mer
LILLE
BRÜSSEL
BELGIEN
Köln
BONN
Frankfurt
Mannheim
Stuttgart
AMIENS
Beauvais
Reims
CHÂLONS-sur Marne
LUXEMBOURG
METZ
Nancy
STRASBOURG
PARIS
Chartres
Troyes
Colmar
Mulhouse
Basel
Zürich
Bodensee
DEUTSCHLAND
ORLÉANS
Auxerre
Cuffy
Bourges
Nevers
Châteauroux
DIJON
BESANÇON
Montbéliard
Ballons
Sundgau
BERN
SCHWEIZ
Parc du Morvan
Kanal v. Burgund
Argonnen
Vogesen
Jura
Seine
Marne
Aube
Meuse
Moselle
Mosel
Rhein
Meurthe
Loire
Cher
Allier
Saône
Doubs
Ain
Cluny
Mâcon
Genf
Lac Léman
Montblanc
Rhône
Annecy
Briançon
Milano
CLERMONT-FERRAND
Puy de Dome
LYON
Massif Central
Volcans d' Auvergne
Vézère
Tulle
Aurillac
Chambéry
Grenoble
Isère
Savoyer Alpen
Seealpen
Pô
Torino
ITALIEN
Le Puy-en-Velay
Vercors
Valence
Cevennen Nat.Pk.
Cevennen
Figeac
Célé
Cahors
Aveyron
Gap
Durance
Genova
Routes des Grandes Alpes
Mt. Ventoux
Canyon du Verdon
Avignon
Parc du Lubéron
Tarn
MONT-PEL-LIER
Nimes
Camargue
Aix-en-Provence
Nice
Côte d'Azur
TOULOUSE
Kanal du Midi
Béziers
MARSEILLE
Cannes
Toulon
Carcassonne
Golfe du Lion
Perpignan
ANDORRA
MITTELMEER
Bastia
Calvi
KORSIKA
Ajaccio
Pto. Veccio
Bonifacio

Biker heraus: heftige Steigungen und Tragepassagen (umgestürzte Bäume). Der GR 53 ist gut markiert und relativ wenig begangen.

Haute-Saône

Ans Elsass schließt sich südwestlich das Dpt. **Haute-Saône** an. Es gilt als wirtschaftlich rückständig, ist entsprechend reich an unverbrauchter Natur und im Vergleich zum Elsass weit weniger touristisch. Im westlichen Teil vom **Parc Regional des Ballons des Vosges** treffen die Vogesen auf den Jura. Auf einem ab 350 m ansteigenden Plateau drängeln sich hier dunkle Wälder, eiszeitliche Teiche, sanfte Hügel und „Ballon"-Berge. Für Tourenradler bietet sich **Melisey** (330 m) als Ausgangspunkt für einen prächtigen, rund 70 km langen Rundkurs an. Ist aber nicht ganz leicht, speziell im bergigen Westen warten Anstiege um 12%. Dort geht es auf einer winzigen Straße (D 16) unterhalb des *Ballon d'Alsace* durch den *Forêt de Saint Antoine* und weiter über den *Col des Croix* (678 m) nach *Faucogney*. Auch für **MTB-Touren** ist der von Wanderwegen durchzogene Regionalpark ein ergiebiges Terrain.

Burgund

Infos

▸ *www.burgund-tourismus.com*
Das Gebiet zwischen den Flüssen Seine, Loire und Sâone ist mit rund 30.000 qkm ebenso groß wie Belgien, allerdings nur ein Sechstel so dicht besiedelt. Landwirtschaft und Weinbau bestimmen das hügelige, von Flüssen und Kanälen durchzogene Landschaftsbild. Viele sehenswerte Bauwerke und archäologische Funde befinden sich in und zwischen den burgundischen Eckstädten Sens, Dijon, Cluny, Mâcon und Nevers. Im Zentrum erhebt sich das **Massiv von Morvan** (902 m), dessen Hügel, Täler, Wälder und Gewässer zum Naturpark erklärt wurden.

Kein Auto weit und breit

Überhaupt gilt das industriearme Burgund als ökologisch weitgehend intakt. Jung und unverbraucht sind die fischreichen Flüsse. Hecken trennen wie vor Jahrhunderten die fetten Wiesen, auf dem die jedem Feinschmecker bekannten Charolais-Rinder weiden. Adrett schauen die Weinberge mit ihren alten Châteaux in den Weinbaugebieten südlich von Dijon aus. Die edelsten Tropfen reifen an der **Côte d'Or** zwischen Dijon und Beaune.

Fahrradtouren im Burgund sind etwas für Genießer, die sich auf ruhigen Nebenstraßen den nötigen Appetit für die schmackhaften Spezialitäten des Burgunds holen wollen, wozu nicht nur die berühmten, leider auch teuren Weine zählen. Die landschaftlich attraktivste Radelgegend ist das bereits erwähnte Bergland des Massivs von Morvan mit dem Hauptort **Château-Chinon.** Zahlreiche verkehrsarme Asphaltsträßchen durchziehen den weitläufigen Naturpark. Die Steigungen sind moderat, nur in wenigen Fällen überschreiten sie 10%. Auch am **Canal de Bourgogne** (SW Dijon) lässt es sich radeln, sehr schön dort die Strecke von Pont-de-Pany bis Pont-d'Ouche.

Massif Central – Auvergne und Cevennen

Infos

▸ *www.auvergne-tourisme.info*

Auvergne

Ein uralter Gebirgsrumpf, aus dessen Brüchen und Spalten Lavamassen quollen, erhebt sich als Mittelgebirgslandschaft in der Südhälfte Frankreichs. Die höchsten Anteile am Massif Central hat die **Auvergne** im Norden, ihre höchste Erhebung ist der **Mont Dore** (1886 m). Aus den kargen Hochflächen der Auvergne ragen Kraterkegel, die aus Vulkanasche bestehen (puys), Quellkuppen, die wie Dome geformt sind (dômes), Felsnadeln, Explosionstrichter und Ruinen einstiger Vulkane – allesamt bizarre Gebilde in einer rauen Landschaft.

Da das Zentralmassiv Frankreichs größter Wasserlieferant ist, sind Kraterseen, Wasserfälle und Bäche allgegenwärtig – ganz zu schweigen von den großen Flüssen, die das Massiv entwässern. Kalte und heiße Quellen versorgen traditionelle Badeorte wie **Vichy.** Eine von Menschenhand geschaffene Dreingabe sind Kirchen, Klöster und Schlösser, deren Äußeres der wilden, manchmal düsteren Landschaft entspricht. Regelrechte Prunkbauwerke sind in der historisch wenig wohlhabenden Region aber eher selten. Ausnahmen bilden die Kathedralen in Clermont-Ferrand und Le Puy.

Den zur **Languedoc** gehörenden Südostrand des Zentralmassivs bilden das im Mittelalter abgeholzte, grottenreiche Karstplateau der **Causses** und das üppig bewaldete Schiefergebirge der **Cevennen.** In beide Gebirge schneiden tiefe Flusstäler ein.

Das Zentralmassiv und seine Randgebirge sind ein anspruchsvolles Radelrevier, das sich wegen seiner Größe (ca. 25.000 qkm) und Auswahl an schönen Strecken für mehrwöchige Touren anbietet. Während Normalradlern ein ausreichend dichtes Netz asphaltierter Nebenstraßen zur Verfügung steht, sind der Offroad-Phantasie der Mountainbiker kaum Grenzen gesetzt. Lang gezogene Gefälle sind das „Ah", zähe Steigungen das „Oh" im Massif Central. Flache Strecken gibt es praktisch nicht. Empfehlenswert zum Radeln sind die heiß-trockenen Sommermonate, denn in Frühjahr und Herbst fallen beträchtliche Niederschläge.

hängt der Duft der Lavendel-Destillerien im Spätsommer über dem Land. Dies ist das Land der Aussteiger, die sich mit Jean Gionos Büchern in eine alte „ferme", ein Bauernhaus aus Bruchsteinen, zurückziehen, um dem wahren Leben nachzuspüren.

Wer aber nur Lavendelfelder, steinige Wiesen und Weinbergterrassen erwartet, den wird die landschaftliche Vielfalt der Provence überraschen: Sie reicht vom Schwemmlandgebiet der *Camargue* im Westen, über den 1912 m hohen Alpenableger *Mont Ventoux*, die wüstenartige *Grande Crau* und die 700 m tiefe Schlucht des *Grand Canyon du Verdon* bis zu den karstigen *Alps de Provence* im Osten.

Rhône-Tal

Am französischen **Rhône-Radweg** wird gearbeitet. Er ist die Fortsetzung der schweizerischen Veloroute 1: vom Genfer See zum Mittelmeer, genannt **„du Léman à la mer".** Jahr für Jahr werden der 650 km langen Route neue Radwegkilometer hinzugefügt. Nimmt man die einzelnen Abschnitte zusammen, ist zur Zeit etwa ein Fünftel realisiert –ein Langzeitprojekt also.

Zwischen Lyon und Avignon teilt man das Rhône-Tal gelegentlich mit Autos, Autobahnen, Großstädten und ihrer Industrie. Dominierend bleibt selbst im heißen Sommer das Grün und der lange, ruhige Fluss, vor allem beim abschließenden Höhepunkt, der **Camargue** im Rhône-Delta (zwei Radweg-Arme, Etappen 20-28). Detailkarten aller 28 Etappen: *www.dulemanalamer.com.*

Provence

Östlich der Rhône erstreckt sich die von den Voralpen geprägte **Provence.** Besonders attraktiv für Radtouren ist dort die Region östlich der Synagogen-Stadt Carpentras: beginnend im Norden beim Inselberg **Mont Ventoux** über die *Schluchten der Nesque*, das **Plateau de Vaucluse,** das *Becken des Coulon*, den **Naturpark der Lubéron-Berge** bis hin zu den Ufern der unregulierten *Durance* im Süden. Je nach Kartenmaterial, Ambition und Fahrradtyp können Asphaltstraßen oder unbefestigte Wege unter die Räder genommen werden. Speziell wenn es im Sommer in den Ebenen schwülheiß ist, schwingt man sich gern in luftige Höhen. Großartige Fernsichten darf man dann allerdings nicht erwarten.

Tour de Luberon

236 km lang ist der provenzalische Radrundkurs **Tour du Lubéron,** der wie es der Name schon vermuten lässt, ums sanfte Lubéron-Gebirge führt (am südlichen Fuße des Mont Ventoux). Ausgangspunkt ist **Cavaillon** an der Durance (im Westen des Lubéron). Der höchste Punkt ist bei **Vachères** (707 m) erreicht. Die Orientierung ist völlig problemlos, denn der Rundkurs ist in beiden Richtungen perfekt beschildert. Auf zusätzlichen Tafeln gibt es außerdem all die Infos, die sonst nur in Radtourenführern stehen (Übernachtung, Fahrradwerkstätten, Sehenswürdigkeiten ...).

Mont Ventoux (1912 m)

40 km nordöstlich von Avignon zieht der Mont Ventoux alle Radsportler, die im zu nahe kommen, in seinen Bann. Und dann müssen sie ihn hoch fahren. Seit Anfang des 20. Jahrhundert geht das so. Da waren die Straßen noch nicht asphaltiert, aber Autorennen wurden bereits ausgetragen. Der Berg, den man den Windigen nennt, ist von Radsportlern schon mit vielen unfreundlichen Worten bedacht worden: Warze, Geschwür, umgestülpter Hexenkessel, Auswurf Gottes ... Sie haben Angst vor dem seltsamen Berg, der zu den Tour-Heiligtümern gehört (neben Galibier und Tourmalet). Selbst Lance Armstrong,

der smarte siebenmalige Toursieger, nannte ihn einen heimtückischen Berg, wo er immer das Gefühl habe, in einer anderen Welt zu sein. Erst 1951 traute sich die Tour de France überhaupt an den Ventoux heran. Drei Varianten gibt es für den Aufstieg. Sie tragen bezeichnende Namen:

- **La Douce** – die Sanfte – 27 km ab Sault (765 m).
- **La Trompeuse** – die Trügerische – 22 km ab Malaucène (377 m).
- **L'Impitoyable** – die Erbarmungslose – 22 km ab Bédoin (275 m).

„Die Erbarmungslose" heißt nicht umsonst so. Ohne mildernde Umstände wurde die Trasse vor rund hundert Jahren den Berg hinauf geköpft. Zum Verhängnis wurde sie dem Engländer Tom Simpson bei der Tour de France 1967; kurz vorm Gipfel kippte der ausgepowerte, gedopte Weltmeister von 1965 vom Rad und starb mit Schaum vorm Mund am Straßenrand. „Die Sanfte" und „Die Erbarmungslose" sind im oberen Abschnitt identisch. Dort ist der Berg völlig kahl und der Fahrer dem Wetter nach allen Richtungen schutzlos ausgeliefert. Das kann eisiger Wind sein oder sengende Hitze.

Grand Canyon du Verdon

Einen ganz anderen Schwerpunkt hat die Tour im Sinn, die zunächst der Durance in östlicher Richtung folgt (Cadenet – Pertuis – Mirabeau – Rians – Tavernes – Aups) und ab Aups auf der *Route de Lavande* (Lavendelstraße) nordwärts den **Lac de S.te Croix** ansteuert. Am Ostufer des Sees bieten sich nun zwei in den weißen Fels gesprengte Panoramastraßen an, die durch eine der eindrucksvollsten Schluchten Europas führen: den **Grand Canyon du Verdon.**

Ob nun die Nord- oder die Südroute die reizvollere ist, darüber gehen die Radlermeinungen auseinander. Steigungen und Aussichtspunkte hat's auf beiden Seiten. *Eckart Schwalm* urteilt über die Nordroute: „Herrliche Blicke in den Canyon, viele Steigungen, relativ anstrengend, im Sommer leicht zu heiß." Hingegen meint *Olaf Korbanek:* „Wir sind die Nord- und die Südroute gefahren, beide sind absolut empfehlenswert. Nur empfanden wir die Südroute als wesentlich anstrengender, vor allem mit Gepäck."

Grand Canyon du Verdon

Die dritte Panoramaroute im Bunde ist die 23 km lange **Route de Créte** (D 23). Diese Ringstraße zweigt auf der Nordseite bei La Palud (890 m) ab und steigt dann auf 1360 m. Im Uhrzeigersinn ist der Anstieg etwas flacher! *Georg Föcker:* „Die Route de Créte ist schon spektakulär. Tolle Blicke über mehrere hundert Meter steil abfallende Felswände in die Schlucht. Tief unten der Fluss."

Côte d'Azur Besonders schön ist die Côte d'Azur von Januar bis März, wenn ringsum alles blüht. Mit dem Rad macht sie aber nur dort Freude, wo es Alternativen zu den stark befahrenen Strecken gibt. Betrachten wir die Côte d'Azur dabei nun ab Marseille in östlicher Richtung. Akzeptabel ist die D 559 bis Toulon. Von **Toulon** führt ein neuer, asphaltierter Radweg über Le Lavandou in die Nähe von **Rayol** (60 km Radweg auf ehemaliger Bahntrasse).

Von dort lässt sich auf einem Schotterweg direkt am Meer nach **Cavalaire-sur-Mer** radeln. Auf Nebenstraßen geht es entweder weiter nach St. Tropez oder gleich nach Port Grimaud und damit wieder auf die N98. Auf der pittoresken, aber schon sehr verkehrsreichen **Corniche** (N98) geht es nach **Fréjus,** wo jeden Oktober das *Roc d'Azur,* größtes MTB-Festival der Welt, abgefeiert wird (www.rocazur.com). Ab Fréjus lässt sich das rote Massif de l'Esterel und der Rest der Küste angenehmer aus dem Fenster des Regionalzuges bewundern (endet in Antibes).

Anstrengender, aber auch viel friedlicher, ist das bergige Hinterland der Küste (Kalkvoralpen), das nach Nordosten zunehmend an Höhe gewinnt. Neben dem bewaldeten Küstengebirge **Massif des Maures** sind die Voralpen nördlich der Städte Draguignan, Grasse und Vence ansprechendes Tourengebiet. Diese Orte sind zugleich auch sympathische Quartiere für Tagestrips.

Französische Alpen

Infos ▸ *www.hautes-alpes.net*, *www.rhonealpes-tourisme.com*, *www.crt-paca.fr*

Savoyer Alpen (Dauphiné-Alpen) Schneebedeckte Granitgipfel, schroffe Gebirgskämme, Schotterhänge und Gletschermassen, saftige Almen und dunkle Wälder, tiefe Täler und kleine Dörfer an den Südhängen, Passstraßen und Panoramablicke satt. Mit den Savoyer Alpen hat Frankreich Anteil an den höchsten und spektakulärsten Teilen der Alpen. Der Gipfel des **Mont Blanc** (höchster Berg Europas, 4808 m) liegt hart an der Grenze zu Italien.

Radtouren lassen sich von Ende Juni bis Ende September unternehmen, wenn alle Pässe geöffnet sind. Stark befahren sind die Durchgangsstrecken zur Schweiz und nach Italien. Wer's moderat mag, sollte sich auf den schönen *Westteil* der Savoyer Alpen konzentrieren (zwischen Annecy und Cluses), dort liegen die Pässe zwischen 700 und 1500 m. Ein 20 km langer, völlig flacher Radwanderweg führt von Annecy zum Südende des **Lac d'Annecy.** Durch eine Kette pittoresker Hochalpendörfer führt die **Straße der Sonnenuhren,** im Städte-Dreieck Gap (Ausgangspunkt), Briançon, Grenoble. Wer ganz hoch hinaus will, muss sich nur an der Grenze zu Italien orientieren, die verläuft nämlich über die höchsten Gipfel und Kämme der Westalpen.

Die beiden höchsten Straßenpässe, die auf Tourenradler im Savoyen warten, beschreibt *Michael Kristl*. Es sind zwei echte Klassiker:

- **Col de l'Iseran (2770 m) –** 1930 Höhenmeter auf der Nordrampe bei 10% Steigung machen diesen Pass zu den konditionell anspruchvollsten der Alpen. Während des ersten Abschnitts bis zum Stausee von Tignes (1800 m) müssen einige unbeleuchtete Tunnels mit häufig nassglitschiger Fahrbahn passiert werden, auch kann hier der Verkehr zum Sommerskigebiet recht rege sein. Auf dem letzten Anstieg durch immer einsamer werdende Gebirgslandschaft wird man zunehmend von Gletschern und schroffen Bergriesen flankiert.
- **Col du Galibier (2645 m) –** Zählt bei der Tour de France zu den Königsetappen. Während die Nordrampe am Anschluss zum Col du Telegraphe (1530 m) mit bis zu 13% außerordentlich anspruchsvoll ist, sind die Steigungsverhältnisse auf der Südseite von Briancon mit zunächst 9% bis zum Col du Lautaret (2040 m) wesentlich moderater. Die letzten 500 Höhenmeter haben es dann aber mit bis zu 12% noch einmal in sich. Ist die Passhöhe nach dem schweißtreibenden Anstieg erreicht, entschädigt ein einzigartiger Ausblick auf die Savoyer Alpen für die Mühen der Kletterei. Besonders im Bereich der Passhöhe muss mit teilweise schadhafter Straße gerechnet werden.

Seealpen (Meeralpen)

Den südlichen Abschluss der französischen Alpen bilden die vom Mittelmeerklima beeinflussten Seealpen, auch Meeralpen genannt. Sie zeigen sich oberhalb der Waldgrenze vor allem kahl und karstig, aber dennoch beeindruckend. Wer einen echten Höhepunkt sucht, knöpft sich den **Cime de La Bonette** (2802 m) vor – höchster auf Asphalt anfahrbarer Punkt der Alpen. Der Cime de La Bonette wird oft mit dem Pass verwechselt, ist aber nur eine knapp 1 km lange Schleife um den Bonette-Gipfel (cime = Gipfel).

Zuvor erreicht man bereits den eigentlichen Pass, den Col bzw. **Restefond de La Bonette** (2715 m) und kann bereits ab hier nach Nizza hinabstürzen (noch 100 km, davon aber nur die ersten 60 km echte Abfahrt). Wer es hingegen wissen will, stemmt zuvor noch mit einem finalen Kraftakt den Cime de La Bonette. Die Runde ist kurz (900 m), aber steil (15%).

Gruppentraining (Franz. Alpen)

Route des Grandes Alpes

Wer die Supertour machen will – von den Ufern des Genfer Sees an die Côte d'Azur – sollte nicht ausschließlich der hauptstraßenorientierten *Route des Grandes Alpes* mit ihren Tour-de-France-Pässen folgen, sondern auch verkehrsarme Nebenstreckenpässe beimischen, die mindestens ebenso großartig sind.

Werner Wilhelm hat einen solchen Kurs ausgetüftelt und ist ihn natürlich auch abgefahren:
Thonon Les Bains (420 m) – Col de Saxel (944 m; oder: Col de Cou, 1113 m) – Bonneville (450 m) – Le Petit Bornand (717 m) – La Clusaz (1040 m) – Col des Aravis (1486 m) – Flumet (917 m) – Col des Saisier (1633 m, Hochplateau) – Albertville (345 m) – Col de la Madelaine (1984 m) – La Chambre (495 m) – Col du Tlgraphe (1570 m) – Valloire (1430 m) – Col du Galibier (2645 m) – Col du Lautaret (2054 m) – Briançon (1350 m) – Col d'Izoard (2361 m, höchstgelegenes Fahrradmuseum der Welt) – Guillestre (1000 m, 5 Tunnel) – Col de Vars (2110 m) – Jausiers (1220 m) – Cime de la Bonette (2802 m; oder: Col de Restefond, 2600 m) – **Nice** (0 m).
Distanz: 620 km, ca. 12.000 Hm
Steigungen: 7–12%, kurzzeitig auch 14%
Beste Reisezeit: 1.7.–30.9. (nur in dieser Zeit sind alle Pässe mit Sicherheit geöffnet).

MTB Französische Alpen

Einige Highlights aus dem Füllhorn der Möglichkeiten:
- **Chamonix-Mont-Blanc** (1037 m) ist *der* Biker-Spot für ambitionierte Touren zu Gipfeln und Gletschern unterhalb des Mont-Blanc-Massivs (klassische Hochgebirgspanoramen).
- Für Touren auf Militärpisten im französisch-italienischen Kammbereich der **Westalpen** (Ü: in Berghütten oder wettersicherem Zelt) bietet sich als Ausgangspunkt der italienische Grenzort **Susa** (500 m) an.
- Wer 60 km südwestlich davon, in Frankreichs höchstgelegener Stadt **Briançon** startet, kann von einem Basisniveau von 1350 m mehrere Berge über 2500 m angehen. Krönung für kernige Biker ist die 28 km lange Militärpiste auf den **Mont Chaberton** (3136 m, höchster anfahrbarer Bike-Berg der Alpen).
- Alte Militärpisten erschließen auch die reizvolle Region um den **Lac du Mont Cenis,** und im Ostteil des **Parc National du Mercantour** locken, zwischen Cime de Glas („Frostgipfel", 3143 m) und Cime du Diable („Teufelsgipfel", 2685 m), diverse Gebirgsseen.

Normandie

Infos

▸ *www.normandy-tourism.org*
Aus Radlersicht ist die Normandie ein moderates Tourengebiet, das sich für friedliche und weitgehend unstrapaziöse Radtouren empfiehlt. Gemäßigt sind Wetter (milde Sommer), Landschaftsprofil (Flach- und Hügelland ohne große Erhebungen) und der wenig ausgeprägte Tourismus.

Die von den Wikingern im 9. Jahrhundert besiedelte „Nordmänner"-Region wird in *Obere* und *Untere Normandie* unterteilt (Hauptorte: Rouen und Caen). Äpfel, Calvados, Camembert und Butter aus dem üppig-grünen Bauernland werden viel gerühmt in Frankreich. Das Vorurteil, dass die Normandie eintöniges Bauernland sei, müssen Autofahrer erfunden haben: Fette Weiden, heckengesäumte Felder, kleine Wälder, murmelnde Bäche, zerfahrene Feldwege, verträumte Dörfer, alte Städte und prominente Seebäder gilt es auf Nebenstraßen zu entdecken.

Obere Normandie

Mit **Rouen** besitzt die Obere Normandie (Haute Normandie) eine der schönsten Städte Frankreichs. Attraktiv für Radtouren ist das westlich davon gelegene Tal der Seine, in deren Schleifen sich große Waldgebiete erhalten haben (Forêt de Brotonne). Reizvoll ist auch die hügelige Strecke entlang der **Côte d'Albatre** („Alabaster-Küste", Steilküste mit Kreidefelsen) von St.-Valéry über Fécamp nach Étretat. Nicht versäumen sollte man das ungleiche Badeort-Zwillingspaar Deauville und Trouville, die nur durch die Mündung des Flüsschens Touque getrennt sind, und das altertümliche Seefahrerstädtchen Honfleur.

Untere Normandie

Weit größer ist die Auswahl an landschaftlich attraktiven Strecken in der Unteren Normandie (Basse Normandie). Hier lockt die Halbinsel **Cotentin,** an deren Küste sich entspanntes Radeln mit Badefreuden kombinieren lässt. Im Landesinnern ist es die **Bocage Normandie** („Hecken"-Normandie), ein bäuerliches Hügelland (200 – 360 m üNN), das von St.-Lo über Thury-Harcourt bis Ecouché (bei Argentat) eigentlich durchgehend schön ist. Einige Elfprozenter erwarten den Radler dabei vor allem im Südwesten, wo sich die vom Orne-Tal und anderen Schluchten durchfurchte **Normannische Schweiz** (Suisse Normandie) erstreckt: das landschaftliche Highlight der Bocage.

Auch wenn der Klosterberg **Mont-St.-Michel** mehr oder weniger als Touristenfalle verschrieen ist, sollte man einmal dort gewesen sein. Schließlich ist die Abtei auf dem 80 m hohen Felsen eine der Top-Sehenswürdigkeiten Frankreichs. Gleiches gilt für den *Panorama-Teppich von Bayeux.*

Klosterberg Mont St. Michel

 Karte S. 192

Paris–Brest–Paris
Mitgemacht beim Fahrrad-Super-Marathon

von Andreas von Heßberg & Waltraud Schulze

Ja, warum denn nur?

„Bekommt ihr dafür Geld?" werden wir im Vorfeld des Rennens von Freunden gefragt, die es nicht fassen können, dass man sich freiwillig körperlich derart schinden will. Unsere stets gleiche Antwort: „Wir müssen dafür sogar noch bezahlen!" Worin also liegt der Reiz, sich über 1230 km und 10.000 Höhenmeter in maximal 90 Stunden von Paris nach Brest und wieder zurück zu quälen? Vielleicht kann die folgende kleine Reportage eine Antwort geben.

Vorbereitungen

Es ist Montag Mittag, noch acht Stunden bis zum Starttermin. Wir sitzen vorm Zelt und kochen Nudeln. Mit viel Soße. Die körpereigenen Depots sollen bis zum Anschlag gefüllt sein. Das muss geübt sein. Wenn man vor so einem Langstreckenrennen nicht Unmengen vertilgen kann, sind Schwierigkeiten unterwegs programmiert. Nach dem üppigen Essen werden noch kleinere Basteleien an den Rennrädern vorgenommen, und die Ausrüstung für die nächsten drei Tage wird am Rad verstaut. Wir werden das Radrennen traditionell „by fair means", also ohne Begleitfahrzeug absolvieren. Drei Tage mit dem Rad unterwegs zu sein, heißt somit auch, für drei Tage das Wichtigste dabei zu haben: Energieriegel, Vitamin- und Mineralpulver für die Trinkflaschen, Ersatzbatterien für die Beleuchtungsanlagen, Werkzeug, warme Bekleidung für die Nächte und Regenbekleidung im Fall eines Wetterumschwungs. Im Gegensatz zu den Verpflegungspunkten auf sonstigen Radmarathons beschränkt sich die Verpflegung bei Paris-Brest-Paris auf normales Essen, für das man auch noch bezahlen muss. Auf Spezialnahrung (Energieriegel, Mineralpulver, etc.) muss man entweder verzichten oder entsprechend mitnehmen.

Start

Montag 20:15 Uhr. Es ist warm, trocken und sonnig. Das hilft beim Start immer. Trotzdem stieg die Nervosität bei allen Beteiligten, als die erste Gruppe mit 200 Radfahrern genau um 20 Uhr losjagte. In dieser Gruppe sind auch die potentiellen Spitzenfahrer, die um den Sieg kämpfen. Alle 15 Minuten werden nun 200 Fahrer auf die Strecke gelassen. Unter großem Beifall der vielen Hundert Zuschauer, der Kamerateams und Radioreporter zieht unsere Startgruppe los.

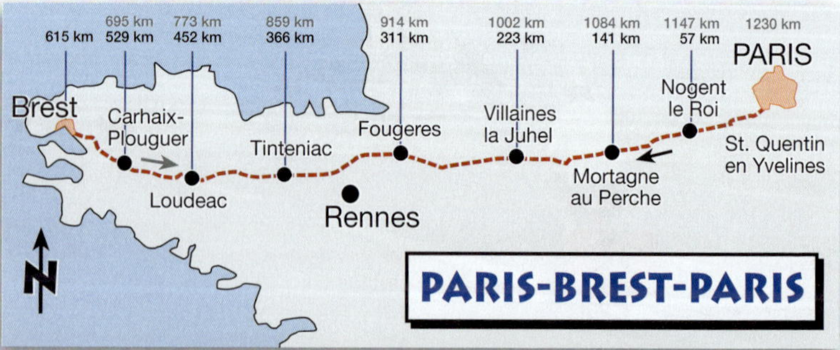

Waltraud startet durch

Das Anfangstempo ist vorsichtig, fast gemütlich, denn bei 200 Radfahrern ist schnell ein Sturz provoziert. Zur Sicherheit fährt ein Kontrollwagen der Rennleitung die ersten 10 km vor uns, der nicht überholt werden darf. Zusätzlich werden wir von mehreren Polizeimotorrädern eskortiert. Damit sich der große Starterblock dennoch auseinander zieht, geht es nun auf die für den Autoverkehr gesperrten Pariser Stadtautobahn weiter in Richtung Westen. Auf diesem breiten „Radweg" ist genug Platz für alle in der Gruppe und schnell findet man in seinen Rhythmus. Die gleichschnellen Fahrer sammeln sich und der große Pulk zerfällt in kleine Gruppen.

Die erste Nacht

Montag 21:30 Uhr. Die Abenddämmerung setzt ein. Bis zum Ziel werden es vier sein. Der Himmel ist leicht bewölkt und die Temperatur ideal, um Tempo zu machen. Unsere durchschnittliche Fahrgeschwindigkeit liegt allerdings nur bei 27 km/h, was an den vielen zu erklimmenden Hügeln liegt. Die Strecke ist leider alles andere als flach. Man kann keinen idealen Tritt- und Atemrhythmus finden, weil man ständig wieder in einen höheren oder niedrigeren Gang schalten muss. Der Anblick eines schwer verletzten Radfahrers des ersten Startblocks, der von Sanitätern am Straßenrand versorgt wird, ermahnt weiterhin zur Vorsicht. Das gilt sowohl für die kurvenreichen und oft steilen Abschnitte, als auch für die vielen Ortsdurchfahrten, wo es mitunter eng zu geht. Besondere Achtsamkeit erfordern jedoch die kommenden Nachtfahrten. Auf den unbeleuchteten Überlandstrecken ist es immer wieder eine Herausforderung, Schlaglöcher oder scharfe Kurven rechtzeitig zu erkennen, trotz der zweifachen Beleuchtungsanlage am Fahrrad.

Der Schluckmechanismus streikt

Dienstag 02:00 Uhr. Die erste Kontroll- und Verpflegungsstation in Mortagne au Perche ist nach 141 km erreicht. Diese Stationen sind im weiteren Verlauf alle 80 bis 90 km eingerichtet und befinden sich stets in Schulen. Dort ist genug Platz, die Massen an Radfahrern, auch wenn sie nicht alle auf einmal ankommen, zu versorgen. Für uns heißt es jetzt, schnell die Kontrollkarten abstempeln zu lassen und die Trinkflaschen auffüllen. Das Angebot an warmen Gerichten in der Kantine der Schule reicht von Nudeln über Reis bis zu Kartoffelbrei mit Soßen, Fleisch und Käse. Dazu gibt es verschiedene Süßspeisen und Obst. Was nützt jedoch das reichhaltige Angebot, wenn man nichts hinunter bekommt. Mein Schluckmechanismus streikt. Das kenne ich schon von anderen Rennen. Die ersten 200 bis 300 km bekomme ich keinen Bissen herunter. Zwar ist das jetzt noch kein ernst zu nehmender Nachteil, da ich ja meine Reserven vor dem Start aufgefüllt hatte, aber dafür ist es um so wichtiger, dass ich stattdessen flüssige Nahrung zu mir nehme. Waltraud beneide ich unterdessen. Sie schlichtet die Nudelportionen im Schnellverfahren in sich hinein. Bei einem Verbrauch von ca. 8000 kcal pro Tag wird die bei den Verpflegungsstationen aufgenommene Energie jedoch nicht reichen. Wir zehren die nächsten Tage also auch von den Reserven, die wir uns zu Hause angefuttert hatten. Das waren mühsame 5 kg! Manche Radfahrer mögen bei diesen Zeilen die Köpfe schütteln, da diese das Radfahren auch als eine Möglichkeit ansehen, überflüssige Pfunde wieder abzustrampeln. Bei uns ist es genau das Gegenteil: Wir futtern uns ein Sicherheitspolster an, damit wir besser durchhalten.

Erstes Viertel

Dienstag 11:00 Uhr. Wir haben ein Viertel der Strecke geschafft und sind nach 311 km in der Stadt Fougeres, nördlich von Rennes, mitten in der Normandie angekommen. Das Wetter ist sonnig und warm und lässt uns rasch vorankommen. Regen ist das Schlimmste was einem Langstreckenradler passieren kann, weil er unvermeidbar zur Auskühlung führt. Nach 15 bis 20 Stunden Dauerradfahren ist man einfach nicht mehr in der Lage, seine normale Körpertemperatur aufrecht zu halten. Das geht dann im Grunde nur noch über die Bewegung. Aber wir haben Glück, der Rekordsommer 2003 hilft den Radfahrern ungemein.

Zweier-Pulk

Trotz des reichhaltigen Angebotes an Speisen bei den Verpflegungsstationen kann ich immer noch keine feste Nahrung hinunterschlucken. Ich kann zwar im Windschatten von Waltrauds Fahrrad fahren und so einiges an Energie einsparen, aber das beruht auf auf Gegenseitigkeit, denn wir bilden unseren eigenen Mini-Pulk, ohne weitere Fahrer.

Eine Stunde Komaschlafen

Mittwoch 03:00 Uhr. Wir sind erschöpft und übermüdet. Nach 529 km erreichen wir das Städtchen Carhaix-Plouger in der Bretagne. Die zweite Nachtfahrt ist etwas weniger anstrengend als erwartet, weil der Vollmond Licht auf die Landschaft wirft. In der vorangegangenen Kontrollstation in Loudeac hatten wir uns eine Stunde hingelegt, um für die lange Fahrt durch die Dunkelheit ausgeruht zu sein. Jetzt müssen wir uns in Carhaix-Plouger noch mal kurz hinlegen. Der Körper fordert das nach mehr als 24 Stunden Dauerbelastung. Interessanterweise gewöhnt sich der Schlafrhythmus aber schnell an den Schlafentzug, so jedenfalls meine Erfahrungen. In den Matratzenlagern der Schulturnhallen gibt es dicke Decken und viele schnarchende Radfahrer. Spätestens nach zwei Minuten ist man selbst im Reich der Träume. Natürlich läuft die Zeit während der Pausen weiter, was uns daran hindert, länger als eine Stunde zu schlafen. Der Aufweckdienst, dem man vorher gesagt hat, wie lange man ruhen möchte, ist auch relativ gnadenlos beim Herauswerfen. Er kennt die Situation nur zu gut, dass sich diejenigen, die sich nach dem Wecken noch mal umdrehen, sofort wieder im Tiefschlaf sind.

Schweinehund

Mittwoch 9:30 Uhr. Der Atlantik bei Brest und somit die Hälfte der Strecke ist bei km 611 erreicht. Es gibt frisches Baguette mit Käse oder Schinken. Selbst bei einem Radrennen verzichten die Franzosen nicht auf ihr Stangenweißbrot zum Frühstück. Endlich bekomme ich wieder größere

Mengen feste Nahrung hinunter, was dringend Zeit wurde. 600 km ohne feste Nahrung – das ist mir auch noch nicht passiert. Der Körper verschlingt alles, was leicht flutscht, salzig ist oder abkühlt. In Brest nehmen wir uns auch mal eine Stunde Zeit für die Pause. Zeit genug, auch andere Radfahrer ausgiebig zu studieren und zu fotografieren. Manche sind nur noch Geister ihres eigenen Ichs. Dagegen geht es uns ja fast noch gut! Neben den körperlichen Strapazen, die jeder Radfahrer kennt, der mal länger als zehn Stunden auf dem Sattel gesessen hat, wie Schmerzen am Hintern, den Knien oder im Genick, sind die psychischen Strapazen nicht weniger schlimm. Das gesamte Rennen ist eigentlich ein einziger Kampf gegen den inneren Schweinehund. Zusätzlich darf man sich auch nicht von Faktoren nervös machen lassen, die die eigene Leistungs- und Leidensbereitschaft untergraben könnten, wenn einem etwa auf der Strecke schon die ersten Fahrer wieder entgegenkommen, man selber aber erst bei Kilometer 400 ist. Immerhin begrüßt uns auch der zweite Tag mit einem wolkenlosen Himmel. Nun werden all die Kilometer wieder zurückgespult. Das gibt einen kräftigen inneren Auftrieb, den wir auch brauchen, denn die Berge im Hinterland von Brest sind lang und kräftezehrend. Gleich zu Beginn gilt es, vom Meer direkt auf den höchsten Berg der Bretagne, den Roc Trevezel (384 m) zu fahren.

Wo bin ich?

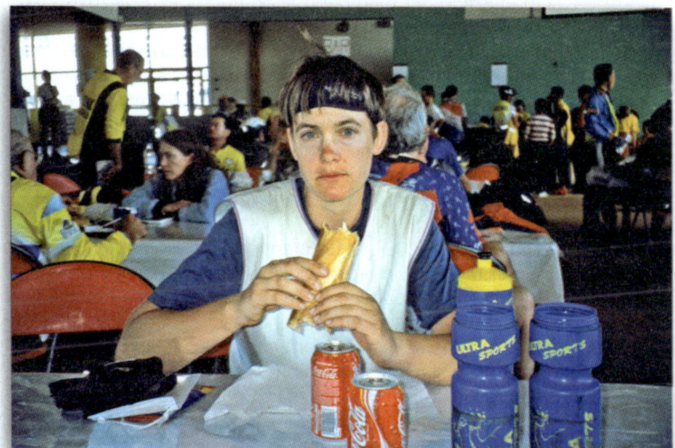

Nudeln und Aspirin

Mittwoch 20:00 Uhr. Nach nunmehr 773 km erreichen wir wieder das Städtchen Loudeac. Ein weiterer heißer und trockener Tag vergeht. Der Flüssigkeitsverbrauch geht extrem nach oben. Wir trinken schätzungsweise 15 bis 20 Liter pro Tag und Person. Das ist eben der Preis für ein Radrennen während eines Rekordsommers. Für die kommende Nachtetappe wollen wir so lange wie möglich im Dämmerlicht fahren und halten die jetzige Pause sehr kurz. Inzwischen schaffe ich einen vollbeladenen Teller Nudeln mit Gemüse, Soße und Käse in weniger als zwei Minuten. Die Energiezufuhr ist also wieder geregelt. Dafür schmerzen inzwischen Hinterteile und Handballen aufgrund der Erschütterungen durch die rauen Straßenoberflächen. Die grobkörnige Oberfläche – mit unserem glatten

Asphalt zu Hause nicht zu vergleichen – verlangt Körper und Fahrrad einiges ab. Waltraud bekommt erste Probleme mit ihren Kniegelenken. Dagegen hilft eine kontinuierliche Dosis Aspirin. Das hält das Blut flüssig und schaltet die Schmerzen aus. Zusätzlich ist Acetylsalicylsäure ein idealer Wirkstoff, um die Entzündungskaskade in den Gelenken und anderen stark beanspruchten Körperteilen zu unterbinden.

Sternschnuppen und leuchtende Pfeile

Donnerstag 01:00 Uhr. Tinteniac ist erreicht und wir klappen vor Müdigkeit zusammen. Nach 859 km ist nichts mehr im Körper, was die Schläfrigkeit verhindern kann. Wir wanken ins Schlaflager und fallen in einen einstündigen Tiefschlaf. Als wir wieder geweckt werden, wissen wir zuerst nicht, wo wir sind. Die Tageszeit, ja sogar der Wochentag verschwimmen mit zunehmender Dauer der Belastung. Gerade mal, dass wir unsere Fahrräder wieder finden und die fluoreszierenden Pfeile die Richtung weisen. Es soll schon Radfahrer gegeben haben, die so fertig aus einer Station auf die Straße einschwenkten, dass sie die Richtung verwechselten. Die Pfeile nach Brest sind silberleuchtend, die nach Paris purpurleuchtend. Noch schlimmer ist es, sich komplett zu verfahren. Beispielsweise in der Nacht, wenn man einen der Pfeile übersieht, oder einer der Fahrer einen solchen als Souvenir abgezwickt hat. Dann landet man im normannischen Niemandsland. Ist man dann auch noch des Französischen nicht mächtig, wird's unter Umständen recht kompliziert, die korrekte Strecke wieder zu finden. Nach ein paar großen Schlucken Energie- und Vitamingetränk sind wir dann glücklicherweise doch wieder wach. Wir trösten uns mit dem Gedanken, dass es bis Paris nur noch 370 km sind, etwa 24 Stunden. Der Vollmond und besonders der funkelnde Sternenhimmel hält uns wach. Selten haben wir einen solch schönen klaren Sternenhimmel in Europa gesehen. Außerdem gibt es alle paar Minuten eine Sternschnuppe, die ja von Mitte bis Ende August gehäuft vorkommen.

Ozon atmen

Donnerstag 07:00 Uhr. Ein orangeblauer Himmel kündigt einen weiteren sonnigen Tag an. Wir haben wirklich Glück mit dem Wetter. Soeben haben wir die Station in Fougeres verlassen und fahren durch die offene Landschaft der Normandie. Große Flächen Acker- oder Grünland, durchsetzt mit Hecken und kleinen Dörfern charakterisieren diese alte Kulturlandschaft. Allerdings sind die Wiesen braun und das Laub an den Bäumen welk. Der extrem heiße Sommer hat seine Spuren hinterlassen. Die hohen Ozonwerte in dieser landwirtschaftlich intensiv genutzten Region (Stickstoffdüngung plus hohe Sonneneinstrahlung verursacht bodennahes Ozon) belasten zunehmend unsere Atemwege. Das schnelle und intensive Keuchen auf dem Fahrrad verstärkt die Reizungen auf der Zunge und im Rachen zusätzlich.

Schlafanzuggestalten

Donnerstag 12:00 Uhr. Der 1000. Kilometer und die Station in Villaines la Juhel sind erreicht. Nur noch 230 km bis zum Ziel. Jetzt erst mal eine gute Mittagsrast vor dem Schlusssprint. Nicht unerwähnt bleiben darf die Begeisterung bei der entlang der Strecke lebenden Bevölkerung. In den kleinen, abseits der Touristenpfade gelegenen Dörfern der Normandie und Bretagne passiert das ganze Jahr über nicht viel. Wenn dann alle vier Jahre dieses Rennen ausgetragen wird, sind die rennradfanatischen Franzosen nicht mehr zu halten. Selbst in der Nacht sieht man vereinzelte Personen im Schlafanzug an der Strecke stehen und jubeln. Da werden kalte Getränke oder Kaffee angeboten, wird laut Musik gespielt oder einfach mit dem Gartenschlauch auf die verschwitzten Pedalritter gehalten. Das wird sich am dritten Tag unserer Tortour als sehr angenehm erweisen, denn bei Temperaturen von weit über 30 °C reicht der Inhalt der drei Trinkflaschen kaum aus.

Alles ist wund

Donnerstag 22:00 Uhr. Inzwischen sind wir über drei Tage unterwegs. Die letzte Versorgungsstation in Nogent le Roi ist erreicht. Wir kämpfen mit allen möglichen Schmerzen. Waltrauds Rachenraum ist so wund, dass ihr das Schlucken fester Nahrung heftige Schmerzen bereitet. Zum Glück haben wir ein paar Packungen eines „Trinkfrühstücks" dabei, mit dessen Hilfe der Energiebedarf gedeckt werden kann. Meine Fußballen und die Nagelbetten der großen Zehen sind stark entzündet. Selbst eine Kühlsalbe im Sanitätsraum der Schule hilft nichts mehr. Aber dort sehe ich andere Radfahrer mit noch viel schlimmeren Blessuren, wie zum Beispiel auf der gesamten Fläche abgelöste Fußsohlen wegen riesiger Blasen, aufgescheuerte Hinterteile, genähte Platzwunden und Schürfungen, oder ein aufgescheuerter Hodensack!

Kann den Kopf kaum drehen

Mein Fahrradsattel ist zwar selbst nach 1167 km noch immer angenehm, trotzdem sind auch meine beiden Sitzbacken leicht wund gescheuert. Der grobe Asphalt erschüttert die Hände so stark, dass Teile der Handballen inzwischen taub sind. Der Nacken ist mehr als verspannt, und das Drehen des Kopfes ist kaum mehr möglich, selbst mit einem Wärmepflaster an der entsprechenden Stelle. Obwohl es nur noch ca. 60 km bis zum Ziel sind, gönnen wir uns noch einmal eine längere Pause. Die letzte Etappe vor Paris hat noch einige heftige Anstiege.

Wir fliegen

Freitag 01:45 Uhr. Die Außenbezirke von Paris sind erreicht. Um diese Zeit steht niemand mehr entlang der Straßen und jubelt. Die Dunkelheit weicht der gelben Stadtbeleuchtung. Die Nacht ist nun von Vorteil: Wir fahren die letzten 10 km auf der leeren Stadtautobahn, statt den parallel führenden Radweg zu benutzen. Die Ampeln sind ausgeschaltet und die Kreisverkehre nicht verstopft. Wir fliegen unserem Ziel entgegen.

78 Stunden und: Schluss!

Freitag 02:15 Uhr. Nach 1230 km in 43 Stunden war der Erste im Ziel. Wir nach 78 Stunden. Total erschöpft. Aber glücklich. Die Magnetkarten werden durch die Lesegeräte gezogen, das Kontrollheftchen abgegeben und gemächlich die drei km zum Campingplatz gerollt. Wir wollen nur noch eins, schlafen! Nur unser Körper muss noch kapieren, dass das Rennen vorbei ist.

Grenzen erfahren

Radmarathons gibt es viele, aber wer seine eigenen mentalen und körperlichen Grenzen wirklich ausloten will, sollte sich am Super-Marathon Paris-Brest-Paris versuchen. Dieses traditionsreiche Rennen beweist, dass auch scheinbar Unmögliches machbar ist. Eine Gewissheit, von der man zehren kann!

Infos zum Radrennen Paris-Brest-Paris (P-B-P)

P-B-P-Finisher Andreas und Waltraud

Teilnehmen kann jeder, der sich bei den vier Vorbereitungsrennen, den sog. **Brevets,** dafür qualifiziert hat. Die Brevets führen über 200, 300, 400 und 600 km. In welchem Land man diese Brevets absolviert, ist egal, da alle teilnehmenden Länder gleiche Qualifikationsbestimmungen haben. Wir hatten beispielsweise unsere Brevets in Weißenburg (Mittelfranken), Dülmen (Emsland), Dänemark und den Niederlanden gemacht. Die dort erhaltenen Qualifikationen (in Form der abgestempelten Kontrollhefte) schickt man dann als Nachweis bei der Anmeldung mit. Nur wer mindestens ein Jahr nicht mehr in einer Profimannschaft war, darf an diesem Amateur-Rennen teilnehmen. Vorgeschrieben sind ein *straßenverkehrstaugliches* Fahrrad mit jeweils *zwei* Vorder- und Rücklichtern, Ersatzbirnen, genügend Batterien für die Lampen und eine reflektierende Warnweste. Das Tragen eines Helmes wird dringend empfohlen, ist aber nicht Pflicht. Begleitfahrzeuge unterliegen sehr strengen Kontrollen und dürfen i. d. R. die Strecken der Radler nicht befahren, sondern nur an den Kontroll- und Verpflegungsstationen bereitstehen. Zuwiderhandlungen werden mit empfindlichen Zeitstrafen geahndet.

Das **Langstreckenrennen Paris-Brest-Paris** wird seit 1971 alle vier Jahre veranstaltet. 1891 fand es zum ersten Mal statt und ist damit das älteste Radrennen der Welt. Organisiert wird es vom **Audax Randonneurs Club Paris.** Ursprünglich sollte es die Leistungsfähigkeit, Vielseitigkeit und Reichweite des Fahrrades demonstrieren. Deshalb sollte während des Rennens auch nur auf die allgemeine Versorgung entlang der Strecke zurückgegriffen und alles Notwendige selbst transportiert werden. Vor einem Jahrhundert war man übrigens über eine Woche unterwegs (schlechte Straßen, anfällige Fahrräder ...).

Das Rennen 2003 hatte 4176 gemeldete Teilnehmer, ins Ziel kamen ca. 3445. Der Anteil der Frauen lag bei 6,5%. Aus Frankreich kamen knapp die Hälfte der Teilnehmer. Die deutsche Mannschaft war mit 202 Radfahrern die fünft stärkste (nach den US-Amerikanern, Briten und Italienern). Selbst Teilnehmer aus Südafrika, Argentinien, Australien, Japan, Russland oder Mexiko waren unterwegs.

Ende **August 2011** startet das 17. P-B-P-Rennen!

▸ **Infos:** *www.randonneure.de*, *www.audax-club-parisien.com*

Loiretal

Infos

▸ *www.loire-a-velo.fr*, *www.loiredeschateaux.com*, *www.valdeloire.org*
Folgt man dem französischen Dichtertum, dann gleicht der letzte unregulierte Strom Europas einer schönen Frau: Mal sanft, dann wild; mal träge, dann zornig. Populär für Radtouren ist der **Unterlauf der Loire** zwischen *Gien* und *Nantes* wegen seiner pittoresken Lustschlösser, Wachtürme und Burgen.

Schlösser und Herrensitze am Unterlauf der Loire

La Loire à Vélo

Viele sehenswerte Schlösser und Herrensitze liegen aber auch an den Nebenarmen der Loire: **Cher, Indre, Loir** und **Sarthe.** Am 30. November 2000 erklärte die UNESCO das Loiretal auf einer Länge von 280 km zum Weltkulturerbe. In der Begründung hieß es: „Diese außergewöhnliche Kulturlandschaft zeugt von einer harmonischen, zweitausendjährigen Entwicklung zwischen Mensch und Umwelt. Hier zeigt sich der Einfluss der Ideale von Renaissance und Aufklärung auf die Gedankenwelt Westeuropas.“ 1995 beschlossen die beiden Departments der Loire einen Radweg zu entwickeln. Nachdem man nie genau wusste, wie es um dieses **„La Loire à Vélo“** genannte Projekt steht, ist es mittlerweile doch sehr konkret geworden. 800 km lang wird der in beiden Richtungen beschilderte RW „La Loire à Vélo“ sein und mit allem aufwarten, um sich zum Touristenmagneten zu entwickeln (die Messlatte der Planer ist der österreichische Donau-RW). „La Loire à Vélo“ beginnt im Osten in **Cuffy** und endet an der Loire-Mündung in **Saint-Brévin-les-Pins.** Zwei Drittel der Strecke werden entlang der Loire verlaufen. Rund 300 km des Projekts waren 2006 fertig gestellt. Wer den aktuellen Ausbauzustand wissen will, kann sich die Streckenkarten bei *www.loire-a-velo.fr* herunterladen.

Bretagne

Infos

▸ *www.tourismebretagne.com*, *www.randobreizh.com*
Hügel und Täler, kleine Wälder und klare Bäche, zwei niedere Gebirge im Innern, weite Heideflächen im Süden und ringsum eine zerfurchte

Felsenküste: voilá, die Bretagne. Das Rad rollt auf der rund 250 km langen und 100 bis 150 km breiten Halbinsel nicht immer ganz leicht, denn die reichlich vorhandenen Nebenstraßen sind überwiegend sanft bis mäßig hügelig und überraschen auch schon mal mit knackigen Steigungen. Außerdem weht stets ein frischer Wind aus West, der im Frühjahr manch kühlen Schauer heranträgt. Aber das macht nichts, denn es gibt viel zu entdecken auf der urigen Halbinsel, wo einst König Artus und seine Tafelrunde nach dem Heiligen Gral fahndeten.

Kelten besiedelten die Bretagne, indem sie im 5. Jh. mit ihren Fischerbooten von der Südspitze Englands übersetzten. Aber sie waren offenbar nicht die ersten: überall finden sich Menhire, Dolmen und Cromlechs – mächtige Steinsetzungen eines unbekannten Volkes aus dem 3. vorchristlichen Jahrtausend (speziell rund um Carnac). Die Bretonen haben die Landschaft ihrerseits um Kalvarienberge bereichert. Sie sind Ausdruck ihrer tief verwurzelten Religiosität, die sich auch in wunderschönen, verschwiegenen Kirchhöfen, „7777" Volksheiligen und Prozessionen zu fast jeder Jahreszeit (sog. Pardons) niederschlägt.

Küstentour

Das landschaftliche Faustpfand der Bretagne ist ihre klippen- und buchtenreiche Felsenküste. Wer auf den verkehrsarmen, hügeligen Nebenstraßen (nicht immer im besten Zustand) stets möglichst nah an der Küste entlangpedalt und dabei die Landzungen nicht auslässt, kann es bei einer kompletten Umrundung der bretonischen Halbinsel locker auf 1500 km bringen! Die Strecke wäre erheblich kürzer, wenn es Fähren über die Flussmündungen gäbe. Gibt es aber nicht! In die Länge ziehen sich auch die einzelnen, sehr attraktiven Küstenabschnitte: die **Côte d'Emeraude** mit dem einzigartigen Gezeitenkraftwerk östl. von Dinard, die Côte de Granit rose mit ihren im Abendlicht rosaglühenden Felsen, die Côte des Abers mit ihren im Meer versunkenen Flusstälern, die raue Landzunge Crozon oder die von Douarnenez mit dem spektakulären *Pointe du Raz.*

Bretagne kreuz und quer

Die nur über Stichstraßen zu erreichenden, feinen Sandstrände saugen die Touristen auf; irgendwo müssen sie ja bleiben, schließlich ist die Bretagne Frankreichs zweit beliebtestes Urlaubsgebiet. Doch je weiter westlich man kommt, desto geringer der Trubel. Noch weniger bemerkt man davon im Innern der Halbinsel, die von einem dichten Netz hügeliger Nebenstraßen durchzogen ist. Wunderschön ist eine Tour durch den im Westteil gelegenen **Parc Regional d'Armorique,** dessen Herzstück die baumlosen, aber panoramareichen Höhen der Monts d'Arre sind (höchster Punkt 384 m, bei Roch Trevezel). Am Ende dieser Etappe könnte **Quimper** stehen – malerischer Prototyp einer alten bretonischen Stadt.

Eine weitere hübsche Tour bietet sich im Mittelteil der Insel an. Sie beginnt in **Rostrenen** und führt über die alte Herzogsstadt **Pontivy** hinunter zur Hinkelsteinlandschaft von **Carnac.** Nach dem Besuch im *Archeoscop* von Carnac radelt man/frau als frischgebackener Experte für Megalithen, Menhire, Alignements und Dolmen weiter nach **Quiberon,** von dort per Fähre zur **Belle-Ile** (wunderschönes „Mini-Irland", nicht versäumen).

Fahrradmitnahme Fähren

Zur **Belle-Ile** kann das Rad problemlos mitgenommen werden (Autofähre). Hingegen „mauern" die zu den anderen Inseln verkehrenden Fähren gern – offenbar in Absprache mit den Vélo-Vermietern. Probleme auch bei den

Fähren über die Halbinselspitzen , die den **Golfe du Morbihan** umschließen. Hier wird die Fahrradmitnahme oft ohne Begründung abgelehnt, was in der Konsequenz 80 km Umweg über Vannes bedeutet. Deshalb besser nicht erst bis Port Navalo bzw. Locmariaquer fahren, um dann möglicherweise festzustellen, dass es hier mit dem Bike per Fähre nicht weitergeht, sondern den Golfe du Morbihan gleich östlich umfahren.

Abstecher Britische Kanalinseln

Autofähren verkehren von St. Malo zur britischen Kanalinsel **Jersey** (116 qkm, 80.000 Ew., Amtssprache Französisch, *www.jersey.com*). Englischer Lifestyle paart sich hier mit französischem savoir-vivre, liebliches Ambiente mit mildem Golfstrom-Klima. Ein abgedachtes, hügeliges Hochplateau zwischen 60 und 120 m und ein dichtes Nebenstraßennetz laden zu leichteren Touren ein. Da Jersey sehr dicht besiedelt ist (690 Ew./qkm), sind auch die meisten Straßen vergleichsweise stark befahren. Empfehlenswerte Radelstrecken sind in der „Green Lane"-Straßenkarte erfaßt, die nur auf der Insel erhältlich ist. Autofahrer dürfen auf den entsprechend markierten Nebenstraßen nur Schrittgeschwindigkeit fahren. Hübsche Ausgangsorte sind St. Helier, St. Brelade, Rozel und Gorey. Wer auf den Geschmack gekommen ist, kann von Jersey mit der Personenfähre auch noch zu den flachen Kanalinseln **Guernsey** und **Sark** (autofrei) schippern. Achtung: An den Wochenenden sind Jersey und Guernsey rappelvoll mit englischen Ausflugsgästen.

Offroad Bretagne

Hervorragend eignen sich die alten **Küstenkontrollwege des Zolls** (sentiers des douaniers) zum Offroad-Biken. Speziell an der Nordküste finden sich noch viele befahrbare Abschnitte dieser Saumwege. In den Michelin-Karten sind sie übrigens weitgehend identisch mit dem Verlauf des eingezeichneten Fernwanderweges GR 34, bspw. von les Rosaires nach St. Quay-Portrieux. Leichte Touren lassen sich auf den Wirtschaftswegen unternehmen, die an Flüssen verlaufen. Attraktiv die ca. 80 km lange Flussstrecke an **Aulne** und **Canal du Nantes;** wobei der von Chateaulin bis Port-de-Carhaix (bei Carhaix-Plouguer) reichende Begleitweg teilweise identisch mit dem Fernwanderweg GR 38 ist.

Fougéres (Bretagne)

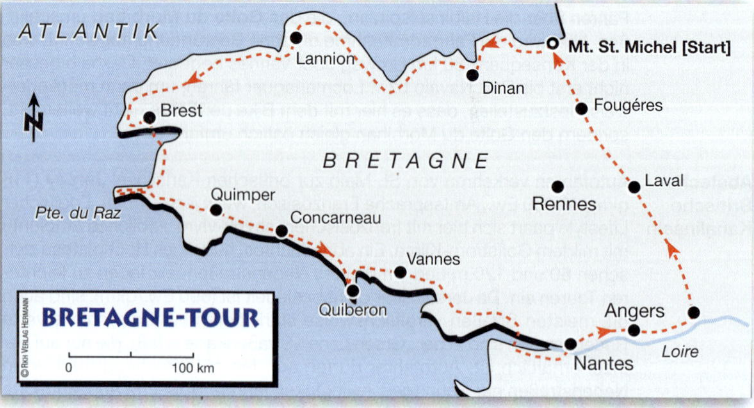

Frankreichs wilder Westen – per Rad durch die Bretagne

von Andreas Bugdoll

Wie schon so oft lassen wir unseren Wagen in der Obhut eines Campingplatzes zurück. Vor uns liegt eine dreiwöchige Radtour durch eine wilde Küstenregion mit vielen mittelalterlichen Städtchen – die Bretagne.

Klosterfelsen

Schon nach wenigen Kilometern ist die erste große Sehenswürdigkeit unübersehbar. Erhaben liegt die Klosterinsel **Mont Saint Michel** auf einem Felsen vor der Atlantikküste. Eine Deichstraße führt in weitem Bogen darauf zu. Während bei Ebbe weit und breit nur Sand ist, wird der Klosterfelsen bei Flut zur Insel. Der Gezeitenunterschied beträgt hier teilweise über zehn Meter!

Schon bald nach dem Klosterbesuch müssen wir die Tour erneut unterbrechen, denn **St. Malo** ist erreicht. Leider hatten unsere Landsleute im Zweiten Weltkrieg ganze Arbeit geleistet. Doch wurde die Altstadt originalgetreu wiederaufgebaut.

Zu Fuß durchs Mittelalter

Die Strecke wird nun sehr hügelig und anstrengend. Aber die nächste herausragende Sehenswürdigkeit ist bald erreicht: **Dinan** – uralt und wirklich gut erhalten. Wir schieben unsere Räder durchs Mittelalter. Dicke krumme Balken stützen windschiefe Fassaden. Dunkle Sprossenfenster lassen wenig Licht in die Räume. Schattige Arkaden laden zum Flanieren ein. Restaurants, Straßencafés und Crêperien locken mit ihren Düften zur Einkehr. Eine steile Gasse führt hinunter zu der mittelalterlichen Steinbrücke über die Rance. Nur schwer können wir uns von Dinan losreißen.

Granit und Artischocken

Tolle Steilküsten mit kleinen Buchten und das versteckt gelegene **Fort La Latte** lassen auf dem Weg zum Cap Frehel keine Langeweile aufkommen. Stark erodierte Klippen liegen tief unten im rauen Meer. Wir lassen die Räder stehen und umrunden den äußersten Zipfel zu Fuß, auf Atem raubenden

Pfaden über dem Abgrund. Bald darauf verzaubert uns die **Côte de Granit rose** mit ihren großen rund geschliffenen Felsen. Wie zum Schutz lehnt sich vereinzelt ein Häuschen an einen rosafarbenen Granitfelsen. Üppig blühen die Artischockenfelder am Straßenrand, sie erinnern uns an blaue Riesenstrohblumen.

Gute Entscheidung

In **St. Pol de Leon** besteigen wir den 40 m hohen Granitkirchturm. Tolle Aussicht! Den Abend lassen wir in der wunderschönen, von großen Bollersteinen eingerahmten, weißen Sandbucht von **Brignogan** ausklingen. Bis **Brest** haben wir am nächsten Tag zum ersten Mal Regen, so dass wir gleich die Fähre nach **Le Fret** nehmen. Eine gute Entscheidung, denn auf der anderen Seite der Bucht kommt die Sonne wieder heraus. So können wir die sanft hügelige, von Wälder und Feldern bestimmte Landschaft richtig genießen.

Wieder eine Topp-Sehenswürdigkeit. Von der Hauptstraße radeln wir zum Zentrum von **Locronan** hinauf und fühlen uns erneut einige hundert Jahre zurück versetzt. Alte Granithäuser versammeln sich um den kleinen Brunnen, und eine dunkle trutzige Kirche beherrscht das Ende des Platzes. Kleine Artisans sind in den Häusern untergebracht, so dass man auch mal einen Blick in das Innere werfen kann. Über das Kopfsteinpflaster des Marktplatzes rumpeln wir wieder aus dem Ort heraus.

Am schönsten Punkt

Nur wenig später folgen wir dem Weg hinunter zur **Baie des Trespasses,** wo uns riesige Wellen und ein toller Strand erwarten. Nun sind es nur noch Minuten bis zum westlichsten Punkt Frankreichs, dem **Pointe du Raz.** Wie ein langer Finger reckt sich die felsig zerklüftete Halbinsel in die wilden Strömungen des Atlantiks. Auf befestigten Wegen können wir auf einem Rundgang fast bis zum äußersten Zipfel gelangen. Starker Wind umtost uns, kaum ein Pflänzchen kann den Unbilden des Wetters hier trotzen. Ein kleiner Leuchtturm steht auf einem Felsen im aufgewühlten, weiß schäumenden Meer. Für uns ist das Kap der schönste Punkt der Bretagne!

Camping mit Schlosspark

Ab jetzt geht es entlang der Südküste nach Osten. Nach dem zurückliegenden Naturerlebnis freuen wir uns schon auf die nächste Stadt. Ähnlich wie Dinan hat auch **Quimper** eine Altstadt mit vielen gut erhaltenen Fachwerkhäusern, überragt von einer großen Kathedrale mit reich verzierten Türmen. Auch der nahe Campingplatz *L'Orangerie de Lannion* begeistert uns. Durch einen alten Schlosspark radeln wir zu dem ungewöhnlich

Côte de granit rose (Bretagne)

schön gelegenen und ausgestatteten Platz. Das stilvolle Restaurant in einem der restaurierten Gebäude verführt uns zu einem leckeren Abendessen und einer Flasche Rotwein. Müde kriechen wir in das, unter alten Bäumen stehende Zelt.

Springflut Es wird immer windiger. Auf dem Asphalt lesen wir die Parolen der letzten Tour de France. Noch schützt uns der Forêt de Carnoet etwas gegen den anschwellenden Sturm, dann kämpfen wir blank gegen den Wind und erreichen ziemlich erschöpft die **Landzunge von Quiberon.** Wahnsinnig große Wellenberge werfen sich am Grand Plage krachend auf den Strand und überfluten ihn weiß schäumend. Der Sturm macht aus dem Meer eine Furcht einflößende, grauweiß brodelnde Masse. In **Portivy** knallen die Brecher schon über die Mole in das Hafenbecken und lassen die kleinen Boote dort tanzen. Sogar die Straßen werden von den wilden Wassermassen erreicht. Hunderte von Menschen haben sich versammelt, um der gigantischen Springflut ins Auge zu schauen. Auch wir können uns kaum losreißen. Aber es wird bald dunkel und noch liegen einige Kilometer vor uns. Eine kaum befahrene Straße führt durch Dünenlandschaften entlang der vom Wind gepeitschten Küste. Haushoch fingert die Gischt über die Abbruchkante und platscht kübelweise auf uns herab. Wie froh sind wir, als wir den geschützten Campingplatz erreicht haben.

In den nächsten Tagen nähern wir uns der Loire und damit dem Ende der bretonischen Halbinsel. Die letzten Kilometer vermengen sich mit etwas Wehmut. Das ist in Ordnung. Immerhin waren wir drei Wochen lang in einem der schönsten Radelgebiete Europas unterwegs!

Aquitanien

Infos ▸ *www.crt.cr-aquitaine.fr*

Aquitanien, das Land der Baskenmütze, ist heute als Verwaltungsregion nur noch etwa halb so groß wie das einstige Herzogtum gleichen Namens. Mit gut 41.000 qkm ist es aber immer noch so groß wie die Schweiz. In Frankreich steht Aquitanien im Ruf eines Garten Edens mit angeschlossenem Schlemmerlokal. Alles was dazu gehört, wird in den fünf Départments geerntet, gemästet oder gefangen: vom Trüffelpilz über gestopfte Gänseleber, Singvögelchen und Kaviar bis hin zu Tausenden verschiedener Bordeaux-Weine. Wen wundert es da noch, dass es hier, in Eugénie-les-Bains, auch das „weltbeste" Drei-Sterne-Restaurant gibt.

Auch landschaftlich bietet Aquitanien viele Genüsse, die sich per Rad ganz wunderbar auskosten lassen. Dass Aquitanien nicht am Mittelmeer, sondern am Atlantik liegt, merkt man an den moderateren Temperaturen (im Juli durchschnittlich vier Grad „kühler") und daran, dass es hier auch im Hochsommer immer wieder mal regnen kann (vor allem im Einzugsbereich der Pyrenäen). Sieht man einmal von den Westpyrenäen ab, die Aquitanien nach Süden hin begrenzen, ist die Topografie an der Küste flach, landeinwärts durchgehend wellig. Rund 600 km überwiegend autofreie Radwanderwege sind in Aquitanien markiert. Wer seine Tour in der Hafenstadt **Bordeaux** startet, kann sich bei der Touristeninformation (Syndicat d'Initiative) mit einer entsprechenden Radwanderkarte und Tourenvorschlägen ausstaffieren.

Entre-Deux-Mers Unauffällig, aber liebenswert ist die zwischen **Dordogne** und **Garonne** gelegene Region Entre-Deux-Mers, östlich von Bordeaux. Abseits der großen Touristenströme werkelt diese große Weinbauregion vor sich hin und besticht durch den einfachen Charme vergangener Jahrhunderte sowie mit überdurchschnittlich vielen Nebenstraßen. Sehr geeignet für beschauliches Radwandern.

Périgord Weiter östlich erschließt sich dann eines der schönsten Radelreviere Aquitaniens: das – speziell im Bereich zwischen der alten Bischofsstadt **Angoulême** und dem filmreifen **Sarlat-la-Caneda** – mit attraktiven Burgen, Schlössern, Herrensitzen und Karsthöhlen aufwartende Prigord (Départment Dordogne). Durch die von Eichenwäldern und Wacholderbüschen bedeckten, hügeligen Hochebenen haben sich Flüsse wie Isle, Vézère, Couze und Dordogne ganz malerisch ihren Weg gebahnt. Hervorgehoben seien Touren entlang der **Vézère,** wo sich auf dem Abschnitt zwischen Montignac und les Eyzies-de-Tayac (Périgord Noir) den in Karsthöhlen hausenden Ureinwohnern nachspüren lässt, sowie entlang der burgen- und schlösserreichen **Dordogne.** Auch hier ist das Périgord Noir (in der „Gabel" zwischen Vézère und Dordogne) die schönste, interessanteste, aber auch touristischste Gegend; beschaulicher radelt es sich hingegen zwischen Souillac und Argentat.

Weniger bekannt als die Dordogne, aber kaum weniger reizvoll, ist der Garonne-Nebenfluss **Lot** und ganz besonders deren Ableger **Célé** (Department Lot). Lohnend hier vor allem der Streckenabschnitt zwischen Figeac und Puy-l'Eveque mit seinen verträumten Tälern, felsigen Grotten, alten Dörfern, Burgruinen und Klöstern. Fast immer können verkehrsarme Nebenstraßen benutzt werden, manchmal auch ein alter Treidelpfad (bspw. zwischen St. Cirq und Bouziès).

Küstentouren Leichte Radtouren von ganz speziellem Reiz lassen sich in den flachen Küstenebenen von **Medoc** (Départment Gironde) und **Les Landes** unternehmen. Ein velofreundliches Netz verkehrsarmer Nebenstraßen und befestigter Radwege durchzieht die schwach besiedelte Region. Weinfelder und Chateaux am linken Gironde-Ufer (Besichtigungen möglich), Kiefernwälder, Binnenseen und Teiche, ein Naturschutzgebiet um den Etang de Cousseau, Flüsse und Flüsschen, Sandstrände, Badeorte und Dünenketten prägen dieses rund 200 km lange „Handtuch" zwischen Gironde-Mündung und Pyrenäenvorland. Außer der höchsten Düne Europas (bei Pilat) und dem mondänen, aber wenig einladenden Biarritz darf man dabei nicht viel Spektakuläres erwarten. Der Reiz ergibt sich eher aus der ständigen Nähe des bewegten Atlantiks und der Ruhe des Küstenlandes, aus dem Wechselspiel zwischen salziger Meeresbrise und harziger Kiefernluft. Besonders gut lassen sich solche Kontraste auf den atlantiknahen **Radwanderwegen** erfahren. Doch Achtung, auch die holperigen, teilweise versandeten Betonplattenwege der deutschen Wehrmacht (Bunkerzufahrten) werden als Radweg „verkauft".

Eine durchgehend **strandnahe Radweg-Verbindung** besteht zwischen Le Verdon-sur-Mer – Montalivet – Hourtin-Plage – Carcans-Plage – Lacanau-Océan – Le Cap-Ferret. Zubringer ab **Bordeaux** ist der Radwanderweg über Sainte-Hélène nach Lacanau-Océan. Auch im südlichen Bereich der Atlantiküste (Les Landes) sind Radwanderwege markiert – mit zwei Unterbrechungen von Mimizan-Plage bis Bayonne – doch handelt es sich hier überwiegend um Nebenstraßen, die nicht direkt am Strand verlaufen. Das i-Tüpfelchen der Küstenwege ist die **Corniche Basque** im äußersten Süden (St. Jean de Luz – Hendaye).

Pyrenäen

Infos

▸ *www.tourisme-midi-pyrenees.com*

Radsportler lieben die Pyrenäen: Gute rennradtaugliche Straßen, Herausforderungen am laufenden Band (Längstouren mit bis zu 18 Straßenpässen und 22.000 Höhenmetern sind möglich), tolle Szenerie, gute Infrastruktur (Unterkünfte, Fahrradservice), aufregende Bilder, wenn die Heroen der Tour de France über die Pässe pumpen. Außerdem milderes Klima und länger geöffnete Pässe als in den Alpen.

Rund 440 km lang ist der Block der Pyrenäen, der einen mächtigen Sperrriegel zwischen Frankreich und Spanien bildet. Die Grenze verläuft auf dem Kamm. Während die relativ trockene spanische Südseite vergleichsweise sanft abgedacht ist, fällt die regenreichere, grüne Nordseite steil ab. Daher gehört flächenmäßig zwar nur ein Drittel der Pyrenäen zu Frankreich, aber das hat es steigungsmäßig und szenisch in sich. Klimatisch liegen die West-Pyrenäen im Einflussbereich des kühleren Atlantiks, während der Osten oft vom feuchtwarmen Vent d'Espagne bestrichen wird. Rasche Wetterwechsel sind typisch, ebenso die Umkehr der Windrichtung im Tagesverlauf (starke Talwinde am Vormittag, Fallwinde am Nachmittag). Generell ist das Klima jedoch mild. Hilfreich ist der „Atlas des Cols des Pyrenées" (4 Bände, www.altigraph.fr).

Stärkere Hügel, bewaldete Täler und Pässe deutlich unter 1000 m prägen die **West-Pyrenäen** (Pyrénées Atlantique). Paradoxerweise entpuppen sich gerade die Nebenpässe der West-Pyrenäen oft als hundsgemein. Steil in die Höhe türmen sich die **Zentral-Pyrenäen** (bis 3298 m), die höchsten Pässe reichen bis über 2000 m, darunter auch der **Col du Tourmalet** (2114 m), berühmter Tour-de-France-Pass. Der Westanstieg ist gleichmäßiger und deshalb weniger anstrengend als der wechselhafte Ostanstieg. Wolf-Christian Strauß: „Einer der schönsten Pässe überhaupt! Die letzten fünf bis sieben Kilometer sind weitgehend von oben einsehbar (Tour de France!), und natürlich auch umgekehrt. Ewig lockt die Passhöhe!"

Die **Ost-Pyrenäen** sind zwar ebenfalls noch recht hoch (höchster Punkt 2785 m), werden aber von breiten Tälern eingekerbt und wirken weniger wild.

Schwer passierbar waren die Pyrenäen früher. Da durchgehende Quertäler fehlen, konnte der Gebirgszug außerhalb der Sommersaison nur an den Enden umfahren werden. Mittlerweile gehört die französische Seite der Pyrenäen zu den touristisch erschlossensten Gebirgen Europas. Ein sehr gutes Straßennetz führt zu Kurorten, Unterkünften (auch Campingplätzen), Aussichtspunkten, Höhlen und Wandergebieten. Während die Steigungen der Pyrenäen-Durchgangsstraßen in der Regel nicht über 12% betragen, können Stichstraßen und kleine Nebenstraßen bis zu 20% steil sein.

Pyrenäen der Länge nach

Prinzipiell kommen für Gepäckradler zwei Möglichkeiten in Frage, um die Pyrenäen auf rund 700 km der Länge nach zu passieren:

Möglichkeit Nr. 1

Die landschaftlich attraktive Strecke zu Füssen der Pyrenäen bei überwiegend moderaten Anstiegen bis ca. 600 m. Diese Strecke lässt sich auch in Frühjahr und Herbst machen. Kulturelle Höhepunkte sind der Wallfahrtsort **Lourdes** und die gotische Kathedrale von **St.-Bertrand-de-Comminges** (das Nachbardorf Valcebrère besitzt darüber hinaus eine ansehnliche romanische Basilika). Mehrere prähistorische Grotten und Tropfsteinhöhlen säumen den Weg (am schönsten: die Grotte-de-Medous bei Bagnères-de-Bigorre). Im Osten endet die Strecke in der Region **Languedoc-Roussillon,** wo ein Abstecher der unbedingt sehenswerten Festungsstadt **Carcassonne** gelten sollte (auch denkbar als Ausgangs- oder Endpunkt, am Canal du Midi führt ein Radweg nach Toulouse).

Möglichkeit Nr. 2

Die „Route des Pyrénées“, die im Osten und Westen mit der ersten Route identisch ist, aber im mittleren Abschnitt durch das spektakuläre Hochgebirge der Zentral-Pyrenäen führt (Steigungen 8–12%, befahrbar Juli–September).

Den Zwergstaat **Andorra** kann man sich eigentlich schenken. Er ist vollgestopft mit Autos, deren Insassen zollfrei tanken und einkaufen wollen. Lohnend ist hingegen der Abstecher zu den grandiosen Wasserfällen im wilden **Pyrenäen-Nationalpark** (Stichstraße 921, Luz – Gavarnie – Puerto de Bujaruelo), ein Aufstieg per Seilbahn *oder* MTB zum Panoramagipfel *Pic du Midi* (beim Col du Tourmalet), oder der Besuch der riesigen prähistorischen Höhle *Les Mas d'Azil* (nordöstlich von St. Girons).

MTB Pyrenäen

Mountainbikern bieten sich in allen Abschnitten der Pyrenäen Extra-Verlockungen an: Gipfel, Bergseen, Wasserfälle, Höhlen und Schluchten. Auf unbefestigten Wegen können sie sich bei stabiler Wetterlage zu den Wanderhütten im Kammbereich hinaufarbeiten (Gites d'Étape in 20-km-Abständen) oder sich der Länge nach am Fernwanderweg GR 10 die Ritzel ausbeißen (der GR 10 verläuft von Hendaye im Westen bis Banyuls-sur-mer im Osten).

Anfang April (Pyrenäen, Port de Lers, 1517 m)

Korsika

Daten 8720 qkm • ca. 200.000 Ew. • 23 Ew./qkm

Infos ▸ *www.visit-corsica.com*, *www.korsika.com*

Fähren Wer über Frankreich anreist, kann ab Nizza, Toulon und Marseille (gute Bahnverbindungen zu allen drei Städten) nach Korsika übersetzen. Noch vielfältiger sind die Verbindungen von Italien aus, wo Korsika-Fähren in Genua, La Spezia, Livorno (Fahrradbus ab D!), Piombino und Porto Stefano ablegen. Kürzeste und billigste Verbindung ist Livorno – Bastia. Preise vergleichen! Nicht bei allen Reedereien ist die Mitnahme des Fahrrades kostenlos! Infos: *www.corsicaferries.com*, *www.sncm.fr*.

Situation Dünn besiedelt und vergleichsweise arm ist die viertgrößte Insel des Mittelmeeres. Nur 5% ihrer Fläche werden landwirtschaftlich genutzt, hinzu kommen etwas Weinbau und Viehzucht. Wichtigster Arbeitgeber ist der Tourismus, der vor allem an der sandigen Ostküste während der französischen Sommerferien stattfindet. Die Einheimischen profitieren davon wenig, das Kapital kommt vom Festland. Und das strömt nur sehr gezielt auf die Insel. In die meisten Gegenden gar nicht. Vieles macht daher einen aufgegebenen Eindruck. So, als hätten die Leute keine Lust mehr. Es gibt Stimmen, die sagen, die Insel sei „sozial kaputt". Eingefleischte Korsika-Fans sehen das natürlich ganz anders, verweisen auf den geringen Pauschaltourismus und dass man hier nirgends auf Ballermann & Co. trifft. Und dass die Insel etwas marode wirkt, finden sie sogar charmant.

Gebirge im Meer Korsikas wichtigstes Kapital ist und bleibt die Landschaft. 51 Zweitausender, aufgereiht auf einem zentralen Gebirgskamm, durchziehen die Insel. Die Krone trägt der **Monte Cinto** mit 2707 m. Mächtige Querausläufer, die bis an die Küste reichen, zweigen vom Inselrückgrat ab. Korkeichen, Eukalyptusbäume, Edelkastanien und Schwarzkiefern sind typische Vertreter der einzelnen Vegetationsstufen. Im Mai und Juni duftet die ganze Insel intensiv nach der dann blü-

Korsische Fauna

henden korsischen Macchia – weshalb Napoleon bekanntlich schwor, seine Heimatinsel selbst blind wieder zu erkennen!

Tourenbedingungen

Wachtürme und Zitadellen, Wackelsteine und Nadelfelsen, Bergseen und Flusstäler, Golfe und Fjorde, Wälder und Macchia, Kurven und Aussichtspunkte, Steilküsten und Sandstrände – all das und noch mehr erwartet beinharte Korsika-Radler. Der **Wind** weht überwiegend aus südlichen Richtungen. Günstige **Radelsaison** ist April–Juni und September/Oktober, wobei es in den Höhenlagen ab 600 m gelegentlich regnet (Hitzegewitter im Hochsommer). Im Juli und August finden ca. 80% des Tourismus statt. Dann sind die **Campingplätze** an den Küsten rappelvoll. Im Inselinnern gibt es Wanderhütten (Gites d'Étape), Pensionen und kleine Hotels, und auch einige private Zeltmöglichkeiten. Freies Campen ist wegen der leicht entflammbaren Macchia streng verboten.

Straßen

Das **Straßennetz** ist so dicht, wie es die Berge zulassen. Federung kann nicht schaden, denn der Asphalt ist oft recht holperig. Wer bergab saust, sollte hinter Kurven mit **verwilderten Hausschweinen** rechnen, die sich hier sauwohl fühlen – ganz besonders in der **Castagniccia**, wo das Schweinefutter am Baum wächst (Kastanien). Anstiege ziehen sich meist in die Länge, sind aber gleichmäßig und nicht übermäßig steil trassiert (meist bis 9%, Teilstücke bis 13%). Auch normal konditionierte Gepäckradler kommen hier hoch. Höchster Straßenpass ist der **Col de Vergio** (1477 m), schönster der **Col de Bavella** (1218 m). Abgesehen von den Nationalstraßen zwischen Bastia und Calvi sowie Bastia und Ajaccio ist der Verkehr gering, auf Nebenstraßen sogar außerordentlich gering. Selbst in der Hauptsaison (Juli/August) hält sich der Verkehr in Grenzen.

Inselbahn

Lukas hätte seine Freude an Korsikas **Eisenbahn.** Die CFC betreibt zwei schöne Schmalspurstrecken. Von *Bastia über Ponte Leccia nach Ajaccio* und von *Ponte Leccia nach Calvi.* In der Nebensaison kann das Fahrrad problemlos mitgenommen werden. **Tipp:** Mit der Bahn von Bastia durch die Berge nach Vizzanova fahren (906 m, höchster Punkt der Bahnstrecke). Vom Bhf. noch 250 Hm Straßenanstieg bis zum **Col de Vizzavona** (1163 m), anschließend 40 km Abfahrt bis Ajaccio.

Tourenreviere

Abgesehen von der Ostebene (Plaine Orientale) und dem Weinanbaugebiet der Südspitze (Sartenais) ist Korsika durchweg attraktives Radelgebiet. Rund die Hälfte der Inselfläche steht unter Naturschutz. Kurzurlaubern empfiehlt sich die **Castagniccia,** eine von Kastanienwäldern bedeckte Mittelgebirgslandschaft mit einem besonders dichten Netz schöner Sträßchen. Außerdem der Inselfinger **Cap Corse** (Korsika en miniature) und die liebliche **Balagne** mit den Hauptorten Calvi und L'Île Rousse.

Inselrunde

Mit einem Zeitpensum ab zwei Wochen lässt sich die beliebte Inselumrundung absolvieren: ca. 700 km, an genuesischen Wachtürmen und Zitadellen vorbei. Wer in **Bastia** startet und zunächst nach Süden pedalt, nutzt den langweiligsten Teil Korsikas, die agrarische Schwemmlandebene der Ostküste, als Warmmacher, bevor dann die korsikatypischen Anstiege beginnen.

Abwechslungsreich und attraktiv ist die **Westküste.** Die Berge brechen an dieser Inselseite geradezu ab, weshalb die Straße meist bis zu 200 m über dem Meer dahinführt und nur hin und wieder einen Kniefall zur Küste hin macht. Diese Strecke, die auch an den berühmten Granitfelsen der 4 km langen **Calanche** vorbeiführt, ist nicht ganz leicht, aber ungemein reizvoll. Wer sie von Süd nach Nord befährt, hat Wind und Sonne überwiegend im Rücken! Nicht versäumen sollten Inselumrunder einen Abstecher zur alten Inselhauptstadt **Corte.** Ansonsten sind der Tourenphantasie kaum Grenzen gesetzt.

Offroad Korsika

Markierte MTB-Trails gibt es auf Korsika nicht, auch wuchert manch beschriebener Pfad wieder zu oder wird von Geröll weggerissen. Die Orientierung ist also nicht immer einfach. Fast schon ein Klassiker und nicht schwer zu finden, ist die Auffahrt vom **Lac de Tolla** (östl. von Ajaccio) zum **Plateau d'Ese** – der Trail folgt nämlich dem Lauf der Ese. Downhiller lieben hingegen die Tour von den Felszinnen des **Col de Bavella** zur Ostküste.

Der **Fernwanderweg GR 20,** der Korsika auf den Gebirgskämmen von Nord nach Süd durchquert, ist mit dem Bike nicht befahrbar. Wer eine solche „Tour de Corse" machen möchte, muss sich schon ein Stockwerk tiefer durch die Insel schlagen.

Südlich von Calvi (Korsika, Westküste

Info-Box Frankreich

Einreise Die EU-Binnengrenzen sind offen. Ein Personalausweis genügt für die Einreise (D, A, CH).

Geld Währung ist der Euro (€, EUR). Das Preisniveau liegt etwas über dem deutschen.

Gesundheit Versicherungsschutz für GKV-Mitglieder. Details: *www.dvka.de*. Achtung, Selbstbeteiligungen obligatorisch, Reise-KV abschließen!

Infos
- Maison de La France (Tourismuszentrale Frankreich): *www.franceguide.com*
- Französische Eisenbahnen SNCF: *www.sncf.com*
- Tour de France: *www.letour.fr*
- Rund 3000 Vereine sind im nationalen Radtouristikverband FFCT organisiert: *www.ffct.org*
- Sportliche und touristische MTB-Aktivitäten koordiniert der CNVTT, ein Ableger des Radsportverbandes FFC: *www.ffc.fr*
- Verein zur Förderung und Entwicklung von markierten Radrouten und Voies Vertes (Naturnahe Wege für Radler, Reiter, Skater, Wanderer): *www.af3v.org*

Infos vorOrt Die örtlichen Touristenbüros heißen Office du Tourisme und Syndicat d'Initiative. Sie sind in allen größeren Orten vertreten und haben regionales Info-Material vorrätig.

Bon jour!

Wind und Wetter Atlantisches Klima bestimmt **Nord- und Westfrankreich.** Bretagne und Normandie sind daher relativ feucht und kühl (vergleichbar England), und auch die Sommermonate nicht besonders heiß. Aquitanien, am Golf von Biscaya, ist ebenfalls eher feucht, im Sommer aber deutlich wärmer. Der Wind kommt aus westlichen Richtungen.

Im **Landesinnern** sorgen kontinentale Klimaeinflüsse für wärmere und trockenere Sommer. Durch die Vogesen geschützt hat das Elsass die stabilste Wetterlage des Binnenlandes. Der Wind kommt überwiegend aus westlichen Richtungen, im Elsass aus Süden, im Massif Central aus Norden.

Im **südöstlichen Frankreich** dringt von der Côte d'Azur her Mittelmeerklima landeinwärts. Das Sommerhalbjahr ist regenarm und warm bis heiß. Der Wind weht überwiegend aus nördlichen Richtungen. Im Frühjahr kann der kalte Mistral tagelang von Norden her durchs Rhône-Tal fegen. Im Sommer treten gelegentlich tropische Winde aus Süden auf.

Das mediterrane Klima beschert auch **Korsika** trockenheiße Sommer, westliche Winde überwiegen.

Reisezeit Französische Ferienzeit ist landesweit zwischen Ende Juni und Anfang September; die Franzosen urlauben sehr gern im eigenen Land. Abgesehen von der absoluten **Hochsaison** (etwa 10. Juli bis 20. August) empfehlen sich als tourengünstige Zeiträume für:

- Nord- und Westfrankreich: Mai – September
- Zentral- und Ostfrankreich: April – Oktober
- Südostfrankreich: März – Oktober
- Korsika: April – Oktober

Anreise

Per Rad Saarland, Rheinland-Pfalz und Baden-Württemberg grenzen an Frankreichs Nordosten. Velogünstige Zubringer sind fürs Elsass der Rheinradweg, für Lothringen der Saar-Radweg. Wer zur Westküste will (Nor-mandie, Bretagne) kann bis Calais dem Europaradweg R 1 folgen (s. Deutschland / Münsterland). Die „flachste" Verbindung von Deutschland nach Mittelfrankreich hat *Ulrich Lamm* recherchiert:

„Aus der Oberrhein-Ebene kommend durch die Burgundische Pforte (Mülhausen/Mulhuose, Rhein-Rhône-Kanal) und durch das Tal des Doubs (überwiegend mit Nebenstraßen, sehr hübsche Landschaft) ins **Burgund.** Von dort am Canal du Centre bis zur Loire: Bis Monceau les Mines hat die Kanalstraße einigen Autoverkehr, aber man kann teilweise auf Treidelpfade ausweichen. Bis Paray-le-Monial verläuft ein ruhiges Nebensträßchen am nördlichen Kanalufer. Fährt man anschließend die **Loire** aufwärts, so gelangt man kurz hinter **Roanne** an einen Stausee, in dem eine wunderschöne Schlucht verschwunden ist. Die Straße am Stausee entlang ist eine ziemliche Berg-und-Tal-Fahrt. Stattdessen kann man zuvor schon auf der Höhe von Paray-le-Monial durch eine nur leicht hügelige Landschaft weiter nach Westen an den **Allier** fahren. Dessen breites Flusstal reicht bis weit ins **Zentralmassiv.**"

Per Bahn Prinzipiell enden alle Fernzüge an einem der sechs Kopfbahnhöfe von Paris, zur Weiterreise muss der Bahnhof gewechselt werden. Hinzu käme noch Strasbourg als Umsteigemöglichkeit.

Grenzüberschreitend ist die **Fahrradmitnahme** nur bis Paris bzw. Strasbourg möglich; auf den langen Strecken per Nachtzug und EuroCity, auf den grenznahen Verbindungen mit Nahverkehrszügen. Nachtzüge (Fahrradmitnahme) nach Paris fahren ab Hamburg, Berlin und München, französische **TGVs** (Fahrradmitnahme, jedoch nur 4 Stellplätze) ab

München und Stuttgart. Außerdem mit IR ab Offenburg und Saarbrücken nach Strasbourg. Ab NL bzw. B ist Fahrradmitnahme ebenfalls möglich (Amsterdam – Brüssel – Paris). Ideal für die Anreise nach Korsika ist der Nachtzug München – Florenz (I).

Bahn&Bike-Infos: *www.bahn.de/bahnundbike*

Fahrradreservierung für den TGV ist online nicht möglich, sondern nur telefonisch zusammen mit der Fahrkarte (bei Zahlung mit Kreditkarte) über die dt. Vertretung der SNCF: 01805-218 238.

Per Fahrradbus

Im Juli und August gelangt man von Deutschland aus auch per **Fahrradbus** nach Frankreich (Bretagne, Dordogne, Provence), von April bis Sept. nach Italien in die Toskana (I), um dort von den Fährhäfen Livorno und Piombino nach Korsika überzusetzen. **Alle Infos:** *www.bike-und-bus.de*

Transport im Land

Bahnen

Wer zwischendurch den Zug benutzen will, muss dies entsprechend planen. Zwar bedienen die Französischen Eisenbahnen (SNCF) rund 23.000 km Strecke, verglichen mit D, A, CH ist das Netz aber wesentlich weitmaschiger. Kommt hinzu, dass fast alle Landesteile zwar mit einem der bis zu 300 km/h schnellen **TGV** erreichbar sind, bislang aber fast nur die zum **Mittelmeer** fahrenden TGVs (Méditerraneé) Fahrradstellplätze haben (Reservierungspflicht, 10 €).

Transport express régional

Was bleibt, sind die **Regionalzüge,** bei denen die **Fahrradmitnahme** generell möglich ist, und dies sogar kostenlos. Über 2000 Verbindungen sind im Kursbuch mit einem Fahrradsymbol entsprechend gekennzeichnet (Indicateur Officiel). Die Mitnahme ist natürlich nur möglich, wenn Stellplätze im Gepäckabteil frei sind. Da manche Triebwagen nur drei Fahrrädern Platz bieten, kann dies in populären Radwandergebieten „Auf- den-nächsten-Zug-warten" bedeuten.

Wer es schafft, sein Fahrrad zu falten oder sonst wie zu verkleinern (auf 120 x 90 x 30 cm), kann es in jedem Zug, also auch im TGV, kostenlos als Handgepäck mitnehmen.

Die spezielle **Radler-Website** der SNCF – *www.velo.sncf.com* – ist leider nicht mehr so hilfreich wie früher, sondern ziemlich kommerziell.

Busse Verschiedene Busunternehmen nehmen auf Fernstrecken auch Fahrräder mit – oft sogar zuschlagsfrei.

Übernachten

Zimmer Eine hotelähnliche Unterkunft findet sich praktisch in jedem größeren Dorf. Allerdings hält sich die Begeisterung französischer Hoteliers gegenüber „Eintagsfliegen", wie es die meisten Radler nun mal sind, in Grenzen. Zahlreich sind **Hotels** mit einem oder zwei Sternen (DZ * ab 40 €).

Preiswerter, bei vergleichbarem Standard, sind die 3000 staatlich geförderten kleinen Hotels der Kategorie **Logis de France** (DZ * ab 35 €, *www.logis-de-france.fr*), und **Landgasthöfe** (Auberges). Zunehmend werden auf dem Land auch **Privatzimmer** mit Frühstück – **Chambres d'hôtes** – vermietet. 55.000 Privatzimmer und Ferienhäuser auf dem Lande können über den Verband **Gîtes de France** gebucht werden: *www.gites-de-france.fr*

Rund 350 **Jugendherbergen** werden von den Verbänden FUAJ und LFAJ betrieben. Zur Übernachtung ist ein IYHF-Ausweis erforderlich, Schlafsack darf benutzt werden. In den Ferienzeiten (Ostern, Sommer) limitieren FUAJ und LFAJ die Aufenthaltsdauer auf drei Nächte, Vorausbuchung ist dann ohnehin ratsam.
FUAJ: *www.fuaj.org*
LFAJ: *www.auberges-de-jeunesse.com*

Noch weit zahlreicher als Jugendherbergen sind die 4000 **Gîtes d'Étape.** In diesen populären, meist etwas außerhalb gelegenen Wanderhütten können Radler und Wanderer bis zu drei Nächte im eigenen Schlafsack übernachten und die Selbstkocherküche nutzen: *www.gites-refuges.com*

Camping *www.campingfrance.com*
Frankreich ist das Land der über 11.000 Campingplätze. Ähnlich wie Hotels werden sie mit 1 bis 4 Sternen bewertet und sind in der höchsten Kategorie genauso teuer wie ein preiswertes Zimmer. Solche Plätze finden sich vor allem an den Badeküsten von Côte d'Azur und Côte d'Argent. Riesig ist die Zahl preiswerterer Plätze, die selten direkt an der Küste liegen: Zeltplätze auf Bauernhöfen (Camping a la ferme), Biwakplätze (Aire naturelle) und kommunale Zeltplätze (Camping Municipal). Preise: 2 Pers./Zelt um 10 €. Das Gros der Plätze ist zumindest von Mitte Juni bis Mitte September geöffnet, viele auch schon ab April. Natürlich gibt es auch ganzjährige Plätze. Wer es genau wissen will, bestellt sich für 12 € den umfassenden Camping-Führer von *CampingFrance.com.*

Freies Zelten ist offiziell nur mit Zustimmung des Grundbesitzers erlaubt. Zurückhaltung ist angebracht in Naturreservaten und waldbrandgefährdeten Regionen (Provence, Côte d'Azur, Korsika). Ansonsten finden sich fast immer und überall Möglichkeiten.

Timm Freytag: „Auf unserer Cevennen-Tour zelteten wir ausschließlich wild. Ging ganz hervorragend. Fantastische, wildromantische Zeltplätze gehabt." *T. Seffers:* „Wir haben viele Nächte wild gezeltet, hinter Dünen und auf Obstplantagen. Dort wuchsen uns die Äpfel buchstäblich in den Mund. Der Besitzer, der mit einem Gewehr vorbeiknatterte, hatte es nicht auf uns abgesehen, sondern auf Kaninchen."

Elisabeth Eichler: „Wild campen an der Dordogne, am Plantagenrand oder sonst in der Natur war nirgends ein Problem. Wir empfanden es als fairen Preis, dafür zumindest auf die Ökologie zu achten, also nichts wegzuwerfen, nichts zu zerstören usw... In der Nähe von Wohngrundstücken gehört es sich, den Besitzer zu fragen. Oft wurden wir dann erst einmal zu einem Glas Wein eingeladen."

Karten und Literatur

Tourenkarten und –führer speziell für Frankreich: *www.cartovelo.com*
Franz. Pässeführer und -atlanten für Radler: *www.altigraph.fr*
Weitere Adressen zum Bezug von Karten und Reiseführern im Anhang

Tourenkarten

- Michelin: 1:200.000, flächendeckend in 36 bzw. 16 Bl.; aktuell und informativ (zeigt Campingplätze aber nur indirekt, Camping-Führer s. Camping), in F halb so teuer wie in D. Michelin: *www.michelin.fr*
- Empfehlenswert: IGN (Institut Gographique Nationale, *www.ign.fr*): 1:1 Mio., Bl. 906, „France VTT & Randones Cyclos"; Übersichtskarte mit Routen und Adressen permanenter FFCT-Radveranstaltungen und den vom CNVTT (MTB-Verband) anerkannten MTB-Zentren.
- IGN: „Série rouge", 1:250.000, flächendeckend in 16 Bl.; gröbere Darstellung, weniger empfehlenswert.
- Empfehlenswert: IGN: „Série verte", 1:100.000, flächendeckend in 74 Bl.; Topokarte mit Höhenlinien und kleinsten Fahrwegen, in F billiger als in D. Für MTB-Touren empfehlen sich die IGN-Topokarten 1:50.000 / 1:25.000 (série bleue).
- Reise Know-How, World Mapping Project: Bretagne 1:200.000. Normandie 1:200.000. Stabiles Papier ohne störenden Umkarton. Höhenlinien. Viele Infos. 7,90 €.

Tourenführer

(Web-Adressen der Verlage im Anhang)

- Kettler Vlg.: (1) „Südwest-Frankreich per Rad (Auvergne – Aquitanien – Pyrenäen)"; (2) „Südost-Frankreich per Rad (Provence – Alpen – Côte d'Azur)"; (3) „Nordost-Frankreich" (Burgund – Elsass – Lothringen); (4) „Korsika per Rad". Radreiseführer mit variablen Routennetzen.
- Bruckmann Vlg.: (1) „Loire"; (2) „Elsass und Vogesen". Handliche Radtourenführer. Schön gemacht.
- Stöppel Vlg.: (1) „Elsass, Nord"; (2) „Elsass, Süd"; (3) „Loiretal". Radtourenführer. Teilweise älter.
- Esterbauer Vlg. (Bikeline): (1) „Radatlas Bretagne"; (2) „Radatlas Elsass"; (3) „Loire-Radweg"; „Radatlas Provence".

Fahrrad

Ausstattung

Für klassische Touren mit Gepäck: Bergtüchtige Gangschaltung, fitte Bremsen und nicht zu schmale Reifen (relativ rauh ist der Straßenbelag vor allem in der Provence, ansonsten gut bis rennradtauglich). Eine *nicht* zu aufrechte Sitzposition (Lenker, Vorbau, Vorlauf) hilft, bei Wind und Wetter die Contenance zu wahren.

Seit 2008 sind Radler – bei schlechten Sichtverhältnissen (Dämmerung, Nacht, Nebel, Regen) außerhalb geschlossener Ortschaften – zum Tragen einer EU-konformen **Warnweste** verpflichtet (Geldbuße 35 €).

Reparaturen Fahrradläden finden sich in größeren Orten, sind insgesamt aber seltener als in D. Die früher rein französischen Ersatzteillager sind inzwischen international sortiert. Generell sind die Läden eher am Radsport orientiert, so dass Tourenradler oft nur eine beschränkte Auswahl an Ersatzteilen vorfinden, beispielsweise sind Straßenreifen für MTBs kaum verbreitet.

Schwer erhältlich sind auch bestimmte Speichenlängen, 27-Zoll-Reifen und Schläuche mit Dunlop-Blitzventil (notfalls passt ein Schlauch mit Sclaverand-Ventil). Kleinere Fahrrad-Wehwehchen verarztet auf dem Land auch der Automechaniker.

Mieten Gute MTBs können in den „Centres VTT de FCC“ gemietet werden (Adressen in der IGN-Karte 906, s. o.).

Straßen und Wege

Straßenklassifikation Wer die Nationalstraßen meidet, wird seine Freude haben an den verkehrsarmen, durchgehend nummerierten und gut beschilderten „Département“-Straßen (D). Durchweg stark befahren sind alle Nationalstraßen (N) und solche Département-Straßen, die in den Michelin-Karten rot eingezeichnet sind. Besonders verkehrsarm sind hingegen die zahlreichen, in den Michelin-Karten farblos eingezeichneten Straßen (am schönsten die zugleich grün markierten). Allerdings sind diese kleinen D-Straßen in puncto Steigungen oft nicht zimperlich; auf die Steigungspfeile ist diesbezüglich wenig Verlass.

Verbindet das Mittelmeer mit dem Atlantik – Canal du Midi

Radwege Seit die französischen Kommunen das Fahrrad als umweltfreundliche Alternative zum Auto entdeckt haben, gibt es immer mehr **Radwege** (piste cyclable) in den Städten. Außerhalb von Ortschaften dürfen Fußwege, soweit vorhanden, mitbenutzt werden. Landschaftlich reizvoll, jedoch oft nur mittelmäßig beschaffen, sind die **Treidelwege** des über 4000 km langen Kanalnetzes dar. *Beispiele:* **Canal de l'Ourcq** (nordöstliche Banlieue - Vororte - von Paris, ab Gressy 40 km Radweg bis zum Parc de la Vilette in Paris); **Rhein-Rhône-Kanal** (s. Text); **Canal de Bourgogne** (westl. Dijon); **Canal du Midi** (insges. 260 km und 64 Schleusen, nicht beschildert, oft verläuft der gefühlt bessere Weg auf der anderen Seite, Toulouse - Carcassonne 70 km fantastischer Radweg, Carcassonne - Sête teils auf Nebenstraßen). Leider gibt es auch viele Treidelwege, die nicht mehr gewartet werden und eher an Singletrails erinnern.

Der durch Frankreich führende **EuroVelo 6** verbindet Wege entlang von Flüssen und Kanälen zu einer steigungsarmen Route durch Frankreich (vom Atlantik zum Schwarzen Meer, www.eurovelo6.org).

Verkehr Zwar wird zumindest das Rennrad in Frankreich als „kleine Königin" verehrt, doch das Verhalten der **Autofahrer** gegenüber Normalradlern ist paradox: Ist der Verkehr gering, werden Radler respektvoll behandelt; ist der Verkehr dicht, werden Radler kaum noch für vollgenommen und an den Rand gedrängt. Manchmal hat dieses Verhalten aber auch einen speziellen Grund. *Olaf Korbanek:* „Mehr als einmal sind wir an der Schlucht des Verdon gefährlich überholt worden, da die Fahrer offensichtlich zu sehr in die Landschaft vertieft waren."

Offroad (VTT)

Sprachlich korrekt heißt das Geländerad in Frankreich **Velo Tout-Terrain** (VTT). Benutzer eines VTT dürfen sich in Frankreich erdferkelwohl fühlen. Neben zigtausend Kilometern von Feld- und Forstwegen bieten sich auch viele Wanderwege zum Biken an. Wanderer und Biker begegnen sich partnerschaftlich.

Etwa 30.000 km VTT-Routen, darunter viele beinharte Downhill-Trainingsstrecken, sind mittlerweile landesweit markiert, meist in der Umgebung sog. VTT-Zentren. Verzeichnet sind diese Spots, die noch weitere MTB-Kriterien erfüllen, in der IGN-Karte 906. Eines de beliebtesten MTB-Reviere ist das weitläufige Métabief im französischen Jura.

Jede Menge GPS-Tracks für „VTT"-ler auf *www.utagawavtt.com, www.bicirutas.net.*

Leichtere Offroad-Strecken finden sich auch bei den „Grünen Wegen": *www.voies-vertes.info*

Tacho auf Null und los

beweisen. Nach dem Dörfchen Vars (1640 m) mit seinem munter machenden Quellwasserbrunnen zieht sich die Straße steil durch den monströsen Wintersportort Vars les Claux (1900 m), wo letztens ein Snow-Mountainbike-Downhill-Weltrekord aufgestellt wurde: 220 km/h, schneller sind nur noch die Kollegen auf Skiern: 243 km/h! Auch im Sommer ist der Ort stark besucht: Gepanzerte Downhill-Biker drücken sich mit ihrem Bike in die Seilbahnkabine und üben fürs nächste Downhill. Ach ja, der Pa ss kam dann auch noch.

Das ist ja wohl das Gipfelchen!

Allmählich schreckt uns keine Höhe mehr. Im Gegenteil, nach dem Col de Vars wollen wir jetzt auch noch den Cime de la Bonnette verfrühstücken. Immerhin, 2802 m, wird vielleicht ein spätes Frühstück werden. Ausgangsort ist Jausiers auf 1270 m. Es ist diesmal weniger die Landschaft, die reizt, als das Etikett „höchste Straße Europas" und die Aussicht auf eine sich daran anschließende, 90 km lange Abfahrt bis Nizza. Etwas sonderbar ist das mit der „höchsten Straße" allerdings schon, denn schließlich kann man in der spanischen Sierra Nevada bis auf 3200 m gegen die Schwerkraft anradeln; vielleicht meinen die die höchste asphaltierte Straße. Als wir den eigentlichen Pass, den **Col de la Bonette** auf 2715 m erreichen, sehen wir, dass der **Cime de la Bonette** nur eine Spaßrunde um das Bonette-Gipfelchen ist. Ein letzter Kraftakt – die 1 km lange „Spaßrunde" hat doch glatt 15% Steigung – dann zeigt auch der im Tacho integrierte Höhenmesser endlich die versprochenen 2802 m (so ungefähr jedenfalls). Nötig wäre es nicht mehr gewesen, um nach Nizza zu gelangen. Aber, es musste sein.

Sprungbrett Nizza

Nizza, du bist unser Sprungbrett nach Korsika! Leider ist heute Montag, und dieser Wochentag ist den französischen Fahrradhändlern heilig. So heilig, dass ich meinen ziemlich desolaten und völlig unrunden Hinterradreifen erstmal weiterfahren muss. Das heißt, ich wechsle ihn nach vorne, wo er nicht so stark belastet wird. Wir kaufen noch ein Faß Himbeermarmelade, denn auf Korsika soll alles so teuer sein. Ist aber nur ein Gerücht. Von den beiden konkurrierenden Fährlinien wählen wir mit der französischen SNCF die Niete. Die italienische Corsica Ferries wäre nur halb so teuer gewesen und hat bessere Schiffe.

600 km Korsika Für die letzten acht Tage verschreiben wir uns Korsika. Unsere 600 km lange Insel-Schnuppertour beschert uns neben vielen weiteren Höhenmetern widersprüchliche Eindrücke. Da sind zunächst die landschaftlichen Reize des Inselinnern (Gebirge, Wälder, Wasserfälle), dann die pittoreske Westküste und der Inselfinger Cap Corse (Korsika en miniature). Auf der anderen Seite ist da aber auch das Gefühl, auf einer Insel des Niedergangs zu sein. Viele Häuser stehen leer, die Campingplätze sind überraschend primitiv, das Straßennetz wird nur zögerlich gewartet (viel welliger alter Asphalt), und dennoch ist Korsika im Juli und August rappelvoll. Auf manchen Plätzen stehen die Zelte so dicht, dass man seinem Nachbarn den Rotwein über den Schlafsack gießen kann. Uups, pardon! Schön hier auf Korsika, was?

Rückenwind Schließlich bringt uns die Fähre wieder aufs Festland. Diesmal das italienische. Von Livorno ist es mit Rückenwind nur noch eine flockige Tagesetappe bis Florenz. Diese großartige Stadt der Renaissance hat für uns auch eine sehr praktische Bedeutung: Täglich startet hier der Brenner-Express samt Packwagen in Richtung München!

Tour-Infos

Zeitraum:	Juli/August
Abgespult:	2500 km in 32 Tagen, 19.800 Hm
Zuladung:	25 kg pro Fahrrad (mit Campingausrüstung und Proviant)
Pannen:	Ein Hinterradreifen an der Felgenschulter aufgeplatzt

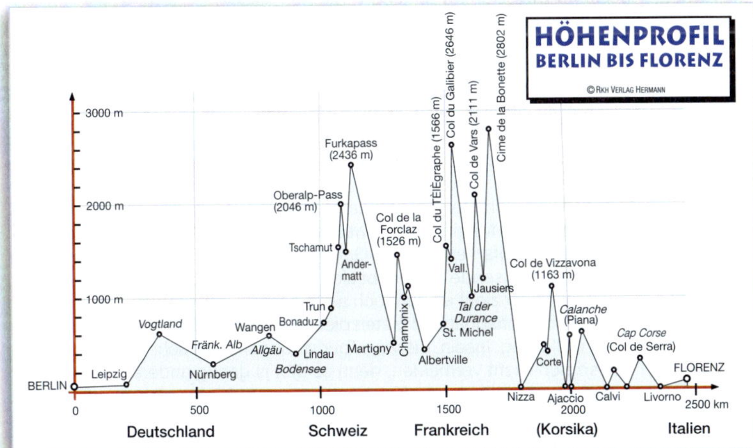

GR GRIECHENLAND

Daten

132.000 qkm • Ausd. 660 x 640 km (ohne Inseln) • 10,7 Mio. Einw. • 81 Ew./qkm

Land

Landschaftlich ist Griechenland ein im Meer verwurzeltes Gebirge. Nur ein Fünftel des Landes entfallen auf tiefer gelegene Küstenstreifen und auf Beckenlandschaften. Dominierend sind rund 2000 bergige Inseln und ein vor Urzeiten zerbrochener Gebirgsbogen. Vom Pindosgebirge im Norden (bis 2637 m) pflanzt sich dieser Bogen über drei weitere Massive auf die Halbinsel Peloponnes fort (bis 2407 m), taucht dann ab, um auf Kreta erneut Flagge zu zeigen (bis 2456 m), hebt sein Haupt dann ein letztes Mal auf Rhodos (bis 1215 m).

und Leute

Fast 400 Jahre gehörte Griechenland zum Osmanischen Reich. Diese traumatische Zeit der Fremdherrschaft haben die Griechen den Türken bis heute nicht verziehen. Auch im Griechisch-Türkischen Krieg hatten die Griechen das Nachsehen (1920-1922). Die Folge war ein großer Bevölkerungsaustausch. 1,5 Millionen sog. Pontosgriechen mussten ihre Heimat Kleinasien verlassen und landeten im „Mutterland". In den folgenden Jahrzehnten war Griechenland eines der Armenhäuser Europas, so dass 3 Millionen Griechen auswanderten.

Eine wichtige Rolle spielt bis heute die griechisch-orthodoxe Kirche, der fast die gesamte Bevölkerung angehört. Kirchen und Kapellen gehören zu Griechenland wie Ziegen und Olivenbäume.

Sprache: Schnell erlernen lassen sich das griechische Alphabet wie auch einzelne Wörter und deren Aussprache. Schwierig ist hingegen die Grammatik. Relativ viele Griechen sprechen Englisch (Ex-Auswanderer).

Per Rad erfahren

Hellas ist kein kunstsinniges Land wie Italien, sondern ein rustikales, bäuerlich geprägtes Land mit einer Unmenge antiker Ruinenfelder und mediterranen Landschaften – teils arkadisch, teils ausgeglüht. Griechenland hat durch seine EU-Mitgliedschaft viele erstaunlich gute Straßen erhalten, die oft nur wenig befahren sind. Da Griechenland zudem eine gute Infrastruktur für Individualreisende hat, ergibt sich viel Freiraum für spontane Ideen. Die meisten Radler zieht es dennoch auf die Inseln. Sie sind als Tourenreviere hübsch überschaubar und bieten diesen attraktiven Mix aus Gebirge, Meer und Inselfeeling. Inseln, die vom Tourismus schon zu sehr gezeichnet sind, lassen sich leicht vermeiden, denn es gibt ja genug andere.

Als Abwechslung und Kontrastprogramm bietet sich das Festland. Fernab des Meeres gibt es hier Gegenden zu entdecken, die vom Tourismus völlig unbeleckt sind.

ROUTEN & REGIONEN

Nordgriechenland

Wer Nordgriechenland hört, denkt oft nur an Thessaloniki und die Chalkidiki. Alles was darüber liegt, genießt keinen besonderen Aufmerksamkeitswert bei Griechenland-Reisenden: Es mangelt an Stränden, sehenswerten Altertümern und der Leichtigkeit des Südens. Stattdessen viel Landwirtschaft, Industrie und ein relativ nüchterner Menschenschlag. Viele umgesiedelte „Pontosgriechen" vom Schwarzen Meer leben hier. Radler können dem nördlichen Griechenland aber durchaus auch positive Seiten abgewinnen:

- Hauptstraßen mit leichtem bis moderatem Profil
- zumindest streckenweise schöne Szenerien
- nicht zu heiße Sommer
- insgesamt wenig Tourismus
- kein dickes Pflichtenheft in puncto Sehenswürdigkeiten; interessant aber: Kastoria, Edessa, Vergina, Veria, Pella, Thessaloniki, Serres, Philippi, Kavala
- Möglichkeiten für anspruchsvolle Touren durch ursprüngliches Hinterland (Rhodopen, Kastoria-See).

Via Egnatia Wer Makedonien und Thrakien der Länge nach in Richtung Istanbul durchqueren will, kann der Route folgen, die schon die Römer für den besten Weg hielten. Zwar ahnten sie noch nichts vom Fahrrad, aber ihre Straßen führten stets durch möglichst leichtes Gelände. Als Handelsstraße entstand so ab 146 -. Chr. die **Via Egnatia** zwischen Durrës (Albanien), Thessaloniki und Istanbul. Mit 750 römischen Seemeilen, oder 1110 km, war sie die längste der antiken Römerstraßen. Noch immer ist der heutige Straßenverlauf der E 86 und E 90 zu großen Teilen mit dem der Via Egnatia identisch. Hie und da können Radler sogar noch parallel verlaufende, überwucherte Abschnitte der alten Pflasterstraße entdecken (bspw. östlich von Alexandroupoli). Eine allzu romantische Verklärung dieser Route verhindert allerdings der Verkehr, der besonders zwischen Thessaloniki und Kavala sehr dicht ist. Erwägenswert ist in diesem Bereich die anstrengendere Nordroute über Serres und Drama.

Chalkidiki Mal wird die Silhouette der Chalkidiki als „Dreizack des Poseidon" beschrieben, mal als „Hand mit drei Fingern". Insgesamt ist die 3000 qkm große Halbinsel grün und fruchtbar, im Südwesten relativ flach, ansonsten überwiegend hügelig bis bergig. Ein von NW nach SO verlaufendes, berggiges Hochland (um 800 m) beherrscht den „Handteller". Viele Sehenswürdigkeiten gibt es nicht: Die Altstadt von Poligiros, die Tropfsteinhöhle Petralona, vielleicht noch die Ausgrabungen von Olynthos.

Wer die Chalkidiki umrunden will, muss auch unbefestigte Wegstrekken in Kauf nehmen. Die schönsten Strecken hat's im Herzen der Chalkidiki, rund um das Bergmassiv **Holomondas** (1165 m) mit Blick auf die drei Inselfinger.

Der westliche Finger, **Kassandra,** ist nur leicht bergig (353 m) und hat neben Sithonia die besten Strände Griechenlands, die immer mehr Touristen anziehen (hauptsächlich an der östlichen Küste).

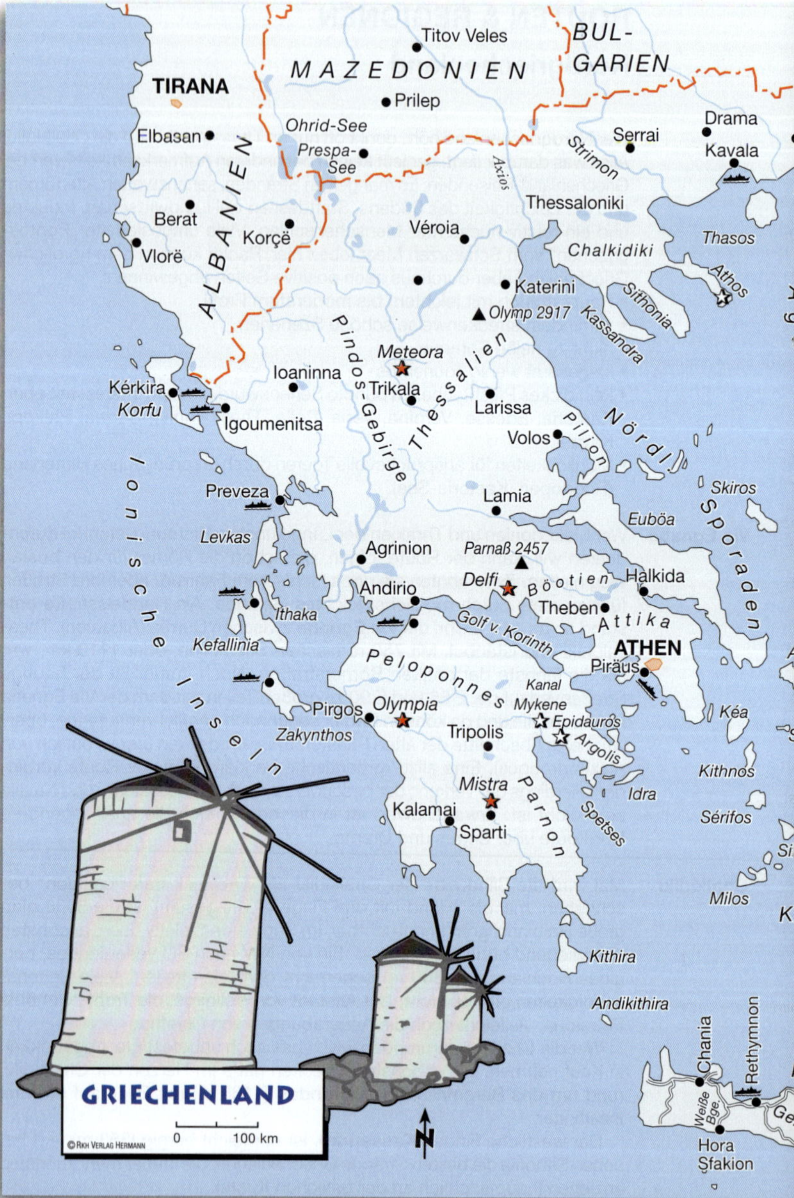
Titov Veles
BUL-
GARIEN
MAZEDONIEN
TIRANA
Prilep
Ohrid-See
Drama
Elbasan
Prespa-
See
Serrai
Kavala
Strimon
Axios
ALBANIEN
Thessaloniki
Berat
Véroia
Korçë
Thasos
Vlorë
Chalkidiki
Katerini
Athos
Sithonia
Olymp 2917
Kassandra
Pindos-Gebirge
Thessalien
Meteora
Ioaninna
Kérkira
Trikala
Korfu
Larissa
Igoumenitsa
Pilion
Nördl.
Volos
Ionische Inseln
Skiros
Preveza
Lamia
Sporaden
Euböa
Levkas
Agrinion
Parnaß 2457
Delfi
Böotien
Halkida
Andirio
Ithaka
Theben
Attika
Golf v. Korinth
Kefallinia
ATHEN
Piräus
Peloponnes
Kanal
Mykene
Kéa
Pirgos
Olympia
Epidauros
Zakynthos
Tripolis
Argolis
Kithnos
Mistra
Parnon
Idra
Spetses
Kalamai
Sparti
Sérifos
Milos
Kithira
Andikithira
Chania
Rethymnon
Weiße Bge.
Hora Sfakion
GRIECHENLAND
0
100 km
© RKH Verlag Hermann

BUL-
GARIEN
Edirne
Kirklareli
Kiyiköy (Miti)
Schwarzes
E87
Bosporus
Türkisch-Thrakien
E80
Drama
Komotini
Kavala
Ardanion
E84
Gebze
Izmit
Alexandroupolis
Marmara-Meer
Samothraki
Thasos
Dardanellen
Bandirma
Bursa
Athos
Canakkale
Troja
Limnos
Balikesir
TÜRKEI
Edremit
Lesvos
Mitilini
Skiros
Sporaden
Ägäische Inseln
Ägäis
Manisa
Izmir
kida
Chios
Ödemis
Chios
Andros
Aydin
Denizli
Samos
Kéa
Tinos
Ikaria
Siros
Mikonos
Kithnos
Naxos
Mugla
Paros
Sérifos
Kos
Sifnos
Amorgos
Dodekanes
Milos
Kykladen
Astipalaia
Rhodos
Tilos
Santorin
Lindos
Rhodos
Karpathos
Chania
Rethymnon
Kreta
Mittel-
meer
Kasos
Agios Nikolaos
Weiße Bge.
Ida Gebirge
Iraklion
Vai
Hora
Sfakion
Ierapetra

Euböa (3650 qkm, bis 1750 m) Über eine Drehbrücke ist Euböa bei Halkida mit dem attischen Festland verbunden. Da Griechenlands zweitgrößte Insel nicht übermäßig reich an schönen Stränden ist, gibt es wenig Tourismus. Um so mehr Platz haben Biker auf der 175 km langen Insel, die sich als Gebirgszug mit fruchtbaren Tälern, sprödem Karst und billigem Bauland darstellt. Da Euböa wegen der steil abfallenden Ostküste keine Ringstraße besitzt, empfiehlt sich von Athen aus der südliche Einstieg. Per Fähre geht es vom Hafenort Rafina nach **Karistos,** dem angeblich „griechischsten" Ort Euböas. Wenig befahren pendelt die Straße dann zwischen 200–400 m durch karstiges, oft auch unansehnliches Bergland nordwärts, senkt sich nach Halkida auf Meeresniveau, führt an unfertigen Streusiedlungen vorbei, und steigt in der bewaldeten Nordhälfte Euböas bis Agios auf 605 m. Der Norden ist zugleich das landschaftliche Sahnestück Euböas, sehr grün und abwechslungsreich und eigentlich die Hauptsache, die wirklich für Euböa spricht.

Tipp: Nicht auf der Inselmagistrale bis zum Nordende kurbeln, sondern bei Strofilia auf die westliche Küstenstraße nach Limni wechseln. Von dort weiter bis *Loutra Edipsou* (Fähre nach Arkitsa) bzw. *Agiokambos* (Fähre nach Glifa) bzw. Orei (Fähre nach Volos).

Peloponnes

Überblick Bis zum Bau des **Kanals von Korinth** (1893) war die Peloponnes eine Halbinsel. Heute verbindet sie nur noch eine Straßenbrücke mit dem Festland. Faktisch ist die Peloponnes nun eine große Insel (21.400 qkm) mit dünner Besiedlung (47 Ew./qkm). Von rauh bis mediterran reicht das Landschaftsspektrum dieses urgriechischen Siedlungsraumes, den hochkarätige Sehenswürdigkeiten adeln: Etwa das „schönste Amphitheater der Welt" in *Epidaurus,* die von Schliemann ausgegrabenen Mykener-Burgen in *Tirintha* und *Mikines,* die byzantinische Geisterstadt *Mistra,* die 2300 Jahre alte Stadtmauer von *Messene,* der Tempel von Vasses (einer der besterhaltenen Griechenlands), das antike Ruinenfeld von *Olympia.*

„Historische" Orte sind auch Kalavrita und das Kloster *Agia Lavra.* An solchen Orten wird peinlich bewusst, wie brutal deutsche Truppen Griechenland im Zweiten Weltkrieg besetzt hielten.

Argolis-Halbinsel An das wilde Berg- und Hochland im Zentrum der Peloponnes schließen sich zur Küste hin sanftere Landschaften an. Aus Süd- und Ostküste hat das Mittelmeer vier Halbinseln präpariert. Von der östlichsten, der **Argolis-Halbinsel,** können Gepäckradler, die eine Abwechslung suchen, Abstecher zu den Inseln Idra und Spetses machen (beide so gut wie autofrei), Quartier im Hauptort nehmen und mit nunmehr erleichtertem MTB bzw. Trekkingbike die hübschen Inseln auf Wirtschaftswegen erkunden. **Spetses** ist dicht bewaldet und bis 250 m hoch, **Idra** ein felsiges „Piratennest" und bis 590 m hoch.

Küstenrouten auf der Peloponnes Die Schwemmlandebenen um die Flussmündungen von Alfios und Pinios im NW sind, abgesehen von ihrer Flachheit, für Radler völlig reizlos (Agrarwüsten, Industrien, Verkehr). Etwas freundlicher ist der weitere Verlauf der **Westküstenstraße** bis zur messenischen Halbinsel (viele Sandstrände).

Die flache **Nordküstenstraße** führt durch Badeorte, Zitrus- und Olivenhaine, bietet schöne Blicke auf den *Golf von Korinth* und wird vom Autoverkehr wegen der parallelen Schnellstraße nicht übermäßig frequentiert. Mäßig befahren ist auch die aus-sichtsreiche **Ostküstenstraße** zwischen Leonidio und Astros.

Die für Radler attraktivste, aber auch anstrengendste Küstenstrecke führt auf und über die herbe **Mani-Halbinsel:** Von *Kalamata* an den Hängen des Taygetos entlang über *Areopoli* und die *Höhlen von Dirou* (super!) nach *Gerolimenas,* von *Alika* über das Sangias-Gebirge zur Mani-Ostküste und mit vielen Ausblicken via *Kokkola* zurück nach *Areopoli.*

Mani-Halbinsel (Peleponnes)

Inlands-routen auf der Peloponnes

Wie das so ist, finden sich die schönsten Strecken wieder mal in den bergigen Regionen, hier also dem Berg- und Hochland der mittleren Pelo-ponnes. Landschaftlich reizvoll und überwiegend verkehrsarm sind folgende Touren:

- Von **Patra** nach **Kalavrita** (Anstieg bis 850 m)
- Von **Olympia** durchs arkadische Hochland nach **Tripoli** (am allerschönsten die Nebenstrecke über Dimitsana und Hrissovitsi)
- Von **Megalopoli** über Tripoli in Richtung **Nafplio**
- Von **Kalamata** durchs Taygetos-Gebirge nach **Sparti** (Anstieg bis auf 1300 m, höchster Straßenpass der Peloponnes)
- Von **Sparti** durchs lakonische und arkadische Hochland nach **Tripoli** (Anstieg bis 950 m)
- Von **Geraki** durchs Parnon-Gebirge nach **Leonidio** (Anstieg bis 1200 m).

Griechische Inseln

Es gibt wohl kaum einen Griechenland-Radler, den es nicht auch auf eine der 200 bewohnten Inseln verschlägt (insgesamt gibt es 2000 Inseln). Als eigenständige Tourengebiete empfehlen sich vor allem Kreta und Rhodos. Inselspringer sollten berücksichtigen, dass es oft an Querverbindungen zwischen den Inseln mangelt und Umwege erforderlich sind.
Einige Insel-zu-Insel-Verbindungen bestehen auch nur in der Hochsaison. Die Fahrpläne der großen Reedereien sind überwiegend zuverlässig. Eine Zusammenfassung der Fahrpläne ist über die Tourismus-zentrale EOT erhältlich. Über aktuelle Veränderungen sind die Reisebüros vor Ort am besten informiert. Hauptdrehkreuz in der Ägäis ist die Kykladen-Insel Paros. Von hier aus bestehen Verbindungen zu den meisten Kykladen-Inseln, den Dodekanes sowie Kreta und Samos.

Ideal für Inseltouren sind Vor- und Nachsaison. Ambitionierte Inselspringer sind allerdings mit der Hauptsaison besser bedient.

Ionische Inseln

Korfu, Lefkas, Ithaka, Kefallinia und Zakynthos sind die fünf wichtigsten der Ionischen Inseln vor der Westküste Griechenlands. Die meisten dieser Inseln sind fruchtbar und mit subtropischer Vegetation bedeckt. Ihr Klima ist mild. Die Landschaften sind bergig, aber selten schroff, die Kontraste weicher als bei der östlichen Inselwelt Griechenlands. Auch das weit abgeschlagene Kithira, zwischen Peloponnes und Kreta gelegen, wird zu den Ionischen Inseln gezählt.

Korfu (593 qkm, bis 906 m) – Die grünste aller Inseln, in diesem Punkt daher auch die ungriechischste. Sehr gutes Straßennetz. Landschaftlich schön, aber teilweise doch arg touristisch. Im Inselinnern zwar noch recht traditionell, aber viel Ausflugsverkehr zu den Sehenswürdigkeiten. *Timm Freytag und Julia Kreß:* „Korfu ist zwar sehr schön, aber in den Sommer-monaten viel zu überlaufen. Tausende motorisierter und meist auch alkoholisierter Nordeuropäer machen das Radfahren sehr ungemütlich. Kann man wirklich nicht empfehlen.“ Das überwiegend bergige Profil erfordert relativ viel Bein- und Bremsarbeit. Es finden sich zwar auch einsame Nebenstraßen, aber insgesamt ist Korfu eher eine Insel für Biker, die lieber auf Schotter als Asphalt fahren. Insbesondere rund um den 906 m hohen Pantokrator verlaufen viele, oft anspruchsvolle Trails. Einen guten Bikeshop gibt es in Dassia. Korfu-Fanseite: *www.corfu.de*

Lefkas (Lefkada) (292 qkm, bis 1141 m) – Mit dem Festland durch einen Straßendamm verbunden. Typisch griechisches Landschaftsbild mit karstigen Bergen und fruchtbaren Tälern mit Weinanbau. Am schönsten der Südwesten mit Kalksteinklippen und Kieselstränden (Standort Vasiliki). Gutes Straßennetz.

Ithaka (94 qkm, bis 806 m) – Mythenreiche Individualisteninsel. Felsig, steinig, karg und dennoch reizvoll. Ein Golf trennt die beiden Bergmassive. Brauchbares Straßennetz. Anspruchsvolles Profil.

Kefallinia (743 qkm, bis 1628 m) – Größte und gebirgigste der Ionischen Inseln. Grün und vielgestaltig. Mäßiger Tourismus. Schöne Strecken im N mit Blick auf die Nachbarinseln. Brauchbares Straßennetz. Anspruchsvolles Profil.

Zakynthos (406 qkm, bis 756 m) – Sanft und freundlich, grün und fruchtbar ist die italienisch wirkende „Blume des Orients“. Viele Badestellen mit Tourismus. Einsamer hingegen das Bergland im Nordwesten. Gutes Straßennetz (sehr gut im Osten, viel Schotter im Westen) mit vielen leichteren Strecken in den Ebenen und Tälern, gut für Einsteiger.

Kithira (285 qkm, bis 490 m) – Felsig-karg, nur strichweise grün. Bewohntes Hochplateau mit tiefen Tälern. Schroffe Küsten. Untouristisch. Mäßiges Straßennetz.

Ägäische Inseln

Rund 1300 Inseln und Inselchen schwimmen zwischen Makedonien und Kreta im Ägäischen Meer. Rund 600 km liegen zwischen nördlichster (Thasos) und südlichster (Kasos) Insel in der Ägäis. Generell geht auf den Inseln immer ein Wind, der auch die größte Sommerhitze erträglich macht. Wenn allerdings der **Meltemi** bläst, kommt es insbesondere in den Sommermonaten immer wieder mal zu einer stürmischen Periode, die 2–4 Tage anhält. Meist hat der Meltemi seinen Schwerpunkt bei den Kykladen. Im Folgenden eine Auflistung der interessantesten Radlerinseln in der Ägäis.

Nordägäische Inseln

Thasos (398 qkm, bis 1227 m) – Fruchtbar, dichte Wälder und Olivenhaine. Bäume bis an die Sandstrände. Mildes Klima. Touristisch. Hübsche 90 km lange Inselringstraße auf halber Höhe, ansonsten nur Stichstraßen in die Berge. MTB-Revier.

Samothraki (178 qkm, bis 1644 m) – eine der schönsten Inseln der Ägäis - einsam, still und unberührt (nur 2500 Ew.). Fast ständig weht ein Wind. Der höchste Berg ist der Oros Fengári, 1644 m. Das kleine Straßennetz wächst nur langsam. Irgendwann wird die Ringstraße aber wohl fertig sein. Der Rest sind einsame Pisten und Wanderwege. *www.samothraki.com*

Limnos (476 qkm, bis 430 m) – Mit Buchten und Halbinselchen stark gegliedert. Nahezu baumlos, aber viele Obst- und Weingärten auf fruchtbarem Vulkanboden. Leichtes Geländeprofil. Abgelegene Strände, daher wenig Pauschaltourismus. Ausreichendes Straßennetz.

Nordost-Ägäis

Lesbos (1630 qkm, bis 967 m) – Recht dicht bevölkert und sehr fruchtbar. Relativ untouristisch. Gegliedert durch je zwei Inselfjorde und Höhenzüge. Olivenhaine, Pinienwälder, schöne Kieselstrände und Klöster. Gutes Straßennetz, sanftes Profil. Die Umgebung von Skala Kalloni ist ein beliebtes MTB-Revier.

Chios (852 qkm, bis 1295 m) – Gebirgig schroff im Norden, einzigartige Mastixkulturen und mittelalterliche Mastixdörfer im Süden, Kloster Nea Moni. Mäßiges Straßennetz.

Samos (472 qkm, bis 1433 m) – Nur 2 km von der Türkei entfernt. Erzeugerinsel des gleichnamigen Muskatweins. Üppige Vegetation, schöne Strände. Viel Rucksacktourismus. Wanderinsel. Mäßiges Straßennetz.

Skiros (Nördliche Sporaden) (208 qkm, bis 772 m) – Eine insgesamt eher karge, aber dennoch sehr hübsche Insel mit Felsküsten, tollen Stränden und gut zugänglichen Bergen. Während der grüne Norden gut erschlossen und touristisch ist, ist der gebirgige Süden das genaue Gegenteil: karg, unberührt, untouristisch.

Dodekanes

Rhodos

1404 qkm • bis 1215 m • *www.rhodos-info.de*
Die „Roseninsel“ ist die größte der dreizehn Dodekanes-Inseln und zählt zu den schönsten Zielen im östlichen Mittelmeer. Rhodos-Altstadt, die mächtige mittelalterliche Festungsstadt, ist allein schon einen Rhodos-Trip wert. Die Insel hat aber noch mehr angenehme Seiten. Dazu gehört das Klima wegen ständiger Westwinde. Überwiegend Hügel und niedrige Berge. Byzantinische Kulturlandschaft mit subtropischen Kulturen, Zypressenwäldern und Schmetterlingstal. Ausgedehnte Sandstrände im Osten, rauhe Küste im Westen. Touristisch im Nordosten, idyllisch im Süden und im Inselinnern, dort aber auch etliche Waldbrandgebiete. Gutes Straßennetz im Norden, im Süden überwiegen unbefestigte Straßen. **Inselumrundung** auf der Küstenstraße: Höchster Anstieg im Westen (bis 700 m zwischen Kritinia und Siana); im Süden 15 km Schotterpiste; weniger idyllisch im Osten zwischen den Touristenmagneten Lindos und Rhodos-Stadt, hier ausweichen auf die Old Road.

Kos

(290 qkm, bis 846 m) – Kos gehört zu den flachsten Inseln der Ägäis und eignet sich deshalb für Gelegenheitsradler, mal die Pedale zu treten. Besonders schön ist die Insel zum Radwandern allerdings nicht, denn ihre Fläche ist voll ausgenutzt und die Auswahl an Strecken gering. Zumindest Kos-Stadt und das berühmte Asklipeion sind aber Gründe, die einen Zwischenstopp lohnen.

Tilos

(63 qkm, 651 m) Kleine Inseln können große Reize entfalten. Tilos ist so ein Beispiel. Zunächst glaubt man, hier sei der Hund begraben, aber dann stellt man fest, dass die Insel eine ganz zauberhafte, familiäre Atmosphäre hat. Trotz ihrer Kleinheit gibt es viel landschaftliche Abwechslung und zwei super Straßen, auf denen kaum ein Auto fährt.

Nissiros

(43 qkm, bis 698 m) Ein weiteres Beispiel für eine ungewöhnliche kleine Insel ist Nissiros, das einen großen, subaktiven Vulkankrater zum Zentrum hat. Abgesehen von drei bis vier vormittäglichen Tagesausflugsbussen gibt es praktisch keinen Verkehr, so dass Radler die Insel in aller Ruhe erkunden können. Herrlich.

Auffahrt zum „Antennenberg“ (Tilos)

Karpathos (300 qkm, 1215 m) Ein mächtiger Gebirgszug, der gut die Hälfte der Insel einnimmt, riegelt den schroffen Norden der Insel vom sanfteren, gut erschlossenen Süden ab. Auf Karpathos existieren noch Traditionen, die anderswo in Griechenland längst ausgestorben sind. Berühmt ist diesbezüglich das Bergdorf Olimbia, zu dem zwei spannende Straßen und eine Piste führen.

Kykladen

Halbkommerzielle Kykladen-Infoseite: *www.kykladen-inseln.de*

Etwa 210 Inseln tummeln sich in den Kykladen. Die meisten sind klein, kahl und felsig, zudem wasserarm und wenig fruchtbar. Doch die ungewöhnliche Klarheit des Lichts, der Kontrast von Weiß, Blau und Schwarzbraun, die prägnanten Landschaftsformationen und malerische Würfelarchitektur machen die Kykladen ungewöhnlich reizvoll. Einige der Inseln sind extrem touristisch, **Mikonos** an der Spitze. Szenisch einzigartig ist die Vulkaninsel **Santorin.** Wenig touristisch sind die kleineren **Westkykladen** (Kea, Kithnos, Sertifos, Sifnos, Milos).

Taubentürme (Tinos)

Naxos (428 qkm, bis 1004 m) – Größte und fruchtbarste der Kykladen-Inseln. Im NW Landwirtschaft, im SO die bewaldeten Marmorberge mit Wandermöglichkeiten. Dünnes Straßennetz. Schön der SO als MTB-Revier mit One-way-Schotterpisten bis 700 m. Offroad-Tipp: Halbrunde um den Inselsüden, von Naxos-Hafen der südlichen Küstenlinie bis Moutsouna folgend; steigungsarme, aber sandige Wege; teilweise muss auf dem Strand gefahren werden; daneben auch Schotterwege und Asphalt.

Paros (195 qkm, bis 755 m) – Hauptumsteigehafen in der griechischen Ägäis. Wird von vielen als schönste Insel der Kykladen empfunden. 70 km lang und ziemlich leicht ist die asphaltierte Inselrunde. Paros ist zugleich auch ein besonders ergiebiges MTB-Revier mit guten Pisten und viel Abwechslung. Hierzu gehört auch die Auffahrt zum Agios Ilias (755 m; ab

Angeria, erst noch Straße, dann Fahrweg). Auch die kleine Schwester **Antiparos** (35 qkm) ist kein schlechter Tipp zum Biken. Dort gibt es eine der schönsten Tropfsteinhöhlen Europas!

Tinos (194 qkm, bis 713 m) – Wunderschöne Wallfahrtsinsel mit gutem Straßen- und Wegenetz. Landschaftlich abwechslungsreich, mit grünen Tälern und venezianischen Taubentürmen. Abgesehen vom zeitweisen Pilgeransturm (in Tinos-Stadt) wenig Tourismus.

Kreta

Daten 560.000 Ew. • 8260 qkm • bis 2456 m • Info-Seite:*www.kreta-klaus.de*

Die größte Insel Griechenlands ist sich selbst genug, sie gehört keiner Gruppe an. Schließlich ist sie vielgestaltig wie ein kleiner Kontinent: Karstige Hochgebirge bis 2456 m, fruchtbare Täler und Ebenen, Höhlen, Schluchten und Plateaus, Sandstrände und Steilküsten, Palmen und Bananen, Klöster, Kirchen und minoische Ausgrabungen (Wiege der abendländischen Zivilisation). Der Tourismus konzentriert sich an der Nordküste, die anderen Küsten und vor allem das Inselinnere sind deutlich ruhiger. Sehr gutes Straßennetz. Allerdings ist per Rad keine komplette Inselumrundung möglich. Die Lücke zwischen Sfakia (Hora Sfakion) und Paleohora muss per Küstenfähre überbrückt werden. Die zahlreichen Passstraßen sind gut ausgebaut, mit Steigungen von 6 bis 12% (selten darüber). Höchste Asphaltstraße ist die Stichstraße zum Observatorium auf dem **Skinakas** (1700 m, Ida-Gebirge). Schöne Strecken gibt es überall, besonders viele in der westlichen Inselhälfte. Rauh und wild ist der Süd-Ost-Zipfel zwischen Ierapetra und Palekastro (überwiegend Schotterstraßen).

Mountainbikern offeriert die kretische Bergwelt endlos viele Pisten aller Schwierigkeitsgrade. Der Hammer sind die steinig-steilen Trails in den Gipfelregionen der Dikti-Berge und der Levka Ori. **Traversierung der Lefka Ori:** Der europäische Fernwanderweg E4 führt der Länge nach über Kreta. Zumindest theoretisch eröffnet er auch Bikern eine Chance für eine Traversierung der Lefka Ori: von der Kallergi-Hütte nach Askifoui. Über praktische Versuche ist aber nichts bekannt.

Geführte Touren, Bike-Miete, **Bike-Station:** *www.martinbike.com* (Bike-Station „Hotel Sunlight“ zw. Ag. Nikolaos und Elounda)

Einfahrt zur Triptis-Schlucht (Kreta)

Kreta-Treter von Thomas Metje

„Kreta eignet sich hervorragend für einen Fahrradurlaub. Nur die autobahnähnliche Küstenstraße im Norden sollte man meiden. Um von **Iraklion** nach Westen Richtung **Rethimnon** zu fahren, gibt es als sehr schöne Alternative die alte Nationalstraße die durchs Landesinnere führt. Etwa 5 km hinter Iraklion muss man dazu von der Hauptstraße links abbiegen. Bis Damasta geht es meist bergan, dann durch eine wunderschöne Landschaft Richtung Perama. Die Straße ist nur leicht hügelig, es gibt kaum Verkehr und kaum Höhenunterschiede. Hinter Perama führt die Straße dann wieder zur Küste hin.

Nach Osten hin bietet sich von Iraklion die Strecke über **Knossos** und Mirtia nach **Kasteli** an. Diese Route ist ebenfalls kaum befahren und landschaftlich sehr reizvoll. Von Kasteli kann man dann zur Bucht von Malia hinunterfahren, viel interessanter ist aber die Fahrt zur **Lassithi-Hochebene.** Von Kasteli über Lythos nach Aski, wo die Asphaltstraße zu einer steinigen Erdstraße wird, die aber trotzdem noch ganz gut zu befahren ist. Bis Gonies geht's bergab. Dann beginnt der lange Aufstieg zur Lassithi-Hochebene, der mit einem atemberaubenden Panorama am öchsten Punkt der Strecke belohnt wird: Zur einen Seite die Hochebene, zur anderen die Bucht von Malia! Die Ebene selbst ist absolut flach. Eine schöne Route führt hinab nach Agios Nikolaos. Auf dem Weg dorthin lohnt ein Abstecher nach **Kritsa** (!) und **Lato.**

Von **Agios Nikolaos** kann man auf der Nationalstraße nach **Sitia** fahren. Das erste Drittel ist relativ flach. Hinter der Abzweigung nach Ierapetra geht es dann bergauf. Die gesamte Strecke ist landschaftlich sehr schön, und trotz der gut ausgebauten Straße herrscht wenig Verkehr. Lohnenswert ist eine Weiterfahrt über das **Kloster Toplou** (!) zum **Palmenstrand von Vai.**

Eine weitere sehr empfehlenswerte Strecke führt von der *Hochebene von Askifou* über viele enge und steile Serpentinen hinunter nach **Hora Sfakion.** Von dort kann man dann eine der schönsten Küstenstraßen Kretas Richtung Osten bis nach **Plakias** fahren. Wenig Verkehr und landschaftlich sehr schön."

ⓘ-Box Griechenland

Einreise Die EU-Grenzen sind offen. Deutsche und Österreicher können mit dem Personalausweis einreisen, Schweizer benötigen einen Reisepass.

Geld Nach 2600 Jahren tauschten die Griechen die Drachme gegen den Euro und schafften das einst wichtigste Zahlungsmittel im östlichen Mittelmeerraum ab. Durch die nationale Schuldenkrise wird das Preisniveau ab 2010 wahrscheinlich stark ansteigen und Griechenland definitiv kein billiges Reiseland mehr sein.

Gesundheit Versicherungsschutz für GKV-Mitglieder ist gegeben. Details: *www.dvka.de*

Infos
- Griechenland-Fan-Portal: *www.in-greece.de* (große Community, viele einschlägige Links, bestes Griechenland-Portal)
- Presse- und Informationsbüro Griechenland: *www.griechische-botschaft.de*
- Weitere Griechenland-Portale: *www.griechenland-infos.de*, *www.ratgeber-griechenland.de*, *www.griechenland.de*

Wetter Mittelmeerklima mit langen, trockenheißen Sommern und milden Regenzeiten im Winter bestimmt besonders die südlichen und östlichen Teile Griechenlands. Etwas abgeschwächt durch atlantische und kontinentale Einflüsse ist das mediterrane Klima der westlichen und nördlichen Landesteile.

Wind Der Wind kommt überwiegend aus nördlichen Richtungen und wird an heißen Tagen beim Radeln als sehr angenehm empfunden. Im Tagesverlauf werden die Küsten zunehmend von See her angefächelt. Echte Störenfriede sind die sporadisch auftretenden Etesienwinde, auch Meltemia genannt. Etwa zwei bis vier Tage halten diese stürmischen NW-Winde über der Ägäis an (Schwerpunkt Kykladen). Wenn sie von der Feuchte und dem Salz des Meeres geschwängert, hinter Ecken lauern, um Biegungen pfeifen und jedes Ding auf seine Verankerung prüfen, fühlt man sich ziemlich klein. Sinnlos, ihnen die Radlerstirn zu bieten, besser abwarten und „kafe elliniko" trinken, es geht vorbei!

Reisezeit Günstig sind die Monate der Nebensaison, also März bis Mitte Juni und September/Oktober. Im Hochsommer herrscht in den geschützten Lagen des Landesinnern oft drückende Windstille, Touren sollten zu dieser Jahreszeit überwiegend in Küstennähe oder luftigen Höhen stattfinden und die heißeste Tageszeit, 14–17 Uhr, an einem schattigen Plätzchen verdöst werden.

Anreise

Per Bahn Umständlich, nicht empfehlenswert!

Per Fähre Gute Verbindungen von den italienischen Häfen Venedig, Triest, Ancona, Brindisi und Bari nach Korfu, Paxi, Igoumenitsa, Patras und Piräus. Fahrzeiten bis 38 h. Preise: 50–90 €, Fahrrad frei. Tipp von *Timm Freytag und Julia Kreß:* „Die Hafenstadt Bari ist groß und hässlich und vor allen Dingen nicht ganz ungefährlich. Für eine Überfahrt nach Griechenland würden wir eher Brindisi empfehlen."
Buchungsportale für Fähren s. Anhang („Allg. Radreise-Infos").

Per Flieger Einfachste und häufigste Art der Anreise. Charterflugziele sind Athen, Thessaloniki und alle bedeutsamen Inseln bzw. Inselgruppen. Fahrradmitnahme beim Ticketkauf bestätigen lassen.

Transport im Land

Bahnen *www.ose.gr*
Nur 2500 km umfasst das Streckennetz der Hellenischen Eisenbahnen, darunter auch die fast hundert Jahre alte Schmalspur-Ringstrecke auf der Peloponnes. Fahrradmitnahme ist offiziell nicht möglich, kann aber bei Zügen mit Gepäckwagen dennoch praktiziert werden (außer IC). Ansonsten ist nur Versand möglich.

Busse Sofern genügend Stauraum vorhanden, können Fahrräder in Überlandbussen gegen Berechnung mitgenommen werden. Sobald er sich blicken lässt, mit dem Fahrer sprechen.

Fähren *www.ferries.gr*
Fährverbindungen bestehen zu, aber nicht zwischen allen Inseln. EOT: „Da das Netz der Querverbindungen noch nicht vollständig ausgebaut ist, sind einige Inselziele nur durch Umsteigen zu erreichen." Teilweise existieren auch Küstenlinien. Wichtigste Fährline in der Ägäis ist **LANE Lines** (www.lane.gr), deren zwei Autofähren dreimal pro Woche auf Rundkurs sind. Für die Fahrradmitnahme muss nur auf reinen Personenfähren ein Obolus entrichtet werden („obolus" war im alten Griechenland übrigens die kleinste Münze). Schnellboote transportieren meist keine Bikes.

Übernachten

Zimmer Während in größeren Orten Hotels, Pensionen und Privatvermieter Zimmer anbieten, sind es in kleinen Orten meist nur die letzteren. Einfache DZ ab 20 €. In der Nebensaison sind die Preise verhandelbar. Keine große Rolle spielen Jugendherbergen, denn es gibt nur gut zwei Dutzend im ganzen Land. Aber die wenigen sind recht beliebt. Ü um 10 €. IYHF-Ausweis nicht zwingend. Bewirtschaftete Berghütten werden von den griechischen Gebirgsvereinen (E.O.S. usw.) unterhalten. 43 gibt es in Mittel- und Nordgriechenland, eine auf Euböa, 7 auf der Peloponnes, 4 auf Kreta. Auch Nichtmitglieder sind willkommen.

Zelten Die meisten der insgesamt 300 Campingplätze konzentrieren sich auf beliebte Küstenabschnitte, besonders viele auf der Halbinsel Chalkidiki. Nur ausnahmsweise findet sich auch landeinwärts ein Platz. Preise 5–10 €/Zelt. Öffnungszeiten überwiegend von April bis Oktober.

mehr weit bis zum Pass. Und anschließend wird, nach vier Kilometern bergab, Kosmas auftauchen, ein gemütliches kleines Dorf mit ein paar Tavernen und viel Essen und Trinken.

Mittlerweile habe ich ein paar weitere Serpentinen hinter mir. Allmählich lässt die Steigung nach, und nach einer Rechtskurve habe ich plötzlich die Passhöhe erreicht. Ich bin erleichtert, freue mich auf die nun folgende Abfahrt, überquere die Passhöhe ohne Stopp und lasse mich auf der hervorragend geteerten Straße dem Mittagessen entgegenrollen.

Wie auf Eis

Doch das bequeme Rollen hält nur etwa vierhundert Meter an. Eine leichte, kaum erwähnenswerte Bodenwelle, und plötzlich blockiert mein Hinterrad. Der Reifen quietscht, das Fahrrad schleudert wie auf Eis. Ich kämpfe ums Gleichgewicht, widerstehe der Versuchung, die Bremsen einzusetzen. Der Puls schlägt in meinen Ohren, zum Glück kein Gegenverkehr. Endlich komme ich, nach einer kleinen Ewigkeit, zum Stehen.

Eine unwirkliche Stille, ich höre keinen Vogel. Nichts.

Allmählich entkrampfe ich mich, steige ab und schiebe das Rad ins ebene Gelände neben der Straße, um den Schaden zu besehen. Durch die Bodenwelle hat sich ein Haken der hinteren Gepäcktasche ausgehängt und die untere Ecke der Tasche ist in die Speichen geraten. Ich kann mir absolut nicht erklären, wie das passieren konnte. Verflixt, hätte ich nur auf der Passhöhe gerade eben noch mal mein Gepäck kontrolliert. Aber der Hunger. Der Tasche ist nichts passiert, ortliebseidank. Mein Blick wandert weiter: Eine Speiche ist abgerissen, die daneben total gedehnt und verbogen. Muss auch raus. Der Gepäckträger: ziemlich verbogen, zwei Aluschweißnähte aufgebrochen. Das Schutzblech abgerissen, knapp über der Rückleuchte; als ich die Tasche abnehme, hängt das abgerissene Ende herunter.

Auf der Straße sehe ich eine gut zwanzig Meter lange Bremsspur, Gummi pur. Ein Blick auf die Höchstgeschwindigkeitsanzeige des Tachos verrät mir Tempo 43. Und der Reifen selbst? Der Mantel ist bis auf das Gewebe durchgescheuert; etwas schneller, und er wäre geplatzt. Oder ich gestürzt. Mein Helm ist natürlich an seinem Stammplatz: Über dem Zelt auf dem Gepäckträger.

Schwein gehabt

Allmählich sehe ich diese Panne positiver. Ich habe zwar nur noch fünf oder sechs Kekse zu essen und nichts mehr zu trinken, aber unwahrscheinlich Schwein gehabt. Mein Schutzengel kann wohl schneller als 43 km/h fliegen.

Etwas kleinlaut nehme ich mein übriges Gepäck ab und stelle das Bike auf den Kopf. Ich bin froh, genug Werkzeug und Kleinzeug mitgenommen zu haben. Relativ schnell sind die Speichen ersetzt und der Schutzblechfetzen mit Drahtstücken zum Gepäckträger hin hochgebunden, auch den Träger selbst kann ich notdürftig geradebiegen. Doch bei der Feinjustage der Speichen werde ich fahrig, treibt mich der Hunger zur Eile. Prompt drehe ich den Speichenspanner in die falsche Richtung. Immer größer wird der nun selbstgebaute Achter, bis ich meinen Irrtum bemerke. Das hat mir noch gefehlt!

Nun mache ich doch lieber eine Pause, verzehre langsam die letzten Kekse. Die sind viel zu lecker, um nur so wenige zu sein. Zwar knallt die Sonne noch immer vom tiefblauen Himmel, doch hier oben, rund zwölfhundert Meter über der Ägäis, ist es zum Glück nicht so heiß wie im Tal. Kein einziges Auto. Plötzlich kommen zwei Radler vorbei und halten an. Helfen können sie mir nicht, mit den Speichen werd' ich selbst fertig, aber ich bin froh, mich etwas unterhalten zu können. Erst nachdem wir uns verabschiedet haben und sie außer Sicht sind, fällt mir ein, dass ich sie nach etwas Wasser hätte fragen können.

Auch so bin ich bald darauf mit der Reparatur fertig. Ich versuche, die Tasche ein wenig vom Hinterrad abzustemmen, damit sie mir nicht mehr in die Speichen gerät. Sorgen macht mir der fast durchgescheuerte Mantel. Ich weiß noch nicht, dass er noch bis Ioannina im Nordwesten Griechenlands durchhalten wird, und dass sich die Tasche noch einmal, in den französischen Alpen, in den Speichen verfangen wird; bei geringerer Geschwindigkeit und mit nur einer leicht verbogenen Speiche als Folge; also sehr glimpflich.

Ätsch!

Ich befestige mein Gepäck und betrachte mit gemischten Gefühlen das Ergebnis meiner Notreparatur, für die ich insgesamt doch zweieinhalb Stunden gebraucht habe. Endlich setze ich die Abfahrt fort. Vorsichtig, nicht zu schnell, den Blick voraus auf der Suche nach weiteren „harmlosen" Bodenwellen. Die Straße fällt sanft ab, führt in leichten Kurven durch schöne Pinienwälder. Jetzt, nach vollendeter Reparatur, begegnen mir auch wieder zwei Autos, ich höre auch wieder Vogelgezwitscher. Ätsch, denke ich stolz, das habe ich auch ohne euch geschafft. Kurz darauf erreiche ich Kosmas und lasse mich auf dem Dorfplatz am Tisch einer Taverne nieder.

Rückblickend bekam ich dort den leckersten Salat und das köstlichste Wasser der gesamten Reise.

Noch im einsamsten Winkel stößt man auf ein Kapellchen

GB

GROSSBRITANNIEN

ENGLAND – WALES – SCHOTTLAND

Daten 229.270 qkm • Ausd. 900 x 350 km • 58 Mio. Einwohner • 253 Ew./qkm

Land Großbritannien gilt zwar als Insel, aber es ist schon eine ordentliche Landmasse, die sich da nördlich des Kanals auftut. Diesen Kanal schuf übrigens erst die letzte Eiszeit. Deshalb ähnelt Südost-England der gegenüberliegenden Normandie. Wie auch die westenglischen Mittelgebirge geologisch mit der französischen Bretagne verwandt sind.

Großbritanniens bergigste und wasserreichste Region ist Schottland. Dort kann man auch den höchsten Gipfel des königlichen Eilands vermelden: Ben Nevis, 1343 m. Historisch war Schottland ansonsten aber immer ein Land des Mangels, und hatte außer der Sprache wenig mit England gemein.

Polnische Gastarbeiter kehren aus England zurück, weil sie dort den Wald vermissen. Höchstens ein Zehntel des britischen Inselreichs ist bewaldet. Im Osten und Norden sind es überwiegend Neuaufforstungen mit Föhren und Fichten (Low- und Midlands, Northumberland), im Westen auch alte Waldgebiete (Dartmoor, Südwales). Parkähnliche Landschaften aus Baumreihen und Hecken, Äckern und Grasland dominieren in Süd- und Mittelengland und heißen oft Forest. Ursprüngliche Landschaften haben sich vor allem in den unwirtlichen Teilen Schottlands erhalten, besonders in den Moorgebieten der Highlands. Wahre Vogelparadiese sind die schottischen Küsten.

und Leute Französische Kelten, skandinavische Normannen, Angeln und Sachsen aus Germanien – alles Urahnen der Briten. Englisch, ursprünglich die Sprache der Bauern, wurde erst nach dem verlorenen Hundertjährigen Krieg gegen Frankreich salonfähig (14./15. Jh.).

Die große Zeit der Briten kam mit der Entdeckung Amerikas. Großbritannien wurde zum Mittelpunkt des Austausches zwischen Alter und Neuer Welt.

Das Land ist ähnlich dicht besiedelt wie Deutschland. Allerdings leben neun Zehntel der Bevölkerung in den Städten, so dass die ländlichen Regionen nur dünn besiedelt sind.

per Rad entdecken Der moderne Tourismus und das Fahrrad? Beides wurde in Great Britain erfunden! Logisch dass es auch ein Engländer war, der als erster mit dem Hochrad um die Welt radelte: Stevens. Trotzdem gewann das Fahrrad insgesamt wenig Freunde in Großbritannien. Die naturgegebenen Umstände waren ja auch nicht so supergünstig. Man nutzte das Rad entweder sportlich oder gar nicht. Das änderte sich mit der Initiative **Sustrans** (Sustainable Transport), die das Fahrrad seit den 1980er Jahren als umweltschonendes Fortbewegungsmittel propagiert. Flaggschiff der Bewegung ist das **National Cycle Network** (NCN), das mittlerweile 19.000 km nationale Radrouten verwirklicht hat, die natürlich auch Besuchern aus dem Ausland offen stehen.

GROSSBRITANNIEN
0
100 km
© RKH VERLAG HERMANN
ORKNEY ISLANDS
OUTER HEBRIDES
Thurso
The Minch
Beinn Dearg 1080
Moray Firth
Great Glen Cycle Route
Inverness
Isle of Skye
Kaledonischer Kanal
Loch Ness
Aberdeen
Grampian Mts.
Polloch
Ben Nevis 1343
SCHOTTLAND
Dundee
Killin
NORDSEE
Loch Lomond
Firth of Forth
Edinburgh
Glasgow
Peebles
Arran Isl.
Tweed
Northumberland N.P.
Border Forest Park
NORTHERN IRELAND
Dumfries
Hadrians Wall
Newcastle
Tynemouth
Sunderland
Carlisle
Radweg C2C
Solway Firth
Workington
Lake District
Penrith
Keswick
Belfast
Whitehaven
Middlesbrough
North York N.P.
Windermere
Yorkshire Dales N.P.
Isle of Man
York
IRISH SEA
Hull
ENGLAND
Blackpool
Leeds
Manchester
DUBLIN
Anglesey
Liverpool
Holyhead
Sheffield
Trent
The Wash
Chester
Snowdon 1085
Hunt-stanton
Norfolk Broads
IRELAND
Lleyn
Snowdonia N.P.
Notting-ham
East Anglia
Norwich
Great Yar-mouth
Birmingham
St George's Channel
WALES
Cambrian Mts.
Severn
Stratford upon Avon
Cambridge
Avon
Wood bridge
Fishguard
Brecon
Northampton
Harwich
Oxford
Chiltern Hills
Cotswolds
Swansea
Thames
Canterbury
Cardiff
Bristol
Reading
LONDON
Kent
Exmoor N.P.
Salis-bury
Win-
Sussex
Dover
West Country
Southampt.
Brighton
Folk-stone
Calais
End to End
Exeter
Bourne-mouth
Ports-mouth
New-haven
Dartmoor N.P.
Isle of Wight
South Downs Way
Plymouth
ENGLISH CHANNEL
Land's End
Penzance
FRANKR.

ROUTEN & REGIONEN

England

Daten 130.423 qkm • 50,5 Mio Einwohner • 387 Ew./qkm

Südost-England

Grafschaften Kent, East-Sussex, West-Sussex

Überblick „England für Einsteiger“ könnte das Motto für den Südosten Englands lauten. Für eine Tour durch Kent und Sussex sprechen die leichte Erreichbarkeit per Fähre, das günstige Klima (sonnige Sommer, mäßiger Wind) und englische Bilderbuchlandschaften mit kulturellem Beiprogramm, als da wären Kastelle, Kathedralen, Herrenhäuser, Freilichtmuseen, alte Städtchen und prähistorische Stätten.

Tourentipps Zwischen den bis zu 300 m hohen Kalksandsteinketten der **North und South Downs** (schöne Nebenstraßen, aber anspruchsvolle Steigungen) erstreckt sich fruchtbares, sanft gewelltes Hügelland. Von East Sussex mäandert der **Weald** mit seinen hügeligen Laubwäldern und sanften Tälern bis nach **Kent,** dem „Garten Englands“. Dort verdichten sich Obstgärten, Hopfenfelder, Herrensitze und Fachwerkstädtchen ganz besonders malerisch, fast kitschig, typisch englisch eben. Der Urlaubsrummel konzentriert sich weitgehend auf die Strände und Badeorte von Sussex – die „Badewanne“ der Londoner. Spektakulär sind in **Sussex** längere Abschnitte der Steilküste (Beachy Head Cliff, Seven Sisters). Sie bildet deshalb auch den Auftakt für den 171 km langen, nach Winchester führenden Fernwanderweg South Downs Way.

MTB-Tipp South Downs Way Auch Radler dürfen diesen lohnenden, streckenweise sehr anstrengenden National Trail benutzen; ein MTB ist erforderlich. Tourenradlern stehen in Kent und Sussex hingegen friedliche Nebenstraßen, Reitwege und ausgeschilderte Radrouten offen.

Abstecher London Wer keine Lust auf „Streetfighting“ hat, fährt mit dem Vorortzug von Brighton oder Crawley nach London, wo sich die **Themse-Radroute** fürs „Sightseeing by bike“ anbietet (70 km). Mehrfach wechselt der Radweg zwischen Hampton Court Bridge und Dartford die Uferseite und berührt dabei viele Sehenswürdigkeiten.

Mittleres Süd-England Wer seine Tour nach Südwest-England fortsetzen will, den erwartet in **Hampshire** überwiegend sanft hügeliges Land. **Salisbury** und das geheimnisvolle **Stonehenge** sollten unbedingt auf der Route liegen. Reizvoll ist, zuvor noch einen Schlenker zur **Isle of Wight** zu machen (Fähre ab Portsmouth). Nachdem die flache Ferieninsel mit ihren Kreideklippen und Nadelzinnen im Süden umrundet ist, geht es wieder hinüber nach Lymington, von dort weiter durch den **New Forest** – eine herrlich zum Radwandern geeignete Waldheide – und schließlich auf kleinen Nebenstraßen zu der einzigartigen frühgotischen Kathedrale von **Salisbury.**

Südwest-England (West Country)

Grafschaften Das sog. *West Country* umfasst die Grafschaften Avon, Cornwall, Devon, Dorset, Somerset, Wiltshire

Überblick Windumtoste Küsten und neblige Hochmoore, schmale, gewundene Straßen, supersteile Zwischenanstiege, hohe Hecken, die die Sicht versperren, viel Verkehr auf nicht immer vermeidbaren Hauptstraßen – und trotzdem übt das West Country auf Radreisende eine beträchtliche Anziehungskraft aus. Weniger wegen der spärlichen historischen Attraktionen der Halbinsel (verlassene Zinnminen etwa oder das angebliche Geburtshaus König Arthurs in Tintangel), sondern wegen der weitgehend ursprünglichen Landschaft, die zu den abwechslungsreichsten Englands gehört und Maler wie Schriftsteller inspiriert hat.

Südküste Idyllische Buchten, bewaldete Flussmündungen, Strände, Seebäder, Klippen und Fischerdörfer zerfurchen den Saum der windgeschützten Südküste. Der Golfstrom beschert der „englischen Riviera" das milde Klima und die subtropische Vegetation, die sie so attraktiv machen. Der Andrang in den Badeorten und der Verkehr auf den Hauptstraßen ist entsprechend stark. Radler werden jede halbwegs vernünftige Möglichkeit nutzen, um auf Straßen auszuweichen, die den Autofahrern weniger behagen: Die engen, unübersichtlichen und keine Steigung auslassenden „by-ways" (Nebenstraßen).

Nordküste Am **Land's End,** Englands südwestlichstem Punkt (der Gegenpol in Schottland ist John o'Groats), fallen die Granitfelsen jäh ab ins brodelnde Meer. Mal rauh, mal freundlich gibt sich daran anschließend die Nordküste. Schwarze Felsklippen wechseln mit hellen Sandstränden. Das Klima ist frischer als an der Südküste, dennoch ist auch hier im Hochsommer schwer was los. Das Ausweichen auf ruhigere Ecken ist jedoch leichter als an der Südküste.

West-Country

Da die Küstenstraßen fast immer ein gutes Stück über dem Meer verlaufen, ermöglichen sie oft weite Ausblicke. Schönste Radelzeit ist ab April, wenn das nahezu subtropische Klima die feudalen Gärten erblühen lässt, viele davon sind zugänglich. Überhaupt sollten sich Liebhaber englischer Gärten den jährlich überarbeiteten „Good Gardens Guide" von Graham Rose und Peter King zulegen, der rund 1000 Gärten beschreibt, viele davon im West Country.

Inside West Country

Das Innere der auf Granit ruhenden Halbinsel bedecken Heideflächen, wilde Moorhügel, Sümpfe, Bäche, Felsen und grüne Täler. **Exmoor** und **Dartmoor,** die beiden größten Hochmoorgebiete, sind als Nationalparks geschützt. Im westlichen Cornwall wurden enorm viele Funde aus der Eisen- und Bronzezeit gemacht. Hünengräber, keltische Steinkreise, Dolmen und Menhire sind so zahlreich, dass es irgendwann langt …

Bei einer Größe von rund 16.000 qkm und Ausdehnungen von etwa 280 zu 60 km lassen sich im West Country mehrwöchige Radtouren unternehmen, ohne dass es langweilig wird. Ausgeschilderte **Radrouten** und Reitwege (bridle ways) finden sich in allen Counties (County = Landkreis). Selbst die Hochmoore und das bis ins 19. Jh. weitgehend isolierte Cornwall sind inzwischen durch kleine Nebenstraßen erschlossen. Fies sind allerdings so manche Steigungen, die insbesondere in Dorset und Devon bis zu 20% betragen können.

Tipp: Als Alternative zu einer Rundtour bietet sich die von Reading (Buckinghamshire) nach Penzance (Cornwall) führende Bahnlinie an, die zu den schönsten Englands gehört. Retour dann per Rad, überwiegend mit Rückenwind!

Mittelengland

Wer seine Englandtour vom West Country nach Wales fortsetzen will, kann entweder die direkte Variante über die spektakuläre *Severn-Road-Bridge* wählen, oder zunächst nach Mittelengland weiterradeln (lohnende Etappenpunkte: Wells, Bath, Stratford-upon-Avon, Worcester, Shrews-bury und Chirk).

Cotswold Hills

Schon in der benachbarten **Grafschaft Gloucestershire** warten die bei Radwanderern beliebten Cotswold Hills. Die 80 km langen, mehr oder weniger sanft gerundeten Hügelketten, erstrecken sich von Bristol und Bath im Süden bis Stow-on-the-Wold im Norden. Am höchsten sind die Cotswolds im Westen. Das Wegenetz geht in seinen Grundzügen auf die Römer zurück. Wo die Straßen in nördlicher Richtung die Flusstäler queren, ist dies jeweils mit längeren Steigungen verbunden. Zwischen dem Grün der Wälder und fetten Schafweiden verbergen sich bildhübsche Wollweberdörfer und schmucke Städtchen und die Herrensitze der einstigen Wollbarone.

Bierkutscher

Ostengland

Grafschaften Cambridgeshire, Norfolk, Suffolk

Überblick *www.visiteastofengland.com*
East Anglia ist eine in sich gekehrte Schönheit, abseits der Verkehrsströme, ohne Großstädte oder Schwerindustrie. Die einzige Region Englands, wo es sich auch auf A-Straßen radeln lässt. Während Cambridgeshire und Suffolk leicht hügelig sind, präsentiert sich Norfolk als fruchtbar-flaches Sumpf- und Moorland (Englands Kornkammer). B&B ist in East Anglia überall vertreten, Campingplätze konzentrieren sich im Küstenbereich. Einziger Wermutstropfen im ansonsten velosympathischen und vergleichsweise sonnigen East-Anglia ist der NO-Wind, der an der Küste und im flachen Norfolk ganz schön aufdrehen kann. Regional ausgeschildert sind drei Radrouten: die **Suffolk Coastal Cycle Route** (Rundkurs, 142 km), Der **Norfolk Coast Cycleway** (von King's Lynn nach Greta Yarmouth, 166 km, *www.norfolkcoastaonb.org.uk/* Exploring the AONB/ Where can you go / Cycling) und die **The Heart of Suffolk Cycle Route** (125 km).

Rund um East Anglia Wer von Cuxhaven oder Hoek van Holland per Fähre in **Harwich** gelandet ist, hat sogleich eine malerische Landschaft vor sich: **Constable Country** – Heimat und Inspirationsquelle des berühmten englischen Landschaftsmaler John Constable („Nichts kann die Schönheit dieses Landes übersteigen"). Hier, im grünen Suffolk County, liegen auch das mittelalterliche Lavenham und die alte Grafschaftsmetropole Bury-St-Edmunds – beide sehr sehenswert. Wer weiter nach Westen radelt, überquert die Ausläufer der East Anglian Heights – die einzigen nennenswerten Erhebungen im Tourengebiet – und erreicht das sympathische Universitätsstädtchen **Cambridge** – ein Stück „wahres England" und Muss jeder East-Anglia-Tour. Das nächste Highlight liegt nördlich davon, die berühmte Kathedrale des Marktfleckens Ely (Norfolk County). Und östlich hiervon Norwich, die sehenswerte alte Hauptstadt East Anglias. Damit sind dann auch schon die Eckpunkte einer East-Anglia-Tour abgesteckt, der nun nur noch die Küste fehlt. Deren kühle Gewässer ziehen weit weniger Badevolk an als Englands Südküste. So sind die Badeorte kleiner und wenig mondän.

East Anglias **Nordküste** stellt den landschaftlich interessantesten Teil des spröden und einsamen Norfolks dar. Ab Hunstanton führt die A 149 recht ruhig entlang der geschützten Sumpfküste durch nette Fischerdörfer bis nach Sheringham. Von dort geht es auf Nebenstraßen entlang der gewässerreichen Norfolk Broads (Paddelgebiet), wo 34 alte Polderwindmühlen restauriert wurden, bis Great Yarmouth, dem Versorgungshafen der Nordseeölbohrer. Südlich davon kann das sumpfige Küstenland ab Blythburg erneut auf Nebenstraßen durchgängig bis Woodbridge beradelt werden. In **Harwich** schließt sich der Kreis der etwa einwöchigen Rundtour durch East Anglia.

Mittelengland Wer den Moloch London umgehen will, setzt seine Tour ganz entspannt in Richtung Westen durch das sanftwellige, verträumte Mittelengland fort (Counties Hertfordshire, Bedfordshire, Buckinghamshire, Oxfordshire). Auf dem Weg nach Oxford liegen die schönen, bis zu 250 m hohen **Chiltern Hills** (nordwestlich von Greater London) mit reichlich Wald und urigen Bauerndörfern.

Nördliches England

Grafschaften Cumbria, Northumberland, Durham, North Yorkshire, West Yorkshire

Überblick *www.visitenc.com*
Englands Industriegürtel und die Mittelgebirge der Penninen (das „Dach Englands") bilden das Koordinatenkreuz Nordenglands. Der Kontrast könnte verblüffender nicht sein: Hier städtisch-industrielles Ballungsgebiet, dort Natur pur – halb Nordengland ist Naturschutzgebiet! Vier Nationalparks (N.P.) ziehen sich von West nach Ost quer durchs nördliche England. Highly attractive und sehr touristisch ist der Lake District N.P. (1920 qkm); nicht ganz so malerisch, aber bedeutend ruhiger die drei anderen Parks.

Lake District National Park Eine Art Mini-Schweiz ist der bis ins 19. Jahrhundert nahezu unbekannte Lake District. Etwa hundert Gipfel überschreiten dort die 600er-Marke, der höchste bringt's auf 979 m (Scafell Pike) und ist zugleich der höchste Englands. Die atlantischen Niederschläge sammeln sich in den Becken der Hochtäler. Wasserfälle, Flüsse und Wildbäche befördern das Nass von dort in die 16 tiefer gelegenen Seen. Von ihnen ist der Derwentwater als schönster, und der 17 km lange Windermere als größter bekannt. Was die zahlreichen Besucher im Lake District so entzückt, ist die Gleichzeitigkeit lieblicher und wilder Landschaftselemente. Mai und Juni sind die besten Tourenmonate (weniger Touristen, mehr Sonne), doch Wetterstürze in den Höhenlagen sind das ganze Jahr über möglich.

Haupteinfallstor ist das per Bahn erreichbare **Windermere.** Kräftezehrende Steigungen bis 25% auf schmalen, kurvigen Nebenstraßen generieren fantastische Ausblicke, insbesondere am Honister Pass (356 m), Hardknott-, Wrynose- und Whinlatter Pass. In einer Schleife zwischen Atlantikküste und Penninen, aber außerhalb des eigentlichen Seengebietes und den anspruchsvollen Pässen, verläuft der 415 km lange, markierte **Cumbria-Cycle-Way.**

MTB-Tipp Lake District Die Wanderwege im Lake District sind stark frequentiert, ein heißer Tipp sind deshalb die steinigen Saumpfade (alte Römerstraßen) zwischen dem Cumbrian-Gipfel **High Street** (828 m) und dem Stausee Ullswater (150 m). Ausgangspunkt: **Hartsop.**
Genaue Tourenbeschreibungen: *www.cyclingcumbria.co.uk*

Yorkshire Dales National Park *www.cyclethedales.org.uk*, *www.mtbthedales.org.uk*, *www.dalesmountainbiking.co.uk*

Der Yorkshire Dales National Park umfasst den landschaftlich attraktivsten und zugleich wenig berührtesten Teil der **Penninen** (höchster Punkt: Cross Fell, 893 m). Dort hat das regenreiche Klima die wasserundurchlässigen Hochlagen mit Moorlandschaften versehen. Restberge aus Kalk- und Sandstein, Schluchten und Wasserfälle beleben die herben Hochplateaus. Neben Bergen, Tälern, Flüssen, Wiesen und Wäldern beinhalten die Yorkshire Dales auch viel historisches Natursteingemäuer: Adelssitze, Kirchen, Burg- und Klosterruinen. Die reizvollsten und vergleichsweise leichtesten Radelstrecken bilden die landschaftstypischen Flusstäler (dales), die alle ihr eigenes Gesicht haben. Wharfedale, Wensleydale, Dentdale und Swaledale zählen zu den schönsten. Außerhalb der Parkgrenzen kommt noch Teesdale hinzu. Gasthäuser, B&Bs und Campingplätze sind in den Haupttälern zahlreich vertreten.

Zwischen 100 und 500 Höhenmetern bewegt sich der **Yorkshire Dales Cycleway.** Von Skipton ausgehend verläuft der Rundweg auf verkehrsarmen Nebenstraßen durch den Park und berührt dabei die interessantesten Orte und Täler (Skipton – Bolton Abbey – Malham – Ingleton – Dent – Hawes – Grinton – Kettlewell – Skipton, 210 km). Einige steile Anstiege sind zu überwinden.

North York Moor National Park Heidebedecktes Moorland, auf dem sich Schafe tummeln, und waldreiches Hügel- und Farmland, durchzogen von Flüssen, Bächen und Tälern prägen den verträumten North York Moor National Park. Durch die Moore ziehen sich Fußwege, sog. trods, auf denen Mönche einst Lebensmittel zu den Klöstern buckelten. Die Straßen sind verkehrsarm, aber mit heftigen Steigungen gespickt. 30 km südlich des Parks liegt das altehrwürdige **Yorck,** sehenswerteste historische Stadt Englands!

Northumberland National Park Rauh und abgeschieden, Hügelland und Hochmoor, auf den felsigen Berghöhen zahlreiche Burgruinen und im Süden den römischen **Hadrian's Wall** (die meisten Überreste zwischen Brampton und Chollerford, nahe der B 6318). So präsentiert sich der insgesamt wenig besuchte Northumberland National Park in Englands Nordzipfel.

Der **Hadrian's Cycleway** folgt dem Wall der Länge nach: 280 km, von Tynemouth nach Carlisle, CNC-Route 72, perfekt markiert, *www.cycle-routes.org/hadrianscycleway*. Neben dem C2C und W2W (s.u.) ist der Hadrian's Cycleway eine weitere Coast-to-Coast-Verbindung, die aber leichter ist, da sie den Lake District vermeidet. Besonders interessant für Radler, die von Tynemouth mittels Fähre nach Hamburg oder Amsterdam übersetzen wollen. Fahrt durch Newcastle für Radler ziemlich unangenehm, da sehr verkehrsreich. Vom Zentrum Newcastles bis zum Fährhafen sind es satte 15 km durch Industriegebiet!

Schottland

Daten 78.080 qkm, 5,13 Mio. Einwohner, 66 Ew./qkm

Tourenplanung Schottland

www.visitscotland.com/de

Von Süd nach Nord gliedert sich „Nessie-Land" in drei Landschaftsräume: die hügelig-bergigen *Southern Uplands,* die flachen bis hügeligen Lowlands und die gebirgigen *Highlands* mit ihren 227 Munros, wie in Schottland alle Berge über 3000 Fuß heißen (gut 900 m). Die vierte schottische „Landschaft" bilden die aus dem Meer ragenden Inselkämme versunkener Gebirge, die *Hebriden, Orkneys* und *Shetlands.*

Eine Schottland-Tour ist schon eine Geschichte für sich: Sowohl vom Wetter, von der Landschaft, vom Zeitfaktor und von der inneren Einstellung her. Auf Nummer Sicher geht, wer in Schottland mit wechselhaftem Wetter rechnet. Denn Regen und Wind können Tourenplanungen zunichte machen, wenn die Ziele zu ehrgeizig gesteckt sind. Statistisch gesehen sind die Monate März (noch sehr kühl), April, Mai und September weniger feucht. Wer in April/Mai oder September radelt, genießt zudem den Vorteil weitgehender Mückenfreiheit. Die schottischen midges sind wegen ihrer Winzigkeit (2 mm) und Resistenz gegen alle Arten von Abwehrmitteln berüchtigt. Für den Zeitraum Mai bis August hilft ein moskitosicheres Zelt mit feinmaschiger Gaze und gut abschließenden Reißverschlüssen sowie eine Kopfnetz, das am besten auch über den Helm passt. Die Hochsaison (Juli/August) eignet sich für den kühleren, untouristischen Norden (inkl. Shetland-Inseln).

Reine Zeltplätze gibt es in Schottland nur ein Handvoll, meist sind es Caravanplätze, wo auch gezeltet werden kann. Wer dort vom Regen durchfeuchtet ankommt, wird ohnehin einen der Mietcaravans oder eine „cabin" (Hütte) ohne Murren beziehen. Da auf den meisten Plätzen Waschmaschinen mit Trockner vorhanden sind, muss nicht endlos viel Wäsche mitgeschleppt werden. Nasse Schuhe usw. lassen sich mit einem kleinen, leistungsstarken Reiseföhn trocknen (Steckdosenadapter mitnehmen), oder ab in den Wäschetrockner damit.

Tourengebiet Schottland

Schottland ist überwiegend bergig, viele Straßen schlüpfen jedoch in den Tälern zwischen den Bergen hindurch. Was aber nicht heißt, dass es dort nun völlig eben sei. Wie überhaupt Schottlands Straßen den Charakter einer mehr oder weniger steilen Achterbahn haben. Flachere Tourengebiete finden sich an den **Ostküsten,** der Südküste der **Galloway-Halbinsel** (SW-Schottland), auf einzelnen Inseln der **Äußeren Hebriden** sowie dem Paradies der Prähistoriker, auf den **Orkney-Islands** mit ihren hohen Kliffküsten. Relativ leicht sind auch die Wege entlang des **Kaledonischen Kanals.** Seit 1822 durchschneidet dieses Rinnensee-Kanal-System die Highlands im Grabenbruch des Great Glen. Prominentester Rinnensee ist der 40 km lange **Loch Ness.** Überwiegend auf Forstwegen geführt ist die **Great Glen Cycle Route** (Inverness – Loch Ness – Loch Oich – Loch Lochy – Banavie, 124 km). Sie ist mit beladenen Reiserädern allerdings kaum befahrbar, sondern eher ein MTB-Trail.

Relativ uninteressant sind die flachen bis hügeligen **Lowlands.** Hier lebt drei Viertel der Bevölkerung, hier befindet sich das schottische Industrierevier. Sehenswert aber die Hauptstadt Edinburgh. Nördlich davon beginnen die wilden, einsamen **Highlands,** das „echte“ Schottland mit winzigen Bergseen, unergründlichen Rinnenseen, Flüssen und Fjorden, Felsmassiven, Heide- und Moorlandschaften, Whisky, Dudelsack und Baumstammwerfen. Die aufregendsten Strecken finden sich in der westlichen Hälfte der Highlands, inklusive der daran anschließenden, stark gegliederten **Westküste.** Die Strecke dort ist spektakulär, anstrengend und im Sommer ziemlich verkehrsreich (Touristenautos). Wer jedoch eine Route mit Fjordpassagen und Abstechern auf die Inseln **Skye** und die **Äußeren Hebriden** kombiniert, kommt hier auch in der Hochsaison nicht unter die Räder.

Wer den nordirischen Giant's Causeway noch nicht kennt, sollte von der *Isle of Mull* unbedingt einen Ausflug zum Inselchen **Staffa** machen (Ausflugsboot ab Fiomphort). Die dortige Basaltsäulenküste gleicht der nordirischen ganz verblüffend.

Generell bei der Routenplanung berücksichtigen, dass an der Küste und auf den Inseln nordwestliche Winde vorherrschen.

Weitere Tipps für Schottland
von Michael Kristl

Nordküste (Thurso – Durness): Wegen der starken westlichen Winde möglichst in Ost-Richtung befahren. Östlich von Durness befindet sich der schönste Streckenabschnitt der Küste mit einigen herrlichen Sandstrandbuchten.

Westküste, B 869 (zweigt südwestlich von Kylesku von der A 894 ab): Wellige Rundstrecke auf Halbinsel mit extremen Steigungen, aber auch fantastischen Ausblicken auf einen der schönsten Abschnitte der schottischen Westküste.

Loch Ness: Entlang der Nebenstrecke am Ostufer (B 852) für Radfahrer zwar deftige Steigungen, aber viel weniger Verkehr und landschaftlich lohnender als die Touristenstraße am Westufer.

Isle of Arran: Ideal für Radtouren, da viele landschaftliche Merkmale Schottlands im Kleinformat verkörpernd. Besonders lohnend die Westküste zwischen Lochranza und Blackwaterfoot. Fährverbindung: Mull of Kyntire – Lochranza (saisonweise), Ardrossan – Brodick (ganzjährig).

MTB-Tipps Schottland

Wenig bekannt ist das große MTB-Potential im dünn besiedelten, bergigen Schottland. Hier einige Anregungen:

- Beliebtes MTB-Revier südlich von Edinburgh ist das **Upper Tweed Valley** mit seinen Forsten. Bewährte Ausgangspunkte sind Peebles und Innerleithen. Infos: TIC Peebles, Galashiels.
- Kein schlechter Deal ist auch die mit einsamen Forstwegen gesegnete Region **Dumfries & Galloway.** Über 300 km MTB-Trails sind markiert, mehrere davon im Mabie Forest bei Dumfries-Stadt, das sich auch generell als Ausgangspunkt anbietet.
- Westlich und südl. von Glasgow wurden alte Bahntrassen zu Bike-Trails ausgebaut. Infos: TIC Paisley. Überwiegend unbefestigte Wege, teilweise auch Nebenstraßen, nutzt der **Glasgow – Loch Lomond – Killin Cycleway,** der 140 km weit durch Zentralschottland führt. Infos: TIC Stirling.
- In den Central Highlands empfiehlt sich **Dunkeld** als Ausgangspunkt für Touren durch die Gebirgstäler der **Cairngorm Glens.** Jede Menge alter Militär-, Pirsch- und Schmugglerwege, etwa die Hälfte davon mit dem Bike befahrbar, komplett klassifiziert im MTB-Führer von P. Koch-Osborne (Cicerone Press, „The Cairngorm Glens und The Atholl Glens“).
- Günstige Startpunkte für Highland-Touren beiderseits von **Loch Ness**

sind Inverness und Nairn.

- In den **Western Highlands** endet in **Fort William** der von Glasgow kommende West-Highland-Way, Schottlands populärster Fernwanderweg ist eine harte Nuss und nur partiell befahrbar. Biker verlassen das quirlige Fort William am Ben Nevis dann südwärts, setzen 25 km weiter mit der Corran-Fähre über den Loch Linnhe und können sich bis Polloch am **Cona Glen Track** die Zähne ausbeißen. Infos: Touristeninformation Fort William. MTB-Führer: Heriot & Co., Fleming, „Mountain Biking in the Scottish Highlands".

Noch mehr **MTB-Infos für Schottland:**
www.forestry.gov.uk/cycling, *www.fife-cycleways.co.uk*, *www.cyclehebrides.com*, *www.7stanes.gov.uk*

Schottische Westküste

i-Box Großbritannien

Einreise Deutsche, Österreicher und Schweizer können mit dem Personalausweis einreisen. GB ist nur teilweise dem Schengen-Abkommen beigetreten, an den Grenzen wird weiterhin kontrolliert.

Geld Britisches Pfund (£, GBP). 1 € = 0,88 £ (2010). Die Lebenshaltungskosten sind etwas höher als in D.

Gesundheit EU-Bürger werden im Rahmen des National Health Service (NHS) kostenlos medizinisch versorgt. Von Notfällen abgesehen ist dabei die erste Anlaufstelle stets der General Practitioner (Praktischer Arzt). Personalausweis genügt. Weitere Details: *www.dvka.de*

Infos

- BTA (British Tourist Authority), Tourismuszentrale Großbritannien: *www.visitbritain.com*, *www.visitbritaindirect.com*
- Tourismuszentrale Schottland: *www.visitscotland.com*
- Tourismuszentrale Wales: *www.visitwales.com*, *www.mbwales.com*
- Cyclist's Touring Club (CTC): *www.ctc.org.uk*. Schon seit 1878 nimmt sich der CTC der Interessen britischer Radler an. Neben der politischen Arbeit ist der CTC ein großer Informationspool für alles, was mit dem Radfahren zusammenhängt.
- BikeRadar: *www.bikeradar.com.* Die umfassendste Plattform für Soft- und Hardcore-Biker mit unendlich vielen kommerziellen Links.
- Sustrans: *www.sustrans.org.uk*. Sustrans organisiert das nationale Radroutennetz in GB (s. „National Cycle Network" weiter unten).
- Regierungsinitiative zur Förderung des Radfahrens in England: *www.cyclingengland.co.uk*
- MTB Britain: *www.mtbbritain.co.uk*. Alle erdenklichen Links und Infos für MTB-Touren in GB.
- MTB-Routen der Forstbehörden: *www.forestry.gov.uk/cycling*
- Öffentliche Verkehrsmittel in GB, Portal: *www.traveline.org.uk*

Infos vor Ort In größeren Orten helfen **Tourist Information Centres** (TIC) bzw. **Tourist Boards** (Schottland) mit Auskünften, Prospekten und Karten auf die Sprünge. Hier ist auch der „Great British Heritage Pass" erhältlich. Er ermöglicht freien Zutritt zu 550 sehenswerten Objekten (Burgen, Klöster, Herrensitze, Landschaftsparks, Gärten usw.) und amortisiert sich bei durchschnittlichen Eintrittspreisen von 15 € recht schnell.

Wetter „Cats and dogs" soll es in Großbritannien regnen. Manchmal schon! Aber so schlecht wie sein Ruf ist das Wetter auf „der Insel" schon lange nicht mehr. Das Global Warming heizt auch den Briten ein. Außerdem gibt es beträchtliche regionale Unterschiede.

Der atlantische Golfstrom beschert dem Westen milde Winter und relativ kühle Sommer mit reichlich Luftfeuchtigkeit. Kontinentaler ist das Wetter der östlichen Landesteile Englands. Sie liegen im Windschatten der Gebirge, die als Klimascheide wirken. Ihre Westhänge fangen die meisten Niederschläge ein.

In den Küstenregionen von Schottland und Wales und im Lake District fallen deshalb jährlich bis zu 4000 mm, an der Südostküste Englands hingegen weniger als 500 mm. Ähnlich niederschlagsarm ist nur noch Cornwall im Südwesten Großbritanniens.

Die Temperaturdifferenz zwischen dem Süden und dem Norden Großbritanniens beträgt 3,5 °C. Die statistisch regenärmsten Monate sind April bis Juni. Aber dieser jahreszeitliche Unterschied ist weniger prägnant als der regionale zwischen West und Ost. Dies gilt auch für den insgesamt regenreichsten Teil Großbritanniens: Schottland. Hier ist es im Osten nur halb so schlimm wie im Westen, wo stürmische Böen auch im Sommer „Katzen und junge Hunde“ schon mal waagerecht durch die Luft jagen. Gegen Abend dann: Sonnenschein. Zum Ausgleich für das wechselhafte Wetter kommen Schottland-Radler in den Genuss von rund einer Stunde mehr Tageslicht.

Wind Überwiegend aus W bis SW, wobei sich die Geschwindigkeit nach Südosten hin verringert. An 250 Tagen im Jahr werden in den westlichen Küstenregionen starke bis stürmische Westwinde vermeldet: die „prevailing westerlies“. In Ostengland herrschen Winde aus NO vor.

Reisezeit Die beste Radtourenzeit ist von April bis zur zweiten Julihälfte. Der Mai ist der Monat mit der geringsten Niederschlagsneigung. In der zweiten Julihälfte beginnen die fünfwöchigen Schulferien und in den Urlaubsgebieten wird es enger. Schön sind dann wieder September bis Anfang Oktober.

Anreise

Per Bahn Wer keine Angst vor langen Unterwasser-Tunneln hat, steigt in Brüssel in den **Eurostar.** Seit 2008 transportiert der *Eurotunnel Cycle Service* Rad und Radler in einem Rutsch durch die Röhre nach London. Alternativ kann das Rad auch als Gepäck aufgegeben werden (25 €), kommt dann aber nicht zwingend mit dem selben Zug an, sondern u. U. bis zu 24 h später. Mehr Infos: *www.eurostar.com, www.eurotunnel.com.*

Längster Bahnhofsname der Welt (Wales)

Per Fähre Gut mit der Bahn zu erreichen sind die Fährhäfen in den Niederlanden: Ijmuiden (→ Newcastle, 20 h), Rotterdam (→ Hull, 14 h), Hoek van Holland (→ Harwich, 12 h). Die schnellste, billigste und häufigste Verbindung ist die zwischen dem belgischen **Oostende** und **Dover** (1 h). Oostende ist mit der Bahn ab Köln via Brüssel ebenfalls sehr gut erreichbar.

Reedereien:
- Stena Line: *www.stenaline.de*
- Brittany Ferries: *www.brittanyferries.ie*
- Norfolk Line: *www.norfolkline.de*
- DFDS Seaways: *www.dfdsseaways.de*
- P&O Ferries: *www.poferries.com*

Per Fahrradbus Im Sommer gelangt man von Deutschland aus auch per Fahrradbus und Fähre (mit Übernachtung) nach England und Wales. Der Bus fährt weiter nach Irland. Infos: *www.bike-und-bus.de.*

Per Flieger Vor allem Schottland-Radler reisen bevorzugt mit dem Flugzeug an. Infos in jedem Reisebüro. Nach der Frachtraumgröße des eingesetzten Flugzeugtyps fragen. Sonst läuft man Gefahr, sein Fahrrad am Flughafen auf die Größe einer Hutschachtel falten zu müssen.

Transport im Land

Bahnen Engmaschig ist das Eisenbahnnetz von **British Rail** (BR, *www.rail.co.uk*) in England und Wales, weitmaschig in Schottland. 1995 wurde BR in 25 Bereiche aufgeteilt, die von privaten Konzessionären betrieben werden. Grundsätzlich kann das Rad bei allen Zügen (auch Hochgeschwindigkeit) **kostenlos** mitgenommen werden, eine Reservierung ist meist nicht erforderlich. Auch bei begrenzter Kapazität im Regionalverkehr (oft nur 2 Räder pro Zug) kann das Rad wegen der hohen Zugdichte ohne große Probleme mitgenommen werden (aber Sperrzeiten für London beachten).

Die Bedingungen der Radmitnahme unterscheiden sich von Gesellschaft zu Gesellschaft, insbes. was die Reservierungspflicht betrifft (meist keine, aber manchmal eben doch) - alle Details:
www.nationalrail.co.uk/passenger_services/cyclists.html

Fähren, Busse Auf den **Autofähren** der größten schottischen Reederei Calidonian McBrayne werden Fahrräder für maximal 3 € transportiert. Auch auf *Personenfähren* können Räder mitgenommen werden, der Preis kann dort aber bis zur Hälfte des Personentarifs betragen. **Busse** sind preiswert, nehmen aber keine Fahrräder mit. Tipp von *Martina von Holn:* „Es gibt in GB den Service, Gepäck für relativ wenig Geld *von Poststelle zu Poststelle* zu schicken (Poste restante). Auch mein Rad habe ich einmal von Edinburgh nach London geschickt, um es einige Zeit darauf an der Victoria Coach wieder abzuholen."

Übernachten

Verzeichnisse Verzeichnisse für preiswertes Übernachten gibt es bei den Touristeninformationen vor Ort und im BTA-Online-shop (s. „Infos"). „The Walkers & Cyclists Accomodation Guide" ist das Gegenstück zum deutschen

„Bett & Bike"-Verzeichnis. Im „Walkers" sind alle Übernachtungsbetriebe aufgelistet, die als fahrradfreundlich anerkannt wurden.

Zimmer **Hotels** sind etwas teuer (ab 50 €/P) und bieten außer dem Vorteil, weniger oft ausgebucht zu sein, kaum mehr als die preiswerteren **Gasthäuser** (Guest Houses, Inns, Boarding Houses). Typisch britisch und sehr verbreitet sind Privatzimmer mit Frühstück, bekannt als **Bed & Breakfast** (B&B, ab 30 €/P). Wer länger als eine Nacht bleibt, kann oft auch Halbpension buchen. Entlang der großen Radrouten sind es die Vermieter inzwischen gewohnt, die Räder ihrer Gäste sicher unterzustellen.

Abgesehen vom mittelenglischen Industriegürtel besitzt Großbritannien ein recht dichtes und gleichmäßiges Netz von **Jugendherbergen** (Youth Hostels). 240 JHs in England und Wales (Verband YHA, *www.yha.org.uk*), 80 in Schottland (SYHA, *www.syha.org.uk*). Die meisten Häuser sind einfach, klein und gemütlich. Ü um 10 €. Häufig ist etwas Mithilfe beim Hausputz angesagt („duty"). In YHA-Häusern sind Leinenschlafsäcke Pflicht. JHs in touristisch beliebten Gebieten sind während der Oster-, Pfingst- und Sommerferien in der Regel ausgebucht. Dagegen hilft nur frühzeitige Reservierung (im IYHF-Führer sind über 300 JHs verzeichnet). Eine gute Alternative stellen die privaten **Independent Hostels** dar, die moderner und freizügiger, aber auch teurer sind (um 25 €/P): *www.independenthostelguide.co.uk*

Campen Über 2500 **Camping- und Caravanplätze** sind im Ursprungsland der Campingidee registriert. Einzelcamper zahlen um 8 €. Caravanplätze wenn möglich meiden, das sind meist unattraktive Wohnwagenlager ohne Wiese, oft direkt an der Straße. Auch die Campingplätze in den Badeorten Südenglands sind in der Feriensaison wenig idyllisch und vergleichsweise teuer (Einzelcamper bis zu 20 €). Origineller ist das Campen auf des Bauerns Wiese. Solche Farmer verlangen nur kleine Beträge um 3 €. Auch wenn kein Camping-Schild an der Einfahrt steht, einfach mal fragen.

Wie so vieles ist auch **freies Zelten** in GB explizit nicht verboten. In der Praxis scheidet aber jedes umgrenzte Grundstück schon mal aus. Und da ganz England irgendwie parzelliert ist, finden sich Möglichkeiten fast nur in Schottland. Es ist üblich, diese Möglichkeiten auch zu nutzen, aber auch keinen Müll zu hinterlassen und immer alle Gatter wieder zu schließen. Stabile Zeltnägel mitnehmen, da die Böden oft steinig sind! Eine Reihe schön gelegener Waldcampingplätze werden von der schottischen Forstverwaltung unterhalten.

Auflistung und Beschreibung möglichst aller **Campingplätze in Schottland:** *www.unmoralische.de/schottland/schottland.htm*

Karten und Literatur

(Adressen zum Bezug von Karten und Reiseführern im Anhang.)

Tourenkarten

- *Empfehlenswert:* Ordnance Survey (OS): Travelmaster Series of Great Britain 1:250.000, 8 Bl. à 10,90 €; alle Straßen und Infos, die für Tourenradler wichtig sind, Höhenlinien.
- CartoTravel/ADAC: Großbritannien und Irland, 1:650.000, 7,50 €; gute Planungs- und Übersichtskarte.
- Ordnance Survey: Landranger 1:50.000, 204 Bl. GB flächendeckend; exzellente Geländedarstellung mit 10-m-Höhenlinien. Geeignet für

Offroad/MTB.
- Ordnance Survey: Outdoor Leisure 1:25.000, Nur ausgewählte Gebiete; detailliert wie ein Stadtplan. Ideal für Offroad/MTB.

Tourenführer
- Lonely Planet: „Cycling in Britain", 2. Aufl. 2009, über Amazon 22 €, Halb- und Mehr-Tages-Touren, auch CNC-Routen.
- Kettler Vlg.: „England per Rad", „Schottland per Rad", bewährte Tourenbaukästen.
- MTB-Guides: Die englischsprachigen MTB-Führer sind praktisch nur in GB erhältlich.

Fahrrad

Ausstattung Das Touren- oder Treckingrad sollte eine gut untersetzte, bergtüchtige Gangschaltung haben (supersteile Anstiege in bestimmten Gegenden) und Reifen ab 28 mm Breite. Mountainbiker sollten Steckschutzbleche nicht vergessen.

Reparaturen Fahrradläden in allen Städten und größeren Orten. Nicht alle besitzen aber auch eine Werkstatt. Fahrräder haben inzwischen auch in Großbritannien Komponenten mit metrischem Maß. Die frühere Ersatzteilproblematik hat sich daher weitgehend erledigt. Teile mit „altenglischem" Zoll-Maß werden nur noch für ältere Modelle geführt. Das gleiche gilt auch für 28-Zoll-Reifen, die den alten 27-Zoll-Standard verdrängten. Mountainbiker haben überhaupt keine Maßprobleme, hier gibt's nur Weltstandard. Adressen von Bikeshops können auf der CTC-Website abgefragt werden.

Straßen und Wege

Verkehrsregeln Der Linksverkehr erfordert vor allem an Kreuzungen und Kreiseln Umgewöhnung. Wichtig: Eine prinzipielle Vorfahrtsregel wie „Rechts vor Links" gibt es in Großbritannien nicht! Statt dessen sind praktisch alle Kreuzungen mit Verkehrsschildern, Fahrbahnmarkierungen oder Ampeln versehen. Anstelle von Kreuzungen dominieren Kreisel (Roundabouts), die stets als vorfahrtsberechtigt markiert sind. Sollte die Vorfahrt einmal nicht geregelt sein, müssen sich die Verkehrsteilnehmer untereinander verständigen. Üblicherweise wird die Kreuzung dann in der Reihenfolge der Ankunft passiert: **first come – first go.**

Autofahrer verhalten sich Radlern gegenüber nicht übermäßig rücksichtsvoll. Immerhin ist Großbritannien aber das EU-Land mit den wenigsten Verkehrstoten pro Einwohner. Vorhandene Radwege können, aber müssen von Radlern nicht benutzt werden.

Straßen Die Straßenbeschaffenheit ist in England und Wales gut bis sehr gut, in Schottland befriedigend bis gut. Der Radwegebau schreitet in den Städten voran, außerhalb der Ortschaften ist davon nicht viel zu spüren. England und Wales verfügen über ein recht dichtes Netz wenig befahrener Nebenstraßen. In Schottland ist das Straßennetz zwar sehr viel weitmaschiger, aber dennoch überwiegend verkehrsarm. Kleine Nebenstrecken folgen in Großbritannien jeder Welle im Geländeprofil und weisen nicht selten heftige Steigungen um 15% auf (teilw. sogar über 20%).

Da der meiste Güterverkehr über die Straße rollt, sind die A-Straßen in England und Wales sehr stark von Lastzügen frequentiert. Besonders übel sind Trunk-Roads und Dual Carriage Ways. Deutlich weniger befahren sind B-Straßen. Ein wahres Labsal für strapazierte Radlernerven sind vor allem die nicht nummerierten by-ways (Nebenstraßen).

Viele Nebenstraßen sind so genannte Single Track Roads. Diese seitlich oft von 2 m hohen Hecken oder Trockensteinmauern begrenzten Straßen sind so schmal, dass zwei Fahrzeuge unmöglich aneinander vorbeikommen. In Abständen existieren deshalb Passing Places. Nur leider wartet dort kaum ein Autofahrer, wenn mal ein *Radler* naht.

National Cycle Network (NCN)

Seit Anfang der 1980er Jahre kümmert sich die gemeinnützige Organisation **Sustrans** (Sustainable Transport) um die Realisierung eines nationalen Fahrradroutennetzes. Dieses **National Cycle Network (NCN)** verbindet rund hundert wichtige Orte Großbritanniens (und Nordirlands), darunter die 20 größten Städte, mit nahezu allen beliebten Ferien- und Freizeitgebieten. Jede der hochwertig konzipierten Radrouten soll nicht nur für Touristen attraktiv sein, sondern auch für Anfänger und Alltagsradler. Ein Drittel des Streckenumfangs soll autofrei sein (stillgelegte Bahnlinien; Treidelwege usw.). Die Beschilderung orientiert sich am dänischen Vorbild: Rote Nummer und weißes Fahrrad auf blauem Grund.

Bezüglich der **Qualität der Wege** sollten die Erwartungen nicht zu hoch sein. Verglichen mit deutschen Radwegen wirken die CNC-Routen oft arg improvisiert. Das bedeutet, dass man sich als Radler auf alle möglichen Wege, Nichtwege und Umwege einstellen muss und nicht selten mit der Straße besser bedient ist.

Im Juni 1995 wurde die erste Route eröffnet: 1600 km, vom äußersten Süden Englands hoch zum schottischen Norden (Dover – London – Oxford – Derby – York – Carlisle – Glasgow – Inverness), die Jungfernfahrt dauerte 29 Tage. Mittlerweile wurden mehr als 19.000 km beschildert. Zu den beliebtesten Strecken zählen der **West Country Way** in der Grafschaft Cornwall (Bristol – Padstow, 368 km), der **Welsh National** an der Irischen See (Cardiff – Holyhead, 450 km), die **Thames Valley Route** (vom Londoner Vorort Putney Bridge über Schloss Windsor nach Oxford), der **Coasts & Castles** (Newcastle – Edinburgh), der **White Rose** (Hull – York – Middlesborough), der **Kingfisher Trail** (in Nordirland, bei Enniskillen, s. Irland), der **Coast to Coast** (s.o. Nördliches England) und last not least die **North Sea Cycle Route** (2300 km durch England und Schottland, *www.northsea-cycle.com*)

Offroad (MTB)

Mitbenutzen dürfen Biker die überall vorhandenen, unbefestigten Reitwege (Public Bridle Way, blaue Wegmarkierungen, in OS-Karten verzeichnet). Aufgeschlossen zeigen sich auch die Forstbehörden, die Trails markieren und Streckenbeschreibungen herausgeben. Die Benutzung von offenem Land und Wanderwegen ist Ermessenssache. Eine komplizierte Geschichte ist das **Right of Way,** also das Recht, umfriedetes Privatland per pedes oder Bike zu passieren. Es basiert u. a. auf einem Verzeichnis von 1937, in dem alle zugänglich zu haltenden Orte festgelegt wurden. Wegerechte können im Laufe der Zeit verfallen, aber auch neu geschaffen werden. Landlords, Bürgerinitiativen wie auch das CTC liegen deswegen in einem zähen Dauerclinch.

GPS-Tracks (für MTB): *www.bicirutas.net*

Single Track Road

„End to End“ – ein 1000-Meilen-Roadbook

von Christoph Gocke

Die Idee

Einmal quer durch das Vereinigte Königreich: von Land's End in Cornwall nach John O'Groats in Schottland, oder einfach „End to End“. Rund 4000 Menschen machen sich Jahr für Jahr auf diesen Weg. Zu Fuß, mit Hund, Esel, Pferd oder Fahrrad. Auf vielfältigen Routen, von denen die kürzeste 874 Meilen lang ist. Im Verein der End-to-Enders wird nur aufgenommen, wer das Ziel erreicht hat, also ein End-To-End-Finisher ist. Wie auf der Santiago-Pilgerroute kann man in einem Ausweis Stempel sammeln, um die Tour nachzuweisen.

4. August

Plymouth - Fähre - Torpoint - Looe - Fowey-Fähre - Truro - Hayle - Penzance (130 km)

Die Bretagne-Hügel waren das ideale Training für die Cornwall-Berge. Wir fahren entlang der Südküste Richtung Westen. Wir fahren zu schnell. Extrem anstrengend vor allem die ersten 47 km bis Fowey. Rauf auf die Klippen, runter in die Bucht, wieder rauf. Meine Kette springt ständig ab, ist schnell wieder drauf, doch die Folgen werden sich noch zeigen.

Zwei Holländerinnen haben eine Karte mit dem Verlauf der National Cycle Route 3. Für uns zu umwegig, zu verspielt. Truro erfreut uns mit einem Tesco-Supermarkt und einer süßen Innenstadt. Die Anschaffung einer englischen Pre-Paid-Karte scheitert an den hohen Einstiegskosten. Kurz darauf landen wir auf der vierspurigen Schnellstraße mit kleinem Seitenstreifen. So kommen wir schließlich auf mittags noch undenkbare 130 km.

5. August

Penzance - St. Buryan - Land'S End - St. Just - St. Ives - Hayle - St. Agnes - Newquay (112 km)

Am Morgen Internet-Versuch im YMCA. Schlechter als in jedem türkischen Bergdorf. Und entscheidende Seiten für Tagebuch und Mails sind zensiert, geblockt. Fahren wir in den Hafen von Penzance zum Frühstück. Dann Internet-Versuch II im Bahnhof. Funktioniert. Die weit und breit steilste Straße führt uns Richtung Land's End. Unser eigentlicher Startpunkt. Das

Ziel für eine humpelnde Gruppe in Karate-Anzügen, Aufdruck: End to End 23.7. - 6. August 2004. Sie sind einen Tag schneller als geplant. Per Handschlag geben sie uns das Startzeichen vor dem Visitor Information Center, in dem wir uns ins Register eingetragen und das Stempel-Sammelformular bekommen haben. Weiter rauf und runter. Und weiter springt die Kette ab. Reparaturversuch beim ersten Fahrradladen. Der Zug wird gewechselt.

6. August **Newquay - Padstow - Camel Trail - Altarnun - Launceston - Okehampton (121 km)**
Am Camel-Fluss wird es endlich flacher. Der Camel-Trail ist der erste richtige Fahrradweg, wenn auch nicht asphaltiert. Er führt uns etwas von der Richtung weg und endet recht plötzlich. Danach führt uns der National Cycle Network 3 auf eine kahle Hochfläche im Bodmin Moor. So stelle ich mir Schottland vor.

Ein Pärchen überholt uns auf der langen Abfahrt. Sie wollen End to End in zehn Tagen schaffen. Unser Tempo hat etwas nachgelassen, ist jetzt angemessen. Trotz Reparatur weiter Ärger mit der Gangschaltung. Ich komme nur auf Umwegen aus dem kleinsten Gang zurück in die großen. Eine Speiche am Hinterrad, das gestern zentriert worden ist, löst sich, ist zum Glück nicht gebrochen. Der Linksverkehr ist weiter voller Überraschungen (auch beim Ausweichen mit dem Tablett in der Jugendherberge).

7. August **Okehampton - Crediton - Bradninch - Taunton - Glastonbury (127 km)**
Eine Stunde bastelt der supernette Fahrradhändler von Okehampton an meiner Gangschaltung. Wieder ein neuer Zug. Alles wackelt ihm viel zu stark und ist ihm zu sehr verbogen. Er macht mir wenig Hoffnung, aber mit seiner Einstellung komme ich ein paar tausend Kilometer weit. Auf das bergige Cornwall folgen das hügelige Devon und das flache Sommerset. Nachdem wir anfänglich abwechselnd unseren beiden Führern „Cycling Britain“ (Lonely Planet) und „Bike Britain“ (Epic Guide) gefolgt sind, entscheiden wir uns nun fast ausschließlich für letzteren. Er ist sicherer, zielstrebiger, einfacher. Führt über kleine Straßen. Die National Cycle Routes sind fast nie zu gebrauchen.

Es ist sonnig, warm. Dann wieder plötzlich Wolken. Ständig kann es in Kürze regnen. Tut es aber nicht. Der Wind wechselt zwar, ist aber weitgehend im Rücken. Abends will Miri noch ein Stück weiter fahren. Ich bremse. Meine Knie schmerzen. Mit Mühe finden wir noch ein B&B im Esoterik-Zentrum Glastonbury, wo Aushänge für Living-Gnosis-Seminare, Healing-Centre und Kornkreis-Kalender werben.

8. August **Glastonbury - Wells - Bath - Stroud - Gloucester - Newent (121 km)**
Die Frau, die mit uns frühstückt, ist ohne ihren 17jährigen Sohn aus Arizona gekommen, um im Süden Englands ihrer Energy Lane zu folgen. Stonehenge war ihr zu „crowded“ und abgesperrt. Die Stadt ist voller junger Menschen auf individuellen Heilstrips. Auf dem „Tor“, dem heiligen Berg, der Glastonburys esoterische Steinzeit-Quelle ist, hüpfen zwei Nackte durch den frischen Südwind hinab. Vorbei an einem Mädchen mit Blumen im Haar, die mit geschlossenen Augen und ausgebreiteten Armen in grünem Indien-Look auf der Park-Bank zum Himmel blickt.

Im superschwülen anglikanischen Gottesdienst hat ein älterer Mann einen Schwächeanfall. Als der Notarzt samt Atemmaske und Rollstuhl ansetzt, den Mann zu retten, unterbricht die Pfarrerin die Liturgie. An den Resten der alten Abteikirche üben sich 20 Frauen in Yoga und Tai Chi.

Nachdem wir Englands Poona verlassen haben, reißt der vordere Schaltzug. Zwischen Kathedrale und römischem Bad von Bath ersetze ich ihn, unterhalten von einem Gitarrenspieler. Aus der Schwüle wird immer mehr Regen. Es ist schon fast dunkel, als Miri am letzten langen Berg noch ein paar Brombeeren entdeckt. Völlig durchnässt erreichen wir das kleine Örtchen Newent, wo Polizeiwagen die Hauptstraße gesperrt haben und mit Schusswaffen hantieren. Über den Friedhof gelangen wir zum Trocknen ins George Hotel.

9. August **Newent - Ledbury - Bromyard - Tenbury - Ludlow - Church Stretton - Frodesley - Shrewsbury (116 km)**

Leicht trüb, nur gelegentlich Regentropfen. Einen kleinen Schauer in Ludlow warten wir ab. Die Landschaft ist unspektakulär, nett, flach. Die Tourist Information von Shrewsbury ist am Stadtrand bei Burger King untergebracht und erweist sich als eine Ansammlung fliegender Zettel. Einer davon ist ein Stadtplan, der uns zum College Guest House bringt, einem 500 Jahre alten Fachwerkhaus. Die Fahrräder lassen sich nur gegenüber beim Pub unterstellen, wo uns unsere Gastgeberin zu einem Besuch verpflichtet. Wir bleiben bis zur letzten Runde geläutet wird.

Am Shropshire Union Canal

10. August **Shrewsbury - Ellesmere - Grenze England/Wales - Penley - Grenze Wales/England - Chester - Shropshire Union Canal - Ellesmere Port - Birkenhead - Fähre - Liverpool (105 km)**

Anfangs Regen. Weiter mit Rückenwind. Durch einen Zipfel Wales. Neben dem ständig auf den Straßenbelag gemalten *SLOW* steht hier auf Walisisch *ARAF*. Chester erweist sich auch als ein sehr nettes Städtchen. Die Tourist Information verführt uns, einen neuen Fahrradweg am Shropshire Union Canal zu testen. Es ist ein Rumpelweg, und an jeder Brücke müssen wir balancieren, um nicht genau so ins Wasser zu fallen wie der Hund, den Miri und sein Frauchen retten. Dann bricht wirklich eine Speiche, hinten rechts, nicht selbst zu ersetzen. Drei Tage nach der letzten Reparatur.

Wir wählen die Südseite des River Mersey, fast bis zur Mündung, und sehen so Liverpool über den Fluss hinweg in der Sonne, um dann in Birkenhead die Fähre zur Stadt zu besteigen. Es ist ein bisschen Ruhrgebiet und wenig scheint älter als 150 Jahre zu sein. Recht jung ist im Untergeschoss der alten Hafen-Gebäude die „Beatles Story". Samt Audio Tour gehe ich als letzter Besucher durch die 60er und 70er Jahre, bis ich zu Tränen gerührt Postkarten im Souvenir-Shop kaufe. Schräg gegenüber ein Billighotel der Formule-1-Kette, die andernorts nur an Autobahn-Ausfahrten existiert. Ganz okay. Die Fußgängerzone ist abends öd und leer, immerhin hat der McDonalds ein paar Internet-Terminals.

12. August **Liverpool - Preston - Lancaster Canal - St. Michael's on Wyre - Lancaster - Kellet - Underbarrow - Crook (137 km)**

Nach einem Beatles-Gedenktag treibt uns starker Rückenwind nordwärts aus Liverpool. Die vielen Ampeln lassen keinen Rhythmus aufkommen. Das Land ist weiterhin flach. Erst am Nachmittag machen die Ausläufer vom Lake District die Strecke anspruchsvoller. Wir halten mitten im Grünen an einem B&B, im Glebe House von Julia. Wir könnten es für eine Million Euro kaufen, denn Julia will mit ihrem Mann in den wärmeren Süden Frankreichs. Zum Wetter meint sie nur: „It's summer - what did you expect?" Ja, was hatten wir denn erwartet?

13. August **Crook - Windermere - Kirkstone Pass - Greystoke - Hutton End - Carlisle - Grenze England/Schottland - Annan - Bankend - Dumfries (134 km)**

Der Lake District bringt uns zur höchsten Stelle zwischen Land's End und John O'Groats: dem Kirkstone Pass, 1489 Fuß, gerade mal 475 Meter. Eine Stunde brauchen wir, inklusive mehrerer Zwischengefälle, für den zehn Kilometer langen Aufstieg. Dann rollen wir durch die prächtige Kulisse zu den nächsten Seen. Bald auch in der Sonne. Meine Sonnenbrille gerät unter einen Lkw, lässt sich erstaunlicher Weise aus den Einzelteilen wieder zusammenbauen.

Miri möchte Hutton in the Forest alias Hutton End besichtigen. Ein großer Landhaussitz, ein Schloss, samt riesigem Garten. Ich stretche unterdessen. Danach fliegen wir förmlich. Nach Carlisle. Im nördlichsten Aldi von England stockt Miri unsere Reserven auf. An der englisch-schottischen Grenze überqueren wir den Hadrian's Wall, der leider unsichtbar ist, denn es sind hier keine Trümmer und schon gar keine römischen mehr erhalten. Direkt danach das „Marriage House", in dem minderjährige Engländer lange Zeit nach schottischem Recht heiraten konnten. Nun wieder ganz flach geht es bis tief in den Abend nach Dumfries.

14. August **Dumfries - Moniaive - Dalmellington - Drongan - Stewarton - Glasgow (160 km)**

Das „Full English Breakfast" hat sich zum „Full Scottish Breakfast" weiterentwickelt. Angereichert um Spezialitäten wie „black pudding", eine dicke gebratene Scheibe Blutwurst, die allein schon die Entscheidung für lebenslangen Vegetarismus rechtfertigen würde.

Eine traumhafte, einsame Bergstraße. Vom Rückenwind getrieben fahren wir zu schnell und zu lange, machen zu spät eine Pause. Sind gereizt. Bei Stewarton müssen wir uns endgültig entscheiden, ob wir an Glasgow vorbeifahren, wie es „Bike Britain“ vorschlägt, oder ob wir in die Hauptstadt fahren und dort übernachten. Wir entscheiden uns für Glasgow. Wieder eine traumhafte Strecke über die Höhen. Bald erscheinen im Tal die ersten Hochhausdächer. Über einen kreuz und quer verlaufenden, wie gewohnt holprigen, schlecht markierten Radweg geht's runter in die Stadt. Am futuristischen Expo-Gelände verwandelt sich der Weg in eine edle überdachte Fahrradbrücke, die „Millennium Bridge“.

Zur Dudelsack-WM in Glasgow

Routinemäßig beginnen wir mit der Zimmersuche: B&B, Jugendherberge, Backpackers, kleine Hotels. Bald zeigt sich: völlig aussichtslos. Während in Athen die Olympiade beginnt, steigt in Glasgow an diesem Wochenende die Weltmeisterschaft im Dudelsack-Pfeifen 2004. Die ganze Stadt ist ein einziger Dudelsack. Und IBIS, Novotel, Holiday Inn: alle sind komplett ausgebucht. Mir kommt noch die Idee, mit dem Zug zu unserem gestrigen Hotel nach Dumfries zurückzufahren. Zu spät. Nach 22 Uhr ist der letzte Zug weg. Wir stellen uns auf eine Nacht im Park oder Bahnhof ein. Mehr um die Zeit totzuschlagen fragt Miri unverzagt schließlich im Euro-Hostel. Dort vermitteln sie uns das Tulip Inn, wo wir nach ungewollten 160 km, kurz vor Mitternacht in die Betten fallen.

16. August **Glasgow - Loch Lomond - Glencoe (144 km)**

Vom Glasgower Ausstellungsgelände führt uns am übernächsten Tag ein Fahrradweg an Kanälen und Flüssen und auf einer alten Bahntrasse zu Loch Lomond (35 km). Meist ist der Weg ganz gut asphaltiert, aber häufig unterbrochen durch Schranken und Viehsperren. Er ist schlechter als ein deutscher Radweg, aber besser als die englischen. Rund um Loch Lomond eine Menge Touristen.

Meist meiden wir die viel befahrenen A-Roads. Die A82 führt aber einsam in die Highlands. Schmale und weite Täler, Hochplateaus und Seen wechseln sich ab. Das alles unter einer bizarren schwarz-weißen Wolkenlandschaft mit hellblauen Sprengseln. Hinter jedem Pass ein völlig anderes Bild. Und jedes wunderschön. Bis die Straße wieder weit ins Tal führt, wo wir in der Jugendherberge von Glencoe auf Reisende treffen, deren Stimmung durchs regnerische Wetter der letzten Tage etwas getrübt ist.

17. August **Glencoe - Loch Ness - Beauly (134 km)**

Wir radeln am Great Glenn entlang, Schottlands West-Ost-Schneise erspart uns viele Berge. Die B8004 führt uns über eine hügelige, etwas längere Nebenstrecke, von der ich etwas missmutig auf einen scheinbar schönen Fahrradweg entlang des Kanals blicke. Später sind wir vor Fort Augustus selbst auf einem solchen Kanalradweg, der sich aber als unasphaltiert und reichlich holprig erweist.

Durch die Highlands

Als wir Loch Ness erreichen, zieht sich der Himmel zu. Alle Fliegen fliehen unter den selben Baum, unter dem wir gerade versuchen, eine Mittagspause zu machen. Wir brechen ab und auf. Aber Nessy macht uns nass. Es regnet. Immer stärker. Bei Drumnadrochit sind Regen und Stimmungstief überwunden. Mit bis zu 20 Prozent Steigung geht es von Loch Ness und Great Glenn weiter nach Norden. In Beauly finden wir, dank wieder einmal großer Hilfsbereitschaft der Passanten, ein nettes B&B. Miri wäre gern noch ein paar Kilometer gefahren.

18. August **Beauly - Dingwall - Alness - Tain - Bonar Bridge - Lairg - Altnaharra (128 km)**

Regen, Regen, Regen. Der erste komplette Regentag. Zwölf Kilometer vor Tain bricht mein Gepäckträger unterm Sattel an beiden Halterungen ab. Ich setze den Rucksack auf, gurke durch Regen und Gegenwind bis Tain, wo wir an den Ortsrand zu einem Fahrradmechaniker geschickt werden. Als wir in der ruhigen Wohngegend keinerlei Werkstatt sehen, tritt der Mann schon winkend aus seinem Haus. Miri wird gleich zum wärmenden Tee in die Küche geladen, während der Rentner in seiner Garage zwei Streben sucht und findet. Weil sie nicht so gebogen sind wie die alten, tricksen wir gemeinsam, bis der Gepäckträger so fest wie nötig sitzt. Danach werde auch ich noch mit Tee, Keksen und Käse gestärkt, bevor es wieder raus in die Nässe geht. Als der Rentner mit Frau und Kindern seinerzeit die End-to-End-Tour machte, hat es an jedem Tag geregnet. Aber das ist uns kein Trost.

Ein Stück lang haben wir wenigstens Rückenwind, weil wir jetzt wieder dem Cycling Britain folgen und im Landesinnern nach Norden fahren, statt an der Ostküste, wo der Nord-Ost-Wind ein Vorankommen nahezu unmöglich macht. Von Lairg aus buche ich telefonisch eines von einer Handvoll Zimmern im Mini-Dorf Altnaharra. Bis dahin bleiben eine einspurige Straße in einer traumhaften Plateaulandschaft mit Dauerregen. Trotz Sturmbrille halte ich die Hand vors Gesicht um den peitschenden Gegenwindregen abzuhalten. Endlich erreichen wir das B&B, wo uns Mandy und Lindsay Smith mit mitleidsvollen Mienen erwarten. Im Glaspavillon reißen wir uns die triefenden Klamotten runter, die alle ohne unser Zutun in den Trockenraum wandern. Schon der herzliche Empfang wärmt.

19. August **Altnaharra - Loch Naver - Bettyhill (40 km)**
Durch unaufhörlichen Regen und konstanten Nordwind kämpfen wir uns 40 km voran bis zur Nordküste bei Bettyhill. Wir machen eine lange Pause im Foyer des Schwimmbads. Dann gebe ich für heute auf. Morgen soll es besseres Wetter geben, und deshalb kann ich mich nicht weiter quälen. Das bescheidene Hotel, die maritime Atmosphäre und ein paar Sonnenstrahlen am Abend versöhnen uns mit dem Tag, der uns normalerweise locker bis John O'Groats gebracht hätte.

20. August **Bettyhill - Thurso - Lyth - John O'Groats (86 km)**
Das Wetter ist heute deutlich besser. Nur einige Regentropfen. Der Wind kommt weiter aus Norden, ein Tick Nord-West vielleicht, fast Rückenwind. In Thurso macht Miri einen Großeinkauf im letzten schottischen Lidl, während ich an meinem Hinterrad wieder einen Speichenbruch konstatieren muss. Schlimmer noch: Fast alle Speichen auf der rechten Seite sind angeknackst. Eine Folge der anfänglichen Probleme in Cornwall mit der Kette, die immer wieder zwischen Speichen und Ritzel sprang. Ich lockere die rechte Seite, spanne dafür die linke Seite. Wie lange wird das halten?

Miri und Chris at the end

Dann vertrauen wir noch einmal dem CNC-Radweg Nr. 1 und dem Cycling Britain von Lonely Planet. Ja, und verfahren uns prompt. Fünf, sechs Kilometer Umweg. Das National Cycle Network, das derzeit mit mehr publizistischem als materiellem Einsatz angelegt wird, hat uns immer wieder enttäuscht. Um 16.31 Uhr erreichen wir John O'Groats. 1643 km haben wir seit Land's End zurück gelegt. Ziemlich genau 1000 Meilen. Im Minutentakt folgen andere End-to-End-Radler. Alle Finisher waren in etwa so lange unterwegs wie wir. Wir fotografieren uns im Sturm mit Regentropfen auf der Nase. Mission erfüllt. Von Lerwick aus (Shetland) wollen wir mit der Fähre weiter nach Bergen, um unsere Radreise in Norwegen fortzusetzen.

IRL

IRLAND

REPUBLIK IRLAND U. NORDIRLAND

Daten

84.421 qkm (zus.) • Ausd. 430 x 280 km • 5,9 Mio. Einw. (zus.) • 70 Ew./qkm

Land

Zur Geografie Irlands: Bis an die offene Küste reicht das zentrale Tiefland jeweils im Westen und Osten, verwitternde Mittelgebirge begrenzen die Lowlands hingegen nach Süden und Norden. Höchste Erhebungen in der Nordhälfte sind Slieve Donard (852 m) und Nephin (807 m), in der Südhälfte Carrauntoohill (1041 m) und die Wicklow Mountains (925 m). Einem Puzzle gleicht die Westküste, wo nach der letzten Eiszeit der gestiegene Meeresspiegel die Flussmündungen überflutete, die nun tiefe Buchten in der klippenreichen Küste bilden. Auch das Inselinnere wurde durch die Eiszeit umgestaltet. Neben Findlingen und Drumlins (gälisch für kleine Hügel) hinterließen die Gletscher Bergseen, Deckenmoore und hügelige Moränenzüge in der Tiefebene. Die einst riesigen irischen Laubwälder zersägten die Besatzer ihrer Majestät für den Bau der Cromwellschen Eroberungsflotte (17. Jh.). Allen Neuaufforstungen zum Trotz sind daher nur 5% der Inselfläche bewaldet.

und Leute

Obwohl Irland so intensiv grün ist, eignen sich die meisten Böden nur für Weidewirtschaft und Torfgewinnung. Bei der großen Hungersnot im 19. Jh. starben eine Million Menschen, eine weitere Million wanderte aus. Entsprechend dünn besiedelt ist heute die Republik Irland, vergleichsweise dicht das von englisch-schottischen Einwanderern dominierte Nordirland. Die ab dem 17. Jh. angesiedelten Protestanten wollen die Union mit Großbritannien beibehalten, die katholischen Ur-Iren wollen die Vereinigung mit dem Rest der irischen Insel. Jahrzehntelang befand sich Nordirland deshalb im Bürgerkrieg.

Allgemeine Amts- und Umgangssprache ist Englisch. Zweite Amtssprache der Republik Irland ist Gälisch – eine Sprache, die mit 16 Buchstaben auskommt und nur noch von 3% der Bevölkerung gesprochen wird (ein Fünftel besitzt immerhin Grundkenntnisse). Die gälischsprachigen Regionen – Gaeltacht genannt – liegen überwiegend in West-Irland und erfreuen sich intensiver staatlicher Förderung.

per Rad erfahren

Irland gehört zu den Ländern, in die man sich als Radler entweder verliebt – oder eben nicht. Dieter Schmidt: „Aus einer Verkettung unglücklicher Umstände habe ich meine letzte große Radtour nach nur 200 km auf der Dingle-Halbinsel abgebrochen. Starker Verkehr, Sturm, Regen, steilste Passstraßen, Knieprobleme, schlechter Straßenbelag, falsche Bereifung, unlesbare gälische Wegweiser und chronischer Ersatzteilmangel brachten mich

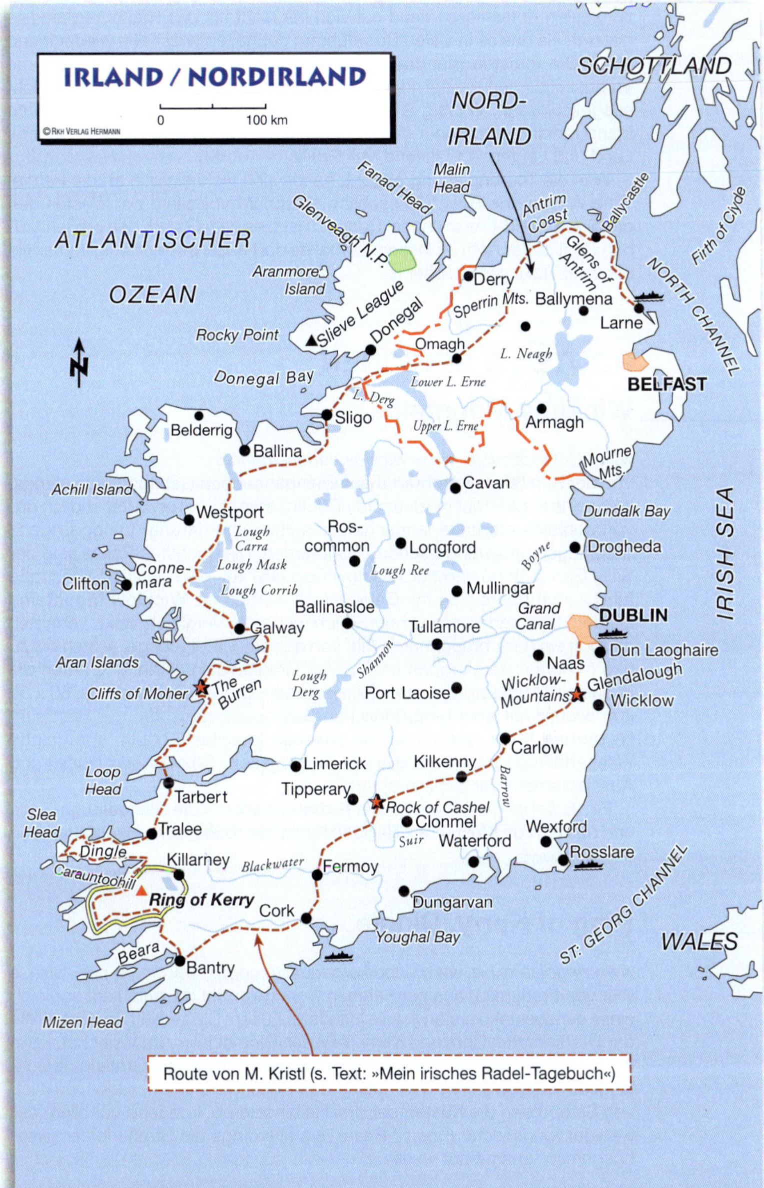
IRLAND / NORDIRLAND
0
100 km
©RKH VERLAG HERMANN
SCHOTTLAND
NORD-
IRLAND
ATLANTISCHER
OZEAN
Malin Head
Fanad Head
Glenveagh N.P.
Antrim Coast
Ballycastle
Glens of Antrim
Firth of Clyde
NORTH CHANNEL
Aranmore Island
Derry
Sperrin Mts.
Ballymena
Larne
Slieve League
Donegal
Rocky Point
Omagh
L. Neagh
Donegal Bay
Lower L. Erne
BELFAST
L. Derg
Sligo
Upper L. Erne
Armagh
Belderrig
Ballina
Mourne Mts.
Cavan
Achill Island
Westport
Dundalk Bay
Lough Carra
Ros-
common
Longford
Drogheda
IRISH SEA
Lough Mask
Lough Ree
Boyne
Clifton
Conne-
mara
Lough Corrib
Mullingar
Ballinasloe
Grand Canal
DUBLIN
Galway
Tullamore
Dun Laoghaire
Aran Islands
Naas
Shannon
Lough Derg
Cliffs of Moher
The Burren
Port Laoise
Wicklow-
Mountains
Glendalough
Wicklow
Carlow
Loop Head
Limerick
Kilkenny
Barrow
Tarbert
Tipperary
Rock of Cashel
Slea Head
Clonmel
Tralee
Suir
Waterford
Wexford
Rosslare
Dingle
Killarney
Blackwater
Fermoy
Carauntoohill
Ring of Kerry
Cork
Dungarvan
Youghal Bay
ST. GEORG CHANNEL
WALES
Beara
Bantry
Mizen Head
Route von M. Kristl (s. Text: »Mein irisches Radel-Tagebuch«)

zu diesem Entschluss. Irland hat sich mir nicht als das Radfahrerparadies gezeigt, als das es in vielen Reiseführern gepriesen wird." Nie wieder Irland also? Die meisten Irlandradler sehen das anders. Tatsächlich sind die Voraussetzungen für individuelle Radtouren gut, gelegentliche Flüche nicht ausgeschlossen. Wichtig ist nur, dass die Motivation stimmt. Denn durch Irland radeln heißt: Näher dran sein an Natur, Wind und Wetter. An Straße, Land und Leuten. An tausend Mal Grün.

Was die Tourenplanung angeht, halten sich viele einfach an die Parole: „The West is the Best!" Tatsächlich entspricht vor allem der Westen den gängigen Irland-Erwartungen. Dennoch ist dies kein Grund, den großen grünen Rest außer Acht zu lassen. Zumal es dort auch wettermäßig immer ein bis zwei Ticks gemütlicher ist.

ROUTEN & REGIONEN

Wicklow Mountains

www.visitwicklow.ie, www.wicklownationalpark.ie

Von der Kapitale zur größten zusammenhängenden Gebirgsregion Irlands. Wer seine Irland-Tour in „dear dirty Dublin" startet, den erwartet südlich davon sogleich die erste landschaftliche Herausforderung: Langgezogene Steigungen und wunderschöne Panoramen. Die höchsten Pässe sind der Sally Gap (518 m) und der Wicklow Gap (457 m), die höchste Stichstraße führt zum Kippure (754 m). Gelegentlich werden die **Wicklow Mountains** als der Harz Irlands bezeichnet. Auch wenn der Vergleich hinkt, vermittelt er doch ein ganz brauchbares Bild von diesem Mittelgebirge, seinen bis zu 925 m hohen Bergkuppen und kahlen Granitkegeln. Bislang konnten die intensiven Aufforstungen erst Teile des recht großen Gebietes (ca. 60 x 30 km) wieder mit dem ursprünglichen Baumkleid versehen, der Rest sind Heide und Moor, tiefe Täler mit seltenen Hochlandvögeln, sprudelnde Wasserfälle und schwarz glänzende Bergseen. Dazwischen Dörfer und Aussiedlerhöfe der Schafzüchter.

Ein Juwel ist der 37 qkm große **Nationalpark** um die Glendalough-Seen und das dortige Kloster des Heiligen Kevin, die touristische Hauptattraktion der Wicklows.

Ring of Kerry, Dingle

www.ringofkerry.biz, www.ringofkerrytourism.com, www.dingle-peninsula.ie

Wer von Frankreich aus per Fähre in Cork gelandet ist, dem liegt sogleich eines der spektakulärsten Areale Irlands zu Füßen: Die zerklüftete Küstenlinie der Grafschaften Cork und Kerry. Wer den Ring of Kerry im Visier hat, kann sich auf dem Weg nach Killarney in der sanft hügeligen Grafschaft Cork langsam eingewöhnen. Wer gleich das Besondere sucht, radelt westlich von Skibbereen die Küsten der drei Halbinseln ab. Lohnend vor allem der weniger touristische *Ring of Beara,* wo allerdings die Straße leider reisebusgerecht ausgebaut wurde.

Ring of Kerry

Bei Kenmare ist der Ring of Kerry erreicht. Hauptort ist das schön gelegene **Killarney,** das entsprechend große touristische Anziehungskraft besitzt. Günstige Klimabedingungen lassen Rhododendronwälder, kilometerlange Fuchsienhecken und Erdbeerbäume gedeihen. Hohe Berge und das wildromantische Drei-Seen-Gebiet des Killarney National Parks umgeben den Ferienort und bilden zugleich den szenischen Auftakt für eine der Top-Destinationen Irlands, die **Halbinsel Iveragh** mit der 172 km langen Ringstraße von Kerry. Umgeben von Seen und üppiger Vegetation steigen innerhalb der Halbinsel Berge bis auf über 1000 m empor, und dies praktisch von Meeresniveau aus. Am Ring gibt's Panoramablicke satt: über Buchten, Fjorde, Inselchen, Klippen und Strände. Die Ringstraße ist schmal und durchgehend hügelig (besondere Anstiege: Coomakesta-Pass, 200 m; Moll's Gap, 263 m). Rund um den Ring existieren zahlreiche Unterkünfte und Campings, so dass bei Schlechtwetter beliebig gekürzt werden kann.

Ziele am Ring

Sehenswert sind **Sneem** (niedliches Dorf), **Staigue Fort** (Festung aus der Eisenzeit, 4 km einwärts), **Skellig Michael** (ohne Fahrrad zur felsigen Mönchs- und Vogelinsel, kürzeste Verbindung ab Portmagee, bewegte Überfahrt), **Valentia Island** (von Portmagee aus über die subtropische Insel, von Knight's Town per Fähre wieder zum Ring), **Caragh Lake** (tolle Szenerie, toller Ausblick, Abzweig bei Caragh Bridge, am See entlang und auf Inlandspiste via Lake Field wieder auf den Ring), **Killorglin** (dreitägiges Puck Fest im August).

Radeln am Ring

Man sollte die Erwartungen nicht zu hoch schrauben, es gibt idyllischere Strecken als den Ring. Um sich auf der schmalen Ringstraße nicht zu blockieren, starten alle Touristenbusse von Killarney *entgegen* dem Uhrzeigersinn. Radler fahren daher vorteilhaft *im* Uhrzeigersinn. Wer an der Westpitze der Halbinsel (zuvor ggf. Schleife über Valentia Island) landeinwärts abzweigt, versäumt zwar die Nordküste (weniger aufregend), darf aber ein idyllisches Sträßchen genießen, das zunächst im Inny-Tal verläuft, dann den nicht sehr steilen Ballagisheen-Pass (304 m) überquert und durch Hochtäler an Irlands höchsten Bergen vorbei weiterführt.

Bedingt radelbar – der Kerry-Way-Wanderweg

Ladies View (Ring of Kerry)

Dingle

Nördlichster der fünf Landfinger von Kerry und Cork ist die **Halbinsel Dingle,** die sich dem Ring nahtlos draufsatteln lässt. Hier wird's nun sehr gälisch. Die in der Hochsaison ziemlich überlaufene Halbinsel ist eine bedeutende Gaeltacht, und das merkt man nicht nur an den Ortsschildern (meist einsprachig), sondern auch am Tresen. Groß ist der Fundus an prähistorischen und frühchristlichen Stätten (z. B. die Bienenkorbhütten der Eremiten). Lohnendste Ecke der Halbinsel ist das Hügelland westlich von Dingle-Stadt: die imposanten Klippenlandschaften von Slea Head und Clogher Head, ab Dunquin spannende Überfahrt zur entvölkerten Felseninsel Great Blasket (ohne Bike). Der Bau der Küstenstraße um den **Slea Head** war einst eine Arbeitsbeschaffungsmaßnahme für die hungernde Bevölkerung, und genauso abenteuerlich sieht sie auch aus. Die Diretissima von der Nord zur Südküste führt nördlich von Dingle-Stadt über den **Connor-Pass** (456 m), einen der höchsten Straßenpässe Irlands: Es ist eine nicht sehr steile, aber schmale Straße, gerade mal drei Schafe breit, die sich mit bepackten Rädern gut meistern lässt. Wenn das Wetter es zulässt, gibt es oben eine grandiose Aussicht. Alternative: Von Dingle-Stadt zurück bis Anascaul und am Corrin vorbei nach Camp.

Clare, West Mayo, Galway

Und weiter geht's entlang der aufregenden Westküste in Richtung Norden. Wer von Dingle kommt, den schiebt der SW-Wind auf Nebenstraßen flott nach Tarbert (entweder via Tralee – Kilflynn – Listowel oder Tralee – Ballyduff). Von dort per Autofähre nach Kilimer.

Clare

www.clare.ie

Zunächst hält die Grafschaft Clare einige Leckerbissen bereit:

- Die **Halbinsel um Loophead** (so heißt der Aussichtspunkt an der Spitze) mit ihrer wild zerfransten Küste. Windig, windig.
- **Milltown Malbay** – musikalisches Dorf mit „Konservatorium", ohne den Rummel wie in Doolin.
- **Cliffs of Moher** – Irlands berühmteste Steilklippenküste (10 km lang und 200 m hoch) liegt leider oft im Dunst.
- **Doolin** (5 km nördlich Cliffs of Moher): Dorf mit drei berühmten Singing

Pubs, Szenetreff der Rucksackis, Bootsverbindung nach Inisheer (kleinste der Aran Islands).

- **Aran Islands** – Gruppe von drei bewohnten, wildromantischen Inseln mit alten Klöstern, prähistorischen Steinforts und den wetterfestesten Pullovern Irlands. Gaeltacht, speziell die Insel Inishmaan. Viele Schotterwege für *Offroad-Spaß.* Vor Ort erhältlich: The Aran Map, 1:29.000. Passagierfähren verkehren zwischen den Inseln sowie nach Doolin, Galway, Spiddle und Rossaveal (Fahrradmitnahme gratis).
- **The Burren** – 80 qkm großes Karstplateau mit Höhlensystem. „Zu wenig Wasser, um einen Mann zu ertränken, zu wenige Bäume, um ihn zu hängen", fluchte ein General der engl. Cromwell-Armee im 17. Jh. über den Burren. Diese irlanduntypische Mondlandschaft ist dafür heute ein ideales, nicht zu extremes Terrain für Mountainbiker. Vor Ort erhältlich: The Burren Map, 1:36.000.

Connemarra *www.connemara.ie*

Die Fähren von den Aran Islands sind ein gutes Sprungbrett für die zerlappte Halbinsel Connemara (Co. Galway). Obwohl touristisch äußerst beliebt, schluckt die dünnbesiedelte Connemara ihre Besucher ganz gut weg. Abseits der Hauptrouten kann es, trotz des weitmaschigen Straßennetzes, richtig einsam werden. Herb ist die Landschaft und grünbraun der vorherrschende Farbton. Eindrucksvoll ist es eigentlich überall, sei es nun an der Küste (kleine Ringstraßen führen zu Fels- und Sandstränden, an denen es sich prima campen lässt) oder im bergigen Inland, wo schwarz glänzende Bergseen und hingeduckte Bauernkaten, schroffe Felsmassive und kahl gepeitschte Bergkegel, endlose Steinmauern und halbwilde Schafe, weite Hochmoore und viel, viel Torf die Szene bestimmen. Der Süden ist gälischsprachig (Hauptort der Gaeltacht ist Carna).

Eine **Connemara-Runde** führt idealerweise in nördlicher Richtung zunächst an der Küste entlang (Galway – Carna – Ballyconneely – Clifden – Louisburgh – Westmore), anschließend durchs Innere der Connemara zurück nach Galway Town (entweder westlich der Bergzüge oder direkt entlang der großen Seen Lough Mask und Lough Corrib). Wer flacheres Gelände sucht, findet es jenseits der Connemara: in den grünen Ebenen östlich der großen Seen. Ein gutes Standquartier für Tagestouren ist **Clifden,** quirliger Hauptort der Connemara.

Cliffs of Moher

Gaelforce *www.gaelforcewest.ie*
Seit 2006 findet im August in und um **Westport** das **Internationale Gaelforce West Adventure Racing** statt – eine Art irischen Triathlons. Die Teilnehmerzahlen verdoppeln sich von Jahr zu Jahr. 2009 waren bereits über 1600 Biker, Climber und Kayaker dabei. Das einfachere Gaelforce 6 Rennen läuft über 65 Kilometer. Das Profirennen Gaelforce 12 ist eine 72-Stunden-Herausforderung quer durch die Disziplinen.

Achill Island Nördlich von Westport schließt sich eine weitere Halbinsel mit Puzzle-Küste an. Erstes Etappenziel ist **Achill Island** – per Brücke mit dem Festland verbunden. Die Insel ist ein da capo Irlands: Klippen höher als die von Moher, Strände zum Verlieben, düstere Hochmoore und Heidekrautflächen, klotzige Gebirgsstöcke und eingesprenkelte Seen. Kein Wunder, dass Böll hier in Doogort viele Sommer verbrachte. Steil ist der Insel-Westen, moderat der **Atlantic Drive** – eine 40 km lange Panoramastraße. Auch die 30 km lange Ringstraße der vorgelagerten, menschenleeren **Corraun Peninsula** ist des Radelns wert (aufteilen: Nordschleife nach Achill Island, Südschleife zurück).

Mayo Der *Norden von Mayo* ist nichts für Schwermütige. Hier lässt es sich aufgrund des sanft hügeligen Terrains zwar relativ leicht radeln, aber die endlosen Torf- und Moorlandschaften erscheinen auf Dauer doch trostlos. Am interessantesten ist noch die küstennahe Strecke von Barnatra via Belderg und Killala nach Ballina: wenig Tourismus, wenig Verkehr, etwas Wald, kuppenartige Erhebungen, allerlei Steinsetzungen, historisches Mauerwerk – und viel Wind aus SW! Beschreibung einer organisierten Radrundtour, u. a. auf dem Western Mayo Way (Wanderweg):
www.myguideireland.com/wild-west-mayo

Donegal

Überblick *www.donegal.ie*
Ganz klarer Fall: Wer sich vom Tourismus möglichst weit entfernen will, radelt durch den Nordwesten Irlands. Hier ist das Klima rauer, sind die Menschen zurückhaltender, ist die Landschaft ursprünglicher, gibt es keine Eisenbahnverbindungen. Große Teile der mäßig besiedelten Grafschaft sind Gaeltacht. Die Landschaft hat alte Verwandte im Nordosten – eine Landbrücke verband einst Donegal und Schottland. Zerklüftet ist die Küste mit ihren Sandstränden und Steilklippen, von Hochmooren überzogen sind die Berggebiete mit ihren kahlen Granitgipfeln, weit und einsam sind die Täler mit ihren Seen, Wasserfällen und Schafen, farbigen Hütten und grauen Steinmauern. Im Herzen Donegals liegt der 100 qkm große **Glenveagh National Park** mitsamt viktorianischem Märchenschloss.

Tourentipps Die Auswahl an landschaftlich reizvollen Strecken ist groß. Die Straßen sind überwiegend schmal, verkehrsarm und bergig. SW-Winde im Tagesverlauf oft heftig zunehmend. Fantastisch sind einmal mehr die Küstenstraßen. Ein starker Auftakt ist die Halbinsel westlich von Donegal-Stadt. In dieser aufregenden Ecke befindet sich auch der **Slieve League** mit Europas höchster Klippenwand (600 m). Mountainbiker, die fit und schwindelfrei sind, können den Slieve League bei gutem Wetter auf dem One Man's Path überqueren. Tolle Sache – aber auch nicht ungefährlich, wie man der folgenden Schilderung von René Reibetanz entnehmen kann.

Gälisch für Anfänger

Nur für Schwindelfreie

René Reibetanz („Unbekanntes Irland", Pietsch-Verlag): „Dann kommt erneut eine Mutprobe: Der Grat wird sehr schmal und fällt auch landeinwärts steil ab. Ein Balanceakt auf dem Messerrücken. Ich schiebe das Bike lieber, es ist mir eine zusätzliche Stütze, die mir Sicherheit gibt, mein drittes Bein. Wieder stellt sich ein mulmiges Gefühl ein, es verstärkt sich, wenn ich meinen Blick auf den Weg hefte. Dieser befremdende Eindruck, dass der Weg sich bewegt, während alles, was tief unten liegt zu ruhen scheint, dieser ungewohnte Eindruck sorgt für das aufkommende Schwindelgefühl. Ich komme wesentlich besser voran, wenn ich mich nur so weit auf den Weg konzentriere, wie es wirklich nötig ist.

Bald ist dieser schmale Grat geschafft. Ich bin mir nicht sicher, ob es jener ist, der auf den Karten als **One Man's Path** eingezeichnet ist, oder ob es die Engstelle ist, von der mir die Schotten berichteten und die sie als größeren Nervenkitzel empfunden haben als jenen bekannten Pass. Vielleicht wird mir der Rückweg darüber Auskunft geben. Dann kommt der Gipfel des eigentlichen Slieve League. Teilweise muss ich wieder schieben, mitunter das Bike sogar schultern wenn es zu felsig wird. Unvorstellbar, in welche Welt mich dieser Weg heute geführt hat."

Atlantic Drive mit Abstechern

Vom Slieve League über die Haarnadelstrecke des Glengesh Passes geht es weiter nach Ardara. Dort beginnt ein weiterer **Atlantic Drive,** eine malerische Küstenstrecke entlang der fjordreichen Westküste Donegals. Abstecher zur Aranmore-Insel muss nicht sein, ebenso wenig die zersiedelte Nordküste (Ausnahme: Horn Head). Lohnend sind hingegen die Strecken zu den Mittelgebirgen (bis 750 m) und den **Glenveagh National Park** im Landesinnern; sie lassen sich teilweise mit dem Atlantic Drive kombinieren. Nordöstlich der Berge warten zwei große Halbinseln als krönender Abschluss der Donegal-Tour: Fanad und Inishowen. Das weitaus reizvollere Radelrevier ist dabei das grüne **Fanad,** wo die 70 km lange Panorama-Runde *Fanad Drive* wartet.

Irlands Inland

Tourentipps

Im Gegensatz zu den Küsten bietet das Landesinnere vor allem irischen Alltag sowie unspektakuläre, friedliche Landschaften und einige besondere Orte wie Newgrange, Cashel, Kilkenny, Slane, Cahir, Mitchelstown, Clonmacnoise und Boyle. Das 370 km lange Fluss-Seen-System des **Shannon,** das die zentrale Kalksteinebene durchschneidet, ist als Tourengebiet insgesamt recht unergiebig. Hübsch sind jedoch die

i-Box Irland

Einreise Für die Einreise benötigen Schweizer, Österreicher und Deutsche den Personalausweis (Republik Irland und Nordirland).

Geld In der Republik Irland wird mit dem Euro gezahlt, in Nordirland mit dem Pfund Sterling. Das Preisniveau ist etwas höher als in D.

Gesundheit Das EU-weite Sozialversicherungsabkommen ermöglicht Mitgliedern gesetzlicher Krankenkassen kostenfreie medizinische Behandlung in der Republik Irland. In Nordirland wird EU-Bürgern kostenlose medizinische Behandlung wie in Großbritannien gewährt.
Details: *www.dvka.de*

Sicherheit Aktuelle Hinweise zu Nordirland: *www.auswaertiges-amt.de* (Länderseite Großbritannien)

Infos
- Irische Tourismuszentrale für ganz Irland: *www.discoverireland.com*
- The Irish Times: *www.irishtimes.com*
- Kommerzielle Irland-Seite: *www.irish-net.de*

Infos vor Ort Freundlich und kompetent ist auch das Personal der örtlichen ITB -Büros (Irish Tourist Board). Infomaterial, das im Ausland umsonst abgegeben wird, muss hier jedoch bezahlt werden.

Wetter An West- wie Südküste streicht der wohltemperierte Golfstrom vorbei und sorgt für milde Winter und nicht zu heiße Sommer (selten über 24 °C). Der Atlantik liefert den Regen, der viele Dichter inspirierte. Besonders feucht ist die Westküste, wo es an bis zu 250 Tagen im Jahr „pieselt".

Geradezu trocken ist die irische Ostküste, wo nur ein Drittel der westlichen Regenmenge niedergeht. Zwischen diesen Polen variiert das irische Wetter. Immer wieder schieben sich Azorenhochs zwischen die atlantischen Tiefs und bringen rasche Wetterwechsel. Dauerregen ist seltener als der feine Sprühregen („Irish Mist"), der sich ganz gut ertragen lässt.

Im Sommer kann es sowohl anhaltend sonnig sein mit Temperaturen um 30 Grad, als auch „arschkalt" und regnerisch.

Wind Der kommt vor allem aus südwestlichen Richtungen. An den westlichen Küsten ist er am stärksten, oft sogar richtig stürmisch. Irland-Umrundungen daher möglichst immer im Uhrzeigersinn angehen!

Reisezeit Bei der Wahl des Reisemonats hilft vielleicht etwas Wetterstatistik: Als *regenärmster* Monat gilt der April, *sonnigste* Monate sind Mai und Juni, die *wärmsten,* aber keineswegs trockensten, der Juli und August. Als vergleichsweise *wetterstabil* wird der September gelobt. Doch so wichtig sollte man das alles nicht nehmen, denn ohne die Dramatik des Himmels wären Irlands Landschaften nur halb so eindrucksvoll.

Anreise

Mit Bahn und Fähre Wer den Flieger vermeiden will, muss zwei bis drei Tage veranschlagen, um die irische Küste von Deutschland aus per Bahn und Fähre zu erreichen. Direktfähren nach Irland verkehren nur ab Frankreich (ab Roscoff und Cherbourg – Rosslare/IRL, 16 h / 18,5 h), ansonsten kämen auch die sog. Landbridge-Verbindungen über England in Betracht. Aber nur für Leute, die zusätzlich 600 km durch GB radeln wollen. Schneller geht es ab Cherbourg. Weil Fahrradversand nach Irland nicht möglich ist, bleibt nur die Fahrradmitnahme bis Cherbourg (von D nach Paris, dort den Bahnhof wechseln, in Caen umsteigen). Gesamtfahrzeit 17-24 h.

Die Fährverbindungen Cherbourg – Rosslare und Roscoff – Rosslare werden von **Irish Ferries** bedient (www.irishferries.ie). Person ab 65 €, Fahrrad 6 €. **P&O Irish Sea** (www.poirishsea.com) bedient die Verbindungen Frankreich-GB und GB-Irland.

Per Fahrradbus *www.bike-und-bus.de*
Im Sommer gelangt man von Deutschland aus auch per Fahrradbus nach Irland (bis Dublin und Kenmare = Ost- und Westküste).

Per Flieger Angeflogen werden Dublin, Cork, Shannon und Kerry. Die meisten Flüge bietet die irische **Aer Lingus** an: *www.aerlingus.com*. Fahrrad 30 € (oneway, bis 15 kg, jedes zusätzl. kg 9 €).

Transport im Land Busse und Bahnen werden in der Republik Irland von der staatlichen CIE betrieben, die verschiedene Sparangebote für die mehrmalige Nutzung von Bahnen und/oder Bussen anbietet (auch im Verbund mit Nordirland). Angesichts der hohen Normaltarife durchaus erwägenswert.
CIE: *www.cie.ie.* NIR (Nordirische Bahnen): *www.translink.co.uk*

Bahnen Das Streckennetz von **Irish Rail** wurde auf die einträglichsten Strekken reduziert, dominierender Knotenpunkt ist Dublin. Fahrradmitnahme ist bei fast allen Zügen möglich, entweder im Gepäckwagen oder im „Guard's van". Fahrradkarte eine halbe Stunde vor Abfahrt lösen, Preis: 3,50–9 €. Mitnahme auch auf der grenzüberschreitenden IC-Verbindung Dublin – Belfast. Fahrradversand ist nicht möglich.

Busse Generell können Fahrräder in Überlandbussen mitgenommen werden. Die Zustimmung des Fahrers ist erforderlich. Preise wie bei der Bahn.

Fähren Auf Inselfähren, wie auch auf der bedeutsamen Fähre über die Shannon-Mündung, können Fahrräder problemlos mitgenommen werden.

Übernachten

Zimmer Irland lässt Individualreisende nicht im Regen stehen. Ein bezahlbares Dach überm Kopf findet sich eigentlich immer. Immer mehr favorisiert werden dabei die Hostels. Längst haben die **Independent Hostels** den offiziellen Youth Hostels den Rang abgelaufen. Die privat geführten Independent Hostels sind moderner und flexibler als die gute alte Jugendherberge. Vor allem sind die Independents inzwischen weitaus zahlreicher. Weniger als 20 **Jugendherbergen** in ganz Irland stehen über 200 Independents gegenüber. Übernachtungen in einer Jugendherberge liegen bei 12 €; die Preise der Independents liegen bei 10–22 € im Schlafsaal und 20–60 € im Doppelzimmer. Daneben gibt es selbstverständlich auch **Hotels** und **Guest Houses,** rund 1000 allein in der Republik Irland. Die meisten befinden sich in Städten oder Urlaubszentren und sind in der einfachsten Kategorie preislich vergleichbar mit einem besseren B&B (Bed & Breakfast). **B&B** beinhaltet stets ein reichliches Frühstück (logisch) und manchmal auch Familienanschluss. B&Bs gibt es in jedem Nest und zunehmend auch auf Bauernhöfen. 50–60 € sind fürs DZ zu veranschlagen.

- An Oige (Irischer JH-Verband): *www.anoige.ie*
- HINI (Nordirischer JH-Verband): *www.hini.org.uk*
- Buchungsportal für über 9000 zertifizierte Unterkünfte: *www.accomodation.ie*
- IHH (Independent Hostels of Ireland): *www.hostels-ireland.com*
- Buchungsportal für über 1100 B&Bs: *www.townandcountry.ie*

Campen

www.camping-ireland.ie
Irland ist zwar nicht Spitzbergen, aber dennoch muss das Zelt gelegentlichen Unbilden standhalten können, als da wären Wolkenbrüche, Dauerregen, Sturm – abwechslungshalber auch Moskitos. Nicht selten muss das Zelt auf eine saftig grüne, leider auch nasse Wiese gestellt werden. Eine Unterlegplane ist deshalb empfehlenswert. Ebenfalls vorteilhaft wegen der feuchten Witterung ist ein Synthetikschlafsack (trocknet schneller) und ein kleiner Reiseföhn, um nasse Haare, nasse Schuhe etc. zu trocknen (Adapterstecker erforderlich).

Die meisten Campingplätze befinden sich in den Küstenregionen, im waldreicheren Nordirland häufiger auch in den Forest Parks. Übernachtungen sind preiswert: 2 Pers. um 5 € (Hiker-and-Biker-Tarife), auch Solisten werden preislich fair behandelt. Ist kein Campingplatz in der Nähe, lohnt es, bei einem Hostel zu fragen.

Freies Campen wird in Irland zwar toleriert (Ausnahme Staatsforsten), ist aber mangels Sichtschutz, nasser Böden und Einfriedungen oft schwer zu realisieren.

Karten und Literatur

(Adressen zum Bezug von Karten und Reiseführern im Anhang)

Tourenkarten

- Marco Polo: Irland/Nordirland 1:300.000. Verzeichnet kaum Straßennummern, enthält dafür mehr Nebenstraßen und Dörfer. 8,50 €.
- Reise Know-How, World Mapping Project: Irland 1:200.000. Klar, und meist auch korrekt. Wichtig für Irland: wasser- und reißfestes Papier, Umkarton entfernbar. Viele Infos. 8,90 €.
- Ordnance Survey (OS): Holiday Map 1:250.000. 4 Bl. für die ganze Insel; nicht schlecht, aber schwer zu „lesen" und keine km-Angaben, außer groben Höhenlinien kein besonderer Vorteil, je Bl. 10,90 €.
- Empfehlenswert: OS: Irland Spiralatlas 1:200.000, besser und billiger als die Holiday Map, mit km-Angaben, 19,80 €.
- OS: Discovery-Serie 1:50.000. Topografische Karten. Für „Entdecker".

Tourenführer

- Kettler Vlg.: „Irland per Rad" (mit Nordirland). Bewährter Irland-Radführer, bereits in der 8. Auflage.
- Esterbauer Vlg., (Bikeline): „Radatlas Irland", 1:100.000, für den Südwesten Irlands.

Fahrrad (gälisch rothar)

Ausstattung Für längere Touren solides Rad mit bergtüchtiger Gangschaltung und Reifenbreite ab 32 mm. Ein Spritzschutzlappen am vorderen Schutzblech sieht zwar nicht sehr cool aus, hält aber bei Regenfahrten einen groß Teil Feuchtigkeit von Schuhen und Kette fern. Für MTBs empfehlen sich Steckschutzbleche. Wegen des Salzgehalts der Luft an der Westküste nur rostfreie Schrauben verwenden, die Kette häufiger ölen, Aluteile gelegentlich reinigen. Dass die Gepäcktaschen wasserdicht sein sollten, versteht sich im Ortliebzeitalter wohl von selbst.

Reparaturen Fahrradwerkstätten nur in größeren Orten. Zoll-Gewinde und 27er-Zoll-Reifen weichen den metrischen Maßen. Probleme kann es bei Reparaturen aber geben, wenn zwar das passende Ersatzteil, nicht jedoch das entsprechende metrische Werkzeug vorhanden ist (Abzieher usw.).

Straßen und Wege

Straßen Mit ein Grund für die Attraktivität Irlands ist das enorm verzweigte Netz ruhiger Nebenstraßen. Probleme können diese Sträßchen bei der Orientierung bereiten. Denn insbesondere in der Republik Irland müssen Wegweiser stets mit Skepsis betrachtet werden. Manche tragen alte Nummerierungen, andere verweisen auf Orte, die in keiner Karte stehen, wieder andere wurden von Spaßvögeln verdreht. Jeder, der nicht immer auf Hauptstraßen fahren will, muss daher auch immer etwas Pfadfinder sein. Ein wesentlicher Unterschied zwischen Republik Irland und Nordirland betrifft auch den Straßenzustand. Während in der Republik Irland die Straßendecken oft rauh und uneben sind, verwöhnt Nordirland mit rennradtauglichen Asphaltpisten.

Radfernwege

Erst Ende der 1990er Jahre wurde mit dem Kingfisher Cycle Trail Irlands erster Radfernweg eröffnet. Mittlerweile gibt es in allen Regionen Irlands ausgeschilderte Radrouten, zu denen vor Ort auch Karten und Führer erhältlich sind. Hier die wichtigsten:

- **Kingfisher Cycle Trail** (Nordirland, 370 km, Route in Form einer Acht, Kreuzungspunkt ist Carrick-on-Shannon).
- **Tour de Humbert** (historische Thementour im Nordwesten, 225 km; Karte/Infos in Touristenbüros)
- **Beara Way Cycling Route** (Ringroute, 136 km, ausgeschildert)
- **Ring of Kerry Cycle Tours** (217 km, davon 74 km Hauptstraße, ausgeschildert, viele Anstiege, aber kaum über 300 m)
- **Táin Trail & Cycle Route** (940 km, Route in Form einer Acht zwischen Roscommon , Kells und Carlingford (an der Irischen See im Osten). Die Route basiert auf einem 1200 Jahre alten Epos um Queen Maeve. Karte mit Beschreibung bei allen Touristenbüros).

Verkehr

In Irland herrscht Linksverkehr. Anders als in Nordirland gilt in der Republik Irland aber die Vorfahrtsregel „Rechts vor Links". In Nordirland müssen sich Verkehrsteilnehmer an ungeregelten Kreuzungen hingegen verständigen (s. a. Großbritannien). Insgesamt ist die Verkehrsbelastung kein großes Thema. Unangenehm sind nur längere Etappen auf den lastzugverseuchten Fernstraßen im Osten Irlands zwischen Cork, Dublin und Belfast.

Offroad (MTB)

Irland steht nicht gerade im Ruf eines Dorados für Mountainbiker. Wege gibt es zwar genug, nur die wirklich grandiosen Strecken fehlen. Zudem sind manche Regionen wie die Connemara, wo Gebirgmassive alles abriegeln, völlig unergiebig. Tourenfreundlich geben sich hingegen Waldgebiete, insbesondere die Forest Parks, aber auch Schotterwege auf den kargen **Aran Islands,** kahle Hochebenen wie **the Burren** oder die großen Kanäle mit ihren alten Treidelwegen – Grand Canal Towpath, Royal Canal Towpath. Weitere Anregungen vermittelt die Übersichtskarte „Wandern in Irland" (mit Kurzbeschreibungen der wichtigsten Fernwanderwege). Wanderführer sind vor Ort in den i-Büros erhältlich („Irish Walk Guides"). Ideale Planungsgrundlagen sind die OS-Discovery-Karten 1:50.000.

Mein irisches Radel-Tagebuch von Michael Kristl

Schöner Auftakt

Nach zwei Tagen Dublin machen sich zwei Schwaben und ein US-Biker auf den Weg, um der verkehrsreichen Inselmetropole auf schwer bepackten Drahteseln zu entfliehen. Der ungewohnte Linksverkehr tut ein Übriges, um an unübersichtlichen Kreuzungen unsere Nerven zu strapazieren. Als dann die ansteigende Straße erste Blicke auf das tiefe Blau der Meeresküste freigibt, entspannen wir uns allmählich. Bevor es in die Wicklows geht, füllen wir unsere Vorräte in Enniskerry noch einmal auf. Gleich am Ortsausgang empfängt uns eine hundsgemeine Steigung, die in der prallen Mittagssonne bergan führt. Stetig an Höhe gewinnend radeln wir alsbald auf der schmalen und viel gewundenen Straße mit immer weiter reichenden Ausblicken auf sanft geschwungene Hügel und Hochmoore. Trotz des saftigen Anstieges auf über 500 m Höhe entpuppen sich die Wicklow Mountains als ideales Radlerterrain. Außerhalb der kleinen Wälder kann der Blick weit in die Ferne schweifen. Nur die Mückenschwärme vereiteln unser Übernachtungsvorhaben am Wasserfall hinter Sally's Gap. Trotz empfindlicher Abendkühle müssen wir daher noch die lange Abfahrt bis Glendalough machen.

Lange Anstiege und rasante Abfahrten prägen den nächsten Tag. Der oft schlechte, von Schlaglöchern übersäte Fahrbahnbelag und unübersichtliche Kurven stehen einem allzu hemmungslosen Geschwindigkeitsrausch entgegen. Gleich bei der ersten Bergetappe am Morgen ereilt mich und unmittelbar darauf auch Stefan ein Speichenbruch – der Anfang einer ganzen Serie. Durch die Reparatur verlieren wir Brad aus den Augen, der sich uns auf der Fähre angeschlossen hatte und nun, vorausfahrend, nichts von dem Missgeschick ahnt.

Hinter Aghavannagh verlassen wir die grünen Wicklow Mountains. Mächtige Hecken säumen die oft schlecht beschilderten Sträßchen, die an einsamen Streusiedlungen vorbeiführen. An einem allein stehenden Haus bitten wir zwei im Garten spielende Jungs um frisches Wasser. Nur wenig später kommen sie mit den gefüllten Radflaschen lachend wieder um die Ecke gerannt.

Abends vor dem Pub

Ab Carlow folgen wir dem River Barrow. Zusehends wird die Orientierung schwieriger, und so fragen wir uns auf einer über beachtliche Hügel verlaufenden, unbeschilderten Straße bis zum Weiler The Butts durch, der außer einer Handvoll halbverfallener Häuser auch einen Pub besitzt. Ich muss ziemlich erschöpft dreingeschaut haben, denn spontan offeriert uns der irische Gastwirt, auf einer seiner Viehweiden zelten zu können, treibt seine Rindviecher kurzerhand auf eine andere Wiese. Später ordern wir zwei Pints und einen Berg lecker belegter Brote. In der Abendsonne vor dem Pub sitzend findet so ein ziemlich nervenaufreibender Tag doch noch einen versöhnlichen Abschluss. Am nächsten Morgen erweisen sich die restlichen fünzehn Meilen bis Kilkenny als unerwartet aufwändig. Nachdem uns der eingeschlagene Weg immer suspekter vorkommt, klärt uns ein Ire grinsend über hiesige Streiche auf: „You know, people just turn signs ...".

Neben einem schönem Castle und der Besichtigung der Smithicks-Brauerei bietet Kilkenny während der Sommermonate vor allem Touristen en masse, was uns nach einer Frühstückspause im Schlosspark und dem vergeblichen Ausschauhalten nach Brad umgehend die Flucht ergreifen lässt. Über ruhige, von dichten Hecken gesäumte Landsträßchen radeln wir bei schweißtreibenden Temperaturen über Fethard nach Cashel. Dessen mächtiger „Rock“ mit den historischen Gemäuern darauf bietet einen imposanten Anblick in der Abendsonne.

Für den weiteren Weg nach Cork bleibt nur die befahrene Nationalstraße N8, die aber glücklicherweise meist einen Seitenstreifen besitzt. Den restlichen Weg radeln wir auf der bedeutend ruhigeren R 614, auch wenn wir dabei ein paar zusätzliche Steigungen empor schnaufen müssen.

In Cork quartieren wir uns im Youth Hostel ein. Ob aber 15-Mann-Schlafsäle und eine bestenfalls als tropfend zu bezeichnende Dusche für 9 Pfund pro Nase ein guter Deal sind, ist fraglich. Doch abends platzen die Pubs in der Umgebung aus allen Nähten. Man steht so dicht gedrängt mit dem Pint in der Hand, dass sich mit den ohnehin redseligen Iren immer ein Gespräch ergibt.

Im Rausch Der Sinne

Let's go West! Nach fünf Tagen Binnenland übt die Westküste magische Anziehungskraft aus, entsprechend motiviert treten wir in die Pedale. Auf der R 618 folgen wir dem lieblichen Tal des River Lee. Wir sehen malerische Seen und von sanften Hügeln umfasste Täler. Zusehends steigert sich die Landschaft, so dass wir uns in einen kleinen Rausch fahren, bei dem auch der Keimaneigh Pass kein echtes Hindernis mehr darstellt. 110 km hinter Cork blicken wir erstmals auf die Weite des Atlantik.

Das milde Golfstromklima ermöglicht es, dass wir uns abends in Bantry noch auf ein Soccermatch mit der Dorfjugend einlassen. Vor allem der kleine Terrence zeichnet sich durch unermüdlichen Kampfeswillen und ein unglaubliches Laufpensum aus. In einem Folk-Pub lassen wir den Tag ausklingen.

Als wir am übernächsten Tag nach Glengarriff weiterfahren, trübt sich der Himmel in Windeseile ein, so dass wir den Ring of Beara auslassen, um unser Glück am Ring of Kerry erneut zu versuchen. Herrliche Ausblicke in saftig grüne Täler, welche unter den tief vorbeiziehenden Wolken in ständig wechselnden Farbschattierungen erscheinen, versüßen uns den steilen Anstieg zum Turner's Rock Tunnel. Nach der dunklen Tunnelröhre brausen wir durch eine karger werdende Berglandschaft die gerade erst hochgestrampelten 300 Höhenmeter bis Kenmare wieder hinunter. Der tiefe Schlaglöcher aufweisende Straßenbelag hält uns dabei ständig auf Schlingerkurs.

Auf dem Marktplatz von Kenmare trauen wir dann unseren Augen kaum. Steht doch da tatsächlich der seit Tagen vermisste Brad grinsend am Straßenrand! Schnell sind Lynn aus Schottland und Kevin aus Neuseeland vorgestellt, die ebenfalls mit vollbepackten Rädern unterwegs sind und denen sich Brad angeschlossen hatte.

Der General

Auf der Campingwiese eines Hostels pflanzen wir unsere Zelte auf. Die etwas schrullige Besitzerin entpuppt sich in der Folgezeit als „General“ und gibt in kaum verständlichem Englisch ständig irgendwelche abstrusen Anweisungen. „Pitch your tent here! Put your bikes there! Why do you leave the campground?“ Den Höhepunkt stellt der nächste Morgen dar, als Kevin, nichtsahnend beim Frühstück vor seinem Zelt sitzend, zum Appell muss und aufgefordert wird, zwecks Müllkomprimierung in einen vor dem Hostel stehenden Plastikbehälter zu steigen. Der ganze Zeltplatz hat Tränen gelacht.

Zu fünft machen wir uns an die Umfahrung des Ring of Kerry. Als guter Tippp erweist sich das Radeln im Uhrzeigersinn, da die mittags einsetzenden Touristenbusse verpflichtet sind, die Iveragh-Halbinsel in entgegengesetzter Richtung zu befahren. Am Südwestzipfel lockt ein prächtiger Sandstrand zum Bad im überraschend warmen Atlantik, bevor sich die Straße dann mit fantastischen Ausblicken auf traumhafte Buchten die langgezogene Steigung zum Coomakesta-Pass hinauf windet. Die anschließende Abfahrt über 250 Höhenmeter in das in der malerischen Ballinskelligs Bay liegende Waterville steht dem kaum nach.

Beim gemeinsamen Köcheln an der Küste genießen wir einen prächtigen Sonnenuntergang. Wegen des schönen Wetters befahren wir anderntags auch den äußersten Zipfel der Halbinsel zur St. Finan's Bay auf dem Scenic Skellig Ring. Schöne Sandstrände und eine atemberaubende Küste erkaufen wir allerdings mit heftigen Steigungsstrecken. Nachdem ich mich mit letzter Kraft einen supersteilen Hang hinaufgeschleppt habe, fällt die Straße ebenso abrupt und schnurgerade bis zum Brückenübergang nach Valentia Island ab. „45 miles!" ruft man mir aus einem überholenden Auto zu. Praktisch, nachdem mein Tacho schon längst den Geist aufgegeben hat!

Endlos zieht sich die von der sengenden Sonne in ein klebendes Teerband verwandelte Küstenstraße nach Dingle, wo wir schließlich unsere Zelte auf der Wiese eines alternativen Hostels aufschlagen. Abends brausen wir in einem alten VW-Bus mit Folkband und Fangemeinde in den mit bunten Häusern leuchtenden, von Individualtouristen fast überquellenden Ortskern und erleben in einem finsteren, aber urgemütlichen Pub ein tolles Folkkonzert.

Am folgenden Morgen liegt Brad kreidebleich in seinem Zelt. Hat sich am Vortag in einer Imbissbude wohl den Magen verdorben. Also beschließen Stefan und ich noch einen Tag zu bleiben und umrunden auf der von schroffen Klippen gesäumten Küstenstraße den Slea Head. Andertags statten wir dem wohl bekanntesten Bewohner Dingles einen Besuch ab. Von einer Meeresbucht, die wir als Frühstücksplatz gewählt haben, schauen wir dem Delphin in seinem lieb gewonnenen Revier zu, bevor wir uns dann Brad an die Fersen heften, der schon „langsam" vorgefahren ist.

Am besten im Uhrzeigersinn (Ring of Kerry)

Zunächst müssen wir stramme 500 Höhenmeter zum Connor Pass hinauf. Wolken- und Nebelschleier verhindern auf dem Pass die versprochene Aussicht, aber die anschließende Abfahrt macht trotzdem mächtig Laune.

An der von Sandstränden gesäumten Küstenstraße liefern wir uns anschließend ein langes Rennen mit einem holländischen Paar auf einem höllisch schnellen Tandem, das endgültig erst entschieden ist, als den „Fliegenden Holländern" ein Teil ihres Gepäcks vom Fahrrad fällt! Schneller als gedacht ist so Tralee erreicht.

Sangeskünste

Ein angenehmer Rückenwind schiebt uns auf Nebenstraßen fast noch bis zum Shannon. Im Örtchen Ballylongford zwingt uns aber die aufkommende Dunkelheit nach einer Übernachtungsgelegenheit Ausschau zu halten. Ein Pub mit dem Slogan „Live music tonight" zieht uns an. Die Besitzerin bietet uns sofort an, die Fahrräder in einem Nebenraum unterzustellen. Als die Stimmung zusehends steigt, beginnt nach lautstarker Aufforderung Mike, der Starsänger des Ortes, erste Balladen zu trällern. Unter ständiger Anfeuerung liefern im Laufe des Abends noch weitere Iren Proben ihrer Sangeskunst. Als irgendwann der Dorfälteste seinem Guinnesskonsum Tribut zollt, indem er förmlich aus den Latschen kippt, bekommen wir einen Stock höher ein Übernachtungsquartier zugewiesen.

Die halbstündige Fährüberfahrt von Tarbert über den sich tief ins Landesinnere erstreckende Shannon erspart uns den langen Umweg über das verkehrsreiche Limerick. Ab Kilrush wählen wir die über Wiesen und Felder führende L 54, um am Spanish Point wieder die Küste zu streifen. Als wir uns während einer Mittagspause mit einer Heilbronner Radlerfamilie unterhalten, hält, wie aus dem Nichts auftauchend, Brad mit seinem Rad neben uns. Schlicht meint er: „Hello Germans, I'm back!"

Gemeinsam machen wir uns abends auf den Weg zum bekanntesten Steilküstenabschnitt Irlands, den Cliffs of Moher. Gerade noch vor Sonnenuntergang erreichen wir die in die Meeresbrandung abfallenden Klippen. Die warme Sonne taucht die Felsen in goldgelbes Licht und schnell machen wir einige Stimmungsfotos, bevor der blutrote Sonnenball hinter den Aran Islands versinkt.

Good luck, Brad!

Statt nun von Doolin mit der Fähre via Aran Islands nach Galway zu schippern, bevorzugen wir die L 54. Optimal verläuft die Straße entlang der Küste und bietet zugleich interessante Ausblicke auf die Karstformationen des Burren. Anschließend haben wir mit hartnäckigem Gegenwind zu kämpfen und ich bin fix und fertig, als wir am Abend die Universitätsstadt Galway erreichen. Auf diesem Abschnitt verlieren wir Brad endgültig aus den Augen. Good luck, Brad ...

Um das atmosphärische Städtchen mit seinen engen Gassen und den stilvollen Pubs so richtig genießen zu können, mieten wir uns erstmals regulär in einem B&B ein. Ein eigenes Zimmer mit Dusche, ein solides Dach über dem Kopf und keine Bedenken wegen des Gepäcks oder des Fahrrades – Herz was willst du mehr?

Die direkteste Verbindung nach Connemara ist die N59 über Oughterard, beim Radeln kommt wegen des Schwerlastverkehrs aber keine rechte Laune auf. Der stramme Gegenwind lässt uns im stilvollen „Quiet-Man-Cafe" eine Teepause einlegen. Nördlich von Maam Cross tauchen wir jenseits der Nationalstraße sofort in völlige Abgeschiedenheit ein. Schroffe

Zweisprachige Wegweiser in Westirland

Bergflanken säumen die karge Umgebung, und die dunklen, tief hängenden Wolken lassen die Natur fast bedrohlich erscheinen. Unschlüssig, welche Richtung wir an der nächsten Kreuzung einschlagen sollen, bestimmen wir kurzerhand den Westwind zum Routenplaner und brausen trotz mancher Steigung fast mühelos am Nordufer des Lough Corrib auf der L 101 gen Osten.

Nieselregen mit Rückenwind

Auch auf der weiteren Fahrt durch Joyce Country sind wir wegen des ständigen Zickzacks der Streckenführung den Launen des Windes ausgesetzt. Nach einem steilen Anstieg genießen wir einen fantastischen Tiefblick zum riesigen Lough Mask, dessen tiefblaues Wasser so wunderschön mit den moosgrün überzogenen Hügeln kontrastiert. Die folgenden 20 km verläuft die Straße zwischen Seeufer und Patrick Mountains. Trotz Nieselregens lassen wir uns noch von den „tail winds“ nach Nordosten bis zum Lough Conn treiben, über dessen aufgewühltem Wasser sich ein perfekter Regenbogen zeigt.

Nach ausgiebigem Frühstück im geschäftigen Ballina steuern wir auf der L 133 auf die Ox-Mountains zu. Trotz des beachtlichen Höhenunterschieds ist die Steigung angenehm zu fahren, und nachdem sich die Berge von weitem noch als mächtiges Hindernis dargestellt haben, sind wir überraschend mühelos auf dem Sattel angelangt. Auf fast verkehrsfreier Straße radeln wir an einem romantischen See weiter. Speichenbruch Nr. 4 einmal ausgenommen, entpuppt sich die der Eisenbahn folgende und an mehreren Streusiedlungen vorbeiführende Landstraße über Cloonacool und Coolaney als äußerst geruhsam. Auf den letzten Kilometern bis Sligo lässt sich die Nationalstraße N4 nicht umgehen. Mehrmals werde ich von schweren Lastwagen an den schlaglochübersäten Straßenrand gedrängt und kann nur mit Mühe einen Sturz vermeiden. Daher verlassen wir diesen „Highway to hell“ bei nächster Gelegenheit wieder und nähern uns Sligo lieber über das zwar hügelige, aber ungemein idyllische Yeat's Country.

Viel Regen und stürmische Winde nageln uns für zwei Tage in Sligo fest. Was aber gar nicht schlimm ist, da wir im Hostel und in den Pubs eine Menge netter Leute treffen.

Bei nasskaltem Wetter vom gemütlichen Hostel wieder aufs Rad zu wechseln – das fällt nicht leicht. Nach den schlechten Erfahrungen mit der N4 nehmen wir gerne einen beträchtlichen Umweg Richtung Norden in Kauf. Nördlich vom Lough Gill radeln wir auf der R 286 durch abwechslungsreiches Hügelland, überqueren auf holprigem Asphalt einen Bergsattel und schwenken auf der R 280 nach Nordwest, da die meisten Nebenstraßen an der nordirischen Grenze enden. Hecken mit köstlichen Schwarzbeeren bremsen uns eine Zeitlang beträchtlich.

Unbemerkte Einreise

Ohne jede Grenzkontrolle radeln wir hinter Ballyshannon auf nordirisches Staatsgebiet. Erst als ich in einem Lebensmittelladen englische Pfund zurückbekomme, wird mir dies vollends bewußt. Der Unterschied, der einem als Radfahrer in Nordirland im Vergleich zur Republik Irland sofort auffällt, ist der weitaus bessere Straßenbelag. Vorbei die Zeit speichenkillender Rüttelpisten, Flüsterasphalt ist nun angesagt. Vielleicht ist es diese Begeisterung über den neuen Rollkomfort, der uns 140 km weit treibt – die längste Etappe unserer Irlandtour.

Via Boa Island durchqueren wir frühmorgens den Binnensee Lower Lough Erne und pedalen im D-Zug-Tempo auf der B 4 und A 32 (Seitenstreifen) nach Omagh, um im „Pink Elephant Coffee Shop" eine Verschnaufpause einzulegen. Sie hilft uns, die im Anschluss an den Glen Forest Park bedeutend welliger werdende Topografie zu meistern. Im Glenelly Valley komme ich mir fast wie auf einer Achterbahn vor. Leider reicht der Downhill-Schwung selten fürs anschließende „uphill". Auf der mitten durch eine riesige Schafweide verlaufenden, einspurigen Passstraße überqueren wir die Sperrin Mountains. Selbst an den steilsten Stellen der grünen Hügel kann man unzählige Schafe als weiße Farbtupfer ausmachen.

Irlands gemütlichstes Hotel

Bei der folgenden Abfahrt über gut 300 Höhenmeter begegnet uns kein einziges Fahrzeug. Als wir abends in Dungiven ankommen, bleibt gerade noch Zeit, ein paar Lebensmittel einzukaufen. Auf die Frage nach der Jugendherberge macht mir die freundliche Verkäuferin einen Streckenplan zum Flex Mill Hostel, der eigentlich recht simpel erscheint. Doch die Suche entwickelt sich zu einer wahren Odyssee. Erst 12 km außerhalb von Dungiven erreichen wir nach mehrmaligem Fragen und völlig erschöpft ein einsam liegendes Häuschen. Wie im Märchen werden wir sogleich von einer Frau begrüßt und in eine von warmem Kerzenschein beleuchtete Stube geführt, wo uns heißer Tee und Linseneintopf erwarten. Zusammen mit drei anderen Radwandererinnen teilen wir ein urgemütliches Zimmer mit Petroleumfunzel. Das Hostel ist völlig ohne Strom, dafür gibt's Brot aus selbst gemahlenem Korn, Müsli mit frisch gepflückten Beeren, Frühstückseier von glücklichen Hühnern, einen Wintergarten, vier neugeborene Kätzchen und sogar eine Solardusche! Am Abend sitzen wir alle um ein knisterndes Kaminfeuer und sind uns einig, in Irlands gemütlichstem Hostel zu weilen!

Nach einem Ausflugstag in das von einer imposanten Stadtmauer umgebene Derry fällt der Abschied von unserer gemütlichen Mühle besonders schwer. Schnurstracks nach Norden radelnd erreichen wir hinter Limavady erstmals die raue Nordküste Irlands. Mit einer frischen Meeresbrise in der Nase und der von Wind und Wasser angenagten Antrim Coast vor Augen tritt es sich gleich viel leichter. Ab Portstewart jagt dann eine Traumbucht die nächste. Nach einem Tag mit unglaublich vielen landschaftlichen Höhepunkten fahren wir in der Abenddämmerung noch am gespenstisch auf den Klippen stehenden Dunclue Castle vorbei. Dann suchen wir uns in Port Ballintrea einen Panoramakochplatz am Meer und verdrücken eine ordentliche Portion Pasta.

Bilderbuchbuchten

Nach den Erlebnissen des Vortages glaubte ich nicht an eine nochmalige Steigerung in Sachen Naturschönheiten, sollte mich aber getäuscht sehen. Frühmorgens fahren wir auf der für den allgemeinen Autoverkehr gesperrten Uferstraße zum Giant's Causeway. Absolut beeindruckend, wie sich über

40.000, bis zu zehn Meter hohe Basaltsäulen in meist regelmäßiger Sechseckform vor der gischtenden See aneinanderreihen – erstarrte Lava in geometrischer Form! Ich verknipse fast einen Film. Als dann der Touristenstrom anschwillt, suchen wir auf unseren Drahteseln das Weite. Doch es geht nur langsam voran, denn alle paar hundert Meter bleiben wir erneut bei einer Bilderbuchbucht stehen. An einer kommen wir mit einem Maler ins Gespräch, der sich als irischer Lebenskünstler und lustiger Geselle entpuppt. Er empfiehlt uns seinen „favourite place in Ireland", ein kleiner Hafen, zu dem sich eine Straße hinabschlängelt. Die traumhaften Klippen- und Felsformationen lohnen den Abstecher. Nur wenige Kilometer weiter balancieren wir nach einem Spaziergang über die Rope Bridge, eine Hängebrücke 40 m über dem Meer. Obwohl wir den ganzen Tag auf den Beinen waren, haben wir abends in Ballycastle angekommen nur schlappe 30 km zurückgelegt.

Würdiger Abschluss

Der letzte Tag in Irland. Unser Wunsch, möglichst nahe am Meer zu radeln, beschert uns auf der Nebenstrecke über den Klippen von Torr Head die fraglos steilste Straße unseres Irlandurlaubes. Während wir die schwer bepackten Räder die Anstiege regelrecht empor wuchten müssen, leisten die Bremsen bei den wie Skipisten geneigten Abfahrten Schwerstarbeit. Jetzt bloß kein Bremsversagen! Kurz hinter Cushendall beginnt dann eine Genussstrecke erster Güte. Das direkt dem Küstenverlauf folgende Sträßchen führt uns in tief eingeschnittene Buchten und klemmt sich teilweise abenteuerlich zwischen Meer und die Antrim Mountains, deren kräftiges Grün von der zwischen den Wolken hervorbrechenden Sonne beleuchtet wird. So sind die letzten Radkilometer bis zum Fährhafen in Larne würdiger Abschluss einer mir unvergesslich bleibenden vierwöchigen Irlandtour – hope to be back soon!

Giant's Causeway (Antrim Coast)

IS

ISLAND

Daten 103.000 qkm • Ausd. 300 x 500 km • 319.000 Einwohner • 3,1 Ew./qkm

Land Trotzig ragt die „Insel aus Feuer und Eis" aus dem Atlantik. Bewohnt von einer Handvoll Menschen mit Superjeeps. Gemacht aus frischer Schlakke und ungebändigten Gewässern. Eine Rettungsinsel zwischen Europa und Grönland. Gerade zwanzig Millionen Jahre alt, praktisch noch wie neu. Das Eis: Der größte Gletscher, der Vatnajökull, ist tausend Meter dick und nimmt eine Fläche von der Hälfte Schleswig Holsteins ein, auf dem Gletscher thront Islands höchster Berg, der Hvannadalshnúkur (2119 m). Das Feuer: Von Islands 140 Vulkanen sind noch dreißig aktiv. Jene, die unter dem Eis liegen, machen sich bei einem Ausbruch durch große Gletscherläufe bemerkbar.

Fjorde und Buchten zerlappen die Nord- und Westküste, Sanduren (vulkanische Schwemmlandebenen) prägen die Südküste. Wie eine Lupe wirkt die klare Luft im Hochland, entfernte Bergketten scheinen greifbar nah. Moose und Gräser, Lavaformationen und Aschefelder, Wüsten und Tundren prägen das weitgehend baumlose Antlitz Islands. Flüsse stürzen allerorten als Wasserfälle zu Tal, reißende Schmelzflüsse machen das Inselinnere bis Juni/Juli unpassierbar. Typisch isländisch auch die vielen heißen Quellen, deren bekannteste Namensgeber aller Springfontänen ist: Der Große Geysir.

und Leute Erst im 9. Jahrhundert wurde die karge Basaltinsel von Wikingern und Kelten besiedelt. Die reichlich vorhandene geothermische Energie versorgt die Isländer heute mit Wärme und Strom, Obst und Gemüse. Dennoch sind vier Fünftel der Insel kaum besiedelt; zwei Drittel der Bevölkerung lebt im Großraum Reykjavik. Englisch ist gängig als Zweitsprache. Isländisch ist die letzte germanische Sprache, die noch in ihrer mittelalterlichen Form gesprochen wird. Fahrrad heißt reidhjól, Mountainbike fjallahjól, ein Computer ist ein Zahlenprophet (tölva) und die seit 2008 grassierende Inflation heißt im Isländischen „Preisentzündung".

Reisegruppe im Hot Pot (Hveravellir)

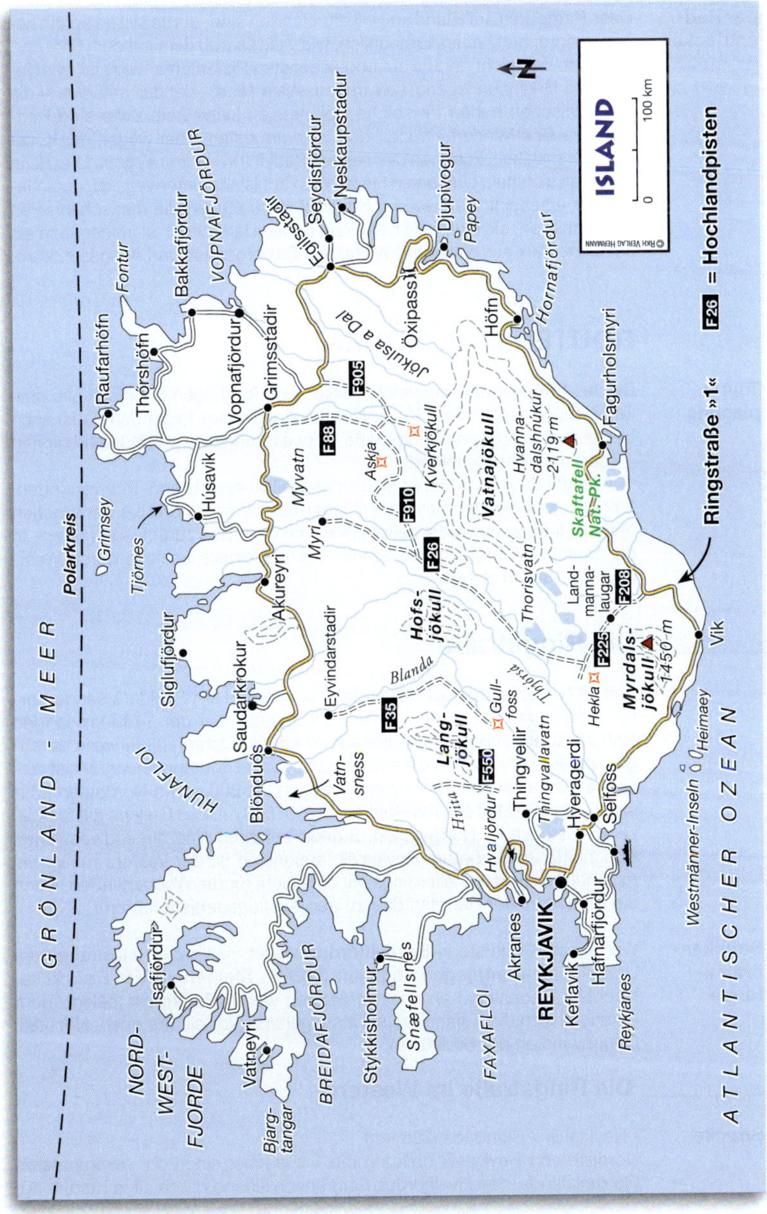
ISLAND
0
100 km
© RKH VERLAG HERMANN
F26 = Hochlandpisten
Ringstraße »1«
GRÖNLAND - MEER
ATLANTISCHER OZEAN
Polarkreis
NORD-
WEST-
FJORDE
Grimsey
Tjörnes
Raufarhöfn
Thórshöfn
Fontur
Bakkafjördur
VOPNAFJÖRDUR
Vopnafjördur
Grimsstadir
Egilsstadir
Seydisfjördur
Neskaupstadur
Djupivogur
Papey
Öxipass
Höfn
Hornafjördur
Jökulsa a Dal
F905
F88
Askja
Kverkjökull
F910
Myvatn
Myri
F26
Vatnajökull
Hvanna-
dalshnúkur
2119 m
Skaftafell
Nat.-PK.
Fagurholsmyri
Húsavik
Akureyri
Siglufjördur
Saudarkrokur
Eyvindarstadir
Hofs-
jökull
Thorisvatn
Land-
manna-
laugar
F208
F225
Hekla
Myrdals-
jökull
1450 m
Vik
Heimaey
Westmänner-Inseln
HUNAFLOI
Blönduós
Vatn-
sness
Blanda
F35
Lang-
jökull
Gull-
foss
Thjórsá
F550
Hvita
Thingvellir
Thingvallavatn
Hveragerdi
Selfoss
Hvaljördur
Akranes
REYKJAVIK
Hafnarfjördur
Keflavik
Reykjanes
FAXAFLOI
Snæfellsnes
Stykkisholmur
BREIDAFJÖRDUR
Isafjördur
Vatneyri
Bjarg-
tangar

per Rad entdecken Dass Radtouren auf Island keine Kaffeefahrten sind, dürfte sich ja schon herum gesprochen haben. Erstaunlich, wie viele es trotzdem mit dem Bike dort umtreibt. Wer nicht gerade auf abgelegensten Pisten unterwegs ist, wird jeden Tag Gesinnungsgenossen treffen. Alles Nicht-Isländer natürlich - die Einheimischen haben für solche Spinnereien keine Zeit. Zwar sind Radreisende eine Minderheit unter den Islandtouristen, aber wegen der Kürze der Tourensaison, kommen die meisten Radler im Juli und August. Und dann trifft man sich halt. Und umso länger man auf Island unterwegs ist, umso familiärer erscheint die Insel. Im Kontrast dazu stehen die menschenleeren Landschaften, die die Seele berühren. So eine Islandtour ist immer auch ein seltsamer Mix aus Nähe und Weite, aus Geborgenheit und Ausgesetztsein.

ROUTEN & REGIONEN

Tourenplanung Da das Streckennetz vergleichsweise dünn ist, folgen praktisch alle größeren Touren dem selben Baukastenprinzip, das aus folgenden Bausteinen besteht: Abschnitte der Ringstraße + Erweiterungen in den Küstenregionen + Touren durchs Hochland.

Alle drei Bausteine lassen sich individuell zu einer Island-Tour verbinden, für die sechs Wochen zu veranschlagen sind. Wer nur drei bis vier Wochen mitbringt, kann entweder Teilstrecken mit dem Bus zurücklegen oder - in der Beschränkung liegt die Stärke - eine kleinere Schleife durch West- bzw. Ost-Island ziehen.

Die Ringstraße

Seit 1974 das letzte noch fehlende Brückenglied am Skeidarársandur fertig gestellt wurde, ist die Umrundung Islands auf der 1400 km langen Nationalstraße möglich. Die bis auf 60 km (im Osten) mittlerweile durchgehend asphaltierte 1 ist die logische Basis jeder Tourenplanung. Meist verläuft sie in tief liegenden Küstenbereichen bis 200 m. Im Nordosten führt sie für rund 200 km durchs Hochland (200–500 m), das Gleiche gilt für kürzere Teilstücke im Nordwesten. Stärker befahren sind die südwestlichen Abschnitte im Großraum Reykjavík, ansonsten ist der Verkehr mäßig bis minimal (Nordosten). Allerdings gilt dies nicht für die Wochenenden, wenn die Karawane der Hauptstädter zu den Ausflugsgebieten strömt.

Streckendramaturgie Wer an der Ostküste in **Seydisfjördur** startet, sollte die Ringstraße dem Uhrzeigersinn entgegen angehen (Vorteil: Steigerung der Eindrücke, Nachteil: Gegenwind an der Nordküste); wer in **Reykjavik** loslegt, dem empfiehlt sich die Befahrung im Uhrzeigersinn (Vorteil: wie oben, Nachteil: Gegenwind an der Südküste).

Die Ringstraße im Westen

Strecke - Reykjavík – Blönduos (285 km)

Nördlich von Reykjavík umkurvt die 1 zunächst einen der markantesten Fjorde Islands, den Hvalfjördur, führt anschließend durch altes Kulturland, nutzt einen Durchschlupf im vulkanischen Schlackengebirge Nordurárdalur und zieht schließlich an den kleinen Fjorden der Meeresbucht Húnaflói hinauf bis Blönduos.

Abstecher / Varianten

- **Halbinsel Snæfellsness** (+ 300 km) – sehr lohnend, „Island in der Nußschale“: pflanzenreiches Lavafeld Budahraun, Höhlen, Bergseen, Fischerorte, Umfahrung des Snæellsjökull auf harten Schotterpisten (Islands westlichster Gletscher, mit markantem Zwillingsgipfel).
- **Nordwestfjorde** (+ 700 km) – Islands Wilder Westen, im Innern schuttartige Hochplateaus, an den Küsten rund 50 Buchten und Fjorde, die von bis zu 500 m hohen Steilklippen begrenzt werden, weitgehend unberührte Gegend mit rauem, subpolarem Flair und großem Vogelreichtum (Papgeitaucher!). Aber viel steiles Auf und Ab und sehr windig und generell regnerisch. Bis Juli sind die Sträßchen noch schneebedeckt.
- **Halbinsel Vatnsnes** (+ 70 km) – Schotterpiste, schöne Küstenszene, Seehundkolonie bei Hindisvik, drachenförmiger Basaltfelsen Hvítserkur, Felsenburg Borgarvirki.

Im NW erspart die **Fähre** Stykkishólmur - Flatey - Brjánslæur 300 Straßen-km (Fahrzeit 2,5 h).

Früher gab es auch eine Fähre zwischen Reykjavík und Akranes. Doch seit es den **Tunnel** zwischen **Saubær** und **Akranes** gibt, wurde die Fähre eingestellt. *Remo Kiss:* „Der Tunnel ist leider nicht für Radfahrer geeignet und riesige Verbotsschilder weisen darauf hin, dass es Radlern nicht gestattet ist, in den Tunnel einzufahren. Es bleibt also nichts anderes übrig, als die 1 bis nach Akranes zu nehmen.“

Die Ringstraße im Norden

Strecke

- Blönduos – Egilsstadir (404 km).
Insgesamt der anstrengendste Abschnitt der Ringstraße.

Östlich von Blönduós sind bis Akureyri zwei Mittelgebirgspässe zu überwinden. Zwischen den Pässen, im Talschluß des Skagafjordes, liegt die alte Grassodenkirche von Vídimyri und Islands bedeutendstes Museumsgehöft Glaumbæ. Östlich von Akureyri (Islands viertgrößte Stadt, Flüge zur Polar-

Einmal um Island: macht 1400 km auf der Ringstraße

kreisinsel Grimsey) macht die 1 einen Bogen um den Bergrücken der Vadlaheidi und passiert anschließend im Tal der Fnójská das Waldgebiet Vaglaskógur (für Isländer ein Garten Eden). Es folgen der bemerkenswerte Wasserfall Godafoss und der **Myvatn,** touristisches Highlight des Nordens (der „Mückensee" ist ein Vogelparadies, die Umgebung eines für Vulkanologen).

Nachdem die Straße den Myvatn auf der attraktiven Südroute umfahren hat, passiert sie das Solfatarenfeld Namskard und führt dann bis Egilsstadir durch kaum besiedelte Gegend mit Hochlandcharakter und glasklarer Fernsicht. Riesige Stricklavafelder und trügerische Sumpfwiesen machen es schwer, hier einen Platz zum Zelten zu finden. Mitten in dieser faszinierenden Einöde passiert die Straße Islands höchstgelegenen Bauernhof (450 m), den Mödrudalur, eine Art „Wüstenoase" mit Cafteria und Zeltmöglichkeit.

Variante **Halbinsel Tjörnes** (+ 140 km, überwiegend Schotter, teilweise recht übel) – von Reykjahlíd am Myvatn aus nördlich nach Húsavík (bekannter Ausgangspunkt für Walbeobachtungstouren), dann die Küstenpiste um die Halbinsel Tjörnes, durch den Nationalpark Jökulsargljúfur (der Grand Canyon Islands) zum Naturdenkmal Asbyrgi (bildschönes Hufeisental). Es folgen die spektakulären Wasserfälle Dettifoss, Selfoss und Hafragilsfoss, schließlich zurück auf die Ringstraße bei Grimsstadir.

Die Ringstraße im Osten

Strecke - Egilsstadir – Höfn (245 km)
Prägnante Sehenswürdigkeiten fehlen auf diesem östlichen Abschnitt, die Szenerie lebt vom Kontrast zwischen Hochland, Tälern und Fjorden. 44 km südlich von Egilsstadir beginnt der Anstieg zur *Breiddalsheidi* (Passhöhe: 420 m). Durch ein Tal von bizarrer Schönheit windet sich die 1 anschließend wieder hinab und führt – nunmehr asphaltiert – am flach en Küstensaum der Ostfjorde entlang. Südlich von **Djúpivogur** geht es an tief eingezogenen Fjorden vorbei, die vom Meer durch schmale Landzungen getrennt sind. Mit dem verheißungsvollen Anblick des Vatnajökull-Gletschers geht's entweder über die alte Passhöhe des Almannaskards (16%) oder ganz relaxed durch den 1300 m langen, beleuchteten Tunnel hinunter nach **Höfn** – richtig ausgesprochen übrigens „Höbbn".

Variante 1 **Küstenroute** (+ 60 km) – Ab Egilstadir auf den Straßen 92 und 96 dem Verlauf dreier Ostfjorde folgen, ab Heydalir wieder auf die Ringstraße. Wunderschöne, leicht zu radelnde Variante.

Variante 2 **Öxipass** (- 60 km) – 44 km südlich von Egilsstadir zweigt rechts die 939 ab, die über den bei Islandradlern einst gefürchteten Öxipass führt (532 m). Mittlerweile wurde der Pass entschärft. Jetzt sind es von der Nordseite in der Spitze „nur" noch 17%, von der Südseite max. 20%. Ganz einfach ist der Pass also immer noch nicht. Wer sich die stellenweise steile Lehm-Schotterpiste zutraut und – in Gegenrichtung – zum Schieben bereit ist, wenn das Hinterrad durchdreht, spart im Vergleich zur Ringstraßenroute 60 km.

Die Ringstraße im Süden

Strecke - Höfn – Reykjavík (471 km)
Der südliche Streckenabschnitt ist der attraktivste. Die Tour ist relativ leicht, allerdings besteht erhöhte Regen- und Gegenwindwahrscheinlichkeit (aus SW). Die Strecke ist weitgehend asphaltiert.

Westlich von Höfn führt die 1 an den Gletscherzungen des **Vatnajökull** entlang. Ein erster szenischer Höhepunkt ist nach 83 km der Treibeis führende Gletschersee **Jökulsárlón.** Nach der Querung des Breidamerkur-Sanders beschreibt die Ringstraße eine weite Schleife um Islands höchsten Berg, den Gletscher Öræfajökull (Eisgipfel Hvannadalshnúkur, 2119 m). Eine kurze Stichstraße führt anschließend zum touristischen Basislager des **Skaftafell-Nationalparks.** Fußwanderern erschließt sich dort eine überaus reizvolle Berg- und Gletscherwelt. Westlich von Skaftafell durchquert die 1 den **Skeidarár-Sander,** eine ausgedehnte Schwenmsandebene, die von einem Geflecht unberechenbarer Gletscherflüsse durchzogen ist. Erst 1974 gelang es mit amerikanischer Unterstützung, dieses letzte Teilstück der Ringstraße fertig zu stellen (inklusive 18 km Dammstraße und fünf langen Brücken).

Beim alten Gehöft Núpsstadur ist der Sander überquert, und die 1 führt durch Lavafelder und fruchtbares Schwemmland. Westlich von Vík zweigt eine raue Stichstraße zum spektakulären **Kap Dyrhólæy** ab, Islands südlichstem Punkt (während der Vogelbrutzeit gesperrt). Unterhalb der Gletscher Myrdalsjökull und Eyafjallajökull wird die Straße nun hügelig. Attraktionen sind der imposante Wasserfall **Skógafoss** und das populärste Wandergebiet Islands, die *Thórsmörk* (20 km abenteuerliche Piste F249 bis dorthin, Fußgängerbrücke über die Krossá).

Durch grünes, unspektakuläres Tiefland erreicht die 1 das Geothermalgebiet um die Treibhausstadt Hveragardi. Von dort führt ein kräftiger Anstieg aufs Plateau der Hellisheidi (Blick über Südwest-Island) und weiter durch das Lavafeld der Svínahraun bis **Reykjavík,** wo sich der Ring rund um Island schließt.

Insel-Abstecher **Westmänner-Inseln** – Von Hveragardi nach Porlákshöfn radeln, dann per Fähre zur Westmänner-Hauptinsel **Heimaey,** die 1973 von einem spektakulären Vulkanausbruch heimgesucht wurde. An den Klippen Heimaeys lassen sich hervorragend Papageitaucher und andere Seevögel beobachten. Aber keinen Schritt zu weit!

Inlands-variante **F208 / Landmannaleid-Hochlandpiste** (+ 140 km) – 22 km SW von Kirkjubærklaustur zweigt rechts die 208 ab, die sich nach 17 km als F208 fortsetzt. Diese mittelschwere Hochlandpiste wird in der Regel ab Mitte Juli freigegeben. Bis Landmannalaugar steigt die Piste bis auf 530 Hm an, zahlreiche Flüsse sind zu furten. Höhepunkte der wegen ihres Farbenreichtums berühmten Strecke sind die Eldgja (größte Eruptionsspalte der Welt), der imposante Ofæufoss-Wasserfall und das Geothermalgebiet **Landmannalaugar** (wörtl. „Landmännerbad"; warme Quellen und bunte Berge).

5 km nördlich von Landmannalaugar zweigt links die F225 ab. Nach zwei, drei Furtungen führt die Piste in gebührendem Abstand zum scheinbar schlafenden Vulkan **Hekla** durch leblose, schwarze Aschewüste. Am Ende stößt die F225 auf die 26. Um auf die andere Seite des Flusses Thjorsa

zu gelangen, rechts auf die 26 und nach 3 km links die alte Piste („road closed") zum Stauwerk nehmen. Nach 500 m dann die breite Brücke des Stauwerks. Auf der anderen Seite weiter auf der asphaltierten 32.

Inklusive eines Abstechers zum Bauernhof *Stöng* (im Jahre 1104 von Vulkanasche begraben und 1939 wieder ausgegraben) auf der 30 zu Islands meistbesuchtem Wasserfall, dem **Gullfoss.** Am Weiterweg auf der 35 liegen die berühmten **Geysire** und schließlich – via gepflegte Pistenverbindung 365 – das Lavaplateau von **Thingvellir** (Nationalpark) mit der 40 m tiefen *Allmännerschlucht* (Islands historisches Open-Air-Parlament). Den Thingvallavatn passierend (Islands größter Binnensee) trifft die 36 kurz vor Reykjavík wieder auf die Ringstraße.

Sieben Stunden bis Landmannarlaugar

von Georg Föcker

Die Hochlandpiste F208 gehört auf dem Stück von Holaskjol nach Landmannarlaugar zu einer der schönsten Hochlandetappen Islands überhaupt. Um die Schönheit dieser Strecke genießen zu können, muss man mit dem Rad allerdings ein paar Anstrengungen auf sich nehmen. Umsonst bekommt man auf dieser Piste so gut wie nichts. Von Süden aus kommend besitzt die 40 km lange Gesamtstrecke schon auf den ersten 9 km einen Höhenunterschied von 350 Höhenmetern. Wofür ich in den Alpen nur ein Grinsen übrig hätte, wird hier zur echten Herausforderung. Auf der Gesamtstrecke sind 20 Flussfurten zu queren, und es sind Steigungen zu bewältigen, die aufgrund des losen Gesteins mit Gepäck nur schiebend zu bewältigen sind. Aber würde man mich vor die Entscheidung stellen, eine meiner 20 Tagesetappen streichen zu müssen, wäre diese Piste mit an Sicherheit grenzender Wahrscheinlichkeit die letzte.

Am Abend saß ich vor meinem Zelt auf dem Campingplatz in Landmannarlaugar und beobachtete das Treiben auf dem Gelände. Wie in einem Hochgebirgslager sah es hier aus. Mannschaftszelte und darum gruppierte kleine Zelte gleicher Bauart standen auf der südlichen Seite des Platzes, einzelne Zelte mit davor liegenden Rucksäcken oder Rädern auf der anderen. Dazwischen liefen Menschen dick eingekleidet zwischen den Zelten hin und her. Der Wind, der hier blies, besaß eine beißende Kälte. Im Hintergrund dampfte es in den Bergen und das Ryolithgestein mit seinen bunten Farben war einfach herrlich anzuschauen. 200 m weiter rechts von mir lagen Menschen in Badekleidung in 35 Grad erdbeheiztem Wasser und streckten den Kopf aus dem Wasser. Zu Hause hatte ich mich an einem doppelseitigen Bildbandfoto der Ryolithberge nicht satt sehen können, hatte es mir immer wieder angeschaut. Diese satten Farben von gelb über Zwischenstufen bis dunkelbraun! Und jetzt saß ich hier, war tatsächlich in Landmannarlaugar.

Sieben Stunden hatte ich mit meinem „Icelandexpress" für die 40 km von Holaskjol nach Landmannarlaugar gebraucht. Ich war früh um 8.30 Uhr gestartet, die Nacht über hatte es geregnet und auf den Straßen standen noch Pfützen, als ich den Platz in Holaskjol verließ. Der Fahrbahnbelag bestand aus fast schwarzer, festgefahrener Lava und führte zunächst durch grün bemooste uralte Lavafelder. Nach 5 km stand ich vor der ersten Herausforderung des Tages, einer 40 cm tiefen Furt. Von zu Hause hatte ich 30 cm hohe Neoprensocken mitgenommen, die meine Füße vor dem kalten Wasser der Gletscherflüsse schützen sollten. Es war die richtige Entscheidung. Den ganzen Tag über zog ich die Neoprensocken und Teva-Sandalen nicht mehr aus.

Aber in welcher Art und Weise sollte ich mein Gespann hinüber bringen? Was geschah mit dem Hänger, wenn ich versuchte mein Rad einschließlich Hänger einfach durch den Fluss zu schieben? Ich löste sicherheitshalber den Anhänger vom Rad, drückte das Rad kraftvoll in einer ersten Aktion durch den Fluss, stellte es auf der anderen Seite ab und lief zurück. In einer zweiten Aktion zog ich den Hänger hinüber und bemerkte sehr schnell, dass er schwamm. Die Holzplatte mit dem darauf befestigten wasserdichten Ortliebsack schwamm, ohne zu kippen, einfach hinter mir her. Das ich vor den nächsten Furten bei nicht stärkerer Strömung den Hänger gar nicht mehr vom Rad lösen würde, war damit klar. Gut einen Kilometer weiter stand ich am Abzweig zur Eldgja-Schlucht.

Die Eldgja-Schlucht zählt mit einer Breite von bis zu 600 m und 40 km Länge zu einem der größten Spaltenvulkane der Erde. Wie ich Reiseführern entnehmen konnte, lässt sich diese Dimension leider nur aus dem Flugzeug wahrnehmen. Als Radler oder Wanderer in der Schlucht unterwegs, kommt einem diese wie ein ausgewaschenes Flussbett vor. Der germanischen Mythologie zufolge stand ich am Straßenabzweig zur Unterwelt. Die Eldgja-Schlucht (Feuerspalte) war der gefährliche Weg in das Reich der Totengöttin, das nur über eine schmale Naturbrücke erreicht werden konnte. Diese Naturbrücke aus Basalt gab es bis 1993, dann stürzte sie ein. Seit die Brücke nicht mehr existiert, kann man nicht mehr so einfach ins Reich der Totengöttin gelangen. Den Fluss, den die Basaltbrücke früher überspannte, wollte ich mir nicht antun. Er hieß Nordaridfaera und besaß zwei tiefe Furten, die mir mit meinem Hänger einiges an Schwierigkeiten bereiten konnte. Hinzu kam, dass ich mich auch nicht auserwählt genug fühlte, einen neuen Weg in die Unterwelt zu finden.

Die erste Furt

Ich quälte mich lieber den nächsten steilen Anstieg über 350 Höhenmeter und überlegte, ob es nicht möglich war, von oben einen Blick in die Schlucht zu erlangen. Einen Kilometer weiter wurde die Steigung einmal für ein paar Meter etwas flacher, möglicherweise eine ideale Stelle, um mein Vorhaben in die Tat umzusetzen. Ich stellte das Rad ab und suchte mir einen Weg zu Fuß durch das rechts von mir liegende Lavafeld. Die ersten Schritte auf dem dickbemoosten Lavafeld waren ein tolles Erlebnis. Bei jedem Schritt sackte ich 5 cm tief ein, ich lief wie auf einer dicken Schaumstoffmatte. Mehrere hundert Meter „torkelte" ich über das leicht wellige weiche Terrain, bis ich am Rand der Elgdja-Schlucht stand.

Ich kehrte zum Rad zurück und kämpfte mich weiter den Hügel hinauf. Jeder Meter musste schweißtreibend erarbeitet werden. Konnte ich aufgrund einer kurzen Gefällstrecke ausnahmsweise mal den Druck von den Pedalen nehmen, stand ich mit Sicherheit kurze Zeit später vor dem nächsten Wasserlauf. Die meisten der etwa 20 Furten bis Landmannarlaugar waren nicht besonders schwierig. Vielleicht hatte ich mit der aktuellen Wassertiefe auch nur Glück. Ich steuerte immer Stellen an, die weiter links oder rechts vom normalen Fahrweg lagen und wo das Wasser erkennbar flacher war. Konnte ich die Tiefe nicht genau erkennen, lief ich zunächst ohne Rad hinein und erkundete sie.

Erste Anzeichen einer landschaftlichen Veränderung waren zwar in der Ferne bereits sichtbar gewesen, aber es dauerte doch noch einige Zeit, bis sich wesentliche Veränderungen ergaben. Zunächst stand ich nach ungefähr 25 Tageskilometern noch einmal vor einer Furt, hinter der es sofort steil bergauf ging. Die gut 50 Höhenmeter die ich da hinauf musste, kosteten einiges an Kraft. Ich ergriff Lenker und Sattel und drückte Rad und Hänger den Hügel hinauf. Dabei musste ich darauf achten, dass ich das Rad so senkrecht wie eben möglich schob, leicht geneigt rutschte mir das Vorderrad immer zur Seite. Gleichzeitig bestand die Herausforderung darin, mit den Füssen auf den losen Steinen Halt zu finden und nicht wegzurutschen. Mehrmals musste ich anhalten und dabei beide Bremsgriffe fest durchziehen um das Rad zu fixieren.

Ich radelte mal wieder im Flussbett. Links und Rechts von Felswänden begleitet, kämpfte ich mich Meter für Meter weiter. Höchste Konzentration

war hier erforderlich um nicht zu stürzen. Ständig stand ich auf dieser Piste vor neuen Herausforderungen, am Ende der Schlucht in Form einer breiten ca. 30 cm tiefen Furt. Die Strömung war nicht sehr stark, ich wagte es, mein komplett beladenes Rad einschließlich Hänger durch den Fluss zu drücken. Es war die richtige Entscheidung, ein wenig Gegendruck zur Strömung reichte aus, um das Gespann auf die andere Flussseite zu bugsieren.

Nur kurze Zeit später trat ein, worauf ich schon einige Kilometer gewartet hatte. Die Landschaft veränderte sich stark. War ich vorher auf einer fast schwarzen Piste geradelt, während die umgebene Landschaft überwiegend Grüntöne enthielt, so wurde die Fahrbahn immer brauner. Die Berge nahmen mehr und mehr die Farben Landmannarlaugars an. Große Steigungen waren nun nicht mehr zu bewältigen. Ich kurbelte an den Flussläufen der Tungnaa entlang und genoss das Farbenspiel in den Bergen. Es fehlte etwas Sonne, um die Farben noch intensiver wahrnehmen zu können, aber ein Naturschauspiel war es dennoch. Etwas später sah ich die Brücke über den kaum aussprechbaren Fluss Jökugilskvisl. Ich wusste, ab hier waren es nur noch 2 km bis zum Camping in Landmannarlaugar, die kraftraubende Piste war fast geschafft.

Kurz hinter dem Straßenabzweig zum Campingplatz, muss ein Lavafeld durchfahren werden, während man in der Ferne bereits den Dampf der heißen Quellen von Landmannarlaugar aufsteigen sieht. Vor dem Camping befindet sich noch eine tiefe Furt. Dass sie nicht leicht zu queren war, sah man schon daran, dass normale Pkw's an der rechten Straßenseite parkten. Ein Hochlandbus, der durch den Fluss fuhr, tauchte um die 70 cm tief ins Wasser. Für Radler gab es aber einen „Geheimtipp". Ich musste mein Rad nur eng am Felsen entlang schieben um ca. 50 m weiter zu einer schmalen Holzbrücke zu gelangen. Über einen kleinen Kiesweg erreichte ich dann nach 7 Std. Fahrt etwas ausgelaugt und erschöpft das Holzgebäude der Rezeption und freute mich.

Die ganze Tour, komplett mit GPS-Daten und Höhenprofil, auf Georgs Homepage www.alpenradtouren.de

Hochlandpisten

Überblick Kurzbeschreibungen der wichtigsten Hochlandpisten, betrachtet von West nach Ost. Achtung: Sandstürme, Regenfälle, Wintereinbrüche und anschwellende Flüsse können aus relativ leichten Pisten furchtbar schwere und sogar vorübergehend unpassierbare machen!

F 208 – Landmannaleid-Hochlandpiste

s. o., „Die Ringstraße im Süden".

550 – Kaldidalur-Piste

Strecke Uxahryggir – Húsafell (40 km, Freigabe ab Ende Juni/Anfang Juli).

Zustand Schotterpiste, ansteigend bis 730 m, relativ befahren.

Tour Die durchs Kaldidalur („Kaltes Tal") führende „550" ist zwar ohne „F" neuerdings keine offizielle Hochlandpiste mehr, gehört aber immer noch zu den szenisch besonders attraktiven Hochlandstrecken Islands. Oft hängen Nebelbänke im Tal. Einige steile Anstiege. Wegen der Kürze und des guten Pistenzustands eher eine Schnuppertour.

35 – Kjölur-Piste

Strecke Gullfoss – Hveravellir – Eyvinstardadir (161 km, Freigabe ab Ende Juni/Anfang Juli).

Zustand Bis Hverarvellir Lavasand, Wellblech und Schlaglöcher, aber jedes Jahr weniger schlimm. Nördlich von Hveravellir straßenähnliche Piste bis Eyvinstardadir.

Tour Auch die einstige F35 wird seit einigen Jahren nur noch als 35 geführt. Die kürzeste Verbindung zwischen Nord- und Süd-Island stellt zugleich eine der für Biker reizvollsten Hochlandpisten dar. Sie ist einerseits nicht besonders schwierig, andererseits landschaftlich erheblich abwechslungsreicher als die östlichen Hochlandpisten. Auf den ersten 75 km steigt die Piste zwischen den Flüssen Svartá und Jökullfall auf 670 m an, links und rechts die Gletscher Langjökull (schön der Gletschersee Hvítárvatn) und Hofsjökull. Treffpunkt aller Pistenfahrer ist **Hveravellir** im Kjölur-Hochtal (650 m), eine der attraktivsten Thermalregionen Islands. Den straßenähnlichen Nordabschnitt verschönern Berge, Seen und Schluchten.

F26 – Sprengisandur-Piste

Strecke Hrauneyjalon-See – Versalir – Nyidalur – Fjórdungsvatn – Myri (200 km, Freigabe ab Anfang Juli)

Zustand Nicht besonders gut, anfangs hügelig und schlecht, später etwas besser, viele Furtungen.

Tour Namensgeber ist die etwas abseits gelegene Schotterwüste Sprengisandur. Für Radler ist die berühmteste Hochlandpiste Islands eigentlich eher unattraktiv, da sie überwiegend durch öde Erosionslandschaften führt. Für Abwechslung sorgen allerdings mehrere Flüsse, die zu furten sind und Blicke auf die Gletscher Hofsjökull und Tungnafellsjökull. Ganz im Norden, wenige Kilometer vor Myri, belohnt die F 28 alle Überwinder mit einem in eine Basaltsäulenschlucht stürzenden Wasserfall: dem Aldeyjarfoss.

F88 – Askja-Piste

Strecke Ringstraße – Herdubreidarlindir – Askja (102 km, Freigabe meist ab Ende Juni).

Zustand Wechselnd. Mal leichter, dann wieder anstrengender (Sand, Bimsasche, loser Schotter, Fladenlava). Relativ befahren. Sandstürme aus S sind möglich. In knochentrockenen Sommern auch weicher Mahlsand, was dann Schieben bedeutet!

Tour Der Askja hat gerufen? Nur zweimal muss unterwegs gefurtet werden (Grafarlandaá und Lindaá), die Piste selbst ist von wechselnder Qualität. In der ersten Hälfte verläuft sie am Rande des größten isländischen Lavafeldes, der Missetäter-Wüste Odádahraun. Jeglicher Niederschlag versickert in den Schotterritzen. Nach 60 km erwartet den ausgelutschten Pistero auf Höhe des imposanten Vulkans Herdubreid die Flussuferoase **Herdubreidarlindir** (Zeltplatz). Nach einer weiteren Tagesetappe, die u. a. durch die von Bimsasche bedeckte Vikursandur und über ein Lavafeld führt, erreicht die Piste das ringförmige Vulkanmassiv Dyngjuföll. Hinein geht's nur zu Fuß. Dort finden sich die Implosionssenke **Askja** mit dem alten Höllenkrater Víti und dem tiefsten See Islands, dem Öskjuvatn. Kann man sogar drin baden!

Viti, die Hölle – man kann sogar in ihr baden

F910 / F905 – Gaesavatnaleid / Kverkfjallaleid

Strecke Askja – Kverkjökull – Hvannalindir – Ringstraße bei Mödrudalur (185 km, 6 Radeltage, Freigabe ab Juli, zum Kverkjökull aber unsicher).

Zustand Zerfurcht, loser Lavaschotter, Lavasand, Furtungen.

Tour Wer von der Askja nicht auf der F88 zurückradeln will, dem bleibt die F910 als Alternative. Diese Hochlandpiste ist eine der schwierigsten überhaupt.

Besonders schlecht ist der zur F26 führende westliche Arm der F910, der **Gaesavatnaleid.** Tiefer Lavasand kann hier oft nur schiebend bewältigt werden. Tagesschnitt um 30 km, gutes Wetter vorausgesetzt. Insgesamt 120 km = 4 Tage. Mit Hilfe durch Geländewagenfahrer darf nicht gerechnet werden.

Kaum leichter, aber kürzer und reizvoll wegen des Gletschervulkans **Kverkjökull** (Island-pur-Ensemble aus heißen Quellen und Gletschereis) ist die F902, die nach der Brücke über die Jökulsa rechts von der F 910 abzweigt und südwärts zum Kverkfjöll führt, dabei bis 800 m ansteigend. Zeltmöglichkeit an der Gletscherzunge (Sigurdarskali). Der Rückweg zur

Ringstraße kann auf der F903 über Hvannalindir (Flussoase mit Zeltmöglichkeit) erfolgen. 23 km nördlich Hvannalindir stößt die F903 wieder auf die F910, die über die 923 zur Ringstraße führt (noch 58 km). Dieser letzte Teil ist der leichteste.

Kreuzweg Gaesavatnaleid von Georg Föcker

In Gedanken versunken saß ich beim Frühstück und versuchte mir vorzustellen, wie wohl die nächsten drei Tages bis zur Hütte in Nyidalur verlaufen würden. Die Strecke, die mir nun bevorstand, zählte zu einer der härtesten Islandpisten. 125 km führt sie durch Niemandsland. Keine Einkaufsmöglichkeit und kaum eine Möglichkeit die Wasserreserven zu füllen. Mit Proviant hatte ich mich reichlich eingedeckt, acht Liter Wasser befanden sich auf dem Hänger und Rad. Ich wollte es wagen, das Sandurgebiet zu durchqueren und über die **Gaesavatnaleid Nyrdi** (Nordroute) nach Nyidalur zu gelangen.

Ein etwa 3 km langes Stück bis zum Dyngjuvatn ließ sich bergab auf der Bimssteinpiste noch relativ gut befahren. Danach war der Spaß vorbei. Was dann folgte war die reinste Katastrophe! Der Sandsturm hatte die Piste zu geblasen, nur die Holzpflöcke zeigten den Weg noch an.

Ich versuchte mein Glück und schob mein Gespann mehrere hundert Meter durch den Sand. Aber es war zu Kräfte zehrend. Was nun? Abbruch? Rückkehr zu Askja? Nein aufgeben wollte ich noch nicht. Ich verließ die Piste und schob mein Rad zum Dyngjuvatn. Mir war aufgefallen, dass der Sand dort bedingt durch die Nähe zum See feuchter und fester war. Radeln konnte ich dort auch nicht, es ließ sich aber leichter schieben. Am Ende des Sees war ich keine 3 km weitergekommen.

Warum ich mich hier nicht entschied, zur Askja zurückzukehren, ich weiß es nicht mehr. Stattdessen nahm ich mit Hilfe meines GPS-Gerätes wieder die Piste ins Visier und hielt nach den Holzpflöcken Ausschau. Um überhaupt weiterzukommen, löste ich den Hänger vom Rad und zog ihn hundert Meter durch den losen Lavasand. Dann kehrte ich zum Rad zurück und schob nun das Rad in der leicht angedrückten Lavaspur zum

Nach dem Sandsturm (Gæsavatnaleid Nyrdi)

Hänger. Eigentlich vollkommen verrückt, aber es klappte, ich kam voran, wenn auch sehr langsam. Nachdem ich in dieser Art und Weise gut eine Stunde unterwegs war, rechnete ich mir zeitlich aus, dass ich das Ende des Sandurgebietes ungefähr zwischen 17 und 18 Uhr erreichen müsste. Der Wille war vorhanden, ich wollte diese Wüste unbedingt durchqueren.

Mehrere Stunden war ich so bereits unterwegs, als ich in der Ferne etwas wahrnahm, das sich augenscheinlich auf mich zu bewegte. Eine viertel Stunde später stand die „Fata Morgana“ vor mir. Sie hieß Alessandro, war mit Rucksack und 25 kg Gepäck zu Fuß unterwegs und wollte an dem Tag noch bis zur Askja laufen. Danach ging es weiter! 100 Meter den Hänger ziehen, in lockeren Schritt zurück und wieder das Rad gestemmt. Der Rhythmus war mir wortwörtlich in Fleisch und Blut übergegangen, denn meine Füße waren an den Fersen bereits blutig, als mir 2 km vor dem Ende des Sandurgebietes ein „Engel“ zur Hilfe kam. Der Engel kam in Form von drei Allradfahrzeugen, deren Insassen anhielten, um sich nach meinem Befinden zu erkunden. Ich war gerade damit beschäftigt, meine Wasserflaschen am Rad zu füllen und meine Schuhe vom Lavasand zu befreien, als sie, vom Wind übertönt, fast geräuschlos neben mir hielten. Der Wind hatte am späten Nachmittag wieder zugenommen und ich strahlte über beide Backen, als sie mir anboten, mich einige Kilometer mitzunehmen.

Die spanische Adventure-Truppe war mit eigenen Toyota Landcruisern unterwegs. Im Wagen von Enrique war noch ein Platz frei, mein Rad sowie Gepäck wurden auf die Fahrzeuge verteilt. 30 km Laufstrecke im Lavasand hatte ich an dem Tag absolviert. Die Uhr zeigt bereits 18 Uhr, als ich mich überglücklich auf dem Sitz neben Enrique niederließ und meine lädierten Beine streckte. Danke Paula! Danke Jorge! Danke Enrique! Danke Ana! Danke Luis! Ich konnte mein Glück noch immer kaum fassen, als wir ein bis zwei Kilometer weiter auf die **Gaesavatnaleid Sydri** einbogen und mir Enrique eine kalte Pepsi Cola in die Hand drückte. Meine Wegstrecke führte eigentlich über die Gaesavatnaleid Nyrdi, also die Nordroute. Da beide Strecken aber wieder zusammentrafen, war mir das nach dem anstrengenden Tag egal. Mit Paula und Jorge hatte ich abgemacht, dass sie mich dort, wo Nord- und Südroute wieder zusammentreffen, am späten Abend absetzen werden.

Wenn ich rückblickend an die mit dem Allrad gefahrene Strecke denke, kann ich nur zu der Einschätzung kommen, dass es extrem schwierig sein muss, die *Gaesavatnaleid Sydri* mit dem Rad zu bezwingen. Mit Hänger auf keinen Fall. Ich denke selbst mit einem MTB und Minimalgepäck dürfte die Tagesanforderung extrem hoch sein. Respekt vor jenen, die diese Piste bereits unter die Räder genommen haben! Um 20 Uhr erreichten wir den Straßenabzweig, der Nord- und Südroute wieder zusammenführt. Er befindet sich kurz vor der Brücke über den Skjalfandarfljot.

Und dann stand ich plötzlich wieder allein in der Steinwüste. Ich sucht mir einen etwas geschützten Stellplatz in der Nähe des Flusses, baute das Zelt auf und kochte mir erst einmal eine warme Suppe. Danach mussten die Füße versorgt werden. Mehrere offene, blutige Blasen hatten die Socken bereits verfärbt und mussten behandelt werden. Danach fühlte ich mich etwas besser.

Die Sonne schien in voller Pracht, als ich den Kopf nach langem Schlaf durch die Zeltöffnung steckte. Ich fühlte mich wieder einigermaßen fit. Die Füße schmerzten beim Anziehen der Radschuhe zwar, aber das würde vergehen. Wie man früher ohne Brücke über den Skjalfandarfljot kam, war mir ein Rätsel. In weiterem Umkreis der Straße sah ich keine geeignete Flachstelle, und der Fluss war ziemlich reißend. Ich hatte die Brücke kaum überquert, da führte der Weg sofort schweißtreibend steil bergauf. In Erinnerung an einen Sturz im Vorjahr rollte ich den steilen Hang anschließend sehr langsam hinunter. Auf den losen Steinen konnte das Vorderrad schnell wegrutschen. Die Strömung an der ersten Furt war nicht sehr stark. Das Rad ließ sich zusammen mit dem Hänger durch den Fluss drücken.

Der Wind hatte am Morgen leider wieder mächtig zugenommen. Er blies schon seit mehreren Tagen immer aus derselben Richtung und kam immer von vorn aus Westen. Im hügeligen Terrain kam ich nur langsam voran. Um 12.30 Uhr hatte ich erst zwei Furten und 15 km hinter mich gebracht. Die dritte Furt, vor der ich eine halbe Stunde später Uhr stand, war ungefähr 40 cm tief und besaß eine recht starke Strömung. Ich lief den Fluss entlang, um eine geeignete Stelle zum Queren zu finden. Die Stärke der Strömung testete ich an verschiedenen Stellen, in dem ich ein paar Schritte ins Wasser lief. Besser hier, oder doch besser da, keine leichte Wahl. Irgendwann fällte ich einfach eine Entscheidung.

Beim Furten zerrte und drückte das Wasser mächtig an den Radtaschen, so dass ich aufpassen musste, nicht die Balance zu verlieren. Das Rad verlor bei der Aktion kurz die Bodenhaftung, weil die Taschen aufschwammen. Mit meinem Körpergewicht hielt ich dagegen und drückte das Rad durch die Fluten. Nach einer guten Minute war der Kampf gegen die Strömung geschafft.

Ich war kaum auf der anderen Seite, als ich sah, dass auf den hinter mir liegenden Hügeln der rote Unimog und der weiße Hanomag erschienen. Zeit genug, um mit meinen Nachbarn der letzten Nacht ein paar Worte zu wechseln, hatte ich ja. So schaute ich ihnen beim Furten zu und machte noch ein paar Fotos.

Die weiteren 9 km bis zum Erreichen der Sprengisandur (F26) führten auf weiterhin welligem Terrain am Tungnafellsjökull entlang. Er lag in Blickrichtung links von mir und war mit einer Höhe von 1520 m schon recht eindrucksvoll. Auf der Strecke kam mir noch ein französisches Pärchen mit einem Allradfahrzeug entgegen. Sie wollten unbedingt alles über meine Tour erfahren. Der krönende Abschluss der Unterhaltung bestand darin, dass sie mir eine kleine Dose kalten Biers schenkten. Eine Geste, über die ich mich sehr freute. Das auf Island eher seltene Exemplar verschwand in einer der Radtaschen. Später sollte es mein Abendessen bereichern.

Um 15 Uhr war der einsamste Teil der Strecke zwischen Askja und Nyidalur geschafft. Ich stand am Straßenabzweig zur Sprengisandur (F26), schaute auf die vorletzte Furt des Tages und fühlte mich etwas geschafft. Das Hochland hatte in den letzten Tagen mächtig von meinen Kräften gezehrt. Der ständige Gegenwind und das Sandurgebiet hatten mich dermaßen ausgelaugt, dass ich mich wunderte, überhaupt bis hierher gekommen zu sein. Die vorletzte Furt war zwar breit und tief, besaß aber eine mäßige Strömung. Auf einen Kraftakt wollte ich mich nicht mehr einlassen, deshalb trennte ich den Hänger vom Rad und lief zweimal durch den Fluss.

In den Hütten von Nyidalur gibt es 160 Schlafplätze. Reisegruppen, die das große Hochlandabenteuer gebucht haben, übernachten dort, um tags darauf ihrer jeweiligen Route zu folgen. Von Nyidalur aus kann man interessante Tageswanderungen unternehmen, die durch das Jökuldalur oder durch das Gletschertal bis an den Rand des Tungnafellsjökull führen.

Ich selber stand mit meinem Gespann auf der Kuppe des letzten Hügels, blickte hinab auf die Hütten von Nyidalur und freute mich, meinen Zielort vor Augen zu haben. Die letzte Furt ließ sich zügig in einem Gang durchqueren. Danach ein paar Meter hinauf und schon war ich am Ziel. Der Platzwart stand gerade auf einer Leiter und strich mit einem Pinsel die Giebelwand des Hauses. In der Hütte waren nur wenige Leute anwesend. Meine Ankunft wurde kaum wahrgenommen.

Die ganze Tour, komplett mit GPS-Daten und Höhenprofil, auf Georgs Homepage www.alpenradtouren.de.

i-Box Island

Einreise Island gehört nicht zur EU, ist aber Mitglied der Nordischen Passunion und dadurch quasi auch des Schengen-Abkommens. Einreisekontrollen finden daher nur ausnahmsweise statt. Der Personalausweis muss aber mitgenommen werden.

Geld Isländische Krone (ISK). 1 € = 174 ISK (2010). Mit Kreditkarten, ec-Karten und Postbank-Sparkarten kann am Flughafen und in Orten mit Bankfiliale Geld vom Automaten gezogen werden.

Trotz Finanzkrise und Währungsverfall ist ein Urlaub in Island weiterhin kein Schnäppchen. Wer zeltet und sich selbst verpflegt (fleischlos), den berühren Hotel- und Restaurantpreisen ohnehin wenig, seien sie nun gerade hoch oder niedrig. Am preisgünstigsten sind die BONUS-Supermärkte in Reykjavík, Egilsstadir, Borganes und Akureyri. Wichtig ist auch eine gute, zuverlässige Ausrüstung, um die Reisekasse zu schonen. Zollfrei eingeführt werden dürfen sterilisierte Lebensmittel bis 3 kg.

Gesundheit Ein Sozialversicherungsabkommen ermöglicht Mitgliedern gesetzlicher Krankenkassen die Inanspruchnahme medizinischer Leistungen (D, A). Wegen der in Island üblichen Zuzahlungen und dem Kostenrisiko eines Rücktransports zusätzlich Reise-KV abschließen. Details: *www.dvka.de*

Infos Im Internet ist Island hervorragend vertreten, was auch den bemerkenswert guten Island-Fanseiten zu verdanken ist.

- Isländische Tourismuszentrale: *www.icetourist.de*
- Island-Fanseiten: *www.eldey.de, www.geysir.com, www.iceland.de, www.islandreise.info*
- Stadt Reykjavik: *www.reykjavik.is*
- Icelandic Mountainbike Club: *www.fjallahjolaklubburinn.is.* Infopool und Ansprechpartner für Biker und Radler, leider überw. isländisch.
- Island-Radreise-Plattform: *http://members.ziggo.nl/erens/icelinks.htm.* Viele Links zu Strecken- und Tourenbeschreibungen.
- Wettervorhersage: *www.vedur.is*
- Straßenzustand: *www.vegagerdin.is*

Infos vor Ort Vor Ort existiert nur in Reykjavík ein reguläres Tourist-Information-Centre. Gute Dienste leistet auch das BSÍ-Travel-Büro am Bus-Terminal. Daneben gibt es 7 weitere Tourist Infomations (Akureyri, Borgarnes, Egilsstadir, Hella, Isafjödur, Varmahlid, Vik). In über dreißig weiteren Orten fungieren Reisebüros, Campingplätze oder Hotels als isländische Touristeninformation. Außerdem gibt es Besucherzentren an touristischen Brennpunkten wie Myvatn oder Skaftafell.

Wind und Wetter Obwohl in subarktischen Breiten gelegen, sorgen Ausläufer des Golfstromes für ein relativ mildes, ausgeglichenes Klima: Die Winter sind nicht sehr kalt, die Sommer nicht sehr warm. Gegenspieler des Golfstromes ist der treibeisführende Grönlandstrom, der die Nord- und Ostküste umspült.

Meist bläst der Wind aus südwestlichen Richtungen. Daher sind West- und Südküste auch die Regionen, wo am häufigsten von noch nie erlebtem Gegenwind berichtet wird. Ein großer Teil der vom SW-Wind mitgeführten Feuchtigkeit schlägt sich als Nebel oder Regen an den Gletschern nieder, in deren Windschatten radelt es sich entsprechend angenehmer (nordöstliches Hochland, Nord- und Ostküste).

Generell ist der Südosten die feuchteste Ecke Islands, während der Myvatn im NO als Schönwettergebiet gilt. Mit Hochland-Schneefällen muss auch im Sommer gerechnet werden, mit Regenschauern und Sandstürmen sowieso. Aktuelle Wettervorhersagen werden täglich bei Touristeninformationen und Besucherzentren ausgehängt. Allerdings ist die Treffsicherheit nicht allzu hoch. Generell sollte man sich darauf einrichten, dass es an jedem zweiten Tag Niederschläge gibt.

Fassen wir zusammen: Launisch, wechselhaft, unberechenbar, ungemütlich – mit einem Wort gewöhnungsbedürftig – so ist das isländische Wetter.

Reisezeit Die besten Tourenmonate sind Juli und August. Dies gilt speziell für das Hochland, das noch bis Juni/Juli von hochwasserführenden Flüssen blockiert sein kann und schon ab September von Schneefällen (erste Nachtfröste ab August). Für weniger extreme Touren (Ringstraße und Küsten) kommen auch Mai/Juni und die erste September-Hälfte in Frage.

Island gilt als „Land der hellen Nächte“. Das Phänomen der echten Mitternachtssonne betrifft aber nur die Polarkreis-Insel Grimsey im äußersten Norden. Die langen isländischen Sommertage lindern so manchen schlechtwetterbedingten Zeitdruck. Überhaupt ist es sehr angenehm, nicht bald nach dem Losfahren schon wieder an den nächsten Übernachtungsplatz denken zu müssen.

Anreise

Per Fähre Von Anfang Februar bis Anfang Oktober wird **Seydisfjördur** (Ost-Island) von der „Norröna“, der hochmodernen Autofähre der **Smyril-Line** angelaufen, und zwar ab **Esbjerg** bzw. **Hanstholm** (Dänemark). In der Hauptsaison ist bei Abfahrt am Samstag ein dreitägiger Aufenthalt auf den **Färöer Inseln** (Tórshavn) vorgesehen, bei Abfahrt am Dienstag hält die Fähre in Tórshavn nur, um die Passagiere vom Samstag wieder aufzunehmen. Fahrzeit der Norröna: Hanstholm – Tórshavn: 30 h, Tórshavn – Seydisfjördur: 16 h.

Preise: Hanstholm/DK – Tórshavn – Seydisfjördur, einfache Strecke in der Hauptsaison 308 € (Fahrrad inkl.).

Vom Fahrplan völlig verschwunden ist die Fährverbindung Bergen – Lerwick (GB) – Seydisfjördur (Stand 2009).

Infos: *www.smyril-line.com*

Per Flieger *www.icelandair.de, www.icelandexpress.com, www.airberlin.com*

Flüge sind paradoxerweise nicht nur schneller, sondern mit rund 500 € (H+R) auch billiger als die Fähre. Der internat. Flughafen Keflavik ist 50 km von Reykjavik entfernt. Der auf dieser beleuchteten Schnellstraße verkehrende Fly-Bus nimmt auch Fahrräder mit (10+5 €).

Transport im Land

Busse Wer eine bestimmte Strecke mit öffentlichen Verkehrsmitteln überbrücken will, benutzt im eisenbahnlosen Island einen Linienbus der BSÍ-Unternehmen. Zu- und Aussteigen ist überall möglich. Entfernungs-km ca. 0,20 €, Fahrradmitnahme max. 10 €. Je schlechter das Wetter und je weiter vom Ausgangspunkt entfernt, desto voller die Busse! Die meisten Fahrer tun, was sie können, einige sind aber auch komisch drauf. Auf der Ringstraße und in den angrenzenden Küstenregionen verkehren die Busse von Mai bis September, auf Teilstrecken auch ganzjährig. Im Hochland werden die populären „Oasen" Hveravellir (Kjölur-Piste), Landmannalaugar und Thorsmörk angefahren. Ausführliches Fahrplanheft beim BSÍ-Busterminal in Reykjavík besorgen (jeweils neu ab Mai, gratis). Info: *www.bsi.is*

Fahrradverladung (Hveravellir)

Fähren Acht Personenfähren verkehren linienmäßig an West- und Nordküste. Sie ermöglichen im Westen teilweise erhebliche Abkürzungen, erschließen im äußersten Nordwesten straßenmäßig unzugängliche Landesteile und stellen die Verbindung zu den kleineren Inseln her. Fahrradmitnahme problemlos. Infos: BSÍ-Travel.

Übernachten

Zimmer Hotels und Hotelpensionen finden sich in touristischen Zentren (DZ ab 80 €), Gästehäuser in kleinen Orten (DZ ab 50 €). Ebenfalls in Hotels verwandeln sich während der Sommerferien die gut ausgestatteten Internate. Neben Zimmern werden oft auch preiswerte Schlafsackunterkünfte angeboten (mit Bett um 18 €, mit eigener Isomatte um 13 €, bspw. in Schulräumen). Tourismus als Nebenerwerb haben auch Islands Bauern entdeckt. Weit über hundert **Bauernhöfe** bieten B&B, Schlafsackunterkünfte und Campingmöglichkeiten an.

26 **Jugendherbergen** verteilen sich entlang der Küsten. Keine Altersbeschränkung. Auch Familienzimmer mit 2 oder 4 Betten. Ü ca. 17 €, Ü/F ca. 23 €, mit IYHF-Ausweis ca. 3 € weniger. Infos: *www.hostel.is*

Im Hochland und in Wandergebieten stellen **Wanderhütten** oft die einzigen Quartiere weit und breit dar, die meisten gehören dem Isländischen Touringverein (Ferdaflag Islands) und sollten vorgebucht werden. Nichtmitglieder sind willkommen, wenn Plätze frei bleiben. Und meist ist dies sogar der Fall. Nur für Notfälle gedacht – in Island meist durchs Wetter bedingt – sind die leuchtend orangefarbenen **Schutzhütten.** Sie wurden an exponierten Stellen des Hochlandes und der Küsten für Wanderer und Schiffbrüchige errichtet. Notrationen und Heizmaterial am besten nicht anrühren; ansonsten dafür sorgen, dass sie unverzüglich wieder aufgefüllt werden, Geld ist kein Ersatz! Die Hütten sind in den Karten verzeichnet, allerdings auch die, die nicht mehr gewartet werden oder bereits vernagelt sind (etwa die Schutzhütten an der Ringstraße).

Campen Sturm- und regensicher muss das Zelt sein, eine stabile Unterlage den Zeltboden schützen. Außerdem empfehlenswert: Gute Zeltnägel, aufblasbare Isomatte, Synthetik-Schlafsack bis echten –5 °C, Benzin- oder Campinggaz-Kocher (die bekannten Stechdornkartuschen C206 gibt es an jeder Tankstelle, Spiritus ist nur schwer erhältlich).

Das isländische Camping-Verzeichnis listet an die 150 **Sommer-Zeltplätze** auf, in der Realität sind es wohl doppelt so viele. Ü 5,50–7,70 €/P. Viele Plätze, besonders die im Hochland, sind nur einfache Biwakplätze (Plumpsklo, Wasserhahn). Duschen sind die Ausnahme, dafür besitzen viele Orte ein Schwimmbad mit Hot-Pools. **Freies Zelten** ist in Island erlaubt! Ausnahmen bilden Naturschutzgebiete, eingezäuntes und/oder bewirtschaftetes Land (dazu gehören auch Wiesen) und die Nähe von Campingplätzen. Vereinzelt gibt es auch ausdrückliche Verbotsschilder.

Karten und Literatur

(Adressen zum Bezug von Karten und Reiseführern im Anhang)

Touren-karten, GPS

- Isländisches Vermessungsamt Landmaellingar Islands (www.lmi.is): Island komplett in 3 Bl., 1:250.000, topografische Darstellung mit 50m-Höhenlinien, fast schon etwas unübersichtlich, Einzelblatt 21,80 €, cpl. 59,95 € (www.nordland-shop.de).
- *Empfehlung:* Ferdakort: Island Straßenatlas 1:200.000, 39,90 €. Ebenfalls topografisch, aber übersichtlichere Darstellung. Aktuell und handlich. Windtauglich!
- *Empfehlung:* Ferdakort: Island 1:600.000, 12,90 €. Diese Faltkarte gehört zu den Island-Klassikern. Trotz ihres großen Maßstabs ist (außer Höhenlinien) alles Wichtige drauf; und wer grad keine besonderen Hochlandtouren plant, kommt mit dieser Karte im Grunde aus.
- Mál og menning (www.malogmenning.is): Island in 4 Bl., 1:300.000, komplett abgedeckt, Sonderkarte fürs Hochland (Halendid), je Bl. 12,90 €, deutlich weniger Infos und Details als bei den o. a. Karten vom Vermessungsamt, auch nicht aktueller, nur die praktische Hochlandkarte ist erwägenswert.
- Kostenlose Islandkarte für kartenfähige Garmin-GPS-Geräte: *www.ourfootprints.de/gps/mapsource-island*

Touren-führer

- Kettler Vlg.: Radreiseführer „Island per Rad". Die Lenkertaschenbibel der Island- Radler enthält alle wichtigen Strecken und Infos. Eine Neuauflage ist für 2010 angekündigt. Website des Autors: *www.fahrrad-test.de*

Fahrrad (reidhjól)

Aus-stattung

Jede Island-Tour ist ein Härtetest fürs rollende Material. Die meisten Pisten lassen sich zwar auch mit einem guten Trekking- oder Reiserad meistern, aber Ersatzteile für 28-Zoll-Räder gibt es einzig und allein in Reykjavik! Daher ist ein Mountainbike per se die bessere Wahl. Besonders wenn es ins Hochland geht, wo Mann und Maus von Wellblechpisten, Lavasand und Gletscherflüssen gepeinigt werden. Oft stehen die Lager im Wasser, müssen also gut gewartet und möglichst dicht sein. Auch Kette, Ritzel und Bremsgummis verschleißen schneller (Sand, Staub, Regen, Mergel) und sollten vor der Tour neuwertig sein. Je nach Bodenbeschaffenheit verwandeln sich manche Pisten nach Regenfällen in Schmierseifenbahnen, wo gröbere Stollenreifen von Vorteil sind. Nur Reifen verwenden, die für hohen Druck gebaut sind (MTB: um 85 psi) und dicke Reifenwände haben (kein Skinwall). Stabilste Gepäckträger (CrMo, tubus), ein bequemer Sattel und tief reichende, montierte Schutzbleche sind kein Schnickschnack. Auch ein guter Seitenständer ist mehr als sinnvoll, denn es gibt unterwegs wenig, um ein Fahrrad daran anzulehnen.

Tipp: Schraubdeckel von Konservengläsern eigenen sich prima zum Unterlegen für den Seitenständer. Der Trick dabei ist, dass der Deckel wegen des Randes nicht wegrutschen kann! So ein Deckel hält aber nicht ewig, und man vergisst ihn auch schon mal. Deshalb Reserve mitnehmen.

Um einen Gepäckträger für Lowrider-Taschen ohne technische Verrenkungen zu montieren, ist eine Starrgabel wesentlich besser geeignet als eine Federgabel. Ein Kombi-Klickpedal erhält die Option, auch ohne Pedalbindung zu fahren. Für das Furten der eiskalten undurchsichtigen Gletscherflüsse empfehlen sich dicht abschließende Goretex- oder Neoprensocken und wasserfeste Sandalen mit straffen Riemen.

Was man auf Island im Grunde nicht braucht, ist ein Fahrradschloss.

Repara-turen

Wer mit einem gut gepflegten, relativ hochwertigen Rad antritt, muss nicht allzuviel befürchten. Dennoch die wichtigsten Ersatzteile und entsprechendes Werkzeug mitnehmen (Reifen, Schlauch, Speichen, Inbusschrauben, Abzieher für Ritzel und Tretlager ...). Immer auch daran denken, dass Ersatzteile auf Island etwa dreimal so teuer sind. Für ein mittelmäßiges Schaltwerk mal eben 100 Euro hinzulegen, tut schon weh.

Bei Pistenfahrten Verschraubungen regelmäßig kontrollieren, auch die der Lager und des Steuersatzes. Fahrradwerkstätten sind rar. Ein halbes Dutzend gibt es in Reykjavík, je ein bis zwei in größeren Küstenorten wie Akranes, Akureyri, Keflavík und Selfoss, etwa zehn weitere in anderen Küstenstädtchen, gar keine im Hochland. Manchmal ist ein Bauernhof mit Werkstatt die Lösung. Die Jungs schweißen, flexen und kanten wie die Profis. Aus Edelstahl bauen sie tolle Provisorien – und nichts hält länger als ein Provisorium (Konrad Adenauer).

Straßen und Wege

Straßen Obwohl das asphaltierte Straßennetz kontinuierlich wächst, kommen auf 1 km Asphalt immer noch 8 km Sand- und Schotterpisten. Liegt die letzte Wartung noch nicht zu lange zurück, so lässt sich auch auf Naturstraßen überraschend gut radeln. Autoreifen sorgen allerdings schnell für Spur- und Querrinnen, Gletscherflüsse lagern Schotter und Sand ab, Regenfälle waschen Steine aus dem Boden, Trockenheit macht die Pisten staubig und tief ausgefahren, Regen macht sie schmierig. Auch speziell befestigte Pisten sind nach der Saison überholungsreif.

Soweit Schotterpisten zum Hauptstraßennetz gehören (Ring- und Küstenstraßen), werden sie allerdings auch zwischendurch gewartet. Anders schaut es im Hochland aus, wo es keine Asphaltstraßen gibt. Oberste Priorität ist dort, die wichtigsten Pisten in passierbarem Zustand zu halten. Da praktisch alle Hochlandpisten quer übers Gelände verlaufen, bedeutet dies viel Auf und Ab. In der Regel liegen die Steigungen bei 8–12%, kraftzehrende Anstiege gibt es an den Steilküsten der Westfjorde (mehrmals ca. 400 Höhenmeter auf 4 km). Die Wegweisung ist gut, im Hochland jedoch nur auf den nummerierten Hauptpisten.

Nummerierung Die Nummerierung der Straßen folgt einem leicht verständlichen Schema:

- Ein- bis zweistellig sind die Nummern der Hauptstraßen.
- Dreistellig nummeriert sind kleine Nebenstraßen im Küstenbereich.
- Die erste Ziffer gibt jeweils Aufschluss über die Region, in der sich die Straße befindet (eine Ausnahme bildet logischerweise die überregionale Ringstraße Nr. 1).
- Ein F vor der Zahl markiert die Hochlandpisten.

Hochlandpisten Befahren werden dürfen Hochlandpisten erst nach der offiziellen Freigabe durch die Straßenverwaltung, was bei einigen Pisten erst Ende Juli der Fall sein kann (in manchen Jahren auch überhaupt nicht). Witterungsbedingte Sperrungen sind jederzeit möglich. Infos in allen Touristenbüros oder direkt vom Straßenamt (www.vegagerdin.is)

Auf dem Kjölur durchs Hochland (im Hintergrund der Langjökull)

Verkehr

Der Autoverkehr nimmt auch in Island zu. Vor allem die Ringstraße ist insgesamt schon recht befahren. Islands Autofahrer sind zwar wenig zimperlich in Bezug auf ihre Autos, verhalten sich jedoch Radlern gegenüber besonnen. Tückisch können uneinsehbare Straßenkuppen sein (Warnschild „blindhæd"). Um dort nicht mit einem „Tiefflieger" zu kollidieren, immer am Rand halten.

Offroad (MTB)

Island geizt nicht mit Pisten, die Kraft und Geschicklichkeit abverlangen. Auf den feinsandigen, von vulkanischer Bimsasche durchsetzten Hochlandpisten im Osten erleichtert die Halbierung des normalen Reifendruckes das Vorankommen. Da die Reifenflanken dabei aber sehr strapaziert werden, den Druck baldmöglichst wieder erhöhen.

Verboten ist das Querfeldeinfahren! Es schädigt die empfindliche Vegetationsdecke, bricht die dünne Erdkruste auf und begünstigt die Bodenabtragung durch Wind und Wetter. Speziell im Hochland verheilen solche Wunden erst nach Jahrzehnten. Flechten brauchen an die 30 Jahre, um zu wahrnehmbarer Größe heranzuwachsen. Auch Wanderwege sind für Biker tabu. Aber regelrecht dogmatisch sind die Isländer nicht. Letztlich muss jeder selbst entscheiden, was er verantworten kann.

Flüsse sind ein besonderes Offroad-Kapitel. Neben den gut einschätzbaren Klarwasserflüssen müssen speziell im Hochland auch viele tückisch-trübe Gletscherflüsse gefurtet werden, deren Wasserstände und Ausmaße zu rapiden Änderungen neigen. Generell lassen Sonnenschein und Regen die Gletscherflüsse anschwellen, während ein bedeckter, aber nicht regnerischer Himmel wenig Nachschub erzeugt. Sollte der Wasserstand zu hoch sein, ist es besser bis zum Morgen zu warten, denn in der Nacht fließt kaum neues Gletscherwasser nach. Außerdem: Je später der Sommer, desto zahmer die Gletscherflüsse; ideal ist deshalb der August. Ein hilfsbereiter Ansprechpartner ist der *Icelandic Mountainbike Club* in Reykjavik (s. Infos).

Blick auf den Snækollur (Kjölur)

I ITALIEN

Daten

301.277 qkm • Ausd. 1200 x 250 km • 59 Mio. Einwohner • 196 Ew./qkm

Land und Leute

Tief ins Mittelmeer schiebt sich südlich der Alpen der italienische Stiefel. Als Fortsetzung der bogenförmigen Westalpen zieht sich auf dem Stiefelschaft das Kettengebirge der Apenninen bis nach Sizilien. Nach Osten hin fällt es schnell und unspektakulär zum Adriatischen Meer hin ab. Nach Westen, zum Tyrrhenischen Meer hin, geht es in sanfte und formenreiche Hügellandschaften über (Toskana, Umbrien, Latium, Kampanien). Flusstäler, Kraterseen und erloschene „Feuerberge“ (Vulkane) sind reizvolle Landschaftsakzente in Mittel- und Süditalien. Berühmteste Badeküste ist die norditalienische Riviera zwischen Ventimiglia und Viareggio – eine Fortsetzung der französischen Côte d'Azur. Ausgedehntes Tiefland findet sich in der fruchtbaren Po-Region, zwischen Hauptalpen und Apenninen (Piemonte, Lombardei, Venetien, Emilia-Romagna). Neben den beiden größten Inseln des Mittelmeeres – Sizilien und Sardinien – gehören noch etliche kleinere Eilande zu Italien. Mehr oder weniger gebirgig sind sie alle.

Die Farbe des italienischen Lebensgefühls ist Blau. Azurro sind das Meer und der Himmel, sind die Trikots der Nationalmannschaften. Das eint die Italiener. Wirtschaftlich ist Italien jedoch gespalten: in den wohlhabenden, industrialisierten Norden und den durch Jahrhunderte der Ausbeutung geprägten Mezzogiorno südlich von Rom.

per Rad erfahren

Wenn Italiener Rad fahren, dann meist mit dem Rennrad oder dem Mountainbike. Dabei ist das Gesamtkunstwerk Italien so reich an Eindrücken, dass es auch für Italiener lohnend wäre, sich aufs Reiserad zu schwingen. Aber die Einheimischen wissen auch, dass sie dabei Einschränkungen in Kauf nehmen müssten. Die erste wäre, dass es, abgesehen von der Po-Ebene, kaum flachere Gebiete gibt, die zweite, dass Italien ein Autoland ist. Was das bedeutet, merkt man vor allem im Dunstkreis der Städte: Viel motorisierter Verkehr und wenig Infrastruktur für Radler. Italienradler müssen in der Lage sein, sich selbst zurecht zu finden. Das klappt nicht immer im ersten Anlauf. Erst jenseits der Städte und großen Autostraßen beginnt der italophile Radler freier durchzuatmen.

Um der hohen Verkehrsdichte zu entgehen, konzentriert sich der Fahrradtourismus auf Regionen, die möglichst viele Nebenstraßen und bikebare Wege haben. Das sind vor allem Südtirol, die Oberitalienischen Seen, die Po-Ebene, die Toskana mit Umbrien und Sizilien. Große Teile Italiens bleiben also jenen Reiseradlern vorbehalten, die es sich in den Kopf gesetzt haben, den ganzen Stiefel abzufahren. Die wenigsten bereuen diese Idee.

ITALIEN (NORD)
0 100 km
© Reise Know-How Verlag Hermann
SCHWEIZ
ÖSTERREICH
FRANKREICH
Innsbruck
Lienz
Dolomiten
Vinschgau
Stilfser-joch
Bozen
Corvara
Cortina d'Ampezzo
Etsch
Lugano
Lago Maggiore
Lago di Como
TRIENT
Piave
Udine
AOSTA
Como
Adda
Lago di Garda
Adige
TRIEST
Altino
Novara
MAILAND
Verona
VENEDIG
Ticino
Pavia
Padova
Golfo di
KR
TURIN
Cremona
Po
Alessandria
Piacenza
Ferrara
Po-Delta
Parma
ADRIA
Tanaro
Modena
Apenninen
GENUA
BOLOGNA
Ravenna
Savona
Chiávari
Cesenático
La Spezia
Rimini
Nice
MONACO
Golfo di
Prato
SAN MARINO
Lucca
Arno
FLORENZ
Tevere
Côte d'Azur
Pisa
San Gimignano
ANCONA
Livorno
Maremma
Chianti
Arezzo
Siena
Lago di Trasimeno
LIGURISCHES MEER
PERUGIA
Piombino
(Tiber)
Gran Sasso 2914
Bastia
KORSIKA (Fr.)
Elba
Lago di Bolsena
Terni
Viterbo
L'AQUILA
Ajaccio
Civitavécchia
1 = beschriebene Apenninen-Übergänge, s.S. 297
1 Passo della Bocchetta (772 m)
2 Passo degli Giovi (472 m)
3 La Forcella (876 m)
4 Passo di Lagastrello (1200 m)
5 Abetone (1388 m)
6 Passo di Raticosa (986 m)
7 Passo di Viamággio (983 m)
ROM
SARDINIEN
Costa Smeralda
Anzio
Olbia
Golfo d
Sassari
Alghero
- Sardin. Südspitze -
(SARDEGNA)
Tirso
Monti Gennargentu
Arbatax
Barbágia
CAGLIARI
Sulcis
Golfo di Cagliari

ITALIEN (SÜD)
0 100 km
© RKH VERLAG HERMANN
ANCONA
go di Trasimeno
PERUGIA
(Tiber)
Terni
Viterbo
L'AQUILA
San Benedetto del Tronto
Gran Sasso 2914 m
Pescara
A b r u z z e n
Abruz-zen N.P.
ROM
Anzio
Montecassino
CAMPOBASSO
Foggia
Gargano-Geb.-
Manfredonia
Barletta
BARI
Ofanto
Volturno
Benevento
Golfo di
NEAPEL
Pompeji
Salerno
Ischia
Capri
Amalfi
Golfo di Salerno
POTENZA
Matera
Alberobello
Zona deí Trulli
Brindisi
Taranto
Golfo di
ADRIA
Dubrovnik
JGSL.
TYRRHENISCHES MEER
Cosenza
Sila-Geb.
Crotone
Soveria Manelli
CATANZARO
Golfo di Squillace
Vulk.Stromboli
Äolische Inseln
Villa San Giovanni
PALERMO
Messina
Reggio di Calabria
Trapani
Marsala
SIZILIEN
Simeto
Taormina
Straße von Messina
Catania
Eraclea Minoa
Agrigento
Gela
Siracusa
IONISCHES MEER
MALTA
Gozo
Valetta

ROUTEN & REGIONEN

Südtirol / Dolomiten

Überblick

Direkt hinter dem Brenner gelegen, ist Südtirol (Provinz Bozen/Bolzano) eines der Einfallstore Italiens. Der Alpengürtel hält die kalten Nordwinde ab und sorgt für mildes Klima. Größter Fluss ist die Etsch (Adige), überwiegend deutschsprachig ist die Bevölkerung und österreichisch das Lokalkolorit. Italienisch geprägt ist die sich südlich anschließende Provinz Trient (Trento). Zusammen bilden sie die autonome Region *Trentino-Südtirol.*

Südtirol ist ein Gebirgsland mit wunderschöner Szenerie. Bis über 3300 m türmen sich im SO die Massive der wild zerklüfteten Dolomiten. Ihre Gipfel, Grate und Schluchten stehen in beeindruckendem Kontrast zu wiesenbedeckten Tälern und kiefernbestandenen Talsohlen. So schroff und unwegsam wie sich die Dolomiten geben, so kunstvoll mogeln sich die Straßen, unter Ausnutzung von Flusstälern und Gebirgspforten, hindurch.

Radwanderwege sind in letzter Zeit vor allem im Vinschgau entstanden. Aber auch in den Innenstädten von Brixen, Bozen sowie im **Etschtal** (Meran

Etsch-Radweg (Vinschgau)

bis Salurn) wurden leicht zu bewältigende Radwanderwege geschaffen. Wer den Anstieg zum Reschenpass nicht scheut (1504 m), kann den **Etsch-Radweg** mit dem Inntalradweg (s. Österreich) zu einer 400 km langen Zwei-Länder-Tour kombinieren. Besonders gut ausgebaut ist der Etsch-Radweg in der Provinz Trient, nicht so gut in Südtirol und der Provinz Verona.

Infos

Tourismuszentrale Südtirol: *www.suedtirol.info*. Berg- und Passstraßen in Südtirol, Freigabe für den Verkehr: *www.provinz.bz.it*. Literatur: Vlg. Esterbauer (Bikeline), „Radatlas Südtirol", „Etsch-Radweg".

Stilfserjoch (Passo dello Stelvio)

Wenn ab Mitte/Ende Juni die Wintersperre endet, zieht das am Ortler-Massiv gelegene **Stilfserjoch** (2757 m, ital. Passo dello Stelvio) alles was Räder hat in seinen Bann. Der Stelvio ist Italiens höchster Straßenpass und nach dem Col d'Iseran (2770 m) zugleich der zweithöchste der Alpen (die noch etwas höhere Cime de la Bonnette zählt nicht als Pass). Gebaut wurde die spektakuläre Straße in nur sechs Jahren (1820-1825) – eine Pioniertat im Zeitalter der Pferdepostkutschen. 48 asphaltierte Spitzkehren führen bis heute in kaum veränderter Trassierung von **Spondinig** im Vinschgau (km 0/ 890 m) über **Prad** (km 2,4/915 m), **Trafoi** (km 13,1/1530 m) und die **Franzenshütte** (km 20,7 / 2188 m, hier beginnt die spektakuläre Steilwand) zur **Passhöhe** (km 27,4/2757 m). Die durchschnittliche Steigung beträgt 8%, das Maximum liegt bei 15%, gut trainierte Radsportler bewältigen die gesamte Auffahrt in weniger als zwei Stunden. 36 Serpentinen, die 2005 für den Giro neu asphaltiert wurden, führen auf der anderen Seite hinab nach **Bormio** (km 49,2/1217 m). Radsportler lieben die **Jochrundfahrt** über Stilfserjoch, Umbrailpass (2501 m), Sta. Maria (CH), Müstair (CH), Glurns (907 m), Spondinig, Prad und Trafoi (insges. 65 km, 1900 Hm). Stilfserjoch-Infos: *www.stilfserjoch.it*

Radtag Stilfserjoch

Was beim Giro d'Italia zu den Königsetappen zählt, wollen andere auch probieren. Jeden ersten Samstag im September ist daher **Radtag.** Dann wird das Stilfserjoch bis zum späten Nachmittag für den motorisierten Verkehr gesperrt, und jeder der es sich auch ohne Motor zutraut, darf die berühmten 48 Kehren erklimmen. Georg Föcker: „Fast unvorstellbar mit was für Rädern hier teilweise gefahren wird: Vom uralten MTB über Cityräder mit 5-Gang-Nabenschaltung, Rennräder für 5000 Euro bis zum Tandem. Einige machen selbst davor nicht Halt, ihren Sprössling im Kinderanhänger mit hinaufzu-

ziehen." Der Radtag ist kein Rennen wie der Glocknerkönig in Österreich, sondern ein Event für alle. Ohne Ehrgeiz geht aber auch hier nichts. Jedes Jahr starten mehr: 2005 wurden 5183 Bergankünfte gezählt, im Jahr darauf schon 6620!
„Stilfserjoch Radtag": *http://naturatrafoi.com/stelviobike/deutsch/index.php*

Tourentipps Dolomiten

Für Gepäckradler sind die Dolomiten recht strapaziös. Wer nicht in eine Steigungsfalle mit 20% oder mehr geraten will, sollte die beabsichtigte Route sorgfältig auf der Karte sondieren. Gut bewältigen lässt sich die **Große Dolomitenstraße** von Bozen nach Cortina d'Ampezzo (1210 m). Handicaps dieser Panoramastraße sind der Urlauberverkehr und ein (erträglicher) 8%-Anstieg bis 2239 m (Passo Pordoi). Erweiterung um das nördlich gelegene **Pustertal** zu einer 180 km langen Rundtour mit überwiegend moderaten Steigungen ist möglich.

Unter sportiven Radlern zählen die Dolomiten zu den Top-Bikerevieren. Amateur-Radsportler schlagen ihr Trainingslager gern im Gebirgsdorf **Corvara** auf, das an der Talkreuzung zweier reizvoller Nebenstraßen liegt. Von hier aus ist die klassische **Sella-Runde** möglich (55 km, 1700 Hm). Diese Tour um den mächtigen Sellastock führt über die Pässe Campolongo (1875 m), Pordoi (2239 m), **Sellajoch** (2244 m) und Grödner Joch (2121 m) und ist ein bekannter Schauplatz des Giro d'Italia. *Michael Kristl zur Sella-Runde:* „Fantastische Dolomitenlandschaft. Weil die Höhenunterschiede „nur" zwischen 200 m am Campolongo und 700 m am Grödner Joch betragen, ist die Sella-Runde bei bis zu 12% Steigung durchaus als Tagestour machbar. Der Fahrbahnbelag ist qualitativ sehr unterschiedlich."

Um den übermäßigen Verkehr auf den Passstraßen einzudämmen, plant Südtirol die Einführung einer **Mautpflicht.** Für Autos sollen 10-15 Euro fällig werden, für Motorräder 5 Euro, Radler bleiben ungeschoren.

Dolomiten-Radweg

Auf der Trasse der ehemaligen Dolomitenbahn führt der **Dolomiten-Radweg** (Ciclabile delle Dolomiti) von **Toblach** über **Cortina** nach **Calalzo** (ca. 55 km, max. 4%). Der Dolomiten-Radweg ist zu etwa der Hälfte asphaltiert, ansonsten zumindest gut befestigt. Die Gebirgskulisse ist vom Feinsten. Auch die alten Eisenbahntunnel und -brücken werden genutzt.

MTB Dolomiten

Ein kaum überschaubares Wegenetz aus alten Militärpisten, Forst- und Almwegen lockt Mountainbiker in die kleinräumigen Dolomiten. Bei Steigungen bis zu 30% ist gelegentliches Absteigen keine Schande. Wanderwege lassen sich weitestgehend vermeiden; es sei denn, man hat sich verkalkuliert und der Weg endet auf einer Almwiese oder an einem Gehöft. Herausragende MTB-Reviere sind Drei Zinnen, Grödnertal (Seiser Alm), Sarntal, Eggental, Schlerngebiet, Marmolada. Daneben tauchen immer wieder neue Tourentipps auf. Wobei gern behauptet wird, die kürzlich realisierte Dolomitentour sei „traumhaft", „spektakulär" oder „kaum noch zu toppen". Die Dolomiten sind eben einfach super. Gute Ausgangspunkte für MTB-Touren sind u. a. **Toblach** (Dobbiaco, im Hoch-Pustertal) und **Völs am Schlern** (Fi a Sciliar, östlich Bozen).

MTB-Tipp Sarntaler Alpen

Von Oberbozen per Zahnradbahn auf den Ritten. Dort zwischen westernmäßigen Erosionspyramiden biken. Die fotogensten stehen bei Lengmoos.

Oberitalienische Seen – Trentino, Lombardei, Piemont

Überblick

Umgeben von mediterranen Uferzonen und eingebettet in die Kulisse südalpiner Randgebirge buhlen drei große Obertalienische Seen um den Rang der „Schönheitskönigin“: Garda-See (368 qkm, 65 m), Comer See (146 qkm, 197 m) und Lago Maggiore (212 qkm, 194 m). Ganz oben auf der Skala touristischer Wertschätzung steht dann doch der sonnige Garda-See. Vom zuverlässigen Südwind Ora lassen sich ganze Surfer-Bataillone über den lang gestreckten See treiben, Autos parken kreuz und quer die Uferstraßen zu.

Tourentipps

Eine Rundtour auf den eigentlich sehr schönen Uferstraßen des **Garda-Sees** lässt bei Radlern wenig Freude aufkommen. Beträchtlich ist zudem das Risiko, in einem der finsteren Tunnel zwischen Gargnano und Riva über den Haufen gefahren zu werden. Daher dürfen Radler auch den von Riva zum Ledro-Tal führenden Tunnel nur bergab befahren, also ab Biacesa (Mountainbiker nutzen hier ohnehin die alte, inzwischen gesperrte Serpentinenstraße).

Auch an den Ufern von **Comer See** und **Lago Maggiore** herrscht bis zum Sonnenuntergang viel Verkehr. Beschaulicher geht es an den etwa tausend kleineren Seen der Region zu. Doch da die Ost-West-Verbindungsstraßen über steile Bergrücken führen, bleibt Gepäckradlern am Ende nur die südliche Route unterhalb der Seen. Wer die dicht besiedelte lombardische Tiefebene von N nach S durchqueren will, kann vom Comer See bis zum Po auf autofreien Wirtschaftswegen dem Lauf der **Adda** folgen (außer auf dem Abschnitt um Lodi); das ist eine sehr lohnende Flussroute, schließlich ist die Adda das Kernstück des gleichnamigen Naturschutzgebietes. Anschließend eröffnet sich die Möglichkeit, dem Po zu folgen.

MTB Garda-See & Co.

Des einen Leid, des andern Freud. Für Mountainbiker ist der **Garda-See** mega-in. Frei nach dem Motto: Tagsüber die Kalorien aus dem Leib pusten, abends in den Szenetreff am See. Der Garda-See selbst spielt dabei nur als Standquartier und Panoramamotiv eine Rolle.

Dolomiten bei Cortina (Dreizinnengebiet)

Emillia Romagna

Südlich des Po erstreckt sich die bereits erwähnte Emilia Romagna. Hier geht die Bassa nach Süden hin in Hügel- und Gebirgslandschaften über. Radsportlern ist die Emilia Romagna schon lange ans Herz gewachsen. Im Frühjahr trainieren sie sich im Rudel den Winterspeck von den Hüften. Beliebte Standquartiere sind die Küstenorte der Adria – vorneweg **Cesenático.** Fürs sachte Einrollen ist die Po-Ebene zuständig, für die ersten Pulsbeschleuniger die moderaten Steigungen des Hügellandes, für den Konditionsaufbau die knackigen, bis zu 18-prozentigen Anstiege an den NO-Flanken des Toskanischen Apennins. Höhepunkte bilden die Strecken durchs **Frignano-Massiv** im Westen der Emilia. Treffend heißt es in einem Radführer des Tourismusamtes von Ravenna: „Professionisten und Dilettanten finden in diesem Landstrich ideale Radfahrbedingungen!"

Apennin

Johann Wolfgang von Goethe, „Italienische Reise", 1786

Die Apenninen sind mir ein merkwürdiges Stück Welt. Auf die große Fläche der Regionen des Pos folgt ein Gebirg, das sich aus der Tiefe erhebt, um zwischen zwei Meeren südwärts das feste Land zu endigen. Wäre die Gebirgsart nicht zu steil, zu hoch über der Meeresfläche, nicht so sonderbar verschlungen, daß Ebbe und Flut vor alten Zeiten mehr und länger hätten hereinwirken, größere Flächen bilden und überspülen können, so wäre es eins der schönsten Länder in dem herrlichsten Klima, etwas höher als das andere Land

So aber ist's ein seltsam Gewebe von Bergrücken gegeneinander; oft sieht man gar nicht ab, wohin das Wasser seinen Ablauf nehmen will. Wären die Täler besser ausgefüllt, die Flächen mehr glatt und überspült, so könnte man das Land mit Böhmen vergleichen, nur daß die Berge auf alle Weise einen andern Charakter haben. Doch muß man sich keine Bergwüste, sondern ein meist bebautes, obgleich gebirgiges Land vorstellen. Kastanien kommen hier sehr schön, der Weizen ist trefflich und die Saat schon hübsch grün. Immergrüne Eichen mit kleinen Blättern stehen am Wege, um die Kirchen und Kapellen aber schlanke Zypressen.

Übergänge über den nördlichen Apennin

von Ulrich Lamm

Kriterien

Im Apennin gibt es eine sehr große Zahl von Passstraßen. Hier werden nur solche vorgestellt, die folgende Radler-Kriterien erfüllen:
- möglichst ruhig (zumindest im oberen Bereich)
- nur ein Kamm ist zu erklimmen (allenfalls ein großer und ein kleiner)
- nicht zu hoch und damit ab dem Frühjahr sicher zu passieren.

Passo della Bocchetta (772 m)

Alessandria – Gnova, westlich des Passo degli Giovi
Der Pass ist auf der Südseite steil und kurvig, auf der Nordseite sanft und gerade, daher vor allem für die Fahrt von Süd nach Nord zu empfehlen und auch so beschrieben: Von Cornigliano Ligure (westl. Vorort von Gnova) auf dem westlichen Ufer des Flusses Secco nach Ponte Dcimo. Fluss erst im Ortszentrum überqueren! Nach wenigen Metern Hauptstraße geht es links

steil hinauf. Wegweisung erst Campo Morone, dann Bocchetta. Auf der Nordseite wird über Gavi (215 m) im Tal des Lemme bei Basaluzzo westlich von Novi Ligure die Po-Ebene erreicht.

Passo degli Giovi (472 m)

Die traditionelle Straße von der Po-Ebene nach Gnova. Autobelastung mäßig bis stark; kein Schwerverkehr, da Höhenbegrenzung auf 2,75 m.

La Forcella (876 m)

Piacenza – Chiávari
Geht lange durch unberührtes Waldgebirge. Südseite steil. Nebenstraße über dem Westufer des Flusses Trebbio bis Travo – Hauptstraße (SS 45, teilweise breit, aber meist nicht sehr voll) bis Bóbbio und weiter bis Marságlia. Die dort abzweigende SS 586 ist ein niedliches Sträßchen. Erst von der Passhöhe an etwas Ausflugsverkehr von der Küste her. In Carasco nach der Einmündung in die stark befahrene SS 225 gleich wieder links abbiegen und auf dem linken Ufer des Flüßchens Torrente Lavagna bis zur Küste. Die wird 10 km weiter östlich, hinter Sestri Levante, wesentlich beschaulicher.

Passo di Lagastrello (1200 m)

Parma – La Spezia und Carrara, östlich des Passo della Cisa
Um die Passhöhe Hochgebirgslandschaft, Südseite steil. Das Tal des Torrente Parma aufwärts bequeme Nebenstrecke vom Rand der Stadt Parma durch Alberi und Panocchia bis Torrechiara. Bergige Nebenstrekke ab Pastorello. Dann: Corniglio (688 m) – Passo di Ticchiano (1154 m) – Mónchio (802 m) – Passo di Lagastrello (1200 m) – Licciana (210 m) – Aulla – ab dort viel Autoverkehr.

Abetone (1388 m)

Módena (und Bologna) – Lucca
Die Passhöhe gehört nominell zu einer Fernverbindung, „SS 12 dell' Abetone al Brennero", hat aber tatsächlich nur Ortsverkehr, der im Sommer gering ist. Zufahrt aus Módena auf Nebenstraßen, aus Bologna leider nur auf Hauptstraßen bis Vignola. Am Fiume Panora bis Ponte di Samone, dort rechts bergauf. Von Pavullo bis Lama leider viel Autoverkehr. Ab dort (links ab) ruhiger durchs Tal des Torrente Scoltenna bis Pieveplago (1000 m). Weiter über die Passhöhe der Abetone (mit Skiort) ins ruhige Tal des Torrente Lima. Erst hinter Bagni di Lucca (200 m) wieder starke Autobelastung. Teilweise Nebenstrecken möglich.

Passo di Raticosa (986 m)

Bologna – Prato (und Firenze/Florenz)
Von Bologna aus südöstlich auf Nebenstraßen am Gebirgsrand entlang bis Pizzocalvo und das Tal des Torrente Idice ganz hinauf. Erst am Passo di Raticosa kommt man auf die ss 65, die hier oben nicht sehr befahren ist und bis zum Passo della Futa (903 m) etwa auf der selben Höhe bleibt. In il Bivio die Nationalstraße nach rechts in Richtung Barberino – Prato verlassen.

Passo di Viamággio (983 m)

Ravenna (und Rimini) – Tiber-Tal
Nicht zuletzt die Nähe zu Cesenático macht diesen Pass zu einer beliebten Rennradstrecke.

Auf der Nordseite biegt eine ruhige Zufahrt in Savignano sul Rubicone (32 m) als Via Pace von der alten Hauptstraße ab. Zunächst keine wo Zypressen und Pinien auf den Kämmen der Weinberge stehen, der sfumato seinen verklärenden Dunstschleier über Formen und Farben legt, die bessere Küche mit den erdig-samtigen Rotweinen der Region wetteifert.

Aber auch andersartige Landschaften birgt die Toskana: das strenge, erosionszerfressene Hügelland der **Crete** (südöstlich Siena), den wild-romantischen **Casentino** (nördlich Arezzo), den einst malariaverseuchten „bitteren“ Küstenstreifen **Maremma.**

Tourenplanung

Die beste Jahreszeit für eine Toskana–Tour ist Mitte Mai bis Ende Juni sowie September bis Mitte Oktober. Dabei zu allen Zeiten auf gelegentliche Regengüsse eingerichtet sein.

Grundsätzlich sind alle Orte, die als zweitrangige Sehenswürdigkeiten gelten, ideale Etappenziele für erlebnisreiche Touren abseits des Toskana-Rummels: etwa Scarlino und Chiusdino, zwei kaum beachtete mittelalterliche Bergstädtchen. Sympathisch ist die enge Verzahnung von Landschaft und Städten. Ohne wuchernde Vorstädte passieren zu müssen, ist man rasch im Zentrum und – nach absolviertem Besichtigungsprogramm – wieder draußen. Allerdings liegen die meisten Orte auf irgendwelchen Erhebungen. Ausnahmen bilden Siena und vor allem Florenz. Zwar liegt auch **Siena** auf Hügeln, hat aber einen furchtbaren Speckgürtel (die Altstadt ist autofrei). Das in der Ebene gelegene Florenz ist bis in die Altstadt mit Autos und Motorrollern vollgestopft. Da der zentrale „Camping Michelangelo“ oft überfüllt ist, am besten in einem Vorort Quartier nehmen, bspw. der weiträumige „Camping Internazionale“ in Galluzzo, dann mit dem Bus ganz easy ins 7 km entfernte Stadtzentrum pendeln.

Etappenziele in der Toskana

- die großen Kunststädte Florenz, Siena und Pisa
- schöne interessante Städtchen wie Arezzo, Colle di Val d’Elsa, Cortona, Fiesole, Grosseto, Lucca, Massa Marittima, Montalcino, Montepulciano, Montieri, Pienza, Pitigliano, Populonia, San Gimignano, Sorano, Volterra und unbekannte mittelalterliche Festungstädtchen wie Capalbio oder Scarlino
- die Zick-Zack-Zypressenallee bei la Foce (das Toskanamotiv schlechthin, 20 km südlich Montepulciano)
- die Tropfsteinhöhle Maona beim mondänen Kurort Montecatini
- der Giardino die Tarocci (Park mit großen bunten Fantasieskulpturen von Niki de Saint Phalle, bei Garavicchio)
- da Vinci-Museum in Empoli (Rekonstruktion des Ur-Fahrrades!)
- das Benediktinerkloster Monte Oliveto Maggiore (mit keuscher Unterkunft)
- die Schwefeltherme von Saturnia (37°C, Freibad)
- die Marmorbrüche von Carrara
- die Küsten zwischen Castiglione und Monte Argentario (Pineta del Tombolo, Tombolo di Giannalla, Monte Argentário-Runde)
- die Auffahrten zu den Panoramabergen il Telgrafo (635 m, auf Monte Argentário) und Monte Amiata (1738 m, erloschener Vulkan, höchste und markanteste Erhebung der Toskana).

Infos

- *www.turismo.toscana.it*. Vlg. Esterbauer (Bikeline): „Radatlas Toskana“

MTB-Tipp Elba

Neben dem Appennin ist wohl die Insel Elba das beliebteste MTB-Revier unweit der Toskana. Da landwirtschaftlich kaum genutzt, bieten sich ungehindert von Zäunen und Toren enorm viele Schotterpisten, Forstwege und markierte Wanderwege für Tagestouren durchs bis zu 1018 m hohe Inselinnere an. Besonders ergiebig ist die südöstliche Halbinsel der Insel, rund um den **Monte Calamita,** wo sogar eine MTB-Weltmeisterschaft ausgetragen wurde (1993). Auch sonst ist Elba ein hübsches Bikerziel. Innerhalb einer Woche lässt sich die bergige und waldreiche Insel auf gut ausgebauten Asphaltstraßen problemlos erkunden. Viele Buchten und Campingplätze. Wunderschön die friedliche Vorsaison bis Ende Mai.

Anreise: ca. stündliche Überfahrten Piombino – Portoferraio (versch. Reedereien mit konkurrierenden Tarifen), die Fähre Livorno – Portoferraio verkehrt hingegen nur saisonal (aktuell erkunden). Karte: Kompass Nr. 650, 1:30.000. Weitere Infos: *www.elba-online.com*

Umbrien, Latium

Wer Toskana sagt, meint oft auch Umbrien und Nord-Latium. Diese waldreicheren, landschaftlich weniger durchgestylten Regionen bereichern die eigentliche Toskana-Tour um die großen **Vulkanseen** Trasimeno, Bolsena und Bracciano, uralte Städtchen und Stätten wie Todi und Tarquinia, **Perugia** (einer der schönsten Orte Italiens) und **Assisi** (beeindruckende Pilgerstadt), und last not least die „Ewige Stadt" Rom (lässt sich von Norden kommend ideal auf dem *Tiber-Radweg* erreichen und erkunden). Das umbrische Relief steht dem toskanischen kaum nach. Das von weitem so sanft erscheinende Hügelland enthält viele Steigungen der Marke „kurz und knackig".

Colosseum (Rom)

MTB-Tipp Umbrien

Innerhalb Umbriens sind die sanft geformten **Sibillinischen Berge** ein geniales Revier für Biker, die einsame Trails und lange, weite Downhills suchen. Günstiger Ausgangspunkt ist Visso.

Südliches Italien

Relativ wenige Radler zieht es in das Italien südlich Roms. Dabei vermittelt gerade der etwas zurückgebliebene Mezzogiorno die eindrucksvollsten und authentischsten Italienbilder. Nachteile wie das schlechtere Straßennetz und die oft sehr einfachen Unterkünfte werden durch weniger Tourismus und eine freundliche Bevölkerung wettgemacht. Darüber hinaus dürfen sich alle Süditalien-Radler auch auf einige kulturelle und landschaftliche „Sahneteile" freuen.

Abruzzen

Der höchste Teil des Apennin sind die Abruzzen. Sie beginnen auf der Höhe Roms mit dem über 1000 m hoch gelegenen Nationalpark, dessen Plateaus, Steilwände, Schluchten, Wälder und Wildnisse ein spannende Landschaft bilden. Auf den rund 150 markierten Wanderwegen verschiedener Schwierigkeitsgrade dürfen auch Biker kurbeln, dabei nach Abruzzen-Bären Ausschau halten und in den Schutzhütten des 400 qkm großen Parks übernachten. Tourenradlern empfiehlt sich die durch den Park verlaufende Panoramastraße 83. Höchster Punkt ist der Passo di Diavolo (1400 m), anschließend bergab bis zum Stausee Lago di Barrea (1000 m); bis zu den Abruzzen-Wölfen bei Alfedena dann wieder auf 1160 m.

Typisch ist der Wechsel zwischen Bergkämmen und Hochtälern eigentlich für die gesamten Abruzzen, also auch außerhalb des Nat.-Parks. Bemerkenswert sind die Hochplateaus um 1500 m mit ihren uralten Weidelandschaften, etwa das **Campo Imperatore** zwischen l'Aquila und Teramo.

MTB-Tipp Abruzzen

Der hochgelegene **Nationalpark del Gran Sasso e dei Monti della Laga,** zu dem auch das Campo Imperatore zählt, ist ein perfektes, nahezu unbekanntes MTB-Revier riesigen Ausmaßes. Hier erhebt sich der höchste Berg der Abruzzen, der Corno Grande (2914 m). Immer wieder stellen sich Assoziationen zu exotischen Hochländern wie dem der Anden oder der Mongolei ein.

Eine Woche wie ein Tag – durch die Abruzzen

von Andreas Bugdoll

L'Aquila

Als wir nach einer Woche Adria zwischen Bars, Urlaubströdel und Ledergeschäften ins Landesinnere abbiegen, freuen wir uns schon sehr auf die Berge. Über Perúgia erreichen wir den Lago Piediluco. Die warme Nachmittagssonne lässt die Fahrt zwischen See und grün bewachsenen Hügeln zum Erlebnis werden. Im Hintergrund leuchten die kahlen Bergriesen der Abruzzen.

Nebelfelder verzaubern am nächsten Morgen die einsame Landschaft. Über einen leicht zu fahrenden Pass erreichen wir die quirlige Abruzzen-Hauptstadt L´Aquila. Hohe Berge ringsum, gekrönt vom fast 3000 m hohen Corno Grande. Mit dem faszinierenden Blick aufs Gran Sasso Massiv fahren wir auf einer kleinen Bergstraße weiter nach Avezzano. Durch ein dicht bewaldetes Tal geht es hinab.

Abruzzen bei Tagliacozzo

Walnüsse und Kastanien

Mit jedem Kilometer wird die Landschaft schöner. Auf langen weiten Rampen und einigen Spitzkehren führt die Straße den Berg hinauf. Zwischen den Wäldern weiden Kühe und wilde Pferde. Hinter Alfedena erreichen wir den Nationalpark mit dem Braunbären im Logo. Bald liegt der von bewaldeten Hängen gesäumte Stausee Lago di Barrea unter uns. Die schattige, relativ flache Fahrt entlang des Sees ist ein Genuss. Eine leicht ansteigende, landschaftlich wunderbare Strecke bis Pescasseroli schließt sich an. Die ersten Bäume der riesigen Laubwälder färben sich Anfang Oktober gelb. Was in der klaren Sonne für eine fast liebliche Herbststimmung sorgt. Vereinzelt fallen auch schon Eicheln, Walnüsse und Kastanien auf die Straße und knacken laut unter unseren Reifen. Wir biegen nach Bisegna ab und klettern gemächlich auf fast 1400 m. Nach einem Tunnel öffnet sich eine vollkommen neue Landschaft. Baumlose Wiesen legen sich wie grüne Teppiche über die hügelige Hochebene. Die Fernsicht auf die umliegenden Berge und in die Tiefe begeistert uns.

Unheimliche Schlucht

In Richtung Lago di Scanno geht es auf eine riesige, unheimliche Schlucht zu. Wir können kaum glauben, dass die Straße hier weiterführt. Spektakulär in den Felsen geschlagen, zwängt sie sich durch das Nadelöhr. Die Schlucht bleibt eng. Zwischen den steilen Berghängen müssen wir nochmals 400 m Höhe gewinnen, bevor wir am traumhaft gelegenen Lago di Scanno ankommen. Auf unserem Panoramacampingplatz denken wir beim Sonnenuntergang an die nächste einsame Etappe. Sie führt uns auf fast 1600 m, in einen saftig grünen Talschluss mit weidenden Kühen und Schafen. Biblischer Frieden! Eine tolle Abfahrt führt uns zurück zum Lago di Barrea und weiter nach Opi.

Im Hexenwald

Hier beginnt die Auffahrt zum letzen großen Pass der Reise. Nach schöner, schattiger Auffahrt bis 1600 m kurvt die Straße am Acero-Pass flach durch einen geheimnisvollen Buchenwald, den wir sogleich Hexenwald taufen. Und dann kommt die Straße unvermittelt an einen Steilhang, der sich grandios über der fast 1400 m tiefer liegenden Ebene erhebt. Während die Straße am steilen Berghang in die Tiefe fällt, genießen wir auf den folgenden Kilometern den grandiosen Blick auf Berge und Tal. Unaufhörlich klickt die Kamera. Auf der guten Straße rollen die Räder flott hinab. Eigentlich zu flott angesichts des Panoramas.

Abschiedsmenü

Bei Atina erreichen wir den Talboden und rollen durch die enge Schlucht des Fiume Melfa zurück in die Ebene von Cassino. Für verhältnismäßig kleines Geld übernachten wir mal nicht auf einem Campingplatz, sondern in der Nobelherberge Locanda del Castello - in einem uralten Gemäuer direkt unterhalb der Burgruinen von Roccasecca. Im Gewölbekeller gönnen wir uns ein tolles Abschiedsmenü und eine Träne im Knopfloch. Eine Woche radelten wir durch die Abruzzen; es war wie ein einziger Tag!

Küstenstraße südlich von Neapel

Festland-Italien besitzt nicht allzu viele radelnswerte Küstenabschnitte. Jene, die es sind, befinden sich an der Westküste Süditaliens. In **Kampanien** ist es die recht anspruchsvolle Strecke entlang der klippenreichen **Costa Amafiltana** (via Positano und Amalfi) sowie die 267 entlang der sagenumwobenen **Küste des Cilento** (südlich von Paestum).

Auf der SS17 oberhalb von Antrodoco (Abruzzen)

Zur Route: Gewiß, die Region am **Golf von Neapel** ist ein furchtbarer Verkehrsmoloch, den weiträumig zu umradeln sich lohnen würde, aber *Herkulaneum, Vesuv* und *Pompeji* muss man schließlich gesehen haben. Von dort ist es dann nur noch ein Katzensprung bis zur gebirgigen Halbinsel Monti Lattari mit obiger Costa Amafiltana.

Apulien

Quasi „gegenüber" von Kampanien liegt Apulien. Eine untouristische, etwas zurückgebliebene Region, die manche mit dem Italien der 60er Jahre vergleichen. Dort lockt an der Adria, auf der **Gargano-Halbinsel** die alte Römerstraße **Via Garganica** zum Küstentörn – entlang von Buchten, Schluchten und Grotten. Gargano, Italiens „Stiefelsporn", ist aber auch im Landesinnern attraktiv. Die Panoramastraße 528 führt über das gebirgige Kalksteinplateau mit Apuliens einzigem Wald, der naturbelassenen **Foresta Umbra.**

Vergleichsweise uninteressant sind die südlicheren Teile Apuliens. Karstige Kalksteinplateaus und Tiefebenen mit monotoner Plantagenwirtschaft prägen Italiens „Stiefelferse und Absatz". Eine bestechende Ausnahme bildet jedoch die etwa 1000 qkm große **Zona dei Trulli** um Alberobello. Die immergrüne, hügelige Gartenlandschaft ist die Heimat der originellen Trulli-Häuser. Als Draufgabe gibt es, am Nordrand der Trulli-Region, die enormen Tropfsteinhöhlen von **Castellana** zu bestaunen, vielleicht die bedeutendsten Europas.

Kalabrien

Nahezu ungebeugt setzen sich die Apenninen bis zur Stiefelspitze fort. Letzte Höhepunkte bilden in Kalabrien die knapp 2000 m hohen Gebirge Sila und Aspromonte. Das straßenmäßig gut erschlossene und mit einigen Sehenswürdigkeiten gespickte **Sila-Gebirge** (Nat.-Park) lohnt die Anstrengungen einer rund 220 km langen **Rundtour:** Von Soveria Manelli via Taverna nach Mesoraca, Abstecher zum Klosterdorf San Giovanni (Pass bei 1371 m), am Lago Ampollino vorbei, über Bocca di Piazza (Pass bei 1267 m) zurück nach Soveria Manelli. Mäßig befahren ist die am Tyrrhenischen Meer entlang führende 18, denn den überregionalen Verkehr saugt die mautfreie Autostrada auf (südlich von Salerno sind alle Autobahnen auf dem Festland mautfrei). Besonders schön sind die letzten 100 km von Pizzo bis Villa San Giovanni, dem Sprungbrett nach Sizilien.

Sizilien

Daten 25.500 qkm • Ausd. 250 x 180 km • 5,1 Mio. Ew. • 200 Ew./qkm

Infos
- Sizilien-Portal (engl.): *www.bestofsicily.com*
- Sizilien mit Schwerpunkt Rad und Bike: *www.sizilien-rad.de*
- Kettler Vlg.: „Sizilien per Rad" (Website der Autoren: *www.sizilien-rad.de*)

Überblick Gut ein Drittel Siziliens besteht aus Hochgebirgen, wobei der Ätna alles überragt. Etwa die Hälfte der Insel sind flachwellige, von Bergen und Tälern unterbrochene Hochebenen, der Rest entfällt auf Tiefebenen in den Küstenbereichen, die flach bis hügelig sind.

Reisezeit Schönste Tourenzeit ist der Frühling, wenn Mandel- und Apfelsinenbäume blühen (März-Mai), günstig ist aber auch der Spätherbst (Sep. – Nov.). Im Sommer bringt der nordafrikanische Scirròco oft Staub und Schwüle über die Insel. Die Niederschläge beschränken sich auf den Winter, dann kann es tatsächlich auch ungemütlich werden.

Christian Buttkereit über eine Sizilientour im Februar: „Morgens baue ich das Zelt im kalten Nieselregen ab und radle nach Sortino hinauf. Beim Frühstück sollen schwerwiegende Entscheidungen fallen. In Gedanken sehe ich mich schon im Bus, um in Siracusa die Fähre nach Malta zu erreichen – in der Hoffnung auf Sonne und etwas Wärme."

Eindrücke Sizilien ist wirklich ein kleiner Kontinent, mit vielen schönen Seiten. Über allem liegt ein Hauch geschichtlicher Würde, so dass sogar die maroden Ecken gar nicht so abstoßend wirken. Die Küsten sind meist flach und abgetragen, nur zwischen Palermo und Taormina gibt es Steilküste. Die größte und zentrale Mittelmeerinsel fand das Gefallen vieler Mittelmeervölker, die dort ein entsprechend großes Kulturerbe hinterließen – von griechischen Tempeln bis zu normannischen Kathedralen. Von jeder Epoche etwas hat die Inselhauptstadt Palermo, Ankunftsort der Fähren aus Genua, Livorno und Neapel. Hier merkt der Ankömmling auch sogleich, dass Sizilien nicht

Ätna-Ringstraße Circumetnea (Sizilien)

nur eitel Sonnenschein ist. Die Mafia ist für Touristen aber überhaupt keine Gefahr, und außerhalb der drei großen Städte wird auch nicht mehr geklaut als anderswo. Wer Ruhe und Landschaft sucht, sollte ohnehin die dicht besiedelten, verkehrsreichen und leider oft auch vermüllten Küsten im Norden und Osten meiden und sich ins Inselinnere absetzen. Da aber die meisten kulturellen Highlights an den Küsten liegen, wird die Routenwahl in einem Kompromiss enden. *Christian Buttkereit* (Radl-Magazin): „Sizilien ist ein Reiseziel, auf das man sich gut vorbereiten sollte. Längst nicht alles ist schön. Wer sich aber darauf einstellt, kann eine höchst interessante Reise erleben."

Rund um Sizilien

Mit der Fähre nach **Messina** übergesetzt, zieht es die meisten zunächst entlang der Ostküste südwärts. Der Verkehr auf der 114 ist erträglich, am Weg liegen der Touristenmagnet Taormina (die Aussicht Siziliens), der Ätna, das chaotische Catánia, die von antiken Kulturen geprägte, ansonsten aber langweilige Tiefebene Piana di Catánia, schließlich das alte Syrakus, neben Palermo und Agrigent die kulturhistorisch herausragende Stadt Siziliens.

Viel reizvoller, als direkt nach Catania zu fahren, ist eine **Schleife um das Ätna-Massiv.** Dazu hinter Taormina die Küstenstraße nach Francavilla verlassen, unterwegs die berühmte Alcantara-Schlucht erkunden (es gibt neben dem kostenpflichtigen Haupteingang auch einen freien Zugang zur Schlucht) und weiter nach Linguaglossa. Dort auf einer einsamen Nebenstraße westwärts bis zur 284 fahren. Via Maletto (1025 m, höchster Punkt der Strecke) geht es weiter nach Bronte, dann über Adrano nach Catania. Wer seine Kondition noch nicht einschätzen kann, soll wissen, dass ziemlich parallel zu der beschriebenen Strecke die private Schmalspurbahn **Circumetnea** fährt. Mit Zustimmung des Schaffners kann das Fahrrad mitgenommen werden, auch unzerlegt.

Auch die *südliche* Küstenroute ab **Siracusa** ist landschaftlich weniger aufregend. Auf Nebenstraßen, die Gewächshausalleen gleichen, geht's zunächst durch barocke Bauernstädte an den Stränden SO-Siziliens vorbei bis **Gela.** Auf etwas hübscherer Strecke weiter nach Agrigento. Die schönsten Sandstrände hat's dann bei Eraclea Minoa.

Den äußersten *Westen Siziliens* nimmt eine fruchtbare Tiefebene ein. Einige kurze knackige Steigungen auch hier, dafür schöne Blicke von den Hügelkuppen zur Salinen- und Lagunenküste.

Äolische Inseln

Wer will, kann ab **Palermo** versuchen, mit dem Aliscafo (Tragflächenboot) zu den **Äolischen Inseln** überzusetzen (bei uns auch als Liparische Inseln bekannt). Das Problem ist nur, dass auf den Aliscafi keine Fahrräder transportiert werden, sobald es eng wird. Wem es aber gelingt, kann nach lohnender Mini-Odyssee durch die äloische Inselwelt mit der normalen Autofähre zur Nordost-Küste Siziliens zurückkehren (Milazzo bzw. Messina)

Obwohl die **sieben Äolischen Inseln** klein sind (die größte ist Lipari mit 37 qkm), kann man sich auf ihnen durchaus ein bis zwei Wochen mit dem Rad vergnügen. Zwar gibt es kaum Kilometer zu fressen, aber es geht kräftig rauf und runter, und die Überfahrt von Insel zu Insel mit jeweiligem Quartierwechsel braucht auch seine Zeit. Größtes Schauspiel der Inseln ist der aktive Vulkan **Stromboli.** Regelmäßig wie ein Geysir jagt der „Leuchtturm des Mittelmeeres" mehrmals in der Stunde seine glühenden

Schlackefontänen in die Luft. Nachts ist das grandios anzuschauen. Mehr unter: *www.swisseduc.ch/stromboli*

Inner-sizilien

Ein Netz von Nebenstraßen erschließt von Küstenstraßen aus das Inselinnere Siziliens. Öffentliche Verkehrsmittel sind hier Mangelware, Radler gegenüber Rucksackreisenden im Vorteil. Die Landschaft ist ein Wechselspiel von flach gewellten Hochebenen, fruchtbaren Tälern, ärmlichen Bauerndörfern, Hügelketten, Schluchten und Mittelgebirgen. Ähnlich wechselhaft ist das Profil der Straßen. Für Spazierfahrten ist Innersizilien nicht das rechte Terrain. Schönste *Querstraße* durch Sizilien ist wohl die 118, die von Agrigento im S über die Mafia-Keimzelle Corleone nach Palermo im Norden führt. Radelnswert in *Längsrichtung* ist besonders die Staatsstraße 120 von Tèrmini Imerese im Norden nach Fiumfreddo im Osten (bei Taormina).

Anspruchsvoll, aber lohnend sind auch die nördlichen Gebirgszüge **Madonie** und **Monti Nebrodi,** dort warten Straßenpässe bis 1536 m, Ursprünglichkeit und sehenswerte mittelalterliche Bergdörfer wie die zwei Petralias, Nicosia und Troina. Der *Nationalpark von Madonie* ist zugleich ein beliebtes **MTB-Revier.**

MTB Ätna

Ein magischer Anziehungspunkt ist der unübersehbare **Ätna** (3323 m). Trotz seiner Schneekuppe ist der Vulkan alles andere als erloschen. Eine Straße führt von **Zafferana Étnea** (574 m) durch ein altes Lavafeld hinauf zum **Rifugio Sapienza** (1881 m, Bikertreff). Dort können Mountainbiker auf die Schotterpiste zum Gipfel abzweigen. Oberhalb des **Torre del Filósofo** (2819 m, ehem. Forschungsstation) geht es dann noch einmal ans Eingemachte – bis die restlichen Höhenmeter zum Kraterrand schließlich zu Fuß erledigt werden. Szenisch vielleicht noch reizvoller ist die nördliche Jeep-Piste zum Gipfel. Anfahrt ab **Linguaglossa** über Mareneve bis **Piano Provenzanza** (1770 m). Dort beginnt eine MTB-fähige Piste und führt zunächst durch Pinienwälder, später durch wilde Kraterlandschaft, bis unterhalb des Hauptkraters. Die letzten Höhenmeter müssen auch hier zu Fuß zurückgelegt werden.

Normannenturm (Sizilien, Nordküste)

Schnuppertour Sizilien Wer Sizilien noch nicht kennt, oder nicht allzu viel Zeit mitbringt, sollte sich auf die **südöstliche Ecke** der Insel beschränken. Das sind die **Ibleischen Berge** (Monti Iblei) und ihr östliches Einzugsgebiet – grob gesagt das Gebiet Lentini-Siracusa-Noto-Ragusa. Diese Ecke Siziliens bietet neben dem Vorteil der kurzen Anreise (Flug nach Catania) eine überdurchschnittlich große Auswahl landschaftlich schöner Nebenstraßen. Reizvoll auch die Architektur der Städte, die nach dem großen Erdbeben von 1693 komplett wieder aufgebaut wurden, als gerade das Barock angesagt war.

Sardinien

Daten 24.000 qkm • Ausd. ca. 270 x 110 km • 1,6 Mio. Ew. • 67 Ew./qkm

Infos
- Reisemagazin Sardinien: *www.sardinien.com*
- Sardinien-Portal: *www.sardegna.net*
- Esterbauer Vlg. (Bikeline): „Radatlas Sardinien".

Eindrücke, Überblick Obwohl Korsika und Sardinien nur ein paar Kilometer Wasser trennen, unterscheiden sich beide Inseln doch erheblich. Während Korsika vor allem landschaftlich auftrumpft, besticht Sardinien in weiten Teilen durch Ruhe, Frieden, eine intakte Sozialstruktur und sehr gute Straßen. Lange galt die am dünnsten besiedelte Provinz Italiens als „vergessene Insel" oder „Insel des Schweigens". Dieser Ruf ist an den schönsten der zugänglichen Küstenabschnitte allerdings dahin, ganz besonders an der Millionärsküste des Nordens, der Costa Smeralda, im Süden um Cagliari (viel Industrie und Chemie) und überhaupt im Juli und August.

Friedlich aber windig ist die Westküste (NW-Wind) mit der einsamen Costa Verde, weniger windig, aber wild zerklüftet, steil und felsig sind große Teile der Ostküste und des Inselinnern. Sardinien besteht zu 80% aus karstigem Bergland (überw. unter 1000 m) mit hügeligen Hochebenen im Zentrum (altopiano) und zahlreichen Grotten und Höhlen im Untergrund; die sehenswertesten wurden zu Schauhöhlen gemacht (bei Alghero, Dorgali und Ulassai), andere zum Straßentunnel degradiert.

Typischste Zeugen der Vergangenheit sind die kegelförmigen Wohnburgen der Urinsulaner. Etwa 7000 dieser Nuraghen genannten Trockensteinbauten verteilen sich über die „Insel der Sardinengründe". Sie passen in die karge Landschaft, deren Vegetation dem Weidedruck von über drei Millionen Schafen standhalten muss (ein Viertel Italiens). Wälder sind eine Rarität, und die verbliebenen Bestände alter Pinien, Eichen und Kastanien ständig von Bränden bedroht.

Tourentipps Eine schöne Jahreszeit ist von März bis Mai, wenn alles grünt und blüht. Später wirken die Heidelandschaften, trotz diverser Gewässer, fahl und trocken. Die Profis trainieren im März auf Sardinien (Tagestemp. 17 °C). Anstiege und Gefälle sind – abgesehen von Tiefebenen in der Westhälfte (Campidano, La Nurra) – allgegenwärtig, Steigungen über 6% sind auf Durchgangsstraßen aber selten. Der Wind kommt im Norden meist aus Nordwest, im Süden aus Südost. Gelegentlich gibt es orkanartige Windstärken, zum Sommer hin wird diese Gefahr allerdings geringer.

Im Farbenrausch – Lavendelfelder auf Sardinien

Nahezu die gesamte **Ostküstenroute** von Olbia bis Cágliari (N125) ist abwechslungsreich und szenisch reizvoll, allerdings nicht gerade verkehrsarm. Da die Endpunkte Haupthafenorte sind, ist die Ostküste auch ideal für eine Schnuppertour. Eine Runde um das **Sopramento-Gebirge** zählt zu den klassischen Einlagen. Orosei und Tortoli sind Anknüpfungspunkte hierfür (beide Ostküste). Außerdem ergibt sich in Tortoli oder Bari-Sardo die Möglichkeit einer großen Extrarunde durch die **Barbágia** und ums **Gennargentu-Massiv** (1834 m), zugleich zwei der lohnendsten **MTB-Reviere** Sardiniens (günstiger Standort ist die Provinzhauptstadt Nuoro). Beschaulich radelt es sich an der Küste der **Südwest-Ecke** der Insel (Iglesente). Schön dort die felsige Costa del Sud und die Antioco-Insel. Im **Nordwesten** ist die verkehrsarme Küstenstraße von **Algerho** nach **Bosa** eine Traumstrecke für Radler.

Weitere Tourentipps in der Story „Einmal um Sardinien“: S. 341

Offroad/MTB Sardinien

So wie Sardinien für Straßentouren nur eingeschränkt empfohlen werden kann, ist es umgekehrt für Offroad-Touren. Hier spielt Sardinien seine Trümpfe aus: Geringe Besiedlung, aber jede Menge unbefestigter Fahr- und Weidewege! Ein besonderes **MTB-Highlight** ist die einsame Wildnis der **Sulcis.** Fahrwege führen dort ab Dómus de Maria und Santa Margherita hinauf nach **is Cannonris** (715 m).

-Box Italien

Einreise Die EU-Grenzen sind offen. Deutsche, Österreicher und Schweizer können mit dem Personalausweis einreisen.

Geld Italien ist Euro-Land. Die Lebenshaltungskosten sind höher als in D.

Gesundheit Das EU-weite Sozialversicherungsabkommen ermöglicht Mitgliedern gesetzlicher Krankenkassen die Inanspruchnahme medizinischer Leistungen (D, A). Details: *www.dvka.de*

Infos
- Tourismuszentrale Italien: *www.enit.it*
- Italien-Portal: *www.wel.it* (Unterkünfte und touristische Angebote, dt.spr.)
- Umfangreiche Link-Sammlung: *www.italienfreunde.de*
- Italienischer Radlerverband FIAB (Federazione Italiana Amici della Bicicletta): *www.biciedintorni.org* (teilweise deutschsprachig)

Infos vor Ort Dicht geknüpft ist während der Saison das Netz der Touristenbüros regionaler, provinzialer und gemeindeeigener Fremdenverkehrsämter (EPT, APT, AAPIT, AAST, Pro Loco), die auch bei der Quartiersuche behilflich sind.. Regional werden von den Touristenämtern (insbes. Norditaliens) oft ganz hervorragende kostenlose Broschüren für Radler produziert, auch in deutsch. Jedoch sind sie immer nur „zufällig“ erhältlich.

Wetter **Norditalien** – Kontinentales Klima mit kalten Wintern und relativ heißen Sommern. Ausgeglichener ist der Temperaturgang in geschützten Alpenrandlagen (Oberitalienische Seen, Südtirol) und den von Seebrisen bestrichenen Küstengebieten (Riviera).

Valparola-Pass (Südtirol)

Wetter Mittel- und Süditalien – Mittelmeerklima, die Apenninen wirken als Klimascheide, etwas feuchter und milder die Westküste, vergleichsweise heiß und regenarm die Ostküste.
Wetter Sardinien und Sizilien – Nicht zu heiß, regenarm, an der Süd- bzw. Südostküste hat es die meisten Sonnentage Italiens.

Wind Starke Ablenkungsmanöver erfahren die westlichen Atlantikwinde, wenn sie über Italien hinweg streichen. Sie müssen um Inseln und Gebirge kurven und können dabei vom unberechenbaren, staubig-schwülen Sciròcco aus Nordafrika ebenso abgefälscht werden wie vom kalten dinarischen Bora Bora (aus NO) und weiteren Fremdwinden. Unter dem Strich ist die günstigste Tourenrichtung von Nord nach Süd.

Reisezeit Der Frühling, der mit dem Beginn der Apfelblüte definiert wird, erreicht Italiens Tieflandgebiete Anfang April, die höher gelegenen Landschaften wie die Toskana etwa Mitte April, und die Abruzzen Mitte Mai. Die regenreichsten Monate sind Oktober (Nord- und Mittelitalien) und November (Süditalien). Juli, und ganz besonders August, bilden den Höhepunkt der sommerlichen Urlaubssaison. Radtouren in den Küstenregionen sind dann relativ stressbeladen (Verkehr, Unterkunftssuche, Schwüle), und auch die klimatisch angenehmen Gebirgsregionen sind ziemlich überlaufen. Günstige Tourenmonate sind für Norditalien April bis Juni und September, für Mittel- und Süditalien März bis Juni und September/Oktober.

Anreise (Per Rad: siehe „Alpen / Nord-Süd-Passagen“)

Per Bahn Grenzüberschreitende Fahrradmitnahme ist von Deutschland aus in den Nachtzügen nach Mailand bzw. Rom (via Verona, Bologna, Florenz) möglich. Infos: *www.bahn.de/bahnundbike*, *www.trenitalia.com*, *www.trenitaliaplus.com*

Per Fahrradbus Im Sommerhalbjahr bestehen von Deutschland aus Fahrradbuslinien ins Piemont (Milano, Turin, Saluzzo), die Toskana (Florenz, Livorno, Piombino, Grosseto) und Umbrien (Bolsena). Infos: *www.bike-und-bus.de*

Per Flieger Charterflüge sind hauptsächlich auf südliche Ziele ausgerichtet (Rom, Neapel, Sizilien, Sardinien). Fahrradtransport immer mit anmelden.

Transport im Land

Bahnen Rund 16.000 Streckenkilometer bedienen die Italienischen Staatsbahnen FS, weitere 3600 km die Privatbahnen. Fahrradtransport ist auf den Strecken der FS mit Einschränkungen möglich

Fahrradmitnahme im Abteil ist in allen Regionalzügen gestattet. Handicap: Das Rad muss in einer Radtasche verpackt sein (max. 110x80x30 cm)! Kostenlose Aufbewahrung der Radtasche am Bahnhof ist möglich.

Radreisende, die ihr Fahrrad weder zerlegen noch verpacken wollen/können, sind für die **Fahrradmitnahme** auf Züge mit Gepäckwagen/Radabteil angewiesen, sog. *bici-Züge*. Diese Züge verkehren meist als Regionalzüge und sind mit einem blauen Fahrrad-Piktogramm gekennzeichnet.

Busse Mitnahme in regionalen Linienbussen ist vor allem in Norditalien oft möglich. Bis zu 6 Fahrräder passen in die Stauräume der Busse. Fahrradmitnahme in Überlandbussen ist Verhandlungssache.

Fähren

- Hauptfährverbindungen zu den 7 Zielhäfen von **Sardinien** bestehen: ab Genua, La Spezia, Livorno, Piombino, Civitavecchia, Neapel. (Fahrtdauer, je nach Linie, 11 bis 17 h, Fahrpreise ab 30 bzw. 50 €, Fahrrad frei bzw. 10 €). Außerdem diverse Möglichkeiten des Inselspringens via *Elba* und *Korsika*. Aber beachten, dass Korsika pro Ein- und Ausreise eine Art Touristensteuer verlangt (um 5 €).
- Hauptfährverbindungen nach **Sizilien** (Palermo): ab Genua, Livorno, Neapel, Cagliari (Fahrtdauer: je nach Linie 11 bis 24 h. Fahrpreise: ab 30 bzw. 70 €, Fahrrad um 10 €).

Die Suche nach dem billigsten Tarif ist nicht einfach. Die wichtigsten Reedereien: *www.tirennia.it, www.corsicaferries.com, www.mobylines.it, www.grimaldi.it, www.sncm.fr*
Buchungsportale für Fähren s. Anhang („Allg. Radreise-Infos“).

Übernachten

Zimmer Preiswerte Unterkünfte sind „sternchenarme“ Pensionen und Hotels (Locando, Albergo, Aloggi, Pensione). DZ ab 30 €. Unterkünfte sind in den im Sommer entvölkerten Großstädten günstiger als in Ferienregionen. Schlafplätze in den Berghütten (Rifugio) sind in der Hochsaison knapp und relativ teuer. Auch Privatzimmer (Camere) und Unterkünfte in Studentenheimen (Casa dello studente) sind preiswerte Unterkunftsarten. Unterkunftsverzeichnis über ENIT, Zimmernachweise bei den örtlichen i-Büros.

Rund 60 **Jugendherbergen** (Ostello per la Gioventù) sind nicht viel für ein Land von der Größe Italiens. Die meisten gibt's im Norden zwischen Turin, Venedig und Florenz, vereinzelte Exemplare auch im tiefen Süden. Ü/F um 10 €. In der Feriensaison nur für Nervenstarke. Wer ohne Reservierung antritt, sollte zumindest in der Feriensaison um Punkt 18 Uhr, und möglichst als Erster, auf der Fußmatte der Rezeption stehen.

Campen Die meisten der über 2000 Campingplätze finden sich an den Ferienküsten. Billig sind sie aber nicht, denn Italien ist das teuerste Camping-Land Europas (Quelle: ADAC 2009). Üblich sind um 30 € pro Standplatz. Auf kleineren Plätzen kann man auch schon mal mit 20 € davon kommen. Völlig ausgeflippt sind die Preise mit bis zu 70 € pro Standplatz an der Riviera, wo es sogar passieren kann, dass Caravans bevorzugt werden. Nützlich ist ein Camping-Carnet (FICC/AIT).

Billiger ist natürlich *freies Campen*. Offiziell ist das aber nicht erlaubt. Radreisepuristen praktizieren es dennoch. Recht gut klappt es in einsameren Bergregionen wie den Abruzzen. Ansonsten ist in wärmeren Jahreszeiten das freie Campieren ohne Zelt erwägenswert. So kann man in den stärker kultivierten Regionen auch kleinste Flecken ausnutzen und fällt dabei kaum auf. Einen Biwaksack für überraschende Niederschläge sollte man aber parat haben.

Karten und Literatur

(Adressen zum Bezug von Karten und Reiseführern im Anhang)

Tourenkarten Italiens dichtes Straßennetz und autogerechte Wegweisung (Wegweiser generell ohne Entfernungsangaben) bedingt gute Karten. Auch Stadtpläne sind hilfreich, wenn sie fruchtlose Suchereien nach der richtigen Ausfallstraße beenden.

- Marco Polo: Reiseatlas Italien, 1:300.000, 12,95 €. Gut zur Grobplanung, unzureichend in Ballungsräumen.
- *Empfehlung:* Kümmerly + Frey: TCI-Kartenwerk 1:200.000, 16 Bl à 7,90 €, stark überlappend, kaum touristische Infos, klare Darstellung mit Relief und Steigungspfeilen.
- Kompass: Wanderkarten 1:35.000 bis 50.000; für den norditalienischen Alpenraum, Ligurische Alpen, mittleren Apennin und einige kleinere Inseln wie Elba und Capri. Auch vor Ort leicht erhältlich.

Tourenführer

- Kettler Vlg.: Radreiseführer „Südtirol per Rad", „Toskana per Rad (inkl. Umbrien)", „Sizilien per Rad".
- Esterbauer Vlg. (Bikeline): „Radatlas Toscana", „Radatlas Veneto", „Radatlas Südtirol", „Radatlas Sardinien", „Etsch-Radweg", „Po-Radweg", „Radfernweg Florenz – Rom", „Via Claudia Augusta.

Fahrrad, Straßen, Wege

Fahrrad (bicicletta) Empfehlenswert sind eine bergtüchtige Schaltung mit Untersetzung (also kleiner als 1:1), Reifenbreiten ab 28 mm (Rennräder ab 20 mm), Helm, Rückspiegel. Die meisten Fahrradläden sind rennsportorientiert (feine Campagnolo-Teile zu unfeinen Preisen). Aber auch für MTBs ist die Servicelage gut, wovon natürlich auch Tourenradler profitieren. Schwach sortiert ist das Werkstattnetz im tiefen Süden sowie auf Sardinien und Sizilien.

Straßen und Radwege Italien besitzt über 300.000 km Straßen. Besonders der Norden ist gut mit Asphaltpisten versorgt. So weist die Po-Ebene das landesweit dichteste Nebenstraßennetz auf. Nach Süden hin wird die Auswahl gut asphaltierter Nebenstraßen geringer. Küstenstraßen in Ober- und Mittelitalien sind uninteressant und verkehrsreich, nur in Süditalien und auf den Inseln existieren radelnswerte Küstenabschnitte. Die kleinen Nebenstraßen im allgegenwärtigen Hügel- und Bergland sind generell steigungsreich. Da die Orte vorzugsweise auf Kuppen liegen und aufwändige Trassierung vermieden wird, sind Wadenbeißer um 15% keine Seltenheit. Da fast alle Orte eine Umgehungsstraße besitzen, ist der Weg durch den Ort für Radler oft der angenehmere. Wenn auch einige Städte in der Po-Ebene (Parma, Ferrara) und auch Rom den Radler-Nahverkehr fördern, so ist doch, aufs ganze Land gesehen, nur wenig Infrastruktur für Radler vorhanden. Markierte Radfernwege existieren bislang nur in Norditalien (Etsch-Radweg, Po-Radweg).

Verkehr

Über Italiens Autofahrer gehen die Meinungen auseinander. Die meisten Italien-Radler finden den Verkehr insgesamt gar nicht so schlimm und die Autofahrer freundlich. Faktum ist, dass Italien zu den verkehrsreichsten Ländern überhaupt zählt. Faktum ist auch, dass relativ wenige Unfälle mit Radlern passieren. Generell gilt im Verkehr das „Nase-vorn-Prinzip". Wer darauf vertraut, wird auch als Radler respektiert. Damit es zu keinem ungewollten Kontakt kommt, ist es aber auch wichtig, klaren Kurs zu halten und keine unvorhersehbaren Manöver zu machen wie plötzliches Abbiegen oder Anhalten. Doch selbst bei solchen Fehlern sind die Folgen nicht so gravierend. Denn in den Orten wird langsam gefahren, für deutsche Verhältnisse geradezu schleichend.

Offroad (MTB)

Italien hat einen guten Ruf bei Mountainbikern: Liberales Wegerecht und attraktive Landschaften. Dolomiten und Gardasee sind die beliebtesten Großreviere. Dort gibt es allerdings auch Bestrebungen den Boom zu kanalisieren, sprich bestimmte Wege für Biker zu sperren wie bspw. am Garda-See und in Tirol. Gute Karten, möglichst im Maßstab 1:25.000, sind ein Muss. Auch um die Rätsel zu lösen, die die einheitlich rot-weißen Wanderwegsmarkierungen dem Biker an Gabelungen aufgeben.
GPS-Tracks (für MTB): *www.bicirutas.net*

Einmal um Sardinien von Andreas Bugdoll

Nachdem wir von anderen Radlern nur Positives über Sardinien gehört hatten, wollten auch wir die drittgrößte Mittelmeerinsel kennenlernen. Geplant ist eine 17tägige Komplettumrundung. Erwartungsvoll landen wir in **Olbia.** Es ist Ende Mai. Vom kleinen Flughafen geht es auf verschlungenen Wegen durch das Stadtgebiet in Richtung Lido Pittulongo und auf einer ruhigen Nebenstrecke weiter nach **Golfo Aranci.** Schön ist der Blick auf die steile Isola Tavolara, der wir am Ende unserer Tour noch näher kommen sollen. **Porto Rotondo** ist ein hübsches neues Touristendorf mit langen Promenaden an künstlichen Kanälen. Hier lassen wir uns zu einem ersten guten Espresso nieder, dem viele weitere folgen werden.

Costa Smeralda

Anschließend verwöhnt uns eine nette Straße mit häufigen Blicken aufs Meer. Jetzt im Frühsommer ist die Landschaft im Nordosten Sardiniens auch noch grün und lieblich. Auf dem Weg nach Norden machen wir einen kleinen Abstecher nach **Capriccioli** und suchen den tollen Strand **La Celva** auf. Nach dem Besuch des sterilen Jetset-Dörfchens **Porto Cervo** verlassen wir die zwar schöne, aber sehr teure und überlaufene Costa Smeralda über Baja Sardinia. Auf einer freundlichen Küstenstraße geht es nun den Golf von Arzachena hinauf. An den Sandsteinfelsen des Capo d'Orso vorbei erreichen wir **Palau.** Dort beobachten wir von einem kleinen Caf das bunte Treiben am Fährhafen. Unser abendlicher Campingplatz auf der Isola

Gabbiani ist einmalig gelegen. Wir blicken direkt auf Korsika und die Klippen von Bonifacio.

Blicke auf Korsika

St. Theresa di Gallura überrascht uns mit einigen fürchterlich steilen Straßen. Ansonsten ist es ein schönes Städtchen mit netter Einkaufsstraße, vielen Cafs und einem hervorragenden Stadtstrand. Wir decken uns mit Brot ein, essen eine Kleinigkeit auf der Mauer des Strands und blicken dabei erneut auf Korsika, die ungleiche Zwillingsschwester von Sardinien. So gestärkt geht es auf einer anstrengenden Straße zu den wild verwitterten Sandsteinfelsen des **Cabo Testa.** Wir lassen die Räder am Kiosk stehen und erobern die sehenswerte kleine Halbinsel zu Fuß.

Brotzeit am Abgrund

Bis **Vignola Mare** ist die weitere Strecke dann leider nicht mehr so reizvoll, so dass wir etwas für unsere Durchschnittsgeschwindigkeit tun können. Der nette Abschnitt bis **Castelsardo** wird durch eine eher langweilige Strecke bis **Porto Torres** abgelöst, die teils durch niedrigen Nadelwald führt. Natürlich fahren wir auch die schöne Strecke zum sehenswerten Cabo Caccia. Spektakulär führen hier Hunderte von Stufen an den fast senkrechten Felsen hinunter zum Eingang einer Grotte. Die zehn Euro Eintritt verkneifen wir uns aber. Uns genügt der tolle Blick entlang der steilen Klippen, den wir bei einer Brotzeit am Abgrund genießen.

Farbenrausch

Mit wiederkehrenden Blicken auf helle Strände und türkisgrünes Wasser geht es schließlich weiter nach **Alghero.** Vom Campingplatz laufen wir zur schönen Altstadt. Nach der Weiterfahrt befinden wir uns gleich wieder am Meer. Die folgende Strecke entwickelt sich umgehend zur Traumstrecke. Kurvenreich geht es Auf und Ab, wobei der höchste Punkt bei etwa 360 m liegt. Ganze Berghänge sind mit rosa, roten und blau blühenden Blumenteppichen bedeckt, und dazwischen immer wieder knallgelber Ginster. So etwas haben wir in dieser Fülle noch nie gesehen. Als Zugabe eröffnet die Panoramastraße immer wieder traumhafte Blicke auf die wilde Küste und das Meer. Die verwitterten Felsen sind überaus fotogen, und das zurückliegende Cabo Caccia wirkt aus der Ferne wie ein kleines Cap Formentor. Eine tolle Abfahrt bringt uns schließlich nach **Bosa** mit seinem streng wirkenden Zentrum.

Costa Verde

Nach den Schönheiten der letzten Tage langweilt uns die flache Strecke über **Arborea** und **Marceddi** ein wenig. Eine einspurige Dammstraße führt uns über eine Bucht in Richtung Costa Verde. Hier beginnt eine einsame Hügelstrecke in uriger Maccialandschaft und bald hinter dem Abzweig zur Costa Verde liegt wieder eine traumhafte Küstenstraße am Meer. Außer einer kleinen Ortschaft und einem Ferienkomplex gibt es hier nur wunderschöne Natur. Als wir die ersten Dünen sehen, endet der Asphalt und eine gut befahrbare Schotterpiste beginnt. Nach der Durchquerung von zwei breiten, aber flachen Bächen und einer kurzen Fahrt durch afrikanisch wirkende Landschaft erreichen wir ein einsames Luxushotel inmitten der grün bewachsenen Dünen am Strand. Hier bekommen wir den Tipp für die heutige Übernachtung. Es ist ein neuer, nur 3 km entfernter Campingplatz. Der Platz hat viel Schatten und die Terrasse des Restaurants eine weite Aussicht auf das in der Ferne liegende Meer. Ein wunderschönes Plätzchen, um den Tag mit leckerer Pasta und Vino Rosso ausklingen zu lassen.

i-Box Kosovo

Infos
- FVA Kosovo: *www.visitkosova.org*
- Balkan-Forum: *www.balkanforum.info*
- Bahngesellschaft: *www.kosovorailway.com*

Einreise
Für die Einreise besteht Passpflicht (D/A/CH).
Serbien betrachtet die Grenze zum Kosovo nur als Demarkationslinie, macht dort aber gleichwohl eine polizeiliche Kontrolle, erteilt jedoch keinen serbischen Aus- bzw. Einreisestempel. Das kann bei einer späteren Wiedereinreise nach Serbien bzw. Ausreise Probleme machen. Wer das Kosovo von Serbien aus besuchen will, fährt daher bis auf Weiteres am besten vom Kosovo auch wieder nach Serbien hinaus - und lässt sich dabei auch keinerlei Kosovo-Stempel in den Pass drücken. Was die kosovarischen Grenzer aber ohnehin nicht tun, sondern einen Zettel einlegen. Wer nicht wieder nach Serbien will, kann vom Kosovo direkt nach Mazedonien ausreisen und auf den serbischen Ausreisestempel pfeifen.

Geld
Landeswährung ist bis auf Weiteres der Euro. In den serbischen Enklaven wird mit serbischen Dinaren gezahlt. Geldautomaten gibt es in den Städten.

Gesundheit, Sicherheit
Bislang besteht kein Sozialversicherungsabkommen mit der EU. Eine Auslands-KV ist daher sehr ratsam. Leitungswasser aus öffentlichen Netzen ist in aller Regel trinkbar. Mit ungeräumten Minenfeldern, die dann in aller Regel markiert sind, wird man selten konfrontiert. Trotzdem wachsam sein, hohes Gras ist beispielsweise verdächtig, und auch mal die Sicherheitshinweise des Auswärtigen Amtes lesen: *www.diplo.de*

Klima
Moderate Temperaturen und Niederschlag in Frühling und Herbst. Die Sommer sind trocken und heiß (25–38 °C).

Anreise
Per Rad: Via Serbien bzw. EuroVelo 11.
Per Flieger: Mit KosovaAirlines von D/CH, mit Germanwings von D/CH, mit AustrianAirlines ab Wien (www.kosovaairlines.com, www.germanwings.com, www.aua.com).
Per Bahn: Die Bahnlinie Belgrad – Pristina wird zur Zeit nicht bedient. Nur die südliche Teilstrecke ist in Betrieb: Pristina – Skopje – Thessaloniki.

UN-Hauptquartier (Pristina)

Transport im Land Das Eisenbahnnetz ist 430 km lang, davon 333 km für den Personentransport. Fahrradmitnahme soll möglich sein. Bei Bussen entscheidet der Fahrer.

Übernachten Eine Vielzahl kleiner privater Hotels wurde in den letzten Jahren gebaut. Der Standard ist recht gut. Die Preise liegen bei 25 Euro/DZ. In Regionen mit schlechter Zahlungsmoral gibt es täglich Stromsperren. Folge: kein Licht, kein A/C! Campingplätze gibt es vielleicht einen oder zwei. Wild zelten ist im dicht besiedelten Landesinnern so gut wie ausgeschlossen, in den bewaldeten Bergregionen ist es einfacher. Die polizeiliche Meldepflicht wird normalerweise vom Hotel erledigt. Der Gast erhält im Idealfall einen Durchschlag, den er bei der Ausreise vorweisen kann. In der Praxis kräht kein Hahn danach.

Karten und Literatur

- *Empfehlung:* International Travel Maps: Kosovo, 1:250.000, 10,20 €.
- Reise Know-How, World Mapping Project: Serbien & Montenegro, 1:400.000, 8,90 €.
- ADAC: Kroatien, Bosnien und Herzogowina, Serbien, Montenegro, Albanien, Kosovo, Mazedonien, Slowenien, 1:750.000, 8,50 €.

Fahrrad Rad fahren ist nur was für Kinder! Mehr als 26"-Reifen (in Supermärkten) sollte man servicetechnisch nicht erwarten.

Straßen und Verkehr Mit 2000 km ist das Straßennetz halb so dicht wie das serbische. Auf den Hauptachsen (E65, E80, E851) ist der Verkehr heftig. Als Radler braucht man da ein dickes Fell. Die geplante Autobahn Pristina-Skopje soll Entlastung bringen. Auf den gebirgigen Nebenstrecken ist der Verkehr deutlich geringer, und manche Straßen sind sogar wie ausgestorben.

HR KROATIEN

Daten 56.500 qkm • Ausd. 450 x 440 km • 4,4 Mio. Einwohner • 78 Ew./qkm

Tourenziel Kroatien Die einstige jugoslawische Teilrepublik Kroatien zieht heute die meisten Urlauber an. Was auch kein Wunder ist, denn fast die gesamte Adria ist kroatisch. Auch Biker mögen das Land mit den vielen Stränden. Das Interesse konzentriert sich folgerichtig auf die dem Meer zugewandten Regionen. In erster Linie auf die italienisch geprägte Halbinsel Istrien, aber auch auf die Küstenlandschaft Dalmatiens mit den Dalmatinischen Inseln. Erst weit abgeschlagen folgt das Kroatische Berg- und Hügelland nördlich Zagrebs. Gleich gar kein Tourismus findet in jenen Teilen Kroatiens statt, die noch immer unter den Folgen des Balkankriegs leiden (s. Info-Box).

Deutsche, englische und italienische Sprachkenntnisse sind in Kroatien ziemlich verbreitet. Ein Drittel aller Schüler lernt sogar Deutsch.

ROUTEN & REGIONEN

Istrien

Überblick

Pultförmig steigt die 4000 qkm große Halbinsel Istrien von West nach Nordosten hin an und fällt steil zur Ostküste ab. Landläufig wird Istrien nach der Farbe seiner Böden in Weiß-, Braun- und Rot-Istrien eingeteilt. „Weiß" die bergigen Karstgebiete **Cicarija** (bis 1273 m) und Ucka (bis 1401 m), „braun" die Ackerböden des mittelistrischen Hügellandes, „rot" das Küstentiefland Südwest-Istriens. Istrien ist aber bei weitem nicht so karg, wie es das Klischee will. Denn obwohl die Venezianer einst die Wälder Istriens zur Pfahlgründung Venedigs gnadenlos abholzten, sind insbesondere die Niederungen Rot-Istriens und das Hügellland Braun-Istriens im Sommer sehr grün. Fast immer ist auch die Luft Rot-Istriens klar und trocken, was zusätzlich ein schönes Landschaftsbild erzeugt. Die markanten Kirchtürme (graue Spitzpyramiden) sieht man oft schon auf 20 km.

Fjordartige Flussmündungen und Meeresarme schneiden in die istrische Küste, die im Westen breit und im Osten schmal ist. Sandstrände gibt es kaum, Felsen und Kiesstrände umso mehr. Gern wird das Hinterland Istriens mit der Toskana verglichen, und der Malvasier Wein, der auch im Chianta angebaut wird, vertieft diesen Eindruck. Toureninfos und Streckenbeschreibungen: *www.istra.com*

Kvarner Bucht (Istrien)

Tourentipps

Istrien-Radler können sich auf viele Verschnaufpausen freuen, denn die Halbinsel ist gut bestückt mit historischen Sehenswürdigkeiten. Neben mittelalterlichen Küsten- und Bergstädtchen, Kirchen, Burgen und Schlössern ist auch die Römerzeit eindrucksvoll vertreten (Pula!).

Zwar gehört der überwiegende Teil Istriens zu Kroatien, der nördliche Übergang zum Festland ist aber slowenisch. Rundtouren sind problemlos möglich, so dass die sehenswerten slowenischen Hafenorte Koper, Izola, Piran und Portoroz nicht außen vor bleiben müssen.

Prinzipiell gilt: Je weiter weg von der Küste, desto ruhiger. Stärker befahren sind natürlich die Hauptstraßen, vor allem Istriens Magistrale E 751 (viel italienischer Ausflugsverkehr). Istriens Straßennetz wird ständig ausgebaut. Keine Karte ist diesbezüglich sonderlich aktuell. Wegen des Naturparks von Palud gibt es auch keine Küstenstraße zwischen Rovinj und Barbariga.

In der Nebensaison und unter der Woche sind die Nebenstraßen gut zum Radeln. Neben moderaten Touren durchs Hügel- und Hochland bietet Istrien auch einige Strecken im Osten, die man besser nur mit leichtem Gepäck angeht. Etwa die Auffahrt zum Panorama-Gipfel Vojak (1401 m, bis 18%) oder die 23-prozentige Rampe südlich von Vranja.

Italienische Stadtbilder in Istrien (Svet Vincenat)

Istrien-Runde

… die interessantesten Etappenziele in Istrien:

- Pula (römisches Amphitheater, fünftgrößte Arena der Welt)
- Bale (Prototyp alter istrischer Städte)
- Rovinj (venezianisches Hafenstädtchen)
- Dvigrad (geheimnisvolle Geisterstadt mit Burg, 10 km westl. Zminj)
- Limfjord bzw. Limskij-Kanal (ein 9 km langer Meeresfinger, wo der „Schatz am Silbersee“ gedreht wurde)
- Porec (bedeutendste byzantinische Basilika Istriens)
- Umag (an der istrischen „Weinstraße“, malerische Altstadt)
- Buje (an der istrischen „Weinstraße“, venezianische Altstadt)
- Groznjan (venezianische Stadtfestung, Künstlerstädtchen)
- Motovun (oberhalb Vizinada, alte Bergsiedlung mit mächtigem Festungsgürtel)
- Pazin (am Rande einer Schlucht, besterhaltene Burg Istriens)
- Labin (venezianische Stadtburg über der Kvarner Bucht)

Dalmatien

Dalmatien hat für Radler zwei wesentliche Verlockungen: die *Adria-Magistrale* und das *Inselspringen.*

Jadranska magistrala

Es heißt zwar, die an die Hänge der Küstengebirge gebaute **Adria-Magistrale** (Jadranska magistrala, E 65) sei eine der schönsten Straßen Südeuropas, aber so blank weg stimmt das nicht. Von Rijeka bis Sibenik ist die Strecke eher unspektakulär, erst dann kurvt die Magistrale größtenteils über dem Meer, säumen karstige Gebirgswände, Lagunen und Inselblicke die Straße. Obwohl die E 65 auch 7 km durch Bosnien-Herzegowina führt, kann sie von **Rijeka** bis **Dubrovnik** problemlos beradelt werden (600 km, Schleife über Plitvica 150 km zusätzlich, Abstecher nach Mostar/Bosnien 120 km zusätzlich). Bis heute zeugen im Hinterland von Zadar muslimische Geisterdörfer vom Irrsinn des Bürgerkriegs der 1990er Jahre.

Lohnende Etappenziele sind vor allem Zadar (Altstadt), die Krka-Wasserfälle (Naturpark mit Schotterstraßen), Sibenik (Altstadt), Trogir (fotogenes „Insel“-Städtchen), die Festung Klis und Split (Diokletian-Palast, Altstadt); den krönenden Abschluss bildet Dubrovnik.

Trotz der entlastenden Autobahn A1 ist die Adria-Magistrale während der Sommersaison stark befahren. Als Alternative bietet sich dann das Inselspringen an (s.u.). Anstrengend wird die Küstenstrecke auch, wenn gerade der Borino (sommerliche Variante des Bora) aus NO die Küstengebirge herab pfeift. Balkanradler überqueren nach rund 600 km in Prijevor die Grenze zu Montenegro.

MTB-Tipp

Mountainbiker können im **Nationalpark Paklenica** einen Abstecher in die Karl-May-Film-Schluchten machen (Große und Kleine Höllenschlucht). Allzu weit kommt man auf den felsigen Pfaden mit dem Bike jedoch nicht.

Dalmatinisches Inselspringen

Wer von Dubrovnik aus den Rückweg antreten will und nicht erneut die Adria-Magistrale benutzen möchte, springt stattdessen von Insel zu Insel. Das kostet zwar Zeit, macht aber Laune. Von insgesamt 1185 dalmatinischen Inseln (Klippen und Riffs mitgezählt) sind 66 bewohnt und werden von Fähren angelaufen. Einige Fährverbindungen bestehen nur im Sommer. Durch Brücken mit dem Festland verbunden sind die Inseln Krk, Pag, Vir, Murter, Ciovo und Peljesac, *untereinander* verbunden sind Cres mit Losinj sowie Ugljan mit Pasman. Das landschaftliche Spektrum der Inseln reicht von von karstig-kahl bis subtropisch und von hügelig bis bergig. Hübsche Inselstädtchen und Badestrände gibt's überall. Beständige Brisen sorgen auch im Hochsommer für ein nicht zu extremes Radelklima. Die meisten Touristen hat's auf Krk und Rab. Die meisten Autos auf Krk, das durch eine Brücke mit Rijeka verbunden ist. Auf **Cres** (404 qkm) fährt man beispielsweise viel bergan, bis Predroscika immerhin auf 360 m. Die Nachbarinsel **Losinj** (75 qkm) hingegen ist leichter zu schaffen. **Krk** (410 qkm) macht da wieder mehr Mühe, im Süden der Insel sind die Anstiege wohl die steilsten der dalmatinischen Inselwelt, die „bessere" Hälfte ist daher die nördliche, siehe *http://www.tz-njivice-omisalj.hr/deutsch/radwege.htm*. Nicht versäumen: **Korcula** (279 qkm), die Insel mit den schönsten dalmatinischen Städtchen. Infos und Eindrücke: *www.inselhuepfen.de* (kommerzielle Seite).

MTB-Tipp

MTB-Touren im kleinen Stil ermöglichen Dalmatiens **autofreie Inseln.** Die Inseln sind so klein, dass eine Karte kaum erforderlich ist und die Nase als Kompass meist genügt. Die kleinste Insel misst 2,4 qkm (Kolocep), die größte 25,6 qkm (Olib). Die höchsten Erhebungen weist Sipan auf (bis 223 m). Per Fähre erreichbar und mit touristischer Infrastruktur versehen sind folgende autofreie Inseln:

- Unije, Susak und Ilovik in der Kvarner Bucht
- Olib, Silba, Premuda, Skarda, Ist und Molat in der Region vor Zadar
- Zirje, Kaprije und Zlarin auf der Höhe von Sibenik
- Sipan, Lopud u. Kolocep auf Höhe von Dubrovnik (Elaphitische Inseln).

Abstecher Plittwitzer Seen

Das bergige Hinterland Dalmatiens war Schauplatz des Balkankrieges. Langsam erholt sich die Krajina von den Zerstörungen und Vertreibungen im Zuge der Rückeroberung der „Serbischen Rebublik Krajina". Auf jeden Fall einen Abstecher wert ist der wieder hergerichtete Nationalpark **Plittwitzer Seen** (Plitvicka jezera). Um den Drehort der Karl-May-Filme (1960er Jahre) zu erreichen, in Jurjevo die Adria-Magistrale landeinwärts verlassen und auf landschaftlich schöner Nebenstrecke via Krasno Polje durchs Küstengebirge bis Otocac (bis 13%, Passhöhe 864 m), dann leich-

Karte S. 348

ter weiter bis Plitvica. Zurück zur Adria geht's über Gospic nach Karlobag (Nebenstraßen). Insgesamt bedeutet der Abstecher zu den Seen ca. 150 zusätzliche Kilometer. Auch ab Karlobag ist der Abstecher denkbar - via Gospi und Titova Korenica. Dabei sind zwei Pässe zu bewältigen. Ab Karlobag Aufstieg zum ersten Pass (Otarijska vrata, 928 m, lange Serpentinen bis 8%), hinter Gospi der zweite Pass (Ljubovo, 980 m, 8%). Dann ist es geschafft.

Nord-Kroatien

Hrvatsko Zagorje

Bis Varazdin erstreckt sich nördlich von Zagreb (der heimlichen Hauptstadt des alten Jugoslawiens) das Berg- und Hügelland **Hrvatsko Zagorje.** Im Herzen dieses „Kroatiens hinter den Bergen", so die Bedeutung von Hrvatsko Zagorje, liegt das durch altsteinzeitliche Knochenfunde bekannt gewordene Städtchen Krapina. Rundum finden sich viele weitere Ziele für Tagesrundtouren. Neben kleinen Burgen, Schlössern, Kirchen und Kurorten sind Wein- und Obstgärten prägende Landschaftselemente. Das Straßennetz ist gut ausgebaut, die drei Hauptstraßen lassen sich nahezu vollständig vermeiden. Steigungsreich sind vor allem die Mittelgebirge des westlichen Bereichs.

Donau-Radweg

www.donau-info.org
Im Nordosten Kroatiens bildet die Donau die Grenze zu Serbien. Dieses Gebiet – **Ost-Slawonien** – war im Kroatienkrieg 1991 hart umkämpft. Die nach dreimonatiger Belagerung an die Serben gefallene Stadt Vukovar wurde zum Fanal des folgenden Balkankriegs. Die Ruine des Wasserturms von Vukovar, das erst 1998 wieder zu Kroatien kam, erinnert am Donauradweg bis heute daran. Insgesamt sind es von Udvar bis Ilok 140 km, die der Radweg (über Osijek und Vukovar) auf kroatischer Seite zurücklegt. Die Strecke ist perfekt beschildert, sehenswert ist das an der alten Drau gelegene **Osijek.** Ansonsten spricht nicht allzu viel für den kroatischen Abschnitt, der auf Hauptstraßen und meist fernab der Donau durch Flachland führt.

Ruta Dunav (Donau-Radweg)

-Box Kroatien

Einreise	Der Personalausweis genügt für die Einreise (D/A/CH).
Geld	Kroatische Kuna (HRK). 1 € = 7,24 HRK (2010). Die Währung gilt als überbewertet. Mit Campingausrüstung reist man zu vergleichbaren Kosten wie in D.
Gesundheit	Ein Sozialversicherungsabkommen erlaubt GKV-Mitgliedern die Inanspruchnahme medizinischer Dienste (Details: *www.dvka.de*). Reise-KV abschließen!
Sicherheit	Abseits der offiziellen Durchgangsstraßen existieren in den ehemals serbisch besetzten Gebieten noch immer ungeräumte Minenfelder. Dazu zählen Ost- und Westslawonien, das Grenzgebiet zu Bosnien, das Hinterland der Küsten zwischen Zadar und Split sowie die Berge südöstlich von Dubrovnik. Sie sind in aller Regel markiert. Trotzdem wachsam sein, hohes Gras ist beispielsweise verdächtig. Sicherheitshinweise des Auswärtigen Amtes lesen: *www.diplo.de*
Infos	▸ Kroatische Zentrale für Tourismus (wenig Inhalt): *www.kroatien.hr* ▸ Portal für Istrien, die Kvarner Bucht und Dalmatien: *www.kroatischeadria.de* ▸ Portale für und von Kroatien-Fans: *www.forum-kroatien.de, www.kroatien-net.de* ▸ Link-Sammlung: *www.kroatien-links.de* ▸ Radrouten in Kroatien (sehr unfangreich, teilw. auch engl.): *www.pedala.hr* ▸ Istra-Bike (einige Karten mit Radroutenvorschlägen für Istrien): *http://istra.com/zupan/nem/bike.html*
Wetter, Wind und Reisezeit	Nördlich der Dinarischen Küstengebirge überwiegt kontinentales Klima, südlich davon ist das Mittelmeer wetterbestimmend. Niederschläge fallen verstärkt im Winterhalbjahr, aber auch im Sommer gibt's Regentage. Im Süden kommt der Wind meist aus Nordwest, im Binnenland eher aus Nordost bis Ost. Berüchtigt ist der Bora bzw. Borino, ein von Zeit zu Zeit auftretender, kalter Fallwind aus Nordost, der vor allem an der dalmatinischen Küste für unangenehm heftigen Gegenwind sorgen kann. Günstige Tourenmonate fürs südliche Kroatien sind April bis Oktober, fürs Binnenland Mai bis September.

Anreise

Zwischen München und Zagreb liegen rund 650 km und die Alpen. Routinierte **Tourenradler** machen die Strecke in 8 Tagen. Lohnend kann aber auch der Umweg über Ungarn sein. Siehe außerdem „Slowenien, Anreise".

Wer per **Zug** (mit Gepäckwagen für Fahrradmitnahme) anreisen will, kann dies ab München via Villach bis Ljubljana tun (jeweils mit Umsteigen). Ab Ljubljana bestehen dann Verbindungen nach Rijeka und Pula, bei denen die Fahrradmitnahme in der Regel aber nur geduldet wird, da die Gepäckwagen dann abgehängt oder verschlossen sind.

Täglich verkehren **Autofähren** zwischen Italien und Kroatien. Von Venedig nach Pula, Zadar und Split, von Ancona nach Zadar, Split und Sibenik, von Bari nach Dubrovnik. Interessant ist vor allem die Hafenstadt Ancona, die ab München täglich per Fahrradzug erreichbar ist (München – Bologna – Ancona – Pescara).

Transport im Land

Bahn: Fahrradversand ist von allen Bahnhöfen mit Gepäckschalter möglich. Fahrradmitnahme nur am Zugende, wo kein Durchgang blockiert wird. Kroatische Bahn: *www.hznet.hr*
Busse: Mitnahme nach Absprache mit dem Fahrer.
Insel-Fähren: Die Personenschnellfähren (Katamarane) nehmen keine Fahrräder mit, weshalb man oft nicht vom günstigsten Hafen übersetzen kann, sondern auf die Autofähren angewiesen ist, die dafür aber preiswerter sind.

Übernachten

Prinzipiell lässt sich in den meisten Orten problemlos ein preiswertes Zimmer finden. In einfacheren Pensionen oder Hotels (Kategorien C und D) kostet die Übernachtung im DZ ab 30 €. Privatzimmer werden vor allem in der Hochsaison zahlreich angeboten, Hinweisschild „sobe", DZ ab 20 €. Übernachtungen in einer der sechs Jugendherbergen des Landes um 10 €.

Rund 280, nicht immer ganz ruhige, Campingplätze gibt's in Kroatien. Die allermeisten liegen am Meer. Preise ab 8 €/Zelt. Freies Campen ist offiziell nicht erlaubt, wird aber toleriert.

Tourenkarten

- *Empfehlung:* Reise Know-How, World Mapping Project: Kroatien 1:300.000 • Dalmatien 1:175.000 • Istrien 1:70.000. Handlich, haltbar, informativ. 8,90 €.
- *Empfehlung:* Freytag & Berndt: Kroatien-Slowenien Superatlas 1:150.000, 23x30 cm, 970 g, Schummerung, Steigungspfeile, viele Details, 19,95 €.
- Freytag & Berndt: Istrien 1:100.000 • Cres, Losinj, Krk, Rab 1:100.000 • Dalmatinische Küste (1 und 2) 1:100.000, je 8,95 €.
- Marco Polo: Kroatische Küste, Nord und Mitte, 1:300.000, 6,50 €.
- Esterbauer Vlg. (Bikeline): „Radatlas Istrien", 1:75.000, mit Tourenempfehlungen.

Kvarner Bucht

Fahrrad, Straßen, Wege

Das Fahrrad (bicikl) sollte die übliche Tourenausstattung haben (bergtüchtige Schaltung, stabile Laufräder, Reifenbreite ab 35 mm). Ersatzteile für hochwertige Fahrräder gibt es in den Städten.

Kroatiens asphaltiertes Straßennetz ist nicht sehr dicht. Wer die stärker befahrenen Europa-Straßen meidet, kann dennoch auf ruhigen Haupt- und Nebenstraßen Rundtouren verschiedenen Ausmaßes realisieren. Achtung bei sommerlichen Regenfällen, die Straßen sind dann oft rutschig. Im Vergleich zu anderen Balkanstaaten pflegen kroatische Autofahrer einen eher defensiven Fahrstil.

Mountainbiker können im Bergland Istriens und den Küstengebirgen Kapela und Velebit schöne Touren zwischen Meer und Karst unternehmen. Über 60 MTB-Routen sind in Istrien mittlerweile markiert. Auch die dalmatinischen Inseln sind interessante MTB-Reviere.

LUXEMBURG

Daten 2586 qkm • Ausd. 80 x 55 km • 480 Tsd. Einwohner • 185 Ew./qkm

Tourenziel Luxemburg Luxemburg ist ein veritabler Kleinstaat, immerhin acht mal so groß wie der *Zwergstaat* Malta. Landschaftlich ist das Großherzogtum reizvoll. Tiefe Flusstäler schneiden im nördlichen Luxemburg ins **Ösling,** der bis zu 565 m hohen „Brücke“ zwischen belgischen Ardennen und deutscher Eifel. Die steinigen Böden des Waldgebirges erlauben keine Landwirtschaft, und so ist die Landschaft noch sehr ursprünglich – die Wälder voller Wild, die Bäche voller Fische. Die südlichen zwei Drittel des Landes werden von **Gutland** eingenommen. Die Alzette und ihre Nebenflüsse entwässern das aus welligen Plateaus bestehende Gutland, fruchtbare Ebenen ermöglichen Landwirtschaft, daher der Name. Im Osten Gutlands liegt die **Luxemburger Schweiz** (Müllerthal): Ein malerisches Landschaftsensemble aus Wäldern, Schluchten und Wasserfällen. In der südlichsten Region – zwischen Luxemburg-Stadt und Frankreich – konzentriert sich die Schwerindustrie des Landes: Flach zwar, aber wenig attraktiv zum Radeln.

Leichte bis moderate Touren ermöglichen die Radwanderwege in den Tälern von **Sauer** (Sûre), **Mosel** und **Our.** Ansonsten müssen vor allem im Norden viele Steigungen abgearbeitet werden. Das engmaschige Straßennetz ermöglicht verkehrsarme Routenplanungen. Aber Achtung, das kurvighügelige Luxemburg ist auch ein beliebtes Wochenendziel motorisierter Biker.

ROUTEN & REGIONEN

Radwanderwege

23 PC-Radrouten von insgesamt 900 km Länge sollen ein landesweites Radroutennetz bilden. Rund zwei Drittel sind fertig gestellt. Die Radwege werden überwiegend separat der Straßen geführt, teilweise auch auf Sandwegen und still gelegten Bahntrassen. Eine Übersichtskarte auf der Seite des LVI (s.u.) gibt den Ausbauzustand wieder. Besonders im Norden ist noch einiges zu tun.

Die wichtigsten bereits fertig gestellten Radrouten (PC = Piste Cyclable):

- **PC 1:** Radrundweg Luxemburg-Stadt (43 km)
- **PC 2:** Luxemburg-Stadt – Echternach (44 km)
- **PC 3:** Drei-Flüsse-Radweg Mosel-Sûre-Our (Schengen – Vianden, 89 km)
- **PC 12:** Attert-Radweg (Pétange/Linger – Colmar Berg, 57 km)
- **PC 15:** Alzette-Radweg (Bereldange – Alzettetal – Ettelbrück, 31 km)
- **PC 16:** Radweg Mittlere Sûre (Reisdorf – Ettelbrück, 16 km)
- **PC 20/21:** Clerv-Wiltz-Radweg (Wilwerwiltz – Kautenbach – Wiltz – Schleif – Bastogne/B, ca. 40 km, grenzüberschreitend, ab Wiltz auf ehemaliger Bahntrasse mit 4 beleuchteten Tunnels)

Anmerkung zum PC 3: Ab Vianden, wo der Radweg endet, wird es erst richtig schön. Die Straße führt nordwärts durch das tief eingeschnittene, windungsreiche Tal der Our. Traumhafte Radelstrecke, bis Rodershausen!

Rundtour Luxemburg

Das handliche Format des Landes und die Tatsache, dass alle landschaftlich reizvollen Regionen nördlich von Luxemburg-Stadt liegen, laden förmlich zu einer entsprechenden Rundtour ein. Eine Route, die dabei auch etliche Sehenswürdigkeiten mitnimmt, könnte so aussehen: Von Luxemburg-Stadt auf Radwegen bis Consdorf, via Müllerthal durch die Luxemburger Schweiz, ab Echternach dem Sauerradweg folgen, im Our-Tal den Deutsch-Luxemburgischen Naturpark durchqueren, ins Ösling nach Clervaux klettern, südwärts schwenken und durchs „Sieben-Schlösser-Tal" der Eisch zurück nach Luxemburg-Stadt. Länge: rund 350 km.

Die Route (Sternchen stehen für Sehenswertes):
Luxemburg-Stadt (**) – Müllerthal (*) – Grundhof – Burg Beaufort (*) – Dillingen – Vianden (*)– Rodershausen – Clervaux (**) – Kautenbach – Wiltz – Bavigne – Kaundorf – Esch-sur-Sûre (*) – Eschdorf – Oberfeulen – Ettelbrück (*) – Colmar-Berg – Mersch (*) – Ansembourg (*) – Septfontaines (*) – Goeblange (*) – Koerich (*) – Dahlem – Limpach – Luxemburg-Stadt (**).

M MALTA

Daten

264 qkm • Ausd. 30 x 14 km • 350.000 Ew. •1325 Ew./qkm

Tourenziel Malta

Wer an einer wirklichen Radtour interessiert ist, sollte Malta vergessen. Man muss sich nur vor Augen führen, dass schon die ähnlich große griechische Ferieninsel Kos (290 qkm, 25.000 Ew.) alles andere als einsam ist. Wie muss es da auf dem kleineren Malta mit seinen 14 mal so vielen Einwohnern erst sein?

Und dennoch bietet sich von Sizilien aus ein Abstecher nach Malta an. Die Insel ist ja nicht nur dicht besiedelt, sondern strotzt auch vor kulturhistorischem Erbe. Zudem sind die Winter mild, die Sommer dafür sehr heiß. Die Landschaft ist entsprechend karg und kümmerlich. Tiefebene und Hügelland überwiegen. Im Südwesten bringt es eine Hochebene immerhin auf 273 m. Attraktiv sind Teile der Küsten und hübsche Hafenorte. Bei einer Fläche von der Größe Münchens und 1500 km Straßen ist das Fahrrad eigentlich das geeignete Vehikel, um die Distanzen zwischen steinzeitlichen Tempeln, Johanniter-Bauten und anderen Sehenswürdigkeiten zu überwinden. Nur die Malteser selbst pfeifen natürlich aufs Rad fahren. Auf den Hauptstraßen herrscht lebhafter Autoverkehr und dazu auch noch auf der linken Seite. Besonders schlimm ist es an der NO-Küste, verkehrsärmer ist nur der Norden Maltas. Vergleichsweise wohltuend sind die Nachbarinseln **Gozo** (26.000 Ew., 67 qkm) und **Comino** ab (10 Ew., 2,5 qkm).

Radfahren auf Malta

- *Johannes Meusel:* „Malta ist ja nur eine sehr kleine Insel, und es gibt auch keine hohen Gebirge. Doch es ist trotzdem recht hügelig, und eine Tagestour kann ganz schön Schweiß kosten. Auf den Straßen ist unheimlich viel Verkehr. Auf ruhigen Nebenstraßen zu fahren, ist oft schwierig, da die Ausschilderung sehr schlecht ist. Im Kreisverkehr fahren die Autos oft ohne zu blinken raus und schneiden Radfahrer. Aber sie sind auch sehr freundlich, wenn man sie nach dem Weg fragt. Zweimal lotsten uns Autofahrer direkt bis zu unserem Ziel."
- *Ingo Petzold:* „Im Frühjahr war ich auf Malta. Die Insel erschien mir klein und sehr zersiedelt. Übernachtet habe ich in der Jugendherberge und bin von dort zu Tagesausflügen aufgebrochen. Problematisch war die Orientierung, denn es gibt sehr viele Straßen; die Kompass-Karte war dem

Bei Cirkewwa an der Nordwest-Spitze Maltas

nicht gewachsen, und die Ausschilderung auf Malta erst recht nicht. In vier oder fünf Tagen hatte ich Malta und Gozo abgeradelt."

- *Europaradler Christoph Gocke (war im Frühjahr 2008 auf Malta):* „Malta ist von allen Ländern Europas mit Abstand am wenigsten zum Rad fahren zu empfehlen. Es ist eines der am dichtesten besiedelten Länder der Welt. Auch von Touristen. Völlig zersiedelt. Man entdeckt kaum ein grünes Fleckchen. Die schlechten Straßen fassen den Verkehr nicht. Staus überall. Alles ist teuer. Die Flucht mit der Fähre ins 100 km entfernte Sizilien kostet 63 Euro. Egal, nur weg von hier."

ⓘ-Box Malta

Infos ▸ Malta-Tourismus-Seite mit vielen Links: *www.malta-online.de*

Anreise Charterflug oder via Italien per Fähre (regelmäßig ab Reggio di Calabria, Catania/Sizilien, Siracusa/Sizilien).

Einreise Personalausweis genügt (D/A/CH)

Geld Malta ist seit 2008 Euro-Land.

Gesundheit Reise-KV empfehlenswert.

Karten Die Wegweisung ist den Maltesern keine Herzensangelegenheit, oft muss die Karte konsultiert werden, und dennoch ist man oft auf fragen angewiesen.
- *Empfehlenswert:* Kompass Freizeitkarte: Malta / Gozo 1:25.000, 8,95 €.
- Freytag & Berndt: Malta / Gozo 1:30.000, 9,95 €.

Von Liechtenstein bis Andorra von Christoph Gocke

Es gibt Länder, die einen reizen, weil sie auf der Karte kaum zu finden sind und dennoch die Phantasie anregen: Europas Zwergstaaten zum Beispiel. Zwerge sind sie alle, aber Andorra ist tausend mal größer als der Vatikan. Will man die fünf auf dem europäischen Festland zu *einer* Tour verbinden, so sind das von Liechtenstein über San Marino, den Vatikanstaat und Monaco (vom Vatikan lässt sich Monaco alternativ mit Fähren via Sardinien, Korsika nach Nizza erreichen) bis Andorra etwa **2500 km**. Auf dem Weg liegen netter Weise die Alpen, der Po, Adria und Toskana, Riviera, Apennin, Cinque Terre, Ligurien, Côte d'Azur, die Provence und die Pyrenäen.

Lichtenstein (160 qkm) Radelnd erreicht man das Fürstentum am besten auf dem Rhein-Radweg, der 35 km auf Liechtensteiner Terrain verläuft. Vom Radweg auf dem Rheindeich hat man einen guten Blick auf den tief gebetteten Fluss und sieht das fürstliche Schloss am Hang liegend. Auf 140 km Straßen und 350 km Radwegen lässt sich das Fürstentum bis in den kleinsten Winkel erforschen. Überreichliche Informationen samt GPX/GPS-Daten zu 22 Radtouren unter *www.radwege.llv.li*

San Marino (61 qkm)

Von der Adria-Urlaubs-Metropole Rimini sind es 24 km bis auf den Monte Titano mit der Hauptstadt San Marino und mehr als zwei Millionen Touristen im Jahr. Wem der „älteste Freistaat der Welt" (301 n. Chr.) zu steil ist, der kann die Seilbahn von Borgo Maggiore nehmen, um von 55 auf 755 m zu kommen. Meist wird man den selben Weg wieder hinunter fahren. Es gibt kaum Alternativen. Es sei denn mit dem Geländerad.

Vatikan (0,44 qkm)

Der kleinste allgemein anerkannte Staat der Welt war schon vor dem Zweiten Weltkrieg Ziel Nr. 1 bei deutschen Radlern. Und der Petersplatz die natürlichste aller Finalarenen. Der Petersplatz bietet, sofern nicht gerade eine Audienz stattfindet, als Ellipse mit 240 m Breite und 340 m Tiefe genug Raum, um zumindest einen Ehren-Kilometer heilige Erde unter die Felgen zu nehmen. Mit etwas Höhenunterschied sogar: Das Kopfsteinpflaster senkt sich zur Mitte des Platzes hin. Viel weiter kommt man allerdings nicht. Die vatikanischen Gärten sind kein Radel-Territorium.

Monaco (1,95 qkm)

Kaum größer als der Vatikan, wächst Monaco ins Meer und in den Himmel. Das Fürstentum ohne Einkommen- und Erbschaftssteuer ist der am dichtesten besiedelte unabhängige Staat der Welt (17.000 Ew./qkm). So dicht ist auch der Verkehr. Mehrere Straßen verlaufen auf verschiedenen Höhen parallel zur Küste. In der Enge muss man aufpassen, um weder die Grenze noch das Casino zu verpassen.

Andorra (468 qkm)

Andorra, das Ziel unserer fiktiven Zwergstaatentour, liegt zwischen Frankreich und Spanien auf dem Pyrenäenkamm. Auf französischer Seite begrüßt der Einkaufsort Pas de la Casa die Reisenden. Der hier beginnende, 2002 eröffnete Tunnel ins Zentrum des Landes ist für Fahrräder gesperrt. Man könnte vermutlich dennoch einfahren, weil die Zahlstation am anderen Ende ist. Legal ist aber nur der höchste Pyrenäen-Pass: Port d'Envalira (2407m). Die Passstraße hat dank des Tunnels weniger Verkehr. Der staut sich in und um Andorra la Vella häufig so stark, dass Radler auf dem Mittelstreifen allen Autos davon fahren können.

Skibetrieb auf über 2000 m (Andorra, Pas de la Casa)

MK MAZEDONIEN

Daten 25.713 qkm • Ausd. 160 x 200 km • 2 Mio. Einwohner • 78 Ew./qkm • (Hauptstadt Skopje 0,6 Mio. Ew.)

Tourenziel Mazedonien Kaum jemand wird extra nach Mazedonien zum Radeln kommen. Wenn überhaupt, dann wohl nur im Rahmen einer Balkantour. Wer dabei aus Albanien kommt, den ergreift in Mazedonien das Gefühl, wieder in Europa zu sein: Straßen ohne große Schäden, neue Automodelle, Hinweise auf Restaurants und Hotels, keine Bunker mehr. Der Lebensstandard ist zwar gering, aber insgesamt doch deutlich besser als in Albanien. Wie Albanien blickt auch Mazedonien auf eine bewegte Geschichte zurück, mit vielen Zeugnissen aus byzantinischer und osmanischer Zeit. Die Landessprache ist mit dem Bulgarischen verwandt (kyrillisches Alphabet). Mazedonien ist ein bergiges Land. Gebirgskämme, weite Becken, Hochplateaus und große Seen bestimmen das karstige Landschaftsbild.

ROUTEN & REGIONEN

Mazedonien ist touristisch noch weitgehend unerschlossen und unbekannt. Wer es entdecken will, sollte folgende Eckpunkte einplanen:

- **Skopje** (nach dem verheerenden Erdbeben von 1963 recht ansprechend wiederaufgebaut, in der Umgebung mittelalterliche Klöster)
- **Heraclea** (sehenswerte antike Siedlung in schöner Lage bei Bitola)
- **Ohrid-See** und **Ohrid** (eine der schönsten Städte des Balkans an einem der tiefsten und klarsten Seen Europas, in der Umgebung byzantinische Kirchen)
- **Mavrovo-Nationalpark** (West-Mazedonien, schöne Straße vom Debarsko-See durch die Radika-Schlucht am sehenswerten *Bigorski- Kloster* vorbei zum Mavrovsko-See).

E-65

Radler sind in der Straßenplanung von Mazedonien nicht vorgesehen. Um **von Skopje zum Ohrid-See** zu gelangen, lässt sich bis **Tetovo** die **Autobahn** (E-65) praktisch nicht vermeiden. Weder die Mautkontrolle noch die Polizei haben allerdings etwas dagegen, sondern winken nur lässig durch. Die 50 km bis Tetovo sind dann auch gar nicht so schlimm, da die Autobahn hier einen breiten Randstreifen hat. Nachts könnte es allerdings fatal sein, hier zu fahren, denn sämtliche Gullideckel sind geklaut, so dass sich alle paar hundert Meter ein Loch im Asphalt auftut. Bis Tetovo steigt die E-65 allmählich von 250 auf 540 m.

Der weitere Autobahnabschnitt bis **Gostivar,** der sich eigentlich anbietet, weil es doch bis Tetovo gut lief, ist richtig ätzend, da ohne Randspur. Hautnah hat man die Lastzüge auf der Pelle und fühlt sich absolut deplatziert. Die alternativen Nebenstraßen sind allerdings auch nicht erfreulich, da deutlich länger und steigungsintensiver.

Ab Gostivar ist die E-65 keine Autobahn mehr und hat nun auch etwas weniger Verkehr. Ab **Kicevo** (680 m) dann auf der Kriechspur mit 6% über zwei Pässe (um 1100 m) und weiter bis **Ohrid** (700 m).

-Box Mazedonien

Infos	Touristsiche Infos sind im Internet immer noch spärlich, auch eine eigenständige Tourismuszentrale existiert nicht. Touristische Infos finden sich u.a. hier: ▸ *www.macedonia.org, www.mazedonien-info.de, www.ohrid.de (.com),*
Einreise	Pass genügt (D/A/CH). Von Albanien kommend problemloser Grenzübertritt bei Pogradec. Ebenso von Serbien und vom Kosovo kommend.
Geld	Mazedonischer Dinar (MKD). 1 € = 60,3 MKD (2010). Der Dinar ist weitgehend an den Euro gekoppelt, aber außerhalb des Landes völlig wertlos. Die Lebenshaltungskosten sind etwa 30% niedriger. Bargeld gibt es auf ec- und Kreditkarte bei Banken. Auch Euros werden überall akzeptiert.
Gesunheit	Reise-KV empfehlenswert.
Sicherheit	Solange der ethnische Konflikt mit der albanischen Bevölkerungsgruppe virulent ist, sollten die Landesteile nördlich und nordwestlich von Skopje gemieden werden. Aktuelle Infos: *www.auswaertiges-amt.de* (Länderseite Mazedonien).
Wetter, Wind und Reisezeit	Das Klima ist überwiegend balkanisch kontinental, d.h. kalte Winter, heiße Sommer. Geringe bis mäßige Niederschläge das ganze Jahr über. Reisezeit: Mai/Juni, Sept./Okt.
Anreise	Neben der Anreise per Rad (Balkan-Tour) gibt es natürlich auch Flugverbindungen von Skopje nach D/A/CH.
Transport im Land	Öffentl. Verkehrsmittel wie Busse und Bahnen sind in akzeptablem Zustand, jedoch oft voll, so dass die Mitnahme eines Fahrrades Glückssache ist.
Übernachten	Einfache Hotels, Campingplätze und Privatzimmer ab 10 € gibt es in Skopje und den Urlaubsregionen (Seengebiete). Ansonsten auf gut Glück bei Privatleuten anklopfen, die meisten freuen sich über solch seltenen Besuch! Die polizeiliche **Meldepflicht** sollte vom Hotel/Vermieter erledigt werden. Im Idealfall erhält man sogar einen Durchschlag für Nachfragen bei der Ausreise. Aber dort kümmert sich ohnehin niemand darum.
Karten	• Freytag & Berndt: Slowenien/ Kroatien/ Serbien/ Montenegro/ Bosnien-Herzegowina/ Mazedonien, 1:500.000, Atlas, 9,95 €, gut für größere Balkan-Touren. • *Empfehlung:* Gizi-Map: Macedonia 1:250.000, 10,90 €. Beste Straßenkarte. Bezug: *www.mapfox.de*
Fahrrad	Reise-MTB mit zuverlässigen Komponenten. Pannen müssen mit Bordmitteln behoben werden.
Straßen und Wege	Das Straßennetz ist vielleicht etwas besser als in Albanien. Aber auch hier gibt es noch viel zu tun. Der Autoverkehr ist mäßig.

MNE MONTENEGRO

Daten

I13.812 qkm • Ausd. 140 x 170 km • 630.000 Einwohner • 47 Ew./qkm • (Hauptstadt Podgorica: 140.000 Ew.)

Land und Leute

Im Juni 2006 wurde Montenegro als 192. Mitglied in die UNO aufgenommen. Erst einen Monat zuvor hatte es sich von Serbien gelöst und als unabhängig erklärt. Auf Qualitätstourismus will man nun wirtschaftlich setzen. Die natürlichen Voraussetzungen sind gut, denn kein Balkanstaat ist landschaftlich verdichteter, birgt auf kleiner Fläche mehr Vielfalt als Montenegro. Bis auf 2522 m türmt sich das kleine Land im Durmitor-Massiv, wo das gesamte Dinarische Gebirge zum Höhepunkt kommt. Höhere Gipfel gab es im ehemaligen Jugoslawien nur noch in den Julischen Alpen (Slowenien).

Balkan-Intensivradler Thomas Longin zur Geografie von Montenegro: „Die pittoreske Adriaküste mit wilden, schmalen, steinigen, nur ganz im Süden auch breiten, sandigen Stränden, wird unmittelbar gefolgt von hohen Karstbergen mit reicher Macchia-Vegetation, die früher besonders dunkel gewirkt haben muss („Schwarze Berge"). Dahinter eine Art zerrissenes Hochplateau mit extremer Verkarstung, besonders ausgeprägt im Westen (Cetinje, Cevo, Grahovo, Crkvice). Richtung Nordosten Übergang zu einer Vielzahl von Hochgebirgen, ganz besonders kleinräumig und mit vielen sehr tiefen Schluchten, danach zu den gemäßigteren Bergregionen der Nachbarländer, dabei immer weniger deutliche Karsterscheinungen. Flachland mit Landwirtschaft fast nur zwischen Podgorica und dem Shkodra-See, ein wenig auch um Niksic. Landbau auch an der Küste. Karstbewirtschaftung sehr spärlich."

In keinem Land des Balkans leben Ethnien und Religionen so friedlich zusammen wie in Montenegro. Die Montenegriner sprechen die selbe Sprache wie die Serben. Unterschiedlich ist aber die Schrift: kyrillisch in Serbien, lateinisch in Montenegro.

Blick in die Tara-Schlucht

per Rad erfahren

Mit ihrem zu zwei Drittel bergigen Profil gehört die „Perle der Adria“ in die Kategorie der Tourenziele, denen man am besten mit einem Mix aus Ehrgeiz und Ergebenheit begegnet. Und auch Zeit sollte man mitbringen. Denn neben den regulären Straßen existieren viele Fahrwege, die zwar schön, aber bergig und zeitaufwändig und nicht selten unbefestigt sind. Man kann eine Woche oder einen Monat im Land der „Schwarzen Berge“ verbringen. Was man aber nicht tun sollte, ist Montenegro links liegen zu lassen. Denn dann versäumt man einige von Südeuropas Topstrecken.

ROUTEN & REGIONEN

Küste und Hochkarst

Küste

Wer durch Kroatien der **Adria-Magistrale** gefolgt ist, wird in Montenegro zunächst eine Abschwächung der Eindrücke feststellen, denn es gibt keine vorgelagerten Inseln mehr! Wer das Land nur schnell in Richtung Albanien passieren will, was schade wäre, folgt dennoch der Küstenstraße bis Ulcinj. Ähnlich wie in Kroatien haben die Orte auch hier italienisch anmutende Altstadtkerne. Von Ulcinj dann auf schöner, aber steigungsintensiver Strecke landeinwärts nach **Vladimir** und weiter in Richtung Shkoder (AL).

Hochkarst, Leiter von Cattaro

Eine weitere sehr lohnende Alternative ist die alte Bergstrecke über den Hochkarst – via **Kotor** (5 m), **Cetinje** (670 m) und **Podgorica** (56 m). Die Route macht zugleich eine Schleife um den **Lovcen-Nationalpark.** Nach einem 15 km langen Anstieg (8–10%), der mit 32 durchnummerierten Serpentinen beginnt („Leiter von Cattaro“) ist der **Pass** erreicht (Cekanje, 1006 m). Zuvor fesselnde Blicke auf die **Bucht von Kotor,** genialerweise bei Sonnenuntergang. Hinter Cetinje dann rechts auf die verträumte Nebenstraße biegen und durch unberührte Wälder und Olivenhaine nach **Rijeka Crnojevica.** Weiter bis Podgorica.

Die Tiefebene (Mittelmontenegro)

Skadarsko Jezero

Die fruchtbare, von der Zeta durchflossene Tiefebene bildet die Mitte Montenegros. Hauptorte sind Podgorica (56 m) und Niksic (650 m). Die Tiefebene ist dicht besiedelt und die Hauptstadt **Podgorica** (ehem. Titograd) nur interessant, um eventuelle logistische Probleme zu lösen. Touristische Hauptattraktion ist der **Skutarisee** (Skadarsko Jezero, Nationalpark). Mit 400 qkm ist er der größte See des Balkans und ein Paradies für Vögel. Zum Meer hin wird der See durch das **Rumija-Massiv** abgeschottet (bis 1592 m). Von der Küste aus bietet sich der Einstieg in **Petrovac na Moru** an, um dann ab **Virpazar** an den steilen Hängen oberhalb des Skutari-Sees nach Vladimir zu gelangen. Eine überaus reizvolle, aber auch anspruchsvolle Strecke, durch ein Gebiet, das ab Virpazar zum Osmanischen Reich gehörte. Drei winzige Klosterinseln im See können unterwegs von **Murici** aus besucht werden, was aber mühsam ist, da es nur eine kleine Stichstraße nach Murici gibt.

Nordmontenegro

„Kampfstraße“

Die Europastraße **E-65** Belgrad-Podgorica ist landschaftlich reizvoll. Aber der Schwerverkehr auf der relativ schmalen Straße lässt die Reize nicht groß zur Geltung kommen. Insgesamt ist die N-S-Richtung für Radler dennoch vergleichsweise harmlos, da sie bergab führt. Wer nicht ohnehin schon in **Mojkovac** zur Tara-Schlucht abgebogen ist, kann die E-65 auch in **Kolasin** verlassen und via **Lijleva Vireka** weiter südwärts fahren. *Thomas Longin:* „Durchgehend asphaltierte Parallele. Viele Höhenmeter, kaum Verkehr, Blicke auf Tunnels und Viadukte der berühmten Eisenbahnstrecke Belgrad – Bar. Lehrbuchhafter Übergang vom Laub- oder sogar Nadelwald zum heftigen Karst. Wasser aus Zisternen.“

Wer die **E-65 in Gegenrichtung,** also von Podgorica aus befährt, hat gleich drei Faktoren gegen sich:

- den Schwerverkehr, der ab dem frühen Nachmittag die Straße zunehmend beherrscht,
- den Anstieg zum Crkvine-Pass (1045 m), der 40 km hinter Podgorica beginnt,
- die ca. 33 unbeleuchteten Tunnel, die dabei zu passieren sind.

Diese Tunnel sind das eigentlich höllische Element. Da man im Anstieg (um 10%) als Gepäckradler ja sehr langsam ist, kommt garantiert in jedem Tunnel – auch wenn er nur 300 m lang ist und man sich vorher drei mal umgeschaut hat. – mindestens ein Lastzug von hinten. Im Tunnel ist es aber weder per Rückspiegel noch akustisch möglich, zu verorten, ob der Laster dich gleich *überholen* oder *überrollen* wird. Du kannst nur stur die Spur halten und das anschwellende Dröhnen ignorieren. Schau auch nie nach hinten, denn dann liegst du auf der Straße. Im dunklen Tunnel!

In **Mojkovac** schließlich die Belohnung: Dort zweigt die Straße durch die Tara-Schlucht ab (s.u.).

Durmitor

Im nördlichen Drittel des Landes liegen die Nationalparks **Biogradska Gora** (54 qkm, Urwald und Gletscherseen) und **Durmitor** (390 qkm). Um zu den höchsten Gipfeln des Landes im Durmitor-Massiv zu gelangen, empfiehlt sich als Alternative zur „Kampfstraße“ E-65 die Anfahrt über die Niksic-Pljevlja-Nebenstraße. 35 km braucht die Straße bis zum Pass (1487 m), fällt anschließend ins Koma, pardon, ins Tal der Komarnica und steigt via Slatina wieder an bis **Zabljak** (1450 m), das nach weiteren 55 km erreicht ist.

Durmitor-Gebirge

Bereits 5 km vor Zabljak zweigt ein Sträßchen ab, das westwärts durch den Durmitor-N.P. führt, dabei zum **Durmitor sedlo** auf 1908 m klettert und via Trsa zum **Piva-Stausee** (mit dem aufwändig geretteten Piva-Kloster) weiterführt. Dabei fällt das Sträßchen am Ende an einer spektakulär in die Steilwand gehauenen Straße von 1100 auf 750 m ab. Deshalb auch Achtung in umgekehrter Richtung: Vom Piva-Stausee ist der Anstieg in Richtung Trsa sehr anstrengend: 350 Hm auf engen Serpentinen bei ca. 12% Steigung, da sollte man als Reiseradler noch halbwegs frisch sein!

Der **Durmitor-Nationalpark** ähnelt im Umriss einer Axt. Das Blatt der Axt ist aber in Wahrheit eine grüne Hochebene (um 1500 m) mit kleinen Seen und alles überragenden, meist schneebedeckten Gipfeln – wunderschön! Der Stiel der Axt hingegen ist die **Tara-Schlucht.** Bis zu 1300 m tief ist diese Schlucht, die eine der „zweitgrößten" der Welt ist (offenbar gibt es mehrere davon, ist auch egal). Die 44 km lange Straße durch die Tara-Schlucht ist wirklich spektakulär: Links und rechts steile Felswände, unten der grüne Fluss – toll!

ⓘ-Box Montenegro

Infos
- NTO Montenegro: *www.montenegro.travel*
- Private und kommerzielle Websites: *www.montenegro-reisefuehrer.de*, *www.visit-montenegro.com*, *www.montenegro.com*, *www.montenegro.org*

Einreise Für einen Aufenthalt bis zu 90 Tagen genügt der Pass (EU und CH).

Geld Geduldet von der EU gilt in Montenegro der Euro als offizielle Landeswährung. Das Preisniveau ist günstig.

Gesundheit Touristen werden zur Kasse gebeten, Reise-KV abschließen! Leitungswasser ist okay, Quellwasser ebenso.

Wetter und Reisezeit Durch die Höhenunterschiede gibt es drei Klimazonen von mediterran bis gemäßigt kontinental. *Thomas Longin:* „Von Mai bis in den Oktober kann man gut radeln, mit besonders stabilem Wetter im Hochsommer. Dann allerdings auch große Hitze und Waldbrände, in Küstennähe schwül. In höheren Lagen kann es im September schon schneien."

Anreise Am besten mit dem Nachtzug von München nach Florenz, in Bologna auf den IR nach Ancona umsteigen, von dort per Fähre nach Bar (17 h, **Montenegro Lines,** nur in den Sommermonaten). Von Bari auch ganzjährig nach Bar (9 h). Preise ab 50 Euro, Fahrrad gratis. Infos: *www.montenegrolines.net*

Die internat. Airports **Tivat** und **Podgorica** werden ab D vor allem von JAT und Adria Airways angeflogen.

Transport im Land Das Eisenbahnnetz ist winzig, dafür aber spektakulär: Die Gebirgsstrecke Belgrad – Podgorica – Bar führt durch 256 Tunnel! Busse fahren in Montenegro zwar überall hin, sind aber nicht immer in gutem Zustand.

Zur Fahrradmitnahme gibt es weder bei den Bussen noch bei der Bahn Vorschriften, reine Verhandlungssache.

Über-nachten Die Tourimusstrategen fördern den hochpreisigen Tourismus und deshalb den Bau teurer Hotels. Das Gros der Betten stellen aber immer noch die Privatvermieter (Ü um 10 Euro). Viele Campingplätze an der Küste sind geschlossen. Wildes Zelten wird toleriert (nicht in den N.P.s). Die polizeiliche **Meldepflicht** sollte vom Hotel bzw. Vermieter erledigt werden. Bei der Ausreise fragt aber niemand danach.

Karten

- Reise Know-How, World Mapping Project: Serbien & Montenegro 1:400.000, 8,90 €, ausreichender Maßstab angesichts des dünnen Straßennetzes.
- Freytag & Berndt: Montenegro Küste, Kotor – Bar – Ulcinj, 1:100.000, 8,95 €, gute Karte der Küste einschl. Teilen des Hochkarsts.
- Freytag & Berndt: Slowenien/ Kroatien/ Serbien/ Montenegro/ Bosnien-Herzegowina/ Mazedonien, 1:500.000, Atlas, 9,95 €, für Balkan-Touren.

Fahrrad *Empfehlung:* Reise-MTB mit zuverlässigen Komponenten. Pannen müssen mit Bordmitteln behoben werden.

Straßen und Verkehr *Thomas Longin:* „Viele gute, eher schmale Asphaltstraßen. Typisch sind sehr schmale, extrem gewundene und mit viel Vergnügen zu befahrende, oft gut asphaltierte Wege abseits der wenigen Hauptstraßen, vor allem im küstennahen Hochkarst. Die steinigen Pisten Montenegros fand ich auch immer gut brauchbar. Verkehr: Außerhalb des Einzugsbereich der Städte meist noch bemerkenswert wenig. Der Fahrstil ist nicht auffällig partnerschaftlich, aber lange nicht so schlimm wie in Kroatien, Bosnien oder gar Kosova."

Offroad (MTB) Für Offroadbiker ist Montenegro ein weites Feld. Zwar hapert es noch an geeignetem Kartenmaterial, aber mit einem GPS kann man viel wagen und findet zumindest immer zurück. In den Ferienorten der Bergregionen bieten einige Agenturen geführte MTB-Touren an, vermieten auch Bikes und helfen mit Infos aus (z.B. Agentur „Summit" in Zabljak am Durmitor NP).

Crne Jezero bei Zabljak (Durmitor-Gebirge)

NL NIEDERLANDE

Daten 41.528 qkm • Ausd. 300 x 200 km • 16,5 Mio. Einwohner • 397 Ew./qkm

Land und Leute

Nicht jeder Niederländer ist ein Holländer ... das weiß man. Neben den historischen Kernprovinzen Nord- und Südholland gibt es noch zehn weitere Provinzen. Vor allem die Friesen im Norden, aber auch die Brabanter und Limburger im Süden nennen sich lieber „Nederlanders". Fast alle jüngeren Niederländer sprechen sehr gut Englisch; zumindest in den östlichen Provinzen wird auch überall Deutsch verstanden.

Seit dem Mittelalter gelten die Niederländer als Spezialisten für Landgewinnung. Etwa 40% des festen Landes entstand durch Eindeichung und Trockenlegung, mehr als ein Fünftel der Landesfläche liegt unter „Normal Null". Früher trugen die berühmten Hollandwindmühlen ihren Teil zur Entwässerung dieser Polderflächen bei, heute tun dies maschinelle Pumpen. Das geförderte Grundwasser fließt in Ringkanäle, die ihrerseits in die großen Flüsse geleitet werden. Größtes Landgewinnungsprojekt ist das seit 1932 durch einen 32 km langen Abschlußdeich von der Nordsee getrennte IJsselmeer. Peu à peu entwässern zwei große Schleusen den Binnensee bei Ebbe. 1969 widerfuhr auch der kleineren Lauwerszee die Trennung von der Nordsee. Gewaltige Deltawerke schotten die stark gegliederte Küste der Provinz Zeeland ab. Verheerende Flutkatastrophen wie die von 1953 sollen so für alle Zeit verhindert werden. Noch Zukunftsmusik ist der Waddenplan, der die Westfriesischen Inseln untereinander und mit dem Festland verbinden will. Aus der salzigen Waddenzee würde ein Binnensee. Landeinwärts schließt sich an die ebenen Polder- und Marschregionen leicht wellige Geest an.

Aller Landgewinnung zum Trotz nehmen Binnengewässer aber immer noch rund ein Sechstel der Landesfläche ein. Neben dem stark verzweigten Mündungsgebiet von Rhein, Maas und Schelde durchzieht das Land ein

Zugbrücke

etwa 4000 km langes Netz von Flüssen und Kanälen. Auf ihnen schippern die Kühe zur Weide und die Käseräder zur Auktion. Typisch holländisch sind deshalb auch organisierte Radtouren mit dem Hausboot als Basislager.

per Rad entdecken

Millionen von Alltagsradlern nutzen die günstigen Gegebenheiten für zügiges Vorankommen. Sieht man mal von Dänemark ab, ist das Fahrrad nirgendwo in Europa so stark in den Alltagsverkehr integriert, wie in den Niederlanden. In den Städten bringt es der Radverkehr auf Anteile von bis zu 60%. Auch Radwanderer können ohne langwierige Vorbereitung losradeln, sie profitieren von hervorragenden Mitnahmemöglichkeiten bei der Bahn, flachem Terrain, kurzen Distanzen, durchdachter Wegweisung und vor allem: den vielen, vielen Radwegen.

ROUTEN & REGIONEN

Friesland und Groningen

Die beiden nördlichen Provinzen sind vergleichsweise dünn besiedelt. Abgeschieden vom Durchgangsverkehr bilden sie den wohl friedlichsten Teil der Niederlande. Trotz einer gewissen Gleichförmigkeit von Landschaft und Orten loben Radler die beschaulichen Nebenstraßen, die stressfreie Stimmung und die Naturnähe.

Friesland

Eindrücke

Selbstbewußt grenzt sich Fryslân (Friesland) in kultureller und sprachlicher Hinsicht von den „Holländern" ab. Mag sein, dass zukünftige Straßenkarten doppelte Ortsbezeichnungen vermerken, denn inoffiziell sind die meisten Ortsnamen ohnehin schon „frisiert". Das hinter der Küste gelegene Marschland, auf dem sich Friesland gründet, wurde der Nordsee abgewonnen und ist heute saftig-grünes Weideland. Milchwirtschaft dominiert die Szenerie, und statistisch gesehen gibt es mehr Rindviecher als Einwohner. Kein Wunder, dass die Friesen ihrem liebsten Haustier in Leeuwarden sogar ein zünftiges Denkmal gesetzt haben.

Südlich von Sneek liegt das friesische Seengebiet, nicht nur für Segler ein Paradies. Abwechslung in die Szenerie bringen Kanäle, Wälder, Moore und gemütliche Orte, deren höchste Teile einst flutgeschützt auf künstlichen Hügeln angelegt wurden. Etwa tausend dieser bis zu 9 m hohen Warften (friesisch: Terpen) zeugen von den Zeiten, da Friesland noch halb dem Meer gehörte.

Touren-tipps

Seit 1912 wird alljährlich am Pfingstmontag in Friesland mit der **Elf-Städte-Tour** die Radelsaison eröffnet – ein urfriesischer Hexenkessel mit 15.000 Teilnehmern (Infos: www.fietspad.nl – fietsvierdaagse). Wer will, kann die 230 km lange Route nachradeln, sie ist als „Elfsteden-Route" markiert; offizieller Start- und Zielpunkt ist Bolsward.

DIE NIEDERLANDE UND IHRE PROVINZEN
Groningen
Friesland
Drenthe
Noord-Holland
Flevoland
Overijssel
Zuid-Holland
Utrecht
Gelderland
Zeeland
Nord-Brabant
Limburg
NIEDERLANDE
0
100 km
©RKH VERLAG HERMANN
N
Westfriesische Inseln
Vlieland
Terschelling
Ameland
Schiermonnikoog
Borkum
Juist
Ndy.
Waddenzee
Texel
Den Helder
NORDSEE
Emden
Reitdiep
Delfzijl
Dollard
LEEUWARDEN
Prinses-Margriet-Kanal
GRONINGEN
Harlingen
Winschoterdiep
Sneek
Heerenveen
Sneekermeer
Heegermeer
Drachten
ASSEN
Hondsrug
Tjeukemeer
Sloten
Steenwijk
Drentse Hoofdvaart
Ems
Ijsselmeer
Emmelord
Meppel
Emmen
Enkhuizen
Meppen
Alkmaar
Hoorn
Urk
Waterland
Hardenberg
LELYSTAD
Kampen
Noordzeekanaal
Edam
Flevoland
Vechte
IJmuiden
Monickendam
ZWOLLE
Salland
Nordhorn
HAARLEM
AMSTERDAM
Almelo
Zandvoort
Ijssel
Radroute »Bloembollenstreek«
Keukenhof
Deventer
Rijssen
Hengelo
Aalsmeer
Bunschoten
Apeldoorn
Leiden
Berkel
Enschede
UTRECHT
Amersfoort
Hoge Veluwe
DEN HAAG
Oude Rijn
Zeist
Zutphen
Delft
Gouda
Lek
Arnhem
Achterhoek
Rotterdam
Betuwe
Winterswijk
Voorne
Waal
Kinderdijk
Nijmegen
Overflakkee
Dordrecht
Biesbosch
Kleve
Schouwen
Zierikzee
Heusden
S-HERTOGENBOSCH
DEUTSCHLAND
Willemstadt
Lippe
Tilburg
MIDDELBURG
Veere
Bergen op Zoom
Breda
Oisterwijk
Eindhoven
Helmond
Goes
Essen
Bochum
Vlissingen
Zuid Beveland
Drunenser Dünen
Venlo
Duisburg
Terneuzen
Groote Peel
Knokke-Heist
Turnhout
Weert
Maas
Mönchen-Gladb.
Düsseldorf
Wuppertal
Antwerpen
Brügge
Gent
BELGIEN
Rhein
Schelde
Rur
Mechelen
Köln
Heerlen
Kortrijk
BRÜSSEL
Leuven
MAASTRICHT
Aachen
Düren
Valkenburg
BONN

Knapp 100 km lang ist der friesische Teil des Radfernweges LF 10, die „Waddenzeeroute“: Harlingen – Oosterbierum – Holwerd – Moddergat – Engwierum – Buitenpost. Von Harlingen, Holwerd und Achutsluis ermöglichen Fähren Abstecher zu den naturnahen Westfriesischen Inseln im Wattenmeer. Untereinander bestehen wegen der seichten Wasserverhältnisse nur zwischen den Inseln Vlieland – Texel (gehört zu Noord-Holland) und Vlieland – Terschelling Fährverbindungen.

Etappenziele in Friesland:

- *Leeuwarden* (gemütliche Provinzhauptstadt)
- *Sneek* (von Gewässern umgeben, schöne Altstadt)
- *Sloten* (historisches Städtchen mit Wällen und Grachten)
- *Sexbierum* (Wind-Attraktionspark Aeolus)
- *Franeker* (200 Jahre altes Planetarium des Wollkämmerssohn Eise Eisinga)
- *Hindeloopen* (Hidde-Nijland-Museum, Schlittschuh-Museum)
- *Dokkum* (Festungsstadt auf zwei Warften)
- *Bolsward* (schöne Hansestadt aus dem 15. Jh.)
- *Allingawier* (Museumsbauernhof)
- *Harlingen, Workum* (typische Fischerdörfer)
- *Schiermonnikog, Vlieland* (autofreie Inseln)
- *Terschelling* (Insel, bedeutendes Naturschutzgebiet, 30 km langer Sandstrand).

Erfahrungen *Thomas Dionisius:* „Siebenmal war ich in den Niederlanden mit dem Rad unterwegs, 18 Monate habe ich dort gewohnt. Es ist das Radland schlechthin. Wobei meine persönliche Lieblingsregion Friesland ist. Die kleinen, pittoresken Dörfer mit ihren Mühlen und Kirchtürmen, die Menschen mit ihren großen, offenen Gesichtern und ihrer eigenen Sprache. Kühe, soweit das Auge blickt. Als Tourenradler hangelt man sich von Dorf zu Dorf, erblickt zuerst immer den Kirchturm, dann die Silhouette und erreicht etwa eine halbe Stunde später die nächste Ortschaft. Als Großstadtindianer liebe ich das Ursprüngliche und Raue hier im Norden. Zum Radfahren nicht zu vergessen sind die fünf friesischen Inseln. Teilweise autofrei (Vlieland, Schiermonnikoog) bieten sie sich als Abstecher an. Hier findet man Vogelkolonien, Dünenlandschaften und auf den Campingplätzen Partyatmosphäre. Seit einigen Jahren ist es in der Hochsaison möglich, von Texel (De Cocksdorp) direkt nach Vlieland (Vliehors) zu fahren und von dort weiter nach Terschelling, ehe man mit der Fähre wieder in Harlingen landet. Alle fünf Inseln sind Naturparadiese zum Ausspannen und Genießen, persönlich gefällt mir nur Texel nicht so gut.“

Groningen

Eindrücke Kleine Dorfkirchen aus romanisch-gotischer Zeit thronen hochwassergeschützt auf Warften, den von Menschenhand geschaffenen Hügeln. Fruchtbare weite Felder, von Deichen parzellierte Weideflächen und burgähnliche Landsitze sind ebenfalls typische Motive aus dieser Provinz. Industrie und Natur teilen sich die **Eems-Dollard-Region,** leicht hügeliges Heideland sorgt in **Ostgroningen** für Abwechslung. Reizvoll sind Radwanderungen in den

Wäldern und der kanaldurchzogenen Moorlandschaft des untouristischen Südostens. Die **Dollard-Route** verbindet das deutsche Ostfriesland mit dem holländischen Gronigen (Rundkurs, 204 km, *www.dollard-route.de*).

Etappenziele in Groningen:
- *Groningen* (Unistadt mit der wohl höchsten Radlerdichte des Landes, echt erlebenswert)
- *Bourtange* (Festungsstädtchen an der deutschen Grenze)
- *Nordlaaren* (Naturschutzgebiet südl. von Groningen)
- *Zoutkamp* (Beobachtung der Trockenlegung des Lauwersmeeres).

Drenthe

Eindrücke Drenthe steht bei niederländischen Radwanderern in gutem Ruf. Über 1000 km Radwanderwege erschließen die herbe, oft melancholische Heide- und Moorlandschaft. Sümpfe und Teiche bedecken fruchtbares Marschland, das durch Venns und Weiks entwässert wird. Stille Flüsse durchziehen Weideland und Wälder, in denen sich geheimnisumwobene Hünengräber verstecken. Im Hondsrug, dem bewaldeten Höhenrücken zwischen Groningen und Emmen, haben die Dörfer noch einen baumgesäumten freien Platz in der Mitte, den so genannten Brink. Mal geradlinig und offen, mal verschlungen und eng sind die Wege durch diese Provinz, in der van Gogh einige seiner schwermütigsten Bilder malte – und dies, obwohl er meinte, hier sei es überall schön.

„R 4 D“ Ende Juli finden in und um Drenthe die **Rijwielvierdaagse** statt, das beliebteste Volksradwandern der Niederlande. Praktisch jeder kann beim „R 4 D“ mitmachen. Angeboten werden Kategorien von 30 bis 150 km/Tag (auch eine MTB-Kategorie). Anmeldung: *www.laura-alphen.nl*

Internationale Dollard-Route (Groningen)

Interessante **Etappenziele** in Drenthe:

- *Borger* (Museumsbauerndorf)
- *Emmen* (Biochron)
- *Assen* (Drenther Regionalmuseum)
- *Orvelte* (Museumsdorf)
- *Anloo* (altes Dorf mit romanischer Kirche)
- *Zuidlaren* (Dorf mit uralten Eichen)
- *Exloo, Westerbork, Ruinen* (Dörfer mit täglichem Schafauftrieb)
- *Roden* (mittelalterliche Moorsiedlung)
- *Diever* (besucherfreundliches Dorf mit Schauwerkstätten, Freilufttheater und Naturreservat)
- *Hünengräber* (vor allem in der Umgebung von Borger und Havelte).

Overijssel

Salland

Stolz ist man in der Provinz Overijssel auf die bis zu 80 m hohen Hügel des Sallandes, das sich zwischen Zwolle, Hardenberg, Rijssen und Deventer erstreckt (ca. 1000 qkm). Lose verbundene Einzelgehöfte (Eschdörfer), Landgüter und Schlösser, die Flussebene der IJssel und die Vecht mit ihren Altarmen, Weiden und Heideland, der bewaldete Hügelrücken zwischen Ommen und Holten – all das fügt sich zu einem hübschen Radwandergebiet mit ruhigen Wegen und Dutzenden von Campingplätzen. Ein sehr gemütlicher Radweg verläuft ab Deventer entlang des *Overijssels-Kanals* (via Raalte).

Waterland

Im Städtedreieck Kampen – Zwolle – Steenwijk schließt sich West-Overijssels Waterland an. Wasserläufe, Binnenseen, autofreie Naturschutzgebiete und pittoreske Wasserdörfer wie Giethoorn und Blokzijl prägen diese Region. Naturnahe Radwanderwege sind ausgeschildert („Weerribbenroute", „Wiedenroute").

Na so was, eine Bockwindmühle in Holland

Twente

Besonders nordöstlich, aber auch südwestlich des zentralen Industriegebiets um Enschede, Almelo und Hengelo entpuppt sich Twente als charmantes Bauernland mit Burgen, Rittergütern, Landhäusern, Hügeln, Gärten und Parks. Über 200 km markierter Radwege, wie die „Fünf-Sterne-Route" im südwestlichen Twente, schlängeln sich durch Heide und Wälder, über Äcker und Felder, ziehen an Wasserwegen und Wallhecken vorbei, passieren Wassermühlen und „Sachsenhöfe".

Gelderland

Touren-tipps

Naturparks und Waldgebiete machen Gelderland zum wichtigsten Naherholungsgebiet im Herzen der Niederlande. Das Juwel der hügeligen Provinz ist die *Veluwe,* deren Namen sich von fahler Aue, also minderwertigem Land, herleitet. Rad- und Wanderwege durchziehen die aus Restwäldern, Dünen und Heide bestehende **Hoge Veluwe.** Anziehungspunkte in diesem Nationalpark sind das Rijksmuseum Kröller-Müller und ein famoser Skulpturenpark. In der Hochsaison sind in dem 55 qkm großen Park bis zu 50.000 Besucher, die gern mit einem der tausend weißen Fietsen herumkurven, die kostenlos zur Verfügung stehen. Weit weniger touristisch ist der östlich anschließende Nationalpark *Veluwezoom* (45 qkm).

Eine andere interessante Ecke für Radwanderer liegt östlich der IJssel. Zwischen Zutphen und Winterswijk erstreckt sich die **Achterhoek,** wo einst Moor- und Heideflächen urbar gemacht wurden. Offenbar erfolgreich, denn der Landadel hinterließ stattliche Gutshäuser und an die 70 Schlösser und Burgen. Einsame Alleen, kleine Waldheidegebiete und Kanäle sind weitere Augenpunkte dieser sehr ans benachbarte Münsterland erinnernden Region.

Wer im Frühling durch Gelderland kommt, den sollte seine Tour unbedingt durch die zwischen Niederrhein und Waal gelegene **Betuwe** führen, wo bis in den Juni die Obstplantagen entlang der Linge in voller Blüte stehen.

Weitere **Etappenziele** in Gelderland:
- *Nijmegen* (nationales Fahrradmuseum Velorama)
- *Berg-en-Dal* (Afrika-Museum)
- *Groesbeek* (Bibel-Freilichtmuseum)
- *Arnhem* („Nederlands Openlucht-Museum" – größtes Freilichtmuseum der NL, Altstadt von Arnhem)
- *Het Groote Veld* (Waldgebiet, nördl. Zuthpen).

Noord- und Zuid-Holland

Eindrücke

Die beiden topfebenen Kernprovinzen der Niederlande bieten all das, was man sich unter Holland so vorstellt: Sandstrände, Dünen, Deiche, Kanäle, Windmühlen, Tulpenfelder, Käse- und Viehmärkte, Waldungen, Heide, Polderwiesen, Vogelbrutstätten, Schafzuchten, urige Dörfer und lebenslustige Menschen. Ein bis zu 60 m hoher Dünengürtel schützt die Randstad (wörtl.: „Ringstadt") vor dem Meer. In diesem flächenmäßig kleinen, ringförmigen Ballungsgebiet zwischen Utrecht, Amsterdam und Rotterdam leben ein Drittel aller Niederländer.

Tourentipps

Erstaunlich stressarm lässt sich die **Randstad** auf Radwegen erkunden. Um aber nicht nur durch städtische Agglomerationen zu radeln, empfiehlt sich ein Kurs, der bewußt auch durch das ländliche Zentrum der Randstad führt.

Friedlich sind auch die Polderlandschaften nördlich von Amsterdam. Mit der Fähre gelangt man vom Hauptbahnhof ans andere Hafenufer. Pappelalleen ziehen sich durch Wiesen und Weiden, passieren Dörfer mit Windmühlen, Käsereien und Holzschuhmachereien. Schon vor Monnickendam, im Waterland, scheint Amsterdam weit weg.

Der Länge nach durch Hollands Blumengürtel führt der **Bloembollenstreek** („Blumenzwiebelweg") von Alkmaar über Haarlem und Keukenhof nach Leiden. Die Orientierung ist problemlos: Einfach auf den allgegenwärtigen Rad- und Kanaluferwegen durch die auf den Karten markierten Blumenfelder südwärts kurbeln.

Durch Noord- und Zuidholland sowie Zeeland verläuft die **Nordzeeroute LF 1,** Urmutter aller niederländischen Radfernwege. Von Den Helder bis Sluis führt die 270 km lange Route an den Dünen und Deichen der Nordseeküste entlang. Lobenswerterweise meist auf der windabgewandten Seite.

Etappenziele in Noord-Holland

- *Aalsmeer* (Blumenauktion)
- *Zandvoort* (Badeort, Naturpark Kennemerdünen)
- *IJmuiden* (landesgrößter Fischereihafen, zweitgrößte Schleuse der Welt)
- *Amsterdam* (Grachten und Trams, Touris und Geschäftsleute – muss man einfach mal erlebt haben)
- *Monnickendam* (altertümlich-calvinistisches Dorf)
- *Zaanland* (Polderlandschaft am Flüßchen Zaan)
- *Bergen* (Künstlerort)
- *Alkmaar* (Stadtbild, Käsemarkt)
- *Hoorn* (Stadtbild, Mittwochsmarkt)
- *Enkhuizen* (Stadtbild, Freilichtmuseum)
- *Twisk* (Dorf unter Denkmalsschutz)
- *Callantsoog* (dörflicher Badeort, Dünenreservat Zwanenwater)
- *Texel* (größte und landschaftlich vielgestaltigste der Watten-Inseln, 48. 000 Schafe, 306 Vogelarten und 110 km Radwege, touristisch).

Etappenziele in Zuid-Holland

- *Den Haag* (Regierungssitz und Großstadt mit Strand, eher unspektakulär; sehenswert aber Miniaturstadt „Madurodam", Mesdag Panoramagemälde, Binnenhof mit Parlament und Ritterhalle, Königliches Gemälde-kabinett, Antiquitätenmarkt)
- *Gouda* (Stadtbild, donnerstags Käseauktion)
- *Kinderdijk* (19 historische Polder-Windmühlen; werden in Juli/Aug. samstags in Betrieb gesetzt, trad. „Mühlentag")
- *Dordrecht* (älteste Stadt der Niederlande)
- *Delft* (Delfter Kachelmuseum, Stadtbild mt Grachten, Prinsenhof)

- *Leiden* (Universitätsstadt mit typisch holländischem Flair, in der nicht nur der Königsnachwuchs gern eine feuchtfröhliche Studentenzeit verlebt)
- *Alphen aan den Rijn* (Vogelpark Avifauna)
- *Keukenhof* (größte Blumenausstellung der Welt, bei Lisse)
- *Apfelgärten* (rund um Boskoop, prächtig zur Blütezeit).

Flevoland und Utrecht

Eindrücke

Das dem Meer abgewonnene Flevoland lädt ein zur populären 380-km-Tour rund ums **IJsselmeer.** Die Seen-, Wald- und Parklandschaft von Utrecht ist ein Warmmacher für Touren durch die südrheinischen Niederlande.

Ein bemerkenswerter Landstrich in Flevoland ist der **Nordoostpolder.** Diese der Zuiderzee abgerungene Region lockt mit einstigen Hansestädten, urigen Wasserdörfern, verlandeten Inseln, stillen Kanälen und Vogelschutzgebieten. Calvinistisch und abweisend geben sich die Bewohner abgeschiedener Dörfer wie Urk und Staphorst.

Thomas Dionisius: „Die Polder sind ein weiterer Höhepunkt für geografisch interessierte Radler. Auf dem alten Meeresboden durchstreift man Alleen, deren Bäume windschief in den Himmel ragen und stets gut vom Nordwestwind durchlüftet werden. Rund um Emmeloord, Hauptort des Nordoostpolders, gruppieren sich die Dörfer in 8 km Abstand. Warum 8 km? Weil die Stadtplaner in den Fünfziger Jahren meinten, dies sei eine Entfernung, die jeder gut per Fahrrad zurücklegen könnte. Ausnahmen bilden die früheren Inseln Schokland und Urk. Als Zeichen des Protests, dass man seit 1942 zum Festland gehört, tragen die Alten in Urk bis zum heutigen Tag ihre Trachten.“

Auf Flevoland hat man zwei künstliche Städte errichtet, Almere und Lelystad. Spielwiesen für Stadtplaner. Wer sich mit dem Neu-Land befassen will, darf sich das Museum Nieuw Land in Lelystad-Haven und den Abschlussdeich nicht entgehen lassen.

Gewitterfront am Niderrhijn

Etappenziele in Flevoland

- *Urk* (altertümliches Fischerdorf mit großer Fischauktion)
- *Bidinghiuzen* (Flevohof: „Bauernhof zum Anfassen“)
- *Ketelhaven* (Museum für Schiffsarchäologie)
- *Lelystad* (Gartenstadt mit gestrandetem ostindischen Dreimaster)
- *Oostvaarderplassen* (Vogelpark).

Etappenziele in Utrecht

- *Utrecht* (schöne alte Bischofsstadt)
- *Bunschoten-Spakenburg* (volks- und altertümelndes Hafenstädtchen)
- *Amersfoort* (von Kirchen geprägter Ort, schöne Altstadt)
- *Oudewater* (malerische Giebelhäuser, Hexenwaage).

Radeln an und über den Kanälen

Zeeland

Eindrücke Wegen der relativ umständlichen Anreise ist Zeeland zwar kein selbsttragendes Radtourengebiet, wer aber erst einmal dort ist, den lässt die stark gegliederte Küstenlandschaft so schnell nicht wieder fort. Der Kampf gegen das Hochwasser prägte die Geschichte und heutige Gestalt Zeelands. Seit 1986 schotten die von den Niederländern als „Achtes Weltwunder“ gerühmten **Delta-Werke** die Provinz zur See hin ab. Dammstraßen verbinden das zerklüftete Gebiet. Dünenketten, Alleen, Obst- und Blumenplantagen, alte Kirchen und Bauernhöfe sind typische Eindrücke einer Zeeland-Tour.

Thomas Dionisius: „Eine besondere Radregion ist Zeeland. Das Delta der Rheinarme, das noch am 1. Februar 1953 völlig unter Wasser stand, als die schlimmste Sturmflut in diesem Jahrhundert 1853 Menschen und 160.000 Stück Vieh ersaufen ließ. Hier ist der Wind noch stärker als im übrigen Land, die Bäume noch schiefer und die Menschen sind noch mehr vom Kampf gegen das Wasser geprägt. Im Sommer fallen Touristen ohne Ende, vor allem aus dem Ruhrgebiet, ein. Den Kofferraum voll mit Hansa

Pils (Aldis Rache), geben sie sich alle Mühe, das Bild vom häßlichen Deutschen zu untermauern. In der Hochsaison verzichtete ich daher gern auf die angespannte Situation zwischen Deutschen („Moffen") und Holländern. Ansonsten ist Zeeland mit den Oosterscheldewerken (größter flexibler Sturmflutdamm der Welt), den kilometerlangen Sandstränden und der wunderschönen Hauptstadt Middelburg durchaus eine Tour wert."

Etappenziele in Zeeland:

- *Dreischor* (gotische Dorfkirche)
- *Zierikzee* (hübsches altes Marktstädtchen mit drei Stadttoren)
- *Veere* (alte Festungs- und Handelsstadt mit schottischen Häusern)
- *Middelburg* (Hauptort in flämischer Gotik)
- *Goes* (Altstadt).

Noord-Brabant

Eindrücke

Nur an wenigen Stellen ist Noord-Brabant mehr als 30 m hoch. Die dicht besiedelte Region lebt von der Agrarwirtschaft und Industrie. In den großen Städten wie Eindhoven und Tilburg haben sich bedeutende Industrien angesiedelt. Jenseits davon erstreckt sich weiträumiges Bauernland – eine Collage aus Heide, Dünen, Kanälen, Feldern, Wäldern, Mooren, Teichen und Bachtälern. Die architektonisch bedeutendsten Städte im schon sehr früh besiedelten Noord-Brabant sind 's-Hertogenbosch und Breda (ein Süd-Brabant gibt es übrigens nicht). Gut ausgebaut ist das Fahrradwegenetz der trotz aller Industrialisierung gemütlich-gastfreundlichen Provinz.

Abstecher Belgien

Eine weite Schleife durch die nordbelgischen Provinzen Antwerpen und Limburg beschreibt die grenzüberschreitende **Jeugdherbergroute LF 50,** die an der Jugendherberge von Bergen op Zoom startet: JH Bergen op Zoom (NL) – JH Zoersel (B) – JH Westerlo – JH Diest – JH Bokrijk – JH Voeren (B); 235 km.

Etappenziele in Noord-Brabant

- *Breda* (Industriestandort mit schöner Altstadt, umgeben von Parks und Wäldern)
- *Bergen op Zoom* (Handels- und Erzeugerzentrum für Hummer, Austern, Anchovis, Erdbeeren und Spargel)
- *Willemstad* (Festungsstädtchen mit einer Getreidemühle auf dem Wall)
- *'s-Hertogenbosch* (Den Bosch) – die gotische St. Jans-Kathedrale gilt als schönste des ganzen Landes
- *Oisterwijk* (Ferienzentrum mit 1000-jähriger Lindenallee, Oisterwijkse Vennen: Waldheide und Moorseen mit vielen Rad-/Wanderwegen, Vogelschutzgebieten und Vogelpark)
- *Heusden* (Festungsstädtchen mit drei Getreidemühlen auf dem Wall)
- *Drunenser Dünen* (nördlich von Tilburg)
- *Groote Peel* (Hochmoorlandschaft bei Helmond)
- *Nationalpark Biesbosch* (Süßwasserdelta nördlich von Breda, Erkundung per Kanu).

Limburg

Eindrücke

Fast schon im Ausland fühlen sich viele Niederländer in Limburg, wo Architektur und Gastronomie südländische Züge annehmen. In Nord-Limburg gleichen die Bauernhöfe rheinischen Winzerhöfen, und die Spargel- und Erdbeerfelder nördlich von Venlo bei Arcen ziehen in Mai und Juni viele Grenzgänger an. Limburg, dieser nach Belgien hineinragende Zipfel, misst an seiner engsten Stelle nur 3 km. Dafür finden sich hier die meisten Erhebungen der Niederlande, der *Dreiländerpunkt* an der Grenze zu Belgien und Deutschland bringt es sogar auf stolze 322 m. Daher sind östlich von Maastricht hollanduntypische Übersetzungen beim Radeln angesagt.

Maas-Radweg

Die Hauptradelroute in Limburg verläuft entlang der landschaftsprägenden, gemütlichen Maas und auf den alten Treidelwegen des Juliana-Kanals. Das Industriegebiet um Stein weiträumig umradeln.

Michael Kristl zum Maas-Radweg (Arnhem – Nijmegen – Maastricht): „Gut ausgeschilderter Radweg entlang der deutsch-niederländischen Grenze. Allerdings nicht immer direkt am Fluss verlaufend. Öfters radelt man auch außerhalb der Sichtweite der Maas im Zickzackkurs über Feldwege oder kleine Wäldchen. Teilweise Schotterabschnitte, sind auch mit dem Tourenrad machbar. Eine zusätzliche Radwegekarte wird eigentlich nicht benötigt, gibt es aber zu kaufen. Genügend Campingplätze auf der Strecke vorhanden."

Etappenziele in Limburg

- *Valkenburg* (Ferienort mit Burgruine und Grotten)
- *Maastricht* (Altstadt mit südländischem Flair)
- *Thorn* (malerisches „weißes" Städtchen).
- *Geul-Tal* (landschaftlich schönes Flusstal im südlichen Dreiländereck).

Und sei er noch so schmal, ein fietspad gehört dazu!

i-Box Niederlande

Einreise	Die Grenzen sind offen (Schengener Abkommen), ein Personalausweis genügt (D/A/CH).
Geld	Die Niederlande gehören zur Euro-Zone, das Preisniveau entspricht dem deutschen.
Gesundheit	Das EU-weite Sozialversicherungsabkommen erlaubt Mitgliedern einer gesetzlichen Krankenkasse die Inanspruchnahme medizinischer Dienste. Details: *www.dvka.de*
Infos	(Soweit nicht anders angegeben, alle Seiten nur auf holländisch!) ▸ NBT (Niederländisches Büro für Tourismus., auch deutsch): *www.niederlande.de* ▸ Niederländischer Radfahrerverband enfb (Echte Nederlandse Fietsers Bond): *www.fietsersbond.nl* ▸ LF-Radfernwege (aktuelle Infos, Karten, Führer): *www.fietsplatform.nl* ▸ Routen und Events (fietsvierdaagse etc.): *www.fietspad.nl* ▸ MTB-Tourenbeschreibungen: *www.mtbroutes.nl* ▸ Jede Menge Tourenvorschläge: *www.fietsen.123.nl* ▸ Ältester Fahrradbus- und Radreiseveranstalter: *www.fietsvakantiewinkel.nl* ▸ Niederländischer Touringclub ANWB: *www.anwb.nl* ▸ Alle Radfernwege zum Download: *www.landelijkefietsroutes.nl*
Infos vor Ort	▸ *www.vvv.nl* **VVV** heißen die rund 350 lokalen Verkehrsbüros. Hier sind alle regionalen Informationen, inklusive spezieller Radtourenvorschäge und Gebietskarten, erhältlich. Wo zusätzlich ein „i-Nederland"-Schild angebracht ist, gibt es auch überregionales Info- und Kartenmaterial wie etwa die gesamte ANWB-Radwanderkarten-Serie.
Wetter	Atlantisches Klima mit mäßig warmen Sommern und milden Wintern. Generell wechselhaft. Juli und August sind die wärmsten, aber auch feuchtesten Monate. Häufiger bewölkt ist das Landesinnere, den meisten Sonnenschein hat's an der Küste.
Wind	Wind weht fast immer, meist aus Nordwest. Besonders spürbar an den Küsten, schwächer und mit Unterbrechungen im Landesinnern. *Ulrike Baars:* „Anstrengend wird es, wenn der Wind wieder von vorn bläst. Da gibt es oft keinen Baum oder Strauch, der einen schützt." *Thomas Dionisius:* „Manchmal schafft man locker 160 km, ein anderes Mal ist man schon nach 60 km völlig alle."
Reisezeit	Optimale Monate für eine Radtour sind Mai, Juni und September. Auch April und Oktober sind gut geeignet. Im Juli und August sind landesweit Schulferien und die Urlaubsreviere vielfach ausgebucht. Im Landesinnern ist es im Sommer zudem recht regnerisch.

Anmerkung: Der 4. und 5. Mai sind Feiertage, die das Land berühren (Gedenken der Toten des Zweiten Weltkrieges, Befreiung vom Faschismus). Als Deutscher sollte man sich an diesen Tagen etwas zurücknehmen.

Anreise

Per Rad Wer mit dem Rad anreisen will, kann aus 30 Straßenübergängen zwischen den Niederlanden und Deutschland auswählen. Als grenzüberschreitende Radroute bietet sich in erster Linie der Europaradweg R 1 an, der von Zwillbrock/Zwilbroek nach Den Haag führt. Über die „grüne Grenze" hinweg führen Radwege auch vom Emsland und dem Niederrheingebiet nach NL.

Per Bahn **Fahrradmitnahme** nach Amsterdam ist mit internationaler Fahrradkarte im Fernverkehr (IC) von Berlin und Hannover aus möglich, ebenfalls mit den Nachtzügen ab Basel und München. Außerdem in allen grenzüberschreitenden Regionalzügen. Infos: *www.bahn.de/bahnundbike*

Transport im Land

Bahn *www.ns.nl*
Ein Streckennetz von rund 2500 km betreiben die **Nederlandse Spoorwegen (NS)**. Um den Fahrplan muss man sich wenig sorgen, denn die meisten Züge verkehren im 30- oder 60-Minuten-Takt. Mit einer zuvor gelösten *fietskaart* (Fahrradticket) ist zudem auf fast allen Strecken die Mitnahme des Fahrrades möglich (Selbstverladung), es sei denn, der mit einem Fahrradsymbol von außen gekennzeichnete Gepäckraum ist bereits belegt. Sperrzeiten für die Mitnahme bestehen werktags während des Berufsverkehrs: von 6.30–9 Uhr und 16.30–18 Uhr (außer Juli/Aug.).

Fähren und Busse Alle Personenfähren nehmen Fahrräder mit, teilweise sogar umsonst. Busse sind hingegen nicht auf den Transport von Fahrrädern eingerichtet, Regionale Ausnahmen gibt es in Overijssel.

Übernachten

Zimmer **Hotels** gibt's in allen Kategorien, Privatzimmer weniger. **Bed & Breakfast** (Bêd en Brochje) wird vor allem in Friesland angeboten sowie in Nord- und Zuid-Holland.

Stayokay Hostels (SH, www.stayokay.com) heißen die einstigen Jugendherbergen seit 2003. 30 SHs verteilen sich in Abständen von etwa 10–70 km übers Land. Bei entsprechender Planung führt eine Tour von SH zu SH zu den interessantesten Orten im Land. Ü/F ab 21 €.

Weitere preiswerte Unterkünfte: **Naturfreundehäuser** (etwa 15), **Sleep-Ins** und **Jugendhotels** in Großstädten, etwa 300 **Wanderhütten** im Abstand von ca. 25 km (bis 4 Pers., 32 €, www.trekkershutten.nl).

Eine gute Idee sind auch Übernachtungen bei fahrradfreundlichen Vermietern. Rund 3300 Familien sind landesweit bei **„Vrienden op de Fiets"** als Vermieter gemeldet. Eine Mitgliedskarte ist erforderlich, ÜF 18,50 € pP, *www.vriendenopdefiets.nl.*

Mitglieder des ADFC-Dachgebers können dem enfb-Verzeichnis „Fietsen & Overnachten“ außerdem weitere Anschriften spezieller Radlerquartiere entnehmen: *www.dachgeber.de*

Campen *www.svr.nl, www.natuurkampeerterreinen.nl*
Mit über 2000 Plätzen weisen die Niederlande Europas höchste Campingplatzdichte auf. Nur in den Provinzen Holland, Utrecht und Groningen sind sie dünner gesät.

Die meisten dieser Plätze sind auf die Bedürfnisse von Caravanern zugeschnitten, weshalb Leichtgewichtscamper meist ohne Tisch und Bank auskommen müssen. Etwa 100 Plätze dürfen den Zusatz „Fietscamping“ führen. Dort können Radler, auch auf belegten Plätzen, mindestens eine Nacht verbringen, wenn sie vor 19 Uhr eintrudeln. Diese Plätze, die oft auch über Reparatur- und Trockenräume verfügen, sind in den „Landelijke Fietsroutes“-Karten verzeichnet.

Freies Zelten ist nur auf Privatgrundstücken und mit Einwilligung des Eigentümers erlaubt. Wer unbemerkt campen will, kann dies praktisch nur ohne Zelt realisieren. Die Alternative heißt „Mini-Camping“. Mitglieder der Stichting Vrije Recreatie (SVR) dürfen auf rund tausend Bauernhöfen und ähnlichen Grundstücken ihr Zelt für wenig Geld aufschlagen. Ähnliches gilt für die Stichting Natuurkampeerterreinen, die ihren Mitgliedern einfache, ruhige Zeltplätze zur Verfügung stellt.

Karten und Literatur

Tourenkarten Bezug: *www.mapfox.de*

- *Empfehlung:* ANWB: Fietsroute Kaart Nederland 1:300.000, Übersichtskarte mit allen Radfernwegen (LF-Routen), außerdem Hinweise zu lokalen Radrouten und weitere nützliche Radlerinfos, 7,90 €.
- *Empfehlung:* ANWB: Toeristenkaarten 1:75.000, 9,50 €, 17 Blätter flächendeckend. Dichtes Straßen- und Wegenetz, alle touristischen Infos. Sehr hilfreich ist, dass die Pilz-Radwegweiser (paddestoelen) mit ihrer individuellen Nummer in den Karten vermerkt sind. So entstehen keine Zweifel. Vermerkt sind auch Radfahrverbote. Die Kartenserie ist auch als Spiralatlas erhältlich (2 Bd. à 26,90 €).

Tourenführer

- Esterbauer Vlg. (bikeline): „Radatlas Holland“ • „Nordseeküsten-Radweg 1“ (Rotterdam – Leer, 450 km) • Esterbauer Vlg.: „Rund ums IJsselmeer“ (mit Texel und Vlieland, 380 km)
- Esterbauer Vlg.: „Internationale Dollard-Route“ (Rundkurs zw. Ostfriesland und Holland, 200 km).

Fahrrad (fiets)

Ausstattung Im Prinzip lassen sich die Niederlande mit jeder Art Fahrrad erkunden. Eine Dreigangschaltung sollte allerdings auch ein Hollandrad aufweisen. Die gemütliche, aufrechte Sitzhaltung ist zwar vereinbar mit der flachen Topografie des Landes, jedoch ein spürbarer Nachteil, wenn es gegen den Wind geht. Touren- und Rennlenker ermöglichen eine günstigere Haltung als der „Pastorenlenker“ eines Hollandrades.

Da die Oberfläche der Radwege sehr wechselhaft und selten die beste ist, sollte die Bereifung nicht zu schmal sein. Eine gut hörbare Klingel (bel) ist wichtig, um andere Radfahrer vor dem Überholen an-„bellen" zu können. In Großstädten werden Velos als Gemeineigentum betrachtet und sollten daher am besten bei einer „bewaakte fietsenstalling" (bewachte Fahrradstation) eingestellt werden – u. a. an Bahnhöfen.

Michael Kristl: „Achtung: Fahrradklau in Amsterdam exorbitant. Niemals unbeaufsichtigt lassen. Nachts niemals draußen stehen lassen, auch nicht abgeschlossen!" *Thomas Dionisius:* „Jährlich werden in den Niederlanden etwa eine Million Räder geklaut, in Amsterdam schätzt man, dass nur noch fünf Prozent der Räder vom ursprünglichen Eigentümer gefahren werden. In großen Städten die wichtigen Teile des Rades mit mindestens zwei Schlössern sichern. Kabelschlösser werden als kleiner Scherz aufgefasst. Titan sollte es schon sein!"

Reparaturen Fast jedes Dorf hat seine Veloschmiede, selten ist ein Punkt mehr als fünf Kilometer vom nächsten Radladen entfernt. *Heiko Ahlers:* „Auf jedem Dorf gibt es einen ‚fietsenmaker'. Die Leute sind meist sehr hilfreich und innovativ. Allerdings fehlen manchmal die neuesten Hightech-Komponenten. Übliche Reifengröße ist 37-622, alles andere löst mancherorts Erstaunen aus."

Mieten Fahrräder werden gegen Hinterlegung einer Kaution in rund 300 Orten und an ca. 100 Bahnhöfen vermietet. Überwiegend sind es schaltungslose Hollandräder, die zwar für eine Tagestour geeignet sind, nicht aber für längere Fahrten mit Gepäck.

Straßen und Wege

Verkehr Pro Kopf ein Fahrrad, das ist Spitze in Europa (auf Platz zwei: Dänemark). In den Städten werden Radler u. a. durch das Zusatzschild „Uitgezonderd

Tim und das Abfallnetz

fietsers" – Ausgenommen Radfahrer – privilegiert, das typischerweise das entgegengesetzte Durchradeln einer Einbahnstraße erlaubt. Außerhalb der Städte wird der Verkehr überall dort, wo es kritisch werden könnte, durch separate Radwege getrennt. Insgesamt existieren über 20.000 Kilometer fietspads, für die Benutzungspflicht besteht und von denen leider ein großer Teil auch von Mopeds (bromfietsen) befahren werden darf und seit 2008 auch von Skatern. Ampelgeregelte Radlerfurten, die in beiden Richtungen passiert werden können, erleichtern das Abbiegen. Das Signal wird per Tastendruck vom Radler selbst aktiviert. An stark befahrenen Straßen kann die konsequente Trennung aber auch in einen Hindernislauf ausarten. Etwa wenn der Radweg immer wieder die Straßenseite wechselt, die Ampelfurten den Radler dabei warten lassen und alle paar hundert Meter ein neuer Radwegweiser zu beachten ist.

Radwege

Neben den bekannten blauweißen Gebotsschildern für Radwege existieren weitere: Weiße Schilder mit roter Schrift und rotem Fahrrad zeigen an, dass diese Strecke für Autos nicht geeignet und deshalb besonders interessant für Radler ist.

Schwarze längliche Schilder mit der Aufschrift „Fietspad" oder „Rijwielpad" weisen auf szenisch schöne Radwanderwege hin, die für Mopeds verboten sind. Wichtige Wegweiser für Radler sind die viereckigen Betonpilze, die an Kreuzungen und Abzweigungen stehen. Diese Paddestoelen sind nummeriert, mit Orts- und Entfernungsangaben versehen und in den ANWB-Touristenkarten individuell vermerkt.

LF-Radrouten

Rund 6000 km bereits vorhandener Radwege wurden mittlerweile in ein landesweites Radfernwegenetz integriert. Die rund 20 bislang realisierten Routen sind zwischen 20 und 400 km lang. Ihr Hauptmerkmal ist die standardisierte durchgehende Beschilderung (grün auf weißem Grund). Die Hinweise tragen stets die Buchstaben „LF" (Landelijke Fietsroute = Radfernweg), gefolgt von der Routennummer mit Richtungshinweis „a" (Hauptrichtung) bzw. „b" (Gegenrichtung) sowie der Routenbezeichnung. Komplett sieht das dann etwa so aus: „LF1a Noordzeeroute". Die Wege sind so beschaffen, dass sie generell leicht zu fahren sind. Unbefestigte Wegstücke sind selten.

Verzeichnet sind die LF-Routen in den Karten und Handbüchern der **Stichting Landelijk Fietsplatform,** die das LF-Netz landesweit koordiniert. Aktuelle Übersichten und Kurzbeschreibungen der LF-Routen befinden sich auf der Homepage, wo auch die speziellen Karten und Führer (gidsen) bestellt werden können: www.fietsplatform.nl. Vor Ort sind LF-Führer auch in den Kartenshops des **ANWB** erhältlich. Der Touringclub gehört zu den Trägern der Stiftung und hat Büros in allen größeren Orten.

Fietsvierdaagse

Zu den beliebtesten und typisch holländischen Volksportveranstaltungen gehören die viertägigen Fietsvierdaagse. Rund 20 solcher Veranstaltungen (mit eigenen Websites) verteilen sich über Land und Kalender. Den meisten Zulauf haben der „R 4 D" in der Provinz Drenthe (s. o.) und die friesische Elf-Städte-Tour (s. o.).

NORWEGEN

Daten 324.000 qkm • Ausd. 1750 x 400 km • 4,8 Mio. Einwohner • 15 Ew./qkm

Land Für nördlich gepolte Tourenradler, die viel sehen und erleben wollen, gehört Norwegen zu den erklärten Traumzielen. Vereinfacht gesagt, handelt es sich bei Norwegen um ein Gebirgsland, das aufs Meer schaut. Dem Skanden, eine Art skandinavischer Alpen, verdankt Norwegen, dass ein Viertel des Landes über 1000 m liegt. Im Kontrast dazu stehen rund 150.000 kleine Felseninseln (Schären) vor der Westküste. Durch die von der Eiszeit ausgeschürften Trogtäler (Fjorde) dringt das Meer tief ins Landesinnere vor. Gleichzeitig steigt das Land östlich der Küste steil an, zu den radlerfreundlicheren Hochflächen. Hochgebirgskämme bis 2470 m überragen diese gewellten, baumlosen Vidden und Fjelle. Überreste der letzten Eiszeit sind auch die großen Plateaugletscher und zahlreichen Flüsse, die im Skanden entspringen und auf ihrem Weg zum Meer tiefe Rinnenseen auffüllen, um schließlich als eindrucksvolle Wasserfälle zu Tal zu stürzen (Geirangerfjord, Vöringsfossen ...).

und Leute Vor Jahren dichtete die Tourismuswerbung „Norwegen – groß wie Deutschland, klein wie Berlin." Das „klein" bezog sich auf die Anzahl der Einwohner: Vergleichsweise dicht besiedelt ist nur der klimatisch günstige Süden, besonders rund um den Oslofjord, nach Norden hin wird es zunehmend einsamer, in der Finnmark leben nur noch 1,6 Ew./qkm. Jeder neunte Norweger lebt in Oslo, das von fruchtbaren Böden umgeben ist. Aufs ganze Land gesehen spielt Landwirtschaft aber nur eine geringe Rolle. Reich gesegnet ist Norwegen dafür mit Fischschwärmen, die sich in den warmen Küstengewässern tummeln, und Bodenschätzen wie Erdöl, Erdgas, Eisenerz und Wasserkraft.

Zwei Minderheiten kennt die Wikinger-Nation: die nomadisierenden *Sami* (etwa 30.000 Angehörige) und die aus Finnland eingewanderten *Quäner* (etwa 12.000). Gängige Zweitsprache ist für die meisten Norweger Englisch.

So geht's auch!

per Rad erfahren Der Fahrradtourismus wird punktuell, durch den Ausbau einzelner Radrouten gefördert. Angesichts der Größe des Landes ist das zwar nicht viel, aber es bedeutet doch, dass Radler gern gesehene Gäste sind. Letztlich ist jeder Norwegen-Radler vor allem auf sich selbst gestellt. Wechselhafte Umstände gehören zum Reisealltag. Mal scheint sich alles verschworen zu haben, und die Stimmung sinkt gegen Null, dann herrscht wieder eitel Sonnenschein, und die Radlerseele berauscht sich am Licht und den Farben der nicht enden wollenden Tage. Und wenn mal gar nichts mehr geht: Mit Schnellbooten, Bussen, Zügen und Postschiffen kommt man in Norwegen überall hin. Das Fahrrad fährt mit.

ROUTEN & REGIONEN

Südnorwegen / Sørlandet

Orientierung **Provinzen** (Hauptorte): Vest-/Aust-Agder (Kristiansand, Arendal), Telemark (Skien), Buskerud (Drammen), Vestfold (Tønsberg), Østfold (Moss), Oslo, Akershus (Oslo).
Infos: *www.visitsorlandet.com*, *www.sorlandet.com*
North Sea Cycle Route: *www.northsea-cycle.com*
Nordseestraße: *www.nordsjovegen.no*
Karte: K+F 1.

Überblick Das ganz große Landschaftsdrama findet in Südnorwegen zwar noch nicht statt, aber norwegisch genug sind die Landschaften allemal. Wer die südnorwegische Schärenküste mit ihren Leuchttürmen und weißen Stränden landeinwärts verlässt, arbeitet sich allmählich nach oben: von landwirtschaftlich geprägten Regionen zu gewässerreichen Mittelgebirgslandschaften und schließlich den arktisch wirkenden Hochebenen. Für Einsteiger ist Südnorwegen ideal. Leicht zu erreichen, klimatisch günstig (wärmer und regenärmer als der Rest des Landes), gut erschlossen durch Straßen und Wege, mit mäßigen Steigungen und trotzdem viel spannendem Norwegen-Feeling.

North Sea Cycle Route Von der schwedischen Grenze bis Bergen folgt die internationale **North Sea Cycle Route** der südnorwegischen Küstenlinie. Daneben existieren auch eine „Nordseestraße", eine „Küstenroute" und eine „Nordseeroute". Etwas unübersichtlich. Während die *Nordseestraße* eine Route für Autofahrer ist (Kristiansand – Haugesund), gibt es für Radler die beschilderte **Küstenroute** (von Horten südl. Oslo nach Flekkefjord, 502 km) und die anknüpfende **Nordseeroute** (Flekkefjord – Haugesund, 296 km). Den Rest des Weges (bis Bergen) vollendet die North Sea Cycle Route (Svinesund – Kristiansand – Haugesund – Bergen, 1022 km). (Infos s.o.)

Oslo *www.oslopro.no*
Oslo gilt als radlerfreundliche Großstadt, wo man sogar auf den Gehwegen radeln darf. Ausgeschilderte Radrouten führen durch die Stadt. Wer die flächenmäßig ausufernde, hügelige Metropole verlassen will, kann dies auch gut mit einem der Vorstadtzüge tun.

NORWEGEN (SÜD)
© RKH Verlag Hermann
0 100 km
N
ATLANTIK
Bodø
Fauske
Svartisen
Mo i Rana
Mosjøen
Vega
Helgeland
Rossvatnet
Brønnøysund
Kystriksveien RV 17
Vikna
Namsos
Grong
Steinkjer
Froya
Hitra
Smola
Trondheim-Fjord
TRONDHEIM
Trøndelag
Dovrefjell
Molde
Alesund
Åndalsnes
Trollstigen
Geiranger
Rauma
Røros
Tron
Troll-Radweg
Jotunheimweg
Lagen
Sognefjell
Jotumheimen
Sognefjord
Leikanger
Lillehammer
Elverum
Hemsedal
Hamar
Rallarvegen
Myrdal
Peer-Gynt-Weg
BERGEN
Hardangervidda
Mjøsa-See
Glåma
Klarälven
Haukeligrend
Setesdal
Lagen
OSLO
Villmarksveien
Haugesund
Telemark
Drammen
Horten
Moss
Tonsberg
Dalen
Skien
STAVANGER
Porsgrünn
Larvik
Oslofjord
Halden
Karlstad
Örebro
Sira
Otra
Arendal
Kristiansand
North Sea Cycle Route
SKAGERRAK
Uddevalla
Värnern
Vättern
SCHWEDEN
SKA

NORWEGEN (NORD)
© RKH VERLAG HERMANN
0 100 km
Barents-See
Nordkap
Sørøy
HAMMERFEST
Vadsø
Varangerfjorden
Kirkenes
ATLANTIK
Finnmark
Inarijärvi
RUSSLAND
TROMSØ
Olderdalen
Troms
Andøja
Senja
VESTERALEN
Harstad
Narvik
KonKämaälven
Kiruna
LOFOTEN
Vestfjorden
SKANDEN
Bodø
Fauske
Rovaniemi
Nördl. Polarkreis
Luleälven
Svar-tisen
Mo i Rana
Mosjøen
Storavan
Lulea
Helgeland
Rossvatnet
Skellefteälven
Skelleftea
Bottnischer Meerbusen
SCHWEDEN
FINNLAND
Umea
Ornskoldsvik
Vaasa

mit MTBs oder Trekkingrädern befahren, ohne Gepäck auch mit normalen Tourenrädern (Fahrradvermietungen in Geilo, Haugastøl, Finse, Myrdal, Voss). Ab Gudvangen dann auf Asphalt, aber nur mit bergtüchtigem Rad.
Strecke: Haugastøl (990 m, Ü) – Finse (1240 m, Bhf., Ü) – Fagernut (1300 m) – Hallingskleid (1110 m, Ü) – Vatnahalsen (810 m, Ü) – Myrdal (870 m, Bhf.) – **Flåm** (2 m, Ü, C) – Fährfahrt durch Aurlandsfjord und Nærøyfjord (1000 m hohe Wände!) – Gudvangen (2 m, Ü, C) – Stalheim (360 m, Ü) – Vinje (240 m) – **Voss** (60 m, Ü).
Achtung: Zwischen Gudvangen und Stalheim müssen Radler die alte Serpentinenstraße benutzen, der neue Tunnel ist nur für Autos frei. Die 350 Hm welche auf der alten Stalheimskleiva überwunden werden müssen, sind die steilsten, die Norwegen zu bieten hat: Steigung um 18%, in der Spitze sogar 25%! Oben wartet dafür ein feudales Hotel mit Blick in die Schlucht und den besten Waffeln weit und breit.
Variante: Von Myrdal mit dem Radlerzug durch den Gravhalstunnel nach Upsete (850 m), dann per Rad weiter über Mjølfjell (630 m, Ü) bis Voss.
Saison: Schneefrei ist der Weg im Juli und August. Der populärste Abschnitt (Haugastøl – Finse, 27 km) ist von Juni – Sep. befahrbar, Schnee wird ggf. geräumt, in dieser Zeit verkehren auch täglich Sonderzüge mit Gepäckwagen zur Fahrradmitnahme.
Infos: *www.rallarvegen.com*, *www.rallarmuseet.no*
Weiterreise mit der Bahn: Sonderpreis-Ticket für kombinierte An-/Abreise mit der Bahn (Oslo–Finse/Myrdal–Oslo). Für die Weiterfahrt mit der Bahn nach Bergen bzw. Oslo die Fahrradmitnahme (wegen der geballten Nachfrage am Ende des Rallarvegens) unbedingt vorher reservieren, ansonsten muss das Rad ggf. aufgegeben werden und kommt erst einen Tag später an!

Erfahrungen Wie sich der Rallarvegen „verkehrt" herum fährt, berichtet *Andrea Pühse:* „Wir sind in Flåm gestartet und haben trotz aller Warnungen auf die Bergfahrt mit dem Zug bis Myrdal verzichtet. Die ersten 17 km führten über einen festgefahrenen Waldweg durchs Flåmsdalen, ein wundervolles Tal mit Schluchten und Wasserfällen. Kontinuierlich ging es dort bis auf etwa 600 m bergan, die mit Pausen gut zu schaffen waren. Die anschließenden 3 km mit den 21 Haarnadelkurven brachten uns beim Schieben über groben Schotter aber schnell ins Schwitzen.

Oben angekommen, hatten wir einen herrlichen Blick zurück und trafen die Radler wieder, die den Zug genommen hatten. Bis Haugastøl führte der Rallarvegen nun über den höchsten Punkt bei Taugevatn (1301 m). Für die gesamte Strecke bis Finse (65 km, Bahnhof, Hotel, Hütte) brauchten wir zehn Stunden, die mich an den Rand meiner Kondition brachten; über 200 Radler kamen uns an diesem Tag wohl entgegen. Belohnt hat uns die gewaltige Landschaft der nördlichen Hardangervidda. Plätze zum Wildzelten gibt es trotz felsigen Bodens reichlich, Flächen mit Moosen und Flechten geben den Häringen Halt; bei Temperaturen um den Gefrierpunkt waren wir froh über unsere dicken Schlafsäcke. Die restliche Strekke von Finse bis Haugastøl erwies sich als der am besten beschaffene Teil des Rallarvegen und ist praktisch vollständig befahrbar."

Westnorwegen

Orientierung **Provinzen** (und Hauptorte): Rogaland (Stavanger), Hordaland (Bergen), Sogn og Fjordane (Leikanger), Møre og Romsdal (Molde).
Karte: K+F 1, 2, 3.

Überblick Unergründliche Fjorde, begrenzt von steilen Felswänden. Wasserfälle, einer schöner als der andere, Stabkirchen, Fischmärkte, Gebirgskämme, ewiger Schnee – Norwegen vom Feinsten erwartet den Radler zwischen Stavanger und Kristiansund.

Am dichtesten gepackt sind die landschaftlichen Attraktionen im eigentlichen Fjordland: von Haugesund im Süden über Bergen in der Mitte (Norwegens schönste „Großstadt") bis Ålesund im Norden.

Fjordland *www.fjordnorway.com*
Das Fjordland ist die Verzahnung von Meer und Fjell. Die Anreise kann per Bahn (Bergenbahn, eine der schönsten Strecken Europas), per Rad (Rallarvegen, s.o.) oder per Fähre erfolgen (ab Norddänemark). Das geschützte Klima innerhalb der Fjorde (nördlichste Obstanbauregion der Welt), sorgt bereits ab Mitte Mai für radtourenfreundliche Temperaturen. Allerdings ist dies nur die halbe Wahrheit, denn im Fjordland befinden sich auch Norwegens höchste Passstraßen, und die sind erst ab Ende Mai /Anfang Juni geöffnet.

Diese Panoramastraßen zwischen Fjord und Fjell verlangen erheblichen Einsatz. Der **Sognefjell-Pass** ist mit 1440 m der höchste Straßenpass Norwegens (über 30 km Anstieg auf der 55 ab Skjolden), und auch der von Åndalsnes zum Geiranger führende **Trollstigen** (850 m), der sich mit elf Haarnadelkurven eine steile Gebirgswand emporwindet, gehört in die Kategorie „Echtheitsprüfung für Norwegenradler".

Reinhard Pantke: „Das Fjordland ist der anstrengendste Part Norwegens. Man kommt da nur voran, wenn man über die Fjells fährt. Eher was für Konditionstiere."

Die R55 führt übers firnbedeckte Sognefjell (Westnorwegen)

Ostnorwegen / Østlandet

Orientierung **Provinzen** (Hauptorte): Hedmark (Hamar), Oppland (Lillehammer). **Karten:** K+F (Cappelen) 1, 2.

Hedmark *www.hedmark.com*
Wiesen und Äcker, Seen und Flussläufe, bewaldete Täler und weitläufiges Hügel- und Bergland bestimmen das Landschaftsbild der Hedmark. Zusammen mit der westlichen Nachbarprovinz **Oppland** bildet sie den sog. **Trollpark,** Naturbühne der olympischen Winterspiele 1994. Die dünn besiedelte Hedmark ist kein grandioses, eher ein verhaltenes Norwegen. Manche sagen sogar: langweilig. Der geringe Niederschlag sorgt im Sommer für reichlich Mückenbrut. Genussradler fahren am **Mjøsa-See** entlang oder folgen auf Nebenstraßen Norwegens längstem Fluss, der **Glåma.**

Kleine Holzschilder markieren den **Troll-Radweg,** der in der Hedmark durch Bergland mit weiten Hochtälern führt. Die 360 km lange Route (Lillehammer – Røros) ist überwiegend auf autofreien Alm- und Forstwegen geführt, der Rest sind verkehrsarme Nebenstraßen. Den höchsten Abschnitt des Troll-Radweges bildet der **Friisveien** mit dem 1100-m-Pass zwischen Gudbrandsdalen und Østerdalen.

Wer sich in der Hedmark nun immer noch langweilt, wird zur Strafe von Alvdal aus mit dem Mounty auf den Tron geschickt – einen der höchsten anradelbaren Aussichtsgipfel Norwegens (1666 m).

Oppland Genug Abwechslung und Herausforderung gibt's mit Sicherheit in der sich westlich anschließenden Provinz Oppland. Sie ist Sammlungsgebiet der höchsten Berge Norwegens. Radfahren spielt sich hier meist in Höhen von 700–1100 m ab, denn mehr als die Hälfte der Region liegt über 900 m.

Neben den Anteilen an Dovrefjell und Rondane ist es vor allem der **Jotunheimen,** dem die Provinz ihren Titel „Dach von Norwegen" verdankt. Diese alpenähnliche Hochplateaulandschaft (1140 qkm) reicht vom Sognefjord im Westen bis zum Gudbrandsdal im Nordosten. Baumlose Hochgebirgsvegetation, weite Fels- und Firnfelder, Täler und Seen, Bergkämme mit Schneemützen und Norwegens höchste Gipfel (Glittertind 2452 m, Galdhøpiggen 2469 m) sind hier beieinander.

Durch diese überwiegend raue Landschaft führt der **Jotunheimweg** (Jotunheimvei). Die aus Schotter und Ölkies bestehende Piste lässt sich auch mit Gepäck bewältigen (MTB optimal). Sie zweigt bei Bygdin hinter dem 1029 m hoch gelegenen See Vinstervatn ab und trifft nach 79 km bei Vinstra auf den **Peer-Gynt-Weg.** Diese knapp 100 km lange Radroute führt mit ständigem Auf und Ab von Dalseter oberhalb des Gudbrandsdalen („Tal der Täler") nach Lillehammer. Der Peer-Gynt-Weg ist eine der schönsten und dennoch wenig bekannten Radrouten Norwegens. Infos zur Region (Peer-Gynt-Reich): *www.peergynt.no*

Peer-Gynt-Radroute **Verlauf:** Dalseter (920 m) – Lomseter (870 m) – Fefor (900 m) – Sandsetra (800 m) – Gålå (910 m) – Toftsetra (920 m) – Fagerhøl (1000 m) – Skei (840 m) – Svingvoll (560 m) – Follebu (370 m) – Lillehammer (180 m). 98 km. Die ersten 60 km bis Skei breiter Schotterweg, dann überwiegend Asphalt bis Lillehammer.

Mountainbiker dürfen ihr Gefährt in Oppland beim Wort nehmen. Gute Karten und gutes Wetter vorausgesetzt, lassen sich nirgendwo in Norwegen so viele Steilpisten und Auffahrten realisieren wie hier.

Mittelnorwegen / Trøndelag

Orientierung

Provinzen (Hauptorte): Sør-Trøndelag (Trondheim), Nord-Trøndelag (Steinkjer).
Infos: www.trondelag.com
Karte: K+F (Cappelen) 3.

Eindrücke

Sanft geformte Fjellplateaus, riesige Wälder, viel Landwirtschaft rund um den Trondheimsfjord und eine von Schären und Fjorden zerklüftete Küste prägen die beiden mittelnorwegischen Provinzen. Anteil an Hochgebirgen haben sie nur am Rande (Trollheimen im SW, Dovrefjell im Süden).

Touren-tipps

Den meisten Radreisenden erscheint Mittelnorwegen schon als Transitland in Richtung Norden. Obwohl speziell **Nord-Trøndelag** auch das Zeug zum eigenständigen Radtourenziel hätte. Das landschaftliche Spektrum dieser Provinz ist so weitgefächert, dass die Fremdenverkehrswerbung sie gern als „Norwegen en miniature" bezeichnet. Nordkap-Aspiranten eröffnet Nord-Trøndelag die Möglichkeit, statt auf der E 6, westlich davon durch adrettes *Fjordland* zu radeln (Trondheim – Namsos – Lund – Gravvik – Revnes).

Nordnorwegen

Orientierung

Provinzen (Hauptorte): Nordland (Bodø), Troms (Tromsø), Finnmark (Vadsø).
Info: *www.visitnordland.no*
Karten: K+F (Cappelen) 4, 5.

Nordland

Charakteristisch für die Provinz Nordland ist ein Gebirgsriegel aus rundlich-roten und schroff-schwarzen Bergformationen. Die Nordländer scherzen, dieses Gebirge bewahre Schweden davor, ins Meer zu fallen. Vergleichsweise grün und lieblich ist eigentlich nur das südwestlich von Mo i Rana gelegene Mittelgebirgsland **Helgeland.** Nördlich von Mo i Rana markieren die Klimagrenze des Polarkreises das **Saltfjell** und das Gletschermassiv **Svartisen** (wörtl. „schwarzes Eis", ist aber gar nicht schwarz). Weiter nordwärts macht sich die Vegetation klein, statt Wäldern gibt es nur noch subpolare Bodendecker, einzeln stehende Birken und Fichten.

Lofoten und Vesterålen

www.lofoten-info.no, *www.lofoten.info*, *www.visitvesteralen.com*
Die landschaftlichen Sahneteile Nordlands liegen im Meer: Die Inselgruppen **Lofoten** und **Vesterålen.** Pittoreske Granitfelsen sind ihr Hauptmerkmal. Beide Archipele sind reizvolle Tourengebiete mit weitgehend flach verlaufenden, aber auch dem Wind ausgesetzten Straßen. Zu den schönsten Strecken zählen Radler die kleinen nordwestlichen Küstenstraßen von **Austvågøy** (Lofoten) und **Andøya** (Vesterålen). Ein 130 km langer, beschilderter **Lofoten-Radweg** führt von Svolvær (auf Austvågøy) nach Å

Fjorde, Schluchten, Wasserfälle – Westnorwegen

(auf Moskenesøy). Dabei muss der 1780 m lange **Nappstraumen-Tunnel** durchquert werden, der die Inseln Vestvagøy und Flakstadøy unterseeisch verbindet (beleuchtet und belüftet). Alle anderen Inseln sind durch Brücken bzw. Fähren verbunden.

Im Winter auf die Lofoten?

Die Lofoten und die Vesterålen eignen sich sogar für eine winterliche Tour. Wegen des Golfstroms sinkt die Temperatur in dieser Jahreszeit kaum unter Null. Trotzdem schneit es oft, taut aber auch schnell wieder. Die Schneeräumdienste sind sehr zuverlässig, so dass bspw. mit den „Snow Stud"-Spikesreifen von Schwalbe fast immer gefahren werden kann. Anreise von Oslo bis Bodø per Bahn oder Flug. Von Bodø per Fähre nach Moskenes (auf Flakstadøy). Moskenes liegt auf dem Lofoten-Radweg (s. o.). Es gibt zwei ganzjährig geöffnete Campingplätze mit Hütten (Sortland, Harstad), ansonsten Jugendherbergen. Empfehlenswert wäre ein solcher Trip Ende Februar/ Anfang März, da dann auch noch eine gute Chance für das Erlebnis des Nordlichts besteht (= Polarlicht). Noch früher sollte man wegen der Winterstürme besser nicht kommen.

Troms

Ein Teil der Vesterålen gehört bereits zur Provinz Troms. Nachdem sich der Festlandskorridor bei Narvik (noch Nordland) auf 6 km verjüngt, wird das Land zwischen Nordmeer und schwedisch-finnischer Grenze in Troms wieder weiter. Der große norwegische Gebirgszug Skanden verliert merklich an Massivität. Mehrere Flüsse haben tiefe Quertäler in ihn gegraben, um anschließend in die Fjorde der stark gegliederten Küste zu münden.

Die klimatisch günstigen Flusstäler trumpfen mit Wasserfällen und unerwartet üppiger Vegetation auf. Überhaupt ist Troms landschaftlich die abwechslungsreichste der drei Nordprovinzen. Beeindruckend die „nordisch-italienische" Szenerie auf dem Weg entlang von Lyngenfjord, Kvænangen und Altafjorden, der bereits zur Finnmark gehört.

Finnmark

www.nordkapp.no
Mitternachtssonne, Mückenschwärme, Nordkap, Polarlicht, Pisten, Sami, Rentiere, Moltebeeren, Eisenerz, Lachse, Tundra – all das gehört zur Finnmark! Abenteuerlust und Monotonie gehen beim Radeln durch Norwegens nördlichste Provinz eine merkwürdige Symbiose ein und erzeugen eine Spannung, die sich erst am Nordkap wieder löst. Gemütlich breite Fjorde bestimmen die Küstenlinie, schwach gewelltes, moos- und heidebewachsenes Plateauland dominiert das Landesinnere, die **Finnmarksvidda.**

Kaum mehr als ein mächtiger Schieferfelsen mit Blick aufs leere Eismeer, das ist schließlich das **Nordkap,** gefeiert als nördlichster Aussichtspunkt Europas. Noch etwas weiter nördlich liegt das benachbarte Kap Knivskjellodden, aber dorthin führt nur ein einsamer Fußweg.

Ohnehin zählen nicht ein paar Meter mehr oder weniger, sondern das Gefühl, irgendwie am „Ende der Welt" angelangt zu sein und der hypnotische Blick auf die über dem Meereshorizont entlang schleichende Mitternachtssonne. Dafür kassieren die Norweger rund 25 € Eintritt (bei Radfahrern werden Ausnahmen gemacht), und das sogar wenn es waschküchendick bewölkt ist. Was nicht selten passiert. Manche verzichten daher von vornherein aufs Nordkap. Aber können 130.000 Besucher pro Jahr irren?

Nordkap-Tourentipps

Nirgendwo auf der Welt sind polare Gefilde so leicht erreichbar wie in Skandinavien, und ganz speziell hier, in Norwegen. Eine Nordkap-Tour hat jedoch ihre eigenen Gesetzmäßigkeiten: Die Distanzen sind groß, Wind und Wetter launisch, die Strecken am Anfang anspruchsvoll, am Ende monoton, die Infrastruktur zunehmend weitmaschig. Auch ist die Saison recht kurz. Bis Mitte Juni dauert die Schneeschmelze, und ab Ende August wird es auch schon wieder um 20 Uhr dunkel.

Hingegen gibt es kaum nervige Ortsdurchfahrten, und geradelt werden kann rund um die Uhr (theoretisch). Da alle wichtigeren Schotterstraßen nach und nach mit Schwarzdecken versehen werden, darf mit positiven Überraschungen bezüglich des Straßenzustandes gerechnet werden.

Nordkapstraße E 6

Ab Trondheim heißt die einzige durchgehend asphaltierte Straße und kürzeste Verbindung zum Nordkap: E 6. Dennoch schlappe 1800 km. Und viel Verkehr! Eine Strecke für Marathonisti, denen alles andere egal ist! Dem regen Verkehr lässt sich ein Schnippchen schlagen, wenn man im Schein der Mitternachtssonne radelt und dafür tagsüber pausiert (am Nordkap scheint die Mitternachtssonne vom 12.5.–30.7.).

Reinhard Pantke: „Die E 6 sollte man nur fahren, wenn es gar nicht anders geht. Viel zu viel Verkehr! Hinter Trondheim in jedem Fall die Küstenstraße nutzen. Die vielen Fähren blocken dort den Verkehr ab."

Kystriksveien RV 17

www.rv17.no
Bis **Alderdalen** lässt sich, unter Einbeziehung der Lofoten, im Küstenbereich eine überwiegend asphaltierte und nicht sehr bergige Alternativroute zur E 6 realisieren. Diese Strecke ist zwar länger und mit zeitaufwändiger Insel- und Fjordspringerei verbunden, für eingefleischte Norwegen-Radler aber dennoch der einzig wahre Weg zum Nordkap.

Erster Streckenbaustein ist der 550 km lange Kystriksveien **RV 17,** der von **Steinkjer** über diverse Inseln nach **Bodø** führt (www.visitbodo.com).

Reisezeit Generell sind Juni bis September die günstigsten Tourenmonate (für den Norden: Juli und August). Hauptreisezeit ist von Anfang Juli bis Mitte August. Dann wechseln sich einzelne Regentage mit sommerlichen Temperaturen und glockenblumenblauem Himmel ab. Gleichzeitig haben die Mücken Hochsaison: Im Süden speziell auf der Hardangervidda und dem Dovrefjell, im Norden im Landesinnern wie Finnmark; an der Küste sind sie kein Problem. Oftmals wunderschön, allerdings auch schon merklich kühler, ist der Herbstmonat September, der sich, ebenso wie der trockene Mai, für Touren in den tiefer gelegenen Regionen Südnorwegens eignet.

Anreise

Per Bahn und Fähre OW – One Way, HS – Hochsaison (ca. 10.6.-20.8.)
Redeereien: *www.colorline.de*, *www.fjordline.dk*, *www.stenaline.de*
Südnorwegen lässt sich mit einer Kombination aus Fahrrad, Bahn und Fähre erreichen:

1) Per Bahn bis **Kiel,** von dort per Fähre nach Oslo (19,5 h, Color Line, Kabine OW ab 200 €, Fahrrad ab 8 €).
2) Ber Bahn nach **Frederikshavn** (Fahrradmitn. möglich), von dort per Fähre nach **Oslo** (8,5 h, Stena Line, 26 €).
3) Per Bahn nach **Hjørring** (DK/Nordjütland, grenzüberschreitende Fahrradmitnahme im Zug nach Frederikshavn möglich). Per Rad nach **Hirtshals** (noch 17 km), von Hirtshals per Fähre nach:

- **Larvik** (10,5 h, Color Line, Schlafsessel OW/HS ab 56 €, Fahrrad ab 26 €)
- **Kristiansand** (2,5 h, Color Line, OW ab 26 €)
- **Oslo** (8 h, Color Line) oder
- **Bergen** (17 h, Fjord Line, Schlafsessel OW ab 45 €, Fahrrad 15 €).

Wer erst **nördlich des Polarkreises** in die Pedale treten will (Lofoten, Nordkap), nimmt am besten zunächst eine der Fähren bis **Oslo** (s. o.) und fährt von dort per Bahn nach **Bodø** weiter (1 Tag).

Per Fahrradbus Per **Fahrradbus** gelangt man zwar nicht nach Norwegen, aber immerhin bis in die Nähe der schwedisch-norwegischen Grenze. Infos: *www.bike-und-bus.de*

Per Flieger *Norwegian* fliegt alle internat. Airports in Norwegen zu günstigen Preisen an. Auch den inländischen Luftverkehr bedient Norwegian. Drehscheibe im Norden ist Bodø. Infos: *www.norwegian.no*

Transport im Land

Ruteheft Das „Ruteheft" ist ein eng bedrucktes Fahrplankompendium mit allen wichtigen Bus-, Bahn-, Flug- und Fährverbindungen in Norwegen. Muss man haben. Erhältlich jeweils ab April über die Tourismuszentralen und, falls dort nicht, bei den i-Büros im Land.

Portal der norwegischen Verkehrsunternehmen mit ihren Fahrplänen. *www.ruteinfo.no*

Bahnen Gut überschaubar ist das rund 4300 km lange Streckennetz der Norwegischen Staatsbahnen NSB: Strahlenförmig gehen vier Hauptstrecken von Oslo aus, längste Linie ist die Nordroute (Nordlandsbanen), die 170 km hinter dem Polarkreis in Bodø endet.

Fahrradmitnahme ist möglich, jedoch nicht in Expresszügen (wobei aber häufig von Ausnahmen berichtet wird). Preis ca. 10 €. Wo die Mitnahme nicht möglich ist, sollte das Rad spätestens eine halbe Stunde vor Abfahrt am Gepäckschalter aufgegeben werden. Dann besteht eine gute Chance, dass es im selben Zug mitreist. Infos: *www.nsb.no* (norweg.)

Busse Überlandbusse ergänzen das dünne Bahnnetz. Busse, die auf Strecken verkehren, die für Radler gesperrte Tunnel passieren, haben einen außen angebrachten Fahrradträger. Ansonsten kommen die Räder in den Gepäckraum; oft auch vollbepackt, die Fahrer sind da nicht kleinlich. Die Preise variieren von gratis bis zu einem Drittel vom Personentarif. *Reinhard Pantke:* „Je einsamer die Regionen, desto größer die Chance Räder mitzunehmen. In der Finnmark haben die Busse oft sehr große Frachtabteile."

Fähren Küsten- und Inlandsfähren sind in Norwegen ein primäres Verkehrsmittel; ohne sie würde es an Fjorden oft ebenso wenig weitergehen wie im nördlichen Küstenbereich. Während die Küstenfähren nur einige mal pro Tag verkehren, sind die meisten Fjord-Fähren tagsüber non-stop unterwegs. Das Fahrrad wird gratis bzw. zum Kindertarif befördert.

Küstenreedereien: Flaggruten (www.tide.no) verkehrt zwischen Stavanger und Bergen, Hurtigruten (s.u.) zwischen Bergen und Kirkenes.

Hurtigruten („Postschiff") *www.hurtigruten.de*

Das ganze Jahr über befahren die berühmten Passagier-Post-Frachtschiffe der Hurtigruten die 2300 km lange Küstenstrecke Bergen – Nordkap – Kirkenes. 13 Schiffe verkehren praktisch rund um die Woche und haben, je nach Schiffstyp, 150–1000 Betten im Bauch. Auch zwei der traditionellen alten Postschiffe sind noch in Betrieb.

Die Schiffe fahren im geschützten, auch im Winter eisfreien Inlandsfahrwasser, also zwischen den Inseln und der Küste. Das ist für die Passagiere sehr abwechslungsreich. Sechs Tage beträgt die gesamte Fahrzeit, 34 Häfen werden angelaufen und die Fahrpläne genau eingehalten. Wer von Süd nach Nord geradelt ist, dem eröffnen diese Eilschiffe eine tolle Rückfahrgelegenheit. Kabinenplätze sollten für die Sommersaison (1.5.– 31.8.) jedoch schon etwa ein Jahr im voraus gebucht werden. Preiswerter sind Deckpassagen, die spontan gebucht werden können. Nachts dürfen sich Deckpassagiere in der Cafeteria und den Salons lang machen (bis 7 Uhr früh). Studenten erhalten 50% Rabatt. Die Fahrradmitnahme ist immer frei.

Übernachten

Zimmer 70 sehr unterschiedlich ausgestattete Gästehäuser (Vandrerhjem) firmieren als **Jugendherbergen.** Zwischen den einzelnen Häusern liegen südlich von Trondheim im Schnitt etwa 80 km, nördlich von Trondheim bis zu 200 km. Ü/Schlafsaal: 12–26 €. Norske Vandrerhjem (www.vandrerhjem.no). Preiswert sind außerdem **Privatzimmer** („rom", „B&B", ab 20 €/P), **Ferienhütten** (für Aufenthalte ab 1 Woche, ab 10 €/P, „hytter ledig" = „Hütte frei") und **Studentenwohnheime** (sog. Sommerhotels, ab

25 €/P). Teuer sind Hotelzimmer (DZ ab 80 €). Um das abzumildern, haben alle Hotels sich einem Rabattsystem angeschlossen. Nur wenn man den entsprechenden Ausweis zuvor erworben hat, kommt man in den Genuss erheblicher Preisnachlässe (50-60%). Für Radreisende aber wenig praktikabel.

Campen *www.camping.no*, *www.nafcamp.com*, *www.pluscamp.no*
1400 **Campingplätze** – kein nordeuropäisches Land hat mehr zu bieten! Die meisten Plätze befinden sich im warmen Südnorwegen und sind im Sommer stark belegt. Ein Camping-Carnet ist in Norwegen nicht obligatorisch, die Camping Card Scandinavia jedoch auch hier hilfreich. Die Karte kann vor der Reise bestellt werden, oder als provisorische Karte unterwegs erworben werden (in Norwegen um 12 €). Die Karten gelten in ganz Skandinavien. Ü Camping ab 10 € (meist personenunabhängig pro Zelt). Campinghütten für 2–6 Personen 30–60 €. Viele Plätze sind mit Waschtrocknern ausgerüstet.

Freies Zelten ist im Rahmen des Jedermannsrechtes (s. Schweden) erlaubt und vor allem in den Fjellregionen (Hochebenen) sehr schön und leicht realisierbar. Anders hingegen im Fjordland, wo es immer mehr Verbotsschilder gibt.

Reinhard Pantke: „Es gibt, wenn man mal vom Fjordland nördlich von Bergen absieht, unendlich viele Möglichkeiten einen guten Platz für die Nacht zu finden. Das gilt insbesondere für die einsame Finnmark und das Nordland. Allerdings wird in stärker frequentierten Regionen diese Freiheit schon eingeschränkt, weil sich einige Leute daneben benehmen."

Karten und Literatur

(Adressen zum Bezug von Karten und Reiseführern im Anhang)

Tourenkarten

- *Empfehlung:* Sykkelruter i Norge, 1:1 Mio., 14,80 €, Fahrradplanungskarte für Norwegen, Bezug: *www.nordland-shop.net*
- *Empfehlung:* Kümmerly & Frey (K+F, Lizenzausgabe der Cappelen-Karte): 1:325.000 (Bl. 1–3) und 1:400.000 (Bl. 4 u. 5, Norden), je 11,90 €, flächendeckend. Allround-Standardkarte mit praktischen Überlappungen, wird im 5-Jahres-Turnus aktualisiert, abgesehen von der müden Grafik wohl immer noch die beste Tourenkarte.
- Freytag & Berndt: Skandinavien-Atlas 1:250.000/400.000, 29,95 €: Aktuell und detailliert. Die preiswerteste Komplettlösung für ganz Norwegen bzw. Skandinavien. Aber schwer und unhandlich, daher evtl. kannibalisieren (benötigte Seiten heraustrennen).
- Nordic-Maps: 1:50.000, Topokarten des Landesvermessungsamtes, flächendeckend in 727 Blättern (!) à 12,50 €, Planungsgrundlage für Offroad-Touren.

Tourenführer

- Kettler Vlg.: „Norwegen per Rad". Handlicher Radreiseführer mit Tourennetz, gut brauchbar bis Trondheim, im Norden eher schwach.

Fahrrad (sykkel)

Ausstattung Mit einem guten Reise-MTB lässt sich Norwegen vom Kap Lindesnes (im Süden) bis zum Nordkap erkunden. Wegen der großen Distanzen und der

Wettereinflüsse (Wind, Regen) empfehlen sich Clickpedale und evtl. ein Triathlonaufsatz. Die Lichtanlage sollte auch bei Langsamfahrt hell genug sein, um bei langen, unbeleuchteten Tunnelpassagen zu sehen und gesehen zu werden. Die Taschen müssen viel Feuchtigkeit abhalten können (Ortlieb, Vaude). Ein Rückspiegel ist auf den engen Fjordstraßen von Vorteil. Wer mit einem 28-Zoll-Rad fahren will, muss wissen, dass Ersatzteile hierfür nur in den größeren Städten zu bekommen sind.

Reparaturen Nur in den Städten bestehen ausreichende Reparaturmöglichkeiten, teilweise mit Selbsthilfewerkstatt. In kleineren Orten haben Sportgeschäfte häufig eine Fahrradabteilung. Wegen der großen Distanzen sollten Defekte prinzipiell mit Bordmitteln behoben werden können.

Den Store Styrkeprøven *www.styrkeproven.com*
Norwegens großes Bike-Marathon **Den Store Styrkeprøven** („Das große Kräftemessen") findet seit 1969 statt. In der Regel an dem Wochenende, das auf den Mittsommer folgt (21. Juni). Die E 6 zwischen Trondheim und Oslo bildet die ewig selbe Route. Wer bei diesem populären Bike-Marathon in der Wertung bleiben will, muss die 550 km lange Strecke in max. 36 Stunden bewältigen. Das Höhenprofil ist mit ca. 2500 Gesamthöhenmetern vergleichsweise moderat. Rekordjahr war bislang 1991, als von 5242 Teilnehmern 4072 ins Ziel kamen; allerdings konnte man sich damals auch noch 48 Std. Zeit lassen.

Rennräder, Liegeräder, Tandems, vollverkleidete HPVs – zugelassen ist praktisch alles (Klassenwertung). Die Räder müssen mit Licht ausgestattet sein, es besteht Helmpflicht. Triathlonlenker sind wegen der Einschlafgefahr verboten. Das Gepäck wird separat von Trondheim nach Oslo transportiert. In einem Daypack lassen sich Werkzeug, Powerriegel und wärmende/wetterfeste Kleidung mitführen. Verpflegungsstationen sind ungefähr alle 50 km eingerichtet.

Die Anmeldung ist ab Dezember möglich. Gleichzeitig muss die Startgebühr überwiesen werden. Mindestalter 17 Jahre. Keine Beschränkung der Teilnehmerzahl.

Straßen und Wege

Überblick Rund 60.000 km Straßen (RV = Riksvegen / Reichsstraßen) sowie 30.000 km Fahrwege schlängeln sich durch Norwegens Berg- und Fjordwelt. Der klimatisch begünstigte Süden ist die Region des besten Straßennetzes. Dass die Maschen dennoch recht weit sind, liegt an den naturräumlichen Hindernissen.

Überhaupt kann man nur staunen, welche Anstrengungen die kleine Nation der Norweger in puncto Straßenbau seit Jahrzehnten unternimmt. Um den Warentransport zu erleichtern, werden wichtige Verbindungen, wie die von Bergen nach Oslo, durch neue Tunnelstrecken peu à peu winterfest gemacht. Das hat die erfreuliche Folge, dass die alten Trassen zu Rad- und Wanderwegen umgewidmet werden. Während die Autos dann durch die lange dunkle Röhre flitzen, genießen die Radler den beschwerlicheren, aber auch schöneren Weg außen herum.

Steigungen sind das Salz in der Suppe einer Norwegen-Tour. Damit die wichtigen Passstraßen nicht schon durch leichte Schneefälle oder

Raureif unpassierbar werden, sind die Anstiege der Hauptstraßen relativ moderat. Selten über 10%, sogar der gefürchtete Trollstigen hat „nur" 11-12%! Die Länge macht's halt!

Pässe und Tunnel

Die meisten **Pässe** sind von Juni bis Oktober geöffnet, einige auch schon früher (Trollstigen bspw. ab Mai). Auch einige Straßen, wie die E 69 zum Nordkap, sind im Winterhalbjahr gesperrt (E69: Okt.-April).

Tunnel deines Vertrauens (Eidfjord)

Zwar gibt es bei gesperrten Tunneln in der Regel eine Alternative für Radler, aber es kann auch anders kommen. *Andreas Bugdoll:* „Wir hatten zwei gesperrte Tunnel, die Fjorde unterquerten. Der eine führte von der Insel Bolsøya nach Molde. Dummerweise war aber die Fähre von Grønnes nach Lønset eingestellt, so dass entweder der Fannefjorden komplett umrundet werden muss (ca. 45 km), der Bus durch den Tunnel genommen, oder eine ganz andere Strecke über die E 69 von Andalsnes aus. Der zweite Tunnel befindet sich südlich von Kristiansund auf der Insel Frei und führt von Kvitnes zur Insel Bergsøya. Aus diesem Grund wurde die Fähre Kvalvag – Kvisvik eingestellt. Ein netter Skipper brachte uns über den Fjord, ansonsten wäre wieder ein längerer Umweg fällig gewesen."

Andere gesperrte Tunnel, wie der 7617 m lange Svartisen-Tunnel lassen sich weiterhin mit der Fähre umgehen (in diesem Fall ab Ørnes). Wenig Probleme bereiten hoch gelegene Gebirgs- und Pässetunnel, da meist noch eine alte Straße existiert (s. o.). Da sich nicht alle Tunnelpassagen vermeiden lassen, braucht man Licht am Rad, das auch bei Langsamfahrt hell ist.

Den „Tunnelguide for syklister" vom Norwegischen Straßenbauamt gibt es seit Jahren nicht mehr (zumindest nicht in gedruckter Form). Nur in der Planungskarte „Sykkelrute i Norge" (s. o.) sind die meisten der für Radler gesperrten Tunnel noch markiert.

Radwege

Radwege sind vor allem an Ortsdurchfahrten und Ausfallstraßen angelegt. Meist jedoch nur einseitig und irgendwie immer halbherzig. Da keine Radwegbenutzungspflicht besteht und die norwegischen Autofahrer rücksichtsvoll sind, radelt man meist lieber auf der Straße ... Es existieren einige markierte **Radrouten,** von denen der „Rallarvegen" die populärste und die „North Sea Cycle Route" die längste ist (s. Südnorwegen weiter oben).

Offroad (MTB)

Prinzipiell erlaubt das Jedermannsrecht das Radeln auf allen Wegen und Pfaden. Jedoch sollen weder Mensch noch Natur beeinträchtigt werden und Einzelverbote sind zu beachten. Die meisten Wanderwege eignen sich ohnehin nicht zum Biken (steinig, holprig, steil, glitschig). Die allemal bessere Wahl für MTB-Abenteuer sind teilbefestigte Fahrwege. Populärster MTB-Spot ist Hemsedal (s.o.). Zunehmend können Bikes auf den Sesselliften der Wintersportorte mitgenommen werden (u. a. um Hemsedal, Lillehammer, Trysil).

GUS

OSTEUROPA (GUS)

WEISSRUSSLAND (BY) – UKRAINE (UA) – MOLDAWIEN (MD) – RUSSLAND (EUROP. TEIL) (RUS)

Tourenziel Osteuropa

Auf den Zerfall der Sowjetunion folgte die GUS, die Gemeinschaft Unabhängiger Staaten. Von 15 Sowjetrepubliken fanden sich 1991 zwölf unter dem Dach der GUS zusammen. Zu Europa, genauer gesagt Osteuropa, zählen die GUS-Staaten Weißrussland, Ukraine, Moldawien und der bis zum Ural reichende Teil Russlands.

Nur wenige Reiseradler betrachten den „wilden Osten" Europas als Verlockung. Warum aber nicht einmal quer durch Weißrussland nach Moskau radeln, oder der Länge nach von Odessa nach St. Petersburg? Letzteres wären 1700 km. Okay, das Straßennetz ist weitmaschig, die Nebenstraßen sind schlecht, der Komfort ist gering. Aber spannend wäre es schon. Zumindest für Leute, die auch mit ungewohnten Situationen umgehen können, sich mit gewissen Entbehrungen arrangieren können und die auch im zwischenmenschlichen Bereich nicht nur Anteilnahme erwarten.

Westlich des Urals, also im europäischen Teil der GUS bzw. Osteuropa, sind Individualreisende nicht von behördlichen Genehmigungen abhängig und dürfen sich auf eigene Faust durchschlagen. Die Versorgung mit dem Lebenswichtigen ist immer ausreichend, die Versorgung mit Unterkünften nicht immer, eine Campingausrüstung kann über manchen Engpass helfen. Und Zähigkeit. Ohne die geht es nicht. Das betrifft auch die Erwartungshaltung. Denn jenseits der Schwarzmeer-Region geht es oft lange Zeit durch weites Agrarland und steppenähnliche Regionen. Ohne große Abwechslungen, fast monoton. Auch muss man als Ausländer selbst auf die Leute zugehen, wenn man Kontakt bekommen will. Doch ist das durch die Jahrhunderte anerzogene Misstrauen überwunden, wird man Menschen mit großem Herzen kennenlernen.

Weißrussland (Belarus)

Daten

207.600 qkm • Ausd. 550 x 550 km • 10,5 Mio. Einwohner • 51 Ew./qkm (Hauptstadt: Minsk 1,7 Mio. Ew.)

Weißrussland

Weißrussland, auch Belarus genannt, ist ein überwiegend flaches Land mit Seenplatten und ausgedehnten Sumpfgebieten. Mischwälder bedecken ein Drittel der Landesfläche. In weiten Ebenen und Hügelländern verlieren sich traditionelle Bauerndörfer, alte Burgen und Klöster. Amtssprache ist Weißrussisch (kyrillisches Alphabet), das mit dem Russischen und Ukrainischen verwandt ist.

Interessante **Ziele in Weißrussland** wären:

- **Brest** (Festung) und das **Landschaftsschutzgebiet Belaveschskaja Puschtscha** (Urwald und Wisente)
- **Minsk** und der Minsker See, **Nesvisch, Vitebsk** und Umgebung (Seenplatten)

- **Braslaver Seenplatte** (im Dreiländereck Weißrussland / Litauen / Lettland)
- das **Naturschutzgebiet Bjarezinski** (südl. von Polack).

Ukraine

Daten 603.700 qkm • Ausd. 800 x 1150 km • 49 Mio. Einwohner • 81 Ew./qkm (Hauptstadt: Kiew 2,7 Mio. Ew.)

Ukraine Wenn man vom europäisch-asiatischen Russland absieht, ist die Ukraine das größte Land Europas. Landschaftlich ist die Ukraine attraktiver als Weißrussland. Sie besitzt große Wälder im Norden, ansonsten dominieren Waldheiden, Steppen und Ackerland. Größter Fluss ist die Dnjepr. Ausgedehnte Tiefländer überwiegen. Typisch sind einige Höhenzüge bis 400 m, die zu den Flusstälern steil abfallen. Größte Gebirge sind die Waldkarpaten im SW (bis 2061 m) und das Gebirge der Krim (bis 1545 m). Die umstrittene Halbinsel – ein ehemaliges „Geschenk" Russlands – gehört als autonome Republik zum Staatsgebiet. Amtssprache ist Ukrainisch (erweitertes kyrillisches Alphabet, verwandt mit Weißrussisch und Russisch). *Christoph Gocke* durchquerte die Ukraine 2003. Sein Fazit: „Unter Radlerkriterien war die Ukraine mega angenehm. Rücksichtsvolle Autofahrer, nicht allzu viel Verkehr, kein einziger Hund, der sich bemerkbar machte, no hassle at all."

Tiraspol (Moldawien, Hauptstadt der abtrünnigen Dnjestr-Republik)

GUS-EUROPA
0 200 km
©RKH VERLAG HERMANN
Barentssee
Murmansk
Halbinsel Kola
Ural-Gebirge
Karelien
Onega-See
FINNLAND
Bottnischer Meerbusen
Ladoga-See
RUSSLAND
Helsinki
St. Petersburg
Kostroma
Wolga
Kasan
Jaroslawl
Rostow
Pereslawl
Sagorsk
Iwanowo
Nisnij Novgorod
Wladimir
Samara
Ostsee
ESTLAND
LETTLAND
Moskau
Braslaver Seenplatte
»Goldener Ring«
Königsberg
LITAUEN
Vitebsk
Smolensk
zu RUSSLAND
WEISSRUSSLAND
Minsk
Pripjet-Sümpfe
Brest
Tschernobyl
Don
KASACHSTAN
Kiew
POLEN
Lwow
Dnjepr
UKRAINE
SLOW.
Waldkarpaten
MOLDAWIEN
Asowsches Meer
UNGARN
Chisinau
Odessa
Krim
RUMÄNIEN
Sevastopol
SERBIEN
Schwarzes Meer
BULGARIEN
MZ.
AL.
GRIECHENLAND
TÜRKEI

Die attraktivsten **Tourengebiete in der Ukraine** wären:

- die Waldkarpaten im Dreieck der Städte **Lwow, Kiew** und **Odessa.**
- die **Schwarzmeerküste** und die **Krim.** Auf der Krim ist das flache Hinterland des Krimgebirges für Radtouren geeignet. Hingegen ist die szenisch reizvolle Küstenhöhenstraße von Foros nach Sudak steigungsmäßig ein harter Brocken.

Moldawien (Moldova)

Daten

33.700 qkm • Ausd. 330 x 150 km • 4,4 Mio. Einwohner • 130 Ew./qkm (Hauptstadt: Chisinau 0,7 Mio. Ew.)

Moldawien

Zwischen Dnjestr und Pruth erstreckt sich einer der kleinsten GUS-Staaten. Das einstige Bessarabien ist ein relativ dicht besiedeltes Land mit viel Wald und großen Weinbaugebieten. Umklammert von Rumänien und der Ukraine hat Moldawien keinen Zugang zum Schwarzen Meer. Die Landessprache (lateinisches Alphabet) ist mit der Rumäniens verwandt. Zum rumänischen Nachbarn fühlt sich auch ein Großteil der Bevölkerung hingezogen. Die in der Dnjestr-Region lebende russische Minderheit möchte sich hingegen am liebsten von Moldawien abspalten. Moldawien hat keine besonderen Attraktionen, die den Aufwand einer eigenständigen Radtour durch dieses kleine Land rechtfertigen würden. Wie bei Königsberg wäre es wohl wieder nur die Neugier, die einen hierher treiben würde.

Russland (Russische Föderation) – europäischer Teil bis zum Ural

Daten

ca. 4 Mio. qkm (von 17 Mio. qkm gesamt) • Ausd. 3000 x 1800 km • ca. 110 Mio. Einwohner • 28 Ew./qkm • (Hauptstadt: Moskau 9 Mio. Ew.)

Russland

Russland ist die übliche Kurzbezeichnung, wenn die Russische Föderation gemeint ist – ein komplexes Gebilde aus 20 Republiken, 6 Regionen und 49 Gebieten. Der europäische Teil Russlands erstreckt sich rund 3000 km weit zwischen der Barents-See im Norden und dem Kaspischen Meer im Süden. Dazwischen liegt die Osteuropäische Ebene. Östlich bildet das lang gezogene Uralgebirge die Schwelle zum asiatischen Sibirien, im Süden stellt der Kaukasus eine massive Barriere zum Morgenland dar. Als Exklave im Nordwesten gehört auch das Gebiet Königsberg zu Russland (Oblast Kaliningrad, Kalinin war übrigens ein Gefährte Stalins). Landessprache ist natürlich Russisch (kyrillisches Alphabet), das zugleich die „lingua franca" der Osteuropa-Staaten ist. Ein russischer Sprachführer genügt also zur Verständigung; wer höflich ist, versucht sich auch in der jeweiligen Landessprache.

Interessante **Tourengebiete in Russland:**

- **Goldener Ring** – Mit dem „Goldenen Ring" ist eine Reihe kulturhistorisch bedeutender altrussischer Städte nordöstlich von Moskau gemeint: Wladimir, Susdal, Iwanowo, Palech, Kostroma, Jaroslawl, Rostow Weliky,

Pereslalwl-Salesski, Sagorsk und andere (Gesamtrunde ab Moskau ca. 1000 km). In **St. Petersburg** angelangt, ist nicht nur die Stadt ein lohnendes Besichtigungsziel, sondern auch die schön mit dem Rad zu erreichenden Zarenpaläste der Umgebung.

- **Karelien** – Im zivilisationsfernen **Karelien** wird es noch abenteuerlicher. Denn die meisten Straßen sind unbefestigt und die Infrastruktur sehr dürftig. Karelien umfaßt die ex-finnische Seenlandschaft, die vom riesigen **Ladoga-See** (nordöstlich Petersburg) bis zur Kola-Halbinsel hoch im Norden reicht. Da die meisten Straßen unbefestigt sind, finden Radtouren hier weitgehend unter Offroad-ähnlichen Bedingungen statt.

  Karelien birgt einige großartige Ziele, die es wert sind: etwa die Klosterinsel Valamo im Ladoga-See (1943 emigrierten dessen Mönche nach Finnland und bauten dort das neue Kloster Uusi Valamo; das religiös bedeutende Ur-Kloster im Ladoga-See ist aber inzwischen auch wieder zugänglich, Fähre ab Sortavala), die Märcheninsel Kishi (Preobrashenski-Kirche, Russlands „Achtes Weltwunder"), das Naturschutzgebiet Kiwatsch („Mutter der Wasserfälle").

Heidi und Werner Reichen über Karelien: Nordöstlich von St. Petersburg befindet sich Russisch-Karelien. Das Gebiet grenzt an Finnland. Wer Finnland, Einsamkeit und Mücken mag, wird von Karelien begeistert sein. Verwegene Abenteurer können der in russischen Karten verzeichneten Ost-West-Verbindung P20 folgen. Die Piste existiert noch, nur ein paar Brücken fehlen. Es gibt aber auch zahlreich neuere Verbindungspisten, die von finnischen Holzfällertrupps angelegt wurden. Nach Karelien gelangt man entweder von Sankt Petersburg oder von Helsinki aus. *Natalie Hesse und Markus Müller* tourten 1999 durch Karelien, ihren Reisebericht gibt es als Download unter *www.onfoot.de* in der Rubrik „Galerie".

Hauptstraße durch den Oblast Kaliningrad

nicht immer keimfrei. Mineralwasser in Flaschen ist sicherer. Auch bei Brunnenwasser, dass es noch überall gibt, sollte vorsichtshalber Entkeimer wie „Certisil Combina“ hinzu gegeben werden.

Weiterhin radioaktiv verseucht, sind die Wälder im Großraum Tschernobil. Betreten oder gar zelten empfiehlt sich in keiner Weise!

Sicherheit Aktuelle Hinweise und Verhaltenstipps: *www.auswaertiges-amt.de* (Länderseiten)

Wetter, Wind und Reisezeit Gemäßigtes Kontinentalklima. Nördlich von Minsk und Moskau ist es im Frühling und Herbst kälter als in Mitteleuropa. Mäßig warme Sommer mit Niederschlagsmaxima in Juli und August. Vergleichsweise mild ist das Klima im Süden, speziell der Schwarzmeer-Region. Dort ist nicht nur der Sommer generell heiter und regenarm, sondern auch der Herbst noch eine (velo)freundliche Jahreszeit. Der Wind kommt meist aus W bis SW.

Die „Belarus“ genannte M1 führt von Brest nach Moskau

Anreise per Rad Wer genug Zeit hat, kann natürlich ganz stilgerecht anreisen. Den Auftakt bilden die mitteleuropäischen Staaten Polen, Slowakei, Ungarn und Rumänien. Bis in die 1990er Jahre gehörten sie zum „Ostblock“, heute bilden sie eine Art cordon sanitaire zwischen West- und Osteuropa.
Grenzübergänge bestehen:

- von Polen zum russischen Gebiet Kaliningrad (1 x), Weißrussland (2 x) und Ukraine (3 x)
- von der Slowakei zur Ukraine (1 x)
- von Ungarn zur Ukraine (1 x)
- von Rumänien zur Ukraine (1 x) und Moldawien (1 x).

An den Grenzen nicht auf Schlepper einlassen, sondern an der Schlange wartender Autos vorbei bis zum Schlagbaum vorfahren. Bei bereits vorhandenem Visum erfolgt die Abfertigung dann gewöhnlich außer der Reihe, so dass die ganze Grenzgeschichte oft schon nach einer Stunde erledigt ist.

Besonderheit Kaliningrad: Bislang durften Radfahrer die Grenze bei Gronowo/Mamonovo offiziell nur an *Bord eines Reisebusses* überqueren.

Das ist nicht mehr erforderlich. Geduld und Nerven benötigt man an der Grenze aber trotzdem. Auf der R1-Website (www.euroroute-r1.de) wird daher empfohlen, ggf. vorab Herrn Oleg Alferov vom Ministerium für Industrie, Kleinunternehmen, Verbrauchermarkt und Tourismus des Kaliningrader Gebietes zu kontaktieren. Tel. 007-4012-599309, E-Mail: project@gov.kaliningrad.ru. Herr Alferov spricht fließend Englisch und hilft beim Grenzübertritt.

Anreise per Bahn Jedem Bahnreisenden aus Westeuropa wird an den Grenzen zu Weißrussland und der Ukraine ein mehrstündiges Schauspiel geboten, wenn die Züge auf russische Breitspurfahrgestelle umgesetzt werden (in Brest, Przemysl, Cop). Nach Kaliningrad wurde nach dem Krieg allerdings eines der Gleise nicht auf Breitspur umgestellt, weshalb es dorthin wesentlich schneller, ohne Umspuren geht. Die meisten Direktzüge laufen von Berlin über Warschau und Brest nach Moskau, eine weitere Direktverbindung nach Moskau besteht ab Wien. Direktverbindungen nach Kiew (Ukraine) ab Berlin und Prag.

Das **Fahrrad** kann nur demontiert im Abteil mitgenommen werden (am besten im Schlafwagen), was in aller Regel toleriert wird.

Anreise per Flieger

- Linienflüge von Wien, Zürich, Genf und allen deutschen Flughäfen nach Moskau und St. Petersburg. Im Sommer auch preiswertere Aeroflot-Charterflüge. Außerdem Linie Berlin – Kaliningrad. Anmerkung: Aeroflot fliegt nur noch mit westlichem Fluggerät.
- Nach Chisinau (Moldawien) bietet Air Moldova Linienflüge ab Frankfurt (3 x die Woche) und Wien (2 x die Woche) an.
- Nach Kiew (Ukraine) geht es von deutschen Flughäfen, meist über Wien, u. a. mit Air Ukraine, Austrian Airlines, KLM.
- Nach Minsk (Weißrussland) werden Linienflüge ab Berlin, Frankfurt und Wien angeboten.

Anreise per Fähre Die Autofähren der **Baltic Line** M/S „Translubeca“ und M/S „Finlandia“ pendeln im Wochenturnus zwischen Lübeck, Sassnitz, Baltijsk (ehem. Pillau, Kaliningrad) und St. Petersburg. Infos: *www.baltics.ru*

Transport im Land Egal ob Bahn, Bus oder Flugzeug, inländische Verkehrsmittel zu nutzen, braucht Zeit und Nerven wie Drahtseile. Größte Hürde ist das Besorgen des Tickets (manchmal nur mit Beziehungen oder Devisen), zweite Hürde ist die Mitnahme des Fahrrades in den meist überfüllten Verkehrsmitteln. Wer eine längere Strecke mit der **Bahn** fahren will, sollte unbedingt Erster-Klasse-Schlafwagentickets kaufen, wo die Fahrräder dann im Zweierabteil mit untergebracht werden können (Vorderräder demontieren, Lenker querstellen). Diese Lösung ist zwar keine offizielle, funktioniert aber, wie mehrfach berichtet. Sollen die Räder hingegen im Gang untergebracht werden – Gepäckwagen sind bei Personenzügen unbekannt –, so gibt es schnell Stress mit dem Zugpersonal, was mit dem Raußschmiss der Räder enden kann.

Auf der **Krim** verbinden **Küstenschiffe** Jalta mit den anderen Küstenorten. Die Fahrradmitnahme ist problemlos. Ob die Passagierschiffe von Kiew nach Odessa wieder verkehren, ist fraglich, in den letzten Jahren waren fast alle großen Liniendienste auf dem **Dnjepr** eingestellt.

Auch Königsberg hat ein Brandenburger Tor

Übernachten

Der Beherbergungssektor ist keine Boombranche. Da die Einheimischen traditionell bei Freunden oder Verwandten übernachten, gibt es weniger Unterkünfte als in anderen Ländern. Die Frage „Wo werden wir heute übernachten?" gehört zu den Dauerbrennern einer Osteuropa-Radtour. Ausgestattet mit Anspruchslosigkeit, Neugier und einem Zelt für alle Fälle ist die Übernachtungsfrage insgesamt aber kein großes Problem mehr.

Zimmer: Hotels existieren in den meisten größeren Orten und den Ferienressorts. Neue Hotels mit westlichen Standard sind vor allem in Städten mit regem Wirtschaftsleben entstanden. Sie verlangen hohe Preise und sind dennoch meist ausgebucht. Was bleibt, sind die einfacheren Hotels, die früher teilweise für Ausländer tabu waren. Die meisten sind inzwischen renoviert. Soweit in Landeswährung bezahlt werden kann, sind die Übernachtungen in solchen Ein- bis Zwei-Sterne-Etablissements bezahlbar. Zunehmend angeboten werden auch Privatzimmer, die naturgemäß preiswerter sind. Online-Buchung von teuren Hotelzimmern: *www.osteuropa-hotels.de*

Camping: Trotz großer Lücken sind Campingplätze insgesamt doch etwas zahlreicher als die wenigen Plätze, die für Osteuropa in Online-Campingführern vermeldet werden. Geöffnet sind sie meist vom 1. Juni bis 30. September. Das größte Problem besteht darin, sie überhaupt zu finden bzw. vorab zu wissen, wo es einen Platz gibt, denn Campingverzeichnisse gibt es nicht, und in den Straßenkarten sind nur wenige verzeichnet. Ausdrücklich verboten ist freies Campen nur in Landschaftsschutzgebieten und an Hauptverkehrsstraßen, ansonsten wird es weitgehend toleriert. Konflikte sind dennoch möglich und lassen sich am besten durch vorheriges Fragen und/oder einen sichtgeschützten Standort vermeiden.

Karten und Literatur

- Falk: 1:750.000, Russland (europ.), Ukraine, Belarus, 7,50 €
- Falk: 1:750.000, Russland von St. Petersburg bis Moskau, Belarus Nord, 7,50 €
- Falk: 1:750.000, Belarus Mitte/Süd, Ukraine Nord/Mitte Russland von Tula bis Schachty, 7,50 €

- Freytag & Berndt: 1:2 Mio (1:8 Mio), Russland - GUS (also mit Weißrussland und Ukraine), 9,95 €
- Literatur: Weiterführende Toureninfos zu Russland im „Fahrrad-Weltführer", Reise Know-How Vlg.

Fahrrad Stabiles Bike mit zuverlässigen Komponenten, Gabel und Sattel möglichst komfortabel, breite nicht zu stark profilierte Bereifung. Schrauben fixieren und unterwegs kontrollieren. Ein Rückspiegel leistet auf verkehrsreichen Straßen wertvolle Dienste.

Es existieren praktisch keine Fahrradwerkstätten, die westliche Fahrräder reparieren. Russische Reifen passen weder auf 26- noch 28-Zoll-Felgen. Daher ausreichend Ersatzteile und Werkzeug mitnehmen. Notfalls Radsportler suchen und Teile tauschen bzw. abkaufen.

Straßen Das Straßennetz ist weitmaschig, der Zustand regional unterschiedlich. Das beste Straßennetz hat die Ukraine. Harte Winter und überladene Lastwagen sind die Feinde osteuropäischer Straßen. Bei starker Sonneneinstrahlung werden manche Straßendecken so weich, dass es große Probleme beim Radeln geben kann. Ist man aber nicht gerade im Hochsommer bei 38 Grad oder mehr unterwegs, lässt sich zumindest alles, was auf Straßenkarten als „wichtige Hauptstraße" deklariert ist, halbwegs würdevoll bewältigen.

Sobald man die Hauptstraßen aber verlässt, beginnt die Reise ins Ungewisse. Straßen enden unvermittelt, Hindernisse unterschiedlichster Art tauchen auf, und obendrein ist die ohnehin kyrillische Wegweisung extrem lückenhaft und selten eindeutig. Auch in den Städten lauern Radlerfallen in Form tiefer Schlaglöcher und versenkter oder gar fehlender Gullydeckel. Dagegen ist der Verkehr noch das kleinere Übel. Lkw-Fahrer erwarten natürlich, dass Radler Platz machen.

Drei Tage bis St. Petersburg von Christoph Gocke

Vorbemerkung: Dies ist der Auszug eines Roadbooks. Christoph will seine vor ein paar Jahren begonnene Runde um die Ostsee vollenden. Drei Wochen im August 2007 hat er sich dafür auserkoren. Neun Tage ist er bereits durch Weißrussland geradelt. Russland, Finnland und Schweden liegen noch vor ihm.

14. August (156 km)

Russisch 542 km bis St. Petersburg sagt der erste Kilometerstein. Weil alles so schnell ging, hatte ich vergessen, die letzten weißrussischen Rubel gegen russische zu tauschen. Obwohl ich noch zwei Mal vor der Grenze zum Einkaufen gehalten hatte, bin ich das Geld einfach nicht los geworden. Die ersten 25 km sind neu geteert. Anders als auf den Karten führt die M20 nicht durch Nevel, sondern lässt den Ort rechts liegen.

Es ist wieder flach geworden. Nur kurz bekomme ich auf einer kleinen Anhöhe die Stadt und die endlosen Wälder ringsherum zu sehen. Verkehr gibt es so gut wie keinen. Zwei Mal werde ich gefragt, ob diese Straße nach

Nevel führe. Immer auf Russisch. Jeder geht davon aus, dass ich - sofern nicht sowieso Russe - auf jeden Fall Russisch verstehe.

Kurz vor Pustoshka kreuzt die große Verbindungsstraße nach Lettland. Jetzt ist etwas Verkehr. In Pustoshka sehe ich zwei Rucksackreisende. Sie kommen aus St. Petersburg und als sie merken, dass mein Russisch schnell an seine Grenzen stößt, wechseln sie sofort in hervorragendes Englisch. Sie trampen von Minsk nach Hause und wollen die Nacht an einem See verbringen, an dem ich sicher auch gut übernachten könne. Ich zögere und bleibe. Zum Glück. Denn bis ich am nächsten Morgen den See erreiche, bin ich schon mehr als eine Stunde unterwegs.

Die Unterkunft

In Pustoshka soll es ein kleines Hotel geben. Und das gibt es tatsächlich. Die Frau am Empfang ist im Vergleich zu den bisherigen Rezeptionspatroninnen recht jung und schlank. Freundlichkeit schwappt bei ihr aber auch nicht über. Und natürlich muss ich sofort zahlen. In Rubel. Also laufe ich zurück zum lokalen Geldautomaten, der sich in einem Häuschen in der zweiten Reihe versteckt. Im Laden decke ich mich für Abendessen, Frühstück und mehr ein. Denn der riesigen tristen Hotelhalle sah man an, dass hier nicht an ein Frühstück zu denken ist.

Dann stellt sich die spannende Frage, ob ich ohne russischen Einreisestempel im Hotel registriert werde. Mein Vorteil: An der Rezeption steht ein Kopierer, mit dem mein Pass kopiert wird. Der psychologische Vorteil: Die Empfangsdame ist überzeugt, alles getan zu haben. Die Überprüfung meiner Daten findet erst später bei der Polizei statt, wenn ich längst wieder in den Wäldern bin. So wird es auch an den nächsten Abenden sein.

Zum Abschluss bittet sie mich, mein Fahrrad mit aufs Zimmer zu nehmen. Das ist nicht nur sicherer, sondern erlaubt mir auch Gepäck drauf zu lassen, kleinere Reparaturen bequem zu erledigen und das Rad als Wäscheständer zu nutzen.

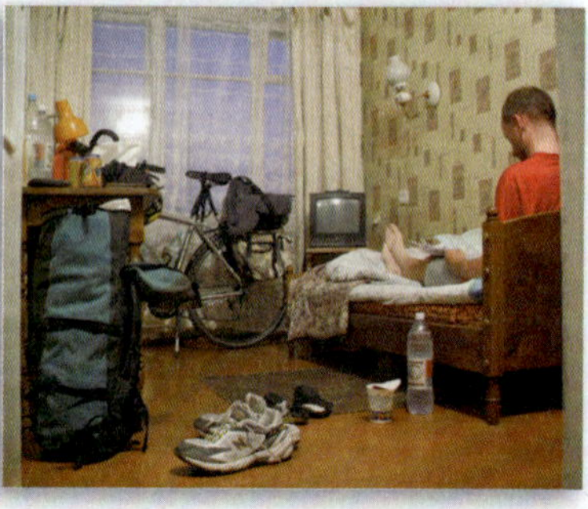

Christoph plant den nächsten Tag

Das Hotel ist alt. Aber die katastrophalen Zustände in den Jahren nach Ende der Sowjetunion sind passé. Nichts tropft im Badezimmer, heißes Wasser kein Problem, auch wenn die Ästhetik die alte sowjetische geblieben ist. Das Straßendorf Pustoshka ist so klein und unattraktiv, ich bin so müde, die Mücken sind so zahlreich und die Suche nach einem Internet-Café so aussichtslos, dass der Abendspaziergang ersatzlos gestrichen wird. Ich lese auf dem Bett in meinem von der Sonne aufgeheizten Zimmer.

15. August (195 km)

Diametrales

Das heiße Zimmer hat mir keinen guten Schlaf beschert, dann esse ich, weil ich ja so gut erzogen bin, zum Frühstück auch noch zwei der Möhren, die mir Katja mit auf den Weg gegeben hatte. Grässlich. Rohe Möhren und Fahrrad fahren vertragen sich überhaupt nicht. Widersprechen sich geradezu. Eigentlich weiß ich das längst, aber manche Erkenntnis muss gelegentlich aufgefrischt werden. Die Möhren liegen mir den ganzen Tag schwer im Magen.

Dank der Querverbindung nach Riga kurz vor Pusthoshka ist jetzt kräftig Verkehr auf der Straße. Daran muss ich mich erst wieder gewöhnen. Hinter Ostrov wird es durch einen Seitenstreifen besser. Auf dem kann ich stumpf und stur vor mich hinfahren und Autos, Busse und Lkw an mir vorbeidonnern lassen. Recht geschafft erreiche ich Pskow. Jetzt noch ein paar Kilometer in der Abendsonne an der Welikaja entlang. Der Kreml ist verwaist. Eine große Festung mit einer riesigen Kathedrale. Ich bin überhaupt nur aufs Gelände gekommen, weil vor der Festung am Abend Theater gespielt wird. Eine Hakenkreuzfahne hängt auf der Open-Air-Bühne. Hitlers Schergen waren auch in Pskow.

Vorhersage Als ich spätabends im VIP-Raum des Internet-Cafés die Windvorhersage bei wetteronline aufrufe, breitet sich Euphorie aus. Nachdem ich heute schon fast 200 km gefahren bin, kommt morgen der Wind aus Südwest: Zum ersten Mal Rückenwind auf dieser Tour!

16. August (292 km)

Rekordtag? Kann ich 300 km an einem Tag radeln? Die weißen Nächte sind zwar vorüber, trotzdem geht die Sonne heute am 16. August erst um 21.51 Uhr unter, dann noch die Dämmerung, ist das zu schaffen? 280, 290 km bis St. Petersburg. Ziemlich genau die Entfernung zwischen Hamburg und Berlin. Meine bisher längste Strecke waren 258 km in Libyen. Das ist sechs Jahre her.

Relativ locker starte ich um 8.15 Uhr. Ohne Hektik. Ohne Stress. Vor einer endgültigen Entscheidung will ich die ersten Kilometer abwarten. Auf meinem Tourenplan stehen eigentlich nur 144 km bis Luga. Aber dort gibt es kein Hotel. Nur zwei, drei Sanatorien in der Nähe, die aber in der Regel wenig begeistert über One-Night-Stands sind.

Nachdem ich noch ein paar Lebensmittel gekauft habe, komme ich dann richtig in Fahrt. Tatsächlich: Rückenwind aus Südwest. Ich spüre ihn sofort, obwohl zunächst ringsum Nebel herrscht. Es läuft von Beginn an super. Und von Stunde zu Stunde immer besser.

Mantra Die ersten 80 km ist die Straße recht rumpelig und ohne Seitenstreifen. 200 km vor St. Petersburg wird sie besser, und es bleibt so. Verkehr ist reichlich, aber nicht zu viel. Die ersten Stunden liege ich bei 23 km/h, deutlich über meinem Durchschnitt. Psychologisch hilfreich: Ich werde immer schneller. Die größte Gefahr: Zu schnell. Gerade beim schnellen Fahren spüre ich die Erschöpfung häufig erst zu spät. Gut, dass ich das weiß. Kurze Pausen und das Anfahren danach geben meist ein genaues Gefühl vom Kräftezustand.

Aber heute läuft es einfach. Und ich profitiere von all den Ausdauerevents, die ich hinter mir habe - samt aller Einbrüche. In meinem Kopf hämmert der Slogan, den ich bei einem Ironman aufgesogen hatte: „You can go the extra mile!“ Mein Mantra. Immer wieder. Immer weiter.

Auch heute wieder: Wälder, Felder, Holzhäuser, Flüsse. Um 13 Uhr habe ich 105 km hinter mir. Und dann kommt ein brillanter Nachmittag. Es wird ein kleines bisschen hügelig. Aber genau so, dass ich in einen traumhaften Rhythmus komme, ohne mich anstrengen zu müssen. Und die stetig steigende Durchschnitts-Geschwindigkeit schreit mir zu: Du kannst es schaffen.

Fotos beim Radeln

Punkt 19 Uhr, nach genau zehn Stunden reiner Fahrzeit, 243 km, also 24,3 km/h, erreiche ich Gatchina. So viel weiß ich aus meinen Führern: Es ist eines der Sanssoucis von St. Petersburg: Sommerschlösser und Parks.

Nur ein paar Meter links von der Strecke stehe ich vor der weit ausladenden Fassade des nicht sonderlich restaurierten Schlosses, das Katharina die Große ihrem Lover Grigori Orlow schenkte - zum Dank, dass er ihr Peter III. vom Halse schaffte.

Schön ist vor allem der Park. Hier gelingt mir endlich ein Foto von jungen Russen, die mit freiem Oberkörper herumlaufen. Eigentlich begleiten sie mich schon die ganze Tour. Aber erst in den letzten Tagen ist mir bewusst geworden, wie viele Jungs mit freiem Oberkörper herumlaufen, und es sich leisten können.

Auch die Mode der jungen Frauen mit ihren kurzen knappen Höschen, die nur noch einen Hauch von Hosenbein haben, mit verschiedensten Oberteilen den Rücken oder Sonstiges frei lassen, versuche ich mehr schlecht als recht vom rollenden Rad zu fotografieren. Ich bin wohl schon etwas high, genau genommen mehr als etwas.

Auf der Zielgeraden

Bei der Ausfahrt aus Gatchina frage ich nach dem Weg. Die Gegenfrage lautet: „In welchen Teil von St. Petersburg wollen Sie denn?“ Wow, ich muss verdammt nah am Ziel sein! Und ich weiß, ich werde es schaffen. Den ganzen Tag über keine Einbrüche, keine Tiefs. Es ist unglaublich. Zwei Muffins, zwei kleine Kuchen, ein Snickers, ein Bounty. Aber viel getrunken. Sieben Liter. Still und sprudelnd, Pfirsichsaft, Bitter Lemon, am späten Nachmittag eine Pepsi zum wach bleiben. Nur gelegentlich ergreift mich jetzt ein leichter Trancezustand. Doppelt aufpassen. Der Verkehr wird dichter. Auch wenn die Straße endlich vierspurig geworden ist.

Endspurt (Stadtgrenze St. Petersburg)

Rund 30 Kilometer vor St. Petersburg Stau in Gegenrichtung. Ein Stau, der fast bis in die Stadt anhält. Etwa 20 Kilometer vor dem Ziel geht es unerwartet bergab. In einer großen Schleife nimmt das Rad richtig Fahrt auf. Ich rolle runter zum Newa Delta. Die Stadt liegt im Dunst des Flusses. Und schon passiere ich, jetzt achtspurig, die wenig spektakuläre aber den ganzen Tag vor meinen Augen schwebende Markierung: „St. Petersburg". Links und rechts Flughafen, Shopping Malls mit riesigen Parkplätzen. Hier und da auch ein Radler. Ich bin happy, happy, happy. Trotz der Ungewissheit über eine Unterkunft.

Die Stadt zieht sich ewig, obwohl sie schon Zentrum ist. Die gleiche Traufhöhe, große Plätze, der größte mit einem überdimensionierten Lenin. Der Kilometerzähler, der bei Fahrten in große Städte häufig ein guter Gradmesser für die Zentrumsnähe ist, sagt: „Weiter!" Ich will bis an den Fluss, ins Herz der Stadt. Und die Straße führt genau dorthin. Immer geradeaus, nur ganz zuletzt muss ich einen kleinen Bogen schlagen, um dann an der Kathedrale, an der Admiralität, an der Newa zu halten. 290 km. Von mir aus könnte es noch zwei, drei Stunden so weitergehen.

Jetzt noch ein Bett finden

Es ist nach 21 Uhr und immer noch hell. So ein dunstiges Hell. Eine Art weiße Nacht. Ich habe zwei Hostels im Visier, die einzigen günstigeren Unterkünfte im Zentrum. Bei beiden heißt es, eine Reservierung sei notwendig, weil sie in der Regel ausgebucht seien.

Beim ersten überwinde ich nicht mal den wenig repräsentativen Hinterhofeingang. Über die Fernsprechanlage erfahre ich: Njet!

Bleibt als Hoffnung das Nord Hostel. Dort packe ich auf der breiten repräsentativen Treppe das Fahrrad gleich unter den Arm. Lasse es auf halber Höhe stehen und schleppe mich zur Minirezeption an der Eingangstür im ersten Stock, hinter der sich ein Schlafraum mit etwa 14 Betten abzeichnet. Das Wunder: Sie haben noch ein Bett frei. Direkt hinter der Rezeption. Mit 25 Euro nicht superbillig, für St. Petersburg aber schon. Ein echter Travellertreff inklusive Piano, freiem Internet, Frühstück, Waschmaschine.

St. Petersburger Blues

Lange Zeit kann ich nicht einschlafen, bin aufgewühlt, eine dreiköpfige Mädchengruppe kommt spät zurück, ein paar Mücken, Durchzug, mein Gepäck ist auch nicht sehr sicher verstaut, die Gedanken kreisen. Trotzdem fühle ich mich am nächsten Morgen aufgeräumt. Das Hostel bietet in einer kleinen Küche Frühstück zum Selbermachen an. Ein Brasilianerin ist da, die nach einem Winter in Oslo von der nördlichen Welthalbkugel genug hat. Französinnen, Spanier. Echtes Hostelflair eben. Seit ich etwas ausgefallenere Ziele ansteuere, ist so was selten geworden.

Ich genieße es, bleibe aber innerlich in meiner eigenen Einsamkeits-Reisewelt. Das Erlebnis von 292 km an einem Stück auf dem Sattel passt hier nicht rein. Mich erfüllt es immer noch. Glückshormone überkommen mich den ganzen Tag. Zugleich Leere. In einem großen Rundgang über die langen Brücken, die die Herzstücke von St. Petersburg verbinden, bewege ich mich bei tristem Wetter langsam durch die Weite der Stadt ...

A ÖSTERREICH

Vorbemerkung Mit Ausnahme von Wien ist allen österreichischen Bundesländern ein eigenes Kapitel gewidmet. Geordnet sind sie alphabetisch. Radfernwege, die mehrere Bundesländer berühren, sind jeweils bei dem Bundesland mit dem größten Anteil beschrieben.

Seitenverzeichnis

Daten 83.845 qkm • Ausd. 290 x 570 km • 8 Mio. Einwohner • 94 Ew./qkm

Land und Leute Vier Jahre vor der Jahrtausendwende feierte Österreich sein eigenes Millenium. Im Jahre 996 hatte Kaiser Otto III. Ländereien bei Neuhofen an der Ybbs verschenkt, die die Keimzelle für „Ostarrichi" bildeten. Heute gibt es einen „Ostarrichi-Radweg" und neun österreichische Bundesländer.

Vier Zehntel des Landes sind bewaldet, nur Finnland und Schweden haben in Europa einen noch höheren Waldanteil. Zwei Drittel des Landes werden von den Alpen eingenommen. Verglichen mit den Westalpen der Schweiz sind die Österreichischen Ostalpen aber niedriger und stärker durch große Längs- wie auch Quertäler gegliedert, insgesamt also leichter passierbar. Höchster Gebirgszug sind die vom Großglockner gekrönten Hohen Tauern (3798 m).

Aber auch *nördlich* der Donau steigt das Land an: zu einem welligen Granit- und Gneisplateau auf 400–800 m (Mühl- und Waldviertel). Da erstaunt es schon fast, dass immerhin ein Viertel Österreichs flaches bis hügeliges Tiefland ist – insbesondere der Nordosten des Landes mit dem Wiener Becken und der pannonischen Tiefebene des Burgenlandes.

Gebirge sind Wasserlieferanten. Österreich ist ein Land der Gebirge und deshalb auch der Bergseen, Wasserfälle und jungen Flüsse. Die Donau allerdings, der seit altersher bedeutendste Strom, entspringt in Deutschland. Zwar legt der Strom in Österreich nur 350 von insgesamt 2900 km zurück, präsentiert sich hier aber besonders malerisch und geschichtsträchtig.

per Rad erleben Für Radwanderer, Radsportler und Mountainbiker wird viel getan. Über ein Viertel aller Sommerurlauber sind schließlich mit dem Radl oder Bike da. Sie dürfen sich eines ständig wachsenden Angebotes erfreuen. Den ersten Schub brachte 1983 der Donauradweg, der mit 150.000 Nutzern pro Jahr europäischer Rekordhalter sein dürfte. Auch die weiteren Radfernwege wurden bevorzugt durch Flusstäler geführt. So zieht das Alpenland

Österreich auch jene an, die sich die Berge beim Radeln lieber von unten ansehen. Auf über 10.000 km summieren sich Österreichs Radwanderwege. Dazu kommen noch einige Tausend Kilometer privater Forstwege, die in den letzten Jahren zum Biken freigegeben wurden. Mit der 900 km langen Alpentour hat Österreich sogar eine der längsten Offroad-Routen Europas präpariert. Nur ein nationales Radroutennetz wie in der Schweiz fehlt noch.

ROUTEN & REGIONEN

Beliebte Radfernwege

- **Donauradweg:** 376 km, Passau – Wien – Hainburg, Kategorie **1, ff**
- **Drau-Radweg:** 366 km, Toblach – Klagenfurt – Maribor, K. **1, ff**
- **Ennsradweg:** 250 km, Flachau – Enns, **K. 3**
- **Innradweg:** 517 km, Maloja (CH) – Innsbruck (A) – Passau (D), K. **3**
- **Kamp-Thaya-March-Radweg (KTM):** 450 km, Krems – Marchegg, K. **3**
- **Karnischer Radweg:** 90 km, Kötschach-Mauthen – Villach, K. **1, ff**
- **Kulturradweg:** 150-160 km, Rundweg, Start/Ziel Linz, K. **1, ff**
- **Mostviertelrunde:** 174 km, Rundweg, Start/Ziel Ybbs, K. **2, ff**
- **Mozartradweg:** 450 km, Rundweg, Start/Ziel Salzburg, K. **2, ff**
- **Mur-Radweg:** 340 km, Muhr – Bad Radkersburg, K. **1, ff**
- **Neusiedler-See-Radweg:** 110 km, Rundweg, Start/Ziel Neusiedl, K. **1, ff**
- **Tauernradweg:** 325 km, Krimml – Passau, K. **2, ff**
- **Thermenradweg:** 148 km, Mönichkirchen – Bad Radkersburg, K. **2**
- **Salzkammergut-Radweg:** 280-325 km, Rundkurs Salzkammergut, K. **2, ff**

(**1** leicht, **2** moderat, **3** mittelschwer, **4** schwer, **ff** familienfreundlich)

Radlerfähre am Donauradweg

ÖSTERREICHISCHE BUNDESLÄNDER
Vorarlberg
Tirol
Salzburg
Osttirol
Kärnten
Oberösterreich
Niederösterreich
Steiermark
Burgenland
Ulm
Donau
Augsburg
Lech
Isar
Braunau
München
DEUTSCHLAND
Inn
Chiemsee
Rosenheim
SALZBURG
Bodensee
BREGENZ
Bregenzer Wald
Dornbirn
Rhein
LIECHTENSTEIN
Feldkirch
Gr. Walsertal
Flexenpaß
Bludenz
Bielerhöhe
Chur
St. Anton
Ischgl
Landeck
Lechtaler Alpen
Garmisch-Partenkirchen
Wetterstein-Gebirge
Karwendel-Gebirge
Fernpaß
Hahntennjoch
Pitztal
Kaunertal
Ötztal
Sölden
Timmelsjoch
INNSBRUCK
Wippta
Kufstein
Kaiser-Gebirge
Kitzbühel
Kitzbüheler Alpen
Krimml
Salzach
Pinzgau
Gr.Gl.
Hohe Tauern
Saalach
Zell a.S.
Großglocknerstr.
Hallein
Golling
Werfen
Tennengau
Felbertauernstraße
Matrei
Mallnitz
Defereggental
Lienz
Mölltal
Drau
Silian
Pustertal
Kötschach-Mauthen
Karnische Alpen
SCHWEIZ
Bozen
ITALIEN
Udine

Nebenpässe in der Steiermark
1 Stoderzinken-Hochalpenstraße
2 Buchauer Sattel
3 Halspass
4 Niederalp-Pass
5 Pfaffen-Sattel
6 Hohentauern-Pass
7 Stanzertal
8 Sölker-Pass
9 Freiland / Hebalpe
ÖSTERREICH
0 100 km
© RKH VERLAG HERMANN
PRAG
Brno
TSCHECHIEN
Ceske-Budejovice
Znaim (Znojmo)
March (Morava)
Waidhofen
Retz
Kamp
Passau
Mühlviertel
Sauwald
Freistadt
Waldviertel
Weinviertel
Krems
Nibelungengau
Ysper
Wachau
Donau
Klosterneuburg
Marchfeld
BRATISLAVA
SLOWAKEI
LINZ
Grein
Wels
Enns
Mostviertel
Ybbs
Melk
Sankt Pölten
Wiener Wald
WIEN
Hainburg
Vöcklabruck
Steyr
Attersee
Mondsee
Gmunden
Traunsee
Wolfgangsee
Bad Ischl
Salzkammergut
Phyrn-Eisenwurzen
Altenmarkt
Mürzsteg
Schneeberg
Schwarza
Höllental
Wiener Neustadt
Leitha
Leithageb.
Neusiedel a.S.
Seewinkel
EISENSTADT
Neusiedler See
Mürzzuschlag
Hallstättersee
Dachstein-gruppe
Radstadt
Liezen
Enns
Salza
Mürz
Bruck
Mönichkirchen
Günser Geb.
Schladming
Niedere Tauern
Leoben
Naturpark Pöllauer Tal
Hartberg
Szombathely
Raba
UNGARN
Gasthofalm
St. Michael
Lungau
Muhr
Judenburg
GRAZ
St. Michael i.L.
Mur
Teufenbach
Naturpark Grebenzen
Nockberge
Turracher Höhe
Gurk
Friesach
Koralpe
Bonisdorf
Zalaegerszeg
Balaton
Spital
Ossiacher See
St. Veit
St. Paul
Leibnitz
Bad Radkersburg
Villach
Wörther See
Völkermarkt
Drau
Alpen
Gail
Faaker See
KLAGEN-FURT
Maribor
SLOWENIEN
Varazdin
Drava
LJUBLJANA
KROATIEN
Tennengau
Golling

Burgenland

Daten 3965 qkm • 274.000 Ew. • 69 Ew./qkm • Landeshauptstadt Eisenstadt

Infos
- Tourismuszentrale Burgenland: *www.burgenland.info*
- Tourenplaner Rad und Bike: *www.bikeburgenland.at*

Überblick Konträr sind die beiden Landschaftsräume, die das östlichste Bundesland Österreichs prägen: Im **Norden** die steppenähnlichen Ausläufer des **Ungarischen Tieflands** mit Seewinkel, Neusiedler See und Leithagebirge, im **Süden** mittelgebirgiges Wald- und Hügelland mit dem **Günser Gebirge.**

Weinanbau ist eines der verbindenden Merkmale des gesamten Burgenlandes, das seinen Namen übrigens anderen Gründen verdankt als den zahlreichen Burgen im Süden. Das für den Breitengrad ungewöhnlich milde und sonnenreiche Klima macht das Burgenland nicht nur für den Weinanbau, sondern auch für Radtouren attraktiv. Schon ab Ende März beginnt im Norden die Baumblüte und schreitet dann ins südliche Burgenland voran. Im Sommer ist es wegen ständig wehender Winde selten schwül, und bis Ende Oktober, selbst im nördlichen Burgenland, noch angenehm warm.

Das gesamte Burgenland wird von über 2000 km Radwanderwegen in Form von Rundkursen (B-Wege) und Radstrecken (R-Wege) erschlossen. Der bekannteste Rundkurs führt um den Neusiedler See. Die längste Radstrecke ist der von Norden nach Süden durchs Burgenland führende Jubiläumsradweg R1.

Nördliches Burgenland

Heide- und Moorlandschaften vermitteln ungarisches Flair, ebenso die Dörfer und Einwohner. Abgesehen vom Leithagebirge (bis 493 m) ist das Terrain flach bis steigungsarm. Mehrere familienfreundliche Radrundwege führen zu Kultur und Natur. Der **Neusiedler See** ist ein großer, seichter Steppensee, ähnlich dem ungarischen Balaton. Highlight im angrenzenden **Seewinkel** ist das Naturreservat Lange Lakke bei Apleton (Salzseen, Hutweiden, Pußtalandschaft, Tier- und Pflanzenwelt), das zwar nur zu Fuß betreten werden kann, an dem aber der „Lackenradweg" (B 20) vorbeiführt. Auch der **Zicksee,** der als schönster Badesee im Seewinkel gilt, wird vom B 20 erschlossen.

Neusiedler-See-Radweg (B 10)

Längen 110 km (70 km in Österreich, 40 km in Ungarn = H)

Verlauf Neusiedl am See – Weiden – Podersdorf – Illmitz – Pamhagen – Fertöd/H – Balf/H – Fertörákos/H – Mörbisch – Oggau – Purbach – Neusiedl.

Beschaffenheit Flaches Ostufer, hügeliges Westufer (Steigungen zwischen Mörbisch und Oggau). Asphaltiert mit Ausnahme des geschotterten Abschnittes Weiden – Podersdorf (Zitzmannsdorfer Wiesen), durchgehende Beschilderung. 2006 wurde der Radweg mit chicen neuen Rastplätzen versehen.

Eindrücke Verläuft überwiegend zwischen Wiesen und Weinfeldern. Zu sehen gibt es Wasservögel, Steppenlandschaft, Weinberge bzw. -felder, Laubenhäuser,

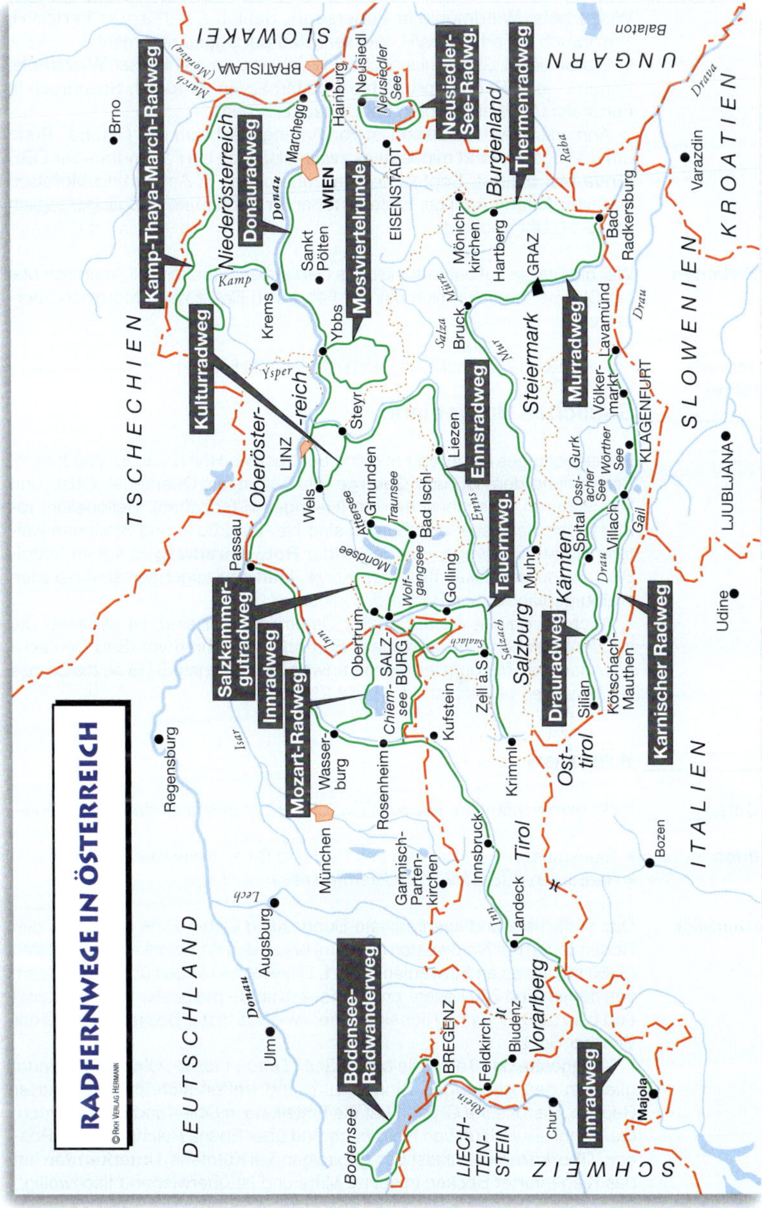
RADFERNWEGE IN ÖSTERREICH
© RKH VERLAG HERMANN
Bodensee-Radwanderweg
Innradweg
Mozart-Radweg
Salzkammergutradweg
Kulturradweg
Kamp-Thaya-March-Radweg
Donauradweg
Mostviertelrunde
Neusiedler-See-Radwg.
Thermenradweg
Ennsradweg
Tauernrwg.
Murradweg
Drauradweg
Karnischer Radweg
DEUTSCHLAND
TSCHECHIEN
SLOWAKEI
UNGARN
KROATIEN
SLOWENIEN
ITALIEN
SCHWEIZ
LIECHTENSTEIN
Vorarlberg
Tirol
Ost-tirol
Salzburg
Kärnten
Steiermark
Burgenland
Niederösterreich
Oberösterreich
WIEN
LINZ
GRAZ
KLAGENFURT
EISENSTADT
SALZBURG
BRATISLAVA
LJUBLJANA
BREGENZ
Bodensee
Ulm
Augsburg
Regensburg
Brno
München
Rosenheim
Wasserburg
Passau
Garmisch-Partenkirchen
Innsbruck
Landeck
Feldkirch
Bludenz
Chur
Majola
Kufstein
Chiemsee
Obertrum
Krimml
Zell a. S.
Golling
Wolfgangsee
Mondsee
Attersee
Traunsee
Gmunden
Bad Ischl
Wels
Steyr
Ybbs
Krems
Sankt Pölten
Marchegg
Hainburg
Neusiedl
Neusiedler See
Mönichkirchen
Hartberg
Bruck
Liezen
Muhr
Spital
Villach
Ossiacher See
Wörther See
Völkermarkt
Lavamünd
Bad Radkersburg
Varazdin
Silian
Kötschach-Mauthen
Udine
Bozen
Balaton
Donau
Inn
Isar
Lech
Rhein
Kamp
Ysper
March (Morava)
Enns
Salza
Mürz
Mur
Drau
Gail
Gurk
Salzach
Saalach
Raba
Drava

Winzerhöfe, Windmühle in Podersdorf, Schloß Esterhazy in Fertöd/H, Steinbruch in Fertörákos/H, Weinlehrpfad bei Oggau und mehr.

Wasservögel, Steppenlandschaft, Weinberge, Laubenhäuser, Winzerhöfe, Windmühle in Podersdorf, Schloss Esterhazy in Fertöd/H, Steinbruch in Fertörákos/H, Weinlehrpfad bei Oggau und mehr.

Anmerkungen: Radsaison ist von Anfang Mai bis in den Oktober. Rund um den See verkehrt mindestens zweimal täglich ein Fahrradbus der ÖBB (Ende Mai bis Anf. Sept.). Die Grenzübergänge in Andau und Mörbisch sind von Anfang April bis Ende Oktober für Radler und Fußgänger täglich von 6–20 Uhr geöffnet.

Varianten Wer die Runde auf österreichisches Gebiet beschränken will, kann von Mai bis Oktober halbstündlich mit der Fähre von Illmitz nach Mörbisch übersetzen.

Tourenführer Vlg. Schubert & Franzke, Vlg. Esterbauer (bikeline).

Südliches Burgenland

Mittelgebirgiges Hügelland mit lang gestreckten Höhenzügen, Waldtälern, Senken und dem **Günser Gebirge** (bis 884 m) als Querriegel. Obst- und Weinkulturen, Buschenschenken (Heurigenwirtschaften), Heilquellen, romantische Schlösser und Burgen sind hier Eindrücke und Stationen weiterer Radwanderwege, von denen der **Rotweinradweg** (B 40) im Mittel-Burgenland der bekannteste ist. Kurze, kräftige Steigungen sind bei allen südburgenländischen Radwegen inklusive.

Auch an Radler, die auf großer Österreich-Tour sind, ist gedacht: Die straßenbegleitenden Radwege R 50 und R 56 führen von Bad Deutsch-Altenburg bei Hainburg am Donauradweg über Eisenstadt bis an die Grenze zu Slowenien bei Bonisdorf. Macht 200 km!

Kärnten

Daten 9531 qkm • 0,56 Mio. Ew. • 59 Ew./qkm • Landeshauptstadt Klagenfurt

Infos
- Tourismuszentrale Kärnten (mit Rad und Bike): *www.kaernten.at*
- Radtouren-Infos: *www.rad.kaernten.at*

Überblick Das südlichste und seenreichste Bundesland Österreichs reicht von den Hohen Tauern im Nordwesten (3798 m) bis zu den Karawanken im Südosten (3360 m), wo es an Slowenien grenzt. Dazwischen liegen über 1200 Seen, von denen rund 200 Ferien- und Badeseen sind – mit bester Wasserqualität und bis zu 28 °C warm (Klopeiner See; zweitwärmster See ist mit 27 °C der Wörther See).

Langgestreckte Täler, wie Möll-, Gail-, Drau-, Lieser-, Glan- und Gurktal gliedern den gebirgigen Binnenraum und treffen sich im Klagenfurter Becken. Historische Gründe hat die Einteilung in Ober- und Unterkärnten, die Trennlinie verläuft von Nord nach Süd über Ebene Reichenau und Rosegg. **Oberkärnten** umfasst den gebirgigen Teil Kärntens, **Unterkärnten** hat das Klagenfurter Becken in seiner Mitte und ist überwiegend flachwellig.

Zwei herausragende Gebirgsregionen, an denen Kärnten Anteil hat, wurden zu Nationalparks erklärt. Der **Nationalpark Hohe Tauern** repräsentiert das Hochgebirge mit Gletschern, Gebirgsseen, Schluchten und Hochmooren, der **Nationalpark Nockberge** die Mittelgebirge mit Almen, Mooren, Seen, Wasserfällen und Wildbächen. Die meisten Wasserfälle Kärntens stürzen sich westlich der Nockberge ins **Maltatal.** Neben Seen und Alpenpanoramen hat Kärnten auch kulturell viel zu bieten: An die 300 Burgen und Schlösser, alte Wassermühlen, gotische Wehrkirchen und vieles mehr.

Familienfreundliche Radrouten bilden neben „Drau-" und „Karnischem Radweg" auch Täler wie das Mölltal sowie regionale Radwege im eigentlichen Seengebiet. Alles andere richtet sich vornehmlich an Mountainbiker und sonstige Bergziegen.

Region Groß-glockner / Mölltal

Großglockner-Hochalpenstraße s. „Salzburger Land". Als nördliche Alternative zum Oberdrautal bietet sich Radwanderern das erwähnte **Mölltal** an, wo es 41 km lang überwiegend bergab geht: Winklern (970 m) – Stall (810 m) – Flattach (700 m) – Obervellach (680 m). Schönster Abschnitt ist Stall – Obervellach. Flattach ist zugleich Ausgangspunkt des regionalen „Burgen- und Schlösser-Radwanderweges".

Offroad (MTB)

Bester Ausgangspunkt im Nationalpark Hohe Tauern ist das bikerfreundliche **Mallnitz** (1200 m). Ein anderer beliebter Ausgangspunkt ist die an der Möll-Drau-Gabel gelegene Großgemeinde **Lurnfeld,** wo seit der Austragung der MTB-Europameisterschaft das Angebot an MTB-Routen stark erweitert wurde.

Region Lieser- und Maltatal

Eines der eindrucksvollsten Täler Österreichs ist das Maltatal, auch „Tal der stürzenden Wasser" genannt. Vom Porsche-Städtchen Gmünd (740 m) zieht sich die **Malta-Hochalm-Straße** durch Tunnel und über Brücken, an zahlreichen Wasserfällen und Aussichtspunkten vorbei, bis zur riesigen Kölnbreinsperre hinauf (1920 m; 30 km, Steigungen bis 13%).

Offroad (MTB)

Bekanntestes MTB-Revier ist die Region rund um den **Katschbergpass** (1641 m, südlich von St. Michael i. L.), an die sich das **Liesertal** anschließt. Die Saison beginnt im Juni.

Region Nockberge

Der Kurort **Bad Kleinkirchheim** ist ein beliebter Ausgangspunkt für MTB-Touren durch die vergleichsweise sanft geformten, aber landschaftlich sehr idyllischen Nockberge. Bergsüchtige Tourenradler sollten die **Nockalmstraße** nicht versäumen. Bei Steigungen bis 12% führt sie von Ebene Reichenau (im oberen Gurktal) über Rosentaler Alm, Grundalm (im Grundtal), Karlbad, Heiligenbachalm nach Innerkrems (1480 m); von dort aus ist die Weiterfahrt zum Liesertal möglich.

Keine Bange mehr müssen Tourenradler heutzutage vor der **Turracher Höhe** haben. Wer sich von Ebene Reichenau nordwärts ans Werk macht, dem stehen bis zur Passhöhe auf 1783 m maximal 12% entgegen. Die ehedem berüchtigte südliche Auffahrt, die das Klinometer (Steigungsmesser) in den 60er Jahren bis zu 34% ausschlagen ließ, wurde auf 10% entschärft.

Region Gurk- und Lavanttal

Stark befahren ist die Nord-Süd-Verbindung B 83 von Neumarkt nach Klagenfurt, weniger die B 92.

Schön, aber anspruchsvoll ist die nördliche Querroute durch die **Gurktaler Alpen** und **Saualpe:** Von der Flattnitzer Höhe (1390 m) durchs Metnitztal über Metnitz (850 m) nach Friesach (640 m); von Althofen (720 m) über Klippitztörl (1644 m) nach Bad St. Leonhard (720 m) im Lavanttal. Der „Lavanttaler Radweg" führt von Wolfsberg südwärts nach St. Paul.

Zwischen Friesach, Klagenfurt und St. Veit erstreckt sich Kärntens reich bestücktes **Burgen- und Schlösserland** mit diversen Tourenmöglichkeiten ab St. Veit (Radwanderkarte dort beim i-Büro). Top-Ziel ist die Märchenburg Hochosterwitz.

Offroad (MTB)

Westlich von St. Paul ist **St. Georgen** Ausgangspunkt von vier MTB-Routen im „Tal des Mostes".

Region Drautal und Karnische Alpen

In den großen Flusstälern von Drau und Gail verlaufen die beiden familienfreundlichsten Landesradwanderwege: Der aus Osttirol kommende **Drau-Radweg** (s.u.) und der **Karnische Radweg** (90 km, Kötschach-Mauthen – Villach, nahezu eben durch Wiesen und Felder).

Auch die bekannten Urlaubsseen, wie Faaker-, Ossiacher- und Wörther See, werben mit fahrradtouristischer Infrastruktur. Radrundwege um die Seen und in die Umgebung sowie MTB-Routen sind dort inzwischen üblich. Eine gewisse Sonderstellung hat der **Faaker See,** wo 1987 eine Rad-WM stattfand und die Familie Schleicher Österreichs erstes Radlerhotel in Drobollach eröffnete, das Radhotel Faakersee (gibt's immer noch).

Kärntner Seen im Winter

Ein Schmankerl für Winterfans sind die im Januar glasklar zugefrorenen Kärntner Seen. In Tallagen beträgt die Dicke der Eisdecken zwar nur 30 cm, bei höher gelegenen Seen, wie dem Weissensee, aber oft mehrere Meter. Neben Schlitten und Schlittschuhen ist dann auch ein gefedertes MTB mit Spikesreifen ein probates Fortbewegungsmittel.

MTB-Tipp Karnische Alpen

Abgesehen von Plöckenpass (1360 m, 13%) und Naßfeldpass (1530 m, 10%), die als einzige Straßen das österreichisch-italienische Grenzgebirge queren, sind es vor allem die in den Seitentälern endenden, kleinen Stichstraßen, die den Einstieg zu den steilen Alm- und alten Militärstraßen im Kammbereich der **Karnischen Alpen** ermöglichen. Mit Karte und Kompass lassen sich hier bemerkenswerte Höhentouren realisieren, mal auf italienischer Seite (Region Veneto und Friaul), mal auf Kärntner Seite. Nicht befahrbar ist allerdings der Karnische Höhenwanderweg „Sentiero della Pace"; der Kletterpartien sind dort zu viele!

Drau-Radweg (R1)

Länge 366 km

Verlauf Toblach (Italien) – Sillian (1100 m) – Lienz (675 m) – Oberdrauburg (620 m) – Spittal (560 m) – Villach (500 m) – Völkermarkt (460 m) – Lavamünd (350 m) – Maribor (Slowenien)

Beschaffenheit Überwiegend bergab, ab Lienz aber nur noch minimales Gefälle. Verläuft auf verkehrsarmen Nebenstraßen, guten Dammwege, Rad- und Feldwegen. Noch Lücken in der Beschilderung.

Eindrücke Von den Lienzer Dolomiten führt die Route im Drautal zwischen Gailtaler und Karnischen Alpen in die Kärntner Seenwelt. Sehenswert u. a. Lienz, Spittal, Schloss Paternion, Villach, Maria Elend, Tscheppaschlucht (Abstecher ab Ferlach), Schloss Saager, Neudenstein (Schloss, Vogelparadies). Seit 2002 wurde der kanalisierte Oberlauf der Drau renaturiert (erstes großes Rückbau-Projekt der EU).

Anmerkungen Vor allem landschaftlich sehr reizvoll. Verläuft in der klimatisch begünstigten Region südlich der Zentralalpen (mehr Sonne, weniger Niederschläge). Durch die Verlängerung des Rw. bis Toblach in Italien und Maribor in Slowenien machte man aus dem nationalen Radweg einen internationalen mit der Bezeichnung „R1".

Varianten Abstecher zu den Kärntner Seen sind fast immer auf Radwegen möglich. In Villach Anschluss an den „Karnischen Radweg".

Infos *www.drauradweg.com*

Tourenführer Vlg. Schubert & Franzke, Vlg. Esterbauer (bikeline).

Niederösterreich

Daten 19.163 qkm • 1,5 Mio. Ew. • 79 Ew./qkm • Landeshauptstadt St. Pölten

Infos
- Tourismuszentrale Niederösterreich, mit Rad und Bike: *www.niederoesterreich.at*
- ARGE MTB Niederösterreich: *www.mbike.at*

Überblick Vom waldreichen Hügelland des böhmischen Granitplateaus im Norden über das Donautal zu den ersten Alpengipfeln im Süden (um 2000 m): so weit reicht die landschaftliche Spanne des größten österreichischen Bundeslandes. Fast alle Landschaften haben klingende Namen: Waldviertel, Weinviertel, Mostviertel, Wachau, Nibelungengau, Wienerwald, March-Donauland. Nicht zu Niederösterreich gehört Wien, das ein eigenes Bundesland bildet (415 qkm).

Waldviertel *www.waldviertel.at, www.kamptal.at*
Östliche Fortsetzung des oberösterreichischen Mühlviertels ist das **Waldviertel.** In Höhen von 400–700 m erstreckt es sich über felsige und moorige Hochflächen (Granit- und Gneisplateau). Der einstige Waldreichtum, dem das Waldviertel seine Namen verdankt, existiert nur noch partiell. Während im westlichen Waldviertel ein etwas raues Klima herrscht, geht es im Osten milder zu. Insgesamt ist das Klima aber auch im Hochsommer angenehm, und schwülwarme Sommernächte wie in Kärnten sind selten.

Durchs nordöstliche Waldviertel schlängelt sich die von Sehenswürdigkeiten gesäumte **Thaya.** Hauptgewässer aber ist der **Kamp** mit seinen drei skandinavisch anmutenden Stauseen und den in enge Täler gebetteten Nebenflüsschen. Schön ist der Radweg durchs Kamptal südlich von Horn, sehr urwüchsig die Landschaft im oberen Waldviertel (Wälder, Naturparks, Heide, Teiche, Moore, Wackelsteine). Ausgehend vom „Donauradweg" führt der „Waldviertelradweg" in einem 284 km langen Rundkurs durch Flusstäler und über bewaldetes Hügelland. Wie unvermittelt tauchen dabei immer wieder Schlösser, Burgen, Klöster und Kirchen auf. Insgesamt umfasst das Landesradwegenetz rund 600 km.

Mostviertel *www.mostviertel.at*

Südlich der Donau breitet sich zwischen Enns und Ybbs das Mostviertel aus. Apfel- und Birnbaumgärten bedecken die Hügel und liefern die Grundlage für den späteren Most, Fruchtsaft aus dem Wein gegoren wird. Das kleine Bauernland ist zugleich altes Kulturland mit sehenswerten Kirchen und Klöstern und das beliebteste Radwandergebiet Niederösterreichs. Zusammen mit der „Mostviertelrunde" (174 km) stehen über 550 km Radwanderwege zur Auswahl (mit Anschluss zum Donauradweg).

Weinviertel *www.retzer-land.co.at*

Ans Waldviertel grenzt das **Weinviertel.** Im Süden wird es von der Donau begrenzt, östlich von der March. Das zum Karpatenvorland zählende Weinviertel erstreckt sich in Höhen von 200–400 m (höchste Erhebung 492 m) und präsentiert sich dem Radler leicht bis mäßig hügelig; nur hie und da lauern Berg und Tal mit Höhenunterschieden bis 100 m. Größere Waldgebiete sind eher selten, denn die weiten, fruchtbaren Lößtäler eignen sich vorzüglich zum Weinanbau, vor allem für die Traube des „Grünen Veltiners". Größte Weinbauorte sind Poysdorf und Retz, beide sehenswert.

Retz ist zugleich Knotenpunkt mehrerer Radwanderwege, die das **Retzer Land** über die tschechische Grenze hinweg mit dem **Znaimer Land** verbinden. Allein schon die südmährische Gurkenstadt Znaim (Znojmo) und das Barockschloß von Vranov lohnen einen solchen Ausflug; aber auch das Znaimer Land selbst ist eine hübsche, mäßig hügelige Region mit Obst- und Weinbau und ländlichem Charme. Die grenzüberschreitenden Radrundwege sind Teil des 484 km langen, durchgehend beschilderten und asphaltierten Routennetzes „Retzer-Land-Znaimer-Land-Radwege". Alle Rundwege sind problemlos zu befahren, nur der „Nationalpark-Thayatal-Radweg" (40 km) ist im tschechischen Teil ein reinrassiger MTB-Kurs.

Das Gebiet östlich von Retz, also der Löwenanteil des Weinviertels, wird durch das Netz der **Weinviertelradwege** erschlossen. Verbunden sind sie mit den Radwegen vom Retzer Land und Waldviertel sowie dem „Donauradweg". Damit erstreckt sich vom Mostviertel bis zum Znaimer Land ein geschlossenes, familienfreundliches Radroutennetz, das ein- bis zweiwöchige Touren in vielen Variationen ermöglicht. Wer Streckentouren bevorzugt, bekommt auf dem 1999 eingeweihten „Kamp-Thaya-March-Radweg" (s.u.) einen schönen Eindruck vom Weinviertel.

Kamp-Thaya-March-Radweg (KTM)

Länge 450 km

Verlauf Krems – Gars – Rastenfeld – Zwettl – Raabs – Retz – Laa – Hohenau – Marchegg.

Beschaffenheit Der KTM verläuft auf gut ausgebauten Radwegen und ruhigen Nebenstraßen, nur kurze Abschnitte auf Bundesstraßen. Wie die meisten Radrouten in Wald- und Weinviertel hat auch der KTM eine sportliche Note. Nur selten verläuft er tatsächlich flussbegleitend, sondern kurvt durch die Täler auf und ab. Da zudem zwischen den Flusstälern die Hochflächen des Waldviertels und die „toskanischen" Hügel des Weinviertels liegen, ist das Höhenprofil entsprechend zackig (von 200 bis über 600 m). Erst im March-Donauland ist der Weg überwiegend flach. Im Vergleich zur „Radlerautobahn" an der Donau ist der KTM ein weltfernes Juwel.

Eindrücke Kamptal, Waldviertel, Weinviertel und die Donauauen sind die Landschaftspatrone. Burgen, Schlösser, alte Strandbäder und Weinstädtchen schmücken die Route. Viele Hinweise an der Strecke.

Infos ▸ *www.ktm-radweg.at*

Tourenführer Vlg. Schubert & Franzke, Vlg. Esterbauer (bikeline).

Nibelungengau, Wachau Als „Nibelungengau" wird das Donautal zwischen dem Zufluss der Ysper und Melk bezeichnet. Donauwanderer, die es nach einem scharfen Ausritt gelüstet, sollten das steil ansteigende **Tal der Ysper** nicht versäumen (14 km durch schöne, unberührte Wälder bis Altenmarkt). Die **Wachau** ist das romantische Durchbruchstal der Donau zwischen Böhmischem Massiv und Alpenausläufern von Melk bis Krems. Sanfte Berge, schroffe Felsen, Weinbauterrassen und an nahezu jeder Biegung alte Schlösser, Burgen, Klöster (s. Donauradweg weiter oben).

March-Donauland Insgesamt eine untouristische Region. Reicht vom slowakischen GrenzFluss March im Norden übers Marchfeld und die Donau-Auen bis zum Leithagebirge im Süden. Typisch sind die alten Winzerorte. Größte Ebene Österreichs und zugleich dessen Kornkammer ist das **Marchfeld,** das auch einige Schlösser des einstigen Landadels vorweisen kann. Zum Nationalpark sollen die March-Donau-Auen erklärt werden, durch die der östliche Abschnitt des „Donauradweges" verläuft.

Von Wien zum Höllental Südwestlich von Wien erstreckt sich jener Teil Niederösterreichs, bei dem Radler zuerst immer die Steigungsangaben in der Karte sondieren. Es beginnt mit dem **Wienerwald,** der sanft mittelgebirgigen Ausflugsregion vor den Toren Wiens. Ein ländlich-idyllisches Bergland mit Felsen, Wildwasserschluchten, dunklen Wäldern, Wiesen, Auen, Weinbergen, Höhlen, Klöstern, Kirchen und vielen Radwandermöglichkeiten mit super Ausblicken, wie etwa vom Leopoldsberg oder Kahlenberg. Eine kleine Höhenstraße verbindet diese und weitere Hausberge im Nordwesten Wiens.

behalten, und es ist absolut frustrierend unter einer solchen zu stehen und nicht rüber zu können. Die „Radlerbrücken" von West nach Ost sind Nordsteg, Floridsdorfer Brücke, Nordbahnbrücke (Eisenbahnbrücke mit Radweg), Brigittenauer Brücke (Autobahnbrücke mit Radweg), Reichsbrücke und Praterbrücke (Autobahnbrücke mit Radweg). Westlich und östlich davon gibt es keine direkte Möglichkeit, das Donauufer zu wechseln.

Täglich verkehrt bis Ende Oktober ein Zugpaar der ÖBB mit Fahrradbeförderung entlang der Donau: **„Erlebniszug Donau"** (Wien – Passau – Wien).

Infos ▸ *www.donauradweg.at, www.oebb.at*

Tourenführer Vlg. Schubert & Franzke, Vlg. Esterbauer, Vlg. Bruckmann, und andere.

Innviertel / Hausruck

Überblick, Eindrücke *www.innviertel.at*

Donau, Inn und Salzach sowie der Höhenzug von Hausruck und Kobernaußerwald umgeben das Innviertel wie ein Passepartout. Im Innviertel selbst wird der Norden vom dicht bewaldeten Granitplateau des **Sauwalds** (791 m) bestimmt. Das mittlere Innviertel steht im Zeichen von Aulandschaften (unterer Inn) und fruchtbarem Hügelland (Äcker, Wiesen, Obstbäume, Weiler, „Vierkanthöfe" und Kirchen). Der Norden ist von Höhenrücken mit großen Wäldern und eiszeitlicher Seen- und Moorlandschaft überzogen.

Eines der größten zusammenhängende Waldgebiete Mitteleuropas ist der **Kobernaußer Wald** (bis 777 m). Hier sind auch Biker willkommen, während der kleinere **Hausruck-Wald** (801 m) eher den Reitern vorbehalten ist. Im Seengebiet des oberen Innviertels, an der Grenze zu Deutschland, erstreckt sich das Ibmer Moor, Europas größtes Hochmoorgebiet (350 qkm).

Außerhalb der Waldregionen überzieht ein Netz ländlicher Straßen das Innviertel. Vorwiegend steigungsarm verlaufen die **Landesradwanderwege** (insgesamt 660 km) innerhalb der Haupttäler, außerdem im Einzugsbereich des Inn und in anderen flacheren Teilen des Innviertels wie um Ried oder ums Ibmer Moor. Längere Steigungen mit Höhendifferenzen bis 300 m versprechen hingegen die Querungen der bewaldeten Höhenrücken.

Salzkammergut

Überblick, Eindrücke *www.salzkammergut.at, www.biken.at, www.salzkammergut-trophy.at*

Rund 60 mal 50 km misst der Raum, den das **Salzkammergut** zwischen Salzburg, Almtal und Dachsteingruppe ausfüllt. Über 40 Bade- und Ferienseen liegen inmitten hügelig-bergiger bzw. gebirgiger Landschaften – die meisten sehr malerisch und vielbesucht. Das Salzkammergut gehört überwiegend zu Oberösterreich, westlich aber auch zu Salzburg (Fuschlsee, Wolfgangsee) und südöstlich zur Steiermark (Ausseer Land). Im Vergleich zum Mühlviertel ist das Salzkammergut nichts für Radwanderer, die beschauliche kleine Straßen bevorzugen. Stark befahren sind die Uferstraßen der großen Seen, wie Traunsee, Attersee, Mondsee, Wolfgangsee (offiziell

Abersee), Hallstätter See, etwas ruhiger geht es an den kleinen Seen zu. Auch das steigungsreiche Terrain zwischen den Seen schmeckt nicht jedem. Wer das Salzkammergut ohne Tüftelei erfahren will, schließt sich am besten dem Salzkammergut-Radweg an. Dieser variable Rundkurs ist so geführt, dass verkehrsreiche oder bergige Abschnitte alternativ auch mit anderen Verkehrsmitteln überbrückt werden können.

Salzkammergut-Radweg

Länge 280 km (mit Gosau- und Grundlsee: 325 km)

Verlauf Salzburg – Mondsee – Wolfgangsee – Bad Ischl – Hallstätter See – (Gosausee – Grundlsee) – Bad Ischl – Traunsee – Attersee – Mondsee – Irrsee – Obertrumer See – Salzburg. Der 3-Schleifen-Rundkurs verbindet insgesamt 13 Seen.

Beschaffenheit Bauliche Radwege und Nebenstraßen. Der erste Abschnitt bis Bad Ischl verläuft auf einer stillgelegten Bahntrasse. Die Anstiege zwischen den Seen können durch Bus/Bahn überbrückt werden, die befahrenen Seeuferstraßen ggf. mit Linienschiffen. Durchgehend asphaltiert bzw. fein gekiest. Kurz- und Langvarianten sind möglich.

Eindrücke Kontrastreiche Landschaften: Seen, Berge, Wiesen, Wälder, Auen, Moore. Außerdem Klöster und Kirchen.

Infos ▸ *www.salzkammergutradweg.com*

Tourenführer Vlg. Schubert & Franzke, Vlg. Esterbauer.

Pyhrn-Eisenwurzen

Eindrücke/Tourentipps Eine Region, deren Name irgendwie „sibirisch“ klingt. Vor Ort fällt das Urteil um so freundlicher aus. Grob gesagt, handelt es sich um das Gebiet südlich von Linz, das von den Flüssen Krems, Steyer und Enns begrenzt wird. Der nördliche Teil, die Linz-Donau-Region, ist überwiegend bäuerliches Alpenvorland. Hier postieren sich die wichtigsten oberösterreichischen Städte – Linz, Enns, Steyr und Wels – die der sanft hügelige „Kulturradweg“ verbindet (150 km). Auch innerhalb dieses Städtevierecks finden sich ruhige Nebenstrecken über Wiesen und Felder.

Völlig anders hingegen der zu den Kalkalpen zählende südliche Teil der Region: bergig, bewaldet, dünn besiedelt und ursprünglich – die eigentliche **Pyhrn-Eisenwurzen** eben. Straßen und Radwanderwege existieren hier fast ausschließlich in den Tälern von Teichl, Steyr und Enns. Im Sengsengebirge, Reichraminger Hintergebirge und dem Weyer Land üben hingegen Wanderer die Wegehoheit aus, Mountainbiker halten sich an die freigegebenen Forststraßen (u. a. im Reichraminger Hintergebirge). Auch zwei öffentliche Straßen führen in diese wenig vom Tourismus berührte Alpenregion: von Molln nach Bodinggraben (entlang der Krummen Steyerling) und, am Hochkogel vorbei, von Unterlaussa nach Reichraming bzw. Großraming.

Salzburger Land

Daten 7154 qkm • 504.000 Ew. • 70 Ew./qkm • Landeshauptstadt Salzburg

Infos ▸ Tourismuszentrale Salzburger Land (mit Rad und Bike): *www.salzburgerland.com*

Überblick Vom bewegten Voralpenland im Norden bis zu den hochalpinen Tauern im Süden erstreckt sich beiderseits der Salzach das Salzburger Land. Fünf historische Regionen gliedern das dreiarmige Bundesland. Im *nördlichen* Drittel: Flachgau und Tennengau; im *westlichen* Drittel: Pinzgau; im *östlichen* Drittel: Pongau und Lungau.

Flachgau *www.salzburg-umgebung.com*
Die nördlichste Region umfasst auch die Stadt Salzburg mit Umgebung. Das Flachgau gibt sich grün und überwiegend hügelig und besitzt einige bekannte Badeseen inmitten lieblicher Landschaft. Leicht hügelige Radwege erschließen die kleinräumige Seenregion mit dem **Obertrumer- und Wallersee.** Im Westen hat das Flachgau mit Fuschl- und Wolfgangsee Anteil am Salzkammergut.

Dass das Flachgau auch beachtliche Steigungen bis 12% besitzt, erweist sich auf der reizvollen Nebenstraße von Oberndorf am Haunsberg (836 m) vorbei über Schörgstätt nach Obertrum. Gut gebügelt präsentiert sich hingegen die nahezu flache Region gleich nördlich vom Haunsberg (zwischen Oberndorf und Michaelbeuern).

Ein Radwegenetz erschließt die Mozart-Stadt **Salzburg** und verbindet sie mit sieben hübschen „Vororten" (Anif, Bergheim, Elsbethen, Großgmain, Grödig, Hallwang, Wals/Siezenheim). Auf diesen Radwegen lässt sich der Verkehrsknotenpunkt, den Salzburg ja darstellt, weitgehend ignorieren. Broschüre: „Mit dem Rad rund um Salzburg" (mit Karte und Unterkunftsverz.), kostenlos vom FVV Salzburger Land (s. o.).

Salzburg ist außerdem eine wichtige Station auf dem „Tauernradweg" (s.u.) sowie Ausgangspunkt für die „Salz- und Seentour" (Radrundkurs, 165 km) und den „Salzkammergut-Radweg" (s. o.).

Tennengau Beginnt 15 km südlich von Salzburg-Stadt, wird vom **Tennengebirge** (bis 2412 m) dominiert und im Südosten begrenzt von der **Dachsteingruppe** (bis 2995 m). Insgesamt schon recht unwegsam, daher zwar deutlich weniger Straßen als im Flachgau, aber dennoch ein gutes Radroutenangebot links und rechts der Salzach.

Pongau Schließt südlich ans Tennengau an und wird begrenzt von Hagengebirge und Dachstein im Norden, Radstädter und Hohen Tauern im Süden.

Landschaftliche Attraktionen wie Liechtensteinklamm und Eisriesenwelt liegen am „Tauernradweg". Eine interessante Alternative ist der „Ennsradweg" (s.u.), der im Pongau seinen Ausgangspunkt hat und anschließend durch die Biker-Zentren Flachau und Radstadt führt („Amad-Sportwelt").

Pinzgau *www.bike-pinzgau.at, www.nationalpark.at*
Schließt westlich ans Pongau an und wird landschaftlich von den Ausläufern der Kitzbüheler Alpen und dem Nationalpark Hohe Tauern bestimmt. Der

Tauernradweg (s.u.) beginnt im Pinzgau und legt dort 216 km zurück (bis Salzburg). Reizvolle Stichstraßen führen dort in die südlichen Seitentäler des Salzachtales, u. a. Stubachtal, Rauriser Tal und Hüttwinkltal, Großarltal. Forst- und Almstraßen erschließen weitere Täler, die zu Almhöfen und Berghütten im Nationalpark führen.

Groß-glockner-Hochalpen-straße

www.grossglockner.at

Die Großglockner-Hochalpenstraße führt durch die Hohen Tauern nach Kärnten und gehört zu jenen spektakulären Hochgebirgsstraßen, die eigens als Panoramastraße erbaut wurden (1930–1935). Die Trassenführung folgte vor allem der Maxime, möglichst viele großartige Ausblicke zu vereinen. Vergletscherte Hänge und gleißende Firnfelder, gewaltige Wasserfälle und tiefe Klammen – hier in den Hohen Tauern präsentieren sich die Alpen noch einmal mit der ganzen Palette hochalpiner Eindrücke.

Mit den lohnenden **Abstechern** Edelweißspitze und Gletscherstraße müssen Radler auf dieser Königsetappe rund 3500 Höhenmeter abarbeiten. Deshalb früh los, denn ab 9 Uhr zieht ein steter Autostrom die Straße hoch – trotz 28 € Maut (Radler frei). Üblich ist die Nord-Süd-Richtung von Bruck nach Lienz. Diese Richtung vollzieht den Klimawechsel: vom durchwachsenen Wetter Salzburgs über die Wetterscheide der Hohen Tauern ins warme Kärnten. Die Straße ist von Anf. Mai bis Ende Okt. geöffnet.

Großglockner-straße

Touren-verlauf

Ab de Mautstelle **Ferleiten** zieht die Steigung abrupt mit 12% an. Nach 15 km und 14 durchnummerierten Kehren ist das **Fuscher Törl** erreicht (2428 m). Hier zweigt die Stichstraße zur **Edelweißspitze** ab, ein hervorragender Panoramapunkt (noch 1,8 km, 14%, 2571 m). Nach einem Zwischentief bis zur **Fuscher Lacke** (ein Bergteich auf 2262 m, Ü beim Mankeiwirt) folgt der finale Anstieg. Zunächst zum Mittertörltunnel (2328 m9, dann zum **Hochtor-Tunnel** (2504 m). Dies ist der höchste Punkt der Großglocknerstraße, die Grenze zu Kärnten und die Wetterscheide (oder auch nicht). Nun geht es praktisch nur noch bergab. Etwa 7 km südlich, bei **Guttal** (1859 m), zweigt

Das Fuscher Törl und die Edelweißspitze (Großglocknerstraße)

die **Gletscherstraße** zur Franz-Josefs-Höhe ab (eine 9 km lange, gut ausgebaute Stichstraße mit 12%, bis 2369 m ansteigend; unterhalb der Straße der gewaltige Pasterze-Gletscher, dem sich der Großglockner anschließt). Zurück nach Guttal. Nach einer kurzen Gegensteigung (+ 40 Hm) geht es mit 12% Gefälle hinab nach **Heiligenblut** (1300 m), wo die Großglocknerstraße offiziell endet.

Glocknerkönig

www.glocknerkoenig.com
Einmal im Jahr gehört die Großglockner-Hochalpenstraße den Radlern. Dann findet auf der für den Autoverkehr gesperrten Straße der „Glocknerkönig" statt. Ein internationales Radrennen für fast Jedermann. Start ist in Bruck (757 m), Ziel ist die Gedenkkapelle am Fuscher Törl (2445 m). Auf 27 km sind 1694 Hm abzuarbeiten (Steigung bis 12%). Der Rekord lag 2006 bei 1:12 h (m) bzw. 1:32 h (w), 2008 bei 1:17 h (m) bzw. 1:31 h (w). Der Glocknerkönig findet jeweils am ersten Juni-Sonntag statt. Anmeldungen rechtzeitig, da limitiert.

Lungau

www.lungau.at
Das „Radlerparadies hinter den Tauern" ist ein weites Alpenhochtal, durchflossen von der Mur und umgeben von Hochgebirgen (Niedere Tauern, Gurktaler Alpen). Wiesen und Wälder bedecken gut drei Viertel der Fläche. Obwohl das Lungau, im Gegensatz zum übrigen Salzburger Land, von kontinental sonnenreichen Sommern profitiert, ist es relativ untouristisch. Sternförmig laufen diverse Flusstäler auf das zentrale Mur-Becken zu und werden durch verkehrsarme/autofreie Radrouten erschlossen. Im Lungau entspringt der „Mur-Radweg" (s.u.). 470 km MTB-Routen sind beschildert.

Alpenmarathons

www.radmarathon.at
Die alpinen Radmarathons im Salzburger Land sind besonders populär. Wer

bei einem dieser Marathons mitfahren will, braucht eine gute bis außergewöhnliche Kondition. Wer die Strecken „nur" nachfahren will, darf sich zumindest mehr Zeit lassen.

- Ende Mai: **Amadé Radmarathon,** ab Radstadt im Pongau (Straße, 176 km, 2490 Hm, *www.ennsradweg.at*)
- Ende Juni: **Samson Man Radmarathon,** ab St. Michael im Lungau (Straße, Samson Man Ultra: 220 km, 4600 Hm, *www.samsonman.at*)
- Juli: **Großglockner-Felbertauern-Radmarathon,** ab Mittersill (Straße, 177 km, 3172 Hm, *www.grossglockner-radmarathon.at*)
- September: **Salzburger Radmarathon,** ab Hallein im Tennengau (Straße, 205 km, 3050 Hm).

Tauernradweg

Länge 325 km

Verlauf Folgt dem Lauf von Salzach und Unterem Inn. Krimml (1080 m) – Kaprun (790 m) – Taxenbach (780 m) – Werfen (550 m) – Golling (480 m) – Hallein (450 m) – Salzburg (425 m) – Braunau (350 m) – Passau (310 m).

Beschaffenheit Der Salzach folgend ab Krimml überwiegend bergab, immer wieder kurze Zwischenanstiege. Talwärts durchgehend beschildert, ca. 80% auf Wirtschaftswegen und ruhigen Nebenstraßen, ca. 20% auf z.T. stärker befahrenen Bundesstraßen.

Eindrücke Reichlich, u. a. Krimmler Wasserfälle, Leogang (Silberbergwerk), Kitzlochklamm, Feste Hohenwerfen, Eisriesenwelt (Höhle), Gollinger Wasserfall, Hallein (Salzbergwerk), Salzburg.

Anmerkungen Sehr beliebter Radweg. Ab Burghausen mit dem „Innradweg" identisch.

Varianten Ab Zell am See führt eine Alternativroute entlang der Saalach nach Salzburg (über Bad Reichenhall/D, 120 km). Forststraßen ermöglichen Abstecher in die Seitentäler der Saalach. In Bruck lockt die Großglockner-Hochalpenstraße (s.o.).

Frank Zühlke: „Der Saalach-Radweg ist zwar etwas hügeliger als die Straße, bietet aber schöne Blicke auf das Landschaftsschutzgebiet vor dem Pass und die Leoganger Steinberge."

Infos ▸ *www.tauernradweg.com*

Tourenführer Vlg. Schubert & Franzke, Vlg. Esterbauer (bikeline).

Ennsradweg

Länge Je nach Routenwahl 240–280 km

Verlauf Gasthofalm (1200 m) – Flachau (930 m) – Altenmarkt (840 m) – Radstadt (860 m) – Schladming (750 m) – Gröbming (780 m) – Liezen (660 m) – Admont (640 m) – Hieflau (500 m) – Weyer (400 m) – Steyr (310 m) – Enns (280 m).

Beschaffenheit Hügelig. Mit Zwischenanstiegen überwiegend bergab. Radwege und verkehrsarme Nebenstraßen, in der Steiermark auch teilweise auf Hauptstraßen, hier ist auch noch die Beschilderung evtl. lückenhaft.

Eindrücke Von Flachau bis zur Donau entlang der Enns, oft direkt am Fluss; sehenswert u.a. Radstadt, Schladming, Schloss Thurnfeld, Schloss Trautenfels, Kloster Admont, Gesäuse (15 km langer Alpendurchbruch der Enns, wow!), Steyr, Enns.

Anmerkung Vergleichsweise wenig genutzter Radweg. Verläuft nördlich der Zentralalpen, wo das Klima allgemein etwas kühler und niederschlagsreicher ist.

Varianten In Enns Anschluss an den „Donauradweg". Reizvolle MTB-Variante von Altenmarkt nach Reichraming durchs Reichraminger Hintergebirge (Herzstück des projektierten Nat.-Parks „Nördliche Kalkalpen"): führt auf der Trasse der ehemaligen Waldbahn entlang der Reichraming, u.a. durch 13 schmale, stockdunkle Tunnel; wird als Forstwirtschaftsweg genutzt, daher nur an Wochenenden und Feiertagen für Radler freigegeben (Sa/So, Mai–Okt. 7–18 Uhr, Juli/Aug. 7–19 Uhr).

Infos ▸ *www.ennsradweg.com*

Tourenführer Vlg. Schubert & Franzke, Vlg. Esterbauer.

Mozart-Radweg

Länge 450 km

Verlauf Salzburg – Wasserburg (D) – Rosenheim (D) – Kössen – Waidring – Bad Reichenhall – Berchtesgaden – Salzburg.

Beschaffenheit Hügelig. Insgesamt 2000 addierte Höhenmeter. 90% Radwege und ruhige Nebenstraßen. Befahrung gegen den Uhrzeigersinn wird empfohlen.

Eindrücke Der 2003 eröffnete Mozart-Radweg ist ein sog. Themen-Radweg, der voralpine Seenlandschaften und historische „Mozartpunkte" miteinander verbindet.

Anmerkungen Der Radweg verläuft überwiegend in Deutschland (Bayern). Die maximale Länge auf dem äußeren Ring ist 450 km, Abkürzungen sind ausgeschildert (ab Kössen und Bad Reichenhall).

Infos ▸ *www.mozartradweg.com*

Tourenführer Vlg. Schubert & Franzke, Vlg. Esterbauer.

Steiermark

Daten 16.388 qkm • 1,2 Mio. Ew. • 73 Ew./qkm • Landeshauptstadt Graz

Infos ▸ Tourismuszentrale Steiermark: *www.steiermark.com*

Überblick 60% Wald, weitere 25% Wiesen und Weiden – keine Frage, die Steiermark ist das „grüne Herz Österreichs". Neben Hochgebirgen im Norden, waldreichen Mittelgebirgen im Zentrum und fruchtbarem Hügelland im Südosten hat das zweitgrößte Bundesland viel Raum für kleine Burgen, Kirchen, Klöster, Stifte, Weingüter, schnuckelige Dörfer und Städte. Die Topografie bewirkt klimatische Unterschiede: kühleres Gebirgsklima im Norden, milderes Klima südlich der Niederen Tauern (d.h. mehr Sonne und weniger Niederschläge schon im oberen Murtal, speziell aber in der südöstlichen Steiermark). Das **Landesradwegenetz** orientiert sich vorzugsweise an Flussläufen und ist im Südosten am dichtesten. Die 30 Landesradwege (R 1 – R 30) bringen es auf eine Gesamtlänge von 1850 km.

Gebirgs- und Passstraßen Für Bergspezialisten hat die Steiermark den Vorteil, dass sie jenseits des großen Alpentransits liegt. Die reizvollsten Passstraßen, von Nordwest nach Südost betrachtet, sind:

1) Stoderzinken-Hochalpenstraße (12 km Stichstraße bis auf ca. 2000 m, über 12%)
2) Buchauer Sattel (850 m, bis 10%)
3) Salzatal / Halspass / Hochschwab (830 m, bis 18%)
4) Niederalp-Pass (1229 m, bis 20%)
5) Pfaffen-Sattel (1372 m, bis 20%)
6) Hohentauern-Pass (1265 m, bis 16%)
7) Stanzertal / Fischbacher Alpen (ca. 1100 m, über 12%)
8) Sölker-Pass (1790 m, bis 15%, Österreichs ruhigster Pass über 1500 m)
9) Freiland / Hebalpe (Koralpe-Massiv, 1294 m, über 12%).

Die Steigungsangaben beziehen sich auf die *steilsten* Abschnitte, die meist nur einige hundert Meter lang sind.

Ober- und Mittelsteiermark

Tourentipps

- Den Norden der Steiermark bestimmen die Kalkalpen. Ihre Gebirgsgruppen verlieren nach Osten hin weniger an Höhe als an Umfang und enden 30 km vor den Toren der Wiener Neustadt abrupt mit dem Schneeberg (2076 m). Zwischen Kalkalpen und Niederen Tauern (Massiv der Zentralalpen) hat sich die Enns ihren Weg gebahnt, ihr folgt der „Ennsradweg" (s. o.).
- Im Westen hat die Obersteiermark *Anteil* am **Salzkammergut.** Dort liegen Altausseer See und Grundlsee auf der Route des „Salzkammergut-Radweges" (s. o.).
- Die Region **Dachstein-Tauern** mit ihren steilen Kalkfelsen und dem grünen Lauf der Enns gehört zu den bekanntesten Wandergebieten der Steiermark. Aus der alten Bergstadt **Schladming** (750 m) ist ein bedeutendes Biker-Zentrum geworden. Ihre Lage im Oberennstal macht sie zum idealen Ausgangspunkt für 200 km markierte Rad- und MTB-Routen, die in den südlichen Enns-Seitentälern bis auf max. 1850 m führen (Hochwurzen).

- Zwischen Eisenerzer Alpen und Rottenmanner Tauern verläuft durch Palten- und Liesingtal der **Rastlandradweg** (Liezen – St. Michael, 80 km) und bildet eine Querverbindung zwischen „Enns-" und „Mur-Radweg".
- Die alte Heimat des Schriftstellers Peter Rosegger ist das große Waldgebiet um **Mürztal** und Stuhleck. Hier verläuft u. a. der „Mürztalradweg" (Mürzzuschlag – Bruck, 47 km) und eine MTB-Route von Mürzsteg zum Niederalp-Pass (1129 m).
- Südlich der Tauern, im Einzugsbereich des „Mur-Radweges", lohnt ein Abstecher zum **Naturpark Grebenzen** (Hochmoor, Vogelparadies Furtnerteich, Stift St. Lambrecht). Der „Grebenzen-Radweg" ab Teufenbach ist Teil des regionalen Radwegenetzes Oberes Murtal.

Untersteiermark

Am dichtesten ist das Straßen- und Radwegenetz in der südöstlichen Steiermark, der „steierischen Toskana", mit der fahrradfreundlichen Landeshauptstadt Graz. Die Mur trennt die West- von der Oststeiermark.

Weststeiermark

Eine steirische Werbebroschüre witzelt: „Weintrinken und Radfahren" seien in Wahrheit Nebenzweige der Philosophie. Überprüfen lässt sich diese These in der hügeligen Weinbauregion zwischen Koralpe und Graz. „Schilcher" heißt der Wein, der hier in urigen Buschenschenken verkostet werden kann. Und „Schilcher" heißt daher auch der Radwanderweg R 4, der von Stainz über Bad Gams und Deutschlandsberg nach Eibiswald führt (58 km). Der R 4 ist nur einer unter mehreren Radwegen, die die Weststeiermark hervorragend erschließen. Radlerfreundlich organisiert ist auch die *Steiermärkische Landesbahn.*

Oststeiermark

Weiträumiges Hügelland mit Apfel- und Weingärten, Almwiesen und Laubwäldern, Schlössern, Burgen und Thermalbädern. Da die Nebenstraßen meist geradewegs über die Hügel führen, sind knackig-kurze Steigungen programmiert, die viele Blicke übers gemütliche Bauernland bieten, wo sich offenbar jeder noch Zeit für die Dinge des Lebens lässt (wie Meister Gsellmann, der in Edelsbach bei Feldbach jahrzehntelang an seiner staunenswerten „Weltmaschine" bastelte). Landschaftlich besonders attraktiv ist das **Hartberger Land** mit dem Naturpark Pöllauer Tal. Der **Thermenradweg** R 12 (148 km) erschließt die Oststeiermark der Länge nach: Von *Mönichkirchen* im Norden nach *Bad Radkersburg* an der slowenischen Grenze, wo auch der „Mur-Radweg" endet.

Mur-Radweg (R 2)

Länge 340 km

Verlauf St. Michael i. L. (1070 m) – Murau (810 m) – Judenburg (740 m) – Leoben (540 m) – Bruck M. (490 m) – Graz (365 m) – Ehrenhausen (260 m) – Bad Radkersburg (210 m).

Beschaffenheit Trotz einiger Zwischenanstiege insgesamt bergab. Überwiegend gute Radwege und verkehrsarme Nebenstraßen. Durchgehend beschildert.

Eindrücke Von der Quelle der Mur inmitten der wald- und wiesenreichen Höhen des Lungaus durchs hügelige Obere Murtal. Im südsteirischen Thermenland dann durch enge und weite Täler und die Obst- und Weingärten der Windischen Büheln. Sehenswert sind Tamsweg, Judenburg, St. Georgen, Bruck, Lurgrotte, Stübing, Straßengel, Graz („radlerfreundlichste Stadt Europas"), Leibniz, Ehrenhausen, Bad Radkersburg.

Bis 1985 war Österreichs zweitlängster Fluss trauriger Rekordhalter unter den am meisten verunreinigten Flüssen Europas. Ein Glas Mur-Wasser konnte den Tod bringen. Dann wurde die Sanierung beschlossen und so konsequent umgesetzt, dass die Wassergüte mittlerweile allerbeste Werte erreicht. Nach der Donau ist die einst völlig tote Mur nun wieder der artenreichste Fluss Österreichs.

Anmerkungen Verläuft südlich der Zentralalpen, wo das Klima generell sonniger und niederschlagsärmer ist als bspw. in der Region des „Ennsradweges". Im Lungau und im Salzburger Land als „Mur-Radweg" ausgeschildert, in der Steiermark als „R2".

Infos ▸ *www.mur-radweg.at*

Tourenführer Vlg. Schubert & Franzke, Vlg. Esterbauer.

MTB-Tipp Alpentour *www.alpentour.at*

Alpentour nennt sich der 900 km lange Rundkurs, der Mountainbiker in 14 Etappen fast durch die ganze Steiermark führt. 27.000 Hm sind dabei auf unterschiedlich schweren Wegstrecken zu überwinden. Die längere Variante der „Alpen"-Tour führt über Aflenz Kurort (970 km, 28.000 Hm). Start/Ziel ist Ramsau. Während die nordwestliche Hälfte des Rundkurses alpinen Charakter hat, ist der südöstliche Teil (um Graz) eher mittelgebirgig. Die Alpentour ist in beiden Richtungen hervorragend beschildert, so dass zur Orientierung die kostenlose Alpentour-Karte von der Steiermark-Werbung schon vollauf genügt. Bikerfreundliche Unterkünfte mit Verpflegung sind an der Strecke ausreichend vorhanden und in der Karte als „Alpen-Wirte" vermerkt. Die Karte enthält auch genaue Höhenprofile mit Schwierigkeitsangaben. Noch mehr Details im offiziellen Alpentourbuch vom Verlag Styria.

Tirol

Daten 12.648 qkm • 655.000 Ew. • 52 Ew./qkm • Landeshauptstadt Innsbruck

Infos
- ▸ Tourismuszentrale Tirol: *www.tirol.at*
- ▸ MTB- und Rad-Infos für Tirol: *www.tirol.gv.at/mountainbike*

Überblick Mitten durch **Nordtirol** zieht sich die markante Furche des Inntals. Den nördlich davon liegenden Teil nehmen die schroffen Kettengebirge der Kalkalpen ein: Lechtaler Alpen, Wetterstein-, Karwendel- und Kaisergebirge.

Im *südlichen Nordtirol* geben hingegen die hochalpinen Gebirgsmassive der Zentralalpen den Ton an: Ötztaler-, Stubaier-, Sarntaler-, Zillertaler- und Kitzbüheler Alpen. Umgekehrt verhält es sich in **Osttirol,** wo der *Norden* von den Zentralalpen beherrscht wird (Venediger- und Glocknergruppe), und der *Süden* von den Kalkalpen (Lienzer Dolomiten, Gailtaler- und Karnische Alpen). In Osttirol spielt das Drautal die Trennlinie.

Nordtirol

Eindrücke / Tourenplanung

Fitten Radlern wird in Nordtirol viel geboten: Zu Herzen gehende Gebirgspanoramen mit Gipfeln und Wäldern, Hochtäler und Almen, Schluchten und Klammen, Seen und Wasserfällen. Dazu gepflegtes Brauchtum und Sinn für Form und Farbe. Außerdem Bilderbuchdörfer wie Nauders oder Holzgau und schmucke Altstädte, wie die von Innsbruck und Hall. Im Radlerparadies ist man hier aber dennoch nicht, denn in Nordtirol trifft sich der Fernverkehr. Drei Viertel des gesamten österreichischen Alpentransits geht durch Tirol. Radleroasen sind Seitentäler, wo kein Durchgangsverkehr möglich ist.

Beispiel *Wipptal:* Von dieser Haupttransitroute (Brennerstraße) zweigen mehrere, bis zu 15 km lange Seitentäler ab. Kaum abgebogen ins Gschnitztal, Obernbergtal, Valstal, Schmirntal oder Navistal ist die Radlerwelt schon wieder in Ordnung! Da die Steigungen meist um 10% liegen (Schmirntal bis 15%!), lassen sich zwei bis drei Seitentäler in einen Tag packen.

Lechtaler Alpen

Wer westlich vom Wetterstein vom Lechtal her anreist, sieht sich in Nordtirol zunächst den Lechtaler Alpen gegenüber. Wer dieses mächtige Kettengebirge der nördlichen Kalkalpen nicht über den verkehrsreichen **Fernpass** (1209 m) hinter sich bringen will, sondern die direkte Art bevorzugt, wird unweigerlich auf das **Hahntennjoch** (1884 m) stoßen.

Frank Zühlke: „Nette kleine Passstraße. Landschaftlich sehr schön. An der Südostseite gibt es aber wohl häufig Erdrutsche. Es war nicht ganz einfach, das Fahrrad über diese 'Muren' zu schieben."

Michael Kristl: „Interessante Alternative zum vom Schwerlastverkehr überlasteten Fernpass. Bis 15% steil, nur mäßig von Autos frequentiert."

MTB-Tipp Tirol-Vital-Route

323 km weit zieht sich die gut beschilderte Tirol-Vital-Route durch **Wetterstein-, Karwendel- und Kaisergebirge** und vermittelt dabei die Eindrücke einer Alpenüberquerung. Eine abwechslungsreiche und zugleich anspruchsvolle Tour mit teilweise knackigen Steigungen, die in Höhen bis 1900 m führen (insgesamt 7352 Hm). Fahrtechnisch ist die Route aber unproblematisch, da überwiegend auf Forststraßen geführt. Die Tour lässt sich bequem in sieben Tagesetappen teilen. Zahlreiche Etappenpunkte mit Unterkünften sind integriert (Berghütten, Pensionen, Alpen- und Almgasthöfe, Wochenenden vorbuchen). Die Tirol-Vital- Route: Tannheim – Ehrwald – Scharnitz – Pertisau – Achensee – Ebbs – Kössen – St. Johann – Kitzbühel. Infos: *www.tirol.gv.at/mountainbike, www.almenrausch.at*

Silvretta-Hochalpenstraße

Über die **Bielerhöhe** (2030 m, Tirol/Vorarlberg) hinweg verbindet die Silvretta-Hochalpenstraße Galtür und Partenen bzw. das Nordtiroler Paznauntal mit dem Vorarlberger Montafon. Unterwegs viele Stellen mit Aussicht auf die vergletscherten Gipfel der Silvrettagruppe. Für Radler ist der östliche Anstieg zur Bielerhöhe mit max. 11% leichter als der westliche mit bis zu 14%.

Jan Cramer: „Ein Zweitausender für Einsteiger. Ruhige Auffahrt von Osten her, kaum einmal richtig steil. Herrliche Möglichkeiten zu einer kombinierten Wandertour."

Michael Kristl: „Hochalpenstraße, die zu den landschaftlich abwechslungsreichsten Österreichs zählt. Von Partenen am Ende des Montafontales schlängeln sich 25 Kehren bis zum Vermunt-Stausee auf 1750 m. Höchster Punkt ist die Bielerhöhe mit einer fantastischen Aussicht auf die vergletscherte Bergwelt der Silvretta."

Kaunertal Zu den landschaftlichen Highlights Nordtirols gehören vor allem auch die Seitentäler, die südlich vom Inntal abzweigen – Kaunertal, Pitztal und Ötztal.

Die Straße durchs Kaunertal beginnt bei **Prutz** (860 m), führt mit max. 14% durch Kur- und Wintersportorte zum Gepatsch-Stausee, dessen Westuferstraße für Kfz gesperrt ist. Vom Gepatsch-Haus (1928 m) geht es dann auf der **Gletscher-Panoramastraße** weiter bis zum Gletscher-Restaurant (2750 m), von dort mit der Seilbahn zum Drei-Länder-Aussichtspunkt.

Jan Cramer: „Für Extremisten. Zweithöchste Passstraße Österreichs – Marke Großglockner. Panoramastraße mit Kehrennummerierung. Hochalpine Flora, Gletscherblick."

Ötztal Eines der schönsten Alpentäler überhaupt ist das rund 60 km lange Tal der Ötztaler Ache in den Ötztaler Alpen. Anfangs noch breit, verjüngt sich das stufenförmig ansteigende Tal zu einer Folge von Schluchten, Zwischentälern und Wasserfällen. Imposante Blicke auf Gipfel und vergletscherte Alpenkämme. Vom Talschluss in Untergurgl (1793 m) führt Österreichs höchste Passstraße anschließend zum **Timmelsjoch** hinauf (2509 m, s. a. Alpen). Herausforderung: Ab Sölden (1380 m) auf abenteuerlicher Gletscherstraße einen Abstecher zum **Rettenbachferner** (2670 m) machen. Der extrem steile Pass mit mehr als 13% Steigung auf den letzten 7 km bildete 2005 die Königsetappe der grenzüberschreitenden „Deutschlandtour". Tourteilnehmer *Patrik Sinkewitz:* „Das ist der schwerste Berg Europas. Brutal!" *Jan Ullrich:* „Tierquälerei!"

Ötztaler Radmarathon *www.oetztaler-radmarathon.com*

Wer es mal richtig knacken lassen will, startet in **Sölden** zum Marathon auf „der härtesten Einbahnstraße Europas". Das Ötztaler Radmarathon führt über die großen Tiroler Pässe (238 km, 5500 Hm, August) und wird nicht umsonst auch „Wildsaurennen" genannt.

Tagestouren vom Inntal aus Auch die wichtigste Radroute durch Nordtirol, der Innradweg (s.u.), animiert in seinem Verlauf zu Tagestouren, vornehmlich in Mittelgebirgsregionen:

- Ab Landeck: Rund um den **Venetberg** (41 km, sportlich, höchster Punkt ist die Pillerhöhe 1559 m, Höhenunterschiede bis 820 m).

Jan Cramer: „Durch die Hintertür ins Kaunertal. Relativ fordernder Anstieg auf schmalem Asphaltband, nahezu ohne Verkehr. Schöner Panoramablick ins Oberinntal. Nette, wilde Übernachtungsmöglichkeiten."

- Ab Untermieming („Innradweg": Stams): „Bergdoktor-Radwanderweg" auf dem **Mieminger Plateau** (30 km, moderat, höchster Punkt ist

i-Box Österreich

Einreise Österreich gehört zum Schengen-Raum. Der Personalausweis genügt für die Reise (D/CH).

Geld Österreich gehört zur Euro-Zone. Die Lebenshaltungskosten sind etwas höher als in D. Preisgünstig innerhalb Österreichs ist die Steiermark.

Gesundheit GKV-Mitglieder sind anspruchsberechtigt. Details: *www.dvka.de*

Infos

- Tourismuszentrale Österreich: *www.austria.info*
- Österreichische Bundesbahnen: *www.oebb.at*
- Österr. Radlerlobby ARGUS: *www.argus.or.at*
- Radfernwege u. Radhotels: *www.radtouren.at*
- Mountainbike-Hotels und mehr: *www.bike-holidays.com*
- MTB-Touren, interaktiv: *www.alpintouren.at*
- Rad- und Bike-Events in Österreich: *www.radmarathon.at*
- Tiscover AG, tourist. Netzwerk f. Österreichs Regionen: *www.tiscover.at*

Infos vor Ort In praktisch allen Urlaubsorten existieren **Verkehrsbüros.** Hier bekommt man das ganze regional fokussierte Material, das anderswo schwer erhältlich ist (Rad- und Bikerouten der näheren und weiteren Umgebung, spezielle Karten).

Wetter Während im nördlichen Alpenvorland und dem Alpen-Nordrand atlantisches Klima vorherrscht, ist in den östlichen Vorländern, also „hinter" den Bergen, das Klima kontinental (ähnlich dem ungarischen) und in den Alpen selbst natürlich alpin. Prinzipiell bedeutet alpines Klima kurze, kühle Sommer, aber in den geschützten Tallagen südlich der Alpenhauptkämme ist der Sommer ausgesprochen warm und freundlich. Bestes Beispiel ist das Drautal in Kärnten: vor Wind und Wetter aus dem Norden geschützt, vom Süden dafür mit Sonne verwöhnt. Die Kehrseite der Medaille sind Niederschlagsstaus am nördlichen Alpenrand, die speziell im Salzburger Land immer wieder zu Sommergewittern und „Schnürlregen" führen.

Vergleichsweise niederschlagsarm sind, außerhalb des Alpenraums, Niederösterreich und Burgenland. Für ganz Österreich gilt, dass der Herbst oft mit stabilen Schönwetterperioden aufwartet (Altweibersommer).

Wind Generell dominieren westliche bis nördliche Winde, im „offenen" Burgenland auch östliche Winde aus Ungarn. Windarm sind das Wiener und das Klagenfurter Becken (Weinviertel, Kärntner Seengebiet). Südliche Föhnwinde treten vor allem im westlichen Österreich auf, verstärkt im Frühjahr und im Herbst. Hinter den Hauptkämmen der Alpen fällt dieser warm-trockene Wind böig zu Tal. Eine berüchtigte Föhngasse ist das Wipptal zwischen Brenner und Innsbruck. Während Radler über den Föhn meist stöhnen, schätzen ihn die Bauern, je nach Jahreszeit, als „Schneefresser" oder „Traubenkocher".

Reisezeit Allgemein radtourengeeignet ist für die tieferen Regionen der Zeitraum von Mitte April bis Mitte Oktober. Einschränkung: Wie in den meisten Ländern sind auch in Österreich Juli und August nur bedingt empfehlenswert. Dann geht es auf manchen Radwanderwegen hoch her, und in Wien ist kein erschwingliches Zimmer mehr frei.

Gute Monate für Hochalpen-Touren sind der Juni und ganz besonders der September. Weniger günstig ist der Hochsommer. Tagsüber wird es dann sehr heiß, sind die größeren Passstraßen voll mit Urlauberautos, ist die Sicht meist diesig. Für Nebenstraßentouren in den Alpentälern sind aber Juli und August durchaus okay.

Anreise

Per Rad Wer „Fahrradurlaub von Anfang an" plant, kann einer der grenzüberschreitenden Radrouten folgen: Entweder entlang des Bodensees, durchs Inntal oder entlang der Donau (Inntal-Radweg, Bodensee-Radweg, Donau-Radweg).

Per Bahn Die grenzüberschreitende Fahrradmitnahme mit internationaler Fahrradkarte ist bei über einem Dutzend Direktverbindungen möglich (u. a. nach Wien, Klagenfurt, Innsbruck und zum Brenner-Pass). Ideal sind die **Nachtzugverbindungen** ab Hamburg und Dortmund nach Wien, mit reservierten Fahrradstellplätzen und oft unschlagbar günstigen „City Night Spar"-Sonderkontingenten.
Bahn&Bike-Infos: *www.bahn.de/bahnundbike, www.oebb.at, www.citynightline.ch*

Transport im Land

ÖBB Das Streckennetz der Österreichischen Bundesbahnen (ÖBB) umfasst gut 5000 km. Großzügig geregelt ist die **Fahrradmitnahme.** „Regio-Biking" heißt bei der ÖBB die *reservierungsfreie* Radmitnahme in Nahverkehrs-, Regional- und Eilzügen. Alle in Frage kommenden Züge sind in den Fahrplänen mit Fahrrad-Piktogrammen versehen, ebenso die Einstiegs- und Abstellmöglichkeiten bei den Zügen selbst.

„Intercity-Biking" bezeichnet die *reservierungspflichtige* Mitnahme in IC-Zügen und ausgewählten EC-, SC- und D-Zügen (sämtlich in den Fahrplänen markiert). Die Reservierung beinhaltet einen Sitzplatz am Gepäckabteil. Fahrradversand ist nur mit dem **Gepäckservice** der ÖBB möglich, und dies auch nur zwischen privaten Adressen, also nicht von Bahnhof zu Bahnhof.

- Infos zu Fahrradmitnahme und Gepäckservice: *www.oebb.at* (Menüfolge: „Personenverkehr AG"– „Rund ums Reisen"– „Bahn & mehr" – „Bahn & Rad").

Privatbahnen Unterschiedlich geregelt ist die Fahrradmitnahme bei den Privatbahnen (Streckennetz 600 km), oft ist sie sogar kostenlos. Mit der Möglichkeit der Fahrradmitnahme werben u. a. Steiermärkische Landesbahnen (www.stlb.at), Linzer Lokalbahn, Salzburger Lokalbahn, Graz-Köflacher-Bahn.

Schiffe
- Wurm & Köck: *www.donauschiffahrt.com*
- DDSG: *www.ddsg-blue-danube.at*

Die Donau-Schiffe von Wurm & Köck nehmen auf den Linien Passau – Linz und Linz – Wien kostenlos Fahrräder mit. Passau – Wien 23 + 56 €. Auch die im Sommer auf den größeren Seen verkehrenden Linienschiffe nehmen Fahrräder mit.

Busse Spezielle „Radelbusse“ gehören in manchen Regionen zum touristischen Nahverkehrsangebot (Neusiedler See, Tennengebirge, punktuell an Radwegen). Auch Postbusse nehmen häufig ein bis zwei Räder gegen geringe Gebühr mit: *www.postbus.at*

Seilbahnen Über 500 Bergseilbahnen gibt es in Österreich. Viele transportieren auch Bikes.

Übernachten

Infos
- Jugendherbergsverbände ÖJHW, ÖJHV: *www.jungehotels.at, www.oejhv.or.at*
- Naturfreunde Österreichs: *www.naturfreunde.at*
- Österr. Alpenverein: *www.alpenverein.at*
- Campingplätze in Österreich: *www.campingfuehrer.at*
- Österr. Touristenklub (Bergwanderverein): *www.touristenklub.at*

Zimmer
- **Hotels, Gasthöfe, Pensionen, Privatzimmer** – Sie sind das Rückgrat des Fremdenverkehrs und sorgen für eine Vielzahl individueller Übernachtungsmöglichkeiten im ganzen Land. Die Preise sind mit denen in Deutschland vergleichbar. Die Hoteliers der Skigebiete werben in der Sommersaison verstärkt um Radwanderer und Mountainbiker als Gäste und bieten entsprechenden Service (Radschuppen, Radlermenü, Reparaturen, Mietbikes, geführte Touren, Shuttle-Jeep). Auch wer nur eine Nacht bleiben will, wird nicht schief angesehen. Radlerfreundliche Hotels sind von außen meist durch Logos erkennbar (in Pyhrn-Eisenwurzen bspw. durch eine grüne Radlerflagge).
- **Jugendherbergen** – Rund 100 Jugendherbergen betreiben die Dachverbände ÖJHW und ÖJHV. Die meisten befinden sich im nordwestlichen Viertel des Landes (Oberösterreich, Salzkammergut), relativ wenige hingegen in Niederösterreich, Burgenland und Tirol. Für Juli und August sollte man generell vorbuchen (ganzjährig sogar für Wien, Salzburg und Innsbruck).
- **Naturfreundehäuser** – In allen Regionen Gästehäuser, Berg- und Wanderhütten, teils für Selbstversorger. Preise je nach Ausstattung, Ü um 8 € (4 € für Mitglieder).
- **Studentenherbergen** – Infos bei den i-Büros der Uni-Städte.
- **Berghütten, Schutzhütten** – Bewirtschaftet von den Alpenvereinen (ÖAV, DAV, *www.alpenvereinshuetten.at*) und vom Touristenklub. Auch Nichtmitglieder werden aufgenommen, zahlen allerdings rund das Doppelte.

Campen Rund 600 **Campingplätze** sind registriert. Die meisten Plätze finden sich in Vorarlberg, Tirol, Kärntner Seengebiet, Salzkammergut und Neusiedler See. Preise: 2 Pers./Zelt um 10 €. Etwa ein Viertel der Plätze ist ganzjährig geöffnet, ansonsten überwiegend von April/Mai bis Mitte/Ende Oktober. Frühjahrstourer sollten bedenken, dass es in den Alpengebieten bis in den Juni Kälteeinbrüche geben kann („Schafskälte") und den Schlafsack lieber eine Stufe wärmer wählen.

Wildes Zelten ist generell nicht erlaubt bzw. nur mit Einwilligung des Landbesitzers. Wenn es sich aber nicht vermeiden lässt, sollte man den Platz umsichtig auswählen (auf Schutzzonen achten) und im Zweifelsfall nur einen Biwaksack benutzen.

Karten und Literatur

(Adressen zum Bezug von Karten und Reiseführern im Anhang)

Tourenkarten

- Freytag & Berndt: Österreich 1:300.000. 1 Blatt beidseitig bedruckt. Steigungspfeile, prägnante Schummerung, viele Details, eng bedruckt. 9,95 €.
- Freytag & Berndt: 1:100.000/125.000, 6,95 €, versch. Radwanderkarten mit Begleittext.
- *Empfehlung:* Esterbauer: 1:75.000/1:100.00, 6,90 €, Radtourenkarte Österreich, theoretisch 21 Bl. flächendeckend, bis 2009 waren aber, ebenso wie 2006, erst 10 Bl. erschienen, es scheint nicht voranzugehen. Dennoch sehr hilfreich.
- Kompass: 1:25.000/1:35.000, Wander- und Topokarten für Vorarlberg, Tirol, Kärnten, Salzburger Land, Salzkammergut.
- Freytag & Berndt: 1:50.000, Wander- und Topokarten (z. T. mit Radwegen), oft besser und günstiger im Schnitt als die entsprechenden Kompasskarten.
- Bundesamt für Eich- und Vermessungswesen: 1.50.000, 7,90 €, Topokarten, für Profis.

Tourenführer Zu allen Radfernwegen wie auch etlichen Radelrevieren haben die beiden österreichischen **Verlage** *Esterbauer* und *Schubert & Franzke* Tourenführer bzw. Radkarten herausgegeben. Auf den Websites der Verlage ist das aktuelle Programm abrufbar.

- Verlag Schubert & Franzke: *www.schubert-franzke.com*
  Das Konzept des Kartografischen Spezialverlages Schubert & Franzke setzt auf Radkarten mit Begleitbroschüren. Alle bewährt und zuverlässig. Preis 4–12 €.
- Verlag Esterbauer: *www.esterbauer.com*
  Auch die bikeline-Tourenführer aus dem Esterbauer Verlag genießen einen guten Ruf. Hier ist der Begleittext mit guten Kartenausschnitten gekoppelt und im lenkertaschenfreundlichen Langformat gehalten.
- Verlag Delius Klasing: *www.delius-klasing.de*
  Hier werden Mountainbiker fündig. Die bei Delius Klasing verlegten, altehrwürdigen Moser-Bikeguides machen allerdings nichts zu Österreich. Umso aktiver ist Ulrich Stanciu mit seinen „Bike-Traumtouren": *www.bike-gps.com.* Neben dem „Transalp"-Bestseller (MTB-Führer mit Routing-CD) sind auch die Titel „Dachstein/Tauern", „Großglockner" und „Dolomiten Süd" als ähnlich gemachte Führer erhältlich.

Fahrrad

Ausstattung Für leichte Tourengebiete wie den Donauradweg oder am Neusiedler See tut es prinzipiell zwar schon ein solides Fahrrad mit Nabenschaltung, aber erst ein bergtaugliches Bike erschließt das ganze Spektrum möglicher Wege.

Reparaturen Generell sind Reparaturen in den Städten und den Urlaubsregionen problemlos. Wo das Service-Netz dünner ist, gibt es in vielen Hotels zumindest einen Pannenkoffer, der aber keine Wunder bewirken kann. MTB-Bereifung lässt sich praktisch immer „abgreifen".

Mieten Überall wo sich Urlauber tummeln, werden auch Fahrräder vermietet. Das Angebot variiert regional. Immer mit dabei sind MTBs, die qualitativ aber nur für mäßige Beanspruchungen gedacht sind (Radwanderwege). Hochwertige MTBs finden sich im Angebot spezialisierter Sport-Hotels und MTB-freundlicher Gemeinden.

Straßen und Wege

Straßenzustand Das Straßennetz ist für ein überwiegend gebirgiges und nicht sehr dicht besiedeltes Land sehr gut ausgebaut. Straßenzustand und Wegweisung sind generell gut. Kleinste Nebenstraßen sind aber oft nur mit Schotter befestigt. Winterschäden an Asphaltstraßen werden in der Regel vor der Sommersaison behoben. Zahlreiche Pass- und Panoramastraßen in den Alpen sind mautpflichtig, Radler sind hiervon in aller Regel immer noch ausgenommen.

Wer in den Übergangsmonaten Mai (Juni) und Oktober oder gar im Winter auf Pässetour gehen will, kann sich beim ÖAMTC über Wintersperren von Pässen (in A, CH, I und SLO) sowie den aktuellen Straßenzustand informieren: *www.oeamtc.at/bergstrassen*

Verkehr Zwar verläuft der Transitverkehr weitgehend auf Autobahnen, aber die Bundeshauptstraßen in den Tälern müssen im Sommer viel Urlauberverkehr aufnehmen. Radler profitieren dabei vom kontinuierlichen Ausbau des Radwegenetzes. Salzburg, Wien, St. Pölten, Graz, Klagenfurt und Villach sind Städte, die sich angenehm auf Radrundwegen erkunden lassen. Auto- und Radfahrer sind einander gewöhnt.

Gebirgsstraßen Wen Steigungsrampen von über 15% und teilweise über 20% nicht schrecken, dem eröffnet sich in den Ostalpen ein weites Feld von Nebenstrecken. Verbunden werden sie von den weniger steilen, aber stärker befahrenen Hauptstraßen, die sich also nie völlig vermeiden lassen. Wer im Juli/August auf den großen Pässen und Panoramastraßen unterwegs sein will, sollte früh auf die Piste gehen, am besten schon um 6 Uhr; spätestens ab 10 Uhr rollt nämlich echt der Verkehr.

Radwanderwege

Sie sind die roten Fäden, an denen sich vor allem Genussradler und Familien gern orientieren. Manch Radler fühlt sich aber durch Radrouten gebremst oder bevormundet, will nicht im Pulk fahren, hat keine Lust, dauernd nach Schildern Ausschau zu halten, die es vielleicht schon nicht mehr gibt, da geklaut.

Unter dem Strich sind Radwanderwege jedoch sehr beliebt und es werden immer wieder neue geschaffen. Übernachtungsmöglichkeiten säumen die Routen in relativ kurzen Abständen. Alle Radfernwege sind durchgängig und in beiden Richtungen beschildert. Die Schilder sind generell weiß auf grün. Der Richtungspfeil ist sehr klein, so dass man ihn immer erst im letzten Moment erkennt. Oft fehlen auch Entfernungsangaben auf den Schildern. Mit Lücken oder sonstigen Irritationen muss man bei beschilderten Radwegen eigentlich immer rechnen, auch im velophilen Österreich. Ein guter Tourenführer mit Karte hilft über solche Unsicherheiten hinweg und listet zugleich auch praktische Details und Adressen auf. Für alle Radwanderwege in Alpenregionen gilt eine Wintersperre (Tirol: 1.11.-1.4.).

Offroad (MTB)

www.tirol.gv.at/themen/sport/radfahren/mountainbike
Prinzipiell gilt in Österreich, dass das Radfahren auf Forststraßen und auch den meisten Almwegen verboten ist. 1997 wurde in Tirol jedoch eine Lösung gefunden, damit möglichst viele Wege, die für Biker interessant sind, freigegeben werden können. Mittlerweile sind in Tirol, dem Mekka der Mountainbiker, 5200 km Forststraßen und Almwege als Offroad-Routen markiert (neben nur 800 km Radwegen) und wie die Skipisten nach Schwierigkeitsgraden klassifiziert (blau = leicht, rot = mittel, schwarz = schwer). Die Wege dürfen nur tagsüber befahren werden und Wanderer haben natürlich Vorfahrt. Da aber keine Singletrails freigegeben wurden, also keine schmalen Wanderwege, sind Begegnungen unproblematisch. Andere Bundesländer folgten dem Tiroler Modell, so dass auch dort bereits viele Forstwege offen sind. Alle geöffneten Wege sind entsprechend beschildert. Vorhandene Verbotsschilder sind auch weiterhin wirksam.

Servus Austria!

kleinen sklep (Laden), der ein paar Dinge hat und dessen Verkäuferin einen schier ungläubig anschaut, wenn man mit Radlerhose und durchgeschwitzt das Geschäft betritt. Außerhalb der Dörfer fährt man durch weite Feldlandschaft und kleine Wälder. Nichts ist wirklich spektakulär, dafür alles sehr beschaulich und natürlich."

ROUTEN & REGIONEN

Nordwestliches Polen

Im Norden die Ostsee, im Westen die Oder, im Osten die Weichsel, im Süden die Urstromtäler von Noteca und Warthe, mittendrin eine hügelige, seenreiche Landschaft: voilá, das ist Pomorze – das polnische Pommern!

Ostseeküste

Nehrungen, Haffs und Strandseen, Steilküsten, Dünen und Küstenwälder. Dazu ewig lange Sandstrände und sonnenreiches Klima. All dies zieht von Anfang Juli bis Ende August Millionen einheimischer Urlauber an und lässt selbst ausgedehnte Ferienanlagen und erst recht die historischen Badeorte schier aus den Nähten platzen.

Wegen der zahlreichen Haffs gibt es keine durchgehend küstennahe Straße. Zwar zweigen immer mal wieder küstennahe Betonplattenwege ab (sehr unkomfortabel!), aber die allermeisten enden als Sackgasse oder gehen in schwer passierbare Wege über. Militärisches Sperrgebiet ist jetzt nur noch der Küstenbereich zwischen Pogorzelica und Mrzezyno (s. hierzu den Bericht von *Christoph Gocke* weiter unten), alle anderen Areale an der Ostsee hat das Militär mittlerweile geräumt.

Wer nun aber nicht gerade zur Hauptferienzeit an der Ostseeküste unterwegs ist (Juli/August), kann auch auf den vorhandenen Nebenstraßen radeln, ohne gleich unter die Räder zu kommen. Die ein- und zweistellig nummerierten Fernstraßen hingegen sind zwar zu keiner Zeit ein großes Radvergnügen, besitzen aber zum Ausgleich einen breiten Randstreifen.

Wegen des Westwindes die Tour von Usedom beginnend (immer ostwärts planen), sorgt die **Halbinsel Wolin** für den Auftakt (schöner Küstenlandschafts-Mix mit dem Wolinski-Nationalpark bei Miedzyzdroje). Es folgen Strände und Küstenwälder und altpommersche Städtchen. Landschaftlicher Höhepunkt der Ostseeküste ist der **Slowinzische Nationalpark** bei Leba. Hier befindet sich u. a. die „Polnische Sahara" mit ihren bis zu 50 m hohen Wanderdünen, dazu Strandseen und Feuchtgebiete, die dem Vogelzug als Speisekammer dienen.

Zwischen Brandung und Strandung

Christoph Gocke über die Möglichkeit, das **Militärgelände** zwischen **Pogorzelica** und **Mrzezyno** direkt am Strand zu umgehen: „Beim Leuchtturm von Niechorze offenbart mir mein polnischer Begleiter Michael, am besten sei es, wenn ich demnächst auf den Strand wechseln würde. Gleich komme ein Militärgelände, das man per Straße sehr weit umfahren könne, am Strand aber ziemlich direkt. Ich bin skeptisch. Dann stranden wir auch schon, bevor wir die Militärabsperrung erreichen. Der Weg versandet immer mehr im Wald. Schließlich sehen wir den Wachdienst. Michael spricht mit ihm. Auch der sagt, am besten weiter am Strand.

Michael begleitet mich noch bis auf den Sand. Fünf Kilometer sollen es werden. Anfänglich liegt hier und da noch ein Sonnenanbeter am Strand. Dann niemand mehr. Nur Wasser, Sand und Dünen. Und ich kann sogar radeln. Barfuß auf meinen zackigen Pedalen, genau auf der Naht zwischen Wellenspitzen und trockenem Sand ist es etwas fester. Ab und zu muss ich abspringen, ab und zu erwischt mich eine Welle.

Nach fünf Kilometern Pause: FKK-Schwimmen im Meer, Lunch am Meer. Dann kommen wieder Menschen, bei Kilometer sieben ein Aufgang, von dem man bald auf eine Straße trifft. Nach 10,5 Kilometern kommt die Brücke über die Rega, der Ort Mrzezyno ist erreicht.

Am Ende war es eine wunderbare Ausweichstrecke, wenn auch hart für Material und Mann. Immer wieder höre und lese ich seitdem von Radlern, die die selbe Strecke strand-radelten."

Ostseeradweg R10

Eine Herausforderung besonderer Art ist der noch weitgehend unbekannte polnische **Ostseeradweg R10,** der mittlerweile von **Swinoujscie** (dt.-poln. Grenze) bis **Stilo** (ein Leuchtturm östlich von Leba) ausgeschildert ist. Das sind **356 km** auf unterschiedlichsten Straßen und vor allem Wegen. Ein großer Teil davon sandige Waldwege, die stellenweise wirklich an eine Wüstensafari erinnern. Auch beim R10 gibt es nur wenige Abschnitte, die mit echtem Sichtkontakt zur Ostsee verlaufen. Man kommt aber mit allen Badeorten und Stränden immer wieder hautnah in Kontakt. Dazwischen viele Küstenwälder und ein Dutzend preußischer Leuchttürme. Der Radweg ist nur teilweise dokumentiert, einen Gesamtführer für den R10 gibt es auch in polnisch nicht. Die Ausschilderung ist außerhalb der Orte ganz ordentlich. Aber bei der Durchfahrung größerer Orte ist man auf Karten angewiesen, in denen der R10 ausreichend genau verzeichnet ist. Man besorgt sich diese Regionalkarten am besten im Verlauf der Tour bei den i-Büros oder größeren Buchhandlungen. Zur Not reicht aber auch eine normale Straßenkarte. Vorausgesetzt man kennt die einzelnen Etappenpunkte des R10. Auch mit dieser Liste wird man den Radweg hier und da aus den Augen verlieren, aber zumindest nicht für immer. Der *schönste Abschnitt des R10* ist übrigens der Dammweg zwischen Darlowko und dem Kopan-Haff. Leider endet diese Traumstrecke bereits nach 5 km, dann ist wieder harte Arbeit angesagt.

Die Etappenpunkte des R10:
Swinoujscie – Miedzyzdroje – Warnowo – Kolczewo – Sieroslaw – Zastan – Miedzywodzie – Dziwnów – Pobierowo – Tresacz – Rewal – Pogorzelica – Trzebiatów – Mrzezyno – Kolobrzeg – Ustronie Morskie – Mielno – Lazy – Osieki – Bukowo Morskie – Dabki - Darlowo – Darlowko – Drozdowo – Barzowice – Rusinowo – Jaroslawiec – Lacko – Korlino – Krolewo – Zaleskie – Starkowo – Peplino – Wodnica – Ustka – Wytowno – Machowinko – Debina – Rowy – Smoldzino – Lokciowe – Kluki – Skorzyno – Glowczyce –Izbica – Zarnowska – Leba – Stilo.

Pommern

Eindrücke

Jenseits des Küstensaums erstreckt sich das pommersche Binnenland – wegen seiner 1800 Seen auch *Pommersche Seenplatte* genannt (Pojezierze Pomorskie). Zwischen den beiden expreußischen Metropolen *Szczecin* (Stettin) und *Gdansk* (Danzig) erstreckt sich eine liebenswert provinzielle Landschaft, die sich bestens für extensives Radwandern eignet, zumal das pommersche Binnenland, verglichen mit Masuren, immer noch ein Geheimtipp ist. Dabei kann es landschaftlich durchaus mithalten, ist leichter erreichbar und hat ein besseres Straßennetz. Klar, die pommerschen Seengebiete sind deutlich kleiner als die masurischen, und das Land dazwischen ist hügeliger, aber vom Fahrradsattel aus betrachtet sind dies keine wirklichen Nachteile. Die Tour wird dadurch sogar abwechslungsreicher, und es werden mehr Kilometer geradelt – zumeist auf schönen, alten Alleen.

Pommersche Seenplatte

Moränenhügel, Rinnen- und Gletscherseen, ausgedehnte Waldgebiete und dünne Besiedlung sind Charakteristika der von der letzten Eiszeit gestalteten Landschaft. Nicht immer, aber immer wieder, findet sich dies alles hübsch beieinander. Herausragend in diesem Zusammenhang die **Dratziger Seenplatte** (Poezierze Drawskie) bei Polczyn Zdroj mit dem „Tal der Fünf Seen“ (Dolina Pieciu Jezior) und die **Kaschubische Seenplatte** (Pojezerzie Kaszubskie) mit dem Hauptort Kartuzy. Der Landschaftspark westlich von Kartuzy ist das Herzstück der *Kaschubischen Schweiz,* ein typisches Moränengebiet mit seengefüllten Urstromtälern, das Anteil am Pommerschen Landrücken hat. Dies ist nicht nur die „bergigste“ (bis 329 m), sondern in den beiden Ferienmonaten auch die touristischste Region des pommerschen Binnenlandes. Aber, die „Schweiz“ ist klein, Pommern ist groß.

Ostseeradweg R10 bei Darlowko

Neben diesen beiden prominentesten und reizvollsten Seenplatten Pommerns können entdeckungslustige Radwanderer noch weitere, weniger bekannte Seenplatten, wie die *Pojezierze Mysliborskie, – Waleckie, – Krajenskie,* durchforschen. Da sie oft mehr Wald und Feld als Seen präsentieren, werden sie vom großen Tourismus ignoriert. Einerseits erfreulich, andererseits einen Mangel an Campingplätzen und Unterkünften bedeutend. Dieser Punkt wird die Etappenplanung am Ende wohl am stärksten beeinflussen.

All diese Überlegungen gelten in ähnlicher Weise auch für die **Großpolnischen Seenplatten,** die südlich an die Pommerschen Seenplatten anschließen (s. Großpolen weiter unten).

Nordöstliches Polen

Überblick *www.warmia.mazury.pl, www.wim.pl*
Der Unterlauf der Weichsel trennt den Norden in eine westliche und eine östliche Sphäre (zu einer Tour entlang der Weichsel s. „Südöstliches Polen"). Östlich setzt sich das Küstengebiet nun als verschiedenartig gestaltetes Tiefland fort. Zunächst ist da das monotone Depressionsgebiet des Weichsel-Nogat-Deltas (Zulawy Wislane), das bis zu 1,8 m unter dem Meeresspiegel liegt. Dann liegt weiter östlich das hügelige, waldreiche Ermland (Warmia), das landeinwärts mit Masuren (Mazury) verzahnt ist (die Grenzen sind fließend). In Masuren hat die jüngste Eiszeit Rinnen und Becken hinterlassen, in denen sich über 3000 größere Seen bilden konnten (die ganz kleinen hat noch keiner gezählt). Weiter voran hat es die letzte Eiszeit dann aber nicht geschafft, so dass sich südlich Masurens die deutlich älteren und daher bereits abgetragenen Tiefländer Podlachien und Masowien erstrecken – samt Urwäldern und „amazonischen" Feuchtgebieten.

Ostseeküste und Ermland

Danzig (Gdansk) ist Dreh- und Angelpunkt vieler Touren. Für die einen ist die Stadt wegen ihrer günstigen Bahnverbindungen Start- bzw. Endpunkt, für andere einfach ein beeindruckendes Highlight, das man nicht versäumt. Weniger Begeisterung erzeugte früher die Danziger Bucht. Baden war überall verboten, nur Bernsteinsammeln erlaubt! In den letzten Jahren hat sich die Situation gebessert, so dass die altberühmten Strände vor Danzig, wie die der Frischen Nehrung, auch von Baderatten wieder besucht werden können.

Halbinsel Hel Sie bekam von den Kaschuben einst den Beinamen „Krowi Ogon". Denn wie ein „Kuhschwanz" sieht sie auf der Landkarte auch aus. Dabei ist sie eigentlich nur eine Sandbank, die vor etwa 8000 Jahren aus der Danziger Bucht gehoben wurde. Zunächst in Form einzelner Inseln, später durch Schwemmsand zum schmalen Ganzen verbunden. Landschaftlich ist die Halbinsel ein langer Dünenstreifen, dessen angewehte Sandkörner von zählebiger Strandvegetation festgehalten werden. Wären die angepflanzten Krüppelkiefern und Bodendecker nicht, würde der nächste Wintersturm Hel glatt wieder durchtrennen. Die einstigen Fischerdörfer, von denen Jastarnia und Hel die größten sind, leben heute aber vom Badetourismus und daher muss die Insel zusammengehalten werden.

Mit dem Fahrrad kann man die Halbinsel mittlerweile vollständig passieren (die Militärs sind fort). In **Hel** angekommen (5000 Ew.), gibt es dann ein halbes Dutzend alter Fischerhäuser, ein Fischereimuseum (in der gotischen Kirche) und einen 42 m hohen Leuchtturm zu besichtigen. In der Sommersaison fährt von Hel 2 x am Tag ein Ausflugsdampfer direkt in die Danziger Altstadt (und umgekehrt). Person um 6 €, Fahrrad die Hälfte. Saison: Mitte Mai – Ende Sep.

Frische Nehrung

Wer auf Hel war, kann sich die Frische Nehrung getrost verkneifen. Hier sieht es auch nicht viel aufregender aus. Ziemlich viel Verkehr auf der einzigen schmalen Straße, und der Nehrungswald versperrt die Sicht aufs Meer. Wer trotzdem dorthin fährt, kann von **Krynica Morska** mit dem Ausflugsschiff übers Frische Haff nach **Frombork** fahren (verkehrt nur im Sommer, Pers. + Fahrrad um 9 €, *www.zegluga.pl*).

Eine Alternative zur Frischen Nehrung bieten die kleinen Straßen im Weichseldelta, die allerdings eine gute Karte erfordern, damit man nicht an irgendeinem Kanal umdrehen muss. Unbehelligt von jeglichem Verkehr gelangt man so nach **Elblag.**

Pomerellen

Die dritte Route ab Danzig ist die beste. Zunächst geht es südwärts durchs einstige Pomerellen nach **Gniew** (mittelalterliches Städtchen mit Weichselpanorama, im Schloss übernachten). Von Gniew per Fähre über die Weichsel. Weiter bis **Kwidzyn** (mächtige Ordensburg). Auf Nebenstraßen nun wieder nordwärts nach **Malbork** (Marienburg, größte aller Deutschordensburgen, größter Backsteinbau Europas). Weiter nach **Elblag** und **Frombork** (der Dom und Kopernikus!). Ab Danzig sind dies insgesamt 200 km und fünf sehr lohnende Etappenziele. Unbedingt machen!

Oberländischer Kanal

Elblag ist Ausgangspunkt der ungewöhnlichen Fahrt auf dem **Oberländischen Kanal,** die man nicht versäumen sollte. Seit preußisch-wilhelminischer Zeit ist Elblag über den Oberländischen Kanal mit **Ostróda** verbunden. Vom Ingenieur Georg Jakob Steenke für den Holztransport ersonnen, ist dieser 81 km lange Kanal ein wassertechnisches Meisterwerk und Kuriosum zugleich. An fünf Stellen überwinden die kleinen Schiffe die zwischen Druzno- und Pniewo-See liegenden Landabschnitte, sog. „Schiefe Ebenen", auf wasserkraftgetriebenen Gleitkarren, wobei sie auf einer Strecke von 9,6 km einen Höhenunterschied von 104 m bewältigen. Die Fahrt führt durch urwaldähnliche Naturschutzgebiete mit diversen Wasservögeln, alles fast zum Greifen nah.

Die Schiffchen nehmen auch Fahrräder mit, die vom Personal samt Gepäck an Deck gehievt werden. Wer nur einen Ausflug ohne Fahrrad machen will, kann eine Teilstrecke bis Buczyniec oder Maldyty buchen und noch am selben Tag zurückfahren – entweder mit dem Bus oder dem Zug. Schon die Strecke bis Buczyniec beinhaltet alles, was die Bootsfahrt interessant macht – inklusive aller fünf „Rutschen". Tickets und Infos beim Camping in Elblag. Die Boote verkehren von Mai bis September, sind im Sommer aber oft schon für Tage im voraus ausgebucht. Infos: *www.zegluga.com.pl*

Ermland Zurück nach Frombork. Ostwärts geht es von hier, durchs spürbar hügelige Ermland, weiter in Richtung Masuren. Interessante Etappenpunkte sind Lidzbark Warminski, Reszel, Swieta Lipka und, als Anschauungsunterricht, die im Wald versteckte, nur halb gesprengte Anlage der „Wolfsschanze“ (Gierloz bei Ketrzyn). Dann sind die Großmasurischen Seen erreicht.

Masuren

Das Wort Seenplatte weist auf flaches Land hin. Aber ebenso wie Pommern hat auch Masuren seine hügeligen Seiten in Form des Baltischen Höhenrückens. Dort sind die höchsten Erhebungen Góra Dylewska (312 m, 20 km südl. von Ostróda) und Góra Szeska (308 m, 20 km südl. von Goldap).

Groß-masurische Seen Leicht hügelig bis flach ist die Region der Großmasurischen Seen. Stimmungsvollster Ort Großmasurens ist nicht Gizycko und schon gar nicht Wegorzewo, sondern **Mikolajki.** Das „Venedig Masurens“ liegt am **Spirding-See** (Jez. Sniardwy), der wegen seiner Größe auch „Masurisches Meer“ genannt wird. Die Landschaft ist wirklich reizvoll, friedlich und weltfern. Wer am liebsten nur auf Asphalt radelt, muss sich hier aber umstellen. Die schönsten Strecken sind alle mehr oder weniger sandig, oder verlaufen auf Kopfsteinpflaster. Dafür ist hier alles naturnah. Ausgeschilderte Radrouten existieren nicht (abgesehen von einigen verblichenen Versuchen). Doch es gibt gute Karten (1:100.000, vor Ort leicht erhältlich) und damit kann man sich selbst einen Weg stricken. So kann man westlich der Großmasurischen Seen gut dem **roten Wanderweg** folgen (Pisz – Wegorzewo). Hier wandert eh niemand mehr zu Fuß, man sollte ihn gleich zum Radweg erklären und besser beschildern. Wo der rote Wanderweg auch von Autos befahren werden darf, ist er stellenweise ziemlich sandig und zerfahren, da kommt man manchmal ums Absteigen nicht herum. Am besten ist der Weg im Wald, wo es schattig ist und die Sonne den Sand nicht austrocknen kann.

Ordensburg in Reszel

Straßen-version Vorschlag für ein „großmasurisches“ Minimalprogramm auf Asphalt. Zunächst das Zwei-Seenpanorama auf der Dammbrücke zwischen Sztynar und Harsz genießen. Dann über **Gizycko** nach **Mikolajki** radeln. Dort mit einem Dampfer der Weißen Flotte in See stechen. Das russische Dorf **Wojnowo** besuchen und ins benachbarte Urwaldtal des Flüßchens Krutynia weiterfahren. Zu guter Letzt dort in **Krutyn** ein Paddelboot mieten (die glasklare Krutynia ist ein Paddler-Hit).

Süd- und mittelmasurische Seen **Olsztyn** (Allenstein) ist die größte Stadt Masurens (sehenswerte Altstadt). Zugleich liegt sie im Zentrum einer Seenplatte, die gute Möglichkeiten für individuelle Touren bietet. Innerhalb Masurens repräsentieren die in weite Wälder gebetteten süd- und mittelmasurischen Seen – also die Region zwischen Lidzbark Warminski und Nidzica – das vergleichsweise attraktivste Radelrevier. Obwohl das Straßennetz auch hier nicht sonderlich dicht ist, lassen sich doch weit mehr Stern- und Rundtouren auf idyllischen Nebenstrecken verwirklichen, als rund um die Großmasurischen Seen. Pflasterstraßen und Feldwege sind allerdings Teil des Programms.

Ähnliche Bedingungen gelten auch für die Seenplatten östlich der Großmasurischen Seen: Die Pojezerzie Elkckie mit dem Hauptort **Elk** und die an Litauen grenzende Pojezerzie Suwalskie mit ihrem Namensgeber **Suwalki.**

Jenseits von Masuren

Wigierski Park, Puszcza Augustowska Östlich von Suwalki und Augustow bilden der **Wigry-Nationalpark** (Wigierski Park) und die **Augustower Waldheide** (Puszcza Augustowska) ein zusammenhängendes, großes Waldgebiet mit Gewässern aller Art (Seen, Sümpfe und der legendäre Augustowski-Kanal) und minimaler Besiedlung. Ein schönes Gebiet, aber nur in Zeiten der Nebensaison, wenn die wenigen Straßen nicht mit zig Urlauberautos geteilt werden müssen.

Puszcza Bialowieska Wer von Augustow südwärts strebt, sollte eine Nebenstraße östlich der 19 wählen. Entlang der weißrussischen Grenze geht es dann ganz bezaubernd durch leicht hügeliges Bauernland und Waldheidegebiet. Via Sokólka ist so **Bialystok** erreichbar, die Metropole von Podlasien. Von dort dann weiter durch die mit urigen Bauerndörfern gespickte podlasische Tiefebene nach Hajnówka. Von hier aus führt die 689 mitten in die **Puszcza Bialowieska:** größtes zusammenhängendes Urwaldgebiet Mitteleuropas, Lebensraum von ca. 250 Wisenten und anderen Raritäten. Kernbereich ist der Nationalpark, der von **Bialowieza** aus nur im Zuge einer Führung betreten werden kann. Jedoch führen durch die frei zugänglichen Waldregionen genügend einsame Sandstraßen, die sich gut radeln lassen und mehr Urwalderlebnis vermitteln als der Besuch im Nationalpark – beispielsweise die Strecke Pogorzelece – Narewka (14 km). Da Wegweiser Mangelware sind, die Regionalkarte „Puszcza Bialowieska“ 1:75.000 im Gepäck haben (auch im i-Büro in Bialowieza erhältlich).

Storchen-route Im sumpfigen Podlasien gibt es die höchste Storchennestdichte weltweit. Die über 200 km lange Fahrradroute **„Storchenroute von Podlasien“** führt durch eine Reihe sog. Storchendörfer (Kennzeichen: mind. zehn Nester).

Die traditionelle Bauweise der Dörfer erhöht den Reiz. Etwas abseits der Route liegt bei der Barockstadt Tykocin das „europäische" Storchendorf Pentowo, wo es fast mehr Nester als Häuser gibt. Auch durch drei Nationalparks führt die Storchenroute: Biebrza NP, Narew NP, Bialowieza NP (größter Bisonbestand Europas). Nebenstraßen wechseln sich mit Wald- und Sandwegen ab. 2008 war die Route allerdings noch nicht markiert. Ihr Verlauf von Nord nach Süd: Lipsk – Dabrowa B'stocka – Goniadz – Zajki – Tykocin – Saniki – Lesniki - Pajewo – Jenki – Bokiny – Baciuty – Dobrowoda – Suraz – Zawyki – Czerewki – Wojszki – Cieluszki – Trzescianka – Odrynki – Suszcza – Lewkowo – Narewka – Pogorzelce – Bialowieza.
Infos zur Region: *www.biebrza.org.pl, www.npn.pl, www.park.bialowieza.com, www.tykocin.hg.pl*

Selten gewordener Anblick in Polen

Masowien Von Hajnówka sind es bis Warschau noch 250 km, die durch das leicht hügelige und sehr ländliche Masowien führen. Da der Fluss **Bug** nur an zwei Stellen überquert werden kann, bleibt einzig die 637 als akzeptable Radroute (Drohiczyn – Wegrów – Warszawa).

Warschau ist zweifellos sehenswert, zugleich repräsentiert es aber auch den modernen Zeitgeist Polens. Radler sind im städtischen Verkehr nicht vorgesehen. Wichtig ist nur, rechtzeitig einen Stadtplan zur Hand zu haben, um nicht den Zentrums-Hinweisen folgen zu müssen und dabei auf der Stadtautobahn zu landen. Wer Warschau später nicht unbedingt in südlicher Richtung verlassen will, sollte die westwärts führende 580 entlang des Kampinoski-Nationalparks wählen. Dies ist die direkteste und einfachste Möglichkeit, um die Hauptstadt hinter sich zu lassen.

Südwestliches Polen

Großpolen (Wielkopolska)

Beiderseits der unteren und mittleren Warthe erstreckt sich die polnische Kernprovinz Wielkopolska. Hier entstand, in Gniezno (Gnesen), vor rund 1000 Jahren, der polnische Staat. Mehrere sehenswerte urpolnische Städte und herausgeputzte Magnatenschlösser mit Lustgärten sind in die sanft hügelige Landschaft gebettet. Insgesamt ein gepflegter Landstrich mit unspektakulären, friedlichen Subregionen: **Lubuskier Seenplatte** (um den Ferienort Lagów), **Reppener Waldheide** (bei Rzepin), **Pszczewski-Landschaftspark** (bei Pszczew), **Gneesener Seenplatte** (östlich Gniezno), **Lissaer Seenplatte** (nördlich von Leszno). Nebenstraßen sind in der großpolnischen Region zwar relativ dünn gesät, aber ausreichend für eine hübsche Rundtour. Rund um **Posen** (Poznan) hat der PTTK sieben **Radrouten** (ges. 1200 km) beschildert. Infos: *www.turystyka-wielkopolska.pl, www.umww.pl*

Schlesien (Slask)

Rund 45.000 qkm umfasste das Doppel-Herzogtum Schlesien, das sich auf einer Länge von ca. 250 km beiderseits der oberen und mittleren Oder erstreckte. Unterteilt wurde es in **Niederschlesien** im Nordwesten (Dolni Slask) und **Oberschlesien** im Südösten (Górny Slask). Bedeutendster Ort war das niederschlesische **Breslau** (Wroclaw), auch heute noch ist es Schlesiens größte und schönste Stadt. Überhaupt hat sich der historische Wohlstand Schlesiens in zahlreichen sehenswerten Städten und Bauwerken niedergeschlagen. Und auch landschaftlich hat Schlesien einiges zu bieten:

Tourentipps Schlesien

- **Niederschlesische Heide (Bory Dolnoslaskie):** Hübsche, parkähnliche Felder-Wald-Mischung zwischen **Szprotawa** und **Boleslawiec.** Leider nur wenige Straßen. Immerhin berichtet *Kurt Scheidegger,* dass die Nebenstraße durchs Kwisa-Tal zwischen Lozy und Swietoszów 2008 nicht mehr durchs Militär blockiert war.
- **Mittelschlesisches Oderbecken:** Flach, wegen der überaus fruchtbaren Böden auch **Schlesische Börde** genannt, beschauliches Radwandern auf alten Landstraßen (Tourenvorschlag: Legnica – Ujazd Gorny – Rakoszyce – Smolec – Wroclaw – Piskorzów – Wiazów – Gnojna – Jaszów – Nysa, 170 km).
- **Mittelsudeten:** Die Nordhänge des **Riesengebirges** (Karkonosze) sind ein anspruchsvolles, bei Steigungen bis 12% ein anspruchsvolles, aber lohnendes Tourengebiet mit viel Panorama (Tourenvorschlag: Lwówek Slaski – Rzasnik – Jelenia Góra Sosnówka – Karpacz/850 m – Kowary – Lubawka, 95 km).
- **Ostsudeten:** Schöne, nicht sehr schwere Strecken durch talreiche Vorgebirge (Tourenvorschlag: Lubawka – Chelmsko Slaskie – Krzeszów – Mieroszów – Jugowice – Lubachów – Swidnica, 75 km).
- **Östliches Sudetenvorland:** Hügeliges Bauernland mit bewaldeten Inselbergen (Zobten, 718 m) (Tourenvorschlag: Swidnica – Wiry – Sobótka – Naslawice – Krzyzowice – Wroclaw, 65 km).
- **Glatzer Bergland:** Glatzer Neiße, Warthaer Gebirge, Reichensteiner Gebirge, Eulengebirge: Stauseen und harmonisches Hügelland, malerische Bergländer, überwiegend anspruchsvolles Tourengebiet. Tourenvorschlag: Nysa – Otmuchów – Paczków – Zloty Stok – Klodzko – Wojborz – Woliborz – Jugów – Walim – Jugowice, 110 km.
- **Oberschlesischer Höhenrücken:** Mit dem mythischen **Annaberg** als Gipfel (385 m).
- **GOP** Eine schlesische Region, die man hingegen besser weiträumig umradelt, ist das **Oberschlesische Industriegebiet** (poln. Abk. GOP,

Hauptorte sind Gliwice, Bytom und Katowice). Eine Atemmaske ist in diesem einstigen Umwelt-Notstandsgebiet zwar nicht mehr erforderlich, aber große Freude kommt angesichts des Verkehrs und der Szenerie auch nicht auf. Es gibt schönere Ecken in Polen. Wenngleich, ihre bizarren Reize haben solche alten Hochburgen der Industrialisierung ja auch.

Südöstliches Polen

Überblick Topografisch ähnelt das südöstliche Viertel Polens dem südwestlichen. Ausgehend von der Landesmitte um Warschau (Masowisches Tiefland), über die Hochflächen und Mittelgebirge Kleinpolens bis hin zu den Gebirgen der Westkarpaten (Tatra, Beskiden) wird es hier ebenfalls nach Süden hin zunehmend bergiger. Und ähnlich der Oder im Westen fließt im Osten die Weichsel in einem breiten Becken.

Eindrücke In Südostpolen trafen sich Kulturen und Religionen aus dem Süden und dem Osten Europas und machten aus dieser Ecke Polens eine kosmopolitische. Der Krieg bereitete dem Vielvölkergemisch ein Ende. Heute prägt ein seltsamer Spannungszustand das Land: Wirtschaftlich zurückgeblieben und fast trotzig-traditionell die polonisierten Randgebiete in heiler Umwelt, südländisch-heiter und dekorativ-wohlhabend die alten Städte Krakau, Sandomierz, Zamosc, Lancut, Kazimierz Dolny.

Tourenplanung Insgesamt ist Südostpolen ein reizvolles Tourengebiet, das sich deutlich vom Rest des Landes unterscheidet. Berücksichtigen muss man, dass die Übernachtungsmöglichkeiten in diesem Teil des Landes eher rar sind. Konkret bedeutet das: Entweder wenig Wahlfreiheit bei der Streckenplanung oder relativ lange Tagesetappen in Kauf nehmen (bis zu 120 km).

Kleinpolen (Malopolska)

Kleinpolen bezeichnete ursprünglich den jüngeren, östlichen Teil des polnischen Königreiches, der im 13. Jh. hinzu gekommen war. Das heutige Kleinpolen (ein Großteil ist seit dem Krieg ukrainisch) umfasst den von Hochflächen und Flusstälern geprägten Mittelteil Südostpolens (Hauptorte Krakau, Kielce, Lublin). Auch hier ist das Tourenpotenzial relativ groß. Als Pfeiler einer Tourenplanung empfehlen sich u.a. folgende Regionen:

Route der Adlerhorste Die durch die Jurassische Hochebene (Wyzyna Krakowsko-Czestochowska) führende „Route der Adlerhorste“ (Szlak Orlich Gniazd) gilt als Polens schönster Wanderweg. Von **Krakau** bis **Tschenstochau** folgt die Route der historischen Handelsstraße nach Schlesien.

Adlerhorsten gleich liegen Burgruinen und Schlösser auf Felshügeln. Daneben gibt es skurrile Felsen zu sehen wie die 20 m hohe Herkuleskeule, die zugleich Symbol des **Ojcowski-Nationalparks** ist. Durch diesen Park führt der südliche Abschnitt der Adlerhorst-Route.

Wer die Route der Adlerhorste fahren will, hat zwei Möglichkeiten: Wanderweg oder Straße. Mountainbiker dürfen sich auf den rot markier-

Route der Adlerhorste

ten Wanderweg machen, der für Radfahrer freigegeben ist (überw. Feld- und Wiesenwege, Verlauf in der 1:50.000-Topokarte von Compass Krakow, Titel „Jura", 3 €). Tourenradler orientieren sich entweder an der in der RV-Karte punktiert gekennzeichneten Straßenversion (160 km) oder machen einen Mix aus beidem.

Schöne Touren lassen sich aber auch in den **Kleinpolnischen** und **Lubliner Hochebenen** unternehmen (Wyzyna Malopolska, Wyzyna Lubelska). Die Streckenprofile variieren von sanft hügelig bis bergig. Diverse Naturparks und sehenswerte Orte. Ungefähre Eckpunkte dieses ergiebigen Tourengebietes sind Kielce, Krakau, Sandomierz, Lublin und Zamosc. Auch das dünn besiedelte, sanft wellige **Lubliner Waldland** ist ein großes unbekanntes Radwanderidyll (Polesie Lubelskie, NO Lublin).

Weichsel

Weichsel-Oberlauf

Der Oberlauf der Weichsel glänzt nicht gerade mit Traumstrecken für Radler. Dennoch ist die „Königin der polnischen Flüsse" als Routengeber nicht uninteressant. Liegen doch in ihrem Becken mehrere Orte, die man/frau einfach mal gesehen haben muss. Vom aufrüttelnden bzw. niederschmetternden **Auschwitz** ist **Krakau**, die schönste Stadt Polens nur einen Katzensprung entfernt. Die vergleichsweise verkehrsärmste Streckenvariante zwischen den beiden Orten geht über Zator und Skawina. Bis zu den nächsten Highlights – **Baranów Sandomierski** und **Sandomierz** – sind es von Krakau rund 160 km, die rechts der Weichsel auf überwiegend verkehrsarmen Straßen zurückgelegt werden können (Fähre über die Dunajec).

Auch **Kazimierz Dolny,** das nächste bedeutende Ziel, kann am besten rechtsufrig erreicht werden (90 km). Nun bleiben noch 130 km bis **Warschau,** die sich links oder rechts der Weichsel zurücklegen lassen. Welche Seite ist ziemlich egal, beide sind mehr oder weniger stark befahren.

Weichsel-Unterlauf

Wem die Weichseltour bislang Spaß gemacht hat, auf den wartet westlich von Warschau, ab Plock, der wohl interessanteste Abschnitt. Häufiger als bislang gibt es am Unterlauf der Weichsel Blickkontakt zum Fluss, und die Abfolge sehenswerter Orte ist auch dichter: Plock – Wloclawek – Ciechocinek – Torun. Anschließend nicht über Bydgoszcz sondern besser „landeinwärts" weiterfahren, über Unislaw nach Chelmno – Grudziadz – Kwidzyn – Gniew – Tczew – Danzig. Insgesamt gut 300 km ab Plock. Zuvor müssen von Warschau bis Plock ca. 120 km südlich der Weichsel zurückgelegt werden, wobei der Abstand zum Fluss bis zu 20 km beträgt.

Westkarpaten

Überblick und Tourentipps

Zwei unterschiedliche Gebirgszonen umfasst der polnische Karpatensaum. Lang und breit sind die von West nach Ost ziehenden **beskidischen Mittelgebirge,** schroff ansteigend und flächenmäßig konzentriert hingegen das **Tatra-Hochgebirge.**

Eine gute Auswahl schöner Strecken haben Tourenradler im *Vorland* der Beskiden, wobei besonders das Vorgebirgsland der abgeschiedenen **Bieszczady** im äußersten Südosten hervorsticht („Polnisch-Sibirien"). Das eigentliche Bieszczady-Gebirge, dessen höchste Erhebungen im Bieszczady-Nationalpark liegen (bis 1346 m), wird zunehmend von *Mountainbikern* geschätzt. Noch populärer als MTB-Revier ist allerdings das **Tatra-Hochgebirge** (bis 2499 m, Nationalpark). Strecken-Infos usw. bei den Bike-Stationen in **Zakopane** und **Schreiberhau** (Szklarska Poreba).

Auch Tourenradler kommen in der **Tatra** hoch hinaus. Der höchste Punkt ist der Bergsee **Morskie Oko** auf 1391 m. Leider ist die 12 km lange Stichstraße mittlerweile auch für Radfahrer gesperrt, berichtet *Daniela Schmidt.* Ansonsten sind die Straßen im Einzugsbereich der Tatra in den Ferienmonaten ziemlich belastet. Die Szenerie der Tatra lohnt es dennoch, besser jedoch im Juni oder September. Etwas ruhiger geht es weiter östlich im kleinen, aber feinen **Pieniny-Gebirge** zu (bis 981 m, Drei-Kronen-Massiv). Hier reizt vor allem das Durchbruchstal der Dunajec, wo Floßfahrten ab Sromowce möglich sind. Im Gegensatz zur tschechischen Seite verläuft am polnischen Ufer jedoch kein Weg entlang der Dunajec.

Seit 1928 gibt es die Tour de Pologne

-Box Polen

Einreise EU-Bürger und Schweizer können mit dem Personalausweis einreisen. Erst zukünftig sollen die Grenzkontrollen zu Deutschland, Tschechien und der Slowakei entfallen (Schengener Abkommen).

Geld Polnischer Zloty (PLN). 1 € = 4,0 PLN (2010). Die polnische Währung hat in letzter Zeit einiges an Auf und Ab mitgemacht. 2008 war Polen fast schon ein teures Reiseland, 2009 besserte sich diese Situation wieder. Bargeld am besten am Automaten ziehen, private Wechselstuben sind selten geworden.

Gesundheit GKV-Mitglieder sind anspruchsberechtigt. Details: *www.dvka.de*

Sicherheit Polen ist weitaus sicherer, als es die gängigen Vorurteile vermuten lassen. Das gilt gerade auch für Radreisende. Die Sicherheitshinweise des AA richten sich in der Hauptsache auch nur an Autobesitzer (www.auswaertiges-amt.de).

Lutz Köhler: „Wir haben uns nach einigen Tagen völlig vertraut und sicher gefühlt und keinerlei Probleme gehabt. Wir haben unsere hochwertigen Fahrräder in jeder Seitenstraße geparkt, wie auch sonst wo. Nicht einmal der Fahrradcomputer fehlte. Im Gegensatz zur gängigen Meinung – jeder weiß eine düstere Geschichte zu erzählen – sind die Leute fleißig, höflich und redlich. Man tut ihnen bitter Unrecht, etwas anderes zu behaupten!"

Infos
- Tourismuszentrale Polen: *www.polen-info.de*
- Vielfältiges halbkommerzielles Polen-Portal: *www.info-polen.com*
- Interessante Einblicke: *www.polen-rundschau.de*

Infos vor Ort Innerhalb Polens sind die „it"-Touristenbüros für regionale Infos, Zimmernachweise usw. zuständig. Gut sortiert und auskunftsfreudig sind die zentralen „cit"-Büros in den Hauptstädten der Kreise. Hier sind auch deutschsprachige Reiseführer und das ganze Spektrum polnischer Karten erhältlich.

Wetter Im Norden gemäßigtes Seeklima, ansonsten nach Osten hin zunehmend kontinental. Hochdrucklagen aus den Tiefen Russlands sorgen im Sommerhalbjahr für lang anhaltende Schönwetterperioden. Besonders regenarm ist das mittlere Polen. Hier konzentrieren sich die sommerlichen Niederschläge auf einzelne Tage oder Stunden (Starkregen, Wärmegewitter). Zu den Küsten und den südlichen Grenzgebirgen nimmt die Niederschlagsneigung etwas zu.

Wind Generell aus westlichen Richtungen. An der Ostseeküste, vor allem im Herbst, beständig aus Nordwest und im Tagesverlauf an Stärke zunehmend (daher dort auch vorzugsweise von West nach Ost radeln). Landeinwärts sind die Windverhältnisse moderat, hier ist es statistisch nur an jedem dritten Tag überhaupt spürbar windig. Nahezu windstill ist es in den großen Waldgebieten des östlichen Polens.

Reisezeit Klimatisch günstig für Radtouren ist praktisch das gesamte Sommerhalbjahr, also etwa von Mitte April bis Mitte Oktober. Zu bedenken sind nur die landeseinheitlichen Ferienmonate Juli und August und die Öffnungszeiten von Campingplätzen und Jugendherbergen (s. Übernachten).

Anreise

Per Rad Im Norden führt der Ostseeradweg an die polnische Westgrenze (Übergang Ahlbeck – Swinoujscie, nur für Fußgänger und Radler). Auf Höhe Berlins überquert der Europaradweg R1 die Grenze zu Polen (Übergang Küstrin-Kietz – Kostrzyn). Der R1 führt anschließend 675 km weit durch Polen und endet hinter Braniewo an der Grenze zu Königsberg.

Immer mehr Züge mit Fahrradabteil

Per Bahn Grenzüberschreitende Fahrradmitnahme mit Internationaler Fahrradkarte (10 €) ist möglich nach **Stettin, Krakau**, **Posen** und **Warschau.** Diese Bahnhöfe haben sehr guten Anschluss an den innerpolnischen Fernverkehr. Polnische „Fahrradzüge" verkehren ab Stettin und Posen nach Danzig, Elk und Bialystok, ab Görlitz nach Warschau. Stettin, Küstrin und Görlitz sind auch im Regionalverkehr erreichbar (Fahrradkarte 3 €). Achtung: Die Internationale Fahrradkarte, die ggf. für die Rückfahrt benötigt wird, ist nur an den großen Bahnhöfen erhältlich. Internationale Zugverbindungen am besten selbst in einem Internet-Cafe recherchieren, oder bereits zu Hause auf Vorrat, am Bahnhof ist es jedenfalls deutlich schwieriger.

▸ Bahn&Bike-Infos: *www.bahn.de/bahnundbike, www.intercity.pl*

Transport im Land

Bahnen *www.pkp.pl, www.intercity.pl*
Mit über 24.000 km Betriebsstrecke ist das Netz der Polnischen Staatsbahnen PKP recht dicht. Die meisten Züge sind zwar betagt und langsam, aber sehr preiswert. **Fahrradkarten** kosten pauschal 1,20/2,40 € (Regional-/Fernverkehr). Bis auf die EC-, IC- und Expresszüge ist die

Fahrradmitnahme bei allen Zügen möglich. Generell muss das Rad selbst verladen werden. Da auch in Polen immer mehr Fahrräder mitgenommen werden wollen, haben viele Züge im Fernverkehr inzwischen ein spezielles Fahrradabteil. Bei Regionalzügen, die generell ohne Gepäckwagen unterwegs sind, können im ersten oder letzten Vorraum des Zuges jeweils bis zu drei Fahrräder gestellt werden, was oft eng wird. Allerdings sind die Regionalzüge selten voll und fahren oft erstaunlich weite Strecken.

Busse, Flussfähren Fahrradmitnahme in Überlandbussen ist unüblich, aber mit Zustimmung des Fahrers möglich. Größere Flüsse können in Polen auf weite Strecken oft nur per Fähre überquert werden. Sie verkehren ausschließlich bei Tageslicht.

Übernachten

Zimmer *www.eholiday.pl, www.agritourism.pl, www.ptsm.org.pl, www.pttk.pl*

Wer nicht mehr als 15 € pro Nacht ausgeben will und dennoch ein Zimmer mit Dusche haben möchte, muss sich auf **Pensionen** konzentrieren. Moderne oder modernisierte **Hotels** kosten hingegen erheblich mehr. Ideal für mehrtägige Aufenthalte, aber auch für eine Nacht, ist **„Urlaub auf dem Bauernhof“** („Agroturystika“).

Von einst stolzen 1400 **Jugendherbergen** sind in Polen noch 145 übrig geblieben. Neben etwa 70 ganzjährig geöffneten Jugendherbergen auch *Saisonjugendherbergen,* die während der Sommerferien in Schulen untergebracht sind. Deren Zahl nimmt aber von Jahr zu Jahr ab. Ü um 6 €.

Herbergen für Erwachsene betreibt die **PTTK.** Sie sind oft in denkmalgeschützten alten Gebäuden untergebracht, die Schlafsäle bzw. Zimmerchen sind einfach, aber okay. Ü ab 8 €.

Immer gut für eine positive Überraschung sind **Privatzimmer,** die mit Schildern wie „Noclegi“ (Unterkunft) oder „Wolne pokoje“ (Zimmer frei) auf sich aufmerksam machen. Ü ab 6 €.

Zelten *www.campingpolska.com*

Offiziell: Rund 500 Campingplätze in drei Kategorien gibt es in Polen. Sie sind in der Karte „Campingi w Polsce“ aufgelistet (erhältlich in Buchhandlungen). Preise um 10 € pro Stellplatz, einfache Biwakplätze ab 2 € pro Person..Auf „pole campingowy“ genannten Plätzen können auch spartanische Hütten gemietet werden. Bei Regen zumindest eine Alternative.

Egal ob Camping, Zelt- oder Biwakplatz, die meisten sind im Juli und August stark belegt. Wer diese beiden Monate meiden will, muss bedenken, dass ein erheblicher Teil der Plätze bereits kurz nach Ferienende schließt (speziell an der Ostsee). Die Öffnungszeiten der einzelnen Plätze sind auf der Camping-Übersichtskarte vermerkt.

Wild zelten: Wer ohne Polnischkenntnisse einen Bauern um Erlaubnis zum Zelten bitten will, muss nicht selten mit einer gewissen Verständnislosigkeit kämpfen. Wer sich komplizierte Fragereien sparen will, findet im waldreichen Polen auch ohne fast immer ein hübsches Plätzchen zum Zelten. Grundsätzlich wird freies Zelten toleriert, da ist man in Polen großzügig, nur Nationalparks und Kulturland sollten, wenn möglich, vermieden werden.

Karten und Literatur

Tourenkarten

(Adressen zum Bezug von Karten und Reiseführern im Anhang)

- *Empfehlung:* Mair DuMont, Marco Polo, Polen 1:300.000. Nach der Wende war dies die erste verlässliche Karte für Radtouren in Polen – und ist es bis heute geblieben. Sehr wichtig für Radler, die kein Kopfsteinpflaster mögen, ist die gute Erkennbarkeit asphaltierter Straßen. Sie sind in der Karte rot bzw. gelb gefärbt, während die ungefärbten „weißen" Straßen meist gepflastert sind (nicht immer). Die Karte hat zudem eine reichhaltige Legende und enthält viele Hinweise auf Sehenswürdigkeiten. Der Spiralatlas ist eine preiswerte Vollversion der 4 Einzelblätter und hat zusätzlich ein Ortsregister und Stadtpläne. 4 Bl. je 7,50 €, oder als Atlas 12,95 €. Vom Marco Polo Straßenatlas 1:200.000 (35,80 €) ist eher abzuraten, da nur scheinbar detaillierter.
- Höfer Verlag: 1:200.000. 12 Gebietskarten decken Polen ab, je 10,90 €. Diese Karten sind zwar sehr aktuell, da aber Feld- und Forststraßen nicht eingezeichnet wurden, enden kleine Nebenstraßen oft scheinbar als Sackgassen. Daher nur eingeschränkt nützlich. Zudem sehr teuer. *www.hoeferverlag.de*
- Außerdem gibt es reichlich Wander- und Freizeitkarten für beliebte Urlaubsregionen. Maßstäbe ab 1:30.000. Meist sehr präzise und informativ, auch Radtourenvorschläge sind in solchen Karten oft enthalten. Legenden und Texte jedoch meist nur polnisch. Versand: *www.polen-karten.de*

Tourenführer

- Kettler Vlg.: „Masuren per Rad". Schwerpunkt Masuren und südliches Ostpreußen. Außerdem detaillierte Beschreibungen der Masuren-Zubringerstrecken Ostseeküste und Europaradweg R1.
- Kettler Vlg.: „Polen per Rad - Süden". Zwar schon von 1993, aber für Südpolen immer noch konkurrenzlos.
- Trescher Vlg.: „Radtouren östlich der Oder".
- Stein Vlg.: „Radtouren in Masuren".
- Esterbauer Vlg.: „Radatlas Masuren", mit Kartenskizzen 1:75.000.

Fahrrad (rower)

Ausstattung

Für Nord- und Mittelpolen genügt für kürzere Touren mit wenig Gepäck eine Nabenschaltung mit 3 bis 7 Gängen, generell vorzuziehen ist aber eine Kettenschaltung. Sudeten und Karpaten (Südpolen) verlangen auf jeden Fall nach einer bergtüchtigen Gangschaltung. Reifenbreite: ab 32 mm. Federgabel mildert schlechtere Wegstrecken, auf die man in Polen ja schnell mal stößt. Ein kleiner Kompass dient auf einsamen Waldwegen der Rückversicherung an Abzweigungen. Nord- und Mittelpolen sind auch ideale Reviere für Freunde des Liegerads.

Reparaturen

Obwohl das Fahrrad einen gewissen Boom in Polen erlebt, gibt es immer noch ziemlich wenige Werkstätten. Auf dem Land sind Reparaturen oft nicht zu bewerkstelligen. *Joachim Horst:* „Auch gut gemeinter Hilfsbereitschaft der Polen dürfte es mitunter schwer fallen, die passenden Schrauben zu besorgen."

Mieten Gute MTBs werden in der Tatra vermietet, wo auch geführte MTB-Touren angeboten werden (Zakopane, Schreiberhau).

Straßen und Wege

Straßen Radtouren finden in Polen typischerweise auf schattigen Alleestraßen statt, was nicht nur an heißen Sommertagen ein Genuss ist. Gut die Hälfte des Straßennetzes ist mittlerweile recht ordentlich asphaltiert, viele Nebenstraßen sind weiterhin gepflastert. Unvermeidbar ist auf manchen Strecken der Wechsel zwischen gut asphaltierter Landstraße und gepflasterten Ortsdurchfahrten. Ansonsten lassen sich Pflasterstraßen und ähnlich unkomfortable Wege aufgrund der Darstellung in der RV-Karte (weiß bzw. farblos) frühzeitig identifizieren und fast immer umgehen. Die Wegweisung ist insgesamt okay.

Leider hat der **Verkehr** nach der Wende wesentlich schneller zugenommen als der Umfang des Straßennetzes, weshalb so manche zweispurige „Transitstrecke" unangenehm geworden ist. Polnische Autofahrer überholen in der Regel vorsichtig. Die polnische Straßenverkehrsordnung verpflichtet Radfahrer, eine Fahrprüfung abzulegen und einen entsprechenden **Fahrradführerschein** mitzuführen. Ausländische Radreisende sind hiervon jedoch ausgenommen („Wiener Abkommen über den Straßenverkehr").

Radwege Obwohl das Freizeitradeln in Polen stetig beliebter wird, gibt es erst wenige Radwege westlichen Standards. Leider sind diese wenigen Wege dann noch nicht einmal ausreichend dokumentiert (und wenn dann nur polnisch) und werden auch nicht „vermarktet". Da sich später oft niemand mehr um die Unterhaltung der Radweg kümmert, verschwinden viele Wege irgendwann sang- und klanglos. Selbst die bedeutendste Radroute Polens, der **Europaradweg R1** (s. Anhang), ist mangels Werbung kaum bekannt. Dabei ist gerade diese Route bis zur russischen Grenze in Polen perfekt ausgeschildert. 675 km weit führt der R1 vom Grenzübergang Kostrzyn (90 km östlich Berlins) durch Nordpolen (Sulecin – Pila – Grudziadz – Elblag – Frombork) und endet hinter Braniewo an der Grenze zu Königsberg. Ausführlich beschrieben ist der R1 in „Masuren per Rad" (s. o.). Auch der **Ostseeradweg R10** (s. o.) harrt noch der vermehrten Beachtung.

Offroad (MTB)

Generell kann auf allen frei zugänglichen Forst- und Wanderwegen auch geradelt werden. Vor allem in Nationalparks aber niemals querfeldein und im Kernbereich ggf. gar nicht! Abgesehen von den bekannteren MTB-Revieren, wie Hohe Tatra und Bieszczady-Gebirge, lassen sich mit guter Karte und Kompass auch einsame Trappertouren in den riesigen Wäldern des östlichen Polens unternehmen.

Im nördlichen Polen sind die Waldwege im Sommer oft sehr sandig. Da ist dann manchmal schieben angesagt. Oder man riskiert einen Kapitänssturz.

P PORTUGAL

Daten 92.389 qkm • Ausd. 560 x 160 km • 10,6 Mio. Einwohner • 114 Ew./qkm

Land Im äußersten Südwesten unseres Kontinents liegt ein Land, das selten Schlagzeilen macht; es sei denn, es geht um Fußball. Die Grenzen zum spanischen Nachbarn sind mit die ältesten und stabilsten Europas.

Allerdings von den Spaniern auch immer wieder „geprüft“, denn eine natürliche Grenze gibt es nicht. Innerhalb Portugals teilen die Westausläufer des Kastilischen Scheidegebirges, mit dem herausgehobenen Hochgebirge Serra da Estrêla (bis 1991 m), das Land in zwei Großlandschaften: Die höher gelegene **Nordregion** (Hauptort Porto) überwiegend bergig bis gebirgig; die tiefer liegende **Südregion** (Hauptort Lissabon) sanfter und nur oberhalb der Algarve-Küste gebirgig (Serra de Monchique, 902 m). Steil- und Schwemmlandküsten schließen das Land zum Atlantik hin ab

Rund 1600 bzw. 1000 km vom portugiesischen Mutterland entfernt, sind die atlantischen Inselgruppen der *Azoren* und das *Madeira-Archipel.*

und Leute Trotz sozialer Ungleichgewichte leben die Lusitanier bzw. ihre Nachkommen weitgehend mit sich im Frieden. Da sich die Portugiesen seit den sechziger Jahren massenhaft als Gastarbeiter verdingten, gibt es heute in vielen Dörfern jemanden, der Deutsch oder Französisch spricht. Englisch wird kaum gesprochen.

per Rad erfahren Insgesamt werden Portugalradler nicht gerade verwöhnt. Portugals Pflasterstraßen waren früher der Schrecken aller Reiseradler. Heute betrifft dies nur noch die kleinen Nebenstraßen Nordportugals. Dass Portugal selten flach, sondern mehr oder weniger hügelig oder sogar bergig, ist eine naturgegebene Eigenschaft. Auch dass es keine Radwege gibt, ist in Südeuropa eher normal. Hinzu kommen noch kleine „Schikanen“ wie die dürftige Wegweisung jenseits der Hauptstraßen und die stark eingeschränkte Möglichkeit der Fahrradbeförderung mit der Bahn. Dennoch kommt man in Portugal ganz gut über die Runden. Ein Weg findet sich immer. Kaum wahrgenommen als Tourenreviere werden die Inselgruppen Madeira und Azoren. Wer sich die Mühe der Anreise macht, wird nicht enttäuscht!

ROUTEN & REGIONEN

Nord- und Mittelportugal

Überblick

Die Nordhälfte Portugals ist das historische Kernland der Nation. Ein wenig zersiedelt vielleicht, aber speziell in den Küstenprovinzen Beira Litoral, Douro Litoral und Minho zeigt es sich abwechslungsreich und grün. So grün, dass sogar ein Teil der Küste *Costa Verde* heißt. Endlose Sandstrände, Weinberge, Flusstäler, Gebirge, urige Bauerndörfer, sehenswerte Städtchen und historisches Gemäuer erwartet die Handvoll Radreisender, die es nach Nordportugal verschlägt. Das Netz tourengeeigneter Straßen ist grob gestrickt, Oberfläche (viel Pflaster auf den Nebenstraßen) und Landschaftsprofil reduzieren die Durchschnittsgeschwindigkeit. Da die Entfernungen aber nicht sehr groß sind, lässt sich bereits innerhalb eines dreiwöchigen Zeitrahmens eine ausgiebige Rundtour arrangieren. Die Tourenbausteine sind *Nordküste, Douro-Tal, Trás-os-Montes* (Bergregion) sowie *Serra da Estrêla* (Hochgebirge).

Nordküste

Vom Cabo da Roca auf der Höhe Lissabons bis zur Mündung des Douro in Porto erstreckt sich die **Costa Prata** (Silberküste). Nordwärts schließt sich die **Costa Verde** an (Grüne Küste), die bis zum Grenzfluss Minho reicht. Pinienwälder. Olivenhaine und grüne Hügel bilden das bis zu 30 km breite Hinterland für weite Strände, Lagunen, Dünenketten, Kliffs und Felsen. Kühle Wassertemperaturen und frische Meereswinde sorgen dafür, dass die Strände insgesamt weit weniger besucht sind als jene der Algarve. Geradezu einsam und endlos sind die Strände zwischen Nazar und Espinho und nördlich von Viana do Castelo. Die Auswahl küstennaher Straßen ist allerdings beschränkt. Reizvoll ist die von Sintra kommende N247 zwischen Ericeira und Peniche. Der Löwenanteil der Route entfällt aber auf die küstenferner verlaufende N109. Wer weniger Verkehr und mehr Blickkontakt zum Atlantik bevorzugt, kann auf holprigen Sträßchen auch direkt an der Küste radeln. Der Küstenwind sorgt dabei auch im Hochsommer für angenehmes Radelklima.

Der portugiesische Jakobsweg

Weitgehend in Vergessenheit geraten sind die *portugiesischen Zweige* der Jakobs-Pilgerwege, die durch die nordportugiesischen Küstenregionen zum spanischen Santiago de Compostela führte. Der Weg von Lissabon nach Porto kann als roter Faden für eine Tour mit entsprechenden Sehenswürdigkeiten dienen (Kirchen und Klöster).

Orte und Stationen, die den **Verlauf des Jakobsweges** innerhalb Nordportugals markieren: Lissabon – Santarem – Tomar – Fátima – Batalha – Coimbra – Porto – Vila do Conde – Barcelos (alternativ Braga) – Ponte de Lima – Bravães – Valenca (Grenze Spanien).

Bemerkung: **Fátima** lag ursprünglich nicht auf dem Pilgerweg, ist heute aber *das* portugiesische Pilgerziel (beeindruckende Massenprozessionen jeweils am 12./13. Mai und 12./13. Okt.). Jeder mag sich *seinen* Pilgerweg innerhalb Nordportugals zusammenstellen und dabei weitere Sehenswürdigkeiten mit einbeziehen, einen Pilgerbrief wie in Spanien gibt es nicht, und die ehemaligen Pilgerherbergen sind heute „Pousadas" – staatliche Nobelherbergen in historischem Gemäuer.

PORTUGAL
0
100 km
© RKH Verlag Hermann
Portugiesischer Jakobsweg
Vigo
Minho
Valença
Minho
VIANA DO CASTELO
Costa Verde
BRAGA
Barcelos
Vila do Conde
PORTO
Vila Nova de Gaia
Tamega
Douro
BRAGANÇA
Tras os Montes
VILA REAL
Pinhão
Espinho
Costa de Prata
AVEIRO
VISEU
GUARDA
Mondego
COIMBRA
Covilhã
Serra da Estrêla
Cabo Mondego
CASTELO BRANCO
Zêzere
SPANIEN
LEIRIA
Fátima
Tomar
Costa
Nazaré
Serra da Mamede
Peniche
SANTA-REM
Tejo
PORTALEGRE
Estre-madura
Ribatejo
Elvas
Badajoz
Lissabon
Cabo da Roca
Almada
Barreiro
ÉVORA
ATLANTIK
Alentejo
Baia de Setubal
Costa Dourada
Serra da Grândola
BEJA
Sines
Cercal
Guadiana
Mertola
Serra da Monchique
Huelva
Vila Real
Algarve
Portimão
Tavira
Sagres
FARO
Cabo de São Vicente
Golfo de Cadiz
MADEIRA
Porto Moniz
Santana
Ponta do Pargo
Ribeira Brava
Funchal
0
25 km
Graciosa
Faial
São Jorge
Terceira
Angra do Heroísmo
São Sebastião
São Mateus
Lajes
Pico
AZOREN
0
50 km
Mosteiros
Ribeira Grande
Nordeste
São Miguel
Ponta Delgada
Furnas

Die weiteren Stationen des „Portugiesischen Weges“, über die spanische Grenze hinaus, sind: Tui – Porriño – Redondela – Pontevedra – Caldas de Reyes – Padron – Santiago de Compostela.

Douro-Tal

Wer von Mitte September bis Mitte Oktober in Nordportugal ist, hat die beste Jahreszeit für eine Tour durchs Douro-Tal gewählt. Die brütendheißen Sommertage sind vorbei, und die Weinlese belebt das Tal. An den mageren Schieferhängen des Oberlaufs reifen die Burgundertrauben, aus denen der berühmte Portwein entsteht. Die windgeschützte Lage schafft das hierfür erforderliche Treibhausklima im Douro-Becken, das durch hügeliges Bergland mäandert. Rund 170 km lang ist die entlang des Douros befahrbare Strecke, von **Pinhão** im Zentrum des Weinbaugebietes (Regiao de Vinho) bis zu den Kellereien Portos in **Vila Nova.** Flach und flussnah verläuft die Straße dabei lediglich zwischen Pinhão und Peso da Regua, der Rest ist überwiegend hügelig.

Trás-os-Montes

Den Raum zwischen dem oberen Douro-Tal und Spanien füllt eine Bergregion aus, die den weiter westlich lebenden Portugiesen so abgeschieden und uninteressant erschien, dass sie von ihr immer nur als „Jenseits der Berge“ sprachen: Trás-os-Montes! Dabei blieb es. Trás-os-Montes gilt bis heute, neben dem Alentejo, als Portugals rückständigste Region, unschwer abzulesen an den Traditionsdörfern der kargen Grenzgebirge im Nordosten (Parque Natural de Montezinho). Um den interessantesten und landschaftlich reizvollsten Teil von Trás-os-Montes in die Radtour einzugliedern, bietet sich die folgende Route an. Zunächst ab **Chaves** auf der ebenso schönen wie kurven- und steigungsreichen N103 bis **Vinhais,** dort abzweigen und via N316/N308 durch die melancholische Höhenlandschaft der **Serra da Coroa** mit ihren musealen Bergdörfern weiterkurbeln. Endpunkt der 140 km langen Tour ist die Provinzhauptstadt **Bragança.**

Serra da Estrêla

Klaus Gattner: „Als besonders lohnenswert empfand ich meinen mehrtägigen Aufenthalt in einer von Portugals schönsten Naturlandschaften, dem „Sternengebirge“ (Serra da Estrêla). Die steilen, sich scheinbar endlos hin-

Torre de Belem (Lissabon)

ziehenden Pässe trieben mir allerdings oft den Schweiß aus den Poren, kaum weniger strapaziös kam mir die eine oder andere Abfahrt vor. Meine mit 150 km längste, und vielleicht auch schönste Tagesetappe in Portugal überhaupt führte zunächst auf den 1991 m hohen Torre, dann entlang der Bergkette westwärts nach Coimbra."

Tourentipps

Rund 60 x 30 km betragen die Ausdehnungen des höchsten Gebirgsmassivs Portugals. Wild-romantisch sind vor allem die tieferen Regionen bis etwa 1000 m. Hier gibt es Wälder, Schluchten, Wasserfälle und Bergseen. Ab 1000 m sorgen Almen, blanker Granitfels und Karsthänge für eine zunehmend herbere Szenerie. Günstige Ausgangspunkte für Touren durch die Serra da Estrêla sind die mit diversen Übernachtungsmöglichkeiten ausgestatteten Städtchen **Seia** (530 m), **Belmonte** (610 m), **Covilhã** (675 m) und **Guarda** (1050 m). Die meisten Straßen sind in gutem bis befriedigendem Zustand, die Steigungen können je nach Strecke bis 15% betragen. An Wochenenden erheblicher Ausflugsverkehr! Die Auffahrt zum **Torre** (1991 m) reizt viele, ist es doch Portugals höchster anradelbarer Punkt. Dabei gehen die Steigungen von Covilhã aus spürbar leichter vom Fuß als von Seia. Etwas enttäuschend ist lediglich der Gipfel, zu dem vom Pass aus eine Stichstraße führt und der nur ein Hochplateau mit Touri-Rummel ist.

Estremadura, Ribatejo

Nur wenige verlockende Tourenmöglichkeiten bergen die Provinzen Estremadura und Ribatejo. Die Küstenprovinz **Estremadura** ist zwar hübsch grün und kleinteilig, zieht aber viel Verkehr aus dem Großraum Lissabon auf sich. **Ribatejo,** wie das Überschwemmungsgebiet des Tejo-Flusses heißt, ist flach, fruchtbar und eher langweilig. Wegen der jährlichen Überflutungen im Februar ist das Straßennetz dürftig. Dennoch lohnen beide Provinzen mehr als den bloßen Transit: Wer sich die Sehenswürdigkeiten und optischen Reize, speziell der Estremadura, nicht entgehen lassen will, darf bezüglich der Routenwahl nicht wählerisch sein. Ist der Großraum Lissabon auf der Küstenstraße N6 aber erst einmal westwärts überwunden, radelt es sich auf den Nationalstraßen N247 und N8 (Seitenstreifen) gar nicht so schlecht.

Südportugal

Alentejo

www.alentejo-reisen.com

Dünn besiedelt, niedrig gelegen und regenarm sind jene drei Zehntel der Landesfläche, die von den Provinzen **Alto Alentejo** und **Baixa Alentejo** eingenommen werden (Oberer / Unterer Alentejo). *Planícies,* sanft gewellte Ebenen mit endlosen Ländereien, beherrschen diesen Raum zwischen Atlantikküste und spanischer Grenze. Belebt wird das Landschaftsbild durch Hügelkuppen und niedrige Bergketten, Korkeichenwälder und Olivenhaine, weiße Dörfer und mittelalterliche Städte. Die mittlere Höhe des Alentejo liegt bei 200 m, bis 325 m reicht die **Serra de Grãndola** im westlichen Alentejo, bis über 400 m das Hügelland zwischen Vora und Beja. Von Eukalyptusbäumen, Pinien- und Korkeichenwäldern gesäumte Straßen verlaufen durch die weiträumige Landschaft. Von wechselhafter bis sehr guter Qualität ist dabei der Asphalt. Empfehlenswerte Jahreszeit ist der Frühling, wenn der Alentejo grünt und blüht.

Ab Ende Mai kippt das Bild. Nur ein Zehntel der Agrarflächen können bewässert werden, und aus dem Alentejo wird in wenigen Wochen eine sonnendurchglühte Landschaft. Gäbe es nicht den Schatten der zahlreichen Bäume und die schönen alten Festungsstädte im Grenzraum zu Spanien, wäre die Tour in dieser Jahreszeit eine harte Gemütsprobe.

Nordöstlich von Vora zeigt sich der Alentejo von seiner bergigen Seite. Wobei die **Serra de Mamede,** östlich von Portalegre, Höhen bis 1025 m erreichen. Spektakulär ist das zwar alles nicht – die Berge sind weitgehend geschliffen und erodiert, Schluchten gibt es auch nicht – wer hier aber ohne halbwegs brauchbare Kondition antritt, wird doch öfter den Schiebegang einlegen müssen.

Die lohnendsten Tourenziele sind alle in der Osthälfte des Alentejos gelegen: Mertola, Serpa, Beja, Moura, Monsaraz, **vora,** Arraiolos, Evoramonte, Vila Viçosa, Estremoz, **Elvas** (fast noch schöner als Vora), Portalegre, Marvão, Castelo de Vide.

Costa Dourada

Rauer, schwerer zugänglich und vergleichsweise untouristisch ist die *nordwestliche* Atlantikküste. Weitgehend unverbaut zeigt sich daher die Costa Dourada auch mit ihren Sandstränden, Flussmündungen, Küstenwäldern, Felsen und Klippen. Gut asphaltiert und lohnend ist die hügelige Nebenstrecke ab Cercal: N390, N393, N393-1. Wer holprige Wege nicht scheut, kann diese küstennahe Route auch noch erweitern: 17 km südöstlich von **Sines** zweigt eine alte Nebenstraße von der N120-1 ab und stößt bei Brunheiras auf die N390. Mäßig hügelig führt die Küstenstraße dann ab Odeceixe zwischen der Steilküste und den Höhen der Serra de Espinhaço de Cão zum **Cabo de São Vicente** und damit direkt zum südwestlichsten Landpunkt Europas, der bereits zur Algarve zählt.

Algarve

Eindrücke

www.algarve-live.de www.algarve-reisen.com

Egal ob *der* oder *die* Algarve (zulässig ist lt. Duden beides), eines steht fest, die Küste der südlichsten Landschaft Portugals gehört zu den beliebtesten in Südeuropa. Innerhalb Portugals ist die Algarve der Urlaubermagnet schlechthin, die Badeverhältnisse sind auch einfach sehr viel besser als an den westlichen Atlantikküsten. Sonnig-mildes Klima vom nordafrikanischen

Faro

Felsen, Strand und Sonne – Carvoeiro, Algarve

Typ sorgt für subtropische Vegetation, so dass schon ab Januar die ersten Mimosen, Kamelien, Orangen-, Mandel- und Erdbeerbäume blühen. Fürs Beiprogramm haben diverse Herrschervölker kulturelles Zeugnis hinterlassen.

Der Länge nach betrachtet besteht die Algarve aus einem bis zu 900 m hohen Bergland, der *Hoch-Algarve,* dem ein bis zu 20 km breiter und 150 km langer Küstenstreifen vorgelagert ist, die *Nieder-Algarve.*

Nieder-Algarve

Besonders attraktiv ist der **Fels-Algarve** (Barlavento) genannte westliche Teil der Nieder-Algarve, vom Cabo de São Vicente bis etwa **Faro** (Charterflugziel). An der Fels-Algarve locken kristallklares Wasser, bunte Klippen, bizarre Felsen und Buchten mit versteckten Stränden reichlich Tourismus an. Ruhiger geht es an den besonders hohen und daher schwer zugänglichen Steilküsten der Halbinsel westlich von Lagos zu. Dort befindet sich auch das einzige wirklich beeindruckende Stückchen Küstenstraße, die von **Sagres** als Stichstraße zum 6 km entfernten **Cabo de São Vicente** führende N268. *Olaf Korbanek:* „Dieser südwestlichste Zipfel Europas hat uns mit seiner Kargheit und der fast 100 m hohen Steilküste super gefallen. Besonders bei Sonnenuntergang." Aber der Weg dorthin kann schwer sein. *Klaus Gattner:* „Bei extremem Gegenwind waren die sechs Kilometer nur im ersten Gang zu bewältigen."

Die ideale Tourenrichtung ist von West nach Ost, denn die Fels-Algarve liegt voll im Südwest-Wind – was übrigens auch ihr portugiesischer Name *Barlavento* ausdrückt. Ansonsten ist die gesamte Küstenstraße der Algarve, die N125, für Radler eine ziemlich banale Angelegenheit. Viele Betonbauten, kaum Blickkontakt zum Meer und trotz der kostenlosen, zur Küste parallel führenden Autobahn sehr befahren – speziell zwischen Albufeira und Olhão. Immerhin, ein breiter Seitenstreifen ist vorhanden.

Östlich von Faro führt die N125 durch die **Sand-Algarve** (Sotavento). Stichstraßen führen dort zu weiten Sandstränden, Lagunen und vorgelagerten Sandbänken, von denen aus gebadet wird. Reizvollster Ort ist **Tavira.** Die Sand-Algarve gilt als windabgewandte Küste und heißt deshalb auch

Sotavento. Wenn sich hier aber von Afrika kommende Winde durchsetzen, kann dies statt Südwest- auf einmal heftigen Ost-Wind bedeuten.

Wer nach 170 km auf der N125 den Grenzfluss Guadiana bei Vila Real erreicht hat, setzt mit der Autofähre zum spanischen Ayamonte über (halbstündlich von 9–19.30 Uhr, Radler u. Rad um 1 €). Die markante Hängebrücke etwas weiter nördlich ist hingegen für Radler gesperrt!

Ecovia do Litoral heißt die neue Radroute an der Algarve. Von Vila Real do Santo António am Grenzfluss Guadiana führt die 214 km lange Route bis zum Cabo de Sao Vicente. Interessant dürfte die 60 km lange Passage durch die Lagunenlandschaft des Ria Formosa sein, wo viele Wasservögel Station machen. Bis Ende 2008 war erst ein Viertel der Route fertig gestellt, wurde aber wegen der EU-Fördermittel trotzdem schon eingeweiht. Infos (nur portug.): *www.ecoviasalgarve.org*

Hoch-Algarve

Reizvoller als der Küstenstreifen selbst ist die Hoch-Algarve. Tourenradlern bietet das fruchtbare, hügelig-bergige Hinterland der Küste allerdings lediglich die N124 als akzeptable Längsroute an (Steigungen um 10%). Vielfältiger sind die Möglichkeiten für Offroad-Biker, die von der Küste zu Tagestouren ins untouristische Bergland hinaufpendeln, um das Geflecht aus Wirtschafts- und Forstwegen für herrlich friedliche Touren zu nutzen.

Schönstes Tourenrevier der Hoch-Algarve ist zweifellos die **Serra de Monchique,** die schroffere Gebirgsformen mit lieblichem Hügelland verbindet. Sie ist der „Garten der Algarve", der im Sommer mit angenehm kühlem Klima lockt (günstig von Mai bis Oktober). Tourenradler können die Serra auf einer guten Asphaltstraße durchqueren (N266, Steigungen bis 12%). Alle anderen Straßen wie die N267 (bis 20%) sind schon ziemliches Kraftfutter. Wer den höchsten Gipfel, den **Pico da Foia** (902 m), erklommen hat, kann anschließend eine geniale Abfahrt bis Aljezur genießen (40 km).

Olaf Korbanek: „Häufig waren unsere Erwartungen von der Algarve enttäuscht worden. Aber restlos begeistert hat uns die Monchique! Dieses Mittelgebirge ist ein echter Tipp. Wie übrigens auch der gleichnamige Ort. Da wir im Frühjahr in der Monchique waren, trafen wir keine anderen Touristen. Im Sommer muss dort aber der Bär los sein."

MTB-Tipp

Mountainbiker finden in der Monchique ein potentes Netz von vielen Wirtschafts-, Forst- und Wanderwegen. Trialähnliche Strecken locken im wilden Flusstal *Ribeira de Oudelouca.*

Auffahrt zum Pico da Fóia, der höchsten Erhebung der Algarve

Madeira

Daten

741 qkm • Ausd. 20 x 57 km • 350.000 Ew. • 470 Ew./qkm

Überblick und Eindrücke

Scheinbar einsam und verloren ragen die Gipfel einiger unterseeischer Vulkangebirge auf Höhe Casablancas aus dem Atlantik. Hauptinsel des Archipels ist Madeira, was schlicht Holz heißt, weil es hier mal so viele Bäume gab. Nur wenige Biker verirren sich auf dieses schöne, aber auch anstrengende Anhängsel Portugals. Bis zu 580 m hohe Steilküsten umgeben die Insel. Flüsse haben in dieses Bollwerk Schluchten gegraben (Ribeiras). Schmal ist der besiedelte Küstensaum. Kammartige Gebirgszüge mit bis zu 1862 m hohen Erhebungen verlaufen über das innere Hochplateau. Üppige Vegetation kontrastiert mit jungvulkanischen Fels- und Gebirgsformationen. Bis auf wenige Ausnahmen sind Madeiras Straßen ebenso reizvoll wie anspruchsvoll. Typisch sind die langen Anstiege auf engen Serpentinen durch mehrere Vegetationsstufen und über die Wohngrenze hinaus, die bei 650 m liegt. Wer auf der „Blumeninsel" allerdings Blumenmeere erwartet, wird enttäuscht sein. Blumen wachsen eher am Straßenrand, denn die wertvollen Flächen werden landwirtschaftlich genutzt.

Die Zeitschrift „RadSport" brachte vor einigen Jahren eine Madeira-Reportage mit dem Aufmacher „... ein blaugrünes Landschaftswunder und Touren, die an Abfahrtsthrill und Aufstiegskampf kaum zu übertreffen sind." Übermenschlich kann es aber auch nicht sein, auf Madeira mit dem Rad anzutreten, denn es gibt auf der gebirgigen Insel rund 300 organisierte Radsportler. Radtouren mit voller Ausrüstung sind allerdings wirklich eine ganz harte Prüfung. Sinnvoller ist es auf Tagestouren ohne größeres Gepäck zu setzen. Interessant sind vor allem die Mitte mit den Picos, schroff aufragenden Felsspitzen, und der Westen mit dem Hochplateau Paul da Serra. Zwei Quartierwechsel genügen, um Madeira etappenweise zu erkunden. Auch der „RadSport"-Autor steigerte sich mit seinem Rennrad am Ende auf Tagestouren von 120-150 km (null Gepäck, 30er Ritzel).

Weniger interessant ist die „flache" Nachbarinsel *Porto Santo* (44 qkm, bis 508 m). Gegenüber der Hauptinsel hat das karge Porto Santo eigentlich nur zwei Vorzüge: lange gelbe Sandstrände und viele Sonnentage.

Tipps und Infos

www.madeiratourism.org, www.madeira-club.de

Anreise – Nur per Charterflug, keine Schiffsverbindungen.

Klima/Reisezeit – Ganzjährig mild („Ewiger Frühling"). Mit sporadischen Regenfällen muss zu allen Jahreszeiten gerechnet werden. Nur im Juli fällt fast kein Regen. Schön sind die Blütezeiten in Frühling und Herbst. Im Juni stark bewölkt. Wegen der geringeren Niederschlagsneigung ist der Frühsommer für Radtouren ein guter Kompromiss. Der vorherrschende NO-Wind lässt es an der Nordküste immer wieder regnen und bringt Nebel in die Berge. Der Süden hat deutlich weniger Niederschläge zu verzeichnen.

Kartenempfehlung – TURINTA Portugal „Madeira und Porte Santo" 1:40.000, 9,80 €, Bezug: *www.mapfox.de*

Übernachten – Madeiras Unterkünfte sind ziemlich teuer, für ein **-DZ müssen um 60 € veranschlagt werden. Camping in Porto Moniz und Montado do Pereiro: *www.madeira-camping.com*. Auch freies Zelten ist möglich.

Straßen – Lange Anstiege mit Steigungen bis 12% und Höhendifferenzen bis 1800 m. Das Straßennetz ist ausreichend, am besten sind die Straßen

Penha de Águia, der Adlerfelsen im Nordosten Madeiras

in den Bergen. Fast alle Straßen führen durch Tunnel, die entweder gar nicht oder nur schwach beleuchtet sind. Insgesamt ist der Verkehr gering (kein Massentourismus, wenig Mietwagen). Verkehrsreicher ist nur die Küstenstraße R101 von Calheta bis Machico.

Levadas – Madeira ist vor allem ein populäres Wandergebiet mit vielen markierten Wegen, wovon Biker aber nur teilweise profitieren. Befahrbar sind jedoch ein Teil der Saumpfade an den madeiratypischen Levadas (Bewässerungskanäle, alle südlich verlaufend). Rund 2000 km Levadas soll es geben, genau weiß es niemand. Es können auch noch viel mehr sein. Das zeigt nur, dass viele Wege kaum bekannt sind. Viele wasserführende Levadastrecken sind jedoch gut befahrbar. Etliche sind sogar extra für Wanderer komfortabel ausgebaut worden. Andere hingegen sind steinig, stark abfallend, schlüpfrig nach Regenfällen und führen durch niedrige Tunnelstrecken. Levada-Wanderungen werden in Madeira-Führern meist nach Schwierigkeitsgraden differenziert. Damit lässt sich einschätzen, welche Wege ggf. auch befahrbar sind. Außerdem liefern sie nützliche Infos zum Streckenverlauf. Online-Beschreibungen von Levada-Wanderungen: *www.inseltouring.de.*

Bike-Stationen und Fahrradservice – mehrere in Funchal.

Azoren

Überblick Ein Geheimtipp für Biker, die schon alles kennen, sind die Azoren. Aber die relativ weite Anreise und das feuchtelnde Klima hält die meisten bislang auf Distanz. Sehr zu Unrecht, denn im Gegensatz zu Madeira sind die mindestens ebenso grünen und vulkanisch geprägten Azoren deutlich moderater profiliert. Interessant für Radtouren sind vor allem die größeren Inseln: São Miguel, Terceira, Pico, Faial und São Jorge (letztere mit Einschränkungen, s.u.).

Infos ▸ *www.azoren-online.com, www.die-azoren.de, www.azoren.at*

Anreise Direktflüge zu den Azoren nur mit SATA: ab Frankfurt und München je 1 x wöchentlich nach Ponta Delgada (São Miguel), H+R-Flug um 500 €, Fahrradmitnahme 50 € pro Strecke. Infos: *www.sata.pt*

Inselspringen Der Archipel hat eine West-Ost-Ausdehnung von 900 km! Von Apr. bis Ende Sep. bestehen Fährverbindungen zwischen allen Inseln. Allerdings gibt es nur zwei Reedereien mit insgesamt vier Schiffen, so dass einige Inseln, wie Flores, nur im Wochenturnus erreichbar sind. Die Turboprops der SATA fliegen die Inseln hingegen täglich an. Pro Flieger werden zwei Bikes mitgenommen. Ist aber mit 50 € ziemlich teuer. Hat man das Rad im Karton verpackt, kann es auch aufs Freigepäck angerechnet werden. Doch wo, in Gottes Namen, bekommt man auf den Azoren einen Fahrradkarton her?

Klima/Reiseziel Ganzjährig mildes, sehr wechselhaftes Klima. Günstig sind die sonnenreichen Monate Juli und August (durchschnittl. 21 °C), die allerdings oft schwül sind. Fast noch besser ist die Nachsaison ab September.

Das beliebte **Whalewatching** ist generell von Mai bis Okt. möglich, wird aber schon ab Sep. schwieriger (weniger Wale, weniger Touristen, weniger Boote). Bei der Wahl der Insel auch bedenken, dass es wegen der großen Ausdehnung des Archipels (900 km) ein signifikantes **Niederschlagsgefälle** gibt: Im äußersten Westen, auf Flores, regnet es *doppelt* so viel wie im äußersten Osten auf Santa Maria!

Karten
- *Empfehlung:* Turinta: Azoren 1:75.000, 9,80 €, mit Höhenlinien und unbefestigten Nebenstraßen, zuverlässig.
- Reise Know-How, World Mapping Project: Azoren 1:70.000, 8,90 €, brauchbar.
- Freytag & Berndt: Azoren, 1:75.000, 8,95 €, oft ungenau und sehr lückenhaft, nur für die grobe Orientierung.

Übernachten Zimmer gibt es fast nur in den Hauptorten, dafür aber einige gute Campingplätze, die teilweise sogar kostenlos sind (in Lajes auf Pico, bei Salão auf Faial). Auch wildes Zelten ist gut möglich.

Straßen Erstaunlich gutes Straßennetz, generell wenig Verkehr, nur auf São Miguel teilweise mehr (südöstl. Küstenstraße und Querverbindungen ab Ponta Delgada), moderate Steigungen bis 10% (selten darüber), Höhendifferenzen bis 1000 m.

Offroad/MTB Zahlreiche gepflegte Schotterpisten (Fahrstraßen) mit Wegweisung erschließen das Innere der Inseln.

São Miguel (760 qkm, 130.000 Ew.)

Vergleichsweise geschäftig geht es auf der Hauptinsel zu, wo die Hälfte der Azoreaner lebt. Die Insel ist für Radler ein hervorragender Azoren-Einstieg. Höchster Berg ist der Pico da Vara (1105 m), Highlight der **Vista do Rei** (575 m), der Königsblick auf die Kraterseen Lagoa Azul und Lagoa Verde. Dazu muss ein wunderschöner Anstieg bis auf knapp 700 m bewältigt werden, der nach dem Ausblickspunkt von einer 7 km langen Schussfahrt zum Kraterstädtchen **Sete Cidades** (250 m) belohnt wird. In Sete Cidades angekommen (wörtl. Sieben Städte), lockt für den Rückweg der feuchte Felstunnel, der in den 1930er Jahren durch die dicke Kraterwand gebohrt wurde. Er erspart einen großen Umweg, ist aber für Klaustrophobiker absolut ungeeignet (Passage ca. 30 min., sehr eng). Highlight No. 2 ist der **Lago das Furnas** im Südosten der Insel. Ort und See sind das Wochenendausflugsziel der Einheimischen. Sie garen in den heißen Schwefelquellen ihre mitgebrachten Eintöpfe, die dann lecker nach faulen Eiern schmecken. Von Furnas lässt sich die empfehlenswerte **Inselrunde** (160 km) weiter fortsetzen.

Terceira (402 qkm, 60.000 Ew.)

Kahle Berge mit Grotten, urwüchsige Vegetation und bizarre Lavaformen. Die Landschaft im Inselinnern ist geprägt von den Ausbrüchen des zentralen Vulkans, der Kraterwände zerstörte und kilometerweit Lavamassen über die Insel ergoß. Höchster Punkt auf Terceira ist der Santa Barabara (1021 m). Die nach einem Erdbeben wieder aufgebaute Altstadt von **Angra do Heroísmo** ist Weltkulturerbe. Die Amerikaner unterhalten eine Luftwaffenbasis im Osten und sind der größte Arbeitgeber der Insel. Viele neu asphaltierte Straßen und gut befahrbare Schotterpisten im Inselinnern sorgen für ideale Radelbedingungen. Das Inselrelief ist moderat. Unterwegs kommt man nahezu zwangsläufig auch mit der **Tourada a corda** in Berührung. Bei dieser inseltypischen Dorfbelustigung wird ein junger Stier mit bandagierten Hörnern an einem langen Strick geführt, und jeder darf sich an ihm messen. Obwohl Terceira im Vergleich mit den anderen, größeren Inseln landschaftlich eher eine graue Maus ist, gibt es auch hier ein Highlight, den Vulkanschlot **Algar do Carvão**: ein farbiges Höhlensystem mit Tropfsteinen, ziemlich genau in der Inselmitte.

Pico (442 qkm, 16.000 Ew.)

Pico ist eine besonders schroffe Insel mit dem höchsten Berg Portugals, der zugleich einer der imposantesten Vulkankegel der Welt ist: der **Pico** (2351 m). Schwarze Lavaklippen an der Küste und malerische Häuser aus Lavagestein. Schönes Hochland mit Seen, Schluchten und Wäldern. Auf Pico bieten sich im Wesentlichen zwei Touren an. 1) Auf der wenig befahrenen **Ringstraße** einmal um Pico herum (120 km, sehr schön vor allem die Südhälfte mit dem Walfängerdorf Lajes). 2) Die **Inseltransversale** durchs attraktive Hochland: Madalena – Piedade (50 km, erste Hälfte auf Asphalt, dann Piste), lohnt aber nur bei gutem Wetter, wenn der Pico zu sehen ist. Noch ein Wort zum **Pico:** Der Berg ist mit festem Schuhwerk relativ leicht zu besteigen, aber wegen des Lavagerölls extrem rutschig im Abstieg, daher unbedingt Wanderstöcke mitnehmen! Weiter mit der **Kanalfähre** nach Faial (mehrmals tgl. ab Madalena).

Faial (173 qkm, 16.000 Ew.)

Faial ist eine kleine, freundliche Insel mit rund 100 km moderaten Straßen und mindestens noch einmal so vielen Schotterstraßen. In der reizvollen Inselhauptstadt **Horta** treffen und verewigen sich die Atlantiksegler (legendärer Yachthafen). Schön ist der Blick von Faial zum Pico auf der

Blick von São Jorge auf den Pico

Nachbarinsel (wenn er sich denn zeigt). Im Nordwesten entstand 1957 durch Vulkanausbruch eine neue Halbinsel mit hügeliger Mondlandschaft und staubigen Pisten aus grauer Lavaasche. Kreisförmig steigen die Hänge zum Rand der **Caldeira** an. Eine kurvenreiche Straße zum Kraterrand (900 m). Dort vom Parkplatz durch einen Fußgängertunnel zur Innenseite der Caldera. Auf dem Calderakamm verläuft ein schmaler Wanderweg.

São Jorge (246 qkm, 4000 Ew.)

Rundum steil abfallend und ursprünglich nur in den tief gelegenen Schwemmlandfächern (Fajas) besiedelt, ist São Jorge praktisch ein einziger langer Gebirgsrücken, der bis zu 1000 m aus dem Meer ragt. Die Verbindungsstraßen zwischen den **Fajas** sind sehr steigungsintensiv: 300 Höhenmeter raufgequält, und – zack – wieder runter auf Null. Dann wieder von vorn. Das Gebirge ist ein mächtiger Wetterfänger. Wolkenmassen quellen von Norden über den Gebirgskamm, während im Süden die Sonne scheint. Man weiß nie, was einen auf der anderen Seite der Insel erwartet. Große Sehenswürdigkeiten gibt es auf São Jorge nicht, hier wird vor allem Käse produziert. Die Insel *an sich* ist spektakulär. Lohnend ist die Fahrt zum Westkap, dem **Punta dos Rosais.** Dort blickt man fast 300 m lotrecht nach unten, auf ein fantastisches Brandungsszenario. Drei Campingplätze (spottbillig) gibt es an der geschützten Südküste, der von Velas ist supermodern, der von Urzelina der schönste.

Zelten Rund 200 Campingplätze dürften in Portugal existieren, neue entstehen, viele sind längst geschlossen – keiner registriert sie so genau. Die meisten Plätze finden sich an den Küsten (speziell Algarve), nur wenige im Landesinnern. Die Ausstattung ist gelegentlich noch recht spartanisch (kalte Duschen, Boden-WCs). Ü um 7 €/Zelt.

Hinweis für Lissabon: Groß und gut ausgestattet ist der Hauptstadt-Campingplatz im Parque de Monsanto. Aber nur wenige Radler werden diesen Platz am Stadtrand erreichen, ohne dabei die Stadtautobahn benutzen zu müssen – horrível! Ein *Zimmer* in der Stadt ist von vornherein die bessere Wahl.

Freies Campen wird unter ähnlichen Bedingungen wie in Spanien toleriert (s. dort). Gute Möglichkeiten bieten die Pinien- und Korkeichenwälder des Alentejo. Wegen der steinigen Böden eine Unterlegplane fürs Zelt mitnehmen.

Karten und Literatur

Tourenkarten

- Michelin: Nr. 733 1:400.000, 8,90 €. Aktuell und meist auch ziemlich zuverlässig, gute Unterscheidung der Straßenzustände (asphaltiert, nicht asphaltiert). Lückenhaft bei den Nebenstraßen.
- Mair DuMont: Marco Polo Portugal 1:300.000, 8,50 €. Beidseitig bedruckt, viele touristische Infos, detailliertes Straßennetz, aber auch diverse Ungenauigkeiten.
- Reise Know-How, World Mapping Project: Portugal 1:350.000, 8,90 €, Algarve 1:100.000, 8,90 €.
- ADAC: Portugal 1:300.000. 8,50 €, Algarve 1:125.000, 8,50 €.

Tourenführer

- Kettler Vlg.: Radreiseführer „Portugal per Rad" in 2 Bänden. Bd. 1: Algarve/Alentejo ... Bd. 2: Norden.

Fahrrad

Ausstattung Generell empfiehlt sich ein Reise-MTB mit 26-Zoll-Rädern. Schutzbleche sind empfehlenswert fürs feuchtere Nordportugal. Laufräder, Gepäckträger, Taschen, alles sollte stabil und zuverlässig sein, denn Ersatzteile sind schwer zu beschaffen.

Reparaturen Außer in Porto, Lissabon, Faro und einigen Küstenorten gibt es nur wenige Werkstätten, die helfen können. Es wird gerne improvisiert. Nicht immer jedoch so gefühlvoll, wie sich das der Besitzer eines hochwertigen Bikes erhofft. Ersatzteile für 28-Zoll-Räder sind schwer aufzutreiben. Auch 26-Zoll-Schläuche mit franz. Ventil sind ungebräuchlich. Dafür gibt es überall billige MTB-Reifen.

Straßen und Wege

Straßen Bis in die 1980er Jahre war Portugal bei Reiseradlern berüchtigt wegen seiner archaischen Straßen. EU-Fördermittel haben seitdem viel Asphalt übers Land gegossen. Dabei sind nicht nur brandneue Straßen entstanden, auch die mörderischen Pflasterstraßen wurden zügig überasphaltiert, was aber nicht ewig hält. Dann gibt es wieder geflickte Schlaglöcher mit Aufplatzern und Bodenwellen. Die meisten unbehandelten Pflasterstraßen gibt es weiterhin im Norden. Auch viele Ortsdurchfahrten sind generell gepflastert. Dennoch, die Hinwendung zu einem moderneren Straßennetz ist unverkennbar. Außerhalb des Einzugsbereichs der Ballungszentren ist der Verkehr gering. Radwege existieren nur ausnahmsweise an einigen Ausfallstraßen. Neuere Hauptstraßen (Nationalstraßen) haben in der Regel einen ausreichend breiten Randstreifen zum Radeln. Die Orientierung erfordert manchmal einen guten Instinkt (oder eben ein GPS), denn auf Nebenstrecken ist die Wegweisung sparsam bis dürftig, und um die Landbevölkerung zu fragen, müsste man erst mal portugiesisch können.

Verkehr

Die Spanier behaupten, ihre portugiesischen Nachbarn seien die schlechtesten Autofahrer der Welt, und die Portugiesen sagen, stimmt nicht, wir haben nur die meisten Verkehrstoten in Europa. Radler spüren davon auf Nebenstraßen wenig. Dort wird man immer mit gebührendem Abstand überholt. Aber wehe, wenn die Straße einmal eng und voll ist. Dann tendiert der Abstand gegen Null.

Offroad (MTB)

Wanderwege dürfen benutzt werden, auch in Nationalparks, Verbote können in Vogelschutzgebieten bestehen. Für entspanntes Offroad-Biken bieten sich zahllose Wirtschaftswege an, sehr schön etwa in den Korkeichenwäldern des Alentejo. Ungewöhnlich sind die Levadas auf Madeira. Schöne, nicht zu anspruchsvolle MTB-Reviere finden sich in Gebirgsgregionen wie der Serra da Monchique im Südwesten oder dem Peneda Geres-Nationalpark hoch im Norden.
GPS-Tracks (für MTB): *www.bicirutas.net*

Am südlichsten Landpunkt Europas (Cabo de São Vicente)

RO RUMÄNIEN

Daten 237.500 qkm • Ausd. 500 x 650 km • 22 Mio. Einwohner • 91 Ew./qkm

Land Ein knappes Drittel des Landes besteht aus bewaldeten Gebirgen, vorneweg der 1300 km lange, bis zu 2543 m hohe Karpatenbogen. Ein gutes Drittel ist hügeliges Hochland (Transsylvanien, Moldauisches Plateau). Das letzte Drittel nehmen fruchtbare Tiefebenen ein (Walachei, Ungarische Tiefebene, Banat). Hinzu kommen so unterschiedliche Gewässer wie das Schwarze Meer, das labyrinthische Donaudelta, unbegradigte Flussläufe und rund 2300 Binnenseen.

und Leute Graue Industriekombinate, Raffinerien und Bergwerke verschandeln die Vororte. Straßen und Infrastruktur lassen noch viel zu wünschen übrig. 5% des Landes sind modern, 95% „historisch".

Ungarn und Roma sind die wichtigsten Minderheiten im Lande. Hingegen ist die deutschstämmige Bevölkerung (Siebenbürger Sachsen, Banater Schwaben) durch die letzte Auswanderungswelle nach der Wende auf etwa 80.000 geschrumpft. Englisch und Französisch wird von einem beträchtlichen Teil der jüngeren Bevölkerung gesprochen. Rumänisch ist eine romanische Sprache mit slawisch-türkischen Einflüssen und klingt recht angenehm.

per Rad entdecken Wer sich per Rad nach Rumänien begibt, dabei die großen Städte und Transitstraßen eher meidet, wird ein unvermutet reizvolles Land entdecken, mit erstaunlich viel intakter Umwelt und aufgeschlossenen, freundlichen Menschen. Trotz erheblichen Engagements kommt ein normaler Fahrradtourismus nur langsam in Schwung. Ein wichtiger Impuls ist die Verlängerung des Donauradweges bis zum Schwarzen Meer. Regional sehr aktiv ist die Szene der Mountainbiker, die in den Karpaten immer neue, wilde Touren auftut.

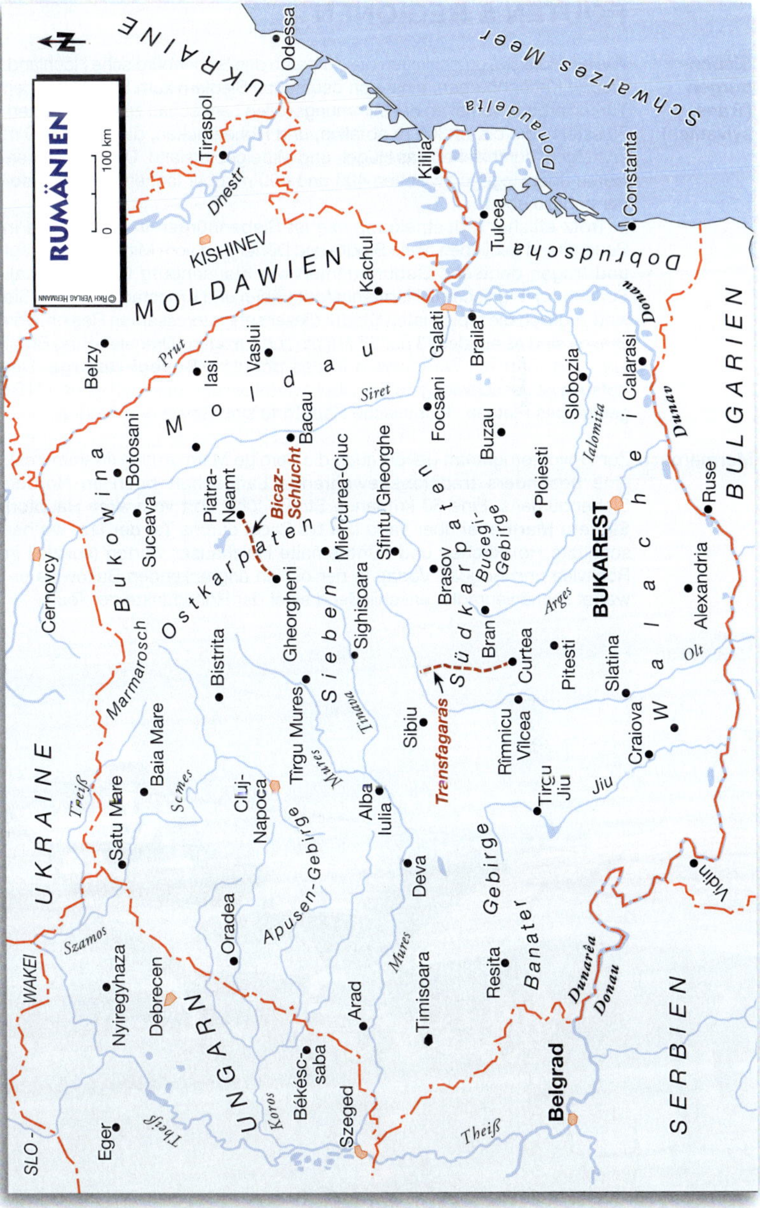
RUMÄNIEN
0
100 km
© RKH VERLAG HERMANN
N
UKRAINE
MOLDAWIEN
KISHINEV
Tiraspol
Dnestr
Odessa
Schwarzes Meer
Donaudelta
Kilija
Tulcea
Constanta
Dobrudscha
Kachul
Galati
Braila
Vasluì
Iasi
Prut
Belzy
Botosani
Suceava
Bukowina
Cernovcy
Marmarosch
Moldau
Siret
Bacau
Piatra-Neamt
Bicaz-Schlucht
Ostkarpaten
Miercurea-Ciuc
Gheorgheni
Sfintu Gheorghe
Focsani
Buzau
Ploiesti
Slobozia
Ialomita
Calarasi
Donau
Dunav
BULGARIEN
Ruse
BUKAREST
Walachei
Alexandria
Arges
Bucegi-Gebirge
Brasov
Bran
Südkarpaten
Curtea
Pitesti
Slatina
Olt
Craiova
Jiu
Tirçu Jiu
Rîmnicu Vîlcea
Transfagaras
Sibiu
Siebenbürgen
Sighisoara
Tirnava
Tirgu Mures
Mures
Bistrita
Baia Mare
Satu Mare
Somes
Theiß
UKRAINE
Cluj-Napoca
Alba Iulia
Apusen-Gebirge
Deva
Gebirge
Banater
Resita
Vidin
Dunarèa
Donau
SERBIEN
Belgrad
Theiß
Timisoara
Arad
Mures
Oradea
Szamos
SLOWAKEI
UNGARN
Nyiregyhaza
Debrecen
Békéscsaba
Koros
Szeged
Eger
Theiß

ROUTEN & REGIONEN

Siebenbürgen (Transsylvanien)

Wie ein Hufeisen umschließen die Karpaten das Siebenbürgische Hochland. *Sieben Kirchenburgen,* einst von deutschen Siedlern zum Schutz vor den Türken erbaut, verhalfen der stimmungsvollen Landschaft zu ihrem Namen. Flusstäler, die bis zu 300 m abfallen, und Höhenrücken, die bis zu 800 m ansteigen, durchziehen das Hügel- und Mittelgebirgsland. Die Straßen verlaufen überwiegend zwischen 400 und 600 m, über längere Strecken sogar nahezu eben.

Trotz etlicher Industriekomplexe ist Siebenbürgen in erster Linie in Bauernhand geblieben. Viele Städte und Dörfer sind vom Mittelalter geprägt und tragen deutsche Geburtsnamen wie Klausenburg (Cluj-Napoca), Schäßburg (Sighisoara), Hermannstadt (Sibiu) und Kronstadt (Brasov). Sie sind zugleich die typischsten Städte dieser sehr interessanten Region. Von Brasov sind es auf der 73 nur 27 km bis zur trutzigen „Dracula"-Burg Bran. Von dort führt ein Wanderweg in das populäre **Bucegi-Gebirge.** Der Aufstieg ist der schwierigste Teil, oben wartet ein unproblematisches, MTB-geeignetes Plateau. Touristische Hauptorte sind Sinaia und Predeal.

Marmarosch

Zum Pflichtprogramm gehört auch die bergige Marmarosch (Maramures), eine besonders traditionsbewahrende Landschaft hoch im Norden Siebenbürgens. Eine 60 km lange Straße führt dort vom alten Hauptort **Sighetu Marmatiei** über Vadu Izei bis Sacel durchs **Tal der Iza,** wo beschnitzte Holzkirchen und buntbemalte Holzhäuser warten (speziell in Rozavlea und Bogdan Voda). In der östlich angrenzenden Bukowina erwartet Rumänienradler anschließend einer der Höhepunkte der Tour.

In der Marmarosch

Bukowina

Wer nicht von der Marmarosch in die angrenzende Bukowina gefahren ist, sollte von Siebenbürgen unbedingt durch die **Bicaz-Schlucht** zur Bukowina fahren. Denn die Straße von Gheorgeni nach Piatra-Neamt (80 km) durchquert die Ostkarpaten landschaftlich höchst eindrucksvoll. 15 km östlich von Gheorgeni ist mit dem **Bicaz-Pass** (1256 m) die Hauptarbeit getan, und die Fahrt durch den felsigen „Höllenschlund“ beginnt. Sie endet in einem grünen Gebirgstal.

Bis zum Grenzfluss Prut erstreckt sich jenseits der Ostkarpaten die historische Landschaft **Moldau** (Moldavia). Ihren Namen verdankt sie der Sage nach einem Hund namens Molda (um die Verwirrung zu vollenden, gibt es auch noch einen NebenFluss namens Moldau). Politisch war die Moldau mit der Bukowina verbunden, deren nördlicher Teil heute zur Ukraine gehört.

Weltberühmt gemacht haben die abgeschiedene **Süd-Bukowina** zwei Dutzend spätmittelalterlicher, moldauischer Klosterburgen und Kirchen (UNESCO-Weltkulturerbe). Einzigartig sind ihre im byzantinischen Bilderbuchstil bemalten äußeren Fassaden. Die interessantesten Klöster (Voronet, Humor, Putna, Sucevita, Moldovita u. a.) lassen sich zu einer schönen großen Bukowina-Runde verbinden, die mit Abstechern etwa 400 km lang ist. Als Ausgangspunkt bieten sich Piatra-Neamt oder Suceava an. Die Straßen zu den Klosteransiedlungen sind zwar nicht alle asphaltiert, werden aber in befahrbarem Zustand gehalten. Die Landschaft ist teilweise bewaldet, sehr friedlich und ziemlich einsam. Im Einzugsbereich der Ostkarpaten hat die Bukowina Mittelgebirgscharakter, ansonsten ist sie eher hügelig.

Trans-fagarasch

Mehrere Wege führen von Siebenbürgen durch die Südkarpaten in die Walachei. Der bequemste führt von Sibiu durchs **Tal der Olt** nach Rimnicu Vilcea. Die gut ausgebaute 7 weist nur kurze Steigungen auf, ist aber relativ stark befahren. Eine spannendere, auch anstrengendere Alternative ist die **Transfagarasch** genannte Passstraße 7-C übers alpine Fagarascher Gebirge – das mächtigste und imposanteste aller rumänischen Gebirge. Auf der steilen Nordseite (typisch für die Südkarpaten) steigt die Transfagarasch in Haarnadelkurven kontinuierlich auf 2040 m an. Nach der Durchquerung des Scheiteltunnels geht es auf der Südseite bis zum Stausee Lacul Vidraru flott hinab und vergleichsweise unspektakulär weiter bis Pitesti. Wer die Straße von Süden her angeht, hat es insgesamt etwas leichter.

Walachei

Die Walachei gilt als das rumänische Kernland schlechthin. Sie erstreckt sich von den Kämmen der Südkarpaten bis an die Donau. Den größten Raum nimmt dabei die Tiefebene der **Großen Walachei** ein (Muntenia), wo die nicht sonderlich interessante Hauptstadt Bukarest spinnengleich im Zentrum aller wichtigen Fernstraßen hockt. Der reizvollste Teil der Walachei ist das stark hügelige Karpatenvorland. Dort liegt auch die sehenswerte alte Bischofsstadt **Rîmnicu Vîlcea,** in deren Umgebung die „Klöster der Walachei“ attraktive Etappenziele darstellen.

Die interessanteste Tour im karpatischen Randbezirk der **Kleinen Walachei** (Oltenia) führt von Rimnicu Vilcea über Horezu und Tîrgu Jiu nach Baile Herculane (Herkulesbad). Obstgärten, Bergdörfer, Grotten, Gebirgsmassive und Bergklöster liegen am Rande dieser nach Westen hin auf 1100 m ansteigenden Strecke. Einen dunklen Fleck bildet nur die umweltruinierte Gegend um Tîrgu Jiu. *Dieter Schmidt:* „Tot, toter geht's nicht. Ein ökologisches Nevercomeback.“

Bienenzüchten in der Walachei

Donau Hinter Baile Herculane lohnt sich ab Orsova ggf. die Fahrt durch das **Donaudurchbruchstal** in Richtung Belgrad/Serbien. Die Straße ist zur Zeit noch wenig befahren, und der als „Eisernes Tor" bekannte 120 km lange Karpatendurchbruch sicherlich einer der schönsten Donauabschnitte überhaupt.

Hingegen ist die **Donau flussabwärts,** von Orsova (bzw. Drobeta Turnu Severin) bis Calarasi, szenisch völlig uninteressant (monotone Agrarebene, staubige Dörfer, Straße entfernt vom Fluss verlaufend), hat aber den Vorteil flach zu sein, während die schönere Alternative im Karpatenvorland (s. o.) permanent hügelig und anstrengend ist.

Die 1050 km lange **Fortführung des Donauradweges** von Serbien (Grenzübergang bei Bela Crkva) bis zum Schwarzen Meer ist Teil eines EU-Projektes. Auch wenn es noch dauern wird, bis die Beschilderung tatsächlich steht, sind entsprechende Karten und ein Tourenführer bereits erhältlich. Auch eine genaue Streckenbeschreibung im Internet ist verfügbar. Weitere Details zum Donauradweg in den Länderkapiteln Ungarn und Serbien.

Schwarzmeerküste Der zum Baden geeignete, zugängliche Abschnitt der rumänischen Schwarzmeerküste ist nur 70 km lang und dementsprechend mit Hotel- und Strandanlagen gepflastert. Badeurlaub ist hier zwar billig und das Seeklima gesund, ansonsten gibt es aber weiß Gott ursprünglichere Badeküsten in Europa. Auch die Küstenstraße ist für Radler ohne großen Reiz.

Dobrudscha Touristisch kaum erschlossen ist hingegen die Dobrudscha (Dobroega). Abgesehen von einer bei **Adamclisi** ausgegrabenen Römerstadt erscheint das weitgehend abgetragene Küstengebirge aber auch eher spröde und uninteressant, Agrarland beherrscht die einstige Steppenlandschaft. Die höchsten Erhebungen finden sich im nördlichen Bereich (bis 468 m). Vergleichsweise schön ist es aber, ab **Calarasi** zunächst noch linksufrig und ab **Cernavoda** dann rechtsufrig dem Lauf der **Donau** in Richtung Delta zu folgen.

Donaudelta Tulcea ist der Hauptort am Donaudelta. Die über 5000 qkm große Sumpflandschaft ist ein Naturparadies besonderer Art. Erkundungen des labyrinthischen UNESCO-Biosphären-Reservats erfolgen primär per Boot und Führer. Es sollte aber auch möglich sein, auf allerdings schlechten Wegen, einzelne Dörfer des Deltas anzufahren (Maliuc, Crisan, Sulina, Periprava). Infos beim „i"-Büro Tulcea.

-Box Rumänien

Einreise	EU-Bürger und Schweizer benötigen einen noch 6 Monate gültigen Personalausweis oder Reisepass zur Einreise.
Geld	Rumänischer Leu (ROL). 1 € = 4,3 RON (2010). Das Durchschnittseinkommen liegt bei 400 €. Das Preisniveau ist nicht mehr so günstig wie vor dem EU-Beitritt. Geldautomaten gibt es in Bankfilialen und Einkaufszentren. Mit baren Euros lässt sich auch viel bewerkstelligen.
Gesundheit	Trotz der Möglichkeit sich mit einem Auslands-Krankenschein behandeln zu lassen, ist es ratsam, eine Reise-KV abzuschließen und sich privat behandeln zu lassen. Merkblatt: *www.dvka.de*
Sicherheit	Die Sicherheit ist viel besser als erwartet. Gewarnt wird vor Taschendieben und Trickbetrügern, die sich als Polizisten ausgeben. Mehr Infos: *www.auswaertiges-amt.de* (Länderseite Rumänien).
Infos	▸ Rumänisches Tourismusamt: *www.rumaenien-tourismus.de* ▸ Min. für Verkehr und Tourismus: *www.romaniatravel.com* ▸ BikeRomania: *www.bikeromania.de* (dt. Initiative zur Förderung des Fahrradtourismus in Rumänien, informativ) ▸ Rumän. Bike-Sites: *www.mybike.ro* (teilw. engl.), *www.bike-world.online.ro*
Infos vor Ort	Die lokalen Touristenbüros, die es in größeren Städten und Urlaubsorten gibt, können bei der Unterkunftssuche behilflich sein. Auf einer *preiswerten* möglichst privaten Unterkunft beharren, sonst werden nur teure Angebote unterbreitet!
Wetter	Hauptwetterscheide sind die Karpaten. Nordwestlich des Gebirgsbogens sind die Niederschläge doppelt so reichlich wie südöstlich davon. Zeitlich verteilen sich die Niederschläge recht gleichmäßig übers Jahr (etwas erhöht von Mai bis Juli). Für heiße Sommer – in der Walachei über 35 °C – sorgen kontinentale Klimaeinflüsse. Etwas gemäßigter sind die Jahreszeiten in den westlichen Tiefebenen, die noch von atlantischen Einflüssen profitieren.
Wind	Überwiegend aus nördlichen Richtungen, im Westen weniger, im Hochland und an der Küste etwas stärker. Vor allem im Winterhalbjahr sind Perioden stürmischer Ostwinde möglich.
Reisezeit	Günstige Tourenmonate sind für die tiefer gelegenen Landesteile Mai bis Oktober (im Juli/August ziemlich heiß), für Touren durch die Gebirge Juli bis September. *Dieter Schmidt:* „Achtung! Im Frühjahr sind in den Karpaten plötzliche Wintereinbrüche nichts Ungewöhnliches. Nach plus 20 Grad in Budapest fuhr ich im April in den Karpaten tagelang bei Frost und Schnee."

Anreise

Per Rad Über 2000 km sind für die Über-Land-Anreise von Frankfurt/M. bis Bukarest zu veranschlagen. Ein geeigneter Grenzübergang ist *Gyula / Varsand* (günstig von Budapest aus). Beate und Bernd Lippold zum Grenzübergang *Debrecen / Valea lui Mihai,* der bislang dem kleinen Grenzverkehr vorbehalten war: „Wir hatten weder hin noch zurück Probleme. Es sah auch nicht nach einer Ausnahme für Rad fahrende Deutsche aus, sondern richtig offiziell!"

Per Bahn Alle Fernverbindungen nach Rumänien führen über Budapest, wo der Zug gewechselt werden muss. Bis Budapest ist die grenzüberschreitende Fahrradmitnahme möglich. Nach Rumänien nicht, denn die Züge führen keine Gepäckwagen. Manche stellen das Rad deshalb ins letzte Abteil, wo es nicht stört, geben dem Schaffner ein Bakschisch von etwa 5 Euronen und fahren so über die Grenze. Man kann die Strecke von Budapest bis zur Grenze natürlich auch mit dem Rad fahren. Die rund 230 km durchs flache Alföld lassen sich in zwei Tagen bewältigen.

Per Bus Täglich fahren von verschiedenen Orten Deutschlands Fernreisebusse nach Rumänien. Es lohnt angeblich, bei den Busgesellschaften wegen der Mitnahme von Fahrrädern anzufragen. Adressen entsprechender Busunternehmen auf der Website von BikeRomania (s. o.).

Per Flieger **Tarom** (www.tarom.de) fliegt von Frankfurt und München nach Bukarest, Cluj Napoca und Sibiu. **Carpatair** (www.carpatair.ro) fliegt ab Düsseldorf und München nach Timisoara. **GermanWings** (www.germanwings.com) fliegt von Berlin, Bonn, Köln, Stuttgart nach Bukarest. Fahrradmitnahme ist jeweils möglich.

Transport im Land

Bahnen Über 11.000 km umfasst das Streckennetz der Rumänischen Staatsbahnen **CFR** (www.cfr.ro), darunter auch noch uralte Schmalspurstrecken unter Dampf (so etwa in der Maramures ab Viseu de Sus). Fahrkarten sind billig. Fahrradmitnahme ist Glückssache. Aber schon der kleinste Euro-Schein hilft dem Glück auf die Sprünge.

Busse Mitnahme in Überlandbussen ist ebenfalls nur mit Glück möglich, da diese Verkehrsmittel selten leerer als voll sind. Trinkgeld hilft auch hier.

Übernachten

Zimmer Um an ein Privatzimmer zu kommen, genügt es oft schon, sich suchend auf den Marktplatz zu stellen. Die sog. besseren Hotels ab 3 Sterne in den Städten sind in der Regel für das, was sie bieten, teuer. Selbst in abgetakelten Monopolherbergen müssen fürs DZ 40 € oder mehr über den Tresen geschoben werden. Besser als in den größeren Städten ist die Situation auf dem Lande, wo Zimmer in einfachen Hotels ab 10 € zu haben sind. Auch kleine Hotelpensionen mit gutem Standard finden sich öfter.

Stimmungsvoll und preiswert sind Gästehäuser in Kirchenburgen, wie es sie in Siebenbürgen häufiger gibt. Jugendherbergen existieren vorwiegend in den Karpaten, sie gehören nicht dem IYHF an.

Zelten Nicht wenige **Campingplätze** existieren nur noch auf den Straßenkarten, und bei den noch vorhandenen etwa 100 Plätzen wundert man sich ebenfalls. Denn die Plätze sind oft in desolatem Zustand, der Komfort minimal, und ruhig ist es oft auch nicht. Hübsch gelegen sind die zahlreichen Biwakplätze, die in den Bergen für Wanderer angelegt wurden. **Freies Campen** ist in Rumänien nicht ausdrücklich verboten. Oft wird es sogar unumgänglich sein und lässt sich, abgesehen von der großflächig kultivierten Walachei, auch recht leicht realisieren. Auf Sichtschutz achten, sonst steht bald eine Meute Kinder auf der Matte. Und in den Karpaten auf die Bären achten (Lebensmittel in einen dichten Ortliebsack tun und vom Zelt entfernt an einem Baum hochziehen).

Karten und Literatur

Tourenkarten Bezug der genannten und weiterer Rumänien-Karten: *www.mapfox.de, www.bikeromania.de*

- *Empfehlung:* Kartographia: Romania atlas rutier, 1:300.000, 19,90 €. Spiralgeb. Autoaatlas, sehr brauchbar, UTM-Gitter.
- Huber: Romania 1:600.000. Aktuellste Karte für ganz Rumänien, beidseitig bedruckt.
- BikeRomania: Rumänien per Rad entdecken ca. 1:1 Mio. Klare und angesichts des Maßstabes recht detaillierte Übersichtskarte mit den projektierten nationalen Radfernwegen. Die Karte ist allein nicht ausreichend. BikeRomania empfiehlt, sie in Verbindung mit der Huber-Karte 1:600.000 zu benutzen (s. o.).
- Reise Know-How: World Mapping Project, Rumänien 1:600.000, 8,90 €.
- Huber/GTZ: Donau Radweg - von Budapest bis zum Schwarzen Meer. 8 Bl. Karten-Set 1:100.000, 19,80 €

Tourenführer

- Hora Verlag: Fahrradführer für Siebenburgen, 2004. Etwa 850 km Tourenbeschreibungen, liebevoll gemacht, erhältl. über: *www.siebenbuerger.de*
- Esterbauer, Bikeline: „Donau-Radweg 4“ (Von Budapest bis zum Schwarzen Meer).

Fahrrad und Ausrüstung

Fahrrad (bicicleta) Ein tourengeeignetes MTB ist sicherlich die beste Wahl. Alle Komponenten sollten stabil und zuverlässig sein., denn Im Falle einer Panne ist Selbsthilfe angesagt. Teurere Ersatzteile lassen sich nur in großen Städten auftreiben.

Ausrüstung Eine Tour durch Rumänien ist zwar keine Expedition, aber eine Lebensmittelreserve für zwei bis drei Tage sollte an Bord sein. Das Angebot ist außerhalb der Städte doch recht spärlich. Eine Campingausrüstung ist ein Muss, wenn Stress mit der Unterkunftssuche vermieden werden soll. Gaskartuschen sind kaum erhältlich, besser ist ein Benzinkocher.

SCHWEDEN (SÜD)
0 100 km
© RKH Verlag Hermann
Verwaltungsgliederung
(Hauptstädte VERSAL)
1 Malmöhus
2 Kristianstad
3 Blekinge
4 Kronoberg
5 Halland
6 Jönköping
7 Göteborg och Bohus
8 Älvsborg
9 Skaraborg
10 Kalmar
11 Östergötland
12 Södermanland
13 Örebro
14 Värmland
15 Västmanland
16 Stockholm
17 Uppsala
Trondheim
Strömsund
Asele
»Blå vägen«
ÖSTERSUND
Storsjön
Sylarna
Indalsälv
Ågermanälv
Örnskölds-vik
Ånge
HARNÖSAND
Ljungan
Sundsvall
Dellen-Seen
Hudiksvall
Radfernwege »Sverigeleden«
Radwanderroute »Cykelspåret« (O)
Sälen
Dalälven
Orsasjö
Mora
Älvdalen
Sil-jan
FALUN
GÄVLE
Borlänge
OSLO
NORW.
Frykdal
Hagfors
Fredrik-stad
Klarälven
Väsman-See
Bergsslag
Åland-Ins. (Fin)
UPPSALA
KARLSTAD
VÄSTERAS
Ström-stad
Åmal
Vänern
Eskilstuna
Mälar-See
ÖREBRO
STOCKHOLM
MARIE-STAD
Götakanal
Hjälmar-See
Uddevalla
Katrine-holm
VÄNERS-BORG
Skövde
MOTALA
Norrköping
Götaälv
Vättern
Ny-köping
Nynäshamn
LINKÖPING
GÖTEBORG
Boras
Gotska Sandön
JÖNKÖPING
Radfernwege »Sverigeleden«
Varberg
Oskars-hamn
Fårö
VISBY
OSTSEE
HALMSTAD
Liungby
VÄXJÖ
Gotland
DÄNEMARK
Helsing-borg
KALMAR
Öland
Kopenhagen
MALMÖ
KRISTIANSTAD
KARLS-KRONA
Trelleborg
Glimmingehus
Ystad
Radwanderroute »Cykelspåret« (West)

SCHWEDEN (NORD)
© RKH Verlag Hermann
0 100 km
LOFOTEN
Vestfjorden
NORWEGEN
SKANDEN
Lappland
Sarek-Nat. Park
Bodo
Mo i Rana
Ross-vatnet
Tunnsjoen
Konkämaälven
Torneträsk
Karesuando
Kiruna
Stora Lulu-vatten
Gällivare
Torneälven
Pajala
Kvikkjokk
Luleälv
Radfernwege »Sverigeleden«
Hornavan
Jokkmokk
Arjeplog
Storavan
»Silvervägen«
Boden
Kalix
Arvisjaur
Klimpfjäll
»Vildemarks-vägen«
Skellefteälv
LULEÅ
Haparanda
Steken-jåkk
Piteå
Gädedde
Vilhelmina
Lycksele
Umeälv
Skellefteå
Asele
Burträsk-See
»Blå vägen«
Strömsund
ÖSTER-SUND
Storsjön
Sylarna
UMEÅ
Indalsälv
Ångermanälv
Örnsköldsvik
Bottnischer Meerbusen
Pyhäjoki
Lestijoki
Ånge
HARNÖSAND
Ljungan
Vaasa
Sundsvall
FINNLAND
Dellen-Seen
Dalälven
Hudiksvall
Orsasjö
Radfernwege »Sverigeleden«
Mora
Sil-jan
Pori
Radwanderroute »Cykelspåret« (O)
FALUN
GÄVLE
Borlänge
18 Kopparberg
19 Gävleborg
20 Jämtland
21 Västernorrland
22 Västerbotten
23 Norbotten

per Rad entdecken Schwedens Radfernwege wollen den Fahrradtouristen in alle Landesteile locken. Wermutstropfen: Die Schwedischen Staatsbahnen haben den Fahrradtransport weitgehend abgeschafft. Trotzdem ist Schweden ein hervorragendes Touren- und Radwandergebiet für alle, die ein sanftmütiges, moderates, die Sinne beschäftigendes Skandinavien suchen. Gute Voraussetzungen für entspannte und dennoch kurzweilige Radwanderungen bieten vor allem Südschweden und Mittelschweden – bis etwa zur Linie Oslo-Stockholm. Nördlich dieser Linie dehnen sich die Etappen, werden die Ereignisabstände größer, tritt der sportliche Aspekt in den Vordergrund.

ROUTEN & REGIONEN

Schwedische Radfernwege

Sverigeleden Ein offenes Netz aus 33 Teilstrecken bildet den Sverigeleden (Schwedenroute, insgesamt 6570 km). Die Hauptstrecke führt vom südlichen Helsingborg bis Karesuando hoch im Norden (14 Etappen, 2590 km). Alle Arten von Straßen, sehr gut beschildert. Dokumentation: Svenska Cykelsällskapet – Bd. 1 (Norrland), Bd. 2 (Dalarna, Südwest-Schweden), Bd. 3 (Dalarna, Südost-Schweden).

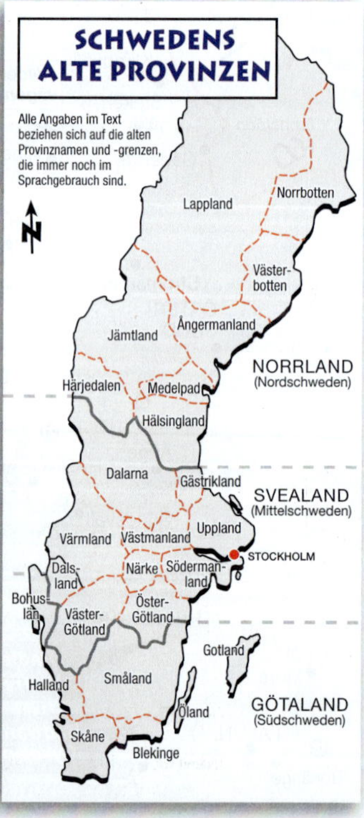

Cykelspåret West Deutlich kürzer ist der Cykelspåret (wörtl. Radspur), der etwas landeinwärts durch Halland, von Helsingborg nach Göteborg führt, und weiter durch die Küstenprovinz Bohuslän bis Strömstad (670 km). Verläuft teilweise auf Hauptstraßen, sehr gut beschildert. Dokumentation: Cykelfrämjandet.

Cykelspåret Ost Auf der anderen Seite führt der Cykelspåret an der Ostküste von Ystad bis kurz vor Stockholm (770 km). Verläuft häufig auf Hauptstraßen und ist gut beschildert. Ystad – Sölvesborg (138 km) – Ramdala (+120 km) – Rockneby (+98 km) – Kristdala (+81 km) – Hulta (+110 km) – Jönåker (+105 km) – Vagnhärad (+69 km) – Botkyrka (+50 km). Dokumentation: Cykelfrämjandet.

Värmland-Radweg 1300 km umfassen die 18 Teilstrecken des Värmland-Radfernweges, die auf autofreien Wegen und kleinen Nebenstraßen durch

Värmlands Wald- und Seengebiete führen. Sehr gut beschildert. Dokumentation: Värmland Turistråd Karlstad, auch dt. Ausgabe.

Kustlinjen Die östliche Schärenküste erschließt der Kustlinjen (Västervik – Stockholm – Öregrund, 565 km). Überwiegend ruhig und sehr gut beschildert. Teilweise ist Fährbenutzung vorgesehen. Dokumentation: Svenska Cykelsällskapet.

North Sea Cycle Route Nur 380 km lang ist der schwedische Abschnitt der insgesamt 6000 km langen Nordsee-Radroute. In Schweden beginnt sie in der Hafenstadt Varberg, verläuft bis Göteborg auf dem *Ginstleden* (s.u., Halland) und folgt dann bis Svinesund an der norwegischen Grenze dem *Cyklespåret West* (s. o.). Infos: *www.northsea-cycle.com*

Südschweden / Götaland

Regionen Ehem. Provinzen (Landschaften): • Öland • Gotland • Skåne (dt.: Schonen) • Blekinge • Småland • Halland • Bohuslän

Öland und Gotland Beide Ostsee-Inseln sind flach, haben ein mildes Klima, offerieren ruhige Radrouten und sind ideal für gemütliche Radwanderungen mit oder ohne Familie. Nur bitte nicht rund um den Juli, denn dann wimmelt es hier vor Urlaubern, vornehmlich schwedischen. Von der Größe her sind beide Inseln so bemessen, dass jeweils ein bis zwei Standortwechsel genügen, um sie in Tagesausflügen komplett zu erkunden.

Öland *www.olandsturist.se, www.cyklapaoland.se*
136 km lang, aber nicht breiter als 16 km ist **Öland** (1344 qkm). Eine 6 km lange Brücke verbindet die regenarme Insel mit dem Festland (halbstündlicher Shuttle-Bus für Radler). Ungewöhnlich die Steppe **Stora Alvaret** im Süden der flachen Kalksteininsel. Auf ihrem Magerboden gedeihen Blümelein, die sonst nur in Sibirien oder am Mittelmeer vorkommen. Ansonsten: Waldheide in Mittel-Öland, Felsküste und Buchten in Nord-Öland, Gräberfelder, Fluchtburgen, 400 alte Windmühlen, die Inselhauptstadt Borgholm und etliches mehr. Alles nette Augenpunkte für Radwanderungen. Neben der recht befahrenen Küstenstraße eröffnet vor allem die interessante Südhälfte viele stille Wege und beschauliche Nebenstraßen.

Gotland *www.gotland.info*
125 km lang und bis zu 55 km breit ist **Gotland** (3001 qkm), größte Insel der Ostsee. Die Regenfälle versickern rasch im Kalkstein der Insel, die sich, bei un-merklichem Gefälle nach Osten, etwa 30 m über den Meeresspiegel erhebt. Die meisten Sonnentage Schwedens und fruchtbare Böden lassen Orchideen, Maulbeer- und Walnussbäume gedeihen. Ungewöhnlich dicht gepackt ist Gotland mit Zeugnissen der Siedlungsgeschichte. Von der mittelalterlichen Hansestadt Vis-by bis zu neolithischen Steinlegungen und 92 wehrhaften Landkirchen. 600 km Küste (davon 90 km Badestrand) und die Nebeninsel **Fårö** (114 qkm) sorgen für weitere Abwechslung. Ein gut ausgeschilderter Radwanderweg, der „Gotlandsleden", führt rund um die Insel (350 km, mit Abstechern ca. 500 km). Darüber hinaus finden Radroutentüftler im dicken Insel-bauch genügend Sträßchen und Wege, die

nahezu autofrei sind. **Fähren** nach Gotland ab Nynäshamn, Oskarshamn und Västervik, Dauer 4–5 h. Fähreninfos: *www.destinationgotland.se*
Story: *„E-Mails von Gotland“ S. 521*

Skåne, Blekinge

www.skane.com, www.blekingeturism.com
Beide Provinzen sind altes Kulturland. Zusammengesetzt aus fruchtbaren Tiefebenen, flachwelligem Hügelland, Höhenzügen bis 200 m, saftigen Weiden, Laubwäldern, Holzhäusern und einer langen Badeküste im Osten wirken sie eher dänisch als schwedisch. Während Skåne als „Kornkammer Schwedens“ gilt, wurde Blekinge zum „Garten Schwedens“ gekürt, u.a. wegen des landesweit größten Eichen- und Buchenbestandes.

Die lange Siedlungsgeschichte der beiden wohlhabenden Provinzen haben dem Tourismus zahlreiche Schlösser und befestigte Herrenhäuser beschert, als bekanntestes das klotzige Burgschloss Glimmingehus an der Ostküste.

Problemlos lassen sich beschauliche Radwanderungen auf eigene Faust planen, das Netz wenig befahrener Nebenstraßen und Alleen ist engmaschig, die Infrastruktur gut (viele STF-Wanderherbergen). Für steten Wechsel im Landschaftsrhythmus sorgen die freundlichen Höhenzüge Romeleåsen, Söderåsen, Linderödsåsen und Nävlingeåsen. Wer markierte Radwanderrouten bevorzugt, kann dem **Skånespåret** folgen – ein Rundkurs, der es mit Verzweigungen auf 800 km bringt. Durch die Küstenregion von Blekinge führt auch ein Abschnitt des Sverigeleden.

Småland

www.visit-smaland.com
Diese Provinz gilt als „Schwedens südlichste Wildnis“: In den südlichen Ebenen schier endlose Nadelwälder und Moore, im Landesinnern ein weites, von Tälern zerfurchtes Plateau (100–200 m) mit Seen, Seen, Seen (besonders schön: Sommen, Åsnen und Bolmen). Kulturhistorisch lohnende Radtourenziele finden sich in der geschichtsträchtigen Küstenprovinz **Kalmar** und der Gegend rund um **Växjö,** dem alten „Glasreich“ (Glasriket). Um die dort noch in Betrieb befindlichen Glasmanufakturen in den Wäldern

Dorfkirche (Südschweden)

aufzuspüren, vom i-Büro Växjö das Toureninfo „På tur i Glasriket“ besorgen. Ein dichtes Netz kleiner und kleinster Straßen und mehrere Radrouten eröffnen insgesamt ein weites Feld für Radtouren in Småland, einer Region mit versteckten Reizen, die auch im Juli nicht überlaufen ist.

Infos für die Radrouten „Slöjleden“, „Åsnen runt“ sowie Abschnitte des „Sverigeleden“ bei den i-Büros Alvesta, Växjö, Kalmar, Jönköping.

Halland, Bohuslän

www.hallandsturist.se, www.bohuslan.com
Begriffe wie „Goldküste“, „Sonnenküste“, „Schwedische Riviera“ weisen darauf hin, dass die 400 km lange Westküste die populärste Urlaubsküste des Landes ist. Beliebt ist sie auch als Radwanderregion. Ausgeschilderte Radwanderwege kommen dem entgegen. Der **Ginstleden** führt von Halmstad bis Göteborg entlang der von weiten Stränden geprägten Halland-Küste (205 km). Zur süd-mittelschwedischen Seenplatte führt die 165 km lange Ringroute **Hylteslingan** (von/bis Halmstad).

Besonders malerisch ist die Provinz **Bohuslän** wegen ihrer Granitküste, den vorgelagerten Schären und den zwischen Felsen kauernden Fischerdörfern. Hier verläuft der **Cykelspåret.** Zu den besonders beliebten Radwanderstrecken in Bohuslän zählt auch jene entlang des Flusses **Götaälv,** seines Zeichens westlichster und schönster Abschnitt des Götakanals.

Mittelschweden / Svealand

Regionen

Ehem. Provinzen (Landschaften): • Västergötland • Dalsland • Östergötland • Sörmland (Södermanland) • Närke • Värmland • Västmannland • Uppland • Gästrikland • Dalarna.

Västergötland, Dalsland

Infos

‣ *www.vastergotland.com, www.varmland.org, www.gotakanal.se, www.motala.se*

Überblick

Populäre Radwanderregionen sind die im Bereich der süd-mittelschwedischen Seenplatte gelegenen Provinzen Västergötland und Dalsland. Sie sind kleinteilig und abwechslungsreich, maßvoll hügelig ist das Streckenprofil (30–120 m). Die Radrouten „Västergötaleden“ (alle Varianten 1100 km), „Sverigeleden“ (Teilstrecken) und „Dalslandsleden“ (358 km) verlaufen hier überwiegend auf ruhigen Nebenstraßen, zu etwa 90% auf Asphalt.

Touren-tipps

Der **Götakanal** (www.gotakanal.se) ist eine Wasserstraßenverbindung zwischen West- und Ostküste, bestehend aus einer Kette von Seen, Flüssen und dem eiegentlichen Kanal (von Sjötorp am Vänernsee bis Karlsborg am Vätternsee, 60 km). Die ehemaligen Treidelpfade entlang des Kanals wurden zu Radwegen ausgebaut und führen an alten Klappbrücken und Schleusen vorbei.

Einen Bogen müssen Radler im Sommer um die Binnenmeere **Vänern** und **Vättern** machen, denn über die Uferstraßen rollt heftiger Urlaubsverkehr. Allerdings wurde im Juni 2000 der Radweg **Runt Vättern** eröffnet (410 km). Diese beschilderte Radroute führt auf ruhigen Nebenstraßen mit relativ viel Abstand um den Vätternsee, kommt deshalb auch nur hin und wieder in Kontakt mit dem See. Noch weniger Kontakt zum See hat der **Vättern-Sommen-Leden,** ein 345 km langer Rundkurs *östlich* des Vättern-Sees (von Ödeshög über Ydre nach Vadstena). Einmal im Jahr lässt sich der See aber auch ziemlich nah und dabei ohne Autoverkehr umrunden: während der **Vätternrundan**, dem schwedischen Volksradrennens Nummer 1 (s. Info-Box, Fahrrad).

MTB-Tipp

Auf Västergötlands größtem Bergplateau **Billinge** (zwischen Vänern und Vättern, westlich von Skövde) wurde eine ringförmige MTB-Route mit verschiedenen Schwierigkeitsgraden markiert (klassifiziert mit „schwarz", „blau", „rot" und „grün"). Nadelwald und Moore bedecken das nordisch karge, gut 250 qkm große Plateau. Höchste Erhebung ist der Platåberg (299 m).

Östergötland, Närke, Sörmland, Uppland

Überwiegend flache Provinzen. Reich an Seen, Flüssen und Zeugnissen aller Geschichtsepochen. Landschaft, Kultur, Badespass und die „schönste Hauptstadt Skandinaviens" lassen sich auf markierten Radrouten oder in Eigenregie gut unter einen Hut bringen.

Östergötland

www.ostergotland.info
Wälder im Nordosten, Seenplatte in der Mitte, hügelig im Süden und speziell im Südwesten, wo es Anteil am småländischen Plateauland hat. Lebensader ist die breite, fruchtbare Senke mit dem Göta-Kanal in der Mitte und größeren Städten, darunter das sehenswerte **Linköping.** Kultur und Seen bietet die 310 km lange Radrundstrecke „Vättern-Sommenleden". Infos: SCS, i-Büro Ödeshög. Wer auf Treidelwegen von Motala via Borensberg nach Mem (90 km) am Göta-Kanal radeln will, erhält Infos in den i-Büros Motala und Söderköping.

Närke

Südlich vom Hjälmar-See erstreckt sich die fruchtbare Tiefebene Närke, im Norden begrenzt von der Waldwildnis Tiveden, im Nordwesten vom sumpfigen Bergland Kilsbergen. Nur wenige asphaltierte Nebenstraßen hat es hier und, abgesehen von den Herrenhäusern einiger Hüttenbarone, auch wenig Sehenswürdigkeiten. Landschaftlich interessant sind die Radrundstrecken „Kilsbergsrundan" und „Tivedsrundan", die beide in **Örebro** starten.

Sörmland (Södermanland)

Tiefebene mit bewaldeten Hügeln, Seen und Flüssen, einer abenteuerlichen Schärenküste und weit über 100.000 historischen und prähistorischen Objekten. In **Fiskeboda** am Hjälmar-See startet die mit gelben Pfählen markierte Radroute „Djulöleden", die auf der 140 km langen Strecke bis Virå mehrere sehenswerte Objekte tangiert. Sörmlands lokales Radroutennetz kommt auf 700 km Länge, gemeinsames Logo der 14 Strecken ist die weiße Seerose.

Stockholm

http://beta.stockholmtown.com
Wo Sörmland und Uppland aneinanderstoßen, liegt Schwedens charmante Hauptstadt. Die auf 14 Inseln gegründete Metropole lockt mit einer radlerfreundlichen Innenstadt. Den Weg dorthin weisen jene Radrouten, die von Nord, Süd und Westen kommend in Stockholm enden bzw. beginnen (hauptsächlich Teilstrecken des „Sverigeleden"). Wer aber eines der

Schildchen übersieht oder falsch interpretiert, hat hoffentlich einen Stadtplan oder – besser noch – die Stockholmer „Cykelkarta“ (Fahrradkarte) griffbereit. Die landschaftlich hübsche „Nynäsleden“-Radroute führt von Stockholm-City zum südlich gelegenen **Nynäshamn** (80 km), von wo aus Fähren nach Kiel und Gotland verkehren.

Uppland

www.res.till.uppland.nu
Tiefebene mit schwachen Höhenzügen im Norden und dem stark gegliederten **Mälar-See** im Süden. Lang ist die Liste historischer Sehenswürdigkeiten in dieser schwedischen Kernprovinz. Speziell in und um den Mälar-See zahlreiche Herrensitze und Schlösser, darunter auch die berühmten Gripsholm und Skokloster. Letzteres bereits auf dem Weg zur alten Bischofs- und Universitätsstadt Uppsala, die ihrerseits Ausgangspunkt mehrerer Radtourenvorschläge des i-Büros Uppsala ist.

Värmland, Västmanland, Dalarna, Gästrikland

Fahrradtouristisch stellen diese Regionen den Übergang zu Nordschweden dar. Gemütliche Radwanderungen sind aufgrund des zunehmend bergigen Geländes, der weiteren Distanzen zwischen den Unterkünften und der geringeren Auswahl an asphaltierten Straßen nur noch begrenzt machbar. Um so mehr Möglichkeiten finden jene, die *mehr* Landschaftserlebnis – mal wild, mal romantisch – und *weniger* touristische Infrastruktur wollen. Offroad-Biker finden in den Fjällregionen von Värmland und Dalarna endlich ein breiteres Angebot zivilisationsferner Pisten.

Värmland

www.varmland.org
Värmland-Radweg: s. Schwedische Radfernwege weiter oben.

Im Westen heitere Landschaft mit Inlandsfjorden, Wäldern und zwei wunderschönen, von Höhenzügen und Wildmarkslandschaft umgebenen Tälern, dem **Fryksdalen** (ein Tal mit 70 km langer Seenkette, wo Selma Lagerlöf lebte und schrieb) und dem **Älvdalen** (das Flusstal des mächtigen Klarälvs).

Beide Täler lassen sich ideal zu einer 300 km langen Rundtour auf Asphalt verbinden (aber Steigungen!). Auch der „Sverigeleden“ versäumt das Älvdalen nicht.

Västmanland

www.vastmanland.se
Örebro ist Ausgangspunkt für die hügelige Radrundstrecke „Berglagsrundan“, die durch die wald- und seenreiche **Noraskog** und die historische Bergbauregion **Bergslag** führt (viele Besichtigungsmöglichkeiten). Infos: i-Büro Örebro. Auch die am Nord-Ufer des Mjälar-Sees gelegene Stadt Västerås hat sich für Radwanderer engagiert. Resultat: 250 km Radwege in der Umgebung und diverse Streckenvorschläge.

Dalarna

www.dalarna.se
Wird von vielen Besuchern als das echte, unverfälschte Schweden empfunden. Rund um die Seen **Siljan** und **Orsasjö** erstreckt sich malerisches, bäuerlich geprägtes Hügelland, wo die Uhren langsamer gehen und Holzpferdchen falunrot angemalt werden. Die Radroute **Siljansleden** führt über die schönsten Strecken im Bereich dieser Seen (310 km langes Regionalnetz). Infos: i-Büros Leksand, Orsa, Rättvik.

Nedanssiljan heißt das Land südlich des Siljan-Sees. Hier regiert, ohne das Land dabei grotesk zu verschandeln, seit Jahrhunderten die Bergbau- und Hüttenindustrie: viel sehenswerte Industriegeschichte, besonders in der Kupferstadt **Falun** (falunrot ist übrigens die typische Farbe schwedischer Holzhäuser). Eine Radroute – vom Siljan-See zum Väsman-See – führt durch diese interessante Region. Infos: i-Büro Ludvika.

Sehr dünn besiedelt, aber dafür umso dichter bewaldet ist das Hochland nördlich des Siljan-See, genannt Ovanssiljan oder auch Fjälldalarna. Hier sind die Tourenmöglichkeiten bereits stark eingeschränkt.

Gästrikland *www.gastrikland.com*
Zwischen dem Fluss Dalälven im Süden und dem Höhenzug Ödmården im Norden. Ebenfalls Bergbauregion. Außer der Badeküste kein besonderer Tourenschwerpunkt. Gute Radelbedingungen auf der Küstenroute des „Sverigeleden".

Nordschweden / Norrland

Regionen Ehem. Provinzen (Landschaften): • Hälsingland • Härjedalen • Jämtland • Medelpad • Ångermanland • Västerbotten • Norrbotten • Lappland

Nicht sehr viele Radreisende verirren sich bis nach Nordschweden. Zu groß erscheinen die Distanzen, zu weiträumig und relativ reizarm die Landschaften. Wald und Moor beherrschen große Abschnitte. Wer sich damit anfreundet, dass die Landschaft sich nur langsam verändert und sonst nicht viel passiert, dem eröffnet Norrland den „Taste of Adventure" und hält in seinen von Flüssen durchfurchten Fjällregionen auch landschaftliche Leckerbissen bereit. Unter dem Strich ist Nordschweden als alleiniges Tourenziel eher etwas enttäuschend. Wer in Kiruna oder Karesuando aber wieder umdreht, versäumt sogar das Beste. Denn dort beginnt das Abenteuer einer Nordkalotten-Tour eigentlich erst.

Granitküste von Bohuslän

Grundsätzliches für eine Nordschweden-Tour

Anreise/ Rückreise Die im Sommer auf der Strecke Mora–Gällivare verkehrende Inlandsbahn nimmt Fahrräder mit (s.u., Transport im Land).

Gelände-profil Nordschweden ist insgesamt nicht besonders stark profiliert. Je näher im Hangbereich des Skanden, desto mehr muss natürlich geklettert werden; Höhendifferenzen über 300 m sind aber auch hier selten.

Straßen-zustand Sämtliche Haupt-, aber auch erstaunlich viele Nebenstraßen sind geteert, in Abständen gibt es immer wieder Rastplätze mit Grillmöglichkeiten. Leider gibt es an den Hauptstraßen kaum Seitenstreifen, so dass dort in Tuchfühlung mit dem nicht immer unerheblichen Verkehr geradelt werden muss.

Nachts radlen Wer im sommerlichen Dämmerlicht bis tief in die Nacht radelt, muss die Hauptstraßen nur mit wenigen Fahrzeugen teilen. Wenn sich lähmende Müdigkeit breit macht – Zelt aufschlagen, das Jedermannsrecht macht's möglich.

Versorgung Die Abstände zwischen den Einkaufsmöglichkeiten betragen um 50 km, Trinkwasser findet sich überall in der freien Natur. Dennoch immer Lebensmittel für ein bis zwei Tage bunkern, um spontan entscheiden zu können.

Fahrrad-service Fahrradservice nur in einigen größeren Orten (Sport- oder Gemischtwarenläden), überwiegend MTB-Ersatzteile.

Strecken-planung Von Jämtland einmal abgesehen, wollen die meisten, die nördlich des Siljan-Sees weiterkurbeln, entweder rauf bis Lappland oder rüber nach Norwegen zu den Lofoten bzw. zum Nordkap. Für Kilometerfresser, die schnell ans Ziel kommen wollen, gibt es zwei Alternativen:

a) die **Küstenroute:** E 4 bis Töre, dann landeinwärts die 98 (Falun – Gävle – Sundsvall – Luleå – Töre – Kiruna, 1250 km)

b) vorzugsweise die gleichlange **Skanden-Route,** Straßen 80, 70, 81, 88, 98 (Falun – Mora – Östersund – Storuman – Jokkmokk – Kiruna, 1250 km).

Eine erwägenswerte Alternative zu a) und b) wäre der rund 200 km längere **Sverigeleden.** Dieser Radfernweg nutzt zwar, zumindest bis Sundsvall, abschnittweise ebenfalls die verkehrsreiche E 4, verläuft dann jedoch hauptsächlich auf ruhigen, landeinwärts gelegenen Nebenstrecken. Hilfreich ist die Ausschilderung vor allem im Bereich der Ortsumgehungen von Gävle und Sundsvall (Autobahnabschnitte). Geradezu ideal ist der Sverigeleden, der bei Karesuando die Grenze zu Finnland passiert, für Tourenradler mit dem Fernziel **Nordkap.**

Die Küstenroute mit Varianten

Leicht zu radeln ist die durch überwiegend bewaldetes, sanftwelliges Küstenland führende E 4. Szenisch nicht sonderlich aufregend. Ausnahme: die steile, inselreiche Hoga-Küste nördlich von Härnösand (Ångermanland). Der anfangs erhebliche Verkehr schwächt sich nordwärts etwas ab. Bis zu 3 m breite Randspur. Autobahnabschnitte umgehbar.

Die Küstenroute ist zugleich der schnellste Zubringer für die Provinzen Hälsingland, Medelpad, Ångermanland, Västerbotten und Norrbotten.

Hälsingland, Medelpad, Ångermanland

www.halsingland.com, www.upplevmittsverige.nu
Überdurchschnittlich sonnig und regenarm sind die schwedischen Sommer an der klippenreichen Küste von Ångermanland. Im Hinterland Landwirtschaft, Seen und Sümpfe sowie endlose Wälder mit Aussichtsbergen. E4-Radler können in Hudiksvall abzweigen, um auf ausgeschilderter Radroute die **Dellen-Seen** zu umrunden; Info: i-Büro Hudiksvall.

Ljungan, Indalsälv und Ångermanälv sind die drei großen Flüsse der Küstenprovinzen. Asphaltstraßen folgen den Flusstälern auf der einen Seite, während auf der anderen Schotterwege verlaufen, da es an Brücken mangelt. Am schönsten ist das Tal des **Indalsälv** (R 86 ab Sundsvall, Teilstrecke des „Sverigeleden"), das sich mit dem ebenfalls reizvollen Tal des **Ångermanälv** kombinieren lässt.

Um **Ornsköldsvik** (Hauptstadt von Ångermanland) locken Nebensträßchen zu Abstechern entlang schmaler Fußläufe (lohnende Tour zu den Freilichtmuseen von Bredbyn und Myckelgensjö). Auch 54 km nördlich von Umeå sollten Küstenradler die schnelle E 4 verlassen, um landeinwärts auf einer kleinen Nebenstraße zum Burträsk-See zu radeln (schöne Panorama-Strecke), von dort weiter nach Skelleftea.

Väster-botten, Norrbotten

www.vasterbotten.net
Im Küstenstreifen allerlei Industrie. Historische Lebensadern sind fünf große Flüsse, die sich von den westlichen Fjällregionen durchs Land ziehen, um in den Bottnischen Meerbusen zu fließen. 700 km Küstenlinie mit klasse Sandstränden warten in Norrbotten, außerdem hübsche kleine Nebenstraßen entlang der Mündungsläufe von Luleälven und Råneälven (westlich bzw. nördlich von Luleå). Bemerkenswert auch der 90 km weite Ausflug entlang des Byskeälvens (nordwestlich von Skellefteå).

Wen es zum Svartisen-Gletscher nach Norwegen zieht, der sollte auf jeden Fall den landschaftlich schönen **Silvervägen** nutzen (R 95, ab Skelleftea via Arvidsjaur und Arjeplog).

Die Skanden-Route mit Varianten

Anspruchsvoller, aber auch weniger befahren, ist die *Skanden-Vorgebirgs-Route,* die Härjedalen, Jämtland und Lappland durchquert. Bewaldete Berghänge, Seen und Moorlandschaften variieren die Szenerie, quer verlaufende Flusstäler sorgen für Bewegung im Streckenprofil.

Härjedalen

www.jamtland.info
Traditionsverbundenes, fruchtbares Bauernland kontrastiert mit unberührter Wildnis aus Bergen, Wäldern und Gewässern. Die Radroute „Härjedalensfjället" führt durch die schon recht imposante Gebirgslandschaft Härjedalens – mit Gipfeln bis zu 1766 m Schwedens südlichstes Hochgebirge. Infos: i-Büro Vemdalen.

Eine Broschüre mit Tourenvorschlägen für das Gebiet des *großen* **Storsjö-Sees** ist beim i-Büro Östersund erhältlich („Cykeltur i Storsjöbygden"). MTB-Biker finden auf dem **Flatruet-Plateau** (südwestlich vom *kleinen* Storsjö-See) verschärfte Möglichkeiten.

Jämtland

www.jamtland.info
Als Traumstraße wird sich Nordschweden-Radlern der **Vildmarksvägen över Stekenjåkk** in Jämtland einprägen (520 km lange Ringstraße westlich der R 88). Diese kaum befahrene, schmale Asphaltstraße führt durch eine Wildmark wie aus dem Bilderbuch: Stromschnellen, Tundra, Rentierherden ... Tolle Ausblicke, da die Straße oft über der Baumgrenze verläuft, aber auch anstrengende Steigungen bis auf 870 m. Route: Strömsund – R 342 bis Gäddede – Stekenjåkk – Klimpfjäll – Vilhelmina. Dünne, aber ausreichende Infrastruktur.

Lappland

www.lappland.se, www.swedishlapland.com
Hier soll sie sein: „Europas große Einsamkeit". Abenteuer in den Weiten Schwedisch-Lapplands, das eine Fläche von der Größe Islands einnimmt. Das Land der Sami (Hauptort Jokkmokk) und der Rentiere ist überwiegend alaskaähnliche Wildmark. Landschaftsprägend sind endlose Wälder, Sümpfe und fünf große Ströme, die ihre Täler durch Lappland gegraben haben. Ausblicke über Wälder und Moore ermöglicht die als „Blaue Straße" (Blå vägen) bekannte Route Vilhelmina – Lycksele – Umeå (360 / E 12, wenig Verkehr).

Gletscher und schneebedeckte Hochgebirge beherrschen den Nordwesten Schwedisch-Lapplands. Dort auch die Nationalparks, deren bekanntester der **Sarek-Nationalpark** ist (1970 qkm): Schneebedeckte Fünfzehnhunderter, Natur, Einsamkeit, Abenteuer und Mückenschwärme, Rückzugsgebiet von Wolf und Bär. In den sich selbst überlassenen Nationalparks gibt es keine angelegten Wege, wer hier *biken* will, was nicht verboten ist, muss sein Mounty sehr oft schieben oder gar schultern: Durch Sümpfe und Bäche, über Stock und Stein.

Ergiebiger sind die befestigten und unbefestigten Wege außerhalb der Parks, und auch weniger harte Touren auf einer der westwärts gerichteten Stichstraßen können landschaftlich beeindrucken. Beispielsweise das 124 km lange Sträßchen Jokkmokk – Kvikkjokk, oder die nördlich von **Jokkmokk** abzweigende Uferstraße entlang des Stora Lulevatten. Beide Strecken mit schönen Blicken auf die weißbemützten Gipfel des Sareks.

Schließlich aber lockt in **Kiruna** die leicht zu radelnde 98 (E10) zur Weiterfahrt in Richtung **Narvik** (Norwegen). Sie führt durch eindrucksvolle, menschenleere Landschaft, besonders schön ist der Abschnitt entlang des Torneträsk-Sees.

ⓘ-Box Schweden

Einreise Zur Einreise genügt der Personalausweis (D/A/CH).

Geld Schwedische Krone (SEK). 1 € = 10,2 SEK (2010). Schweden ist zwar EU-Mitglied, setzt aber weiter auf die eigene Währung. Das Preisniveau ist etwas höher als in D, aber niedriger als bei den Nachbarn FIN und N.

Gesundheit Das EU-Sozialversicherungsabkommen ermöglicht Mitgliedern gesetzlicher Krankenkassen die Inanspruchnahme medizinischer Leistungen (D, A). Details: *www.dvka.de*

Infos Schweden ist das Land mit der höchsten Internet-Nutzung Europas. Das Reservoir touristischer Websites ist entsprechend groß, einige sind allerdings nur Schwedischkundigen eine Hilfe.

- Tourismuszentrale Schweden: *www.visitsweden.com* (alle Prospekte auch zum downloaden)
- Radfahrerverband Cykelfrämjandet: *www.cykelframjandet.a.se* (nur schwed., umfangr. Angebot von Karten/Lit.)
- Radfahrerverband Svenska Cykelsällskapet (SCS): *www.svenska-cykelsallskapet.se* (teilw. auch dt.)
- Gottfrieds Fahrradseite in Göteborg: *http://hem1.passagen.se/gfried/* (deutsche Radweg-Infos)

Infos vor Ort Mit Rat und Tat zur Seite stehen innerhalb Schwedens rund 400 freundliche Touristenbüros, schwedisch Turistbyrå. Dort gibt es auch all die regionalen Karten und Toureninfos, die man anderswo vergeblich sucht.

Wetter Der Skanden, das skandinavische Zentralgebirge, hält die feuchten Luftströmungen des Atlantiks fern, so dass vor allem die Ostsee und Kontinentaleuropa das Wetter bestimmen: Ein insgesamt relativ trockenes Klima mit warmen, aber kurzen Sommern (im Süden etwa 8 Wochen, im Norden 5–6 Wochen). Im Osten sind die Niederschläge geringer als im Westen. Besonders gering im Südosten und im hohen Norden. Die geringsten Niederschläge fallen in den Monaten Februar bis Mai, die wärmsten Monate sind Juli und August.

Wind Er weht in Süd- und Mittelschweden überwiegend aus südlichen Richtungen, in Nordschweden eher aus Nordwest, schwächer jedoch im Windschatten des Skandens. Umgekehrt verhält es sich mit der sommerlichen *Mückenplage,* die nach Norden hin spürbar *zunimmt.*

Tipp: Möglichst nur dort rasten/zelten, wo auch ein *Wind* geht (den mögen die Biester nicht so sehr). Die Sommertage sind deutlich länger als in Mitteleuropa. Am 21. Juni geht die Sonne am Polarkreis überhaupt nicht unter, sie schleicht nur am Horizont vorbei (große Feier!). Hoch im Norden, in Kiruna, lässt sich die Mitternachtssonne sogar von Ende Mai bis Mitte Juli beobachten.

Reisezeit Radelsaison ist von Mai bis September (Nordschweden: Juni – August). Zu Beginn und zum Ende muss jedoch, je nach Breitengrad, mit kühlen bis frostigen Nächten gerechnet werden. Auch ist zu berücksichtigen, dass im Mai und im September viele touristische Einrichtungen noch bzw. schon geschlossen sind (Campingplätze, Besichtigungen). Die ersten Frostnächte (meist ab September) beenden aber auch die Mückenplage. Von 21. Juni bis Ende Juli sind die Schweden als Urlauber verstärkt im eigenen Land unterwegs, besonders in Südschweden und auf den beiden Inseln. Wenn möglich, den Juli also ausklammern.

Anreise

Per Fähre *www.ttline.de, www.scandlines.de, www.stenaline.de, www.nordoe-link.com*
Die Fahrt über die Ostsee nach Südschweden ist problemlos. Zunächst mit Fahrrad und Bahn zu einem der unten genannten Ostseehäfen, dort im Hafen-Terminal ein Ticket kaufen, dann die Überfahrt. Die wichtigsten Fährverbindungen nach Südschweden sind:

- Sassnitz – Trelleborg (4 h, 5 x tägl., Scandlines, 18–23 € mit Fahrrad)
- Travemünde – Trelleborg (7–9 h, TT-Line, 35 € mit F., Fahrradmitn. nicht bei jeder Abfahrt möglich!)
- Travemünde – Malmö (9 h, Nordö Link, 37 € mit F.)
- Rostock – Trelleborg (6 h, 2–3 x tägl., TT-Line 35 € mit F., Scandlines 23–26 € mit F.)
- Kiel – Göteborg (14 h, 1 x tägl., Stena Line, ab 97 € mit F., inkl. obligator. Kabinenbett) Reservierungen sind für Deckspassagen nicht erforderlich.

Per Bahn Nach Schweden sind weder Fahrradmitnahme noch -versand möglich.

Per Bus *www.natours.de*
Im Sommerhalbjahr gelangt man von Deutschland aus auch per **Fahrradbus** nach Schweden (via Kopenhagen nach Dalsland, Värmland, Dalarna).

Per Flieger Stockholm ist von Deutschland, Österreich und der Schweiz aus per *Linienflug* erreichbar. Internationale Flughäfen besitzen auch Göteborg und Malmö. *Charterflüge* gehen ab Frankfurt und München nach Arvidsjaur in Nordschweden und ab Hahn nach Stockholm (Ryanair). Zahlreich und günstig sind Flüge nach Kopenhagen (Dänemark). Von dort ist es bis Schweden auch nur noch ein Katzensprung (über den Öresund).

Transport im Land

Bahnen *www.sj.se, www.inlandsbanan.se*
Über 11.000 km umfasst das Streckennetz der Schwedischen Staatsbahnen SJ.

Generell ist weder *Fahrradmitnahme* noch *Fahrradversand* bei der SJ möglich. 2008 gab die SJ dem Drängen der Hauptstädter nach und ließ in den **Sommermonaten ab Stockholm** auf mehreren Strecken in Mittelschweden wieder die Fahrradmitnahme zu. Allerdings nur zwischen

Start- und Zielbahnhof, ohne unterwegs aus- oder einzusteigen. Weitere Ausnahmen bilden die **Vorortzüge** von Stockholm, Göteborg und Malmö und die von den Privatgesellschaften betriebenen Nebenstrecken. Längste private Strecke ist die zum Nordland führende „Wildnislinie" der privaten **Inlandsbahn AG.** Fahrräder werden problemlos im Gepäckabteil mitgenommen (Mora–Gäliivare, 1100 km, nur Mitte Juni bis Anf. Sep.

Unter Schweden-Radlern kursieren viele weitere Tipps, wie und wo man sein Rad, trotz aller Einschränkungen, doch im Zug mitnehmen kann: *www.rad-forum.de*

Busse In den nördlichen Landesteilen können Fahrräder in Fernbussen mitgenommen werden. Pedale demontieren, Lenker querstellen; evtl. ist eine Verpackung notwendig, meist aber nicht.

In den südlichen Landesteilen ist Fahrradmitnahme eher Glückssache. *Helene Müller:* „Es ist abhängig von der Person, an die man gerade gerät. Beim Anruf bei der Busgesellschaft hieß es: Ja! Am Buchungsschalter: Nein, auf keinen Fall. Langstreckenbusse nehmen niemals Räder mit! Und wenn man die Ausdauer hat, zur Abfahrtszeit an Ort und Stelle zu sein und den Busfahrer zu fragen, sagt der wieder: Jo jo!"

Fähren Soweit Inlandsfähren als Brückenersatz dienen, können sie kostenlos benutzt werden. Andere öffentliche Fluss-, Kanal- und Küstenfähren setzen Fahrräder meist nur gegen einen Obolus über.

Übernachten

Zimmer *www.hotelsinsweden.net*
Schwedische **Hotels** leben hauptsächlich von Konferenz- und Geschäftsreisenden. Entsprechend hoch sind Standard und Preise: ab 80 €. Da am Wochenende und in den Sommerferien diese Kundschaft ausbleibt, locken dann fast alle Hotels mit hohen Nachlässen (ca. 50%). Daher immer nach Rabatten fragen. Wer häufiger in Hotels übernachten möchte, sollte Hotelschecks mitnehmen. Sie müssen vor der Reise im Heimatland erworben werden und offerieren die besten Rabatte.

„RUM"-Schilder am Straßenrand verweisen natürlich nicht auf ein alkoholisches Getränk, sondern auf Privatzimmer. In der Regel handelt es sich dabei um **Bed & Breakfast** (DZ ab 35 €). Wer in den Semesterferien in einer recht komfortablen Studentenbude nächtigen will, dem empfehlen sich die **Sommerhotels** der Universitätsstädte Stockholm und Lund (ab 30 €, über i-Büros).

Herbergen Über 320 **Gästehäuser** (Vandrarhem) betreibt der schwedische Touristenverein STF (www.svenskaturistforeningen.se), darunter auch 40 **Fjällhütten**. Hinzu kommen 195 sehr unterschiedliche, **unabhängige „Jugendherbergen"**, die sich im Herbergsverband SVIF organisiert haben (www.svif.se). Die meisten Häuser befinden sich 10 bis 15 km außerhalb der Ortschaften. In Südschweden liegen sie nicht weiter als eine Tagesetappe voneinander entfernt.

Von Mitte Juni bis Mitte August sind Reservierungen sehr ratsam. Der STF gehört dem IYHF an, weshalb die Häuser das bekannte blaue Juhe-Zeichen tragen. Übernachtung mit IYHF-Ausweis ab 9 €, ohne ab 14 €.

Camping Campingverband SCR: *www.camping.se*
Von den rund 800 Campingplätzen des Landes gehören die meisten dem SCR an. Die erforderliche *Camping Card Scandinavia* kann vor der Reise bestellt werden, oder als provisorische Karte unterwegs beim ersten Campingplatz erworben werden (in Schweden 13 €). Die Karten gelten in ganz Skandinavien. Prinzipiell wird pro Stellplatz bezahlt (um 10 €). Plätze an Fernverkehrsrouten gewähren Quick-Stop-Rabatte (35–50% bei Übernachtung zwischen 21 und 9 Uhr). **Campinghütten** für 4 Personen kosten im Schnitt 60 €.

Freies Zelten ist im Rahmen des Jedermannsrechtes gestattet. Das skandinavische **Jedermannsrecht** (Allemansrätt) ist ein ungeschriebener Kodex, der der Gemeinschaft ein gewisses Miteigentum am Land zuerkennt. Es ist allerdings kein Freibrief, sondern fußt auf der Voraussetzung, dass niemand gestört (Wohngrundstücke respektieren), nichts zerstört und nichts zurückgelassen wird.

Karten und Literatur

(Adressen zum Bezug von Karten und Reiseführern im Anhang)

Tourenkarten

- *Empfehlung:* Kümmerly + Frey: 1:250.000/400.000. Lizenzausgabe von Lantmäteriet Röda kartan. 6 Bl. überlappend. Süd- und Mittelschweden Bl. 1–4 1:250.000. Nordschweden Bl. 5–6 1:400.000. Diese Karte wird von Schwedenradlern gelobt. 6 Bl. à 11,90 €.
- Freytag & Berndt: Skandinavien-Atlas 1:250.000/400.000, 27,95 €. Aktuell und detailliert. Die preiswerteste Komplettlösung für ganz Schweden bzw. Skandinavien. Mit Ortsregister! Aber schwer und unhandlich, daher evtl. die benötigten Seiten heraustrennen.
- Freytag & Berndt: Schweden-Süd 1:250.000. 9,45 €.
- Lantmäteriet (Landesvermessungsamt): Röda kartan (Rote Karte) 1:250.000, 20 Bl. à 14,50 €, die Mutter aller Straßenkarten (Lizenzausgabe s. o.).
- Lantmäteriet: Blå kartan (Blaue Karte) 1:100.000, 134 Bl. à 11,50 €. Topokarten mit Radwanderwegen, teurer Mini-Kartenschnitt (ca. 50 x 50 km).
- Lantmäteriet: Grön kartan (Grüne Karte) 1:50.000, 625 Bl. à 10,50 €.
- Lantmäteriet/STF: Fjällkartan 1:100.000, Grön kartan Fjällversion 1:50.000, 50 Bl., je 12,50 €. Wanderkarten fürs nordschwedische Bergland (westliches Jämtland, westl. Lappland).

Tourenführer

- Kettler Vlg.: „Südschweden per Rad“. Radreiseführer mit variablem Tourennetz. Mit Öland, aber ohne Gotland.

Fahrrad (cykel)

Allgemein Für Südschweden und die Inseln ist ein durchschnittliches Tourenrad völlig ausreichend. Auch Liege- und Tandemradler fühlen sich hier wohl.

Je weiter nördlich die Reise jedoch gehen soll, desto mehr empfehlen sich ein Trekkingrad oder ein Reise-MTB (Hauptunterschied: das Trekkingrad hat 28-Zoll-Laufräder). Radfahrer unter 15 Jahren müssen einen Helm tragen!

Reparaturen In den südlichen Landesteilen Götaland und Svealand sind die Reparaturmöglichkeiten recht gut, und selbst in Kiruna (Lappland) gibt es ein Sportshop mit Fahrradservice. Nordlandradler sollten Pannen aber generell selbst beheben können.

Radevent *www.vaetternrundan.se*
300 km lang und ziemlich hügelig ist die **Vätternrundan,** bei der über 15.000 Trimm-Dich-Radler in max. 24 Stunden um den Vätternsee keulen und gemeinsam mit den „heja, heja" rufenden Zuschauern viel Spaß dabei haben. Auch viele Germanen nehmen an dem Volksradrennen teil. Seit vier Jahrzehnten geht das so. Immer im Juni, und immer ist Motala Start und Ziel, und immer gibt es unterwegs Blaubeersuppe, Kartoffelbrei mit Würstchen und „schwedische Bananen" (Salzgurken).

Straßen und Wege

Überblick Im Süden dicht, nach Norden hin weiter, so ist das schwedische Straßennetz. Zugleich wird der Asphalt rauer. Staubstraßen sind keine Spezialität des Nordens. Gerade in Süd- und Mittelschweden locken kleinste Nebenstraßen den Radler immer mal wieder auf eine Schotter- oder Sandpiste. So wird der Verkehr abgehängt, der auf den überregionalen Reichs- und Provinzstraßen doch recht erheblich ist. Die reizvollen kleinen Küsten- und Uferstraßen Südschwedens werden ab Juli zudem vom Urlauberverkehr geflutet. Allerdings kommen Autofahrer und Radler in Schweden gut miteinander aus.

Radwege finden sich vor allem innerhalb von Ortschaften. An den Hauptstraßen kann ersatzweise auf dem Seitenstreifen geradelt werden. Das Netz regionaler und überregionaler *Radwanderwege* wird kontinuierlich ausgebaut. Die Beschilderung könnte allerdings oft besser sein. Infos/Kartenskizzen sind erforderlich, um die Routen gezielt nutzen zu können.

Offroad (MTB)

Grundsätzlich dürfen Biker alle frei zugänglichen Wege und Pfade benutzen, das Allemansrätten macht's möglich. Bedingung ist, dass Mensch und Natur nicht beeinträchtigt werden. Besondere Bestimmungen sind in Naturschutzgebieten zu beachten. Während Südschweden wenig Offroad-Potenzial besitzt, ist in Nordschweden das Gegenteil der Fall. Großen Reiz übt dort die Wildmark aus (Jämtland), wo das Bike sogar mit der Seilbahn auf den Åreskutan genommen werden kann. Aber auch die mittelschwedischen Fjällregionen von Värmland und Dalarna sind lohnende Reviere, wo das Bike im Sessellift mitgenommen werden kann.

E-Mails von Gotland von Helene Müller

Liebe Freunde!

3. Juni:: Wirklich schön, dass man in den Bibliotheken das Internet gratis nutzen darf. Bis Oskarshamn hat's gut geklappt. Der Busfahrer war so freundlich und hat mich mitsamt Rad mitgenommen! Seit gestern bin ich hier in der Jugendherberge: Einzelzimmer mit Bad, WC u. TV, sehr luxuriös, aber nicht sehr kommunikationsfördernd. Dafür werde ich morgen auf Gotland in Visby in einem zur Jugendherberge umgebauten ehemaligen Gefängnis schlafen. Mein Zelt kann ich leider noch nicht benutzen, nachts sind es 7 Grad, zudem regnet es unaufhörlich.

Visby und das Wetter

5. Juni: Endlich auf Gotland! Visby ist eine wunderschöne alte Hansestadt mit Katzenkopfpflaster in den Gassen und einer gut erhaltenen Stadtmauer. Unendlich viel Flieder blüht zur Zeit. Überall der wunderbare Duft. Die Wettervorhersage für die kommende Woche: Wind, Regen, Kälte. Statt zu zelten, ziehe ich deshalb erst mal von Jugendherberge zu Jugendherberge. Drückt mir die Daumen für besseres Wetter. Bei dem jetzigen ist die schönste Landschaft ungenießbar.

Insel der Düfte

9. Juni: Zwei Tage übernachtete ich in Visby - im „Gefängnis". Dann schien der Regen aufzuhören, und ich startete meine Inselrundtour. Es pladderte dann aber doch wieder, und bergauf ging es auch noch! Kalt war mir, und nass war ich bis auf die Haut - trotz Regenkleidung. Aber das ist nun schon wieder Vergangenheit, denn seit gestern geht es mir richtig gut: Sonne, kein Wind und 18 Grad! Die Schweden sprechen vom Sommer aber immer noch im Futur. Und es stimmt, hier ist noch Frühling, die Baumblüte ist gerade erst im Gange, kilometerlang blüht der Flieder an den Landstraßen, Maiglöckchen und Schlüsselblumen säumen lange Abschnitte der Waldwege, dazu noch Pfingstrosen, Narzissen und Rapsfelder. Meine Nase kann gar nicht genug bekommen von all diesen Düften.

Ingmar Bergmans Insel

Zwei Tage war ich auf der Insel Farö. Von Farösund geht eine kostenlose Fähre hinüber. Wenige Menschen leben da. Einer von ihnen ist Ingmar Bergman, aber ich bin ihm nicht begegnet. Statt dessen lange einsame Strecken durch Wachholderheide, Wald und Wiesen. Viele mir unbekannte Vögel gibt es hier und viele wuschelige graue, schwarze Schafe mit ihren neugeborenen Lämmern.

Gotlandbrot

Ja, es ist schon ein feines Leben: Jeden Tag nur schöne Landschaft genießen, und als einzige Sorgen: Wo kann ich was zu essen kaufen (gar nicht so einfach) und wo kann ich ein Bett finden? Ihr wisst ja, wie gern ich esse. Also: Es gibt die schwedische Butter sehr salzig, halb gesalzen und ganz ohne. Eier und Lammfleisch kommen direkt von der Wiese bzw. der Wacholderheide. Käse gibt es mit eingebautem Cumin und Nelken. Das Gotlandbrot ist ein rundes Landbrot mit eingebackenen Pomeranzenstücken. Kuchen heißt Chokokaka, Appelkaka usw. Dazu kommen wohl hundert Eiscremesorten, u.a. mit Lakritz, Champagner, Stachelbeere, Rhabarber und Safran. Ihr merkt schon, ich bin entzückt. Brot, Käse und Trinkjoghurt habe ich tagsüber immer dabei. Denn die Cafs, wo es etwas zu essen gibt, sind weit verstreut. Ich muss auch immer gut planen: Wohin mit dem eingekauften „Gelersch" auf dem eh schon sehr beladenen Fahrrad?

Gotlands Kirchen

13. Juni: Nun bin ich auf dem Weg zu Gotlands Südzipfel. Gestern hatte ich eine von Gotlands 92 hübschen kleinen Kirchen besucht, der Innenraum mit Kalkmalereien von einem deutschen Meister. Der Frühling auf Gotland begleitet mich weiterhin: Neben all den schon erwähnten Blumen gibt es auch Akaleien, in allen Lilaschattierungen und einem ganz leuchtenden Blau!

Ich sage euch, die Schweden sind äußerst entgegenkommend und hilfsbereit. Sie sagen mir die schönsten Radstrecken und rufen sogar in den Jugendherbergen an, um für mich zu buchen.

Warmes Plätzchen

Mit Zelten ist im Augenblick dagegen nix. Es ist nicht nur frisch, die Campingplätze sind auch noch leer und die Aufenthaltsräume daher geschlossen. Ich bin zwar eine bescheidene Zelterin, aber abends brauche ich doch ein warmes Plätzchen und eine Küche: für einen heißen Tee und eine warme Mahlzeit. Ab dem Mittsommerfest soll alles anders werden, da sollen die Massen hier einbrechen. Übrigens, was machen die Schweden an diesem Tag? Sie essen Sild mit Dill und Kartoffeln und tanzen!

Die Vogelinsel

27. Juni: Nachdem ich meine Gotland-Runde beendet habe, bin ich nun wieder in Visby. Drei Tage war ich zuvor noch auf der winzigen Vogelinsel Stora Karlsö. Dort gibt es keine warmen Duschen, aber Klippen und 233 Vogelarten. In der letzten Nacht auf Karlsö hatte es heftig geschüttet. Und es ist auch wieder kälter geworden. Mein Zelt konnte ich bisher erst einmal auf einem Campingplatz aufbauen. Von dem Jedermannsrecht möchte ich nicht so gern Gebrauch machen. Obwohl mir die Frauen dazu rieten. Aber nach all den Mankells und Hakan Nessers würde ich nachts vermutlich bei jedem Geräusch hoch schrecken. Heute ist mein 29. Tag. Ade Visby, du schöne Stadt, ich muss zurück zum Festland!

Sommer!

5. Juli: Auf dem Festland stöhnt man bei 24 Grad über die große Hitze. Der Sommer ist angekommen in Schweden! Herzliche Grüße, Helene

Nachtrag: Die alte Fährverbindung zwischen Grankullavik im Norden Ölands nach Visby auf Gotland wurde 2008 wieder aktiviert. Das spart einen gewaltigen Umweg, Zeit und Geld, wenn man beide Inseln besuchen möchte. Helene

Fischerhütte mit Boot an einem steinigen Strand in Gotland

CH SCHWEIZ

Daten 41.285 qkm • Ausd. 220 x 350 km • 7,7 Mio. Einwohner • 187 Ew./qkm

Land Ins Auge stechen die von der Rhein-Rhône-Furche durchzogenen Alpen (bis 4634 m). Sie nehmen zwei Drittel der Landesfläche ein. Ein weiteres Viertel wird vom dicht besiedelten Mittelland abgedeckt (350–800 m), das restliche Zehntel vom mittelgebirgigen Jura (bis 1679 m). Mit einer durchschnittlichen Höhe von 1300 m und angesichts der großen Höhenunterschiede auf kleinem Raum ist die Schweiz das gebirgigste Land Europas. Dennoch, es gibt auch familienfreundliche Tourengebiete: Flach bis leicht hügelig sind die Täler von Rhein, Rhône und Aare sowie die Umgebungen der Seen im ansonsten hügeligen Mittelland. Gemäßigt velofreundlich, wegen seiner langen Längstäler und einiger Hochplateaus, gibt sich der *Schweizer Jura.*

Schlucht des Vorderrheins (Veloroute 2)

Zwei Fünftel des Landes sind von Wiesen und Weiden bedeckt und sorgen, speziell in felsigen Höhenlagen, für liebliche Kontraste. Bis in Höhen von 1800 m reicht der Baumbewuchs. Für Kontraste hat auch die Eiszeit gesorgt: Zugeschärften Gipfelregionen stehen gerundete Mittellagen mit Moränenwällen, Trogtälern, Wasserfällen und Bergseen gegenüber.

und Leute Um des lieben Friedens willen leisten sich die Eidgenossen vier Amtssprachen: Deutsch für knapp zwei Drittel der Bevölkerung (die sog. Deutschschweiz), Französisch für ein knappes Fünftel (sog. Welschschweiz), Italienisch für ein knappes Zehntel (Tessin), Rätoromanisch (in zig [unverständlichen] Dialekten, daher Ursprung des Begriffes „Kauderwelsch") für stolze 0,6% der Bevölkerung (Graubünden). Für weitere Sprachenvielfalt sorgen die im Lande lebenden Ausländer (insges. 17%).

per Velo erfahren

Wie wär's mit einem Veloplausch? Ein Plausch ist in der Schweiz ein Vergnügen, ein Veloplausch also ein Fahrradvergnügen, oder auf gut deutsch: eine Radtour!

Veloland Schweiz, so heißt die Stiftung und das Motto, die dem Land im Mai 1998 ein nationales Veloroutennetz bescherten. Seitdem haben Tourenradler die Wahl unter neun verknüpften Radrouten von insgesamt 3300 km Länge. Ein Veloroutennetz wie aus einem Guss zu schaffen, war eine starke Leistung in einem Land mit 26 quasi-Bundesstaaten. Auch die passende Infrastruktur ist auf diese neun „Velokanäle" ausgerichtet. Fast nach Lust und Laune lässt sich die Schweiz nun kreuz und quer mit dem Velo erfahren. Je nach Route, mal mehr, mal weniger schweißtreibend, mal mehr, mal weniger individualistisch.

ROUTEN & REGIONEN

Das Schweizer Veloroutennetz

▸ Veloland Schweiz: *www.veloland.ch*
(Die akkumulierten Höhenmeter bei den Routen sind immer ohne „Aufstiegshilfe" – wie Bahn, Bus, Schiff – gerechnet)

▸ **Rhône-Route (Veloroute 1)**
309 km. Davon 26 km ungeteert. Von Andermatt (1450 m) zum Furkapass (2431 m), dann abwärts durchs Wallis, der Rhône folgend zum Genfer See, und weiter bis Genf. 1650 Hm (retour 2700 Hm). Eine schöne Strecke, empfehlenswert sind Abstecher in eines der vielen Seitentäler.

▸ **Rhein-Route (Veloroute 2)**
424 km. Davon 80 km ungeteert. Von Andermatt (1450 m) über den Oberalppass (2044 m) nach Basel. 2050 Hm (retour 3200 Hm).

▸ **Nord-Süd-Route (Veloroute 3)**
363 km. Davon 30 km ungeteert. Von Basel über Luzern durchs Mitteland nach Andermatt, weiter über den Gotthard-Pass (2108 m, s.u.) nach Chiasso im Tessin. 3320 Hm.

▸ **Alpen-Panorama-Route (Veloroute 4)**
483 km. Davon 10 km ungeteert (umfahrbar). Von St. Margarethen durch Schluchten und über Pässe des nördlichen Alpenvorlandes nach Aigle. Höchster Punkt ist der Klausenpass (1948 m). Mit 7760 Hm (retour 7720 m) die schwerste Route, zugleich auch die am wenigsten frequentierte.

▸ **Mittelland-Route (Veloroute 5)**
365 km. Davon 85 km ungeteert. Von Romanshorn nach Lausanne. Mit nur 1390 Hm (in beiden Richtungen) die leichteste Route. Meist auf autofreien Wegen. Besonders gut für Familien geeignet.

▸ **Graubünden-Route (Veloroute 6)**
Beginnt in **Chur** und teilt sich in Thusis in zwei Routenarme. Der südliche Arm führt über den San Bernardino (2065 m) nach **Bellinzona** (128 km, 25 km ungeteert, 1790 Hm), der östliche Arm über den wenig befahrenen Albulapass (2312 m) durchs Engadin nach **Martina** an der Grenze zu Österreich (152 km, 55 km ungeteert, 2740 Hm, s. a. Österreich, Innradweg).

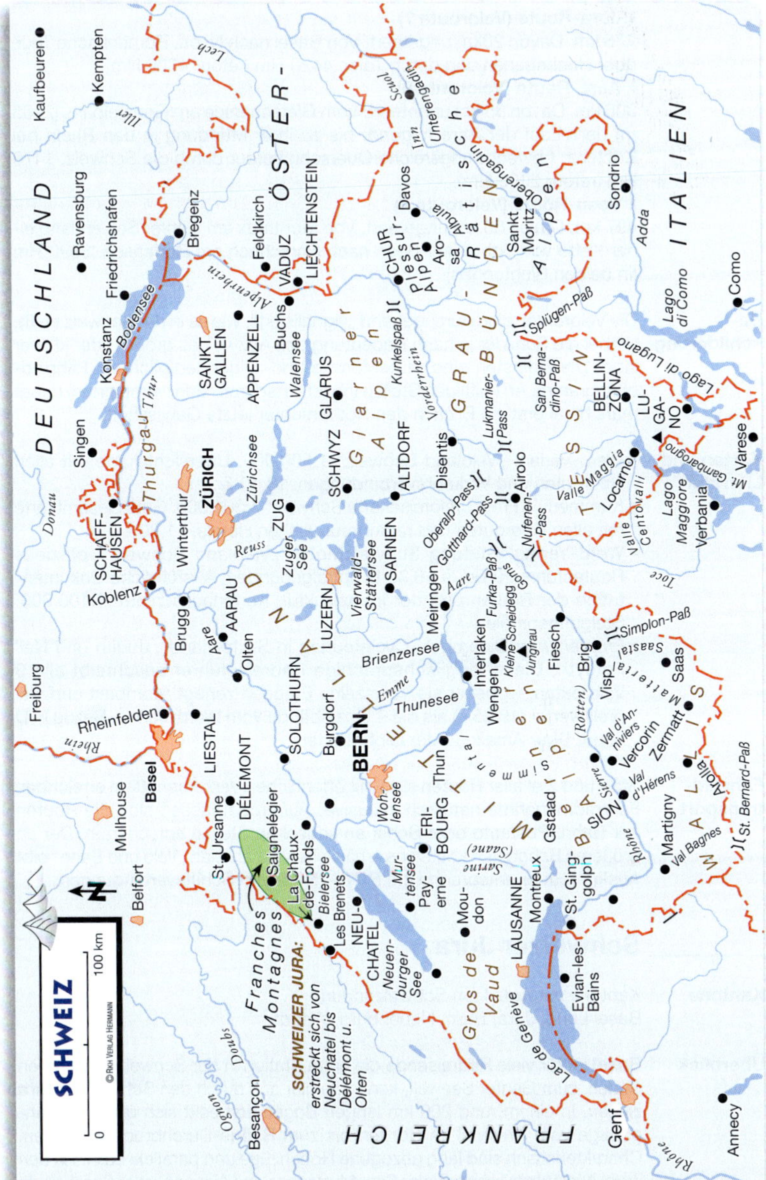
SCHWEIZ
0
100 km
© RKH Verlag Hermann
DEUTSCHLAND
ÖSTER-
REICH
ITALIEN
FRANKREICH
LIECHTENSTEIN
Kaufbeuren
Kempten
Ravensburg
Friedrichshafen
Bregenz
Konstanz
Bodensee
Singen
SCHAFF-HAUSEN
Thurgau
Thur
Winterthur
ZÜRICH
Zürichsee
SANKT GALLEN
APPENZELL
Feldkirch
VADUZ
Buchs
Alpenrhein
Walensee
GLARUS
Glarner Alpen
SCHWYZ
ZUG
Zuger See
Reuss
Vierwald-stättersee
LUZERN
SARNEN
ALTDORF
Kunkelspaß
CHUR
Plessur-Alpen
Arosa
Davos
Albula
Oberengadin
Unterengadin
Scuol
Inn
Sankt Moritz
Rätische Alpen
GRAUBÜNDEN
Sondrio
Adda
Splügen-Paß
Vorderrhein
Disentis
Oberalp-Pass
Gotthard-Pass
Lukmanier-Pass
San Bernardino-Paß
BELLIN-ZONA
LU-GA-NO
Lago di Lugano
Lago di Como
Como
Airolo
Nufenen-Pass
TESSIN
Valle Maggia
Locarno
Valle Centovalli
Lago Maggiore
Verbania
Varese
Mt. Gambarogno
Toce
Freiburg
Rheinfelden
Rhein
Basel
Mulhouse
LIESTAL
DÉLEMONT
Koblenz
Brugg
AARAU
Aare
Olten
SOLOTHURN
Burgdorf
BERN
Emme
Brienzersee
Meiringen
Aare
Furka-Paß
Goms
Thunesee
Interlaken
Kleine Scheidegg
Jungfrau
Fiesch
Simplon-Paß
Saastal
Saas
Mattertal
Brig
Visp
Wengen
Berner Oberland
Thun
Simmental
(Rotten)
Val d'Anniviers
Vercorin
Zermatt
Sierre
Val d'Hérens
SION
WALLIS
Arolla
Martigny
Val Bagnes
St. Bernard-Paß
Rhône
Wohlensee
FRI-BOURG
Gstaad
Sarine (Saane)
Murtensee
Payerne
Moudon
Montreux
St. Gingolph
LAUSANNE
Gros de Vaud
Evian-les-Bains
Lac de Genève
Genf
Annecy
Rhône
NEU-CHATEL
Neuenburger See
Bielersee
Les Brenets
La Chaux-de-Fonds
Saignelégier
Franches Montagnes
St. Ursanne
SCHWEIZER JURA:
erstreckt sich von Neuchatel bis Délémont u. Olten
Belfort
Besançon
Doubs
Ognon
Donau
Iller
Lech

▸ **Jura-Route (Veloroute 7)**
275 km. Davon 20km ungeteert. Von Basel nach Nyon. Romantische Tour, über Hochebenen und durch Täler. 4420 Hm (retour 4300 Hm).

▸ **Aare-Route (Veloroute 8)**
305 km. Davon 35 km ungeteert. Vom Gletschersee am Grimselpass (2165 m) dem Lauf der Aare folgend, bis zu ihrer Mündung in den Rhein bei Koblenz. Abwechslungsreiche Querschnittstour durch die Schweiz. 1470 Hm (retour 2900 Hm).

▸ **Seen-Route (Veloroute 9)**
497 km. Davon 50 km ungeteert. Von Montreux am Genfer See entlang einer Kette von Schweizer Seen nach Rorschach am Bodensee. 3890 Hm (in beiden Richtungen).

Beschilderung

Die Velorouten sind durchgehend „signalisiert", wie es in der Schweiz heißt. Wobei die Schilder je nach Bedeutung des Abzweiges größer oder kleiner sind. Die kleinsten sind rautenförmig und zeigen lediglich ein Fahrradpiktogramm. An kniffligen Stellen (meist Ortsdurch- oder -umfahrten) bringt manchmal erst ein Blick in den Routenführer letzte Gewissheit.

Karten und Literatur

- Werd-Verlag: „Veloland Schweiz" 1:500.000. Übersichtskarte mit allen Radrouten und Verkehrsverbindungen. 13,10 €.
- Kümmerly + Frey: „Veloreisekarte Schweiz" 1:301.000. Gute Gesamtkarte mit allen Velorouten und radlerfreundlichen Hotels, 11,90 €.
- Werd-Verlag, Stiftung SchweizMobil: „Veloland Schweiz", offizielle Routenführer, 9 Bd. à 16,30 €, spiralgebunden. Ausführliche Dokumentation der Routen und der Infrastruktur. Kartenausschnitte 1:100.000. Steigungsprofile.
- *Empfehlung:* Cicerone: „Cycletouring in Switzerland", Judith und Neil Forsyth. Dieser englischsprachige Radreiseführer beschreibt alle 9 Velorouten, wobei er sie in einzelne Etappen zerlegt. Kompakt und viel preiswerter (19,95 €) als die 9 Einzelbände vom Werd-Verlag. Bezug in D bspw. über Amazon oder Globetrotter.

Fahrradtransport

Start und Ziel aller Routen sind mit öffentlichen Verkehrsmitteln erreichbar. Fahrradmitnahme natürlich inklusive. Außerdem lassen sich die Routen per Bahn, Postauto oder Schiff an kritischen Stellen entschärfen. Der an größeren Bahnhöfen kostenlos erhältliche Velofahrplan „Velo und Bahn" gibt Auskunft über entsprechende Bahn-, Bus- und Schiffsverbindungen.

Schweizer Jura

Kantone

Kantone mit Anteil am Schweizer Jura:
Basel Land, Jura, Bern, Neuenburg, Waadt.

Überblick

Basel ist für viele Radreisende die erste Station in der Schweiz. Wer in den Süden, zum Genfer See will, kann von hier aus durch den **Schweizer Jura** ziehen. In einem rund 200 km langen Bogen erstreckt sich dieses Faltengebirge vom Rheintal im Norden bis zum Rhône-Durchbruch im Süden. Charakteristisch sind lang gezogene Höhenzüge und parallele Täler. An den Jura-Ausläufern liegen *Bieler See, Murtensee* und *Neuenburger See* (Lac de

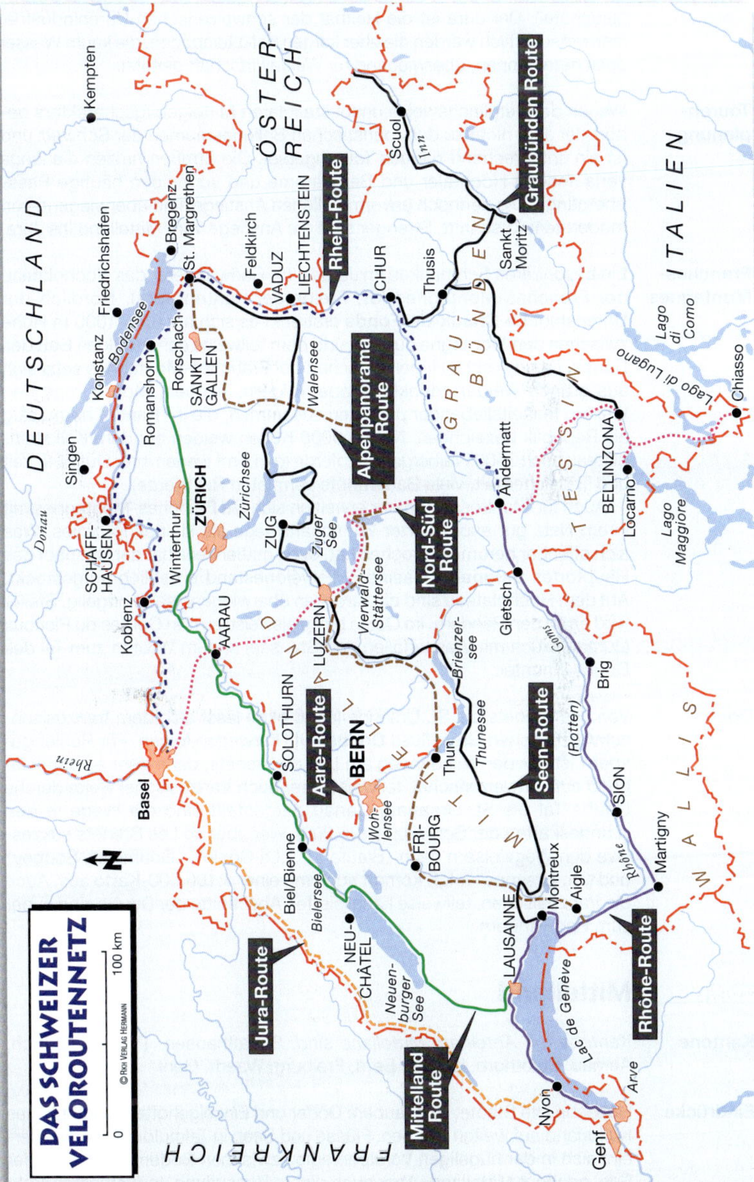
DAS SCHWEIZER VELOROUTENNETZ
0
100 km
©Rkh Verlag Hermann
DEUTSCHLAND
ÖSTERREICH
ITALIEN
FRANKREICH
Jura-Route
Mittelland Route
Aare-Route
Rhein-Route
Alpenpanorama Route
Nord-Süd Route
Seen-Route
Rhône-Route
Graubünden Route
Basel
Rhein
Kempten
Friedrichshafen
Bregenz
Konstanz
Bodensee
Singen
Donau
SCHAFF-HAUSEN
Koblenz
Winterthur
ZÜRICH
Zürichsee
Romanshorn
Rorschach
St. Margrethen
SANKT GALLEN
Feldkirch
VADUZ
LIECHTENSTEIN
CHUR
Walensee
ZUG
Zuger See
LUZERN
Vierwald-Stättersee
AARAU
SOLOTHURN
BERN
Wohlensee
Biel/Bienne
Bielersee
NEU-CHÂTEL
Neuenburger See
FRI-BOURG
Thun
Thunersee
Brienzersee
LAUSANNE
Montreux
Aigle
Lac de Genève
Nyon
Genf
Arve
Gletsch
Andermatt
Brig
(Rotten)
SION
Martigny
Rhône
Goms
BELLINZONA
Locarno
Lago Maggiore
Lago di Lugano
Chiasso
Lago di Como
Thusis
Sankt Moritz
Scuol
Inn
GRAUBÜNDEN
TESSIN
WALLIS
MITTELLAND

Neuchâtel). Der Jura ist die Heimat der schweizerischen Uhrenindustrie, landwirtschaftlich werden die eher kargen Kalksteinböden, die kaum Wasser speichern können, überwiegend für Weidewirtschaft genutzt.

Tourenplanung Wegen des vergleichsweise unspektakulären Mittelgebirgscharakters gehört der Jura nicht zu den touristischen Ballungsräumen der Schweiz und ist ein entsprechend ruhiges Tourengebiet. Die Straßen nutzen die längs verlaufenden Hochtäler und Bergkämme und vermeiden häufige Passübergänge. Die dennoch unvermeidlichen Anstiege sind überwiegend von moderatem Zuschnitt. Strenger sind die Anstiege vom Mittelland ins Jura.

Franches-Montagnes Ein besonderes Schmankerl im Jura ist für Radwanderer das Hochplateau der Franches-Montagnes (dt. Freiberge, Kanton Jura). Nördlich der Uhrenstadt **La Chaux-de-Fonds** erstreckt es sich auf rund 1000 m Höhe zwischen den Montagne du Droit und dem teilweise cañonartigen Bett des Doubs. Die idyllische Hügellandschaft der Franches-Montagnes setzt sich aus grünen Weiden, dunklen Nadelwäldern, Teichen, Mooren und den Weilern freiheitsliebender Jurassen zusammen, die ihr Kanton hartnäckig als Republik bezeichnen. Neben 9000 Kühen weiden auf dem Kalksteinplateau auch 3500 Freiberger Reitpferde (gerühmt wegen ihrer Gutmütigkeit und Trittsicherheit, viele Bauernhöfe vermieten Reitpferde).

Auch für Stahlrosswanderer erweisen sich die Franches-Montagnes mit ihrem Netz gut asphaltierter Wirtschaftswege als kleines Paradies. Was sich offenbar herumgesprochen hat, denn mittlerweile hat der Bahnhof des Hauptortes **Saignelgier** seinen Mietvelobestand erheblich aufgestockt. Auf dem Hochplateau sind die Strecken überwiegend sanft hügelig. Steiler wird es an den Rändern, im Osten beispielsweise zu den Gorges du Pichoux (Juraaufbruch mit Wasserfällen und Stausee) und im Westen zum Tal des Doubs hinunter.

Doubs Von Les Brenets bis St. Ursanne (ca. 60 km) lässt sich dem französisch-schweizerischen Grenzfluss **Doubs** auf Uferwegen folgen. Für Radler gesperrt ist nur der Wanderweg am Lac de Brenets, dann geht es überwiegend auf schweizerischer, teilweise aber auch französischer Seite durchs Doubs-Tal bis St. Ursanne. Genau dargestellt sind die Wege in den „Landeskarten der Schweiz" (1:25.000). Wer aber ab Les Brenets sukzessive den Wegweisern nach „Biaufond", „La Goule", „Goumois", Soubey" und „St. Ursanne" folgt, kommt auch mit einer 1:100.000-Karte aus. Auch die französischen, teilweise kanalisierten Abschnitte der Doubs sind super zum Radwandern.

Mittelland

Kantone *Kantone mit Anteil am Mittelland sind:* Schaffhausen, Thurgau, Zürich, Aargau, Solothurn, Luzern, Bern, Freiburg, Waadt, Genf.

Eindrücke Hübsche alte Städte, blitzsaubere Dörfer und Einzelgehöfte, parkähnliches Kulturland auf weiten Hängen, Flüsse und Seen in Talmulden – all dies vereint sich in der hügeligen Voralpenregion zwischen Bodensee und Genfer See, genannt Mittelland. Aber auch dichte Besiedlung, Industriestandorte

Tolle Radwege am Doubs und seinen Kanälen

und intensive Landwirtschaft sind charakteristisch fürs Mittelland. Während im Thurgau der Obstbau dominiert, spielt Milchwirtschaft im Greyerzer Land die Hauptrolle, Tabak im Tal der Broye und die Waadt, das Gebiet um Lausanne, gilt als Kornkammer des Landes. Wo immer möglich, wird auch Wein angebaut – in Schaffhausen ebenso wie an den Nordufern des Genfer Sees. Der durch den Bieler-See verlaufende, imaginäre *Röstigraben* markiert die Sprach- und Kulturgrenze zwischen deutsch- und französischsprachiger Schweiz.

Tourenplanung

Die naturräumliche Gunst der Region hat wohlhabende Städte hervorgebracht, die ihre mittelalterlichen Kerne bis heute nahezu original erhalten haben. Stein am Rhein, Schaffhausen, Zürich, Sursee, Luzern, Bern, Solothurn, Murten, Fribourg, Lausanne, Nyon und Genf sind, neben den großen Seen, die touristischen Attraktionen des Mittellandes. Wer eine Tour durchs Mittelland plant, sollte sich klar darüber sein, dass es nicht immer leicht ist, ruhige Nebenstraßen zum Radeln zu finden. Eine gute Planungshilfe, um nicht unnötig in Steigungsfallen oder Wochenendverkehr zu tappen, ist die VCS-Velokarte Schweiz (s.u.). Wer auch Feldwege usw. nicht scheut, sollte auf die 1:60.000er-Karten zurückgreifen (s.u.). Wer sich das ersparen will, nutzt einfach die **Mittelland-Route** (Veloroute 5).

Die Seen

Verkehr und Besiedlung stören bei Touren an den großen Seen teilweise erheblich. *Velofreundliche* Wege finden sich am Südufer des **Bodensees** (nett und unspektakulär: der Bodensee-Radweg), am NW-Ufer des **Bieler Sees** (durch die Weinberge mit schönen Blicken auf den See, die Zahnradbahn Ligerz – Tessenberg nutzen), am Südostufer des **Neuenburger Sees** (Naturschutzgebiete), an kleineren Seen wie Halwiller- und Baldegger See, Greifensee, Wohlensee, Schiffenensee und Murtensee, und am Nordufer des **Genfer Sees** (*Angela Lüppen:* „Von Rolle bis Montreux war es idyllisch hoch drei“).

Aare-Radweg

Eine Zeit lang war der Aare-Radweg der erste und einzige Radfernweg der Schweiz. Mit der Eröffnung des Veloroutennetzes wurde er bis zum Grimselpass verlängert und firmiert seitdem als Veloroute 8 bzw. **Aare-Route.** Die Strecke beginnt hoch spektakulär bei den Gletscherseen am

Nufenenpass (2478 m) – Ulrichen (1340 m) – Furkapass (2431 m) – Andermatt (1450 m). Details zum Nufenenpass s. Tessin.

- **Pässerundfahrt Andermatt-Innertkirchen – „Dreipässefahrt"** (120 km, 3500 Hm)
  Andermatt (1450 m) – Wassen (920 m) – Sustenpass (2224 m) – Innertkirchen (625 m) – Grimselpass (2165 m) – Gletsch (1757 m) – Furkapass (2431 m) – Andermatt (1450 m).

Trotz regen Ausflugsverkehrs ist die Dreipässefahrt wegen ihres hochalpinen Charakters und unzähliger Panoramablicke eine der reizvollsten Rundtouren der Schweiz. Mit rund 3500 Hm auf nur 120 km ist sie für Radler zugleich aber auch eine besonders harte Nuss. Da die Dreipässefahrt auch die Lieblingstour aller Motorradfahrer ist, die Wochenenden möglichst meiden!

Autofreie Straßen

Beachtung verdienen bei der Streckenplanung natürlich auch Straßen, die für den Kfz-Verkehr *ganz oder teilweise* gesperrt sind, u.a.:
- der Pragelpass von Muotathal bis Glarus (nur an Wochenenden gesperrt)
- das Vereinatal bei Klosters
- die Große Scheidegg von Grindelwald nach Meiringen (nur Postautos)
- der geschotterte Kunkelspass westl. von Chur (nur Anwohnerverkehr)
- die Auffahrten vom Surselva zu den Quellseen des Vorderrheins (Lai da Curnera, Lai da Nalps).

Nicht ganz autofrei, zumindest aber verkehrsarm sind auch alte Passstraßen, die, wie am St. Bernhard, St. Gotthard und San Bernardino, durch Neubauten „ersetzt" wurden.

MTB-Route Alpine Biker

Über 600 km lang ist die erste Schweizer Fernroute für Mountainbiker. Auf alpinen Singletrails führt die **Alpine Bike** ambitionierte Biker seit 2007 durchs ganze Land – von Scuol im Osten nach Aigle im Westen. Die Route ist hervorragend beschildert. Auch ein Tourenführer ist erhältlich: Swiss Sports Publishing, „Mountainbikeland Band 1 (Alpine Bike)", 18 €, Bezug: *www.magicmaps.de*

Graubünden

Tourismus

Der größte Kanton der Schweiz ist zugleich der am wenigsten besiedelte (7106 qkm, 25 Ew./qkm). 150 Täler umfasst Graubünden, die landschaftlich ebenso unterschiedlich sind wie die Dialekte ihrer Bewohner. Die „Ferienecke der Schweiz" ist als Tourismusgebiet noch recht jung. Da Graubünden vor dem Krieg wirtschaftlich so gut wie am Ende war, wurden mit geborgten Geldern gewagte Alpenstraßen und Bahnlinien konstruiert, um die attraktiven, aber abgeschiedenen Berg- und Talschaften dem Fremdenverkehr zugänglich zu machen. Wie man sieht, ging die Rechnung auf.

Rheintal

In Graubünden liegen die Quellgebiete des Rheins. Das Tal des **Vorderrheins** beginnt beim Oberalppass (2044 m) und vereint sich vor Chur mit dem Hinterrhein zum **Alpenrhein.** Nördlich von Graubünden durchfließt der Alpenrhein Liechtenstein und den Kanton St. Gallen, bevor er bei Bregenz in den Bodensee mündet. Die Strecke ist Teil der Rhein-Radroute, die vom Oberalppass bis Disentis die Passstraße nutzt, dann auf überwiegend autofreien Radwegen und Nebenstraßen über Reichenau nach Chur führt. Da die landschaftlichen Eindrücke Flussabwärts schwächer werden, ist die Gegenrichtung eigentlich reizvoller.

MTB-Tipp

Als Rheintal-Alternative ab Tamins auf toller Nebenstrecke über den **Kunkelspass** (1357 m). Aber: 22% Steigung auf Schotter sind zu packen. Nur bis zu 15% Gefälle hat anschließend die nördliche Abfahrt über Vättis (940 m) und durchs schöne Taminatal bis Pfäfers (820 m) und weiter bis Bad Ragaz (ab Vättis wieder Asphalt, die Straße ist aber nur für Anwohner-Kfz frei). Leichter ist also die Nord-Süd-Richtung!

Plessur-Alpen

An den Hängen des *Schanfigg* verläuft die Straße von der Kantonshauptstadt Chur zum Gebirgssportzentrum **Arosa** und quert dabei mehrere kleine Seitentäler. Bei der 30 km langen Auffahrt werden knapp 1200 m Höhe gewonnen (275 Kurven, Steigungen bis 11%). Ein Netz von Wanderwegen und zwei Seilbahnen erschließen dann rund um Arosa (1740 m) die Bergwelt der Plessur-Alpen. Markierte MTB-Routen sind zwar eher rar, aber auch so hat sich das in einem weiten Talschluss gelegene Arosa zu einem beliebten Bikespot entwickelt.

Engadin

Die bekannteste Urlaubsregion Graubündens ist zweifellos das Engadin. Das vom **Oberen Inn** durchflossene Hochtal verläuft zwischen 1750 und 1200 m Höhe. Terrassenförmig steigen die Berge vom Talgrund bis etwa 2000 m an. Abrupt wird es über den von Almen und Lärchenwäldern begrünten Terrassen hochgebirgig. Allenthalben steigen Felswände neben Gletscherbrüchen und Geröllhängen bis weit über 3000 m an. Höchster Gipfel ist der **Bernina** (4049 m). Während der jahrhundertelangen Abgeschiedenheit konnte sich im Engadin eine eigenständige Kultur entwickeln und bis heute erhalten. Besonders typisch sind die *Sgraffiti* an weiß getünchten Steinhäusern, zu betrachten u. a. im Unterengadiner Vorzeigedorf Guarda. Dazu die Postkarten-Landschaft der Umgebung. So wurde aus dem Engadin einer der Top-Spots des Schweizer Fremdenverkehrs (diese Aussage gilt besonders für das noble, seenreiche Oberengadin).

Tirano (Lombardei, Bernina-Passstraße

Berninapass (2328 m)

Michael Kristl: Ein ungewöhnlich eindrucksvoller Pass, welcher das Engadin auf Schweizer Seite mit dem italienischen Veltin verbindet. Überwältigende Aussicht auf die Viertausender der Berninagruppe. Während vom Talboden bei St. Moritz auf der Nordseite nur 550 m zu überwinden sind, verlangen die 1850 Höhenmeter von Tirano ungleich mehr vom Pässeradler. Straßenzustand hervorragend.

MTB-Tipps Engadin

- **Inntal-Radroute** (überwiegend Feld- und Waldwege, etliche Steigungen; für normale Radwanderungen ungeeignet).
- Die Engadiner **Schmalspurbahn** von Scuol nach St. Moritz (stündl., mit Gepäckwagen) ist ein prima Zubringer, um von wechselnden Ausgangspunkten zu Tagestouren in die diversen Seitentäler aufzubrechen.

Bikeverbote bestehen teilweise in Oberengadin, so etwa am St. Moritzer und Silvaplana See.
MTB-Infos: i-Büro Scuol, i-Büro St. Moritz.

Berner Oberland

Touren-tipps

Als **Berner Oberland** wird im Allgemeinen jener Teil des Kantons Bern bezeichnet, der die **Berner Alpen** umfasst, inklusive Thuner und Brienzer See. In den Hochtälern urige Bauernhäuser, und Milchvieh auf den Senneralmen, darüber Wasserfälle, Bergseen, Felswände und die mächtigsten Gletscher der Alpen – Postkartenschweiz soweit das Auge reicht. Wer die Berner Alpen überqueren will, nimmt entweder die Tunnelbahn zwischen *Kandertal* und *Lötschental* (Stationen: Kandersteg – Goppenstein) oder bezwingt die abenteuerliche Piste über den **Col du Sanetsch** (2251 m, zwischen Gsteig und Sion, Südseite asphaltiert, Nordseite singletrail, mit Gepäck machbar, aber viel zu Fuß). Ansonsten erweisen sich die Berner Alpen als Totalbarriere, alle Täler enden als Sackgassen. Abgesehen von diesen Stichtälern, deren südliche Vertreter schon zum Wallis gehören, sind die Berner Alpen daher praktisch nur für Mountainbiker interessant.

MTB-Spots

Ideale Ausgangspunkte für Biketouren im Berner Oberland sind die Orte im **Jungfraugebiet** rund um die Kleine Scheidegg: **Lauterbrunnen, Wengen, Mürren, Grindelwald.** Deren Verkehrsvereine (Grindelwald voran) haben ein ganzes MTB-Netz beschildert. Die Touren sind technisch zwar problemlos, meist aber mit reichlich Höhenmetern gespickt.
Weitere interessante Standquartiere für Touren im Berner Oberland sind: **Lenk** (im Simmental), **Oey** (im Diemtigtal), **Hasliberg** und **Meiringen** (im Haslital), **Interlaken (!)** und **Ringgenberg** (am Brienzer See), **Gstaad** (im Saanenland). Detaillierte Toureninfos bei den jeweiligen i-Büros.

Wallis

Überblick

Das obere Rhônetal zwischen Berner und Walliser Alpen markiert die nördlichen Grenzen des drittgrößten Kantons der Schweiz (5226 qkm). Die Berner Alpen im Norden schützen die Täler des Wallis vor klimatischen Unbilden, weshalb sie zu den niederschlagsärmsten und sonnenreichsten Regionen des Landes zählen. Während in den Tälern Weinbeeren und Feigen reifen, liegt auf den Gebirgskämmen ewiges Eis.

Obwohl man im Wallis bislang eher sorglos mit den natürlichen Reichtümern umging (Ferienzentren in Beton, hemmungslos verbautes Rhônetal), sind rund neun Zehntel des Kantons immer noch Landschaft pur. Gletscher, Berge, Flüsse, Almen und Wälder – ein Dorado für Bergsteiger, Wanderer und Mountainbiker. Den Alpenübergang nach Süden ermöglichen nur *St. Bernhard-* und *Simplon-Pass* (anschl. durch die wilde Gondoschlucht), alle anderen Täler der Walliser Alpen sind südwärts abgeriegelt – auch das prominente, 28 km lange *Mattertal,* an dessen autofreiem Ende Zermatt und das **Matterhorn** liegen.

Rhônetal

Hauptverkehrsader im Wallis ist das rund 180 km lange Rhônetal, von dem aus Abstecher in viele Täler möglich sind. Die Rhône, die im deutschsprachigen **Oberwallis** auch *Rotten* genannt wird, entspringt bei Gletsch (unterhalb des Rhônegletschers) und durchfließt dann bis Brig das raue, aber touristisch reizvolle Hochgebirgstal **Goms.**

Rhône-Gletscher (Wallis)

Nachdem die Straße von Gletsch (1760 m) bis Brig (680 m) deutlich an Höhe verloren hat, geht es nahezu flach weiter. In der klimatisch verwöhnten Ebene des Rhônetals („Kalifornien der Schweiz“) führt die Radstrecke gelegentlich im Zickzack durch hübsche Städtchen, Weinberge und Obstplantagen, bevor **Montreux** (395 m) am Genfer See (Lac Léman) erreicht ist. Am dicht bebauten nördlichen Seeufer weicht die offizielle Veloroute oft vom Ufer ab und beinhaltet bis Genf noch einmal 330 Höhenmeter.

Tipp: Das Schönste am Rhônetal sind eigentlich dessen **Seitentäler,** besonders das Val d'Anniviers und das Val d'Hérens. Die Stichstraßen führen tief in die Walliser Alpen und enden auf rund 2000 m Höhe. Ähnlich auch das Visp-Tal mit seinen Verzweigungen nach Saas, Fee und Zermatt.

An der französischen **Fortsetzung des Rhône-Radwegs** von Genf bis zum Mittelmeer wird gearbeitet (s. Frankreich Rhône-Tal). Jahr für Jahr werden einige Radwegkilometer dieser 650 km langen Fortsetzung vollendet. Ein Langzeitprojekt. Aktuelle Detailkarten hierzu: *www.dulemanalamer.com*

Pause am Furkapass (Wallis)

MTB-Tipps Wallis

- **Goms:** Ein Dorado für Mountainbiker ist die vergletscherte Bergwelt rund ums obere Rhônetal. Ein dichtes Netz aus Fahrwegen (Alm-, Forst-, Wirtschafts- und Skiwege) und ausreichend breiten Wanderwegen steht Bikern offen. Über 600 km MTB-Routen sind ausgewiesen. Nur im Aletschwald-Reservat ist Biken verboten. Infos: u.a. bei den i-Büros Brig, Fiesch, Riederalp, Bettmeralp.

- Alle vier großen Täler in den Walliser Alpen – **Mattertal, Val d'Anniviers, Val Hrens, Val de Bagnes** – sind großartige MTB-Reviere und daher auch alljährlich Schauplatz des „Grand Cristal Raid", einem der härtesten MTB-Rennen der Welt.
- In den zusammenhängenden, relativ untouristischen Tälern von **Anniviers, Moiry** und **Zinal** ermöglicht ein dichtes Netz von Fahrwegen Touren vor der imposanten Kulisse von 30 weißhäuptigen Viertausendern. An die 500 km MTB-Routen mit knackigen Anstiegen sind markiert. Infos: i-Büros Grimentz, Chandolin, Zinal. Im benachbarten **Mattertal** wirbt das touristische **Zermatt** mit einem jährlichen MTB-Festival im August.
- Beste Bedingungen bieten auch die ausgeschilderten MTB-Routen-Netze durch die *Weinberge im Rhônetal* bei **Sierre** und die *Wintersportgebiete* bei **Bürchen** und **Vercorin.**

Tessin (Ticino)

Anreise, Pässe

Den wichtigsten Zugang ins Tessin bildet der **Gotthard-Pass** (2108 m). Zur Wahl stehen die Kantonsstraße und die wenig befahrene alte Poststraße mit ihrem denkmalgeschützten Pflaster. Wer sich vom Engadin aus den zehnprozentigen Anstieg sparen will, verlädt sein Rad in Göschenen (1110 m) auf die Gotthard-Bahn. Nach einer knappen Stunde Bahnfahrt durch den Tunnel geht es dann ab **Airolo** (1175 m) auf Nebenstraßen hinab nach **Bellinzona** (230 m) und, auf weitgehend autofreiem Radwanderweg, weiter bis **Ascona** am Lago Maggiore. Unterwegs lockt kurz hinter Airolo, in Piotta

(1000 m), die „steilste Drahtseilbahn Europas“ zum Ritomsee (1850 m), Velomitnahme möglich.

Den zweiten bedeutenden Zugang ins Tessin bildet der **San Bernadino** (2065 m, s. Alpen).

Eine interessante Alternative zum Gotthard stellt der **Lukmanier-Pass** dar (1916 m, Disentis/Mustr – Biasca). *Michael Kristl:* „Die Lukmanier-Straße überwindet den Alpenhauptkamm in bemerkenswert niedriger Höhe und mit nur durchschnittlich 5% Steigung. Daher auch für den weniger trainierten Radler sehr angenehm. Der schon von den Römern benutzte Übergang ist erfreulich verkehrsarm und weist eine gute Straßenbeschaffenheit auf.“

Eine Querverbindung ins Wallis schafft der **Nufenenpass** (2478 m). *Michael Kristl:* „Höchste Passstraße der Schweiz. Nordrampe (ab Ulrichen) und Südrampe (ab Airolo) mit jeweils 1100 Höhenmeter bei bis zu 12% Steigung, beide mit sehr gutem Straßenbelag. Großartige Aussicht von der Passhöhe auf die Berner Alpen.“

Luganer See und Lago Maggiore

Mediterranes Klima, italienische Sprache und Ambiente: Schon recht losgelöst von der Schweiz erscheint das auf der südlichen Abdachung der Alpen gelegene Ticino (Tessin). Schroffe Täler, sanfte Täler, karge Täler, blühende Täler, Kastanienwälder und Weinberge, Bergdörfer wie in Südtirol, Städtchen wie in der Toskana, Palmen und Zitronenbäume am Lago di Lugano, Abgeschiedenheit und Weltzugewandtheit – all dies inspirierte schon Hermann Hesse, der bei Lugano seine Wahlheimat fand. Auch der Tourismus und der Schweizer Geldadel finden das Reizklima am Luganer See anziehend, so dass dieses schöne Gewässer weitgehend zugebaut ist. Für Radler lohnt dort eigentlich nur die Süduferstrecke, die auch gut in die folgende Tour passt.

Zwei-Seen – Zwei-Länder-Tour

Vom **Luganer See** (CH/I) auf verkehrsarmer Höhenstraße durchs idyllische Bergland von *Malcanto* zum **Lago Maggiore** (I/CH). Route: Agno (280 m) – Gravesano – Arosio (860 m) – Breno (700 m) – Migliegla – Astano – Sessa – Luino (210 m). Anstrengend ist dabei der Anstieg von Gravesano nach Arosio (bis 17%). Wer mehr auf „lustig“ steht, radelt auf italienischer Seite von Ponte Tresa bis Luino entlang der Tesa. Am „Lago“ dann eine ähnliche Entscheidung: Entweder gemütlich in *Ufernähe* nach Locarno, oder aber über die reizvollere Höhenstraße am **Monte Gambarogno** vorbei. Route: Maccagno (200 m) – Biegno (890 m) – Indemini (940 m) – Alpe di Neggia (1395 m) – Vira (200 m).

Oberes Tessin

Wenig Spielraum bezüglich des Schwierigkeitsgrades gibt es im Tessin *jenseits* der Seen. Hier locken alle größeren Täler automatisch in die Höhe und enden immer erst irgendwo über 1000 m. **Locarno** ist Ausgangspunkt für zwei bekannte Täler: Das steile, schluchtenreiche **Centovalli** und das sanfte, fruchtbare **Valle Maggia,** das sich ab Cevio (420 m) in mehrere, stark ansteigende Gebirgstäler verzweigt.

MTB Tessin

Von den nördlichen Quellen bis zum Luganer See im Süden ist das ganze Tessin ein „natürliches“ MTB-Revier, das allerdings nicht ganz so spektakulär ist wie das Wallis oder Graubünden. Bislang existieren auch nur wenige markierte MTB-Routen.

An-/Abreise ab Grenze. Erhältlich sind auch „Swiss Pass"-Netzkarten für Zeiträume ab 4 Tage. „Swiss Card" und „Swiss Pass" berechtigen zur Nutzung des gesamten *Swiss Travel Systems* (www.swisstravelsystem.ch), das neben allen SBB- Bahnstrecken auch viele Privatbahn- und Postautolinien beinhaltet. Auch einige Schiffslinien beteiligen sich am Tarifverbund. Zudem gewähren die meisten Bergbahnen Passinhabern Rabatte.

Fahrradmitnahme (Selbstverlad) – Prinzipiell können in allen Zügen Fahrräder mitgenommen werden. Nur die Ausnahmen sind im Fahrplan markiert (durchgestrichenes Fahrrad). Velo-Tagestickets (10 CHF) gibt's am Automaten. Bei Regionalzügen werden Räder auf markierten Plattformen oder speziellen Fahrradwaggons mitgenommen, Schnellzüge führen immer Gepäckwagen.

Fahrradversand – Von allen Bahnhöfen mit Gepäckabfertigung. 16 CHF inkl. Schutzhülle und Versicherung, Spezialräder über 2 m Länge 32 CHF. Transportdauer: max. 24 Std., Schäden sind äußerst selten.

Infos: *www.sbb.ch* Menüfolge: Reisen/Freizeit/Velo+Bahn, hilfreiche Übersichtskarte „Veloselbstverlad" (pdf-file).

Andere Verkehrsmittel

Privatbahnen – Einige Bahnlinien sind allein schon ihrer aufregenden Streckenführung wegen eine Reise wert. Vorneweg der berühmte *Glacier-Express*. Dieser „langsamste Schnellzug der Welt" führt von den Rätischen in die Walliser Alpen und passiert dabei 291 Brücken und 91 Tunnels. Die 290 km lange Route: St. Moritz – Albula-Bahn – Chur – Disentis – Oberalppass – Andermatt – Brig – Zermatt. Kaum weniger spannend ist der *Bernina-Express*, der die höchste und zugleich steilste Strecke in den Alpen befährt. Die 145 km lange Route: Chur – Albula-Bahn – St. Moritz – Pontresina – Berninapass – Tirano/Italien. Beide Linien werden von Privatbahnen betrieben. Fahrräder müssen beim Glacier-Express auf jeden Fall als Reisegepäck aufgegeben werden, beim Bernina-Express soll in beschränktem Umfang auch eine Mitnahme möglich sein.

Busse/Postautos – Postbusse (sog. Postautos, www.postauto.ch) sowie private Busunternehmen nehmen Fahrräder generell mit, Vorrang hat jedoch der Fahrgasttransport. Teilweise verkehren auch Post- bzw. Autobusse mit Velohängern für bis zu 25 Räder. Seit 2008 gilt das Velobillett der SBB auch bei den Postbussen, so dass dann kein zusätzliches Ticket mehr gelöst werden muss.

Linienschiffe – Fast alle auf den Seen verkehrenden Schiffe nehmen Fahrräder mit (3–9 CHF). Keine Velobeförderung auf Ägeri- und Silsersee, Einschränkungen bestehen auf Bieler- und Zugersee.

Übernachten

- „Schlaf im Stroh": *www.abenteuer-stroh.ch*
- Naturfreunde Schweiz: *www.naturfreunde.ch*
- Jugendherbergen in der Schweiz: *www.youthhostel.ch*
- Hostel-Verbände: *www.hostels.com, www.swissbackpackers.ch*
- Swiss Budget Hotels: *www.rooms.ch* (über 200 relativ preiswerte Hotels)
- Schweizer Alpen Club: *www.sac-cas.ch*
- Velodach: *www.velodach.ch*

Zimmer

In der Schweiz gibt es, von der Pension bis zum **Hotel,** über 7000 Beherbergungsbetriebe. Für ein DZ sollte man mind. 80-100 CHF einkalkulieren. Wer wirklich preiswert übernachten will, sollte sich besser auf das Netz der gut ausgestatteten **Jugendherbergen** konzentrieren (insges. 58 JHs, Ü/F ab 25 CHF) oder in einem der privat geführten **Hostels** absteigen (Ü ab 30 CHF). Für Juli und August möglichst früh vorbuchen, vor allem für die Städte. Hüttenromantik versprechen die 90 landschaftlich hübsch gelegenen **Naturfreundehäuser** (Ü um 15 CHF). **Schlaf im Stroh:** Bei mehr als 200 Bauernhöfen kann in der Scheune im Stroh übernachtet werden (Ü/F 20–30 CHF). Nur von Mountainbikern erreichbar sind ausgewählte **Berghütten** des Schweizer Alpen-Clubs SAC (insges.160 Hütten). Nichtmitglieder zahlen 50-65 CHF (Ü/HP). Eine Besonderheit stellt das Schweizer **Velodach** dar, ein auf Gegenseitigkeit basierendes Verzeichnis kostenloser Privatunterkünfte für Radler.

Zelten

Insgesamt rund 500 *Campingplätze,* vor allem in der mittleren und westlichen Schweiz. Vergleichsweise gut erschlossen sind auch die Walliser Alpen. Größere Lücken hingegen in der östlichen Schweiz und besonders im Jura. Preise: 2 Pers./Zelt um 15 CHF. Öffnungszeiten überw. Mai – Sep., teilw. Apr. – Okt. oder ganzjährig, in den Alpenregionen oft auch erst ab Juni oder Juli. *Wildes Zelten* wird nicht gern gesehen.

Karten und Literatur

Tourenkarten

- Kümmerly + Frey: „Veloreisekarte Schweiz“ 1:301.000. Gute Gesamtkarte mit allen Velorouten und radlerfreundlichen Hotels, 11,90 €. Der ulkige Maßstab hat mit der Schweizer Kartensteuer zu tun, Karten bis 1:300.000 unterliegen einem höheren Steuersatz.
- Kümmerly + Frey: VCS-Velokarte 1:60.000, Bl. 1–17. Für alle Gebiete *außerhalb* der Hochalpen; beste Wahl für regionale und MTB-Touren, je Blatt 14 €.
- Bundesamt für Landestopografie: Serien à 1:25.000, 1:50.000, 1:100.000, 1:200.000. Jeweils als flächendeckende „Landeskarte der Schweiz“. Für MTB-Touren, speziell im Alpenraum.
- Swiss Single Trail Map: 38 Karten 1.50.000, Bikespots mit Singletrails und Tourenvorschlägen. 25 CHF, *www.singletrailmap.ch*

Tourenführer

- Esterbauer Vlg. (Bikeline): „Rhein-Radweg 1“ (Andermatt – Basel).
- Esterbauer Vlg. (Bikeline): „Inn-Radweg 1“ (Von der Quelle nach Innsbruck).
- Esterbauer Vlg. (Bikeline): „Rhône-Radweg 1“ (Andermatt – Genf).
- Esterbauer Vlg. (Bikeline): „Bodensee-Radweg“.
- Esterbauer Vlg. (Bikeline): „Aare-Radweg“ (Meiringen – Waldshut).
- Esterbauer Vlg. (Bikeline): „MountainBike Guide Engadin“
- Esterbauer Vlg. (Bikeline): „Radatlas Vorarlberg“
- Kettler Vlg.: Radreiseführer „Schweiz per Rad“, nicht mehr ganz frisch (1995), ohne Veloland-Routen, aber mit Höhenprofilen.
- Werd-Vlg.: Veloland-Routenführer, Bd. 1–9

Fahrrad

Ausstattung Eine potente Gangschaltung mit Untersetzung und effiziente, leichtgängige Bremsen sind sinnvoll. Reifenbreite: ab 28 mm. Gute Fahrradbeleuchtung für die meist unbeleuchteten Straßentunnels. Helmtragen ist in der Schweiz üblich, es besteht aber keine Pflicht.

Reparaturen In den Städten problemlos, in abgelegenen Alpentälern schwierig. Im Gegensatz zur MTB-Bereifung lässt sich passende 28-Zoll-Bereifung nicht überall auftreiben. Faltreifen als Reserve mitnehmen.

Mieten Fahrradvermietung gehört seit 1952 zum Service der Schweizerischen Bundesbahnen. Mittlerweile steht dahinter die Rent-A-Bike-AG, die mit der SBB kooperiert. An rund 100 Bahnhöfen können insgesamt 3000 Countrybikes, MTBs und Kinder-MTBs gemietet werden. Da der Bestand jährlich komplett erneuert, sind Mängel selten. Bei Miete für mindestens einen Tag kann die Rückgabe auch an einem anderen Bahnhof erfolgen. Preise: je nach Rückgabeort 33–40 CHF/Tag, Rabatte für Familien und längere Mietdauer. Infos: *www.rent-a-bike.ch*

Daneben gibt es immer mehr private Fahrradvermieter. Höherwertige MTBs können in den Ferienorten der Alpen gemietet werden (um 50 CHF).

Straßen und Wege

Zustand und Wegweisung schweizerischer Straßen sind generell gut bis sehr gut. Winterschäden werden bei den größeren Passstraßen vor der Straßenfreigabe behoben, bei kleinen Passstraßen kann's auch länger dauern. (Telefonischer Straßenzustandsbericht mit Schneebericht: 01-163, landesweit).

Rhône-Radweg im Wallis

▸ Pässeinfos: *www.swissinfo.ch* (- Service - Verkehrsinfo)

Gute Schweizer Tradition ist die Förderung des Fahrradverkehrs. Schon Ende der 50er Jahre wurden in Basel die ersten Einbahnstraßen in Gegenrichtung für Radfahrer freigegeben, in Winterthur dürfen Radler generell den kürzesten Weg nehmen, und große Alpenorte wie Zermatt oder Mürren sind längst autofrei.

Nebenstrecken sind im flacheren Landes-Norden recht zahlreich. Radwege verlaufen oft parallel zu verkehrsreichen Hauptstraßen. Eng wird's in den Alpentälern, wo selten Platz für eine zusätzliche Strecke ist (zu den Ausnahmen gehört das Engadin). Bis zehn Uhr ist die Radlerwelt in den Alpen noch in Ordnung, aber dann rauscht bis etwa 16 Uhr gnadenlos der Urlauberverkehr! Nervig sind vor allem die Motorräder, die immer wieder in lang gezogenen Konvois vorbeiziehen.

Die weitaus meisten *Radwanderwege* existieren in der deutschsprachigen Schweiz. Die Wegweisung (Signalisierung) erfolgt überwiegend mit roten Schildern, allerdings nicht einheitlich und manchmal sogar verwirrend. Mittlerweile sind 7000 km Radwanderwege „signalisiert".

Die nationale *Velokennzeichenpflicht* gilt nicht für Fahrräder ausländischer Touristen. Jedoch bereitet der Gesetzgeber eine allgemeine *Helmpflicht* vor. *Postbusse* haben Vorfahrt; denn obwohl sie relativ klein sind, benötigen sie bei engen Kehren die Gegenfahrbahn. Wenn ihre Drei-Ton-Fanfare hinter einer Kurve erklingt, ist wirklich Vorsicht geboten!

Offroad (MTB)

Mountainbiken wird von den lokalen Verkehrsvereinen durch die Anlage markierter MTB-Routen gefördert. Das geht bis zu Angeboten fürs Schneebiking (bspw. in Savognin/Graubünden). Die meisten markierten MTB-Routen existieren im Wallis und Graubünden. Unerwünscht sind Hardcore-Biker, die sich auf schmalen Wanderwegen oder querfeldein bewegen. Bei den meisten Verkehrsbüros außerhalb des Mittellandes sind Toureninfos mit Kartenskizzen erhältlich. Dort können auch Bikeverbote auf bestimmten Wanderwegen erfragt werden.

Etwa zwei Drittel der insgesamt 600 **Bergbahnen** transportieren auch Bikes. Von den Bergstationen geht es fast immer weiter bergauf, oder man schwenkt auf den Versorgungsweg und fährt ganz moderat wieder downhills.

Velogeschichten aus den Bergen von Andreas Hollmann

Schon in meiner Kindheit wuchs ich mit den Gefahren des Hochgebirges auf. Da gab es am Sonntagnachmittag in unserem Schwarzweiß-Fernseher immer diese dramatischen Bergsteigerfilme, wo der unvergessene Luis Trenker in seinem berühmten Dialekt gegen Felswände, Stürme und Alphörner annuschelte. Die Schneegestöber in diesen Filmen waren so heftig, dass es sogar in den nachfolgenden Sendungen weiterschneite. Wenn ich danach zum Fenster ging, schweifte mein Blick über die Höhen des Teutoburger Waldes (300 m über dem Meeresspiegel) und ich ahnte, dass „der Berg“ einmal mein Schicksal werden würde ...

Erster Versuch

Zwanzig Jahre später kaufe ich mir das erste vernünftige Fahrrad und quäle mich mit der Rennradschaltung durch die Berge in unserer Gegend. Nach einer viel zu kurzen Trainingszeit mache ich mich auf den Weg nach Süden: der St. Gotthard-Pass ist mein Ziel. Doch schon bei den ersten Ausläufern des Sauerlandes kommen mir Zweifel am Gelingen dieser Reise. Nach vier Tagen befinde ich mich kurz vor Freiburg, und die vor Anstrengung zitternden Beine wollen nicht mehr weiter. Der nächtliche Dauerregen und das daraus resultierende Unterwasser-Camping machen die Entscheidung leicht: Ab zum Bahnhof und mit dem Zug nach Hause!

Jura-Studium

Viele Monde vergehen, doch der weiße Mann mit dem eisernen Pferd gibt nicht auf. Auf Radtouren in der Region erradele ich mir eine verbesserte Kondition und viele Erfahrungen, die mir auf der nächsten längeren Radreise die Illusion von Sicherheit verschaffen sollen. Diesmal fahre ich nicht allein, sondern zusammen mit Thorsten, der sein neues Reiserad auf einer längeren Strecke testen will. Nach dem Start geht alles verdächtig leicht. Die Mittelgebirge sind nicht mehr so hoch wie damals, und durch die Rheinebene erreichen wir nach einer knappen Woche die Grenze zur Schweiz. Wir sind in Kaiseraugst bei Basel. Aber jetzt ist Schluss mit lustig! Wie ein unüberwindliches Hindernis bauen sich die Bergketten des Jura am Horizont auf. Doch soll dies heute nicht unser einziges Problem sein: Die Nahrungsmittelversorgung erweist sich als unerwartet schwierig.

„Es ist Montag, da haben die Geschäfte hier immer zu“, klären uns die Eingeborenen auf. Dafür sind die Läden im nächsten Ort „wegen Urlaub“ geschlossen. Es geht ständig bergauf, wir haben 30 Grad Hitze, und nach einer Weile höre ich flüsternde Stimmen und seltsame Klänge. Doch es ist nicht der Wahnsinn, sondern nur mein kleines Radio in der Packtasche, das sich durch die Vibration auf schlechter Straße eingeschaltet hat und schon seit einer Weile vor sich hin redet. Beim Ausschalten des Geräts finde ich die Hälfte eines zerbröselten Schokoladenkeks und suche verzweifelt nach der anderen Hälfte. „Zwei Radfahrer in der Schweiz verhungert!“ sehe ich schon eine imaginäre Schlagzeile. Solche Situationen waren es wohl, in denen bei den großen Expeditionen der Weltgeschichte mit zitternder Hand der letzte tragische Satz in das Tagebuch geschrieben wurde: „Wir sind am Ende unserer Kräfte ...“

Doch es gibt Rettung! Gerüchte besagen, dass es im 30 km entfernten Breitenbach einen Supermarkt geben soll, der trotz der Urlaubszeit geöffnet hat. Aber erst ab 15 Uhr. Bis dahin sind noch drei Stunden Zeit, und so legen wir den kräfteschonenden Spargang ein. Doch schon nach der nächsten Steigung werden wir von einer Wiese voller Kirschbäume überrascht. Mit Erlaubnis der Bäuerin stopfen wir die Kirschen solange in uns hinein, bis Blutzuckerspiegel und Stimmung wieder steigen. Gutgelaunt geht es weiter nach Breitenbach zum Einkaufen.

Die Auffahrt zum 932 m hohen Passwang ist richtig idyllisch, mit einem plätschernden Bach am rechten Straßenrand und nur wenig Autoverkehr. Im Schatten der Bäume lässt es sich angenehm fahren. Doch kurz vor der Passhöhe ist der Traum zu Ende. In der prallen Sonne zieht sich die Straße am schattenlosen Hang hoch und wird immer steiler. Der weitere Verlauf: Zweiter Gang, erster Gang, Wiegetritt, lautes Fluchen, Absteigen, Schieben. In diesem Stadium glaube ich manchmal aus den Felsen über uns das leise Kichern der Berggeister zu hören.

Nach einigen hundert Metern zu Fuß lässt die Steigung nach und wir können wieder aufsitzen. Zur Belohnung gibt es auf der Passhöhe einen kühlen schattigen Tunnel, der durch den Berg auf die andere Seite führt. Dort hofften wir, endlich die Alpen zu sehen, doch in der Ferne löst sich die Landschaft im Dunst auf. Die rasende Abfahrt nach Balsthal auf einer gut ausgebauten Straße lässt uns die Strapazen der Auffahrt vergessen.

Premiere am Furka-Pass

Ulrichen im Wallis. Heute wollen wir unseren ersten Alpenpass bezwingen. Die erste Kehrengruppe hinter Obergestein führt nach Norden und überbrückt die etwa 300 Höhenmeter bis nach Gletsch. Da das Rhônetal hier einen Knick vollzieht, hat man noch keinen Ausblick auf den Pass. Weiter geht es um die nächste Kurve – und es verschlägt mir die Sprache! Geradeaus eine riesige Felswand, an der sich die Serpentinen hochziehen. Die wahren Größenverhältnisse werden erst klar, als wir näher kommen: Kleine Punkte wandern auf den Linien auf und ab – Autos und Busse, die wie Spielzeug wirken. Oh nein, da müssen wir doch nicht wirklich rauf? Ein Blick auf die Karte beruhigt uns, dies ist der Grimselpass und wir wollen ja über den Furkapass.

Den erblicken wir erst nach der nächsten Kurve, und er sieht *noch* schlimmer aus! Da steht ein von Wind und Wetter erodierter Felsen mit senkrechten Spalten, an dem sich die Straße hoch windet. Auf der rechten Seite steht eine Kehre auf dünnen Stelzen – die soll zwei vollbepackte Reiseräder aushalten?

Blickfang auf der linken Seite ist der Rhônegletscher. Blauweiße Eismassen lasten auf dem Berg, und aus dem Felsen darunter entspringen kleine Wasserfälle mit milchig-blauem Schmelzwasser: die Quelle der Rhône. Wo sich Gletscher und Passstraße treffen, steht das winzige Hotel Belvedère und macht die Dimensionen deutlich.

Eine Stunde und etliche Serpentinen später haben wir uns einen ersten Belohnungs-Eisbecher verdient. Die Wasserversorgung an der Westrampe ist optimal, ein kleiner Bach stürzt die senkrechte Felswand herunter und schneidet die geraden Rampen der Straße; nach jeder Spitzkehre kommt man wieder an dem Bach vorbei und kann sich im eiskalten Wasser kühlen. Noch ein kurzes Stück und wir haben die Passhöhe erreicht.

„Tschweitauschendvierhunderteinendreischisch Meter!" höre ich Luis Trenker im Geiste sagen. Das Panorama ist beeindruckend. Wie eine Schlange windet sich die Straße aus dem Tal nach oben. Da sind wir hochgefahren? Kaum zu glauben!

hören einer Minderheit an, die größte stellen die Ungaren. Während die Bewohner der Vojvodina daher auch mehrheitlich katholisch sind, ist der größte Teil der Serben orthodox. Ihre christliche Religion speist ihr Nationalgefühl.

Auch wenn ein Teil der Serben sich völlig uninteressiert gibt, sind Besucher gern gesehen im Land. Die „anderen" Serben sind dafür um so freundlicher. Ein Fahrradschloss braucht man fast nicht, denn die Kriminalitätsrate ist gering. Die Verständigung mit Englisch klappt nur stellenweise. Vereinzelt trifft man ältere Serben, die gut deutsch sprechen. Die amtliche Schrift ist kyrillisch. Wegweiser sind aber immer auch lateinisch beschriftet.

per Rad erfahren

In den letzten Jahren ist der südosteuropäische Binnenstaat für Radreisende wieder interessant geworden. Hauptgrund ist sicherlich der Donau-Radweg, der auf 665 km durch Serbien führt und östlich von Belgrad einen der schönsten Abschnitte dieses internationalen Radweges beinhaltet. Auch im Rahmen einer Balkanrundtour ist Serbien wieder ein Land, das sich normal bereisen lässt. Der Standard ist vergleichbar mit dem Kroatiens. Allerdings ist Serbien sehr viel preiswerter.

Auf dem Donauradweg durch Serbien

ROUTEN & REGIONEN

Der Donau-Radweg durch Serbien

Rund 670 km weit führt der internationale **Donau-Radweg** (zugleich Teil des europäischen Fernradweges **EuroVelo 6)** durch Serbien. Eigentlich sollte man auch in Serbien eher von einer Radroute sprechen, denn echte bauliche Radwege sind die Ausnahme. Seit 2007 ist der Radweg nun bis Belgrad beschildert. Das Projekt wurde von GTZ und ADFC geplant und

SERBIEN
MONTENEGRO
KOSOVO
0
100 km
© RKH VERLAG HERMANN
UNGARN
Szeged
Arad
Subotica
Timiçoara
Tisa
Kikinda
Sombor
Vojvodina
Begej
RUMÄNIEN
Reçifia
Osijek
Zrenjanin
Vukovar
Novi Sad
KROA-
TIEN
Dunav (Donau)
Sremska
Mitrovica
Pancevo
Drobeta-Turnu-
Severin
Novi
Beograd
Belgrad
Smederovo
Pozarevac
Dunav
Brcko
Sava
Sabac
Sava
Drina
Tuzla
SERBIEN
Velika Morava
Bor
Vidin
Valjevo
Zajecar
Kragujevac
Jagodina
BOSNIEN
und HERZE-
GOWINA
BULGA-
RIEN
Cacak
Uzice
Kraljevo
Zapadna Morava
Sarajevo
Krusevak
Ibar
Nis
Pirot
Gorazde
Prokuplje
Lim
Leskovac
Novi Pazar
Morava
Tara
Piva
Kosovska Mitrovica
MONTENEGRO
Vranje
Pristina
Gnjilane
Pec
Niksi
KOSOVO
Podgorica
Kumanovo
Prizren
Cetinje
Skopje
Lake
Scutari
Liqi
Fierzës
Shkodër
Kukës
ALBA-
NIEN
MAZEDONIEN
Adria
Prilep
Tirana
Ohrid
Bitola
Durrës

auf den Weg gebracht. Die Beschilderung ist hervorragend. Die Streckenführung weniger, denn sie entspricht nur teilweise dem Ideal einer verkehrsarmen, flussnahen Strecke. Immer wieder führt der Donau-Radweg über stark befahrene Hauptstraßen. Bis Smederovo (etwa 40 km östlich von Belgrad) geht dieses Wechselbad der Gefühle.

Die aktuellen Streckenbeschreibungen auf *www.donau-info.org* zeigen aber, dass nach Alternativen gesucht wird. Der Nachteil ist dabei meist, dass die Strecke dadurch komplizierter wird. Auch wird die bereits existierende Beschilderung so schnell nicht wieder geändert. Je nach Interessenlage kann man sich also bis Belgrad einfach der Beschilderung anvertrauen, kommt dann auch recht zügig voran, sieht aber die Donau nur sporadisch und hat oft viel Verkehr um die Ohren. Genussradler setzen hingegen eher auf gute Karten und eine aktuelle Streckenbeschreibung (s. Info-Box).

Donauradweg östl. von Belgrad

Östlich von **Belgrad** lässt sich die rechtsufrige Straße nach Smederovo nur durch einen großen Umweg über die andere Donau-Seite vermeiden. Nimmt man jedoch die ursprünglich vorgesehene Direttissima, hat man es mit einer schmalen Straße und viel Schwerverkehr zu tun. Die Sonne knallt, die Luft stinkt nach Abgasen, vor Grocka auch noch ein langer Anstieg von 170 Hm. Das langt erst mal!

Wer den Ritt aus Belgrad überlebt hat, darf sich aber auf die anschließende Strecke freuen. Unvermittelt steht der Radler in **Smederovo** einem mächtigen Bollwerk gegenüber, das die Fantasie sofort in eine andere Welt befördert. Und mit solchen Eindrücken geht es bis **Tekija** weiter: Burgruinen und die größte Flussschlucht Europas! Ab Smederovo empfiehlt sich die linke Donauseite: Via Kovin nach Stara Palanka und mit der Autofähre nach **Ram.** Weiter auf der rechten Donauseite. Wenn die Festungsruine von **Golubac** passiert hat (die Straße führt mitten durch die Ruine) und zugleich auch den **Djerdarp-Stausee,** beginnt die Fahrt durchs Eiserne Tor.

Donauradweg (Festung Golubac)

Eisernes Tor Zur Klarstellung: Nicht nur das serbisch-rumänische Wasserkraftwerk bei Sip, sondern der gesamte Durchbruch der Donau zwischen Karpaten und Balkangebirge wird als **Eisernes Tor** bezeichnet. Die Bezeichnung kommt aus dem Türkischen, in Serbien heißt der Durchbruch offiziell **Djerdap-Schlucht.** Tekija markiert das östliche Ende der Schlucht, anschließend folgt das Kraftwerk. Die engste und fotogenste Stelle des Donaudurchbruchs, den **Veliki Kazan,** erreicht man nach 80 km (ca. 20 km vor Tekija).

Man kann sowohl auf rumänischer wie serbischer Seite die Schlucht durchfahren. Wobei die serbische Seite den Vorzug hat, dass man dort in heißen Zeiten meist im Schatten radelt, zugleich aber immer auf die Sonnen beschienene rumänische Nordseite schaut. Außerdem verläuft die serbische Straße teilweise als Höhenstraße. 21 Tunnel und ein Mini-Pass sind inklusive. Die Straße ist sehr gut asphaltiert, der Verkehr ist gering bis mäßig. Radel-Spaß pur!

Gebirgstouren

Im Osten des Landes sind **Stara Planina** und **Suva Planina** hübsche Reviere für Tagestouren. Ruhige Straßen führen durch die Gebirgstäler und steigen dabei maximal bis auf 578 m an. Der höchste Gipfel ist der **Midzor** (2170 m), ein schöner Wanderberg. Ein komfortabler Ausgangspunkt ist das renommierte Thermalbad **Sokobanja** 50 km nördlich von Nis.

Im Westen animiert das Gebirgsland vom **Kopaonik-N.P.** (bei Raska) bis zum **Tara-N.P.** serbische Mountainbiker zu Pioniertaten. Die meisten Touren spielen sich hier oberhalb von 1000 m ab. Moderate MTB-Routen zum Nachfahren wurden rund um Uzice dokumentiert.

Serbien als Transitland

Wegen seiner zentralen Lage im Balkan ist Serbien ein klassisches Transitland mit Grenzen zu acht Ländern. Die problematischste ist sicherlich die zum Kosovo, da sie von den Serben nicht als Staatsgrenze anerkannt wird. Wer von Serbien in den **Kosovo** will, muss seine weiteren Reisepläne im Hinterkopf haben, denn er erhält keinen serbischen Ausreisestempel, so dass es nötig sein kann, vom Kosovo erst wieder nach Serbien auszureisen (siehe Info-Box Einreise).

Morava-Tal Wer den Kosovo hingegen ignoriert und direkt nach **Mazedonien** strebt, kommt im **Tal der Morava** am schnellsten voran. In diesem Flusstal verläuft der Autoput (E75) und entlastet die parallel verlaufende Landstraße. Auch die Bahnlinie Belgrad-Skopje führt durchs Morava-Tal, so dass notfalls umgestiegen werden kann. Die EuroVelo-Route 11 wird eines Tages wohl ebenfalls hier verlaufen.

Wer von Ungarn kommend nach **Bosnien-Herzegowina** will, kann bis Novi Sad dem Donau-Radweg folgen (s.o.). Dann wird es allerdings verkehrsreich, denn die 21 nach Sabac ist eine Art Transitstrecke mit viel Schwerverkehr. Gleiches gilt für die 18 von Sabac bis zum Grenzort Loznica. Um die 21 und die 18 zu vermeiden, bleibt nur der Weg über Srem. Mitrovica.

Am Rande der **Großen Schüttinsel** verläuft der seit 1997 ausgeschilderte slowakische Abschnitt des **Donauradwegs.** Diese Seite ist der ungarischen auf jeden Fall vorzuziehen! Bis Cicov verläuft der Weg sehr schön auf gut asphaltierten Deichen, die nur von Radlern und Skatern benutzt werden dürfen. Ab Cicov dann auf Nebenstraßen, und schließlich auf der mäßig befahrenen Fernstraße 63.

Ein Abstecher zum Wasserkraftwerk bei Gabcikovo vermittelt Anschauungsunterricht in Sachen Größenwahn. Eine letzte sozialistische Verzweiflungstat, gegen den sich der Suez-Kanal bescheiden ausnimmt. Die **Beschilderung** ist bis Cicov sehr gut, bis Komarno zunehmend lückenhafter. Das letzte Teilstück auf slowakischer Seite von Komarno bis Sturovo ist praktisch nicht beschildert. Wer ab Cicov weiterhin auf autofreien Deichwegen fahren will, kann der sog. **MTB-Variante** folgen. Allerdings sind diese Wege ziemlich sandig-rutschig. Die Route ist in den entsprechenden Fahrradkarten eingezeichnet (VKU, 1:100.000, 2 Blätter). Die Karten sind im Land schwer zu bekommen, besser vorab besorgen (s.u.).

Interessante Etappenziele finden sich ansonsten erst im nördlichen Bereich der Donau-Tiefebene, unterhalb der ersten Gebirge. Jeweils eine Tagestour ist es von der Donau bis Nitra oder Trnava, beides recht geschäftige, aber durchaus sehenswerte Landstädte. Besonders leicht ist der Weg nach Trnava, wenn ab Komárno die Route durchs **Tal der Waag** (Váh) gewählt wird, meist schiebt dabei auch noch ein leichter Wind aus Süd. Das Waag-Tal ist bis in die Ostslowakei auch als Radroute ausgeschildert (ca. 250 km).

Mittelslowakei

Anspruch

Wer Touren durch Bergland und Gebirge mag, ist in der Mittelslowakei richtig. Alle großen bis mittleren Straßen sind gut ausgebaut und lassen sich steigungsmäßig auch von beladenen Tourenradlern gut bewältigen. Wirklich zäh und anstrengend (Steigungen um 12%) kann es auf Nebenstraßen werden, die mangels Alternative Hauptstraßenfunktion haben. Aufschluss über das Profil solcher Straßen liefern die Steigungspfeile in Mairs Generalkarte„Slowakei“ (s.u.).

Großschleuse am Staudamm (Gabcikovo)

Waag-Tal Der leichteste und schnellste Weg zu den Gebirgen der Mittelslowakei führt durchs Tal der Waag: Von der Donau-Ebene über Piestany nach Trencín, dann in der Mittelslowakei über Bytca, Zilina und Ruzemberok bis Lipt. Hrádok. Von Trnava aus sind dies 240 km durch ein ziemlich besiedeltes und industrialisiertes Flusstal. Bis Zilina ist die Strecke dabei noch ganz annehmbar zum Radeln, östlich davon kommt wenig Freude auf. Große und kleine Lastwagen beherrschen nun die einzige Straße im verengten Flusstal. Einzige Alternative ist die parallel verlaufende Eisenbahn.

Schemnitzer Gebirge Anspruchsvoller, aber auch interessanter als das Waag-Tal ist die Route durchs dicht bewaldete Schemnitzer Gebirge (Stiavnick vrchy) und das Tal der Gran. Drei Bergstädte mit Geschichte liegen auf dem Weg: Banská Stiavnica, Zvolen und Banská Bystrica. Die Route führt zunächst bis auf 750 m (5 km SW Banská Stiavnica), anschließend bis Zvolen überwiegend bergab und auf einer Nebenstraße durchs flache und langweilige Neusohler Becken (Zvolenská kotlina) bis Banská Bystrica (360 m), wo nun die vier bedeutendsten Gebirgszüge der Mittelslowakei in Reichweite sind.

Kleine Fatra (Malá Fatra, teilw. Nationalpark)

Ausgangspunkt Zilina (Waag-Tal).

Szenerie Felsenstädte, Schluchten, Bergbäche, dichte Wälder, artenreiche Sandsteinflora, steil ansteigende Hänge zum Velká Kriván (1709 m, höchster Gipfel). Das *Vrátna dolina* gilt als schönstes Tal der Slowakei, der Talzugang bei *Terchová* führt zwischen imposanten Felsklippen hindurch.

Offroad/ MTB Vom Vrátna dolina zweigen mehrere Wirtschaftswege ab; ein Versorgungsringweg ermöglicht eine ca. 20 km lange Tour zum Panoramagipfel Vel'ka luka (1476 m): Turiec (400 m) – Berghütte na Martinskych holiach (1200 m) – Vel'ka luka (1400 m, Rest zu Fuß) – Berghotel Podstráne (530 m) – Martin-Podháj (400 m).

Touren-Erweiterung In Richtung Polen durch hübsche, traditionsverbundene Landstriche zum *Orava-Stausee*. Außerdem südlich von Bytca: *Sulover Bergland* (Sulovsk vrchy) und *Sulover Felsenwelt* (Súl'ovsk skaly).

Große Fatra (Vel'ká Fatra, Landschaftsschutzgebiet)

Ausgangspunkte Banská Bystrica, Ruzomberok (Waag-Tal), Martin.

Straßen Es führt *keine* Straße durchs Gebirge, von der E 77 zweigen jedoch einige kleine Stichstraßen ab. Reizvoll auch die Nebenstraßenroute unterhalb der Westhänge (Turc. Teplice – Sucany).

Szenerie Mehrere Gipfel über 1500 m (höchster: Ostredok, 1592 m). Schöne, ursprüngliche Täler, tiefe Wälder, Gebirgswiesen, Hauptkamm meist unbewaldet (Fernblicke).

Offroad/ MTB
Der unbefestigte Fahrweg durchs 27 km lange Lubochnianska-Tal (S Lubochna) führt ins Herz der Großen Fatra, moderater Anstieg von 450 auf 1000 m. Schönstes Tal der Großen Fatra ist das *Gaderská-Tal* (Felsenschlucht bei Blatnica).

Hohe Tatra (Vysok Tatry, Nationalpark)

Ausgangspunkt
Lipt. Hrádok.

Straßen
Die 537 ist in ihrer Funktion als *Tatra-Magistrale* (Magistralá) sehr gut ausgebaut, Steigungen um 8–9%, höchster Punkt: 1250 m bei Strebsk Pleso. Nachteil der 537 ist, dass sie permanent durch dichten Nadelwald führt, der die Sicht auf die Gipfel versperrt.

Szenerie
Kleinstes Hochgebirge der Welt, 18 km Kammverlauf mit zugeschärften Granitgipfeln (höchster: Gerlsdorfer Spitze, 2655 m), dunkle Tannenwälder, Wasserfälle, über 100 eiszeitliche Bergseen („Meeraugen"), höchster Ort ist Strbsk Pleso (1355 m, Kalenderpanorama, touristisch).

Offroad/ MTB
Wirtschaftswege führen zu den Bergseen *Popradsk* (1500 m) und *Velick pleso* (1650 m), ansonsten Infos zu MTB-Routen und nutzbaren Wanderwegen vor Ort besorgen, gute MTB-Station in Horny Smokovec.

Niedere Tatra (Nízke Tatry, überw. Nationalpark)

Ausgangspunkte
Banská Bystrica, Lipt. Mikulás, Lipt. Hrádok.

Straßen
Die 72 überquert das Gebirge beim Certovica-Bergsattel (Anstieg bis zum *Certovica* auf 1238 m). Jeweils von Nord und Süd führt die 584 als zweigeteilte Stichstraße in die um 1200 m hoch gelegenen Tourismuszentren der Dumbier-Tatra.

Hochstapler

Szenerie

Der *Certovica* teilt die Niedere Tatra in die *westliche* Region um den Dumbier-Gipfel (2043 m) und die *östliche* um den Králova-hol'a-Gipfel (1948 m). Rund 80 km lang ist der felsige Hauptkamm, bewaldet sind die Seitentäler, schluchtartig einige Karsttäler; insgesamt ist die Niedere Tatra sanfter und abgerundeter als die Hohe Tatra. Highlight der Dumbier-Tatra ist das *Demänovská-Tal* mit über 20 Tropfsteinhöhlen.

Offroad/ MTB

Die *Králova-hol'a-Tatra* (östl. Niedere Tatra) ist eines der ursprünglichsten und ruhigsten Berggebiete der Slowakei, die Nord-Süd-Täler sind durch Wirtschaftswege für die Bergbauern erschlossen. Durchgängiger Fahrweg von Nord nach Süd ab Svarín (bei Lipt. Hrádok), am Cierny-Váh-Stausee vorbei, durch die Täler von Ipoltica und Krivul'a, bis Hel'pa.

Diese Tour lässt sich von Zavadká (5 km westlich Hel'pa) südwärts durchs wildromantisch zerklüftete *Muránska planina* (Tafelland von Muran, gehört zum Slowak. Erzgebirge) fortsetzen. Reizvoll: Wildpferde bei einer Tour durchs Felsental Hrdzavá dolina beobachten, Taleingang bei Murán. Westlich der Muránska planina ein prächtiger Urwald, durchzogen von etlichen Wanderwegen; End- bzw. Ausgangspunkt ist Dobroc.

Ostslowakei

Überblick

Die Staffel bedeutender Gebirge ist noch nicht zu Ende. Nach Hoher und Niederer Tatra wartet nun in der Ostslowakei die flächenmäßig größte Gebirgsregion des Landes: das **Slowakische Erzgebirge** (Slovensk rudohorie). Besonders attraktiv sind hier Slowakisches Paradies (Slovensky raj, Nationalpark) und Slowakischer Karst (Slovensky kras).

Slowakischer Karst

Der zerklüftete, höhlenreiche Slowakische Karst an der Grenze zu Ungarn ist mit 800 qkm das größte Karstgebiet Mitteleuropas. Abgesehen von einigen Fahrwegen ist der Karst allerdings ein problematisches MTB-Revier (schwierige Wanderwege, UNESCO-Biosphärenreservat).

Slowakisches Paradies

Auch im Slowakischen Paradies, ein schluchten- und wasserfallreiches Karstgebiet, das als Wanderparadies gilt, sind die meisten Wege kaum MTB-geeignet. Das gilt besonders für die in der Wanderkarte mit Pfeilen versehenen Einbahnstraßen-Wege (Leitern, Engstellen, viele Wanderer).

Tourenradler, die von Westen kommen, können nach einer Visite der mächtigen **Dobschauer Eishöhle** (Dobsinská l'adová jask., Slow. Paradies) ab *Stratená* auf einer idyllischen, maßvoll hügeligen Nebenstraße das „Paradies" durchqueren.

Zips

Nördlich davon beginnt die historische Region Zips mit ihren im Mittelalter von deutschen Einwanderern gegründeten Städten. Sehenswert: Kezmarok (Käsmark), Levoca (Leutschau), Spissky hrad (Zipser Burg), Presov (Preschau). Weniger schön ist die E 50. Diese von Lastzügen dominierte Transitstraße lässt sich auf dem Weg nach Bardejov nur auf den abgeschiedenen, deutlich anstrengenderen Sträßchen durchs **Leutschauer Bergland** (Levocsk vrchy) umgehen.

Russisch-orthodoxe Holzkirchen

Wie auch immer, die Region um **Bardejov** (Bartfeld) sollte auf der Tour durch die Ostslowakei jedenfalls nicht fehlen. Nicht nur weil die alte Tuchmacherstadt den schönsten mittelalterlichen Stadtkern der Slowakei besitzt, sondern auch wegen der alten russisch-orthodoxen Holzkirchen in den Dörfern der weiteren Umgebung: Trocany, Kozany, Hervartov, Kríze, Kriv, Lukov, Jedlinka, Fricka, Cigel'ka. Das Bergland der Niederen Beskiden macht sich bei der Suche nach den Kirchdörfern zwar in den Beinen bemerkbar, aber es ist allemal eine lohnende Tour durch weltfernes Bauernland.

Pieninsky Nationalpark

Im Anschluss an diese Expedition bietet sich die 77 für die Kehre in Richtung Heimat oder Hohe Tatra an. Profil und Verkehr sind moderat. Ganz so rasch geht es dann aber doch nicht, denn der Pieninsky Nationalpark mit dem spektakulären Durchbruchstal der **Dunajec** ist unbedingt einen Umweg wert. **Tipp:** Westlich von Stará L'ubovna auf der 543 nach Cerveny Klástor. Dort von der Floßablegestelle (keine Fahrradmitnahme auf Flößen!) dem nordöstlich verlaufenden *Uferwanderweg* für 7 km durch den malerischsten Abschnitt des Flusstals folgen (Blick aufs Trzy-Korony-Massiv). Ab Lesnica dann wieder Straße.

War eine der größten Adelsburgen Europas (Zipser Burg, Ostslowakei)

i-Box Slowakei

Einreise Die Slowakei gehört zum Schengen-Raum. EU-Bürger und Schweizer müssen einen Personalausweis mit sich führen.

Geld Die Slowakei ist Euro-Land. Die Lebenshaltungskosten sind etwa ein Drittel günstiger als in D.

Gesundheit GKV-Mitglieder sind anspruchsberechtigt. Details: *www.dvka.de*

Infos
- Slowakische Tourimuszentrale: *www.slovakia.travel*
- Slowakei-Website, englischsprachig: *www.slovakia.org*

Infos vor Ort Im Land sind ca. 50 **Touristeninformationen** (meist halbamtliche Reisebüros) für regionale Infos, Karten aller Art, Zimmernachweise usw. zuständig. Adressen der i-Büros: *www.infoslovak.sk*

Karten Bezug der VKU-Karten: *www.mapfox.de*
- Marco Polo: Generalkarte Slowakei 1:200.000, 8,50 €, präzise Darstellung, aber teilweise nicht auf dem neuesten Stand.
- VKU (Landesvermessungsamt): Radwanderführer Donauradweg, 1:50.000, 11,30 €, Bratislava – Sturovo, Querformat, mit kurzen dt. Beschreibungen.
- Freytag & Berndt: Slowakei Superatlas 1:150.000, 19,95 €, detailliert und zuverlässig.
- *Empfehlung:* VKU: Fahrradatlas Slowakei 1:100.000, Spiralatlas A4-Format, 22,80 €, sehr detailliert und präzise, zeigt alle beschilderten Rad- und MTB-Routen, GPS-Gitter, 10 m-Höhenlinien.

Wetter Kontinentale Klimaeinflüsse sorgen für frostige Winter und warme Sommer. Da die Slowakei von den stabilen Hochdrucklagen des östlichen Kontinents profitiert, hält sich sommerlich schönes Wetter in der Regel über längere Zeiträume und bringt weniger Regen-Überraschungen als in Tschechien. Die Höhenlagen der Gebirge bleiben natürlich auch im Sommer nicht von Regen verschont.

Wind Vorzugsweise aus Nord und Nordwest weht der Wind. Sommerliche Starkwinde sind bis in mittlere Höhenlagen selten.

Reisezeit Ein für Touren geeignetes Klima herrscht praktisch während der gesamten Sommersaison, also von Mitte Mai bis Ende September. Juli und August sind landeseinheitliche Ferienmonate.

Anreise

Per Rad Von Süddeutschland bzw. Österreich aus empfiehlt sich der Donauradweg (Donaueschingen – Ulm – Passau – Wien – Bratislava). Wer ihn noch nicht kennt, schlägt zwei Fliegen mit einer Klappe.

Per Bahn Grenzüberschreitende Fahrradmitnahme in die Slowakei ist nicht möglich. Als Alternativen kommen in Frage: Fahrradmitnahme ab Köln, Dortmund und München bis Wien, von dort per Nahverkehrszug nach Bratislava (inkl. Rad). Fahrradmitnahme ist auch von Nürnberg und Dresden nach Prag möglich. Da die Verbindungen zwischen Tschechien und der Slowakei wie Inland behandelt werden, kann das Fahrrad ab Prag problemlos in die Slowakei mitgenommen werden. Es muss nur rechtzeitig am Gepäckschalter aufgegeben werden (mind. 30 min vor Abfahrt). Infos: *www.bahn.de/bahnundbike*

Transport im Land

Bahnen Mit 3700 km ist das Streckennetz der Slowakischen Staatsbahnen ZSR (www.zsr.sk) ausreichend dicht. Prinzipiell muss das Fahrrad stets als Gepäck aufgegeben werden. Es fährt im selben Zug mit, sofern dieser einen Gepäckwagen führt. Selbstverladung ist vor allem bei Regionalzügen üblich, wo das Rad im Fahrradabteil (Piktogramm) mitfährt (wenn nicht vorhanden im Schaffnerabteil).

Busse Fahrradtransport in Überlandbussen ist zwar unüblich, mit Zustimmung des Fahrers aber möglich.

Übernachten

Zimmer Rund 900 Hotels und Herbergen gibt es in der Slowakei. DZ in einfachen Häusern ab 14 €. Im Juli/August sind in touristisch beliebten Regionen praktisch alle preiswerteren Hotels ausgebucht. Gleiches gilt für die zehn Jugendherbergen des Landes, so dass Reservierungen für diese Zeit ratsam sind. Preiswert logiert werden kann während der Semesterferien in Studentenwohnheimen (bspw. in Bratislava). Privatunterkünfte („Ubytovany") sind zahlreich und fast immer recht ordentlich, Ü ab 7 €. Unterkünfte: *www.limba.sk*

Zelten Mit 137 Campingplätzen hat die Slowakei eine ausreichende Campingplatzdichte. 2 Pers./Zelt um 6 €. Auf den meisten Plätzen können auch Hütten gemietet werden.

Freies Zelten ist offiziell nicht erlaubt, in dünner besiedelten Regionen aber problemlos möglich (nicht in Nationalparks).

Fahrrad

Ausstattung Bergtüchtige Gangschaltung, Reifenbreite ab 32 mm. Außerhalb von Ortschaften besteht Helmpflicht (für Kinder unter 15 Jahren generell). Bei schlechten Sichtverhältnissen müssen Radfahrer reflektierende Kleidung oder ähnliches tragen.

Repara-turen Fahrradgeschäfte mit kompetenter Werkstatt und importierten Ersatzteilen gibt es in vielen größeren Orten.

Mieten Nur in touristisch beliebten Gebirgsregionen wie der Hohen Tatra, inzwischen auch bessere MTB-Modelle.

Straßen und Wege

Das Straßennetz der Slowakei ist eher weitmaschig. Mangels alternativer Nebenstraßen müssen Radreisende daher zwangsläufig auch die stärker befahrenen Hauptstraßen benutzen, die zudem nur selten mit Randspuren ausgestattet sind. Straßendecken und Beschilderung sind gut. Krasse Steigungen über 12% sind selten. Autofahrer sind Radlern gegenüber geduldvoll.

Radrouten 5800 km Straßen und Wege wurden bislang als Rad- und MTB-Routen beschildert. Alle Radwegweiser führen das rote „C" im Schild, das für „cyklisto" = Radfahrer steht. Die wichtigsten Routen sind der slowakische Abschnitt des **Donauradweges** (ca. 200 km) und die **Radroute durchs Waagtal** (ca. 250 km).

Offroad/ MTB Abgesehen von den ohnehin markierten MTB-Routen stehen alle öffentlichen Wanderwege Bikern prinzipiell offen. Besondere Umsicht ist wie immer in Nationalparks geboten, dort keinesfalls querfeldein biken; in den i-Büros nach geeigneten Routen und Karten erkundigen. Bikerfreundliche Hochtäler und weitgehend unberührtes Bergland finden sich vor allem in der Mittelslowakei und den angrenzenden Gebieten.

Durchbruchstal der Dunajec

SLO SLOWENIEN

Daten 20.250 qkm • Ausd. 140 x 240 km • 2 Mio. Einwohner • 96 Ew./qkm

Land und Leute Auf der Sonnenseite der Alpen liegt das kleine, kontrastreiche Land der Slowenen. Orte und Landschaft erinnern an Österreich. Den Norden nehmen Hochgebirge ein: Julische Alpen (2863 m), Karawanken und Steiner Alpen (2558 m, Triglav) sowie das Bachergebirge (1543 m). Im Osten erstrecken sich weite Felder, Wein- und Obstberge und die Flussläufe von Drau und Mur (Pannonische Tiefebene), den Süden prägt fruchtbares Hügelland mit kulturellem Beiprogramm, den Westen die wald- und höhlenreichen Mittelgebirge des Karsts und die 40 km lange Badeküste der Adria (Istrien).

Nahezu ein Jahrtausend währte die Herrschaft der Österreicher und prägte das Aussehen vieler Orte. Politisch und wirtschaftlich hat sich Slowenien so erfolgreich umorientiert, dass die einstige „Schweiz Jugoslawiens" auch problemlos in die EU aufgenommen wurde. Deutsch und Englisch sind gängige Zweitsprachen in den Touristenzentren.

per Rad entdecken Sportliches Rad fahren ist populär in Slowenien. Ausländische Radler kommen meist aus den Nachbarländen Italien und Österreich, um sich in den Julischen Alpen und im Soca-Tal ein paar fitte Tage zu machen. Wer das Land als Reiseradler erkunden will, wird aber ebenfalls bedient. Ein Dutzend beschilderter Radrundwege und lokaler Radwegnetze decken die interessantesten Partien Sloweniens ab. Ein landesweit verknüpftes Radroutennetz existiert zwar noch nicht, aber die Slowenen sind rührige Leute.

ROUTEN & REGIONEN

Nordwestliches Slowenien (Julische Alpen)

Überblick Diese Ecke ist das landschaftliche Juwel Sloweniens. Hier sind die Alpen fast noch so ursprünglich wie vor hundert Jahren. Damit das so bleibt, wurde die Region zum Nationalpark erklärt. Trotz oder gerade wegen ihrer Kompaktheit sind die slowenischen Alpen ziemlich anstrengend. Wer über den Wurzen-Pass (1073 m) von Villach (Österreich) nach Slowenien einreist, sieht sich sogleich dem attraktivsten und mächtigsten der slowenischen Gebirge gegenüber: den bis zu 2863 m hohen **Julischen Alpen** (Julijske Alpe). Story „Tourenparadies Julische Alpen“: S. 573

Triglav-Nationalpark Wer eine interessante und zugleich leichte Strecke *in* das Gebirge sucht, radelt vom grenznahen Urlaubsort **Kranjska Gora** (810 m) auf der ehemaligen Bahntrasse (jetzt Radweg) nach **Bled** (500 m) und kurbelt dann durch das kaum ansteigende Flusstal der Sava Bohinjka zum Sahneteil des Triglav-Nationalparks, den **Wocheiner See** (Bohinjsko jez., 523 m). Von hier aus können Mountainbiker auf markierten Wegen zu den sieben, malerisch gelegenen Triglav-Seen vorstoßen, oder sich von der Kabinenbahn aufs Vogel-Hochplateau (1535 m) gondeln lassen. Infos und Radkarte: *www.kranjska-gora.si*

Tal der Soca Wer den direkten Weg nach Süden sucht und dennoch einen hervorragenden Eindruck von den Julischen Alpen bekommen will, nimmt die Straße durchs panoramenreiche Tal der Soca. Auf 13 km windet sich die bis zu 18%-ige Nordrampe ab **Krajnska Gora** (810 m) zum **Vrsic-Sattel** (1611 m) hinauf. Achtung bei Befahrung in Gegenrichtung: Die Kehren der Nordrampe sind gepflastert, was eine Abfahrt wenig vergnüglich macht. Nach dem höchsten Pass Sloweniens taucht die Straße mit bis zu 14% wieder auf 700 m ab und folgt der Soca hautnah durchs Trenta-Tal durch **Bovec** (460 m) nach **Kobarid** (235 m). Schon vor **Tolmin** (200 m) endet der schönste Teil der Strecke. Durch zunehmend mediterran geprägte Gefilde, aber auch an industriellen Wahrzeichen vorbei, führt die Soca-Tour dann noch bis zum südlichen **Nova Gorica** (90 m).

Rundtour Dritte Möglichkeit: Rund um die Julischen Alpen, das macht ca. 210 km. Leider ist der direkte Straßenring im östlichen Bereich zwischen Podbrdo und Bohinjska Bistrica unterbrochen (Eisenbahntunnel), so dass ein beschwerlicher Umweg erforderlich ist, ostwärts über den **Wocheiner Sattel** (Bohinjsko Sedlo, 1277 m), teilweise Schotter und bis zu 16% Steigung, insgesamt 37 km. Alternativ kann das Rad problemlos auf die Bahn verladen werden.

Loka-Radweg Wer auch die Südseite der Julischen Alpen genießen will, begibt sich am besten auf den **Loka-Radweg.** Der verläuft als 315 km langer Rundkurs durch die Täler und Höhen des Vorgebirgsland. Mit rund 6700 Höhenmetern ist der Loka-Radweg kein Pappenstiel und wurde deshalb in 12 Etappen unterteilt. Start und Ziel ist die Kleinstadt **Skofja Loka.**
Beschreibung der Etappen: *www.slovenia.info, www.lto-blegos.si*

Südliches Slowenien (Karst)

Karst Schon wenige Kilometer südlich von Ljubljana gibt sich der Karst zu erkennen. Weißes Gestein bildet zunehmend größere Flecken zwischen schütter werdendem Wald. Diese slowenische Landschaft, die sich bis nach Istrien erstreckt, war Prototyp und Namensgeber für alle geologisch ähnlich gebauten Regionen der Welt. Die karsttypischen Senkungen – Dolinen und Poljen – sorgen für durchgehend hügelig-bergiges Terrain, das trotz oberflächlicher Wasserarmut sehr fruchtbar und grün ist. Das Ganze spielt sich überwiegend auf einem Niveau von 600–900 m ab.

Höhlen Berühmt sind die Höhlenlabyrinthe **Postojnska jama** (Adelsberger Grotte, größte Tropfsteinhöhle der Welt mit entsprechendem Besucheraufkommen) und **Skocjanske jame** (St. Kanzian Höhlen, kleiner, dafür weniger Betrieb und uriger). Beide Höhlen sind sehr einfach über die 10 zu erreichen.

Weitere Tourentipps Ein weiteres Karstwunder ist der periodisch verschwindende **Cerknisko-See.** Im Sommer ist der bis zu 26 qkm große See ausgetrocknet. Wenn er im Frühling und im Herbst hingegen geflutet ist, legen viele Zugvögel eine Zwischenlandung bei ihm ein.

Durch den slowenischen Karst

Interessante Ziele sind auch die halb in eine Höhle gebaute Burg **Predjamski grad** (12 km nordwestlich von Postojna) und das Gestüt von **Lipica** (10 km östlich von Triest).

Der Urkarst (Kras) an der Grenze zu Triest, der auch die Skocjanske jame umfasst, soll zum Naturpark erklärt werden. Das bereits fertig gestellte **Karst-Park-Radwegenetz** bietet insgesamt 360 km ausgeschilderter Routen verschiedener Schwierigkeitsgrade. Leicht sind die Wege auf der leicht gewellten Hochebene, anstrengender die Anstiege zu den Gipfeln am Rande des Plateaus. Eine Radwegekarte für den Karst-Park ist vor Ort beim i-Büro in **Sezana** erhältlich.

Ein ebenfalls beschilderter **Radrundweg** wurde etwas weiter östlich im **Sneznik-Park** eingerichtet. Die 90 km lange Runde beginnt in **Logatec** und führt über Schotterwege und kleine Straßen durch Wälder, an Höhlen und Schluchten vorbei, hinauf zu Panoramagipfeln und Bergkämmen. Mit 1550 Hm keine leichte Tour. Radwanderführer: i-Büro Logatec.

Logatec-Radweg

Ein ebenfalls beschilderter **Radrundweg** wurde etwas weiter östlich im **Sneznik-Park** eingerichtet. Die 90 km lange Runde des **LKT** (Logaska Kolesarska Transverzala) beginnt in **Logatec** und führt über Schotterwege und kleine Straßen durch Wälder, an Höhlen und Schluchten vorbei, hinauf zu Panoramagipfeln und Bergkämmen. Mit 1550 Hm keine leichte Tour.

Östliches Slowenien

Hügel und Mittelgebirge

Östlich von Ljubljana und Maribor gehen die alpinen Randgebirge ins **Slowenische Hügel- und Mittelgebirgsland** über (Provinzen Stajerska, Dolenjska, Bela Krajina). Zwischen Wiesen und Wäldern, Weinbergen und Hopfenfeldern stoßen Radwanderer auf Burgen, Schlösser, Klöster, Heilbäder und römische Hinterlassenschaften. Viel kulturelles Beiprogramm also. Da die wichtigeren Straßen in Flusstälern verlaufen, ist diese Region, trotz etlicher kleiner Pässe um 500 m, nicht zu anstrengend. Sehr schön ist die Straße durchs **Tal der Krka** (Gurktal), sehenswert sind vor allem die Altstädte von **Maribor** und **Ptuj.**

Bekanntester Radweg ist der von Österreich kommende **Drau-Radweg.** Dessen slowenischer Abschnitt (von Dravograd bis Maribor) ist zwar landschaftlich interessanter, aber auch deutlich anstrengender als der österreichische. Das Profil ist stark hügelig und der Straßenzustand teilweise bescheiden. Infos: *www.maribor-pohorje.si, www.drauradweg.com*

Pomurje

Überwiegend beschauliches Radwandern ermöglicht in Slowenien die schon zum Pannonischen Tiefland zählende Pomurje im äußersten Nordosten oberhalb der Mur. Sehr pastoral ist diese Provinz mit den Hauptorten **Murska Sobota** und **Lendava.** Reiher und Störche laben sich in Feuchtgebieten und auf den allgegenwärtigen Feldern. Berühmt ist der hiesige Wein, an dessen Hängen man oft kilometerweit entlang radelt. Das Straßennetz ist gut ausgebaut und verkehrsarm, gelegentlich ein kurzer Anstieg, ansonsten sehr gemütlich. Das 530 km lange **Pomurje-Radwegenetz** besteht zur Zeit aus 13 Routen, darunter als Nr. 1 der **Thermenradweg** (130 km in SLO, 400 Hm). Er verlängert den österr. Thermenradweg R12 bis Ungarn und bildet das Rückgrat des Pomurje-Netzes. Infos: *www.pomurjeonbike.com*

ⓘ-Box Slowenien

Einreise EU-Bürger und Schweizer können mit dem Personalausweis einreisen. Die Grenzkontrollen zu den EU-Nachbarn werden erst zukünftig entfallen (Schengener Abkommen).

Geld Seit 1.1.2007 gehört Slowenien zur Euro-Zone. Die Lebenshaltungskosten sind kaum geringer als in D.

Gesundheit Das EU-Sozialversicherungsabkommen ermöglicht Mitgliedern gesetzlicher Krankenkassen die Inanspruchnahme medizinischer Leistungen (D, A). Details: *www.dvka.de* Reise-KV abschließen!

Infos
- Tourismuszentrale Slowenien: *www.slovenia.info* (umfangreiche Rad- und Bike-Infos)
- Rennradreiseführer von Damijan Kaufmann: *www.slovenia-cycling.com* (vollständig dt. Site, bislang 33 ausführliche Tourenbeschreibungen) Im Lande selbst gibt es in den meisten größeren Orten Touristeninformationen – die besten in Maribor und Ljubljana.

Wetter Sloweniens Binnenklima sorgt in den tiefer gelegenen Landesteilen für lange, heiße Sommer mit mäßigen Niederschlägen. Kühler sind naturgemäß die alpinen Regionen im Norden, wo die Julischen Alpen zu den niederschlagsreichsten Gebieten Europas zählen. Heiß und *trocken* sind die Sommer hingegen an der Adria (Istrien), mild und feucht in den übrigen Jahreszeiten.

Wind Winde wehen meist aus westlichen bis nördlichen Richtungen. Berüchtigt ist der *Bora,* ein überwiegend im Winter auftretender Fallwind aus Nordost, der aber auch im Frühsommer noch für überraschende Temperaturstürze sorgen kann.

Reisezeit Günstige Tourenmonate sind allgemein Mai bis September, in den tieferen Landesteilen auch April und Oktober. Während der Hochsaison Juli und August ist es im Osten des Landes am ruhigsten.

Anreise

Anreise per Rad Wer in Österreich startet, kann in Kärnten dem **Drau-Radweg** über die Grenze hinweg bis Maribor folgen (s. Österreich, Drau-Radweg). In der Steiermark endet der **Mur-Radweg** in Bad Radkersburg, ebenfalls direkt an der Grenze zu Slowenien (Übergang Gornja); eine Weiterführung in Slowenien ist geplant. Ohne große Anstiege gestaltet sich auch der Aufgalopp ab Wien: Durchs österreichische **Burgenland** nach Ostslowenien sind es rund 250 km (Donauradweg bis Bad Deutsch Altenburg, Burgenlandradwege R-50 und R-56, Grenzübergang Bonisdorf/Kuzma). Mountainbiker, die das Bachergebirge (Pohorje) anpeilen, reisen zunftgemäß über den **Radl-Pass** (679 m) ein. Wer hingegen weiter westlich über den **Wurzenpass** (1073 m) einreist, hat es schwerer, denn er bekommt 3 km vor dem Pass eine 18%-Rampe serviert (800 m lang). Dabei ist der Pass noch nicht einmal besonders attraktiv., dafür aber wenig befahren.

Anreise per Bahn Die wichtigsten Zugverbindungen nach Slowenien laufen über Villach/A, Klagenfurt/A, Graz/A, Mailand/I und Triest/I.

Fahrradmitnahme bis Ljubljana ist eingeschränkt möglich: Ab Deutschland (München) zur Zeit nur mit Umsteigen in Villach.
Infos: *www.bahn.de/bahnundbike*

Transport im Land

Bahnen Dichtes Bahnnetz. Die Fahrradmitnahme ist generell möglich. Im Nahverkehr jedoch nur außerhalb der Hauptverkehrszeiten und Im Fernverkehr nicht bei allen Zügen.

Busse Mitnahme in Überlandbussen nach Absprache.

Übernachten

Zimmer Privatzimmer (sobe) und Pensionen: DZ ab 25 €. Einfache Stadthotels: DZ ab 40 €. Die 7 Jugendherbergen Sloweniens gehören nicht dem IYHF-Verband an, Ü ab 8 €. Rund 140 bewirtschaftete Berghütten existieren in den Gebirgen.

Zelten Rund 80 Campingplätze, die meisten davon im Norden. 2 Pers. m. Zelt ab 6 €. *Freies Campen* ist offiziell nicht erlaubt, bereitet aber, soweit umsichtig praktiziert, kaum Probleme.

Karten und Literatur

Tourenkarten
- ADAC: Slowenien 1:200.000, 8,50 €. Mit so ziemlich allen befahrbaren Straßen. Steigungshinweise fehlen.
- MairDuMont/RV: Slowenien 1:250.000, 7,50 €. Gut für Straßentouren.
- Freytag & Berndt: Slowenien 1:150.000, 9,95 €. Viele Details, Steigungspfeile, Straßen-Wegenetz ist nicht sehr zuverlässig dargestellt.
- Reise Know-How: Slowenien 1:185.000, 8,90 €. Gute Aufmachung, stabiles Papier. Straßen-Wegenetz ist nicht stringent dargestellt.
- Slowenisches Vermessungsamt (Geodetski Zavod Slovenije): Topokarten 1:50.000. 64 Bl., flächendeckend, beste Karte, nur in Slowenien erhältlich oder über www.mapfox.de (6,50 €).

Tourenführer
- Kettler Vlg.: „Slowenien per Rad". Radreiseführer mit variablem Routennetz, leider auf dem Stand von 1995.

Fahrrad (dvokolo)

Ausstattung Erforderlich sind eine bergtüchtige Gangschaltung und Reifenbreiten ab 32 mm. Da Radfahren in Slowenien recht populär ist, gibt es in allen größeren Orten auch eine kompetente Fahrradwerkstatt. Leichte Pannen sollten natürlich selbst behoben werden können.

Fast wie in Österreich

Straßen und Wege

Sloweniens Straßennetz wird zügig ausgebaut. Sehr zügig sind auch viele Slowenen in ihren schnellen westlichen Autos unterwegs. Wer Steigungen nicht scheut, die auch knackiger sein dürfen, kann diverse Rundtouren auf verkehrsarmen Nebenstraßen verwirklichen. Wer es nicht ganz so sportlich mag, orientiert sich an Hauptstraßen – möglichst solchen in Flusstälern – muss dafür aber mehr Verkehr akzeptieren. Nebenstraßen sind, vor allem in den Höhenlagen, oft noch geschottert. Mit Unterstützung der Nachbarn aus Österreich hat Slowenien bereits erstaunlich viele Radwege beschildert und dokumentiert, allerdings noch keine überregionalen Radfernwege.

Offroad (MTB)

In den Gebirgen Nordsloweniens, speziell den **Julischen Alpen,** warten 9000 km gut markierter Wanderwege, darunter auch einer der ältesten europäischen Fernwanderwege, die „Slowenische Alpentransversale". Beliebte MTB-Reviere sind vor allem aber das **Bachergebirge** (Pohorje, 700–1200 m) und die **Pokljuka** genannte Ostregion im Triglav-Nationalpark (bis 2275 m). Auch im **Karst** finden MTB-Biker ein großes Potenzial unbefestigter Wege, spektakuläre Trails sind jedoch die Ausnahme. *Crna na Koroskem* ist das Zentrum einer Mountainbike-Arena in den **Karawanken.** 1300 km MTB-Routen wurden hier beschildert und dokumentiert. Infos: *www.mtbpark.com*

Tourenparadies Julische Alpen

von Andreas von Heßberg und Waltraud Schulze

Fit für jede Art von Steigung

Anfang Mai 2004. Bei permanentem Nieselregen radeln wir an der wilden **Baca** nach **Podbrdo.** Der Pass auf 1307 m Höhe ist tief verschneit. Der Ausblick entschädigt uns aber etwas für die anstrengenden Serpentinen und den Regen. Wir sind nun in den Julischen Alpen. Nach mehr als einer Woche Radtour durch Ost- und Südslowenien sollten wir ausreichend fit sein für jede Art von Steigung und Oberflächenbeschaffenheit. Wenn nur der Regen mal aufhören würde!

Triglav-Nationalpark

In **Bohinjska Bistrica** wird unser Wunsch noch nicht erhört. Auf der Fahrt zum **Bohinjsko Jezero** werden wir wieder komplett durchweicht. Aber kaum sind wir auf dem Camping am Westufer des Sees, reißen die Wolken auf. Die Sonne kommt durch. Das Gebiet ist Teil des Triglav-Nationalparks, wo wildes Campen nicht erlaubt ist. Anfang Mai ist der Campingplatz aber noch geschlossen. Doch die offene Schranke lädt uns zur kostenlosen Nutzung ein. Unter dem großen Vordach des Bootshauses finden wir eine regengeschützte Zeltfläche mit Sitzbänken und Tisch. Schnell ist der Campingkocher angeworfen und ein heißer Tee gemacht. Nach und nach trocknen unsere Klamotten an einer Wäscheleine.

Bohinjsko Jezero

Blauer Himmel, schneebedeckte Bergriesen und hellgrünes Buchenlaub. Wie sehr wir diese Farbkomposition in den letzten Tage vermisst haben, merken wir erst heute. Die Gegend um den größten permanenten See Sloweniens lädt zu kleinen Mountainbiketouren ein. Das Gepäck lassen wir am Campingplatz. Oberhalb des Sees ergießt sich der sehenswerte **Sava-Wasserfall.** Vom kleinen Gasthaus am Parkplatz führt auch ein Wanderpfad in die nördliche Steilwand mit tollem Blick auf die Bergwelt und den hinteren Teil des Sees. Für die Rückfahrt nehmen wir die Piste auf der linken Talseite. Dabei lassen wir uns Zeit und liegen auch mal eine Stunde auf einer warmen trockenen Bergwiese in der Sonne. Am späten Nachmittag radeln wir noch bis zur Ortschaft **Jereka.** Eine frei auf dem Feld stehende Scheune ist heute Nacht unser Domizil. Sie schützt uns, für den Fall der Fälle, vor dem Regen.

Schnee-beckte Zwei-tausender ringsum

Die Nacht war sternenklar, und der nächste Morgen empfängt uns mit warmen Sonnenstrahlen. Der Autoverkehr auf der ausgebauten Straße von Bohinjska Bistrica nach Bled ist in den Morgenstunden noch sehr verhalten. Im Kurort **Bled** selbst ist dagegen so viel Verkehr und Leute, dass wir schnell das Weite suchen. Über **Gorje** fahren wir auf die unbefestigte Piste ins **Radovna-Tal.** Einsame Sommeralmen mit bunten Wiesen, frisches Grün an jungen Buchentrieben und ein türkisgrüner Bach mit weißen Kalkfelsen machen das gesamte Tal zum fotogenen Erholungsraum. Nur wenige Autos befahren diese Strecke. Auf der Piste ins **Krma-Tal** ist sogar noch weniger los. Die Wiesen sind übersät mit blauen Krokussen. Das passt zum blauen Himmel und den schneebedeckten Zweitausendern ringsum. Im Wald liegt allerdings ab 1000 m flächendeckend Schnee. Auf der Piste geht deshalb ab 1100 m mit unseren Fahrrädern nichts mehr.

Abstecher nach Italien – Lago del Predel

mehrere Mountainbiker tummeln sich hier. Wir begnügen uns mit dem mitgebrachten Essen und dem klaren Flusswasser der **Nadice,** zu deren Quelle wir eine kleine Wanderung unternehmen. Das besondere an dieser Quelle ist ihr Ort. 200 m über dem Talgrund treten große Wassermassen aus einer Felsspalte, um gleich darauf als Wasserfall hinunterzustürzen.

Heiße Felgen

Die Abfahrt zurück zur Hauptstraße und weiter nach **Podkoren** ist mal wieder eine viel zu schnelle Angelegenheit. Kaum haben wir den Ort erreicht, müssen wir erneut kräftig in die Pedale treten. Gleich die erste Rampe zum **Wurzenpass** hat 18% Steigung. Zu unserem Glück sind aber nur 220 Höhenmeter zu bewältigen, bevor wir uns auf 1077 m Höhe eine Schokolade gönnen dürfen. Wir verabschieden uns von Sloweniens Naturlandschaft, seiner Bevölkerung und dem Wetter, das wir in den letzen zwei Wochen durchaus schätzen lernten. Die Abfahrt ist viel steiler als alle auf der Tour bewältigten Pässe. Schon die erste der drei längeren, fast 18% steilen Gefällstrecken vermittelt uns das Gefühl, die Erde würde unter uns wegkippen. Die bepackten Fahrräder haben einen so großen Drang zur ungehinderten Erdbeschleunigung, dass die Bremsen volle Arbeit leisten müssen und wir zweimal anhalten, um die heißen Felgen mit Wasser abzukühlen. Einen bei 50 km/h platzenden Schlauch benötigen wir zur Krönung unserer Radtour wirklich nicht mehr. Erlebnisreich genug war sie auch so. Nach 16 Tagen und 950 km treten wir von Villach aus per Bahn entspannt die Rückreise an. Wir blicken zurück auf die Julischen Alpen: ein kleines Tourenparadies!

SPANIEN

E

Daten 504.782 qkm • Ausd. 850 x 800 km (Festland) • 46 Mio. Einw. • 91 Ew./qkm

Land

Mit 660 m durchschnittlicher Höhe gebührt Spanien auf der „Liste der gebirgigsten Länder Europas" nach der Schweiz Platz zwei. Hochgebirge, so weit das (R)adlerauge reicht also? Das nun doch nicht. Der größte Batzen entfällt nämlich auf die zentrale Meseta – ein von Flusstälern gekerbtes Tafelhochland, das drei Viertel der Landesfläche einnimmt.

Aber zu früh gefreut, denn über dieses Plateau spannt sich das mächtige Kastilische Scheidegebirge (bis 2592 m) und trennt die kleinere **Nord-Meseta** (Altkastilien, 500–700 m) von der **Süd-Meseta** (Neukastilien, 800–850 m). **Randgebirge begrenzen das Hochland.** Im Norden riegelt das Kantabrische Gebirge (2646 m) das Hochland ab, im Osten das Iberische Randgebirge (bis 2313 m), im Süden begrenzt die Sierra Morena (bis 1323 m) das Hochland. „Offen" ist nur der Westen, wo die Landschaften Altkastilien und Extremadura zu Portugal überleiten.

Außerhalb der Meseta liegen Spaniens größte **Tief- und Flachlandgebiete.** Im Norden das Schwemmlandbecken des Ebro, im Süden das noch viel weitere Becken des Guadalquivir. Wie zum Ausgleich für soviel Tiefland schießen unweit davon sogleich die beiden **höchsten Gebirge** der Iberischen Halbinsel empor. Die Sierra Bticas im Süden (mit der Sierra Nevada, bis 3481 m), und die Pyrenäen im Norden (bis 3404 m). Steil fällt schließlich alles Gebirge zum Mittelmeer ab. Schmal ist der flache Küstenstreifen entlang des Mittelmeeres.

Auch die beiden spanischen **Inselgruppen** sind mehr oder weniger gebirgig: „Weniger" die Balearen im Mittelmeer (bis 1445 m), „mehr" die vulkanischen Kanaren im Atlantik (bis 3718 m).

und Leute

Eine wechselvolle Geschichte würfelte Spaniens Bevölkerung zusammen. Fünf Sprachfamilien leben in 17 autonomen Regionen unter dem rotgelben Dach der Nation: 28,5 Mio. Kastilier, 7 Mio. Katalanen, 2,5 Mio. Galicier, 0,5 Mio. Basken, 0,5 Mio. Gitanos (Zigeuner). Als spanische Sprache schlechthin gilt das Kastilische. Eine Sonderrolle spielen die Basken, die in ihrer Geschichte schon immer jeder Vereinnahmung widerstanden, weshalb ihre Sprache mittlerweile auch die letzte authentische Ursprache Europas ist (kaukasischer Sprachstamm).

per Rad erfahren

Wie in allen südeuropäischen Ländern setzt sich das Bicicleta im spanischen Alltag nur mühsam durch. Fast hätte ein neues Gesetz Radfahrern sogar den Status als gleichberechtigte Verkehrsteilnehmer entzogen. Abgesehen vom Vorzeigeprojekt *Vias Verdes* (Radwege auf ehemaligen Bahntrassen) wird der Fahrradtourismus in Spanien nur sehr verhalten gefördert. Am ehesten noch dort, wo ohnehin schon die Post abgeht, siehe Mallorca. Ein landesweit verknüpftes Routennetz erscheint kaum denkbar in Spanien. Das Interesse der meisten Urlaubsradler bleibt deshalb auch auf die attraktivsten Reviere fokussiert, und das sind vor allem die Inseln und der Jakobsweg. Daneben übt nur noch Andalusien größere Anziehungskraft auf Reiseradler aus. Der Rest des Landes, wie etwa die schöne Extremadura, bleibt Spezialisten vorbehalten.

Cabo Ortegal
La Coruña
Pozomouro
Cabo de Penas
Jakobsweg
Cabo de Ajo
Villalba
SANTIAGO DE COMPOSTELA
OVIEDO
Gijon
SANTANDER
Cabo de Finisterre
Lugo
Kantabrisches Gebirge
Palas de Rey
Sarria
Bilbao
Pontevedra
Sil
Ponferrada
León
Pisuerga
Vigo
Mino
Orense
Astorga
Sahagún
Burgos
Cera
Fromista
Castrojeriz
Sto. Domingo
Braga
Bragança
Esla
Palencia
Meseta
Porto
Tamega
VALLADOLID
Douro
Zamora
Duero
(Alt-Kastillien)
ATLANTIK
Salamanca
Segovia
Ciudad Rodrigo
Mondego
Tormes
Kastillisches Scheidegeb.
Guadalajara
Coimbra
Zézère
Alagon
PORTUGAL
MADRID
Henares
Leiria
Tiestar
Alberche
Tagus (Tajo)
TOLEDO
Tejo (Tagus)
Monfragüe
Caceres
Meseta
Extre-madura
(Neu-Kastillien)
MERIDA
LISSABON
Guadiana
La Mancha
Évora
Badajoz
Ciudad Real
Jabalon
Sierra Morena
Guadiana
Guadalimar
Cordoba
Cazorla
N.P. Coto de Doñana
Guadalquivir
ANDALUSIEN
Guadiana
SEVILLA
Jaén
Huelva
Faro
Genil
Betica
Cabo de Sao Vicente
Sanlúcar de Barrameda
Sierras
Granada
Mulhacén
Costa de la Luz
Antequera
Sierra Nevada
Almeria
Guadalete
Jerez de la Frontera
Alora
Malaga
Ronda
Cadiz
Mijas
Costa del Sol
Algeciras
Gibraltar (GB)
»Ruta de los pueblos blancos«
Tanger
Ceuta (E)
MAROKKO
Tétouan

SPANIEN
0 100 km
© RKH Verlag Hermann
FRANKREICH
Golfe de Gasogne
Mt-de-Marsan
Midouze
Nimes
Montpellier
San Sebastian
Bilbao
Puerto de Ibañeta (1057 m)
Port de Larrau (1573 m)
Roncesvalles
Pyrenäen
Garonne
Carcasonne
Golfe du Lion
VITORIA
Estella
PAMPLONA
Puenta la Reina
Somport-Pass
ANDORRA
Perpignan
Col de Ares (1513 m)
LOGRONO
Sto. Domingo
Aragon
Ebro
KATALONIEN
Cabo de Creus
Figueras
Girona
Huesca
Galego
Cinca
Iberisches Randgebirge
ZARAGOZA
Manresa
Segre
Villanova
Tarragona
BARCELONA
Costa Brava
Calatayud
Costa Dorada
Jiloca
Tagus
Ebro
Cabo de Tortosa
Sierra de Cuenca
Teruel
Cuenca
Castello de la Palma
Costa del Azahar
Menorca
Mallorca
Mahón
Palma de Mallarca
Cabriel
Turia
VALENCIA
La ncha
Jucar
Albacete
Ibiza
Denia
Ibiza
Capo de la Nau
Formentera
Islas Baleares
Segura
Alicante
Costa Blanca
MURCIA
Cartagena
Capo de Palos
Almeria
Cabo de Gata
MITTELMEER
KANARISCHE INSELN
Atlantik
LANZAROTE
Arrecife
LA PALMA
TENERIFFA
Santa Cruz
FUERTE-VENTURA
GOMERA
Las Palmas
HIERRO
GRAN CANARIA
MAROKKO
0 100 km

ROUTEN & REGIONEN

Katalonien

Einfallstor am Mittelmeer

www.gencat.net/turistex_nou/home_de.htm
Cataluña (Katalonien) ist sicher nicht die spanische Top-Destination für Radler, aber ignorieren muss man die gut erreichbare, nordöstliche Provinz auch nicht. Auf relativ eng umgrenztem Raum birgt Katalonien einiges an Eindrücken: Von den Sandstränden und Buchten der Costa Brava, über die Klöster, Kirchen, Schlösser und mittelalterlichen Dörfer, bis zu den erloschenen Vulkanen um Olot - und natürlich auch Barcelona und das Dalí-Museum in Figueres. Sportliche Akzente bekommen Rundtouren im Bereich der mittelgebirgigen Serras (katalanische Sierras). Die Küste und der Einzugsbereich von Barcelona sind extrem verkehrsreich. Die Nebenstraßen sind hügelig, insgesamt aber eher rar und deshalb oft auch stärker befahren als man sich das wünscht.

Atlantisches Nordspanien

(Baskenland, Kantabrien, Asturien, Galicien)

Überblick

Nordspanien ist zwar kein Geheimtipp, aber einen Massentourismus wird es hier wohl auch nie geben. Dazu entspricht die Landschaft zu wenig dem Klischee vom sonnenverwöhnten Spanien. Eher glaubt man sich beim Anblick von Meeresbuchten und Karstgebirgen, Hochmooren und Almwiesen, klaren Flüssen und verwitterten Häusern irgendwo in Irland oder Frankreich.

Gemeinsam ist den autonomen Regionen Baskenland (País Vasco), Kantabrien (Cantabria), Asturien (Asturia) und Galicien (Galicia) ihre Lage am Atlantik. Sandstrände, Felsen, Kliffs und Buchten (Rías) gestalten die Küsten. Zweites Merkmal ist das **Kantabrische Gebirge** (Cordillera Cantábrica), das als rund 600 km lange Fortsetzung der Pyrenäen bis Galicien reicht. Die steilen Nordflanken fangen die atlantischen Regenfälle ein, entsprechend trocken ist die „dahinter" liegende innerspanische Meseta. Die tief eingeschnittenen Quertäler der Cordillera erleichtern den Wechsel zwischen Küste und Meseta.

Touren-tipps

Generell erwartet Radler im atlantischen Nordspanien hügelig-gebirgiges Terrain, atlantische Winde von Westen und Norden, die in den Gebirgstälern oft düsenartig verstärkt werden, dazu hohe Luftfeuchtigkeit in Küstennähe. Günstig ist besonders der **September,** dann sind die Ferien vorbei und es fällt wetterstatistisch der geringste Niederschlag. Die Hauptstraßen sind in der Sommersaison verkehrsreich. Ruhig und in gutem Zustand sind die Nebenstraßen durchs Kantabrische Gebirge, wo allerdings Steigungen bis 15% lauern. Relativ flach ist der Küstenstreifen vom baskischen **Bilbao** bis zum galicischen Provinznest **Pozomouro.** Der anfangs erhebliche Verkehr auf der Küstenstraße (N634/632) dünnt im Verlauf nach Westen aus.

Landschaftlich reizvoller und eine gute Einstimmung auf die eigentlichen Gebirgsstrecken ist die zwischen Küste und Cordillera verlaufende Inlandsroute vom kantabrischen **Panes** über **Oviedo** zum asturischen **La Espina** (Ruta del Cares, C6312/ N634). Diese schöne Strecke erlaubt einen umweglosen Abstecher in den Nationalpark **Montaña de Covadonga** (die asphaltierte Auffahrt zu den Gebirgsseen ist anstrengend, aber lohnt). Wer schließlich die *kantabrischen Pässe* fahren will, sollte sich eine Route von West nach Ost legen. So steigert sich das tägliche Streckenprofil allmählich. Was einerseits die Kondition nicht gleich überfordert, andererseits auch dramaturgisch geschickt ist. Die an der Nordküste zwischen Bilbao und Ferrol (bei Coruña) verkehrende Schmalspurbahn **FEVE** ist ein idealer Zubringer für den Westen; das Fahrrad kann im Zug mitgenommen werden.

MTB-Tipp

Die **Picos de Europa,** zu denen der Nationalpark **Montaña de Covadonga** gehört, sind ein faszinierendes, vergleichsweise wenig bekanntes MTB-Revier. Höchster Gipfel des karstig-schroffen Hochgebirges ist der Torre de Cerredo (2646 m). Überschaubare Ausmaße, wildromantische Szenerien, Berghütten und jede Menge befestigter wie auch unbefestigter Trails ermöglichen feine Tagestouren. Von **Fuente D** (1078 m) können Bike und Biker in 3 Minuten per Seilbahn zum **Mirador de Cable** (1834 m) gelangen, der ein guter Ausgangspunkt für Tagestouren ist.

Galicien

www.turgalicia.es

Die feuchteste, die grünste und die tourenmäßig lohnendste Region ist Galicien. Die Sierras des Galicischen Hochlandes sind niedriger und sanfter geformt, doch die Steigungen der Nebenstraßen deshalb nicht weniger direkt als im Kantabrischen Gebirge. Viel up and down. Dafür ist das Nebenstraßennetz besonders ruhig, und, im Gegensatz zu Kantabrien, Asturien und dem Baskenland, auch dicht genug, um Hauptstraßen weitestgehend zu vermeiden. Eine der attraktivsten Radelrouten Galiciens führt entlang der **Rías Bajas,** an Nordspaniens sonnigster Küste (subtropische

Vegetation), wo vier „ertrunkene“ Flüsse große Fjorde bilden. Mit dem Südwest-Wind radeln: Also von **La Guardia** (an der portugiesischen Grenze) nordwärts zum **Cabo Finisterre,** wo die felsige „Todesküste“ beginnt.

Auch die Küstenstrecken entlang der Riás Altas (C 550, C 552, C 646) sind – mit Abstrichen – lohnenswert. Ein idyllisches, relativ leichtes Tourenrevier im Landesinnern ist das nördliche Wald- und Wiesenland der **Provinz Lugo** (im Dreieck der Orte Villalba, Castro de Rey und Lugo).

Jakobsweg (Camino de Santiago)

Wir sind dann mal weg

2007 verbuchte der Jakobsweg einen neuen Rekord. 114.026 Wallfahrer erhielten die Urkunde - davon über 13.800 Deutsche, 71% mehr als 2006. Die ersten Pilger (aus Frankreich) lockten die Gebeine des heiligen Jakobus schon im 9. Jh. ins Land. Da die heilige Stadt Jerusalem damals in arabischer Hand war, gewann die Wallfahrt zum Apostelgrab in Santiago de Compostela immense Bedeutung. Eine schmackhafte Kammmuschel aus dem Atlantik wurde zum Symbol des Weges. Die frühen Pilger benutzten ihre großen Schalen (bis zu 13 cm Durchmesser) zum Essen, Wasserschöpfen und Betteln. Sie bohrten ein Loch hindurch und hingen sich die praktische Muschelschale um den Hals. So wurde sie zum Erkennungszeichen der Pilger und hieß bald nur noch Jakobs- oder Pilgermuschel. Ab dem 11. Jh. wurde die Hauptroute der Pilger mit Kirchen, Klöstern und Hospizen regelrecht zugepflastert. Diese Bauten markieren bis heute den Jakobsweg. Der größte Teil des Weges führt *südlich* des Kantabrischen Gebirges durch die trocken-heiße Meseta (kastilische Hochebene), die flacher und klimatisch angenehmer ist als das feucht-schwüle Nordspanien am Atlantik. Landschaftlich interessant wird es eigentlich erst hinter Astorga. Beste Reisezeit ist Mai/Juni, da ist der Camino noch nicht so überlaufen und glutheiß wie im August.

Stationen des Jakobsweges

Der sog. *Aragonesische Weg* beginnt am Somportpass (860 km bis Santiago), der *Navarrische Weg* in Saint-Jean-Pied-de-Port (800 km bis Santiago). Der Navarrische Weg ist seit dem Mittelalter der klassische Pilgerweg, der Aragonesische Weg ist allerdings reizvoller (Hochgebirge, histor. Stätten). Beide Wege vereinen sich in Puente la Reina zum *Französischen Weg.* Und so geht es weiter: **Puente la Reina** – Estella – Logroño – Santo Domingo – Burgos – Castrojeriz – Frómista – Sahagún – León – Astorga – **Cruz de Ferro** (1507 m, höchster Punkt des Jakobswegs; Ritual: mitgebrachten Stein ablegen) - Ponferrada – Sarria – Portomarin – Palas de Rey – **Santiago de Compostela** (rund 700 km ab Puente la Reina).

Mit täglich abgestempeltem Pilgerpass (Credencial) gibt es bei Erreichen der Kathedrale von Santiago die „Compostela“, die Urkunde über die vollbrachte Wallfahrt. Mindestens 200 km (= mindestens 10 Stempel) müssen dafür per Rad zurückgelegt worden sein.

Wanderweg oder Straße?

Szenisch stellen die ca. 430 km zwischen Estella und Beccereá eine gewisse Durststrecke dar, was aber dem Anliegen einer Pilgerreise sogar entgegenkommt. Für Abwechslung sorgen ohnehin immer wieder historische Kultstätten. Alternativ zur reinen Straßenversion des Jakobsweges existiert die alte Wegführung für Fußpilger, die auch durchgängig mit dem Rad befahren werden kann. Wegen des sehr wechselhaften Zustandes allerdings nur mit MTB und Minimalgepäck (leichter Treckingrucksack). In der Regel wird Reiseradlern deshalb eher eine Mischung aus Wanderweg und Straße gerecht. Schließlich muss man auch berücksichtigen, dass der Fußweg im August und September stark begangen ist und für Biker dann wenig Luft ist.

Unterkunft Die schlichten und im Prinzip kostenlosen Übernachtungen in den Pilgerherbergen (Refugios) erfordern einen Pilgerpass. Da die Refugios in den Sommerferien stark frequentiert sind und Fußwanderer Vorrang genießen, am besten auch ein Zelt mitnehmen. Es haben sich aber in letzter Zeit auch viele private Herbergen am Camino etabliert.

Anreise Für Radler ist die Anreise schwieriger als für Fußwanderer. **Iberia** fliegt zwar via Barcelona nach Pamplona und Santiago de Compostela, ist aber teuer. Ein guter Tipp ist deshalb das **Bayerische Pilgerbüro** in München (www.pilgerreisen.de), das von dt. und österr. Städten preiswerte Flüge nach Lourdes organisiert und auch Fahrräder mitnimmt (nicht in Spitzenzeiten). Von Lourdes bis zum Somportpass verbleiben noch 140 km, die schon mal per Rad zurückgelegt werden können. Wer terminlich nicht zu eng gebunden ist, kann den Rückflug bei Iberia (direkt am Flughafen von Santiago) zum günstigen Pilgertarif buchen (Pilgerpass vorlegen, evtl. nur standby bzw. Warteliste). Auch mit einem guten Faltrad ist der Jakobsweg machbar. Das hätte den Vorteil, es als Handgepäck im **Zug** mitnehmen zu können (s. Frankreich, Transport im Land). Und schließlich kann man natürlich auch bereits durch Frankreich pilgern, etwa ab Roncesvalle.

Übersichtskarte und Beschreibungen der **franz. Jakobswege:** *www.chemins-compostelle.com*

Erfahrungen *Diethard Brohl:* „Unterwegs haben wir den in León erschienenen *Reiseführer für den Pilger – Der Jakobsweg* benutzt; ist zwar schlecht übersetzt, ansonsten aber eine wertvolle Hilfe mit Skizzen, Alternativrouten und Hinweisen auf Pilgerunterkünfte. Nicht alle Abschnitte des alten Pilgerweges sind mit dem Rad befahrbar, dann allerdings gibt es Varianten. Nur ein einziges Mal mussten wir unsere Räder schieben, und das war in Santiago selbst, wo unsere Unterkunft an einem übersteilen Hang lag.

Den Pilgerbrief erhält man über die deutschen St.-Jakobsgesellschaften, aber auch noch in Roncevalles. Nur mit diesem Brief kommt man in den Refugios für einen geringen, freiwilligen Kostenbeitrag unter, lernt andere Pilger kennen, erfährt eine Menge zu Weg, Land und Leuten. Die Atmosphäre in den Refugios ist schon etwas Besonderes. Wir haben es übrigens nicht bereut, für den Rückweg von Pamplona aus die südlichere Variante des alten Pilgerweges gewählt zu haben. Der Somportpass ist zwar anstrengender als der Ibañetapass, aber landschaftlich einfach unvergleichlich. Allerdings gibt es hier nur noch wenige Refugios."

Infos und Pilgerpass Mehrere Jakobusgesellschaften sind im Internet vertreten, bei denen u. a. auch der Pilgerpass erhältlich ist (ab 5 € plus Porto). Hier nur zwei Adressen:

- Fränkische St. Jakobus-Gesellschaft: *www.jakobus-gesellschaften.de*
- Badische St. Jakobus-Gesellschaft: *www.badische-jakobusgesellschaft.de*

Spezialist für Karten und Literatur zum Jakobsweg ist der Versandbuchhandel Zentgraf: *www.jakobspilgerwege.de*

Costa de la Luz

Angenehmer temperiert, wegen der fast immer steifen SW-Winde, ist die andalusische Atlantikküste, genannt Costa de la Luz. Sie ist weniger touristisch und bildet den Abschluß des Guadalquivir-Beckens. Im Rahmen einer Andalusien-Tour kommt eigentlich nur der südöstliche Teil in Betracht (Provinz Cadiz). Der abgelegene NW-Teil (Provinz Huelva) ermöglicht hingegen Abstecher in das Ökosystem der Marismas. Ein Zehntel dieser „spanischen Camargue" ist streng geschützt als **Nationalpark Coto de Doñana.** Der Park ist nicht zugänglich. Info- und Beobachtungszentren existieren jedoch in Rocina, Acebuche und Acebron. Eine Visite lohnt wegen der Zugvögel vor allem im Februar und März; ab April lassen sich nur noch Flamingos blicken.

Wer die große Nordschleife um den Nationalpark vermeiden will, kommt zur Not auch am **Strand der Coto de Doñana** durch. Über diese Strecke, von Matalscañas nach Sanlúcar, berichtet *Michael Winter:* „Die 30 km mit den schwerbepackten Rädern durch den tiefen Sand, immer am Wasser entlang, werden zu einer seelischen und körperlichen Tortur. Die Idee, immer möglichst dem Wasser und den Wellen zu folgen, erweist sich zwar als richtig, doch oft genug werden wir beim Cycle-Surfen von einer Welle erwischt und umspült. Entschädigt werden wir durch das Wellenrauschen und den unendlich weiten Blick über Dünen, Meer und Strand – eine einzigartige, faszinierende Natur. Mit einem Fischerbötchen setzen wir schließlich über den breiten Strom des Guadalquivir nach Sanlúcar de Barrameda über."

Ruta de los pueblos blancos

Als klimatische Oasen bieten sich, nicht nur im Hochsommer, die **Sierras Bticas** an. Je höher, desto kühler. Nicht umsonst haben sich hier die berühmten „weißen Dörfer" eingenistet. Die *Ruta de los pueblos blancos* („Route der weißen Dörfer") ist wohl nicht die schlechteste Erfindung der Touristiker. Was man daran sieht, dass sich die wichtigsten Dörfer inzwischen zur Stadtgröße aufgebläht haben (auch das Vorzeigedorf Ronda), und die Bürgermeister darüber wachen, dass die Häuser zweimal im Jahr frisch geweißelt werden.

Ruta de los pueblos blancos: Jerez de la Frontera – Arcos de la Frontera – Bornos – Villamartín – Zahara – Algodonales – Ronda – Ardales – Álora – Antequera – (El Torcal, Naturpark mit beeindruckenden Felsformationen) – Málaga – Mijas. Andere Routenverläufe sind ohne weiteres möglich, weiße Dörfer schmücken die Sierras schließlich auch anderswo, bspw. in den Alpujarras.

Eine reizvolle Variante zwischen Arcos und Ronda beschreibt *Olaf Korbanek:* „Besonders die Fahrt von Grazalema nach Zahara über den Pass Puerto de las Palomas (1353 m) hat uns begeistert. Steht man auf dem Pass, sieht man auf der einen Seite, wie sich die Ebene der Sierra 800 m unter einem erstreckt. Auf der anderen Seite hat man eine fantastische Aussicht auf Zahara und den benachbarten See, der 1000 m unter einem in strahlendem Blau herauf schimmert."

Sierra Nevada

Der höchste anfahrbare Punkt Europas ist der Mulhacn in der Sierra Nevada. Ab **Granada** (700 m) zieht sich der Anstieg bei freier Sicht bis zum Pass hinauf (3200 m), und weiter zum **Pico de Veleta** (3398 m); die ersten 36 km auf Asphalt (GR 420), die letzten 10 km dann auf Schotter (GR 411), dafür aber ohne Autoverkehr (gesperrt). Anschließend führt die Südrampe, nach wenigen Kilometern in Richtung Capileira, an einem Linksabzweig vorbei, der ambitionierten Mountainbikern die Gelegenheit zum Gipfelsturm auf den **Mulhacn** eröffnet: 7 km Schotterpiste bis auf 3482 m – höher hinauf geht es in Europa nur noch zu Fuß! Schneefrei ist die Straße am Pico de Veleta ungefähr von Juli bis September (in manchen Jahren auch schon ab Mai, die GR 411 ist dann aber noch matschig). Story „Zum Pico de Veleta":S. 588.

Wer will kann die Tour mit einem 70 km langen Downhill zur Costa del Sol fortsetzen. Zunächst geht es hinab nach **Capileira** (1430 m), dann entweder auf Asphalt nach **Rábita** oder auf Sandpiste nach **Castell de Ferro.** Durchgängig ist die Freude an der Schwerkraft allerdings nicht, denn beide Varianten beinhalten einen 18 km langen Gegenanstieg von **Orjiva** (454 m) zum **Puerto Camacho** (1219 m).

Im Gegensatz zur Sierra Nevada sind für die anderen Sierras Frühjahr oder Herbst besser geeignet, zumal die allermeisten Straßenpässe dort nur bei 800 bis 1300 m liegen.

Sierra Morena

Auch die Sierra Morena nördlich vom Guadalquivir zählt noch zu Andalusien. Das rundliche Mittelgebirge ist zwar unspektakulär, bietet aber viel Abgeschiedenheit, freundliche Einwohner und ein paar schöne Stauseen für einsames Campen; besondere Höhen müssen nicht erklommen werden.

Sierras de Cazorla y Segura

Ein wunderschönes Tourengebiet am Nordostrand Andalusiens sind die kontrastreichen Sierras de Cazorla y Segura. Ein tolles Sträßchen führt vom Hauptort **Cazorla** durch den Nationalpark, der das Herzstück dieser „spanischen Schweiz" bildet. Der von den Bergen eingefangene Niederschlag speist die Quellen des Guadalquivirs und sorgt für üppige Vegetation. Ein Netz von Wanderwegen und Forststraßen durchzieht den wild-romantischen Park. Toll für alle Arten von Radtouren, auch im Sommer angenehm kühl.

Sierra de Gata

MTB-Tipps Südostspanien

Sierra de Alhamilla: Bergige Halbwüste (nordöstlich Almería), in der früher viele Westernfilme gedreht wurden, toller Höhenweg von „Mini-Hollywood" via Turillas am Colativi vorbei nach Lucainena.
Sierra de Gata: Spaniens Südostzipfel birgt die heißeste Wüste Europas, im Bereich des Naturparks leichte bis mittelschwere Trails, sehr eindrucksvolles Revier. Günstiger Ausgangspunkt ist der etwas abgelegene Ort San Jos.

Zum Pico de Veleta von Georg Föcker

Systemgewicht

2. Juli. Ich ahne es noch nicht, aber der Tag wird sich zu einem der härtesten Radtage entwickeln, die ich je gefahren bin. 80 km und 2350 Höhenmeter bei einer Gewichtsbelastung von 28 kg Gepäck zuzüglich 6 kg Wasser. Dazu das Fahrrad, das ca. 17 Kg wiegt und meine eigenen 85 kg. Insgesamt sind also 136 kg die höchste Bergstraße Europas hinaufzuschaffen.

Tütensuppe und Wasser

Um sechs Uhr stehe ich auf und sitze eine gute Stunde später auf dem Fahrrad. Zunächst geht es von **Pitres,** ich komme von der Südseite, bis 1150 m hinab. Dort befindet sich am Straßenabzweig Pampaneira/ Bubion-Campileira eine Tankstelle. Wasser konnte ich an der Tankstelle zwar kaufen, aber nichts Nahrhaftes. Auch eine knappe Stunde später in **Capileira** (1400 m) hat kein Geschäft geöffnet. Etwas mulmig ist mir daher schon, nur mit Tütensuppenkalorien den Pico Veleta anzugehen. Im Nachhinein war es aber kein Problem. Eher, dass selbst sechs Liter Wasser knapp bemessen waren. Ich weiß nicht, ob es an den hohen Temperaturen lag, oder weil der Körper in größerer Höhe mehr Wasser benötigt, jedenfalls musste ich in 3000 m Höhe Wanderer um Wasser bitten. Ich hatte nur noch einen halben Liter und wollte mich absichern. Die Gesichter werde ich nie vergessen. Mit strahlendem Blick boten mir vier Leute gleichzeitig ihre Wasserflasche an. Einen Liter nahm ich gerne.

Das Ziel vor Augen – Pico de Veleta

Nichts geht mehr im Sattel

Von Capileira zieht sich die löcherige Asphaltstraße gleichförmig auf 2100 m. Dort bewacht ein Schlagbaum mit Wächterhäuschen den Zugang zum Nationalpark: Der Wachmann grüßt und lässt mich passieren. Bei Autos scheint das anders zu sein. Außer zwei Kleinbussen mit Wanderern, die mich überholen, sehe ich in den nächsten Stunden nämlich keines mehr.

Zügig komme ich bis 2800 m voran. Ich freue mich schon, dass ich bereits um 13.30 Uhr diese Höhe erreicht habe. Ebenso hoch wie der Cime de la Bonnette in Südfrankreich! Die folgende Strecke stellt sich dann aber für mich und mein relativ schmal bereiftes Fahrrad als kleine Katastrophe dar. Eigentlich wollte ich die restlichen 11 bis 12 km fahren, rutsche mit dem Vorderrad aber immer wieder an den dicken Gesteins-brocken ab. Der Schwerpunkt liegt einfach zu weit hinten. So kommt es, dass ich immer wieder schieben muss. Zum ersten Mal auf meinen Bergtouren! Entgegenkommende Mountainbiker fragen mich besorgt, ob ich ein Zelt dabei hätte. Ich bejahe, rechne mir aber aus, noch rechtzeitig oben anzukommen.

Mein Gepäck begeistert die Leute

Das letzte Stück wieder fahrend, erreiche ich den **Pico de Veleta** schließlich um 17.30 Uhr. Auf einmal bin ich oben, 3398 m! Grandiose Ausblicke sind die Belohnung für die strapaziöse Auffahrt. Auf dem Pico treffe ich einige Spanier, die ganz begeistert sind wegen all des Gepäcks, dass ich hier heraufgeschleppt habe. Die Temperaturen sind selbst in dieser Höhe noch angenehm. Einen Trikotwechsel für die Abfahrt kann ich mir daher sparen. Schade, dass ich mich nicht länger aufhalten kann, denn ich muss ja heute noch über 37 km und ca. 2300 Höhenmeter hinab. Langsam knurrt mir doch der Magen.

Balearen

Fünf größere Inseln umfasst die Inselgruppe der Balearen: Mallorca, Menorca, Cabrera, Ibiza und Formentera. Das größte Tourenpotenzial besitzt selbstredend die Hauptinsel Mallorca. Aber auch Menorca, Ibiza und Formentera sind für Radler interessant.

Infos

- Offizielle Homepage der Balearen (mit konkreten Radtourentipps für die einzelnen Inseln): *www.visitbalears.com*
- Gemeinsame Plattform der balearischen Personentransporteure (Züge, Busse, Fähren, Flüge): *http://tib.caib.es*

Campen auf den Balearen

Auf den Balearen gibt es *keine offiziellen Campingplätze.* Wer mit dem Zelt tourt, muss daher improvisieren. Was aber oft nicht einfach ist, da die meisten Felder und Inselgrundstücke von Mauern oder Zäunen umgeben sind. Allerdings sind viele Grundstücke auch in einem solch verwilderten Zustand, dass man davon ausgehen kann, dass niemand etwas gegen einen einmaligen Übernachtungsgast einzuwenden hat. Nur sind gerade diese Grundstücke wiederum besonders steinig. Zeltfeindliche steinige Böden sind auf den Balearen (nicht nur) generell ein Problem, mit dem sich aber umgehen lässt.

Thomas Krawczyk: „Am einfachsten ist es im Hochsommer, wenn man aufs Zelt ganz verzichten kann. Aber auch mit dem Zelt lässt sich bei einer nicht zu starren Planung und dem gewissen Näschen immer ein

Mallorca im März

Plätzchen finden. Wenn auch oft nur auf privatem Land. Aber die Besitzer sind ja selten da, und wenn doch mal einer vorbei kommt, grüsst er lässig „Ola!" und geht weiter. Einmal ist es geschehen, dass wir einem Bauern die Zufahrt zum Feld blockierten. Ungewollt. Weil uns Dauerregen im Zelt gefangen hielt. Er kam dann im Regen und hielt uns eine Ansprache durch die Zeltwand. Wir erkannten nur die Wörter *morgen* und *Traktor* und riefen *okay* und *no problema.* Darauf trollte er sich. Während drei Wochen wild zelten auf den Balearen gab es nur diesen kleinen Zwischenfall. Die überall angebrachte Aufschrift „Coto privado de caza" heißt übrigens „privates Jagdgebiet". Aber wirklich gejagt wird dort kaum, am ehesten vielleicht noch auf Menorca. Das Risiko von einer verirrten Schrotkugel gepierct zu werden, halten wir für sehr gering."

Mallorca

3640 qkm • Ausd. 100 x 80 km • 640.000 Ew.

Landschaftliche Schönheit und ein mildes Mittelmeerklima haben die „Isla de la Calma" (Insel der Ruhe) zum touristischen Dauerbrenner gemacht. Nur 50 km der 580 km langen Küste sind Badestrände, alles andere ist felsig bis gebirgig. Daher konzentriert sich das Gros der Urlauber auf die großen Badebuchten im Südwesten und Nordosten, so dass der überwiegende Teil der Insel überraschend friedlich ist – besonders zwischen den Ferienterminen. Ein gut ausgebautes Straßennetz (insges. 1300 km, davon rund die Hälfte Nebenstraßen plus 200 km separater Radwege) und unterschiedliche Geländeformen ermöglichen Touren von leicht bis sportlich, von flach bis gebirgig. Die Insel-Bahn der SFM (Palma – Marratxi – Inca – Sa Pablo bzw. Manacor) ermöglicht die Fahrradmitnahme (Infos: http://tib.caib.es).

Moderat sind die Berge im Osten (Serra de Llevant, Pässe bis 250 m), beschaulich die weite Ebene im Zentrum (Es Pla), anspruchsvoll die Gebirgskette der Nordwest-Küste (Serra de Tramuntana, Pässe bis 1100 m) mit spektakulären Serpentinenstrecken (Cap de Formentor, Sa Calobra). **Sa Calobra** ist zugleich die härteste Strecke auf Mallorca. 800 Höhenmeter sind auf engen Serpentinen gemeinsam mit raumgreifenden Reisebussen zu überwinden. Wer aber nur nach Sa Calobra hinunterfahren will, kann diese Sackgasse mit dem Boot nach Puerto de Soller verlassen.

Noch in der touristenarmen Zeit, dem Januar, beginnt auf Mallorca der Frühling. Bei Tagestemperaturen um 15 Grad beginnen rund sechs Millionen Mandel- und Aprikosenbäume zu blühen. Spätestens ab Februar bügeln dann Radsportler aller Couleur über das Eiland, um sich auf die kommende Saison vorzubereiten. Es gibt nur wenige Strecken, wo man nicht den ganzen Tag über mit kleinen oder großen Pulks konfrontiert wird. An Wochenenden kommen die Motorbiker hinzu, die die Küstenstraßen rauf und runter sägen. Individualistisch eingestellte Radreisende nervt das. Aber das ist nun mal der Preis, wenn alle Mallorca lieben – irgendwie jedenfalls.

Mallorca-Runde

Wer ganz Mallorca umrunden will (ca. 300 km), sollte von Palma aus entgegen dem Uhrzeigersinn fahren. So geht es topografisch nicht gleich in die Vollen, und die landschaftlichen Eindrücke steigern sich sukzessive. Höhepunkt ist dann die Küstenpanoramastraße der südwestlichen **Serra de Tramuntana** (Soller-Andraitx). Von Andraitx aus führt eine schöne Nebenstraße über Calvia schließlich zurück zur **Bucht von Palma,** die mittlerweile komplett von einem separatem Radweg gesäumt wird.

Alternativ kann Mallorca auch von festen Standquartieren erkundet werden. Ein beliebter Standort für Radler ist Alcudia im Norden, wo auch die Fähre nach Menorca abgeht.

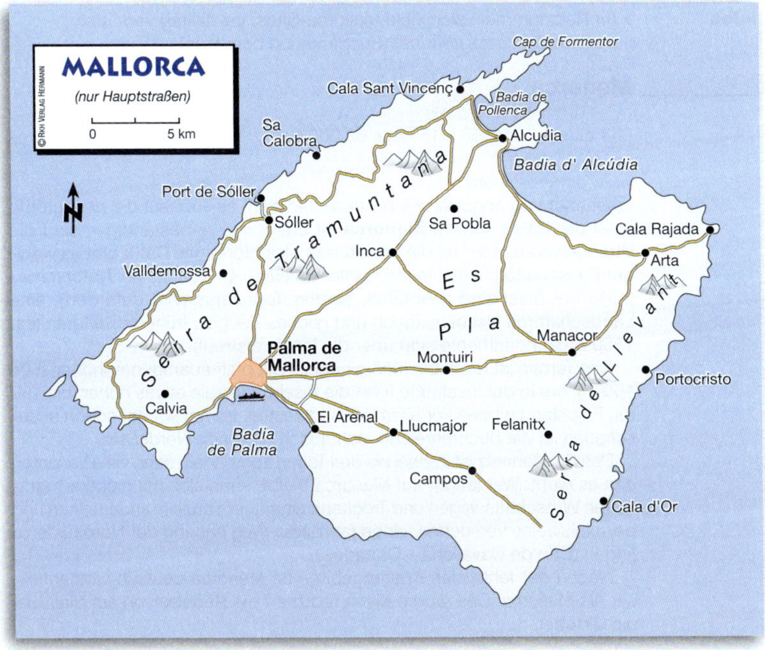

Die Krawattenkurve (Sa Calobra)

Reisezeit Etwa 100.000 Radler reisen jedes Jahr auf die Insel. 90% davon kommen zwischen Februar und Mai. Wer Mallorca für sich haben will, kommt am besten im Oktober oder gar im November. Die Temperaturen sind jedenfalls bis Ende November angenehm, auch die Sonne scheint, nur wird es schon um 18 Uhr dunkel, und es kann auch mal einen Tag lang regnen.

Infos ▸ Im Netz tummeln sich viele Mallorca-Sites. Inselalltag vermittelt *www.mallorcamagazin.net* (Suchfunktion benutzen).

Menorca

683 qkm • Ausd. 50 x 15 km • 62.000 Ew.

www.emenorca.org
Liebhaber und abgeklärte Individualisten zieht es eher auf die zweitgrößte Insel der Balearen. Auf **Menorca** ist das Klima unbeständiger, sind die Strände versteckter, ist die Landschaft gleichförmiger. Dafür gibt es weniger Pauschaltourismus (nur 5% aller Balearen-Urlauber), viel Naturschutz (45% der Insel sind geschützt, sanfter Tourismus wird gefördert), eine Landschaft mit irischem Touch und reiches Zeugnis früherer Kulturen (ca. 1500 Steinmonumente sind über die Insel verstreut).

Das Terrain ist leicht bis mäßig hügelig mit plateauartigen Anhöhen (50–100 m), nur in der Inselmitte führt die Inselmagistrale etwas höher (bis 150 m). Flachland gibt es vor allem im Südwesten. Immer wieder schön anzuschauen ist die buchtenreiche, schottisch wirkende Nordküste.

Das Straßennetz ist in zwei bis drei Tagen abgeradelt, denn viele Varianten gibt es nicht. Wer länger auf Menorca bleibt, kann sich mit nichtkartografierten Wirtschaftswegen und Trockensteinmauern ausein-andersetzen und beispielsweise versuchen, einen fahrbaren Weg entlang der Nordküste zu finden (Cap de Cavalleria – Ciutadella).

Wegen der fehlenden Küstengebirge ist Menorca deutlich windanfälliger als Mallorca. Das rauere Klima reduziert die Radelsaison auf Mai/Juni bis Oktober.

Ibiza

571 qkm • Ausd. 40 x 20 km • 86.000 Ew.

Das mittlerweile nicht mehr ganz so hippe **Ibiza** ist zwar kleiner als Mallorca und mit maximal 475 m auch nicht so hoch, aber dennoch bergiger. Steilküsten und zwei Bergrücken dominieren die Inselgestalt, nur im Süden und im Osten gibt es flaches Land mit Salinen und Landwirtschaft. Wenn es nach dem Untergangspropheten Nostradamus geht, ist Ibiza die „letzte Zuflucht der Menschheit vor dem großen Feuer“. Aber bislang sind es nur Ibizas Mega-Discos bei San Rafael die allnächtlich die Menschenkarawanen anziehen (die Rave-Saison beginnt im Juli). Bleiben vor allem der Südosten und der Norden als ruhigere Tourenreviere. Landschaftlich lassen sich diese Teile Ibizas mit der bergigen Serra de Llevant im Osten Mallorcas vergleichen. Das heißt, die Berge sind eher rundlich und einladend, nicht schroff und abweisend. Einige schärfere Anstiege gibt es in diesen freundlichen Bergen aber doch. **23 Radrouten** sind auf Ibiza ausgeschildert. Die Nummern 1–3 für Mountainbiker, 14–23 für Straßenradler. Als längste Route bringt es die Nr. 18 auf 93,6 km.
Radrouten-Infos: *www.ibizacicloturismo.com*

Formentera

82 qkm • Ausd. 20 x 8 km • 6200 Ew.

Camping ist auf Formentera verpönt, frei laufende Hunde und Lagerfeuer am Strand auch. Dafür ist sie die Baleareninsel mit dem genügsamsten Tourismus, den wenigsten Autos, und den meisten Mietfahrrrädern. Die ziemlich karge Insel besteht aus zwei Kalkblöcken bis 192 m Höhe, vor denen Salzgärten und lange goldgelbe Sandstrände lagern. Ultimatives Fortbewegungsmittel ist das Fahrrad, mit dem man auf Formentera problemlos überall hinkommt. Voraus gesetzt, es hat etwas breitere Reifen und eine Gangschaltung. Denn obwohl die Insel eher flach ist, gibt es doch die nicht so hollandradtauglichen Anstiege zur Hochebene La Mola (170 m) und zum Cap de Barbaria (110 m), außerdem diverse Sandpisten zu den Stränden der Insel. Auf Formentera sind 5 Radrouten markiert (die längste 16,5 km). Radrouten-Infos: *www.ibizacicloturismo.com*

Flaches Menorca

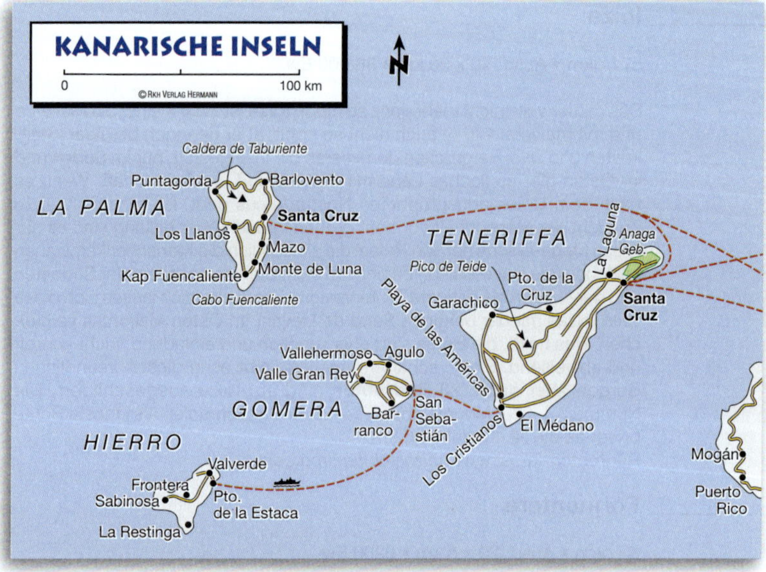

Kanarische Inseln

Dreizehn sind es an der Zahl, sieben sind bewohnt.
Politisch gehören sie zu Spanien, geografisch zu Afrika.
Vulkanismus hob sie aus dem Meer.
Der Nordost-Passat fächelt ihnen Feuchtigkeit zu.
Plinius der Ältere taufte sie Hundeinseln“ (canis = Hund).
Die Touristikwerbung nennt sie „Inseln des ewigen Frühlings“.
Voilà: De Kanarischen Inseln!

Kanarisches Insel-springen Innerhalb eines Zeitraums von vier Wochen lassen sich alle sieben Inseln per Rad erkunden. Voraussetzung ist eine gute Abstimmung der eigenen Pläne mit denen der Fährschiffreedereien. Über die Jahre wurden die Fahrpläne immer mehr ausgedünnt. Man kann also nicht mehr nach Gutdünken von einer Insel zur anderen fahren, sondern muss bei Verbindungen zwischen den West- und Ostkanaren im schlechtesten Fall bis zu fünf Tage auf die passende Fähre warten und evtl. auch noch umsteigen.

Drehscheibe für den Fährverkehr zwischen den Inseln ist Las Palmas de Gran Canaria. Von hier aus lassen sich die West- und die Ostkanaren gleich gut erreichen. Ansonsten bestehen nur zwei Verbindungen zwischen West- und Ostkanaren:

1) **Lanzarote** (Arrecife) – **Teneriffa** (Sta. Cruz de Tenerife) – **La Palma** (Sta. Cruz de La Palma).
2) **Fuerteventura** (Pto. del Rosario) – **Teneriffa** (Sta. Cruz de Tenerife) – **La Palma** (Sta. Cruz de La Palma).

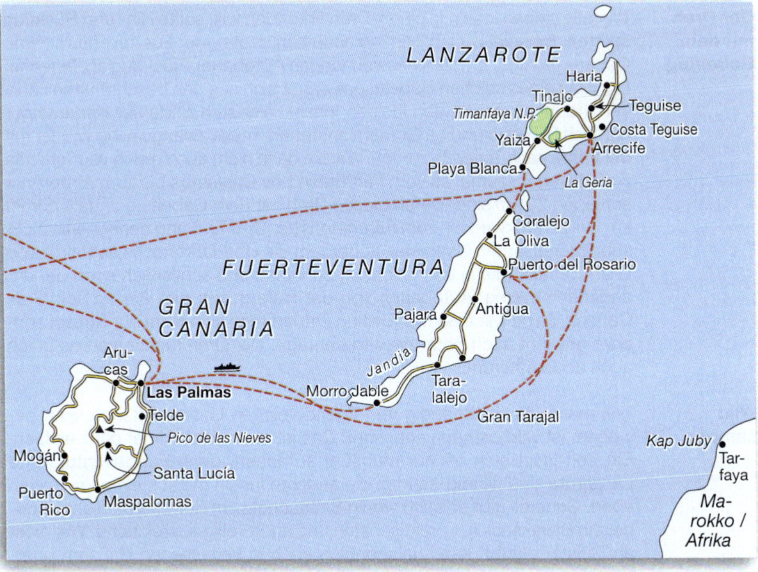

Naviera Armas bedient diese Linien je 2 x wöchentlich. La Gomera und El Hierro sind nur von Teneriffa aus erreichbar, dort allerdings nicht mehr vom Hafen in Sta. Cruz sondern nur noch vom 70 km südlich gelegenen Los Cristianos.

Drei **Reedereien** teilen sich das Geschäft mit der Inselspringerei:

- Trasmediterranea: *www.trasmediterranea.es*
- Naviera Armas: *www.naviera-armas.com*
- Fred. Olsen: *www.fredolsen.es*

Neben den normalen Autofähren, bei denen die Fahrradmitnahme völlig problemlos ist (einfach aufs Autodeck fahren und Rad samt Gepäck an zugewiesener Stelle festbinden), betreiben alle Reedereien auch Personen-Schnellfähren, sog. **Jet-Foils,** bei denen eine Radmitnahme sehr teuer bzw. bei Trasmediterranea gar nicht vorgesehen ist. Man sollte diese Jet-Foils daher gleich vergessen, zumal es auch wenig Spaß macht, mit solch luftdichten Raketen übers Meer zu zischen.

Bezüglich der **Preise** und Strecken haben sich die Reedereien weitgehend abgestimmt. Nur wenige Verbindungen werden alternativ angeboten, und die Preise sind so gestrickt, dass kurze Strecken ziemlich teuer sind, während Fernverbindungen relativ günstig sind. Krasses Beispiel: Überfahrt Fuerteventura – Lanzarote 11 € für 30 min, Überfahrt Lanzarote – La Palma 42 € für 22 h.

Konkurrenz besteht nur auf dem Sektor, wo eh nicht viel zu verdienen ist: bei den **Fahrradtarifen.** Fred. Olsen will für den Fahrradtransport 6-9 €, Naviera Armas 3 €, Trasmediterranea null Euro!

Der Dreh mit dem Gabelflug

Wer alle sieben Inseln in einem Dreh erkunden will, sollte Hin- und Rückflug splitten. Beispielsweise: Hinflug nach Lanzarote oder Fuerteventura (Gran Canaria weniger empfehlenswert wegen Autobahn), Rückflug ab Teneriffa. Der Sinn eines solchen Gabelfluges ergibt sich aus den beschränkten Fährverbindungen der beiden kleinen Inseln. Wer zum Ende der Kanarentour nämlich El Hierro und La Gomera ansteuert, muss zwangsläufig wieder mit der Fähre nach Teneriffa zurück. Warum dann nicht auch gleich von Teneriffa zurückfliegen, zumal es vom Fährhafen Los Cristianos bis zum Airport nur schlappe 20 km sind. Durch diesen Dreh mit dem Gabelflug entfällt der 90 km lange Rückweg bis zum Fährhafen Sta. Cruz (entlang der ohnehin nicht sehr interessanten Ostküste), außerdem die Überfahrt nach Las Palmas de Gran Canaria (die ja auch nicht umsonst ist) und schließlich noch der unangenehme Weg (Autobahn!) von der Hafenstadt zum Airport von Gran Canaria. Fazit: Mit einem Gabelflug erspart man sich nicht nur Stress, sondern gewinnt auch noch zwei Tourentage. Der Dreh funktioniert natürlich auch anders herum.

Wild campen

Will man sich unabhängig von irgendwelchen Unterkunftsadressen bewegen, ist wild campen angesagt. Das ist aber nicht immer ganz einfach. Ein Zelt lässt sich oft nur mühsam aufbauen, denn Fuerteventura und Lanzarote sind windig-sandig, die anderen Inseln meist steinig und selten eben. Generell gibt es auch wenig Sichtschutz. Im Sommerhalbjahr ist daher ein Biwaksack am praktischsten und auch völlig ausreichend. Wer nicht an Geister glaubt, kann gelegentlich auch in verlassenen Häusern übernachten. Ist aber wirklich nicht jedermanns Geschmack!

Wetter

Ganzjährige Radelsaison mit gewissen Einschränkungen (s. Info-Box, Reisezeit). Durchschnittstemp. von 18 °C (Jan.) bis 27 °C (Aug.). Zwischen September und Mai/Juni feuchtkühle Passatwolkenschicht ab 1000 Hm (je nach Wetterlage bis 1600 Hm), kleidungsmäßig vorsorgen.

Zelten auf Fuerte

Autobahnen Auf Gran Canaria und Teneriffa wird man schon am Airport mit Autobahnen konfrontiert. Andere Straßen sind oft gar nicht mehr ausgeschildert und trotz intensiver Suche schwer zu finden. Zermürbt fährt man schließlich auf die Autopista. Nun ist es in Spanien, im Gegensatz zu Deutschland, kein Schwerverbrechen, auf dem Seitenstreifen einer Autobahn zu radeln, und auch die Polizei juckt das wenig, aber angenehm ist es doch nicht. Radler auf der Autobahn sind per se im Unrecht, die Seitenstreifen sind oft mangelhaft, und bei jeder Zu- und Abfahrt droht Gefahr durch Tiefflieger (anhalten, Lage peilen).

Was noch? Barrancos heißen die cañonartigen Trockentäler der Inseln. Eine Caldera ist das schüsselartige Hochtal eines eingestürzten Vulkankraters, wie auf La Palma. Eine „Bikestation" organisiert Tagestouren, vermietet gute MTBs, hat eine eigene Werkstatt und oft auch ein Shop. Karten und Tourenführer s. Info-Box.

Gran Canaria

1523 qkm • Ausd. 45 x 48 km • 430 Ew./qkm • Hauptstadt/-hafen Las Palmas

Überblick Wegen der Sandstrände im Süden und Osten ist Gran Canaria die touristischste aller Kanaren-Inseln. Sie gilt als Kontinent im Kleinen. Das merkt man aber erst an der Westküste, oder wenn man sich ins Innere der muschelförmigen Insel begibt. Während nördliche, östliche und südliche Küstenregion eher abstoßend wirken, erinnert das Zentralmassiv (Pico de las Nieves, 1949 m) mit den strahlenförmig zur Küste laufenden Barrancos an monumentale Canyonlandschaften Nordamerikas. Kontraste auch bei der Vegetation: Wüstenhaft das Dünen-gebiet an der Südküste (Maspalomas), üppig grün bis tropisch manche Täler und vor allem die Hochlagen des Zentralmassivs.

Straßen-touren 187 km lang ist die Runde um Gran Canaria. Tourenradler erwartet ein Straßennetz von rund 1300 km. Das hört sich viel an, ist es am Ende aber nicht. Denn ein zunehmender Anteil geht auf das Konto der Autobahnen. Sie haben bereits die gesamte Ostküste erobert und fast auch schon die Nordküste. Las Palmas ist ein Krake, dessen Autobahntentakel sich immer weiter in die Insel hinein winden. Der Großraum Las Palmas ist für Radler fast schon ein no-go-area. Am besten fährt man erst nach Mitternacht nach Las Palmas hinein, denn tagsüber sorgen Baustellen und Verkehr für erheblichen Streß. Verkehrsreich sind auch die drei von Las Palmas ausgehenden Straßenachsen durch die dicht besiedelten Barrancos von Arucas, Teror und Santa Brigida. Wären diese Barrancos nicht so eng, wären auch hier wohl bald Autobahnen. Ergo: Nicht nur die Nord- und Ostküste auch der gesamte Nordosten Gran Canarias ist unerfreulich.

Wer Gran Canaria jetzt aber einfach abhakt, versäumt das Beste. Abseits der Touristenzentren ist die Insel im Süden und Westen erstaunlich unberührt und von oftmals dramatischer Schönheit. Da sind zum einen die panoramareiche **Steilküste des Westens,** zum zweiten die mächtigen **Barrancos** zwischen Zentralmassiv und Süd-/Westküste, zum dritten die chaotisch strukturierte **Landschaft des Zentralmassivs** mit den wie

Viel Steine gab's – Kartoffelbauern auf Gran Canaria

Leuchttürmen aufragenden Wahrzeichen Roque Nublo und Roque Bentaiga. Übrigens gibt es direkt an der oberen Ringstraße (6 km östl. Ayacata) einen wunderschönen weitläufigen Biwakplatz im Wald – mit Blick zum Pico de las Nieves.

Offroad (MTB)

Spannend sind Touren im Inselsüden durch die Barrancos zu den Stauseen. Günstige Ausgangspunkte für Mountainbiker sind San Bartolom, Artenara und Tejeda (alle im Inselinnern).
Bikestationen: *www.happy-biking.com, www.free-motion.net, www.burbijita.com.*
Tourenanbieter: *www.sportcanarias.com, www.sportur.com, www.canary-bike.com.*

Fuerteventura

1731 qkm • Ausd. 25 x 90 km • 17 Ew./qkm • Hauptstadt/-hafen Puerto del Rosario

Überblick

Der Ursprung des Wortes „Fuerteventura" ist unklar, es kann „starker Wind" bedeuten, aber auch „großes Wagnis" oder „Abenteuer". Jedenfalls ist sie die windigste der Kanareninseln, was sie zum zweiten Hawai für Surfer macht. Ihre Gestalt wird von einem zentralen Hochplateau um 300 m mit Höhenzügen aus isolierten Vulkankegeln bis 807 m geprägt. Weite, von Sahara-Winden ausgetrocknete Sandebenen und schöne Gesteinsfarben sind die herben Reize der dünn besiedelten Insel. Besonders das nördliche Drittel ist in weiten Teilen karg und trostlos. Freundlicher ist es westlich von Antigua, wo die Insel feuchter und grüner ist. Schöne Badestrände mit Tourismus gibt es um Corralejo und auf der Süd-Halbinsel Jandía. Warm-windig und dabei oft auch sandig-staubig ist es im Osten. Dem Wind verdankt die Insel auch ihre Windmühlenkultur. Sie sind zwar alle nicht mehr in Betrieb, viele wurden aber restauriert. Aufgepasst, auf Fuerteventura gibt es männliche *und* weibliche Windmühlen!

Straßentouren

Das Straßennetz misst ca. 450 km. Eine komplette Rundtour ist nicht möglich. Nur im Zentrum und im Nordosten lassen sich Runden realisieren. Da die Insel aber relativ flach ist, kostet es keine große Überwindung, Sackgassen doppelt zu befahren. Eher ist es der strenge Wind, der einen von zusätzlichen Abstechern abhält. Spaß macht eine Windmühlentour. Die meisten findet man in der Inselmitte zwischen La Oliva und Antigua.

Offroad (MTB)

Beliebtestes, aber auch anspruchsvollstes MTB-Revier ist das Berggebiet westlich von Antigua zwischen Betancuria und Pájara. Schöne Trails auch im nördlichen Vulkangebiet rund um den Montaña de Colorada sowie auf der Halbinsel Jandía. Ein gutes Insel-Standquartier ist Corallejo. Von dort lassen sich leichte Touren durch vulkanisches Hügelland realisieren. Bike-Stationen u.a. in Corralejo, Jandia Playa, El Castillo.

Lanzarote

795 qkm • Ausd. 20 x 60 km • 66 Ew./qkm • Hauptstadt/-hafen Arrecife

Überblick

Die Kanareninsel mit den niedrigsten Erhebungen (bis 670 m) umgibt ein Landschaftsschutz-Mythos, den sie dem Künstler Csar Manrique verdankt. Rund 300 Vulkankegel, bis 670 m hoch, sind im Nat.-Park Timanfaya versammelt. Leider ist die dortige 14 km lange *Ruta de los Volcanos* für jeglichen Individualverkehr gesperrt (nur im Bus erfahrbar, Straße bis zum Visitor Center frei). Weite Teile der Insel sind bedeckt von Lava und schwarzer Asche. Als Kontrast zu dieser Mondlandschaft zieht sich ein bis zu 5 km breiter Dünengürtel durch die warm-windige Insel, mit wüstenähnlicher Vegetation und raffiniertem Trockenfeldbau.

Straßentouren

Rund 450 km Straßen stehen an. Die langen stetigen Anstiege sind angenehm, wenn man den NO-Passat im Rücken hat (Fahrt in Südrichtung), unangenehm sind sie, wenn feiner Flugsand und NO-Passat als steifer Gegenwind von vorn kommen (Fahrt in Nordrichtung). Der hinterhältigste Anstieg der Insel ist die neue Straße von Playa Blanca (0 m) nach Femes (360 m), sieht harmlos aus, zieht aber zum Schluß mächtig an. Rauer Asphalt, reichlich Höhenmeter trotz niedriger Berge und Gegenwind sorgen auch dafür, dass der **Ironman Lanzarote** als härtester seiner Art gilt und die 60 Besten locker für Hawai qualifiziert. 1992 startete der erste Ironman auf Lanzarote und findet seitdem unter großer Beachtung jedes Jahr im Mai statt (3,8 km Schwimmen + 180 km Rad fahren + 42 km Marathonlauf, Info: www.ironmanlanzarote.com).

Wer noch keinen eigenen Plan hat, kann sich einfach am Ironman-Rundkurs orientieren, der fast alle Highlights der Insel einsammelt. *Streckenverlauf Ironman Lanzarote:* Puerto del Carmen – Macher – Yaiza – Salinas de Janubio – El Golfo – Yaiza – Tinajo – La santa – Sóo – La Caleta – Teguise – Los Valles – Haria – Mirador del Rio – Orzola – Arieta – Tahiche – Nazaret – Mozoga – San Bartolom – Tias – Puerto del Carmen (180 km, 2600 Hm). Nur das bizarre Weinbaugebiet La Geria meidet der Ironman-Kurs bislang (schlechter Straßenzustand). Zur Kenntnisnahme: Die Bestzeit für diesen Teil des Ironman liegt bei knapp 5 Stunden!

Da Lanzarote das günstigste Winterklima der Kanaren hat, trainieren auch Radsportler gern vor Saisonauftakt hier. Viele loggen sich dabei im etwas abgelegenen Club La Santa an der mittleren Nordküste ein (stadtähnlicher Sportkomplex, nicht billig, Info: www.clublasanta.com). Wem das nicht liegt, wählt Costa Teguise an der Ostküste als Standort. Fotos und Erlebnisse von Lanzarote-Radfans: *www.lanzarote-landschaften.de*

Offroad (MTB)

Insgesamt ist Lanzarote kein MTB-Dorado. Mountainbiker finden im Süden aber teilweise sehr steile Single-Trails auf Lavagestein. Moderat bis anspruchsvoll sind die Sand- und Schotterpisten um Costa Teguise und vom Playa de Famara (Nordwest-Küste) zu den nördlichen Steilküsten. Einfache und mittelschwere Pisten finden sich im vulkanumgebenen Weinanbaugebiet La Geria zwischen Yaiza und Tías. Offroad-Verbot besteht im Timanfaya-Nat.-Park. Bike-Stationen in Puerto del Carmen, Costa Teguise, Arecife und Club la Santa.

La Palma

728 qkm • Ausd. 25 x 70 km • 99 Ew./qkm • Hauptstadt/-hafen Santa Cruz

Überblick

Die gebirgste Kanareninsel gilt ihren Fans auch als schönste. Aber das ist natürlich Ansichtssache. Steilwandig ist das vulkanische Zentralmassiv, in dessen Mitte sich ein 1500 m tiefer gelegener Kraterboden erstreckt. Blickt man vom Kraterrand in diese riesige **Caldera de Taburiente** (Nat.-Park) sieht man, dass sich dort unten eine eigene Landschaft mit Wäldern, Hügeln und Flusstälern gebildet hat. Der Gebigskamm der Cumbre Nueva trennt die beiden Klimazonen der Insel. Schwül und oft wolkenverhangen ist die Osthälfte, meist trocken und wolkenlos die Westhälfte. Bei der Fahrt durch den Tunel de la Cumbre vollzieht man diesen Klimawechsel in fünf Minuten. Der Tourismus konzentriert sich vor allem um Puerto Naos, ist insgesamt aber gering. Dafür gibt es eine rege Szene von Deutschland-Aussteigern, deren Gründer sich nach der Reaktorkatastrophe von Tschernobyl (1986) in die saubere Windrichtung abgesetzt hatten.

Ironman (Lanzarote)

Straßen-touren

Ultimative Herausforderung ist die Straße, die sich von Santa Cruz zum Observatorium auf dem Roque de los Muchachos schlängelt (drei mal im Jahr ist Tag der offenen Tür im Observatorium). Grandioser Blick von 2426 m in den Krater, aber kein Weg hinein! Die Auffahrt zum Roque de los Muchachos ist auch von Westen her möglich, allerdings bei deutlich schärferen Steigungen bis 15%!

Gut ausgebaut, mit Tunnelstrecken und vielen Serpentinen, ist die verkehrsarme *nördliche Ringstraße* um den Taburiente (130 km). Etwas leichter ist der *südliche Ring* (90 km).

Offroad (MTB)

Die steilwandige innere Caldera ist schwieriges Terrain für Biker. Fahrbare Wege finden sich praktisch nur im oberen Bereich des Kraterrandes und auf dem Kraterboden, dazwischen müsste das Bike geschultert werden. Anspruchsvoll, aber nicht ganz so extrem sind die Trails durch die vertrackten Barrancos im Norden und durch die Mondlandschaft bei Fuencaliente im Süden. Am allerschönsten sind vielleicht die Forstwege (pistas forestales), von denen La Palma überdurchschnittlich viele besitzt. Besonders ergiebig in diesem Zusammenhang ist das Gebiet der Cumbre Vieja im Inselsüden. Nützlich auch für Mountainbiker ist der Wanderführer „La Palma – Wege und Pfade“ von Juan Jos Santos (auf La Palma erhältlich). Bike-Stationen u.a. in Santa Cruz, Los Llanos, San Antonio.

Teneriffa (Tenerife)

2057 qkm • Ausd. 50 x 80 km • 290 Ew./qkm • Hauptstadt/-hafen Santa Cruz

Überblick

Sehr abwechslungsreiche, oft wunderschöne Landschaft. Trotz erheblichem Tourismus ist Teneriffa für Radler ein sehr schönes und lohnendes Ziel mit Tourenpotenzial für bis zu zwei Wochen. Das beherrschende Gebirgssystem teilt die Insel in zwei ungleiche Zonen: Blühende Landschaften im Norden, Schuttlandschaften im Süden. Aus der gewaltigen Caldera im Inselzentrum erhebt sich Spaniens höchster Berg, der **Pico de Teide** (3718 m). Auf die Caldera folgt der Höhenrücken Cumbre Dorsal (2200–1700 m), darauf die Hochebene um La Laguna (600–500 m), als Abschluß das Anaga-Gebirge im Nordosten (bis 1024 m), das zugleich Teneriffas Regenfänger darstellt. Im Februar wird auf Teneriffa zwei Wochen lang mächtig Karneval der brasilianischen Art gefeiert. Hochburg ist Santa Cruz. Nur in Rio gibt es mehr Karneval, sagen die Leute von Santa Cruz.

Straßen-touren

Das gut ausgebaute Straßennetz (1400 km) bietet Radsportlern gute Trainingsmöglichkeiten. Auch Reiseradler kommen auf ihre Kosten. Allerdings sind sie wegen ihres Gepäcks im Nachteil. Die ultimative Probe ist wohl die 14%-Rampe zwischen Masca und Santiago del Teide, die sich mit beladenem Rad gerade noch im Schritttempo meistern lässt. Viel länger, aber auch moderater ist hingegen die Auffahrt zum Teide. Es empfiehlt sich sehr die Tour von La Laguna anzugehen, weil sich die Szenerie allmählich steigert und der Teide fast permanent im Blickfeld ist. Von La Laguna führt die Kammstraße zum inselhöchsten Straßenpass (2300m, am Fuß des Pico del Teide, von hier per pedes oder Seilbahn noch 1400 Hm bis zum Gipfel), dann weiter durch die bizarre Vulkanlandschaft der „Las

Schlucht von Masca (Teneriffa)

Cañadas del Teide" zum Sattelpass Boca de Taude (2046 m), dem der finale Downhill nach Los Cristianos oder Chio folgt. Vom Westen her ist die Auffahrt zum Teide nur halb so schön, da man den prägnanten Vulkankegel erst im letzten Augenblick sieht und zuvor immer nur Bäume.

Von den beiden Küstenstraßen ist die nördliche die schönste, zugleich auch eine der leichtesten Strecken der Insel. Ziemlich karg, dafür aber ungewöhnlich friedlich ist die Carretera del Sur entlang der südlichen Hänge des Teide-Massivs. Ziemlich uninteressant ist die westliche Küstenstraße von Los Gigantes (Felsen, weniger gigantisch als der Name vermuten lässt) nach Los Cristianos. Stressig ist der Flaschenhals der Insel, trotz Autobahn ist das Verkehrsaufkommen hier zwischen Santa Cruz, La Laguna und Puerto de la Cruz enorm.

Offroad (MTB)

Ein nicht sehr schwieriges Revier ist der Nationalpark in der Caldera. Allerdings ist das Biken nur auf bestimmten Wegen erlaubt, worüber die Besucherzentren beim Parador und in El Portillo Auskunft geben sollten. Sanft sind die Trails im fruchtbaren Valle de la Orotava unterhalb der steil abfallenden Nordseite des Teide, anspruchsvoller die an den trockenen Südhängen. Harte Nüsse sind die Trails in den barrancozerfurchten Inselaußenposten Teno-Gebirge (NW) und Anaga-Gebirge (NO). Bike-Stationen u.a. in El Mdano, Puerto de la Cruz (www.mtb-active.com), Los Christianos.

La Gomera

378 qkm • Ausd. 25 x 22 km • 53 Ew./qkm • Hauptstadt/-hafen San Sebastian

Überblick

La Gomera ist die Lieblingsinsel von Aussteigern und Individualisten. Pauschaltourismus findet hier kaum statt, es gibt auch nur wenig Strände. Das von Barrancos zerschnittene Zentralmassiv (Garajonay, 1487 m) fällt zu allen Seiten steil ab. In der Nordhälfte ist die Insel grün, im Süden trockenkahl. In den Höhenlagen des Zentralmassivs existiert seit ewigen Zeiten ein dschungelartiger Nebelwald, wie er früher für alle westkanarischen Inseln typisch war (Nat.-Park Garajonay, UNESCO-geschützt).

Straßentouren

Das Straßennetz umfasst ca. 350 km. Die Straßen sind relativ schmal, aber in gutem Zustand und wenig befahren. Küstenstraßen gibt es nicht. Obwohl immer neue lange Tunnel gebaut werden (Beleuchtung am Rad erforderlich), liegen zwischen den Orten stets viele Höhenmeter, und kaum ein Stück Straße verläuft eben. Für Tourenradler mit Gepäck ist La Gomera eine stete Herausforderung, aber auch eine Oase der schönen Bilder und der Ruhe. Immer wieder durchterrassierte Schluchten, für die man ihre Erbauer nur bewundern kann, und überall wachsen diese pittoresken Dattelpalmen, die es auch nur hier so zahlreich gibt. Oben im Lorbeerwald dann eine ganz andere Szenerie, windstill und kühl, Vögel zwitschern, Nebelschleier ziehen durch die Wälder. Eine schmale Asphaltstraße führt, von La Laguna Grande (ca. 1000 m) nach Las Rosas (400 m), mitten durch diesen „Märchenwald".

Offroad (MTB)

Für Mountainbiker ist Gomera mit seinen zahlreichen Forst- und Wirtschaftswegen (caminos reales) ein ergiebiges Revier. Besonders beliebt sind Touren durch den 40 qkm großen Nat.-Park Garajonay, für die lediglich eine gute Wanderkarte erforderlich ist. Ausgangspunkte für Wanderungen sind die Bergweiler La Laguna Grande und El Cedro (beide an der Ringstraße auf ca. 1000 m). Bike-Station in Valle Gran Rey.

El Hierro

277 qkm • Ausd. 10 x 30 km • 22 Ew./qkm • Hauptstadt/-hafen Valverde

Überblick

El Hierro gilt als die „Stille Insel". Ihren Besuchern ist das nur recht, sie behandeln die Insel ohnehin als Geheimtipp. Hierro besteht aus den Fragmenten zerbrochener Vulkane. Die runde Steilküste der Bucht El Golfo ist beispielsweise der Rest einer großen Caldera, eine kleinere Calderawand erhebt sich im Osten um las Playas, Lavafelder reichen als Landzungen ins Meer.

Energie jetzt! (Teneriffa, Las Cañadas del Teide)

Im Vergleich zu ihrer Grundfläche ist die Insel sehr hoch (Malpaso, 1503 m). Bis zu 1000 m hoch sind auch die Steilküsten, die das zentrale Hochplateau mit dem Gipfelberg, zahlreichen Vulkankratern und Aschekegeln umschließen. Wegen der hohen Luftfeuchtigkeit ist die Hochebene der fruchtbarste und grünste Part der Insel. Partien über 1200 m liegen oft in den Wolkenbänken des Passats.

Strandhaus aus Bimsstein (El Hierro)

Straßentouren

Das Straßennetz (um 300 km) war früher sehr schlecht, wurde aber in letzter Zeit stark verbessert. Nachdem 2005 auch das aufwändige letzte Teilstück der Inselmagistrale 2005 fertig gestellt wurde (Tunnel durch den Montaña del Risco zwischen Las Puntas und Mocanal) ist die komplette Inselumrundung möglich. Das hat den entscheidenden Vorteil, nicht mehr dauernd das volle Programm über den zentralen Fileba-Pass absolvieren zu müssen (1330 m), um vom Süden zum Norden zu wechseln. Ganz auslassen wird die Passstraße wohl auch niemand, denn es gehört einfach dazu, auf jeder Insel den höchsten Pass gefahren zu sein. Außerdem ist die Straße gutmütig trassiert und praktisch ohne Gegensteigungen. Zur Inselrunde gehört auch die Forststraße, die unterwegs, zwischen Fileba-Pass und Frontera, von der Hauptstraße abzweigt und zu den heiligen Bäumen (El Sabinar, bizarr verformte Zedernwacholder) und den wilden Lavafeldern im äußersten Westen führt. Wer will kann auch dem Leuchtturm am Punta de Ochilla einen Besuch abstatten. Hier endete in der Antike die westliche Welt. Es gibt noch viel mehr zu entdecken auf diesem Außenposten der Kanaren. Stille Wasser sind tief.

Offroad (MTB)

Mountainbiker kommen etwas spät, viele Trails sind inzwischen asphaltiert. Was bleibt ist das Netz gut beschilderter Wanderwege. Königsweg ist der *Camino de la Virgen,* ein alter Prozessionsweg, der über die Hochebene der Insel führt: 28 km vom Santuario de la Virgen im Westen bis Valverde im Osten.

El Hierro – Entscheidungen aus dem Bauch

von Renate Tarrach

Als Frau alleine unterwegs

Auch beim Anblick von Santa Cruz de la Palma, der dritten Ankunftsstadt meiner Kanaren-Rundreise, fühle ich mich nicht wohl: Häusermeer, hupende Autos, grauer Himmel – und dazu auch noch Geschichten von steinewerfenden Einwohnern in den nördlichen Wäldern! Als ich höre, dass die Weiterfahrt nach Hierro, dem kleinsten kanarischen Eiland, nichts kosten soll, ist die Entscheidung gefallen.

Entscheidungen aus dem Bauch sind oft erfolgreich: Über Hierro strahlend blauer Himmel, kaum Häuser, nur eine Serpentinenstraße, die sich am Berg emporschlängelt. Puh, genau das brauche ich jetzt. 10 km geht es vom Hafen hoch nach Valverde. Die Hauptstadt Hierros liegt mitten im weißen weichen Wolkenschleier.

Wie, ich sei mit dem Rad ganz allein den Berg hochgefahren? Ungläubige Blicke von den Herren im Informationsbüro. Aber da bräuchte ich doch erst mal eine Pause! Ich ziehe es vor, ihnen nicht zu erzählen, dass ich am Tag immer so um die hundert Kilometer fahre, wovon die Hälfte im Schnitt bergauf geht. Ob ich denn die ganze Insel mit dem Rad erkunden wolle? Na, sage ich, alle sieben Inseln sollen es sein. Sie schütteln die Köpfe, die kennen sie ja selbst noch nicht einmal. Über solche Gespräche ärgere ich mich nicht mehr. Auch nicht über neugierige Blicke auf meine Beine, wo keine riesigen Muskelpakete zu entdecken sind.

Als ich im Süden Hierros, im Hafenort La Restinga ankomme, werde ich in einer Bar sofort begrüßt: „Ach, du bist das, die hier mit dem Rad unterwegs ist!“ Woher er das wüßte, frage ich den Barmann. „Na, hier kennt doch jeder jeden. Wir sind wie eine große Familie.“ Mein Rad bräuchte ich auch nicht abzuschließen, den Dieb würde man sofort kennen. Und auch ich sei hier sicher. Hier passiert nichts.

Hierro gefällt mir, ich fühle mich wohl beim ständigen bergauf und bergab, von null auf 1400 Meter, vorbei an saftig grünen Weiden, Vulkanhügeln und einer Handvoll Dörfern mit mir freundlich zunickenden Menschen.

Dann eines Tages: Ich will mal wieder hoch in die Gipfel – eigentlich zur anderen Inselseite, und das geht auf Hierro nur über den Berg. Mein Blick zum Himmel: Noch keine Passatwolken. Aber sie kommen von Norden heran. Doch sollten sie, bis ich oben bin, wieder weg sein.

Guten Mutes radele ich los, auch wenn ich an diesem Tag nicht so topfit bin, was man ja als Frau alle vier Wochen häufig hat. Plötzlich hält vor mir ein Mini-Laster. Ob ich mitfahren wolle. Hm, eigentlich ungern, hatte ich mich doch seelisch und gedanklich schon auf die grauen Wolken, die da kommen, eingestellt. Aber dann setze ich mich doch rein.

Zwischen den Vulkanen

Zwischendurch erzählt er mir plötzlich, er würde mich unheimlich nett finden. Ich greife nach meinen Sachen und will raus. Nein, nein, so sei das doch gar nicht gemeint, hier auf den Kanaren würde man immer freundlich zueinander sein. Nun gut, aber nach einer Weile steige ich doch aus. Abends komme er wieder über den Gipfel und könne mich auflesen, meint er noch. Fast zufällig bin ich abends auch dort und treffe eine Frau von der Pension, die Antonio zu kennen scheint. Und da kommt er schon. Es ist dunkel, wir fahren durch unbewohntes Gebiet zwischen den Vulkanen. Plötzlich macht Antonio das Licht am Wagen aus und bleibt stehen. Mir

Reisezeit Wegen ihrer milden Winter lassen sich die **südlichen Küsten** wie auch **Mallorca** ganzjährig bereisen. Regentage und Höchsttemperaturen um 15 °C müssen eingeplant werden (für Mallorca den Regenmonat Oktober meiden). Als klassisches Ganzjahresziel gelten die **Kanarischen Inseln,** die übers Jahr betrachtet, den gleichmäßigsten Temperaturverlauf aufweisen. Die Parole vom „ewigen Frühling" ist allerdings nur begrenzt gültig. Was die Niederschläge betrifft, kann es im Winterhalbjahr auf den gebirgigen West-Kanaren auch heftiger zur Sache gehen.

Generell sind folgende Zeiträume für Radtouren am günstigsten:
Pyrenäen: Juli – August
Atlantisches Nordspanien: Juni – September
Katalonien: März – Juni, Sep. – Okt.
Zentralspanien: April – Mitte Juni, Mitte Sep. – Okt.
Südspanien: März – Mai, Oktober (Hochlagen: Juni – Sep.)
Balearen: Februar – September
Kanaren: März – Oktober
Schulferien sind in Spanien von Anfang Juli bis Mitte September.

Anreise

Die meisten **Pyrenäen-Pässe** sind ab Juni geöffnet, ganzjährig der landschaftlich lohnende **Puerto de Somport** (1632 m).

Andorra Überwiegend Spanier und Katalanen und nur 9% Franzosen bewohnen das von bis zu 3000 m hohen Bergen umgebene Fürstentum Andorra (467 qkm, 65.000 Ew., Amtssprache Katalanisch, Währung ist der Euro). Eigentlich hat **Andorra** eine wunderschöne Landschaft mit Schluchten, Hochtälern, Bergdörfern, Wäldern und alpinen Matten. Aber die durch Andorra gelegte Passstraße hat alles versaut. Seitdem schieben sich die Autokolonnen durch den Zwergstaat, der durch den steuerfreien Verkauf von Benzin, Zigaretten und Alkohol davon profitiert. Für den Wintertourismus wurden die Berge ringsum mit Hightech präpariert. Trotz schneesicherer Lage optimieren 1300 computergesteuerte Schneekanonen die Skibedingungen. Wie auch immer: Die höchste Passstraße der Pyrenäen gipfelt nun mal in Andorra beim **Port d'Envalira** (2407 m) und ist damit einer der wenigen Gründe, eventuell doch durch Andorra zu fahren. Bei viel Verkehr allerdings!

Weinanbau auf Lava (Lanzarote, La Geria)

Westpyrenäen In den Westpyrenäen sind *Ulrich Lamm* zwei günstige Übergänge aufgefallen:

- **Puerto de Ibañeta** (1057 m) – Die eigentliche Passstraße ist zwar eine Hauptstraße, aber außer einigen großen Holztransportern gibt es kaum Durchgangsverkehr. Unterhalb vom Pass liegt der berühmte Wallfahrtsort Roncesvalles (Station am Jakobsweg, Rolandsage). Hinter Burguete (890 m) zweigen mehrere Nebenstraßen ab, auf denen man Pamplona umfahren und verkehrsarm nach Soria (Altkastilien) oder Aragón gelangen kann.
- **Port de Larrau** (1573 m) – Nebenstraßenübergang mit mehreren ruhigen Anbindungen nach Norden wie nach Süden, wird offiziell erst Mitte/Ende Juni geöffnet, ist aber nach nicht zu schneereichen Wintern auch vorher schon problemlos per Rad passierbar.

Ostpyrenäen Schwierig ist wegen der Verkehrssituation eine Empfehlung für die Ostpyrenäen. Hierzu noch einmal *Ulrich Lamm:* Alle Wege durch das **Roussillon** passieren zunächst nördliche Nebenkämme der Pyrenäen, die das Roussillon vom übrigen Frankreich trennen: entweder über die Berge oder an der Küste, wo der Verkehr sich zwischen Bergen, Lagunen und Meer zusammendrängt. Der **Col d'Ares** (1513 m) und die weiter östlichen Passagen führen letztlich nach Barcelona. Wer um dieses Ballungsgebiet herum in andere Gegenden Spaniens will, muss verschiedene Gebirge überqueren, landschaftlich schön, mit sorgfältiger Routenwahl auch ruhig, aber halt zusätzliche Anstrengungen.

Die *Küstenstraße* am Mittelmeer führt über mehrere kleine Pässe von Bucht zu Bucht. Die Verbindung soll außerhalb der Badesaison ruhiger sein als die vorgenannten Pässe, sie hat aber auch in dieser Zeit mehr Autoverkehr als der Puerto Ibañeta in den Westpyrenäen.

Per Bahn Weder Fahrradmitnahme noch -versand sind nach Spanien möglich!

Per Bus Nur Katalonien (Figueras) ist per Fahrradbus erreichbar. Südliche Ziele, wie Andalusien, verschwanden nach einigen Versuchen wieder von den Fahrplänen. Infos: *www.bike-und-bus.de*

Per Flieger Wer auf den Balearen, Kanaren oder in Südspanien touren will, wird meist einen Flieger für die Anreise wählen. Lang ist die Liste der *Charterflugverbindungen* zwischen D, A, CH und den spanischen Ferienzielen. Für die Saisontermine (Schulferien in D) frühzeitig buchen. Das Bike muss mit angemeldet werden.

Die Bedingungen bezüglich der Verpackung sind bei den Fluggesellschaften unterschiedlich. Einen guten Ruf genießt **Air Berlin,** während sich **Iberia** ziemlich zickig anstellt und für den Rückflug auf einem genormten Karton als Verpackung fürs Rad besteht. Damit dieser Karton durch den Scanner passt, ist er arg klein.

Johannes Meusel berichtet darüber (Rückflug mit Iberia im Oktober 2008): „Großen Stress gab es am Flughafen in Madrid: Absolut unfreundliches und inkompetentes Personal. Wir wurden wegen der Fahrräder mehrfach an andere Schalter geschickt und mussten schließlich zwei teure Pappkartons für je 20 Euro kaufen. Beim Hinflug ging es

Küstenstraße vor Port Bou (östliche Pyrenäenausläufer

ohne. Da hatten wir nur Folie zum Einpacken von Lenker und Schaltung verwendet, und alles kam gut an.

Die Kartons waren zu klein. Sogar nach Ausbau des Vorderrades passten die Räder nicht rein. Da haben wir einfach was rausgucken lassen und alles mit Klebeband befestigt. Doch das durfte nicht sein. Man drohte, die Räder gar nicht mehr mitzunehmen. Niemand konnte sagen, wie wir die Räder verpacken sollten. Es passte ja nicht mal der Rahmen richtig rein. Wahrscheinlich sind die Kartons nur für 26er und nicht für 28er Räder mit Lowridern.

Dann haben wir noch Lenker und Hinterrad ausgebaut und in den Karton gezwängt. Schließlich sollten wir noch 150 Euro nachzahlen, weil der jetzt gültige Preis 75 Euro pro Rad und Flug sei. Das Reisebüro habe einen Fehler gemacht. Die bereits bei der Buchung bezahlten 25 Euro pro Rad sollten wir uns beim Reisebüro zurückzahlen lassen. Die blanke Frechheit!

Als wir gezahlt hatten, sagte man, dass das Einchecken mittlerweile beendet sei und wir nicht mehr mitfliegen könnten. Auch der nächste Flug nach Berlin sei voll und wir müssten bis Sonntag warten, oder über Düsseldorf fliegen! Dann hat sich doch noch ein guter Geist eingemischt und auf einmal wurden wir auf die Warteliste für den Flug um 19.40 Uhr gesetzt und alles Gepäck im Schnellverfahren eingecheckt, auch die Räder mit der nicht vorschriftsgemäßen Verpackung.

Das alles hat Beatrice nun erstmal jegliche Lust für eine neue Spanienreise genommen. Und dabei war doch alles so toll gelaufen für uns. Mit Bahnen, Bussen und Übernachtungen und sogar dem Wetter hatten wir Glück."

Transport im Land

Bahnen *Johannes Meusel:* „Allen Unkenrufen zum Trotz hatten wir während unserer Andalusien-Tour überhaupt keine Probleme und konnten unsere zwei Fahrräder vier mal in Regionalzügen (auch ohne Fahrradabteil einfach im Einstiegsbereich) und drei mal im Fernlinienbus (große Gepäckfächer, wo man die Fahrräder verstauen kann) kostenlos mitnehmen."

Rd. 13.000 km umfasst das Streckennetz der RENFE (www.renfe.es), daneben gibt es Privatbahnen wie die Schmalspurstrecke der FEVE im Norden.

Fahrradmitnahme ist möglich in Nahverkehrs- und Regionalzügen mit Gepäckwagen/-abteil (Fahrradpiktogramm). In den Fernzügen der RENFE ist keine Mitnahme vorgesehen. *Fahrradversand* ist zwischen 51 Bahnhöfen möglich (max. 20 kg). Fahrrad spätestens 30 Min. vor Abfahrt am Gepäckschalter (equipajes) aufgeben. Muss umgestiegen werden, so muss auch das Rad erneut aufgeben werden. Da der Transport meist mit dem nächtlichem Postpersonenzug (correo) erfolgt, kommt das Rad erst nach etwa 24 Stunden an, deshalb evtl. auch diesen (späteren) Zug wählen.

Busse Sehr gutes Überlandbusnetz. Kostenlose Rradmitnahme im Stauraum ist üblich, aber kein Anspruch und nicht in allen Regionen. Schon beim Ticketkauf darauf hinweisen und mit dem Fahrer klären, wo das Rad am besten unterzubringen sei. Tageszeiten mit schwacher Nachfrage wählen.

Fähren Die wichtigsten Fährverbindungen zu den **Balearen:**
- ab Barcelona (Ibiza 4 x wö., Mallorca 1–2 x tägl.)
- ab Valencia (Mallorca 1 x tägl., Ibiza 1 x wö.)
- ab Tarragona (Ibiza 2 x tägl., Mallorca 2 x tägl.)
- ab Vilanova (Mallorca 1 x tägl.)
- ab Denia (Formentera 2 x wö., Ibiza 3 x tägl., Mallorca 1 x tägl., ca. 9 h)

Fährverbindung zu den **Kanarischen Inseln**:
- ab Cadiz (Gran Canaria – Teneriffa, 1 x wö, ca. 40 h).

Fährlinien Balearen:
- Trasmediterranea: *www.trasmediterranea.es*
- Iscomar: *www.iscomar.com*
- Balearia: *www.balearia.com*

Fährlinien Kanaren:
- Trasmediterranea: *www.trasmediterranea.es*
- Naviera Armas: *www.naviera-armas.com*
- Fred Olsen *www.fredolsen.es*.

Übernachten

Zimmer Spanien ist vor allem das Land der Pauschalurlauber, Zimmer für Individualtouristen sind deshalb eher knapp. Trotz zahlloser Unterkünfte an den Küsten und in den Städten ist es zur Hochsaison schwer, dort ein Zimmer für ein bis zwei Nächte zu finden. Leichter fällt dies im Landesinnern, obwohl die Unterkünfte dort spärlicher sind. Besonders in den dünn besiedelten Landschaften Kastiliens und der Extremadura erfordert die Hotelsuche eine gewisse Voraussicht. Hilfreich ist dabei das aktuelle *Unterkunftsverzeichnis* der jeweiligen Region (Guiá de Hoteles, Campings, Apartamentos). Erhältlich bei i-Büros, großen Tankstellen und Supermarktzentren.

Trotz des nicht überbordenden Zimmerangebotes gibt es in Spanien eine ganze Reihe hotelähnlicher Spielarten.

Häuser, in denen für ein DZ 25 bis 70 € verlangt werden:

- Fonda – F (einfaches Gasthaus, typischerweise im Ortszentrum)
- Casa de Huespedes – CH (einfaches Gasthaus)
- Pensión – P (unterschiedliche Ausstattungen, meist im Ort)
- Hostal-Residencia – HsR (Hotelherberge ohne Restaurant, auch außerhalb von Orten)
- Hostal – Hs. (Hotelherberge, meist mit Restaurant und im Ort)
- Hotel-Residencia – HR bis HR** (Hotel ohne Restaurant)
- Hotel – H bis H** (Hotel mit Restaurant, einfach bis mittel).

Hier kostet ein DZ 70 € und mehr:

- Hotel – H*** bis H***** (komfortabel bis luxuriös)
- Albuerges Nacionales (komfortable staatl. Hotels in unterversorgten Gebieten, meist an Fernstraßen)
- Paradores (rund 90 staatliche Nobelhotels in historischen Bauwerken mit schöner Umgebung).

Rund 160 **Jugendherbergen** (Albergues Juveniles) finden sich vor allem im Norden und in der Landesmitte, die meisten sind nur in der Sommersaison geöffnet, Ü um 10 €.

Manfred Nebelung: „Jugendherbergen gibt es zu wenige für dieses große Land. Einige können schon längst geschlossen sein, obwohl sie noch im Verzeichnis stehen, andere sind nur in den Monaten Juli und August geöffnet, wieder andere mit Schulklassen voll belegt oder von einer Hochzeitsgesellschaft in Beschlag genommen."

Camping

Über 800 **Campingplätze** sind offiziell registriert, davon gut zwei Drittel an den Küsten. Ein ausführlicher Campingführer („Guiá de Campings") kann bei den i-Büros und auf großen Campingplätzen erworben werden. 2 Pers. m. Zelt zahlen um 10 €.

Da die Campingplatzdichte im Landesinnern sehr niedrig ist, ist **wild campen** oft die einzige Alternative. Um Konflikte mit der Guardia Civil (Polizei) zu vermeiden, folgende Spielregeln beachten: Umzäunungen und Einfriedungen respektieren, Verbotstafeln beachten (Strände, Naturschutzgebiete), Mindestabstände einhalten (ca. 1 km zu Ortschaften, 50 m zu Hauptstraßen, 150 m zu Wasserentnahmestellen). Trockenliegende Flussbetten meiden, nicht in der Nähe von historischen Objekten und Militäranlagen campen.

Manfred Nebelung: „Seit 15 Jahren toure ich in Spanien, wild campen ist dabei zu meiner bevorzugten Übernachtungsart geworden. Auch wenn es nicht verboten ist, sollte man den Grundsatz beherzigen, dabei möglichst wenig gesehen zu werden, und dies auch vom ersten Schritt an in Richtung des auserwählten Geländes. Das Zelt erst kurz vor Einbruch der Dunkelheit aufbauen, nachdem man seine nähere Umgebung ausgekundschaftet hat. Belohnt werden diese Maßnahmen mit einer erholsamen Nacht in der Stille der Wildnis. Günstig sind die spanischen Mittelgebirge. Schwierig, fast verzweifelnd, gestaltet sich die Zeltplatzsuche in Regionen mit viel Weidewirtschaft, wo ein Ende der kilometerlangen Zäune oder Steinwälle einfach nicht in Sicht ist (Castilla y León, Extremadura, Castilla-La Mancha, Andalucía)."

Gaskartuschen (span. bomba de gas) für „Campinggaz“-Kocher – insbes. die gängige StechdornkartuscheTyp C 206 – sind in Spanien nur in Eisenwarenhandlungen erhältlich (span. ferreteria).

Karten und Literatur

Touren-karten

Festland (Iberische Halbinsel)

Achtung, im Inneren Spaniens gibt es Geisterdörfer, die in den Karten genau so wie bewohnte Orte eingezeichnet sind – nur mit dem Unterschied, dass man hier noch nicht mal eine Cola kaufen kann.

- Michelin / Travel Media House: 1:400.000, div. Teilkarten, 7,50 €. Wenig touristische Infos (bzw. nur in Verbindung mit dem entsprechenden Michelin-Führer), aber Straßennetz aktuell und präzise.
- Marco Polo: Spanien und Portugal, 1:300.000, Spiralatlas, 14,95 €; nicht immer ganz aktuelle, aber insgesamt gut brauchbare Allround-Karte.

Balearen

- Kompass Wanderkarten: Mallorca 1:75.000 · Menorca 1:50.000 · Ibiza/Formentera 1:50.000.
- Reise Know-How, World Mapping Project: Mallorca 1:80.000 (beidseitig) · *Empf.:* Mallorca 1:40.000 auf 4 Bl. · Ibiza/ Formentera 1:65.000

Kanarische Inseln

- Kompass Wanderkarten: Gran Canaria 1:50.000 · Teneriffa 1:50.000 · La Palma 1:50.000 · La Gomera 1:30.000 · El Hierro 1:30.000 · Fuerteventura 1:75.000 · Lanzarote 1:50.000.
- Michelin: 1:200.000, 3 versch. Blätter, gute Übersichtskarten mit aktuellem Ausbauzustand der Straßen (Autobahnen!)
- Reise Know-How, World Mapping Project: La Palma / Gomera / El Hierro 1:50.000 (beidseitig). Klar und praktisch. GPS-tauglich. Viele Infos. Nicht mehr ganz frisch (Aufl. 2003).

Touren-führer

Festland

- Stöppel Vlg.: „Der Jakobsweg“.
- Kettler Vlg.: „Jakobsweg per Rad“.

Balearen

- Kettler Vlg.: „Mallorca per Rad“. Radreiseführer mit variablem Routennetz
- Esterbauer Vlg.: „Radatlas Mallorca“, „MountainBikeGuide Mallorca“.
- Bruckmann Vlg.: „Mallorca“.

Kanarische Inseln

- Vlg. Delius Klasing: „Rennradfahren auf Gran Canaria”.
- Kettler Vlg.: „Teneriffa & Gomera per Rad“, „Lanzarote & Fuerteventura per Rad“.

Fahrrad (bicicleta)

Aus-stattung

Ohne bergtüchtige Gangschaltung geht kaum etwas, d.h. die Schaltung sollte mindestens einen *untersetzten* Gang bieten. Wie stark die maximal schaltbare Untersetzung sein sollte, hängt von der Art der Steigungen, der Menge des Gepäcks, der persönlichen Kondition und natürlich auch dem Ehrgeiz ab. Bei modernen Reisebikes und Trekkingrädern ist der kleinste Gang immer *untersetzt,* d.h. das Verhältnis der Zähnezahl zwischen vorne und hinten ist kleiner als 1. Wenn beispielsweise die Kette im kleinsten Gang vorne auf einem Kettenblatt mit 24 Zähnen liegt, hinten auf einem Ritzel mit 30 Zähnen, bedeutet das ein Verhältnis von 24:30 = 0,8. Entsprechend leicht tritt sich die Kurbel, aber mit jeder Pedalumdrehung kommt das Rad auch nur um etwa 1,70 m voran.

Fürs feuchte NW-Spanien sollte nicht auf Schutzbleche verzichtet werden. Laufräder und Gepäckträger sollten auch schlechtere Wegstrecken verkraften können, um bei der Routenwahl nicht an den Hauptstraßen kleben zu müssen. Fahrradanhänger sind in Spanien nur tagsüber erlaubt.

Reparaturen Fahrradwerkstätten („taller de bicicletas") sind vor allem auf Rennräder und Mountainbikes eingerichtet. Gute Werkstätten gibt es in den Großstädten, zunehmend aber auch in kleineren Küstenstädten. Oft können Defekte jedoch nur durch den Kauf einer kompletten Komponente behoben werden. Wer beispielsweise nur ein Schaltungsrädchen braucht, muss gleich ein ganzes Schaltwerk kaufen. Am besten ist die Ersatzteillage in den nördlichsten Regionen, wo auffallend viel Radsport getrieben wird. 28-Zoll-Reifen (622) sind nicht in 32 mm Breite erhältlich, jedoch in 25, 28, 37 mm. Wegen der Größe des Landes sollten kleine bis mittlere Pannen selbst behoben werden können, bspw. Speichen wechseln.

Mieten In den Ferienorten der Küsten ist es kein Problem, ein einfaches Mountainbike zu mieten. Es ist das typische Zusatzgeschäft von Autovermietern. Für ernsthafte Offroadtouren sind diese Gefährte ungeeignet, reine Funbikes. Hochwertige MTBs vermieten meist nur Bike-Stationen, die auch geführte Touren anbieten. Preise: z.B. Almería oder Kanarische Inseln um die 20 €/Tag.

Straßen und Wege

Straßen und Verkehr Spaniens asphaltiertes Straßennetz ist vergleichsweise weitmaschig. Dennoch bieten sich Radlern genügend verkehrsarme Nebenstraßen. Bereitschaft für Schotterwege steigert die Auswahl enorm. Wenig Alternativen bestehen allerdings entlang der stark befahrenen Mittelmeerküste. Die Hauptstraßen (Bezeichnungen N, C, H) sind in gutem bis sehr gutem Zustand und häufig mit Randspuren versehen, die dem Radler einen gewissen Schutz verleihen. Weniger gut sind die Asphaltdecken mancher Nebenstraßen (viele Flicken, teilw. auch Schlaglöcher). Abseits der Hauptstraßen ist die Wegweisung oft spärlich.

Jan Cramer: „Höchst angenehm überrascht waren wir von der Rücksichtnahme der spanischen Autofahrer. Wir müssen schon sehr lange zurückdenken, wann wir Ähnliches erlebt haben. Selbst auf breiten Landstraßen bremsen auch Lkw ab und überholen nicht bei Gegenverkehr. Fast immer wird zum Überholen die volle Gegenspur eingenommen."

Vorschriften für Radler Soweit nicht ausdrücklich verboten, darf auf den Randstreifen der Autostraßen (autovia) geradelt werden. Das gilt jedoch nicht für Autobahnen (autopista).

Mallorca (Westküste)

Das spanische Gesetz 43/1999 vom 25.11.1999 „Über die Anpassung der Verkehrsregeln an die Praxis des Radsports“ verpflichtet Radfahrer, außerhalb geschlossener Ortschaften einen Schutzhelm zu tragen, bei Dunkelheit und schlechten Sichtverhältnissen zudem etwas Reflektierendes. Das muss nicht unbedingt ein Kleidungsstück sein. Zitat: „In den Fällen, in denen die Benutzung von Beleuchtungseinrichtungen erforderlich ist, sind die Radfahrer verpflichtet, ein reflektierendes Stück zu tragen.“

Vias Verdes

Tunnel, Brücken, Viadukte – in Spanien gibt es über 7000 km Bahnstrecken, die still gelegt sind oder nie eröffnet wurden. Seit 1993 gestalten die RENFE und das Umweltministerium die landschaftlich reizvollsten Bahntrassen zu Radwegen um. In Kanada kennt man das als „Rails to Trails“, in Spanien sind es nun die **Vias Verdes** („Grüne Wege“). Mittlerweile gibt es Vias Verdes im ganzen Land. Die einzelnen Routen sind 20- 60 km lang und gleichen manchmal tatsächlich mehr einem Trail denn einem Radweg. Leider sind die Routen nicht verknüpft, es können mehrere 100 km und/oder ein Gebirge zwischen zwei Routen liegen. Alle Vias zeichnet jedoch das sanfte Steigungsprofil ehemaliger Bahntrassen aus (Eisenbahnen schaffen nur ca. 3% Steigung). Neben den bereits fertig gestellten Vias Verdes (insges. 1300 km sind beschildert und befestigt) gibt es auch noch viele Pionierrouten, die bislang lediglich als befahrbar gelten. Infos: *www.viasverdes.com.* Story: „Auf der Suche nach den Vías Verdes“, S. 616.

Offroad (MTB)

Spaniens bekannteste MTB-Reviere sind zweifellos die Kanarischen Inseln, aber auch das Festland besitzt wegen seines gebirgigen Charakters zahlreiche MTB-Reviere: die Picos de Europa in Asturien und Kantabrien, die Ostpyrenäen im Norden von Aragón und Katalonien, die Sierras de Francia, Sierras de Gredos, Sierras de Guadarrama in Castilla y León, die Serranía de Cuenca in Castilla-La Mancha, die Sierra de Segura, Sierra Nevada und Las Alpujarras in Andalusien. Weit ins Land führende Forst- und Wirtschaftswege ermöglichen moderate Touren, anspruchsvoll sind die meisten Wanderwege. Einschränkungen existieren teilweise in Nationalparks (Infos vor Ort).
GPS-Tracks (für MTB): *www.uv.es/pitarque/mtb, www.bicirutas.net*

Auf der Suche nach den Vías Verdes von Jan Cramer

Kältester Winter

Anfang März 2005. Bei strömendem Regen und 7 °C landen wir in Malaga. Die überflogenen Berge waren schneebedeckt. Dies ist Andalusiens kältester Winter seit 40 Jahren. An der Gepäckausgabe darf ich zusehen, wie die freundlichen Herren mein Rad auf dem Laufband verkeilen. Im brüllenden Verkehr fahren wir aus der Stadt. Ein Stück Schnellstraße, ein paar Mal gefragt und langsam bessert sich die Straßensituation. Nach gut 11 km in Alhaurin de la Torre endet unser erster Radeltag. Das zweite Hostal an der Strecke bekommt den Zuschlag und wir verbringen den Abend mit dem Trocknen der Klamotten und Aufwärmen an der Röhre eines Heizstrahlers.

Schneemänner auf Motorhauben

Der nächste Morgen ist kalt und klar. Wir blicken auf schneebedeckte Berge. Mit dem ersten Tageslicht verlassen wir das Hostal und freuen uns wie Kinder. Ewig zieht sich die recht ruhige Strecke nach Coín. Alles ist dicht besiedelt, die „Dörfer" auf der Landkarte entpuppen sich als quirlige Kleinstädte mit reichlich Autos, der Verkehr ist schnell. Es ist Samstag und der Schnee in den Bergen hat die Spanier völlig entfesselt. Zu Hunderten fahren sie hinauf und tollen mit den Kindern im Schnee. Die hinab fahrenden Autos haben alle kleine Schneemänner auf den Motorhauben und Dächern! In Yunquera stehen die ersten Schneemänner am Straßenrand, langsam entwickelt sich eine geschlossene Schneedekke. Die Straße ist zum Glück frei. Wir passieren den Puerto de las Abejas (820 m). Meike überrascht mich total, da sie immer nur kurz hinter mir oben auftaucht, so dass mir gerade noch Zeit für ein Foto bleibt ...

Kurz-kurz

Hinter El Burgo überholen wir zwei Reiseradler mit Minimalgepäck, die den Berg hinauf schieben! Wir sind noch fit und nehmen den Anstieg zum 1190 m hohen Puerto del Viento im Sitzen. Den völlig verschneiten **Parque Natural Sierra de las Nieves** zur Linken tauchen wir in eine großartige Landschaft ein. Hohe Bäume spenden Schatten, und es ist mittlerweile in der Sonne und bei wenig Wind so warm, dass ich kleidungsmäßig auf „kurz-kurz" umsteige und begeistert die Passhöhe herbeisehne. Tatsächlich erwartet uns oben ein grandioser Rundblick. Die Abfahrt nach **Ronda** ist schnell erledigt. Phantastisch, wie die Stadt auf den steil ansteigenden Felsen liegt und der Rio Guadiaro Alt- und Neustadt trennt. Ein Quartett spielt klassische Musik, die leise und angenehm über die Puente Nueve zieht. Wir verweilen eine Zeit, dann zieht es uns wieder in die Ruhe der Natur. Über kleine, auf der Generalkarte weiße Sträßchen, fahren wir nach Norden, passieren das wunderschön in der Schlucht gelegene **Setenil de la Bodegas** und schlagen am Ufer des Rio Trejo unser Zelt im letzten Sonnenlicht auf.

24 Tunnel, eiskalt

Morgens ist alles von Raureif überzogen. Minus 3,4 °C! Dennoch kommen wir gut los und fahren gegen 8:30 Uhr in der wärmenden Sonne nach **Torre-Alháquime** hinauf. Anschließend beginnt ein langer Anstieg in das wunderbar auf 633 m gelegenen **Olvera.** Dort ist bereits an der ersten Kreuzung der **Vía Verde de la Sierra** ausgeschildert. Dass es so einfach sein würde, hatten wir nicht erwartet. Vor der Reise war es extrem schwierig für uns gewesen, Informationen zu den Vías Verdes zu bekommen, da im deutschsprachigen Internet kaum darüber berichtet wird und auf der offiziellen Website die meisten Infos nur auf Spanisch waren. Ungläubig rauschen wir

Torre-Alháquime

einigen Mountainbikern hinterher - hinab zum Beginn der eigentlichen Strecke im Tal. Nur die ersten Kilometer sind asphaltiert. Insgesamt 24 eiskalte Tunnel sind zu durchqueren. Die Pfützen des Regens der letzten Tage sind noch gefroren. Wir überqueren vier schöne Viadukte. Rechts und links der Strecke liegen almartige Wiesen. Stiere, Schafe, verfallene Bauernhöfe und Ansiedlungen säumen den Weg. Verkehr gibt es kaum. Die ganze Strecke ist hervorragend beschildert, jeder Tunnel ist vermessen, jede Brücke und Sehenswürdigkeit zweisprachig erklärt. Völlig begeistert erreichen wir nach 36 km die Endstation **Puerto Serrano** (162 m). Auch dieser ehemalige Bahnhof ist vom eigentlichen Ort weit entfernt. Der Betreuer des Vía Verde befragt uns nach unseren Eindrücken und erläutert einige Dinge am Rande. Über den als nächstes von uns angepeilten Weg kann er leider nichts sagen. Wir erholen uns von den zahlreichen unbeleuchteten Tunneln, die manchmal etwas kritisch und Angst einflößend waren. Vor Marchena finden wir inmitten von Plantagen und Olivenhainen einen leidlichen Platz zum Zelten, die Wassersäcke liefern eine erquickende Dusche.

Wie ein Schlag ins Gesicht

Nachdem die Sonne das nasse Zelt getrocknet hat, fahren wir am nächsten Morgen nach **Marchena** hinein. Dort warten wir erst eine Viertelstunde bis der Lidl öffnet, dann eine weitere Stunde auf das Öffnen der Touristeninformation. Denn es gibt in Marchena keinerlei Hinweise auf den Vía Verde. Auch die Polizei zuckt nur mit den Schultern. Die Wartezeit auf einem kleinen von Kirchen eingerahmten Platz ist recht kurzweilig, denn wir zählen mindetsens 15 Störche, die die Dächer der umliegenden Gebäude beleben. Die zwei netten, aber völlig ahnungslosen Damen der Touristeninfo versuchen uns in einem Kauderwelsch aus mehreren Sprachen von der Schönheit der Gegend zu überzeugen. Sie schlagen einen Mietwagen vor, um cija, Osuna und Carmona zu besuchen, haben aber von einem **Vía Verde de la Campiña** und den mitgebrachten Unterlagen aus dem Internet noch nie etwas gehört. Ein letzter Versuch. Meike schlägt vor, es direkt am Bahnhof zu versuchen. Hier dann der Schlag ins Gesicht. Der nette

Bahnhofsbeamte bringt es auf den Punkt, der Vía Verde de la Campiña sei noch ein Zukunftsprojekt. Völlig enttäuscht beraten wir uns. Dieser Weg war ein zentraler Bestandteil unserer Routenplanung.

Spontane Richtungsänderung

Spontan beschließen wir nun die beiden weiteren geplanten Strecken in Gegenrichtung zu befahren und ändern unseren Kurs nach Osten, Richtung Puente-Genil, wo in der Nähe der **Vía Verde de la Subbética** beginnt. Leider haben wir die Rechnung ohne den Wirt, äh, Wind gemacht. Dieser bläst uns in den kommenden Tagen eiskalt und kräftig entgegen und raubt uns zeitweilig jede Motivation. Die folgenden, an sich recht schönen 17 km nach La Lantejuela lassen uns mehrfach ans Aussteigen bzw. Einsteigen in den Zug denken. Selten war ich auf einer Radtour so genervt wie an diesem Tage. Wir sehnen uns nach den Bergen. Hinter **El Rubio** schwenkt die Straße nach Südosten, erste Hügel kommen auf. Es wäre unter normalen Bedingungen eine wunderschöne Strecke mit einsamen Großgehöften in traumhafter Lage. Um die stark befahrene A340 nach Lucena zu vermeiden, lavieren wir uns über kleinste Sträßchen ins Abseits: Der auf der Karte eingezeichnete, parallel zur Hauptstraße führende Abzweig existiert nicht und wir müssen etliche Kilometer auf der völlig zerfetzten Piste zurück. Meike reicht es (mir auch) und wir brechen irgendwo in einen Olivenhain und beginnen zu kochen. Mitten in diesem riesigen Olivenhain nähert sich nun ein Transporter mit drei Männern und parkt ca. 20 Meter entfernt von uns - nur um nach etwa einer Viertelstunde wieder davon zu fahren. Noch heute rätseln wir, was die hier suchten.

Purer Schotter

Unbehelligt wachen wir am nächsten Morgen nach elf Stunden Schlaf auf. Erneut ist es bitterkalt: -3,6 °C. Im kleinen Ort **Navas del Selpillar** finden wir den Einstieg zum Vía Verde de la Subbtica. Doch welche Enttäuschung! Loser kleinschottriger Belag, der jedes Vorankommen bremst, zudem eine völlig unspektakuläre, flache Landschaft durch Olivenplantagen, der Wind voll von vorne. 5 km mühen wir uns ab und blikken dann erneut auf die Karte. Zähneknirschend machen wir auf der N331, A340 und A316 über Lucena, Cabra bis Doña Mencia die nächsten 30 Kilometer wett.

Traumstrecke, Traumhotel

Kurz vor **Doña Mencia** sehen wir den **Vía Verde de la Subbtica** oberhalb der Straße wieder und steigen ein. Nunn beginnt ein wahrhaft wunderbarer Abschnitt. Zunächst die grandiose Kulisse von Zuheros mit dem großen Viadukt, dann das völlig einsame, sehr hügelige Hinterland mit dem großen Valdomojón-Stausee und der Laguna Honda. Hinter jeder Kurve ergeben sich neue Aspekte. Schade nur, dass der ungewöhnlich kalte Winter die Vegetation immer noch im Klammergriff hat. Kein Blatt an den

Auf dem Vía Verde de la Subbética

Bäumen, keine Blüte! Wie viel schöner muss es hier erst in wenigen Wochen sein! Ein spanischer Mountainbiker ist nach 25 km der erste Mensch, den wir treffen. Ein zweiter wird es noch hinzukommen - auf über 50 Kilometern bis Martos.

Über **Alcaudete,** wo inzwischen der **Vía Verde del Aceite** begonnen hat, setzen wir die herrliche Reise fort. Offenbar existiert dieser Streckenabschnitt schon etwas länger, denn der lästige und völlig fahrraduntaugliche Kies ist hier besser komprimiert, man fährt teilweise sogar recht kommod auf dem darunter liegenden, jetzt sichtbaren Asphalt. Über zwei lang gezogene, nie wirklich steile Rampen erreichen wir **Martos.** Richtung Fuensanta de Martos setzen wir die Reise fort, bekommen in einer Werkstatt noch ein bisschen Wasser fürs Biwak und beenden den Tag auf einem hohen Hügel im Olivenhain, am Kocher, mit Blick in alle Himmelsrichtungen, bei grandiosem Sonnenuntergang - kein Hotel der Welt könnte für uns schöner sein.

Weiße Sträßchen

Erstmals ist unser Zelt morgens völlig trocken, was aber wohl am Wind liegt. Mein Rad ist in der Nacht umgefallen. Ursache war ein ominöser Plattfuß. Nach wenigen Kilometern erreichen wir **Fuensanta de Martos.** Meike entdeckt einen unscheinbaren Abzweig nach Castillo de Locubín, eine wirklich lohnenswerte Alternative und der Grundstein unserer Entscheidung, von jetzt an, wo möglich, nur noch die kleinen weißen Sträßchen der Karte zu benutzen. Jeder kennt solche Momente: Ein klarer kühler Morgen, grandiose Sicht, kleine Rauchsäulen über den Häuschen, kein Auto weit und breit, ein frisches schwarzes Asphaltsträßchen windet sich durch wunderschöne Landschaft, sogar die Steigungen werden zum Vergnügen, man müsste die Zeit anhalten können. Jeweils 1700 bzw. 1800 Höhenmeter kleckern wir auf unserem weiße-Sträßchen-Zickzack der nächsten beiden Tage gen Malaga auf diese Weise zusammen.

Fin del Camino

An Castillo de Locubín fahren wir rechts vorbei und legen 4 km auf der N432 zurück, um sogleich wieder in die Einsamkeit und Ruhe der Olivenhaine und Berge einzutauchen. In einem Weiler entern wir einen Krämerladen namens „Super Manuela“. Manuela hat alles, sogar eine einzelne Rolle Klopapier, den Rest der Großpackung will sie verwerten. Mehrfach schon haben wir heute das Flussbett des **Rio de San Juan** gequert, jedes Mal verbunden mit einem tiefen Absturz um einige Dutzend Höhenmeter. Dieses Mal aber haben wir es zu weit getrieben. Die vermeintliche Abkürzung nach Fuente-Tójar endet an einer Stelle, die lapidar mit „Fin del Camino“ beschildert ist. Plötzlich nur noch ein Schotterweg im Olivenhain, der dann völlig verdämmert. Nach langem Gefrage, keiner weiß Bescheid, müssen wir einen großen Teil des Weges wieder zurück, inklusive der Traversierung des Rio de San Juan. Ein Bad im eiskalten Wasser des Flusses erfrischt uns aber. Wir legen ein Stück auf der schon bekannten A340 zurück, um dann im hübsch gelegenen Almedinilla letzte Einkäufe für unsere Übernachtung zu tätigen. Enge Gassen, blendend weiße Häuser, toller Blick in die Ferne, eine kleine Quelle - irgendwie sind fast alle Orte, die wir auf unserer Reise passieren, ein optischer Leckerbissen. Am Ende des Tages biwakieren wir auf 860 m, bei deutlich unter 0 °C. Morgens purzelt beim Einpacken das Eis aus dem Zelt ...

 Karte S. 621

CZ TSCHECHIEN

Daten

78.864 qkm • Ausd. 250 x 500 km • 10,3 Mio. Einwohner • 131 Ew./qkm

Land

Die einst habsburgischen Kronländer Böhmen und Mähren haben zwar keine politische Bedeutung mehr, sind aber immer noch die geografischen Oberbegriffe Tschechiens. Ein durchlässiges Mittelgebirge (Böhmisch-Mährische Höhe) trennt die beiden landschaftlichen Großräume.

Böhmen nimmt die westlichen zwei Drittel des Landes ein. Randgebirge bis 1600 m umschließen das Böhmische Becken wie eine Festung. An das flache, breite Elbetal in der Mitte des Beckens schließen sich Böhmens charakteristische Hügel- und Hochplateaulandschaften an. Die zum Teil tief in das Land schneidenden Täler von Eger, Beraun und Moldau entwässern das Böhmische Becken großräumig zur Elbe hin. Den Übergang zu Mähren bildet die bis 838 m hohe, sanft gestaltete Böhmisch-Mährische Höhe.

Im Böhmerwald ist die Moldau noch nah

Mähren nimmt das restliche Drittel des Landes im Osten ein. Im Gegensatz zu Böhmen gibt es hier mehr kleinere Becken. Die höchste Erhebung ist das zu den Sudeten gehörende Altvatergebirge im Norden (bis 1491 m). Bevor östlich davon die Karpaten beginnen, haben eiszeitliche Gletschermassen noch ein weiteres Becken eingefügt – die Mährische Pforte. Gemeinsam mit den anschließenden Grabenlandschaften bildete sie seit der frühen Eisenzeit den bedeutendsten Nord-Süd-Durchgang im mitteleuropäischen Raum. Auch die legendäre, von der Ostsee zur Adria führende „Bernsteinstraße" nutzte die Pforte.

und Leute

Unter den slawischen Nationen ist die tschechische die westlichste. Über große Zeiträume bestimmten deutsche Minderheiten die Geschicke des Landes. Erst nach dem Ersten Weltkrieg konnten sich Böhmen und Mähren von den österreichischen Habsburgern lösen und selbstständig werden.

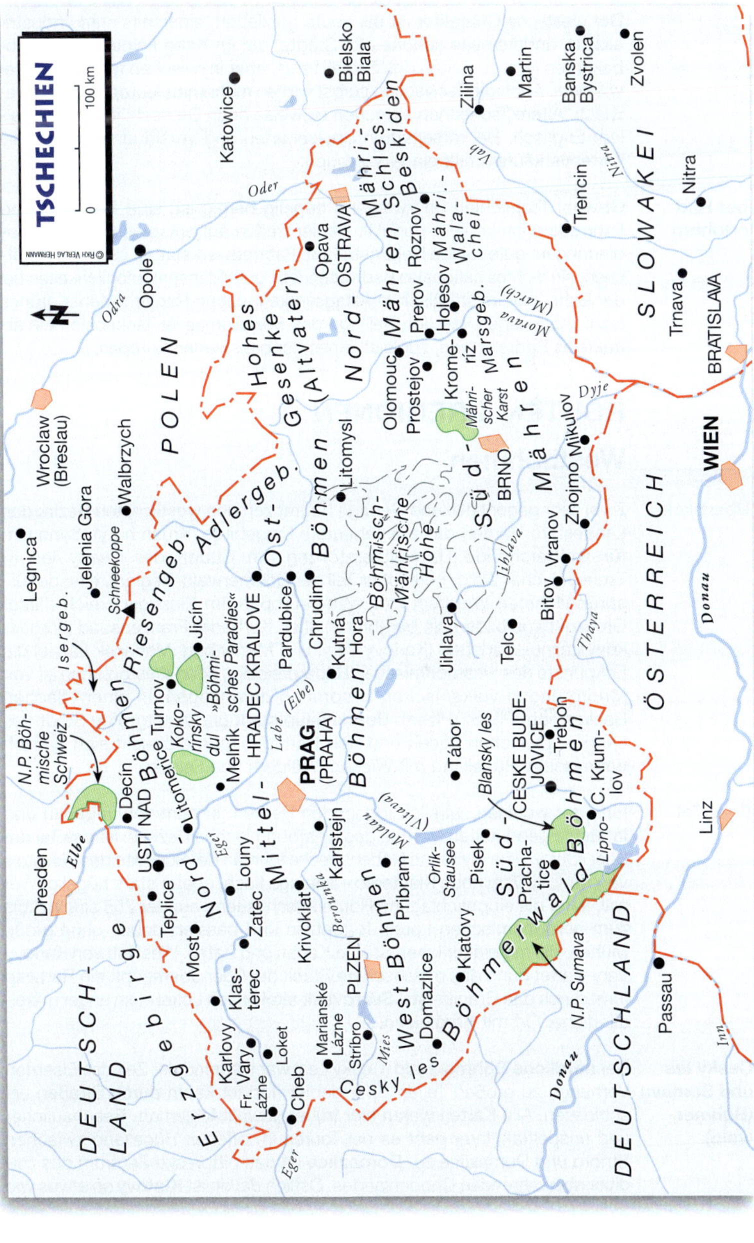
TSCHECHIEN
0
100 km
© RKH VERLAG HERMANN
DEUTSCH-LAND
POLEN
SLOWAKEI
ÖSTERREICH
DEUTSCHLAND
Dresden
Elbe
Legnica
Wroclaw (Breslau)
Jelenia Gora
Schneekoppe
Walbrzych
Opole
Odra
Katowice
Oder
Bielsko Biala
Zilina
Martin
Banska Bystrica
Zvolen
Vah
Trencin
Nitra
Nitra
Trnava
BRATISLAVA
WIEN
Linz
Passau
Inn
Donau
Donau
N.P. Böhmische Schweiz
Isergeb.
Riesengeb.
Adlergeb.
Hohes Gesenke (Altvater)
Nord-Mährisch-Schles. Beskiden
Mähri.-Wala-chei
Erzgebirge
Nord-Böhmen
Mittel-Böhmen
Ost-Böhmen
West-Böhmen
Süd-Böhmen
Nord-Mähren
Süd-Mähren
Böhmisch-Mährische Höhe
Böhmerwald
Cesky les
Blansky les
Marsgeb.
Mährischer Karst
Decin
USTI NAD
Teplice
Most
Litomerice
Turnov
Kokorinsky dul
»Böhmisches Paradies«
Jicin
Melník
HRADEC KRALOVE
Pardubice
Chrudim
Kutná Hora
Litomysl
Labe (Elbe)
PRAG (PRAHA)
Karlstejn
Moldau (Vltava)
Louny
Eger
Zatec
Krivoklat
Berounka
Pribram
Orlik-Stausee
Pisek
Tábor
CESKE BUDEJOVICE
Trebon
C. Krumlov
Lipno-
Prachatice
Klatovy
PLZEN
Domazlice
Klasterec
Karlovy Vary
Loket
Marianské Lázne
Stríbro
Mies
Fr. Vary Lázne
Cheb
Eger
N.P. Sumava
Jihlava
Jihlava
Telc
Bitov
Vranov
Znojmo
Mikulov
Thaya
Dyje
BRNO
Kromeríz
Prostejov
Olomouc
Prerov
Holesov
Roznov
Opava
OSTRAVA
Morava (March)

Der westliche Charakter ist bis heute geblieben, einerseits stark industrialisiert, andererseits schöne alte Städte, die im Krieg keinen Kratzer abbekamen (erst zu Zeiten des Sozialismus, aber inzwischen fast alle wieder wie neu). Auch die Tschechen selbst wirken mehr mitteleuropäisch als slawisch. Ältere Tschechen sprechen teilweise noch Deutsch, jüngere vor allem Englisch. Bei rätselhaften Speisekarten und verständnislosen Fahrkartenverkäufern hilft ein Wörterbuch.

per Rad erfahren

Obwohl Tschechien überwiegend hügelig-bergig ist, sind Radsport und Fahrradtourismus sehr populär. Radler treffen auf entsprechend gute Bedingungen: gute ruhige Nebenstraßen, Fahrradwerkstätten in jedem Städtchen, ein dichtes nationales Radroutennetz, gute Mitnahmemöglichkeiten bei der Bahn. Nur im städtischen Alltagsverkehr haben Radler seltener grünes Licht. Abgesehen von den Relikten des Sozialismus ist Tschechien ein attraktives Radreiseland, zugleich eines der preiswerten Europas.

ROUTEN & REGIONEN

Westböhmen

Überblick

Zwei sehr gegensätzliche Gebirge begrenzen den westlichsten Bezirk des Landes: Im Norden das ausgebeutete Erzgebirge (Krusn hory), Synonym für weitreichende Umweltzerstörung, im Süden der Cesky les (= Tschechischer Wald, nördlicher Teil der Böhmerwald-Region), eine der ursprünglichsten Waldregionen Mitteleuropas. Im Einzugsbereich dieser Grenzgebirge bilden die berühmten alten Kurbäder Franzensbad (Frantiskovy Lázne), Karlsbad (Karlovy Vary) und Marienbad (Mariansk Lázne) die Eckpunkte des westböhmischen Bäderdreiecks, denn Westböhmen ist von Moorgründen vulkanischen Ursprungs durchzogen. In einem flachen Becken liegt Pilsen (Plzen), Bezirkshauptstadt und zweitgrößte Stadt des Landes. Zwischen Pilsen und den Randgebirgen erstreckt sich typisch böhmisches Hügelland mit Wiesen, Wäldern und Feldern.

Eger-Tal

Eine der wenigen, wirklich lohnenden Routen, in dem von Tagebau und Industrie gebeutelten Norden des westböhmischen Bezirks, ist das Tal der Eger (Ohre). Eine idyllische Nebenstrecke führt an der Südseite des Flusstals von Karlovy Vary nach Klásterec – anfangs flach, später stark hügelig. Wer will, kann die eingeschlagene Route anschließend auf der 255 sinnvoll bis zum nordböhmischen Louny fortsetzen und passiert dabei, ohne große Mühen, die mittelalterlichen Städte Kadan und Zatec. Westlich von Karlovy Vary wartet dann das malerischste Stück der Eger überhaupt: ein Radweg führt durch das Granitfelstal **Svatovssk skály** nach Loket – ein enger mittelalterlicher Ort mit Burgfelsen.

Cesky les und Sumava (Böhmerwald)

Der **nördliche Böhmerwald** (Cesky Les) war während der Zeit des Eisernen Vorhangs zu großen Teilen Sperrgebiet und ist kaum durch Straßen erschlossen. Alle Karten waren hier früher gewollt fehlerhaft. Beschaulicher und unspektakulärer geht es bei Touren im offenen Hügelland zwischen Stríbro und Domazlice zu. **Domazlice** ist das pittoreske Zentrum des traditionsbewahrenden Chodenlandes. Östlich davon ist **Klatovy** so etwas wie

Tal der Eger zwischen Karlovy Vary und Loket

das Tor zur Sumava, dem **eigentlichen Böhmerwald** mit all seinen Reizen. An die 140 km lang ist dieser kristalline Gebirgszug, dem sein hohes Alter alle schroffen Formen genommen hat. Riesige Nadel- und Mischwälder bedecken das mürbe Gestein, dazwischen breiten sich Hochplateaus mit Torfmooren und eiszeitlichen Seen aus, Fließgewässer und Talschluchten sorgen für Profil, kuppenartige Gipfel bis 1378 m (Plechy/Plöckenstein) krönen das sagenumwobene Waldgebirge. Wildromantisch ist ein durchaus zutreffender Ausdruck für den Böhmerwald. Diverse Wanderwege wurden im ehemaligen Sperrgebiet markiert, darunter auch grenzüberschreitende wie die legendären Handelswege „Goldener Steig" und „Böhmweg". Kerngebiet ist der **Nationalpark Sumava** (1630 qkm), der zum überwiegenden Teil bereits zum südböhmischen Bezirk gehört.

Böhmerwaldradweg

Einem EU-finanzierten Vorbereitungsprojekt auf die EU-Mitgliedschaft ist der 390 km lange **Böhmerwaldradweg** zu verdanken. Von Cheb bis Domzalice nennt sich der Radweg **Magistrala Cesky les** (149 km), von Domazlice bis Dolní Dvoriste **Sumavaska magistrala** (242 km). Der Weg ist landschaftlich reizvoll und verkehrsarm, längere Abschnitte sind sogar autofrei. Dafür muss man allerdings auch etwas schuften, denn es geht ja durch die Berge. 1,5 km nach der **Moldauquelle** (1185 m) erreicht der Radweg seinen höchsten Punkt (1285 m). Generell eröffnen sich unterwegs immer wieder Möglichkeiten, auf lokalen Radwegen nach Deutschland bzw. Österreich zu gelangen. Die Grenzregionen sind ja ziemlich miteinander vernetzt. Karten und Literatur zum Böhmerwaldradweg: s. Info-Box.

Südböhmen

Moldauradweg

Oft hört man vom **Moldauradweg.** Doch den gibt es eigentlich gar nicht. Es gibt zwar abschnittweise Radwege, die die Moldau begleiten, aber von der Quelle im Böhmerwald bis zur Mündung bei Melnik gibt es keinen durchgehend beschilderten Radweg. Es wäre auch Etikettenschwindel, denn

Schwarzenbergscher Schwemmkanal (Südböhmen)

über weite Strecken bekommt man den Fluss kaum zu Gesicht. Die Moldau fließt durch unzugängliche, dicht bewaldete Täler, und die Straßen verlaufen, mit kilometerweitem Abstand, oberhalb davon. Eigentlich gibt es nur drei längere Abschnitte, wo man direkt neben der Moldau radeln kann:

- In Südböhmen von Rozmberk nach Cesky Krumlov (24 km, sehr schön).
- In Mittelböhmen von Stechovice nach Prag (31 km, viel Verkehr).
- Von Veltrusy nach Melnik (23 km, total friedlich und entspannend).

Von Prag bis Veltrusy (31 km) ist eine flussnahe Wegstrecke zwar vorhanden, aber in so schlechtem Zustand, dass man sie eigentlich nur Offroad-Bikern empfehlen kann.

Lipno-Stausee

Nirgendwo in Tschechien sind in den Sommermonaten so viele einheimische Radwanderer unterwegs wie in Südböhmen. Hauptanziehungspunkt ist der in die südöstliche Sumava gebettete, 40 km lange Lipno- Stausee – eine „Riesenbadewanne“ in geschützter Lage. Der **Böhmerwaldradweg** verläuft hier auf die Nordseite des Sees, um den Abstecher nach Cesky Krumlov zu ermöglichen. Cesky Krumlov (dt. Krumau) ist eine Art südböhmisches Rothenburg, muss man einfach gesehen haben. Zum Radeln ist allerdings die Südseite des Lipno-Sees das einzig Wahre. Hier drängelt sich der Böhmerwald bis ans Ufer. Weder Besiedlung noch Industrie oder Landwirtschaft machten ihm das hügelige Terrain streitig. Hier verläuft dafür der **Schwarzenbergsche Schwemmkanal.** Bis ins 20. Jahrhundert wurden auf dem 45 km langen tschechischen Kanalabschnitt Baumstämme in Richtung Donau geschwemmt. Im Zuge der Restaurierung des ingeniös ausgeklügelten Kanalsystems entstand auch ein begleitender *steigungsfreier* Radweg.

Sumava-Vorgebirge

Auch das gut 60 km lange, klimatisch geschützte Sumava-Vorgebirge (Sumavsk podhurí) zieht Urlaubsradler an. Neben Prachatice, Cesky Krumlov und Cesk Budejovive, einem außerordentlich sehenswerten Städtetrio aus Renaissance und Barock, locken hier, westlich von Budejovive, etliche Badeseen sowie das bewaldete Mittelgebirge **Blansky les** – ein Naturpark mit autofreier Kammstraße zwischen den Gipfeln Granátník (810 m) und Klet’ (1084 m).

Wittingauer Becken

Rund um das mittelalterliche **Trebon** ist das Wittingauer Becken mit seiner künstlich geschaffenen Teichlandschaft ein ganz spezieller Leckerbissen für Radwanderer: keine Berge mehr, nur noch sanftes Dahinrollen. Im Idealfall auf einer stillen Allee, die als Dammstraße mitten durch die Teiche führt. Solche Traumstrecken sind dann allerdings doch seltener, als es die Anzahl der Seen vermuten lässt. Man findet sie vor allem östlich von Trebon bei Stará Hlína und rund um Chlum. Wer länger bleiben will, kann von Trebon aus beschauliche Tagestouren auf Wald- und Wirtschaftswegen unternehmen (MTB vorteilhaft).

Orlík-Stausee

Weitere Highlights in Südböhmen sind die Stadt **Tábor** und der westlich davon gelegene **Orlík-Stausee** mit den Burgen Orlík und Zvíkov. Vom Lipno-Stausee entlang der Moldau bis zum Orlík-Stausee oder gar Prag zu radeln wäre schön, funktioniert aber nur bis Cesky Krumlov und anschließend erst wieder von Stechovice bis Prag (s. Mittelböhmen). Auch am Stausee selbst gibt es keine Uferwege, da die Seitentäler ebenfalls geflutet sind. Empfehlenswert ist statt dessen die Personenfähre von Zvíkov nach Orlík. Sie verkehrt in den Sommermonaten 3 x täglich und nimmt auch Fahrräder mit.

Mittelböhmen

Moldau-Tal

Prag ist nicht nur das „goldene", hunderttürmige" Zentrum Mittelböhmens, sondern Magnet fürs ganze Land. Einen verkehrsarmen Schleichweg in die Metropole gibt es nicht. Lohnend ist ab Stechovice die topfebene Panoramastrecke durchs Moldau-Tal (Achtung, viel Wochenendverkehr). Nördlich von Prag ist es wieder nur sehr begrenzt möglich, an der Moldau zu radeln, die Wegstrecke ist immer noch nicht ausgebaut. Rad fahren in Prag: *http://doprava.praha-mesto.cz*

Drei weitere große Flüsse ziehen durch Mittelböhmen: Elbe (Labe), Sázava und Berounka. Doch der mittelböhmische Lauf der **Elbe,** von Záhorí bis Steti, ist wenig attraktiv als Routengeber, und auch die **Sázava** ist für Radler keine wirklich lohnende Strecke, denn dort, wo es Straßen gibt, ist das stark hügelige Tal zugleich auch dicht besiedelt. Auch die ausgeschilderte Sazava-Radroute kann daran nichts ändern (Davle–Lisek, 243 km). Wer

die schönsten Passagen des Sázava-Tales kennenlernen will, sollte hier die Eisenbahn benutzen (Regionalzug, Fahrradselbstverladung). Ihr ist die einzig durchgehende Trasse direkt im Flusstal vorbehalten. Welch ein Radweg, falls diese Bahnstrecke einmal stillgelegt werden sollte!

Berounka-Tal Anders hingegen die bei Pilsen entspringende Berounka. Ihrem Lauf von Krivoklát bis Prag zu folgen empfiehlt sich sehr. Überwiegend leichtes bis mäßiges Profil, romantische Abschnitte durch Wald bei gleichzeitiger Sicht auf den Fluss, und **Karlstejn,** die bedeutendste Burg Tschechiens, direkt auf dem Weg. Nur auf dem letzten Stück, von Lety bis Prag, ist das Berounka-Tal dann völlig uninteressant. Hier wäre die Straße durchs Moldau-Tal eindeutig schöner (s. o.). Allerdings steht dieser Route, von Westen aus gesehen, das kleine Hrebenky-Gebirge mit einem fiesen Anstieg im Wege. Daher doch erst der Berounka bis Prag folgen und ggf. später entlang der Moldau stadtauswärts nach Süden radeln.

Nord- und Ostböhmen

Überblick Abgesehen vom Tal der Eger (s. Westböhmen) finden sich die interessanten Radelgebiete der nördl. Landesteile vor allem *östlich* der Elbe (Labe).

Elbetal Von Litomerice bis Decín führt die Elbe durchs Mittelböhmische Mittelgebirge. Die Elbe muss sich hier durch ein enges Flusstal zwängen. Trotz der Enge wird sie zu beiden Seiten von Straßen begleitet. Die am rechten Ufer ist zwar hügeliger als die linkselbische Straße ist, dafür aber auch ruhiger. In dem Bemühen, die Straße möglichst zu vermeiden, schlängelt sich der ebenfalls rechtsseitig ausgeschilderte **Elberadweg** eher umständlich durch das enge Tal. Trotz viel Industrie sind die Blicke auf den Fluss und das gegenüberliegende Ufer immer wieder eindrucksvoll. Sehenswert sind vor allem **Litomerice** (Leitmeritz) und **Burg Strekov** (Schreckenstein), aber auch **Decín** (Tetschen).

Östlich der Elbe Von Decín führt die 261 durch Waldgebiet weiter bis Hrensko – günstiger Ausgangspunkt für Touren ins Elbsandsteingebirge, und hier speziell in den **Nationalpark Böhmische Schweiz** (Cesk Svycarsko, bis 597 m).

Imposante Sandsteinformationen außerdem im **Kokorínsky dul** bei Melník (super Radstrecke durchs Tal der Psovka) sowie im **Böhmischen Paradies** (Cesky ráj) zwischen Mnichovo Hradiste, Jicín und Zelezny Brod (dreigeteiltes Landschaftsschutzgebiet mit Felsenstädten im Wald, eher hügelig als bergig, diverse Kurzrouten zu interessanten Zielen).

Tourenvorschläge Böhmische Schweiz: *www.cztour.cz/de/fahrradwege*

Nördlich davon liegt das stille **Isergebirge** (Jizersk hory), dessen bewaldete Hochebenen skandinavische Assoziationen wecken. Berge bis 1122 m überragen das Plateau. Verträumtes MTB-Revier. Für Tourenradler reizvoll ist die 290 nach Frydlant (Wallensteins Residenz). Wirklich sinnvoll ist diese Route aber nur in Verbindung mit einer Riesengebirgs-Tour.

Riesengebirge Brüderlich teilen sich Tschechien und Polen das mythenumrankte Riesengebirge (Krkonose). Die kaum bewachte Grenze verläuft direkt über die **Schneekoppe** (Snezka), zugleich Tschechiens höchste Erhebung (1602 m). Bis in den

Sommer sind rund um den kahlen Gipfel etliche Schneewächten sichtbar. Spindleruv Mlyn (Spindlermühle, 720 m) und Pec pod Snezkou (Petzer, 750 m) sind altbekannte Ferienzentren, die sich auch für Tourenradler als Ziele und Ausgangspunkte für weitere Erkundungen anbieten. Die Auffahrten sind relativ einfach. Nach Spindleruv Mlyn führt die Straße mit ca. 6% neben der jungen Elbe her, nach Pec geht es mit rund 7% durchs Tal der Upa.

Offroad Riesengebirge

Gut 1000 markierte Wanderwege durchziehen das gleichmäßig ansteigende Riesengebirge und ermöglichen moderate Offroad-Touren. Nur im Bereich des *Nationalparks* ist die Auswahl eingeschränkt, dort dürfen lediglich die entsprechend bezeichneten Wege benutzt werden. Spindleruv Mlyn war 1995 Austragungsort der MTB-EM und ist ein idealer Ausgangspunkt mit vielen guten Infomöglichkeiten. Dort sind auch zwei gute Wanderkarten mit empfohlenen Radrouten erhältlich: VKU/KCT, 1: 25.000, „Krkonose-Západ“ und „Krkonose-Vychod“.

Adlergebirge

Östlichster Vertreter im Reigen böhmischer Gebirge ist das waldreiche Adlergebirge (Orlick hory). Dicht an der polnischen Grenze verläuft die Höhenstraße durch den 40 km langen Gebirgsstock. Mehrere Gipfel über 1000 m, weite Blicke übers Land, wenig Verkehr und schöne alte Bauernhäuser aus Holz belohnen die Entscheidung für diese Tour. Für beide Richtungen gilt, dass die jeweils letzten fünf Kilometer bis zur Passhöhe – auf 980 m (unterhalb des Velká Destná) – die anstrengendsten sind, die Steigungen betragen um 10%. Mountainbiker können sich den rot markierten Wanderweg entlang des Gebirgskamms zur Brust nehmen. Sollte technisch nicht zu schwierig sein.

Böhmisches Tafelland

Nun vorerst genug der Berge. Ostböhmen bietet nämlich auch Voraussetzungen für leichteres Radwandern. Bis ca. 30 km östlich der Linie Hradec Králov – Chrudim setzt sich das mittelböhmische Elbebecken als Böhmisches Tafelland fort. Interessante Städte, sanftes Profil auf einem Niveau um 200–250 m und verkehrsarme Nebenstraßen ermöglichen Touren, die gemütlich, aber nicht langweilig sind.

Budweis

Mähren

Touren-planung

Auch das alte Kulturland Mähren besitzt Burgen, Schlösser und denkmalgeschützte Altstädte. Insgesamt zwar nicht ganz so viele und bedeutende wie in Böhmen, aber eine Visite allemal lohnend. Gebirge, Hochlandregionen und Beckenlandschaften sorgen zwischendurch für landschaftliche Abwechslung.

Zwei Umstände schränken die Attraktivität Mährens für Tourenradler allerdings ein. Zum einen das „eiserne Herz der Republik", womit die dicht besiedelte nordmährische Industrieregion um Ostrava gemeint ist, zum anderen das dünne, unzureichende Straßennetz im Osten. Wer Ziele in diesen Landesteilen anradeln will, wird häufiger als anderswo Straßen in Kauf nehmen müssen, die stark befahren und/oder szenisch unattraktiv sind.

Offroad-Tipps Mähren

Genau umgekehrt verhält es sich für Mountainbiker, die gerade im Nordosten die schönsten Reviere Mährens finden. Einerseits die traditionsverbundene **Mährische Walachei** (zwischen Holesov und Roznov) mit ihren lieblichen Vorgebirgen Hostynsk vrchy und Vsetínsk vrchy; andererseits die **Mährisch-Schlesischen Beskiden** mit ihren geschützten Urwäldern, kahlen Bergkämmen (bis 1300 m) und anradelbaren Aussichtspunkten. Top-Spot ist dort der Radhost (1129 m), östlich von Roznov. Schließlich ist im Norden Mährens das zu den Sudeten gehörende **Altvatergebirge** (Jeseníky, 1491 m) ein ergiebiges MTB-Revier mit überregionalen Radrouten (Karten und Infos in Jesénik).

Touren-tipps

Tourenradler konzentrieren sich hingegen besser auf die südwestliche Hälfte Mährens, wo verkehrsarme Strecken, interessante Ziele und idyllische Landschaften zusammentreffen.

Eine solche ist die **Böhmisch-Mährische Höhe** (Ceskomoravská vrchovina). Highlights in dem überwiegend verträumten Hügelland sind der **Mährische Karst** (Moravsky kras, oberhalb von Brno, Tropfsteinhöhlen und Schluchten) und das Renaissance-Städtchen **Telc.**

Südöstlich von Telc lockt nahe der österreichischen Grenze das **Tal der Thaya** (Dyje) zu einer zwar nicht ganz leichten, aber abwechslungsreichen Tour: Bítov – Cornstejn – Lancov – Vranov – Horní Breckov – Podmolí – Znojmo/Znaim (37 km). Die Etappenpunkte Vranov und Znojmo sind in das grenzüberschreitende österreichische Radroutennetz „Retzer-Land-Znaimer-Land-Radwege" integriert, eine Spritztour ins Wald- und Weinviertel bietet sich also an (s. Österreich, Niederösterreich).

Ungarische Assoziationen weckt die klimatisch begünstigte, sanft wellige Beckenlandschaft östlich von Znojmo. Zwischen Dyje, Jihlava und Svitava werden Wein, Marillen und Sonnenblumen in großem Stil angebaut. Komfortables Radwandern.

Der nächste Stopper sind die **Pollauer Berge** (Pavlovsk vrchy) bei Mikulov. Das reizende Städtchen bietet sich als Ausgangspunkt für eine Runde zu den umliegenden Attraktionen an: Valtice, Lednice, Dolní Vestonice.

50 km nordöstlich von Mikulov erstreckt sich das **Marsgebirge** (Chriby) – klein, aber fein dort das Sträßchen durchs Kudlovicky-Tal!

Radwanderinfos Südmähren:
www.cyklo-jizni-morava.cz, www.vinarske.stezky.cz

i-Box Tschechien

Einreise EU-Bürger und Schweizer können mit dem Personalausweis einreisen. Offene Grenzen zu Österreich und Deutschland (Schengener Abkommen).

Geld Fast so stabil wie der berühmte „Böhmische Groschen" des Mittelalters ist die heutige Währung, die Tschechische Krone (CZK). 1 € = 26 CZK (2010). Die Hauptstadt Prag einmal ausgenommen, ist das Preisniveau etwa ein Drittel günstiger als in D.

Gesundheit Mitgliedern einer deutschen GKV können medizinische Dienste in Anspruch nehmen. Details: *www.dvka.de*

Infos Fast alle touristisch orientierten Websites sind auch in deutsch verfügbar.

- Tourismuszentrale Tschechien: *www.czechtourism.com*
- Tourismuszentrale Tschechien, Deutschlandvertretung: *www.czech-tourist.de* (>Sport, >Radsport)
- Prager Informationsdienst: *www.prague-info.cz*
- Fahrplanauskunft Busse und Bahnen: *jizdnirady.atlas.cz*
- Cykloserver, Portal von in Tschechien engagierten Fahrradfirmen (nur tschechisch): *www.cykloserver.cz*
- Interaktiver Fahrradatlas, Unterseite von Cykloserver: *www.cykloatlas.cz*

Im Land selbst sind rund 90 **Touristeninformationen** für regionale Infos, Stadtpläne, Straßen- und Wanderkarten sowie Zimmernachweise zuständig.

Wetter Atlantische Einflüsse sorgen in Böhmen für ein feucht-gemäßigtes Klima, wie es auch in Deutschland herrscht. Mähren liegt im Übergangsbereich zum kontinentalen Klima. Insgesamt ist die Witterung im westlich gelegenen Böhmen wechselhafter als im östlichen Mähren. Regenreich sind die *Höhenlagen* der böhmischen Gebirge. Spitzenreiter mit durchschnittlich 200 Regentagen pro Jahr ist das Riesengebirge, gefolgt von Erzgebirge und Böhmerwald.

Wind Wo er nicht durch Berge oder Täler abgelenkt wird, weht er in der nördlichen Landeshälfte vorzugsweise aus Nord bis West, im Süden aus Südwest bis West. Stärkere Winde sind über offenem Flachland möglich, Waldgebiete gewähren häufig Windschutz beim Radeln.

Reisezeit Relativ warm und wetterstabil ist in der Regel erst die zweite Maihälfte und der Juni. Der Juli ist der heißeste, aber auch regenreichste Monat, und auch im Ferienmonat August kommen Gewitterregen häufiger vor. Vergleichsweise trocken und beständig ist der September. Auch die erste Oktoberhälfte zeigt sich oft noch günstig für eine Tour (Altweibersommer). Bei längeren Regenperioden lohnt es sich, per Bahn in tiefer gelegene, regenärmere Landesteile auszuweichen: im Westen liegen die böhmischen Beckenlandschaften von Elbe, Moldau und Pilsen, im Osten das südmährische Becken zwischen Brünn und Donau.

Anreise

Per Rad Der deutsch-tschechische Radfernweg **Euregio Egrensis** (www.euregio-egrensis.org) verbindet Sachsen und Bayern mit Mittelböhmen (Karlovy Vary).Wer aus Deutschland oder Österreich auf eigenen Wegen anreisen will, nutzt dabei am besten einen jener kleinen Grenzübergänge, die bis zum Schengener Abkommen nur von Fußgängern und Radlern passiert werden konnten und die, auch wenn sie jetzt von Autos passiert werden können, immer noch sehr verkehrsarm sind. Die folgende Auflistung beginnt bei Zittau in Sachsen und wandert der Uhr entgegen nach Österreich.

Nebenstraßen -Übergänge von D aus: Hartau-Loucná, Lückendorf-Petrovice, Jonsdorf-Krompach, Ebersbach-Jirikov, Hohberg-Rozany, Steinigtwolmsdorf-Severní, Schöna-Dolní Zleb (Elberadweg, linkselbischer Radler-Übergang), Rosenthal-Sneznik, Holzhaus-Moldava, Deutschgeorgenthal-Cesky Jiretin, Jöhstadt-Cerny Potok, Bärenstein-Vejprty, Johanngeorgenstadt-Potucky, Klingenthal-Kraslice, Wernitzgrün-Luby, Bad Elster-Doubrava, Bad Elster-Hranice, Ebmath-Hranice, Neualbenreuth-Mytina, Finsterau-Bucina, Haidmühle-Stozec.

Nebenstraßen -Übergänge von A aus: Schöneben-Zadni Zvonkova, Gugwald-Prední Vyton, Schlag-Chlum, Hardegg-Cizov.

Per Bahn Tschechien ist recht gut mit dem Rad in der Bahn erreichbar. Grenzüberschreitende Fahrradmitnahme ist zur Zeit u. a. möglich mit den ECs auf der Linie Hamburg - Berlin – Dresden - Prag - Brünn, außerdem im Nachtzug von Amsterdam (via Hannover, Berlin, Dresden) nach Prag, ebenso in den REs ab München und Nürnberg, und etlichen Nahverkehrszügen. Die Internationale Fahrradkarte ist in Tschechien gültig (und umgekehrt). Bahn&Bike-Infos: *www.bahn.de/bahnundbike*

Transport im Land

Bahnen Das 9500 km umfassende Streckennetz der Tschechischen Staatsbahnen **CD** (Cesky drahy, www.cd.cz) ist das dichteste in Europa. Die Hauptstrecken verlaufen in Nord-Süd-Richtung, von West nach Ost geht es meist nur mit Umwegen und Umsteigen. **Züge mit Radpiktogramm** haben eigene Fahrradabteile (Fahrradkarte einfach 30 CZK, Tageskarte 60 CZK). Fahrradreservierungen für Inlands-Fernzüge sind ab 2 Monate vor der Fahrt möglich. Ansonsten besteht auch die Möglichkeit, das Fahrrad als Gepäck aufzugeben. Es fährt im selben Zug mit, sofern dieser einen Gepäckwagen führt und das Rad bis ca. 30 min vor Abfahrt am Gepäckschalter aufgegeben wurde.

Johannes Meusel: „Auch in Schnellzügen mit Abteilwagen wird die Selbstverladung im Einstiegsbereich mit gültiger Fahrradkarte akzeptiert. Mühsam ist das Ein- und Ausladen des Fahrrades oft, weil die Bahnsteige auf kleinen Bahnhöfen meist in Gleishöhe sind und die Waggonplattform darum sehr hoch ist. Günstig ist es dann, wenn man zu zweit unterwegs ist. Aber auch Tschechen und Bahnpersonal sind oft hilfsbereit."

Kostenlos ist übrigens die Fahrradmitnahme in den 3 Prager Metrolinien (Sperrzeiten werktags 5.30-8.30 h und 14.30-17.30 h).

Busse Fahrradtransport in Überlandbussen ist in Ausnahmefällen mit Zustimmung des Fahrers möglich.

Hotel Freundschaft!

Übernachten

Zimmer Hotels und Herbergen gibt es in ausreichender Anzahl und Dichte. DZ in einfachen Häusern ab 10 €, in den Sommerferien in touristisch beliebten Orten allerdings oft ausgebucht. Gleiches gilt für die 27 offiziellen Jugendherbergen des Landes, von denen sich die meisten in Böhmen befinden; Reservierungen ratsam. Auch in Studentenwohnheimen können während der Semesterferien Zimmer gemietet werden. Die zahlreichen Privatunterkünfte („Ubytovany") sind meist recht ordentlich: DZ um 15 €.
Buchungsservice für 7400 Unterkünfte aller Art: *www.travelguide.cz*

Campen Mit über 300 Campingplätzen weist Tschechien eine gute Campingplatzdichte auf. 2 Pers./Zelt 4–8 €. Die unterschiedlichen Öffnungszeiten können dem Camping-Verz. vom FVA entnommen werden. Wenn es regnet: Vom ausgebauten Weinfass bis zum komfortablen Schwedenhaus werden fast immer auch feste Unterkünfte vermietet. Abgesehen von sensiblen Regionen wie den Nationalparks ist *wildes Zelten* im waldreichen Tschechien durchaus praktizierbar. Offiziell erlaubt ist es allerdings nicht. Campingplätze in Tschechien: *www.camp.cz*

Karten und Literatur

Tourenkarten

- *Empfehlung:* SHOCart: Cykloatlas Cesko 1:75.000. Großer Spiralatlas mit allen nationalen Radwegen, sehr präzise, das perfekte Kartenwerk für landesweite Erkundungen, 29,80 € bei *www.mapfox.de*.
- Marco Polo: Tschechische Republik 1:200.000. 12,95 €. Viele Hinweise auf Sehenswürdigkeiten (auch solche, die eigentlich gar keine sind). Dieser handliche Spiralatlas wäre für Straßentouren ausreichend, enthält jedoch keine Radrouten.
- SHOCart: Fahrradkarten für ganz Tschechien, 1:60.000/75.000, 70 Bl. überlappend. Gut für begrenzte Touren, sonst zu teuer und besser den vergleichbaren Cykloatlas besorgen (s. o). 8,90 €/Bl. bei *www.mapfox.de*.

Tourenführer

- Kettler Vlg.: „Tschechien per Rad". Mit Böhmerwaldradweg und Moldau.
- Esterbauer Vlg. (bikeline): „Moldau-Radweg". Durch den Böhmerwald bis Prag.
- Esterbauer Vlg. (bikeline): „Elbe-Radweg 1". Von Prag bis Magdeburg (an Moldau und Elbe).

Fahrrad (kolo)

Ausstattung Bergtüchtige Gangschaltung und Reifenbreite ab 25 mm. Fahrradanhänger sind in Tschechien nicht erlaubt! Für Radfahrer unter 18 Jahren besteht Helmtragepflicht!

Reparaturen Im radsportbegeisterten Tschechien existieren zahlreiche Fahrradgeschäfte mit kompetenter Werkstatt und genügend importierten Ersatzteilen. Großer Adressenteil im monatl. erscheinenden Radsportmagazin „Peloton".

Mieten In den Ferienzentren der Gebirge werden brauchbare bis gute MTB-Modelle vermietet.

Straßen und Wege

Straßen und Verkehr Von allen Ex-Ostblock-Ländern besaß und besitzt Tschechien noch immer das beste Straßennetz. Fast alle Straßen sind gut asphaltiert und ordentlich ausgeschildert – auch die zahlreichen Nebenstraßen. Die Steigungen liegen in der Regel bei 7–12% (Ausnahmen bestätigen die Regel, Steigungspfeile in den Straßenkarten beachten). Separate Radwege existieren nur in größeren Städten, aber alle wichtigen Fernstraßen neueren Datums wurden mit Randspuren versehen. Autofahrer zeigen sich Radlern gegenüber geduldig.

Radrouten Beschilderte Radrouten gibt es im ganzen Land. 20.000 km sind projektiert, über zwei Drittel bereits realisiert. Dabei werden allerdings selten neue Wegstrecken gebaut, sondern vorhandene Straßen und Wege zu einer beschilderten Route verknüpft. Ein System mit ein- bis vierstelligen Nummern wurde entwickelt, um alle Routen in ein nationales Routennetz zu integrieren. Aus diesem Netz können überregionale **Radfernwege** abgeleitet und entsprechend beschildert werden, u. a. **Fluss- und Themenrouten,** sowie die durch Tschechien führenden **EuroVelo-Routen** 4, 7 und 9 (s. Anhang, EuroVelo-Routen). Federführend bei der Gestaltung des Routennetzes ist der tschechische Tourismusverein KCT. Dokumentiert werden die Routen in den Radwanderkarten des tschechischen SHOCart-Verlages (s. o.).

Offroad (MTB)

Abgesehen von vielen kleineren Straßen, die in den Naturparks für den Autoverkehr gesperrt wurden, kann prinzipiell auch auf allen frei zugänglichen Wanderwegen geradelt werden. Ein reizvolles Revier ist der dünn besiedelte, ursprüngliche **Böhmerwald** (Cesky les und Sumava) – auch für grenzüberschreitende Rundtouren. Gut erschlossen durch Wanderwege sind die nord- und ostböhmischen Randgebirge, insbesondere das **Riesengebirge.** Kammfahrten lassen sich in den nordmährischen **Beskiden** realisieren.

TR TÜRKEI (EUROP. TEIL)

Merhaba!

Auf der Nahtstelle von Orient und Okzident stellt **Istanbul,** die Stadt am Bosporus, für Balkanradler ein ebenso logisches wie faszinierendes Ziel dar. Der Weg dorthin führt durch den relativ kleinen europäischen Teil der Türkei: **Türkisch-Thrakien** (Trakya). Landschaftlich und kulturell bietet das knapp 24.000 qkm umfassende Trakya dabei wenig Aufregendes: Weite Hügel, Sonnenblumenfelder und die Moscheen von Edirne.

Touren-tipps

Dieter Schmidt über seine Eindrücke auf der E 84: „Von Ardanion bis Kesan ging's durch flache, sturmgepeitschte Steppenlandschaft, bis Tekirdag durch Hügellandschaft, anschließend durch Touristik- und Industrieansammlungen am Marmarameer mit wenig Reiz. Istanbul war dann der absolute Höhepunkt meiner 3600 km langen Balkantour."

Wer abseits der Magistralen E 80, E 84 und E 87 in Richtung Istanbul radelt, kommt zwar nicht ganz so flott ans Ziel, wird aber von der Bevölkerung mit großer Gastfreundschaft entschädigt. Von Bulgarien aus kommend, lohnt ein Abstecher zur alten byzantinischen Siedlung Miti, die heute Kijiköy heißt und nördlich von Saray am **Schwarzen Meer** liegt (ca. 50 km Umweg). Von Griechenland kommend, lohnt sich ggf. die **Marmara-Meer-Route** – besonders der verkehrsarme Küstengebirgsabschnitt von Sarköy nach Tekirdag, wobei allerdings zwischen Gaziköy und Kumbag eine anstrengende Schotterstrecke bewältigt werden muss.

ⓘ-Box Türkei (europ. Teil)

Geld Türkische Lira (TRY). 1 € = 2,08 TRY (2010).

Einreise Österreicher benötigen einen Pass, Deutsche und Schweizer nur den Personalausweis. Für die Regisitrierung des Fahrrades bei der Einreise (wegen der Wiederausfuhr) ist aber ein Pass erforderlich.

Gesundheit Ein Sozialversicherungsabkommen ermöglicht Mitgliedern gesetzlicher Krankenkassen die Inanspruchnahme medizinischer Leistungen (D, A). Details: *www.dvka.de.* Reise-KV abschließen!

Infos
- Tourismusamt der Türkei: *www.tourismturkey.org*
- Türkei-Reiseseite: *www.tuerkei-ferien.de*
- Suchmaschine: *www.tuerkei.com*

Übernachten Akzeptable Hotelzimmer in kleinen Marktstädten ab 10 €. Freies Campieren ist offiziell zwar nicht erlaubt, aber mit den üblichen Einschränkungen problemlos möglich.

Preiswerte Zimmer in Istanbul gibt es in der Altstadt reichlich. Ansonsten viel Gastfreundschaft.

Karten und Literatur
- ADAC: Türkei 1:750.000. 8,50 €.
- Reise-Know-How Vlg.: „Fahrrad-Weltführer“ mit weiterführenden Infos zur Türkei.

Fahrrad *Dieter Schmidt:* „Alles ist reparabel, auch wenn dir dabei die Tränen kommen …“. Billige 26-Zoll-MTBs sind landesweit verbreitet, entsprechende Ersatzteile ebenfalls. Für 28-Zoll-Räder unbedingt Ersatzreifen und -schlauch mitnehmen. In Istanbuls Großem Basar befindet sich das Viertel der Fahrradhändler in Bahnhofsnähe.

Straßen Das Streckenprofil von Türkisch-Thrakien ist überwiegend hügelig mit teilweise längeren Steigungen. Nur wenige Nebenstraßen sind durchgehend asphaltiert, die Hauptstraßen sind stark befahren. Achtung: Militärkolonnen geben kein Pardon für Radler und halten stur ihren Kurs! Auch zivile Lkw-Fahrer erweisen sich nicht immer als Kavaliere der Landstraße! Rückspiegel, Helm, Warnweste dienen der Sicherheit.

H

UNGARN

Daten 93.000 qkm • Ausd. 270 x 500 km • 10,1 Mio. Einwohner • 109 Ew./qkm

Land Gut die Hälfte des Landes wird von der Großen Ungarischen Tiefebene, dem Alföld, eingenommen. Die einstige Steppenlandschaft der Pußta ist heute weitgehend kultiviert und für Radreisende relativ uninteressant. Reizvoller sind die Landschaften der Mittelgebirge (bis zu 1015 m), die sich von Südwesten nach Nordosten durchs Land ziehen. Prägende Flüsse sind Theiß und Donau, wobei letztere das Land teilt. Das westlich der Donau gelegene alte Kultur- und Hügelland Transdanubien umfasst auch den Plattensee (Balaton). „Größter See Mitteleuropas" (600 qkm) rühmt er sich, ist aber nur drei Meter tief und lauwarm. Schließlich leitet im äußersten Nordwesten des Landes die Kleine Ungarische Tiefebene, das Kisalföld, zum österreichischen Seewinkel über.

und Leute Ungarn galt einst als „fröhlichste Baracke des Ostblocks", wo der „Gulaschkommunismus" erfunden wurde. Obwohl die Marktwirtschaft das Land in große Verwirrung stürzte, lassen sich die Ungarn die Paprikawurst nicht vom Brot nehmen. Die wichtigsten Minderheiten im Lande sind die Roma (5%) und die Deutschstämmigen (2%). Ungarisch dürfte den meisten Touristen eine Sprache mit sieben Siegeln sein. Nur die Finnen haben einen sprachlichen Bezug zu Wörtern wie szia (hallo), rendörsg (Polizei) oder krekpár (Fahrrad). Deutsch und Englisch sind aber weit verbreitet.

per Rad erfahren In den 1980er Jahren war Ungarn das einzige Ostblockland, das westliche Fahrradtouristen in größerer Anzahl anzog. Ungarn war billig und liberal, lag aber dennoch hinter dem „Eisernen Vorhang". Mit dem Fall der Mauer ging der exotische Reiz verloren, und Ungarn war als Radreiseland nur noch bedingt attraktiv. Daran hat sich wenig geändert.

Landschaftlich reizvoll der südliche Einzugsbereich des **Fertö tö** (Neusiedler See) und die von Auenwäldern bedeckte Schwemmlandinsel Szigetköz (Kleine Schütt, nordwestlich von Györ). In Verbindung mit den benachbarten Regionen Österreichs (Seewinkel, Neusiedler See) ist das Kisalföld ein nettes unproblematisches Tourengebiet für Ungarn-Kiebitze.

Alpokalja

Wer hätte gedacht, dass die Alpen bis nach Ungarn reichen? Zumindest den „Fuß" der Alpen wähnen die Ungarn bei sich im Lande: in Form der an Österreich grenzenden Vorgebirgslandschaft Alpokalja (= Alpenfuß). Die höchste Erhebung bildet mit 883 m der Geschriebenstein (Irott kö) im Köszeger Gebirge – genau auf der Grenze zu Österreich. Sehenswert das mittelalterliche Städtchen Köszeg, außerdem Szombathely und einige kleinere Orte wie Cák, Velem, Boszok und Ják. Ansonsten ist das Alpokalja ein eher unscheinbares Hügelland mit Höhen bis 250 m.

Hügelland von Zala

Interessant wird es wieder im Hügelland von Zala, besonders im Dreiländerzipfel **Örsg.** Zentrum dieser traditionsverhafteten Region (Landschaftsschutzgebiet) ist die Acht-Dörfer-Gemeinde Öriszentpter. Idyllisch auch die Nachbarregionen **Göcsej** (Hauptort Zalálövö) und **Hets** (Szentgyörgyvölgy). Hügelig sind vor allem Örsg und Göcjes.

Schwäbische Türkei

Weiter geht es in weitem Bogen durchs **Transdanubische Hügelland.** Nach der Türkenherrschaft füllten Ungarndeutsche („Donauschwaben") und andere Völker die entvölkerten Gebiete zwischen Donau, Drau und Mecsek-Gebirge wieder auf. Diese Region gilt heute in Ungarn als jene mit der lebendigsten Tradition. Zu erspüren beispielsweise in den alten Töpferorten der Region Sárköz wie Mórágy, Obánya, Mecseknádasd, Bakóca und Mohács. Interessant auch viele andere Dörfer wie Dcs, Sellye, Villánykövesd und Orfü.

Perlen des Fremdenverkehrs sind die Burgen von Siklós und Szigetvár, die Tropfsteinhöhle von Abaliget, und **Pcs –** eine der schönsten Städte Ungarns und kulturelles Zentrum der „Schwäbischen Türkei". Noch immer sprechen die Einwohner einiger Dörfer zwischen Pcs und Mohács (Boly, Szak, Görcsönydoboka, Nagynyárád, Palotaboszok) einen drollig altertümlichen deutschen Dialekt.

Die anspruchsvollsten und schönsten Strecken vereint das **Mecsek-Gebirge** auf sich (bis 682 m). Abgeschieden und beschaulich ist es hingegen im **Ormánság,** Ungarns südlichster Region.

Gemencer Wald

Wer in der westlichen Hälfte Ungarns bleiben will, um auch den Balaton zu besuchen, muss nun vom Süden wieder nach „oben" schwenken. Auf dem Weg von Mohacs nach Szekszard erreicht man dabei bald schon den Gemencer Wald, die größte zusammenhängende Auenlandschaft Europas. Kein Weg führt durch dieses dschungelartige, ca. 500 qkm große Überschwemmungsgebiet der Donau. Nur eine kleine Eisenbahnstrecke, die **Gemencer Waldbahn** verkehrt einmal täglich zwischen Pörböly (10 km W Baja) und Barányfok (5 km O Szekszard). Die zweistündige Fahrt mit dieser „Dschungelbahn" ist ein Erlebnis; das Fahrrad wird im Gepäckabteil befördert.

Balaton (Plattensee)

www.balaton-tourism.hu

Keine Tour durch Transdanubien ohne Abstecher zum Balaton. Ja, der gute alte **Plattensee,** sein Wasser hat etwas Schmeichelhaftes, das anderen Seen abgeht, für die Ungarn ist er das Meer schlechthin. Bewaldete Hügel- und Bergketten umgeben den See, ein mächtiger Bergsporn ragt als Tihany-Halbinsel in den See. Letztlich dominieren aber die ausgedehnten Ferienorte den Eindruck.

Plattensee-Radweg

Der 210 km lange **Radweg um den Plattensee** ist mittlerweile nahezu fertig gestellt und als „Balatoní Körút" perfekt in beiden Richtungen ausgeschildert. Der Radweg vermeidet die stark befahrene 71 und führt entweder durch die Ortslagen oder auf extra angelegten Radwegen parallel zur 71. In den Balaton-Freizeitkarten (vor Ort leicht erhältlich) ist der Radweg genau eingezeichnet. Am westlichen Balaton lohnt ein Abstecher zu den Grotten von Tapolca und in das vulkanische Hügelland südlich der Stadt.

Transdanubische Mittelgebirge

Tapolca ist zugleich auch ein guter Ausgangspunkt, um durchs Transdanubische Mittelgebirge in Richtung ungarische Hauptstadt zu radeln. Wer keine Steigungen mag, kurbelt stattdessen am Velencer-See vorbei (Radweg) nach Budapest. Auf Asphaltstraßen und Fahrwegen, die für Autos gesperrt sind (deutlich markiert in der ADAC-Karte), lassen sich die höheren Lagen der einzelnen Gebirge durchradeln. Steigungen bis 14% kommen auf einigen Strecken vor, beschränken sich jedoch auf kurze Abschnitte. Die etwas längeren Anstiege liegen immer unter 10%.

Ein recht hübsches Tourengebiet ist das gut 100 km lange, 40 km tiefe und bis zu 704 m hohe **Bakony-Gebirge,** wegen seiner einst dichten Urwälder auch Bakonywald genannt. Romantische Flusstäler, Dolomitfelsen, halbverfallene Burgen, barocke Städtchen, aber auch industrielle Eindrücke erwarten den Radler in diesem eher hügeligen „Gebirge". Sehenswert ist das auf fünf Hügeln erbaute Städtchen **Veszprm.**

An den Südhängen des Vrtes-Gebirges vorbei ist es dann vom Ostrand des Bakony-Gebirges nur noch eine lockere Tagesetappe bis Budapest. Wer noch etwas Zeit und Wadenpower übrig hat, sollte den Umweg über Pilis-Gebirge und Donau-Knie nicht scheuen. Mehr dazu im folgenden Abschnitt.

Donauradweg

420 km weit verläuft die Donau von West nach Süd durch Ungarn. Der Donauradweg ist in Ungarn 457 km lang und von **Rajka** (Grenzübergang 16 km S Bratislava) bis **Mohacs** (nahe Serbien) ausgeschildert. Die Orientierung verlangt nur in den Städten erhöhte Konzentration. Halbzeit ist in Budapest. Von Rajka bis zur Hauptstadt sind es 230 km, bis Mohacs dann noch 227 km.

Rajka – Esztergom

Zunächst ist bis Esztergom von der Donau herzlich wenig zu sehen, denn die Route verläuft mehr oder weniger landeinwärts. Solange es noch keinen separaten Radweg entlang der Donau gibt, und das wird wohl die nächsten zwanzig Jahre so bleiben, bliebe von Györ bis Esztergom nur die 10 zum Radeln, mit viel Verkehr und Industrie. Um diesen unattraktiven Abschnitt zu vermeiden, wählt die offizielle Donauradroute die etwas südlicher verlaufende Strecke Györ – Nagyigmánd – Tata – Tarján – Esztergom! Schön ist aber von Tata aus auch die Strecke über Dunaszentmiklós zur 10; auf dieser dann via Labatlan weiter bis Esztergom. Beide Strecken sind relativ steigungsreich, wenn auch kaum über 300 m hinaus gehend.

Slowakische Alternative

Allein die slowakische Seite ist empfehlenswert. Der Radweg ist dort beschildert, verläuft zunächst auf bzw. unterhalb der Deiche, anschließend auf ruhigen Nebenstraßen (s. Slowakei).

Esztergom – Budapest

Ab **Esztergom** muss sich die Donau auf ihrem Weg nach Budapest mit einem Knick durchs ungarische Mittelgebirge zwängen. Dieses **Donau-Knie** ist eine der populärsten Regionen des Landes, vergleichbar dem Rhein bei der Loreley oder der Wachau in Österreich. Auf einer Strecke von rund 60 km schiebt sich die Donau durch die grünen Anhöhen der nordungarischen Mittelgebirge. Meist bis zu 300 m breit und äußerlich ruhig, stellenweise aber auch bis zu 150 m schmal und entsprechend lebhaft, von Visegrád bis Budapest sogar zweigeteilt, mit einem Nebenarm, der die lang gestreckte Flussinsel Szentendrei-sziget entstehen ließ.

Drei sehr sehenswerte Orte liegen **rechts der Donau:** Esztergom, Visegrád und Szentendre. 11 km vor Esztergom beginnt ein guter Radweg, anschließend muss aber bis Leanyfalu die verkehrsreiche 11 benutzt werden, der Rest bis Budapest ist wieder Radweg.

Alternative: Auf Nebenstraßen und autofreien Forstwegen durch das zum Pilis-Gebirge gehörende, bis zu 700 m hohe **Visegráder Bergland** kurbeln. Vergleichsweise leicht ist dabei die durch Buchen- und Eichenwälder führende Forststraße von Visegrád nach Szentendre (kommt direkt am Freilichtmuseum von Szentendre vorbei).

Eine weitere Alternative zur 11 eröffnet die erwähnte **Szentendrei-Flussinsel:** Per Fähre nach Kisoroszi, anschließend per Rad bis Szigetmonostor, von hier per Fähre (nach 20 km Inselstrecke) wieder hinüber nach Szentendre, von dort weiter bis Budapest. Allerdings ist auch die Halbinsel weder besonders malerisch noch besonders ruhig, da relativ verkehrsreich. Und schließlich, als letzte Alternative: Ganz entspannt in vier Stunden per **Linienschiff** ab Esztergom bis Budapest!

Durch Budapest

So wie das ganze Land ist auch die Hauptstadt **Budapest** nicht allzu fahrradfreundlich. Auto- und Schwerverkehr haben Vorrang. Es wird schnell gefahren. Selbst auf den innerstädtischen Nebenstraßen sind Lastzüge unterwegs. Radwege und ausgeschilderte Radrouten enden immer wieder abrupt an erheblichen Barrieren (Brücken, Eisenbahn, Schnellstraße). Selbst wer sich auskennt, kommt in Budapest *auf Radwegen* nur im Zickzack voran und lernt dabei schon mal die städtische Infrastruktur und Qualität der Straßen kennen (stark wellige Fahrbahnränder, versenkte Gullis, nicht abgesenkte Bordsteine). Die einzige positive Ausnahme bildet innerhalb der Stadt der Rad-/Fußweg entlang des rechten Donauufers.

EuroVelo 6 Die **Fortführung des Donauradweges** bis zum Schwarzen Meer ist im Gange. Südlich der Magyaren-Metropole beschert die *Csepel-Insel* donausüchtigen Radlern beschauliche Straßenkilometer. Anschließend ist der europäischste aller Ströme bis **Mohacs** linksseitig als Radroute markiert. Die Route verläuft auf Nebenstraßen, von Fajsc bis Mohacs überwiegend auf Dammwegen. Der folgende 153 km lange **kroatische Abschnitt,** wo die Donau als Grenzfluss verläuft (linkes Ufer ist Serbien), ist perfekt beschildert. Anschließend stehen in **Serbien** sogar 674 km Donauradweg an, wovon bislang etwa ein Viertel beschildert ist (s. Serbien). In **Rumänien,** das sich die Donau als Grenzfluss mit Bulgarien teilt, wird es noch dauern, bis der Donauradweg tatsächlich bis zum Schwarzen Meer beschildert ist. Die entsprechenden Karten und ein Tourenführer sind aber bereits erhältlich (Esterbauer Vlg.: Donau-Radweg 4; Huber Kartographie: Donau Radweg), und so kann jeder schon mal auf eigene Faust loslegen.

- Infos: *www.donau-info.org, www.eurovelo6.org*
- Huber Kartenverlag: *www.kartographie.de*

Nordungarische Mittelgebirge

Östlich der Donau ziehen sich die nordungarischen Mittelgebirge 200 km weit nach Nordosten. Hier finden sich die höchsten Berggebiete Ungarns. Alle recht anmutig, sanft und grün.

Börszöny Recht dünn besiedelt und touristisch wenig erschlossen ist das nördlich vom Donau-Knie gelegene kleine Börszöny-Gebirge (bis 939 m, ca. 400 qkm). Das auch im Sommer sehr wasserreiche Gebirge ermöglicht üppige Fauna und Flora. Im Zentrum ein Naturschutzgebiet mit Wanderwegen und Schutzhütten. Autofreie Forststraßen rundum.

Cserhát Überwiegend landwirtschaftlich genutzt und mit einigen Wäldern versehen ist das Cserhát-Hügelland (bis 652 m). Trotz der sanft geschwungenen Landschaft sind kürzere Anstiege von 7–12% die Regel. Auch auf der reiz-

Donauradweg auf dem Deich (südlich von Budapest

vollen Strecke von Paszto nach Szcsny, deren Hauptattraktion das berühmte Palozendorf **Hollókö** ist. Ansonsten wenig Tourismus. Guter Ausgangspunkt für Tagestouren ist Balassagyarmat.

Mátra Sehr populär und entsprechend gut besucht ist das rund 1000 qkm umfassende Mátra-Gebirge. Zahlreiche Kurorte inmitten von Eichen- und Buchenwäldern, am Südfuß große Wein- und Obstbaugebiete. Ein 3 km langes Sträßchen führt von Mátraháza (715 m) steil hinauf zum Kkes, Ungarns höchstem Berg (1015 m). Diverse für den allg. Verkehr gesperrte Forststraßen nördlich vom Kkes.

Bükk In einem Tal zwischen Mátra- und Bükk-Gebirge liegt das minarett-gekrönte **Eger** (180 m). Mit kühlen Weinkellern führt Ungarns sehenswerte Barockstadt erhitzte Radler schwer in Versuchung. Anschließend wartet der Anstieg ins größte (14.000 qkm) und insgesamt höchste der nordungarischen Mittelgebirge: **Bükk** (bis 959 m, höchste Bergspitze jedoch im Mátra). Im Vergleich zum Schwestergebirge Mátra ist dieses ursprünglicher und weniger touristisch. Burg- und Klosterruinen, Wasserfälle und Forellenteiche, Steilhänge und Höhlen sind die Kontrapunkte zwischen den dicht bewaldeten Bergkuppen. Ein hügeliges Hochplateau (800–900 m) ist das Herzstück des **Bükk-Nationalparks.** Quer durch den Park schlängelt sich ein Serpentinen-Sträßchen von Szilvásvárad durchs malerische Szalajka-Tal, durch wildromantische Wälder und über Hochweiden mit Fernblick bis Lillafüred. Ähnlich reizvoll, wenn auch nicht ganz so verkehrsarm ist die Straße von Eger nach Miskolc (51 km, kontinuierlicher Anstieg von Felsötárkany bis Hollóstetö auf 610 m). Variationen und Rundtouren sind möglich, auch unter Ausnutzung autofreier Forststraßen wie der besonders schönen durchs **Hór-patak-Tal** (Bogács – Hollóstetö, 21 km).

Aggtelek-Karst Schon sehr hoch im Norden liegt das Karstgebiet von Aggtelek. Um dorthin zu gelangen, gibt es nördlich von Mátra und Bükk-Gebirge eine wunderschöne, kaum beachtete Strecke nahe der slowakischen Grenze. Von **Salgótarjan** führt diese Nebenstraße über bewaldete Höhenzüge und einsame Täler nach **Ozd.** Von hier aus geht es dann über Ragály in das UNESCO-geschützte Karstgebiet von Aggtelek (Aggteleki-karszt), wo sich im Grenzort Aggtelek der Haupteingang zur **Baradla-Tropfsteinhöhle** befindet. Die 25 km lange Höhle zählt zu den Top Five in Europa.

Zemplener Gebirge Nur ein unscheinbares Winzerstädtchen zwischen der Theiß und den Weinbergen der Hegyalja ist **Tokaj.** 8 km westlich von Tokaj führt eine Nebenstraße auf den weinbestandenen Vulkankegel Tokaji-hegy (513 m), dessen fruchtbarer Asche der Tokajer Wein seine Existenz verdankt. Schöner Rundumblick. Das nordwestlich gelegene Zemplener Gebirge (bis 894 m) ist reich an Tälern, Hügeln und Wäldern. Wenig Tourismus. Interessantes MTB-Revier.

Große Tiefebene (Alföld)

Überblick Ziemlich genau die Hälfte der Landesfläche wird von der Großen Ungarischen Tiefebene, dem **Alföld,** eingenommen. Einst breitete sich hier das Pannonische Meer aus, verkrümelte sich dann im Laufe der Erdgeschichte und hinterließ fruchtbares Tiefland mit Steppenwäldern, Auen und Sümpfen. In der Türkenzeit wurden die Wälder abgeholzt, später nutzten Viehbarone die entvölkerten Gebiete für intensive Viehzucht. Speziell die Überschwemmungsgebiete der Theiß verwöhnten Steppenrind und Zackelschaf mit ihren Gräsern. Als die Theiß im 19. Jh. reguliert wurde, verödete das Schwemmland. Immer größere Gebiete mussten die riesigen Herden abweiden und fraßen und trampelten dabei rund 10.000 qkm zur **Pußta** nieder, nichts anderes als „Ödland" bedeutend. Ziehbrunnen, Heiducken, Hirten, Lagerfeuer, Pferde, Weite und Operetten wie jene vom „Zigeunerbaron" sorgten für die romantische Verklärung der Pußta. Nach 1945 wurden die meisten Steppen landwirtschaftlich nutzbar gemacht, und nur in zwei Nationalparks, in Hortobágy und Kiskunság, werden Nostalgiker noch fündig.

Wer sie besucht hat, wird als Radler froh sein, dass sich das Alföld heute freundlicher präsentiert. Die Landwirtschaft lässt die Tiefebene insgesamt recht fruchtbar erscheinen, wenn auch die weitestgehend flache Topografie das Alföld zwar velosympathisch, aber nicht besonders abwechslungsreich machen. Wenig zu bieten hat diese dünn besiedelte, protestantische Landeshälfte Ungarns zudem an sehenswerten Bauwerken und Städten – von den Thermalbädern einmal abgesehen. Etwas Rosinenpickerei gehört also schon dazu, um die Pußta-Radtour interessant genug zu gestalten.

Die interessantesten Gegenden des Alfölds (Überblick)

- Die Landschaft **Szatmár** im äußersten Nordosten Ungarns (im Grenzgebiet östlich von Kisvárda). Eine der ursprünglichsten Regionen Ungarns mit viel Bauernidylle, interessanten Dorfkirchen und recht ergiebigem Nebenstraßennetz. Noch nicht einmal Folklore-Tourismus wird hier propagiert.
- Die **Hortobágy-Pußta** westlich von Debrecen. Die Pflichttour durch den Hortobágy-Nationalpark lässt sich gut mit einer Runde um den badefreundlichen Stausee der Theiß (Tisza-tö) kombinieren. Route: Tiszafüred – Poroszló – Kisköre – Abádszalók – Tiszafüred (74 km).
- Die Landschaft **Kiskunság** (Kleinkumanien) im Zweistromland zwischen Kecskemt und Szeged. Anders als das nördliche Alföld konnte sich **Kleinkumanien** unter der Obhut des Sultans weiterentwickeln. Sehenswerte Städtchen, hübsche Dörfer mit Restexemplaren historischer Windmühlen und die **Bugac-Pußta** (Kiskunság-Nat.-Park bei Bugac) sind die Augenpunkte einer Kiskunság-Tour. Mit etwas Geschick bei der Routenplanung lassen sich die meisten Orte auf Nebenstraßen anradeln.
- Die **Theiß (Tisza),** die das Alföld fast 600 km lang durchfließt, drängt sich als Radroute geradezu auf. Gut asphaltierte Dammwege und verkehrsarme Nebenstraßen sind vorhanden, im Einzugsgebiet der Städte ist der Verkehr allerdings unangenehm. Der europäische Fernradweg **EuroVelo 11** folgt durch Ungarn dem Lauf der Theiß. Beschildert ist bislang der 140 km lange Abschnitt von Tiszadob bis Szolnok. Herzstück dieses Abschnitts ist der **Theiß-See** – Ungarns zweitgrößer See. Auf der 70 km langen Deichkrone kann man den Stausee umradeln – sehr beliebt!

Ⓘ-Box Ungarn

Einreise EU-Bürger und Schweizer können mit dem Personalausweis einreisen. Die Grenzen sind offen, die Übergänge werden seit 2008 nicht mehr kontrolliert (Schengener Abkommen).

Geld Ungarischer Forint (HUF). 1 € = 267 HUF (2010).
Das touristische Preisniveau ist etwa ein Drittel günstiger als in D.

Gesundheit Ein Sozialversicherungsabkommen ermöglicht Mitgliedern gesetzlicher Krankenkassen die Inanspruchnahme medizinischer Leistungen (D, A). Details: *www.dvka.de*

Infos
- Ungarische Tourismuszentrale: *www.hungarytourism.hu* (dt., umfangreich, Prospektshop)
- Ungarisches Tourismusamt in Dtld.: *www.ungarn-tourismus.de* (eher oberflächliche Infos)
- Touristeninformation Budapest: *www.budapestinfo.hu* (dt., reichhaltig, Onlinebuchung von Unterkünften landesweit)
- Radreiseveranstalter Happy Bike: *www.happybike.hu* (mit brauchbaren Rad-Infos u. Karten, teilw. dt.)

Rund 30 „Tourinform"-Touristenbüros befinden sich in Städten und größeren Orten. Zimmervermittlungen und Auskünfte gibt es auch bei den zahlreichen IBUSZ-Reisebüros.

Wetter Relativ regenarm; warme, in der Tiefebene oft heiße Sommer. Beckenlage und niedrige Landeshöhe sorgen für ein Binnenklima ohne große Gegensätze: im Osten stabil kontinental, im Westen *überwiegend* kontinental, aber auch für atlantische und mediterrane Einflüsse empfänglich. Im Sommer kommt es häufiger zu Gewittern oder Starkregen.

Wind Der Wind weht überwiegend aus westlichen bis nördlichen Richtungen.

Reisezeit Günstige Tourenmonate (speziell für Transdanubien und den Plattensee) sind die Zeiten der Nebensaison, also April bis Mitte Juni und September/Oktober.

Anreise

Per Rad Der Plattensee liegt von Wien rund 200 km entfernt, bis Budapest sind es rund 250 km, per Rad macht das drei bis vier Tagesetappen. Die verkehrsreiche E 60 lässt sich mit einem Schwenk durch den Seewinkel bzw. am Neusiedler See vorbei umgehen (s. Österreich / Neusiedler-See-Radweg). Natürlich bietet sich auch der Donauradweg zur zunftgemäßen Anreise an (s. Österreich, Donauradweg).

Per Bahn Die Internationale Fahrradkarte ist in Ungarn gültig (und umgekehrt). **Fahrradmitnahme** ist möglich bei den EuroCitys Hamburg – Berlin – Budapest bzw. Berlin –Budapest (beide via Dresden und Bratislava). Sie

haben ein großes Radabteil am Zugende, Stellplatz jedoch rechtzeitig reservieren! Ansonsten ist Fahrradmitnahme auch mit Umsteigen in Wien möglich, von dort mit IC nach Budapest.
Infos: *www.bahn.de/bahnundbike*

Per Schiff Die zwischen Wien und Budapest verkehrenden Tragflügelboote der Reederei Mahart Passnave nehmen auch Fahrräder mit (Anf. Mai – Ende Okt., 1–2 x tägl., Fahrzeit 5,5 h, Person 89 €, Fahrrad 20 €).
Infos: *www.mahartpassnave.hu*

Transport im Land

Bahn 8500 km umfasst das dichte Streckennetz der Ungarischen Staatsbahnen (MAV). **Fahrradmitnahme** ist bei fast allen Zügen möglich (außer IC). Ist kein Gepäckwagen/Fahrradabteil vorhanden (Fahrradpiktogramm im Fahrplan beachten), können je 1 bis 2 Fahrräder im Einstiegsbereich des ersten und letzten Wagens der 2. Klasse platziert werden (während des Berufsverkehrs *nur* im letzten Wagen). Bahn fahren ist preiswert, 500 km kosten um die 25 € (2. Kl.), das Fahrrad 25% des Personentarifs. Infos: *www.mav.hu, www.elvira.hu*

Bus Die Beförderungsbestimmungen schließen die Mitnahme von Fahrrädern in Überlandbussen zwar aus, aber die Fahrer lassen sich auch schon mal vom Gegenteil überzeugen.

Fähre Die zahlreichen Flussfähren, die anstelle von Brücken existieren, verkehren in der Regel von 6–23 Uhr im Stundentakt und nehmen natürlich auch Fahrräder mit. Gleiches gilt für die Balaton-Fähre (Tihany – Szántód).

Übernachten

Zimmer Einfache und mittlere Hotels sind in der Sommersaison oft hoffnungslos ausgebucht (speziell am Plattensee und in Budapest). Leichter sind Privatzimmer zu bekommen, die von Juni bis August zahlreich angeboten werden (DZ ab 20 €). Von landesweit 53 Jugendherbergen sind allein 33 in Budapest angesiedelt. Voranmeldung ratsam.

Zelten Die Anzahl der **Campingplätze** ist in den letzten Jahren deutlich gestiegen. Zur Zeit sind es rund 300 Plätze. Daneben gibt es an der Donau kostenlose Biwakplätze, die von Kanuwanderern benutzt werden. Für ein Zelt mit Fahrrad findet sich auf den Campingplätzen immer ein Fleckchen – zumindest für eine Nacht (2 Pers./Zelt 8–12 €). Hoffnungslos ausgebucht sind in den Ferien hingegen die Bungalows der Campingplätze.

Eine gute Planungshilfe ist die von der Tourismuszentrale herausgegebene Campingkarte (1:550.000, kostenlos erhältlich bei i-Büros). Auf der Karte sind die meisten Plätze eingetragen und auf der Rückseite beschrieben, auch die Darstellung des Straßennetzes ist hilfreich.

Wild campen ist auch in Ungarn zwar verboten, wird aber toleriert, sofern rücksichtsvoll und unauffällig praktiziert; was aber in den Tiefebenen nicht immer einfach ist. Angesichts der recht guten Campingplatzdichte wird es auch nicht so oft erforderlich sein.

Karten und Literatur

Tourenkarten

- *Empfehlung:* Freytag & Berndt: Autoatlas Ungarn 1:250.000. Handlicher Spiralatlas mit vielen Hinweisen und Ortsplänen. Register. 14,95 €.
- Falk: Länderkarte Ungarn 1:300.000, 7,50 €. Gute Übersichtskarte.
- Mountainbiker können für die ungarischen Mittelgebirge auf diverse topografische Wanderkarten 1:50.000/1:80.000 zurückgreifen (in einer der großen Buchhandlungen in Budapest oder den i-Büros vor Ort).
- Eine gute Planungshilfe war die 2005 von der Tourismuszentrale herausgegebene Karte „Radtouren in Ungarn" 1:550.000, die neben Radrouten auch die *Straßen mit Fahrradverbot* anzeigte. Evtl. ist die Karte noch in den i-Büros im Lande erhältlich.
- Der ung. Kartenverlag **Frigoria** hat spez. für Radler diverse Karten, Atlanten und Führer im Programm (auch dt.), leider alles recht teuer.

Bezug: *www.frigoriakiado.hu* oder *www.mapfox.de*

Tourenführer

- Kettler Vlg.: „Ungarn per Rad". Radreiseführer mit variablem Tourennetz, leider schon sehr alt.
- Esterbauer Vlg. (Bikeline): „Donau-Radweg 3" (Wien – Budapest). Beschrieben wird nur die ungarische Donau-Seite, nicht die slowakische Alternative.
- Esterbauer Vlg. (Bikeline): „Donau-Radweg 4" (Von Budapest bis zum Schwarzen Meer).

Fahrrad (kerékpár)

Ausstattung

Touren durch das ganze Land erfordern eine bergtüchtige Schaltung. Da Gegenwind nie auszuschließen ist, sollte aber auch bei Touren durch ausschließlich flache Regionen (Große und Kleine Tiefebene) mindestens eine 5-Gang-Schaltung vorhanden sein. Nicht zu schmale Bereifung wählen (Sandwege).

Seit 2007 sind Radler bei schlechten Sichtverhältnissen, wenn sie sich außerhalb geschlossener Ortschaften befinden, zum Tragen einer **Warnweste** verpflichtet.

Reparaturen

Service und Ersatzteile für moderne Fahrräder (speziell MTBs) in größeren Städten. Ersatzteile für 28-Zoll-Räder sind jedoch rar. Ansonsten viel Hilfsbereitschaft und Improvisationstalent. Kleine Pannen sollten selbst behoben werden können.

Straßen und Wege

Straßen und Wege

Das **Straßennetz** ist zwar nicht allzu üppig ausgebaut, aber in gutem Zustand und in den interessanten Landesteilen ausreichend dicht für Touren auf verkehrsarmen Straßen. Die Wegweisung ist gut. Wer sie jedoch ignoriert, kann rasch auf abseitige sandige Wirtschaftswege geraten. Anders gesagt: Wer kleinste Straßen und Wege erkunden will, darf erstens nicht mit Wegweisung rechnen und zweitens nicht mit einer befestigten Straßendecke. Rund 1500 km Dammwege dürfen mit dem Rad befahren werden, auch sie sind nur teilweise asphaltiert.

Radwege existieren in den Städten meist nur in Form von Fußgängerwegen, die mitbenutzt werden dürfen. Im ganzen Land sind mittlerweile an die 2000 km **Radrouten** ausgeschildert. Die Beschilderung ist oft noch verbesserungsbedürftig. Es gibt Kreuzungen, die ganz „ohne“ sind, oder aber mehrere gleichartige Radwegweiser zeigen in verschiedene Richtungen und die Zuordnung fällt schwer. In der Regel verlaufen die beschilderten Radrouten auf verkehrsarmen Straßen, teilweise sogar autofrei wie auf den Deichwegen an Theiß und Donau.

In den Ballungsräumen ist der **Verkehr** reichlich und flott. Auf Radfahrer wird keine „übertriebene“ Rücksicht genommen.

Radfahrverbote

Auf praktisch allen Europa- aber auch anderen Hauptfernstraßen bestehen *Radfahrverbote*. Dies gilt für alle einstellig nummerierten Nationalstraßen, aber auch viele zweistellige Nationalstraßen sind betroffen (u. a. 41, 42, 43, 81... abschnittweise auch 11, 30, 37, 70 ...) Manchmal wird man regelrecht überrascht von diesen Verbotsschildern, und es gibt keine praktikable Alternative. Dann wird man auf dieser Straße wohl oder übel weiter fahren müssen. Die Polizei interessiert sich für solche Übertretungen nicht. Unschön ist aber das Gefühl, bei einem Unfall dann automatisch im Unrecht zu sein.

Ungarische Unsitte: Radelverbote ohne Alternative

Offroad (MTB)

Die ungarischen Mountainbiker schätzen die heimischen Mittelgebirge. Extremes Terrain ist selten. Moderate Touren auf Forst-, Wirtschafts- und Wanderwegen überwiegen. Unmarkierte Wanderwege dürfen nicht mit dem Rad befahren werden.

CY ZYPERN

Daten

Zypern gesamt: 9251 qkm • 1 Mio. Ew. • 108 Ew./qkm
Südzypern: 5896 qkm • 750.000 Ew • 127 Ew./qkm
Nordzypern: 3355 qkm • 250.000 Ew. • 75 Ew./qkm

Tourenziel Zypern

Die Insel im östlichen Mittelmeer, die früher als Bindeglied zwischen Europa und Nahem Osten galt, ist seit 1974 geteilt. Die beiden Teile haben sich sehr unterschiedlich entwickelt. Während das türkisch besetzte **Nordzypern** am Tropf der Türkei hängt und bis 2004 (Öffnung der Grenze, auch für Touristen) mehr schlecht als recht zu Rande kam, boomte Südzypern seit der Teilung. In **Südzypern** lebt der überwiegende Teil der Gesamtbevölkerung, hier haben sich viele Unternehmen aus dem Nahen Osten angesiedelt, und auch der Zypern-Tourismus konzentrierte sich seit der Teilung hier. Südzypern ist nicht nur dicht besiedelt und wohlhabend, sondern es herrscht auch ein unglaublicher Verkehr. Seit die Grenze passierbar wurde, profitiert auch Nordzypern vom Tourismus und entwickelt sich rasch.

Tourentipps Südzypern

Für die Tourenplanung erweist sich die Teilung der Insel als schweres Handicap. Alle Straßen dies- und jenseits des UNO-kontrollierten Niemandslandes zwischen Nord- und Südzypern („Green Line“) sind Sackgassen. Zudem ist das ganze Gebiet östlich der Linie Nicosia – Larnaca völlig uninteressantes Agrarland. Und auch wenn es sich um die Insel der Aphrodite handelt, Südzypern ist alles andere als eine aufregende Schönheit.

Kritik

Einige Kritikpunkte zur Anschauung:

- Da ist man nun auf dieser supertollen Insel, fährt zum höchsten Gipfel hinauf, den 1951 m hohen Olympos, und dann macht sich dort oben das britische Militär breit, und es gibt keine Möglichkeit zum Rundumblick oder

Abends wird Zypern erst richtig schön (Kato Lefkara)

Fotografieren. Es sei denn man spränge 3 m in die Luft, aber dann wird scharf geschossen. Andererseits sind Fotos auch gar nicht begehrenswert, denn der Fernblick verschwimmt ohnehin in bräunlichblauem Dunst.

- Der viel gelobte Pafos-Wald ist eine staubtrockene Ansammlung todlangweiliger Pinien.
- Es gibt kaum Höhenstraßen, die schöne Blicke aufs Meer ermöglichen.
- Die meisten Dörfer sind modern und nüchtern.
- Es gibt nur wenige „Augenpunkte“ in der Landschaft. Keine weiß leuchtenden Dörfer, keine Kirchen oder Kapellen am Horizont, kaum Steilküste, selten Felsen, nur vereinzelt Olivenbäume und Nutztiere.

Die Liste ließe sich fortsetzen.

Warum dennoch?

Warum Südzypern dennoch von Bikern angesteuert wird? Es ist wohl das, was Südzypern wirklich auszeichnet. Das stabil warme Mittelmeerklima, der westliche Komfort und die lange Saison. „340 Tage Sonne“ sind für viele Argument genug. Wer Südzypern kennenlernen will – schließlich hat jeder seine eigene Sicht der Dinge – sollte im Frühjahr kommen. Dann grünt und blüht es wenigstens allerorten, und auf dem Olympos liegt noch Schnee (bis in den März).

Südzypern-Rundtour

Von leichten Variationen abgesehen, gibt es für eine Überblickstour zum Kennenlernen eigentlich nur ein bis zwei sinnvolle Strecken. Die hier skizzierte, 560 km lange Rundtour sammelt jedenfalls die meisten Highlights von Südzypern ein.

Airport Larnaca – Kofinou – Kato Lefkara – Vavla – Palaichori – Chandria – Trodoos – Olympos (1951 m) – Kloster Kykkou – Forst von Pafos – Pano Panagia – Polis – Fontana Amorosa (Akamas-Halbinsel) – Pafos – Omodos (Diarizos-Tal) – Episkopi – Kourion (Ruinen) – Limassol – Nicosia – Larnaca – Hala Sultan Tekke Moschee – **Airport Larnaca.**

Offroad Südzypern

Beliebtestes MTB-Revier ist die felsige Halbinsel **Akamas** (bis 495 m), benannt nach einem Liebhaber der Aphrodite, deren Badebucht man dort noch findet. 400 km Wanderwege sind auf Akamas auch zum Biken präpariert.

Eine Bikestation befindet sich in **Polis.**

Auch das benachbarte Hochplateau von **Pafos** (bis 1362 m) hat ein gutes Angebot einsamer Forststraßen in lichten Zedern- und Pinienwäldern. Last not least: Das **Troodos-Gebirge** (bis 1951 m) mit Schotter- und Forstwegen von leicht bis schwer. MTB-Prospekt „Fahrradtouren auf Zypern" von der Fremdenverkehrszentrale Zypern (s.u.).

Option Nordzypern

Wer Südzypern aus den schon genannten Gründen als Tourenziel vielleicht doch nicht so prickelnd findet, sollte sich **Nordzypern** näher ansehen. Durch die Grenzöffnung ist das jetzt ja möglich. Vor der Inselteilung konzentrierte sich in Nordzypern praktisch der gesamte Tourismus – die enorme Infrastruktur im südlichen Zypern wurde erst nach der Trennung aus dem Boden gestampft.

Die Steigungen sind moderat, die meisten Straßen noch relativ verkehrsarm, die Dörfer und Städte noch nicht so modern, teilweise sogar malerisch, oft auch verlassen und verfallen (die Flucht der Griechen). Die Atmosphäre ist erstaunlich friedlich, kein Vergleich mit der südlichen Hektik. Landschaftlich reizvoll sind die **Nordküste,** der Küstengebirgszug **Pentadaktylos** (Fünf-Finger-Gebirge, bis 1024 m) und die einsame **Karpaz-Halbinsel** im Nordwesten. Auch kulturell glänzt Nordzypern mit echten Highlights (Kyrenia, Famagusta, Salamis!!!).

Bernd Heckmair zu Nordzypern: „Der Grenzübertritt ist unproblematisch. Formular ausfüllen, stempeln lassen, in den Reisepass legen, fertig! Wenn man davon absieht, dass man in der „türkischen Besatzungszone" immer wieder mal in militärische Sperrgebiete gerät und unter dem Eindruck schwer bewaffneter Rekruten recht gerne die Richtung wechselt, lohnt sich die Erkundung Nordzyperns durchaus. Allen voran die Karpaz-Halbinsel mit ihrer kargen Steppenlandschaft, in der ausgewilderte Esel neugierig den seltenen Radtouristen nachblicken. Noch sind die Buchten einsam dort. Die Baustellen fressen sich jedoch beständig gen Osten voran. In wenigen Jahren wird es aus sein mit der Einsamkeit. Vielleicht den schönsten historischen Hafen im Mittelmeerraum findet man in Girne (Kyrenia). Vor den Tavernen warten zwar auch hier schon die üblichen Schlepper, trotzdem ist die Szenerie geradezu einzigartig. Und wo bitte kann man im November im Mittelmeerraum abends unter freiem Himmel im T-Shirt noch Fisch essen?"

Karpaz-Halbinsel (Nordzypern)

i-Box Zypern

Einreise	Einreise mit Personalausweis oder Pass (D/A/CH). Radler können die sog. Green Line (die Demarkationslinie zwischen Süd- und Nordzypern) zur Zeit an fünf Stellen passieren: **Nikosia** (2 x, Ledra Palace, Agios Dometios), **Zodhia** (bei Astromeritis), **Pergamos** (bei Pyla) und **Strovilia** (bei Ag. Nikolaos). Bei der Pseudo-Einreise wird ein loses Visum erteilt, das bei der „Ausreise“ wieder abgegeben wird. Das Visum darf nicht in den Pass gestempelt werden, sonst verweigern die Südzyprioten die Wiedereinreise! Aufenthaltsdauer in Nordzypern bis zu 3 Monaten.
Geld	2008 löste der Euro in Südzypern das Zypern-Pfund als Währung ab. In Nordzypern gilt weiterhin die Türkische Lira, daneben zirkulieren auch Euro, Brit. Pfund und US-Dollar.
Gesundheit	Ein Sozialversicherungsabkommen ermöglicht Mitgliedern gesetzlicher Krankenkassen die Inanspruchnahme medizinischer Leistungen (D, A). Details: *www.dvka.de* Aber dennoch Reise-KV abschließen!
Infos	▸ Tourismuszentrale Südzypern: *www.visitcyprus.org.cy* ▸ Tourismuszentrale Nordzypern: *www.nordzypern-touristik.de*
Reisezeit	Ab März. Sehr klar und sonnenreich im April. Im Juli und August in den Ebenen hingegen oft brütend heiß. *Bernd Heckmair:* „Zypern ist aus meiner Sicht das ideale Ziel für Oktober und November! In insgesamt sechs Wochen hatten wir vielleicht fünf Schlechtwettertage. Ansonsten nur Sonne mit Tageshöchsttemperaturen zwischen ca. 23 und 28 Grad.“
Anreise	**Flüge:** Charter-Direktflüge nur nach Südzypern (Larnaca). Flüge nach Nordzypern (Airport Ercan) immer mit Zwischenlandung in der Türkei. **Fähre:** Anreise per Fähre nach Limassol/Südzypern ab Rhodos/GR und Piräus/GR. Wer über Land anreist, kann natürlich auch von der türkischen Mittelmeerküste nach Nordzypern übersetzen (ab Mersin, Tasucu, Alanya, Antalya, Anamur).
Übernachten	Südzypern ist vor allem auf Pauschaltouristen eingestellt, dennoch gibt es Pensionen und kleine Hotels in ausreichender Zahl. DZ ab 25 €. Auch in Nordzypern, wo der Tourismus geinger ist, gibt es genügend Übernachtungsmöglichkeiten, die zudem preiswerter sind. Allerdings konzentrieren sich die Unterkunftsangebote hier sehr stark auf die Touristenzentren. Das heißt, in abgelegenen Gebieten kann man lange suchen. Am schönsten schläft es sich ohnehin im 1000-Sterne-Hotel.
Karten	• Freytag & Berndt: Zypern 1:200.000, 8,95 €. • ADAC: Länderkarte Zypern 1:175.000, 7,50 €. • Marco Polo: Zypern, 1:200.000, 8,50 €. Die aktuellste Karte zur Zeit.
Tourenführer	Kettler Vlg.: „Zypern per Rad“ (nur Südzypern). Radreiseführer mit variablem Routennetz. Schon von 1997, aber der einzige.
Fahrrad	MTB, Licht und Schutzbleche sind im Sommer verzichtbar. Bikeshops in Nicosia, Limassol, Larnaca, Pafos und Polis.
Straßen	Achtung, Linksverkehr! Das Straßennetz ist gut ausgebaut. In Südzypern existieren nur wenige ruhige Nebenstraßen.

Zu guter Letzt schaut der Fahrrad-Europaführer über den Tellerrand und sieht: Das Mittelmeer! Dessen Küsten drei Kontinente verbinden und uns 10.000 Jahre Kulturgeschichte bescherten. Man kann es umradeln! Wie, das schildert nun Christoph Gocke.

DIE GROSSE RUNDE UMS MITTELMEER

von Christoph Gocke

Zwanzig Jahre habe ich für sie gebraucht. Lange wusste ich nicht, an welcher Mega-Tour ich kurbelte. Am Anfang stand 1982 die Tour nach Rom, mitten im Mittelmeer. Fünf Jahre später folgte Santiago de Compostela. Scheinbar vom Mittelmeer weg führend. 13 Jahre später erreichte ich Istanbul. Ein Jahr später war Jerusalem dran. Dann erst kam mir der übermütige Gedanke, einen kompletten Kreis um dieses Meer zu ziehen: durch Portugal, Marokko, Algerien.

Am Ende stand 2002 das mit den Füßen vermessene Gefühl für die Größe des Römischen Reichs, für diesen 2,5 Millionen qkm großen „Teich" zwischen Europa, Afrika und dem Nahen Osten. Der Mittelmeerraum verbindet den Westen mit dem Orient. Unüberwindliche Grenzen, Nationen, die ihre Feinde nicht mal als Stempel im Reisepass dulden, Wüsten. Hier radeln! Die Faszination dieses Raumes ist größer als die Schwierigkeiten seiner Umrundung. Auf dem kürzesten Weg sind das etwa 11.500 Kilometer. Es wäre ein bisschen kürzer, wären nicht die Grenzen zwischen Algerien und Marokko, sowie zwischen Israel und dem Libanon und Syrien definitiv geschlossen. Seit Jahrzehnten.

Nimmt man Jerusalem als Fixpunkt, so kommt der südliche Teil vom marokkanischen Tanger durch Nordafrika nach Jerusalem etwa auf 5500 km. Die nördliche Hälfte vom spanischen Algeciras nach Jerusalem bringen etwa 6000 km auf den Tacho.

Mediterrane Vorzüge: Das Mittelmeer ist ein leicht zu erreichendes Ganzjahresziel mit dem ewigen Versprechen von Sonne und Urlaub. Genießt der Pauschalurlauber hier nur punktuell, kann der Umrunder den ganzen Mittelmeerkosmos erleben. Um dieses Meer herum schufen Griechen und Römer militärisch, ökonomisch und kulturell eine neue Welt. Als Wiege des Abendlandes wurde der Mittelmeer-Raum zum historischen Mythos.

Jenseits von Romantik und Mythos ist eine Mittelmeerumrundung harte Knochenarbeit. Selten ist es eine bequeme Fahrt an flachen Küsten. Doch wer sich darauf einlässt, hat mit dem Mittelmeer einen Begleiter zur Seite, der immer wieder begeistert: das Blau, die Sonne, die Düfte, der Atem der Geschichte. Selbst wenn sich der Kreis erst nach 27 Jahren schließt. Erst 2009 erradelte ich meine letzten Mittelmeerländer Libanon und Zypern.

Land für Land hier nun Tipps, wie man auf der kürzesten Strecke einmal ums Mittelmeer radelt - gelegentlich ergänzt um alternative Strecken.

Europäischer Teil (von West nach Ost)

Spanien

Andalusien steht am Anfang oder Ende des europäischen Teils der Mittelmeer-Umrundung. Die meisten Fähren nach Afrika verkehren zwischen Algeciras und Tanger. Auch von Algeciras nach Ceuta, vereinzelt im

Sommer von Gibraltar nach Tanger. Fährt man an die äußerste Südspitze Andalusiens, zum Surfer-Dorado Tarifa, kann man auch dort täglich mehrmals nach Tanger übersetzen.

Die Fahrt an der spanischen Mittelmeerküste ist unbeliebt: wenig Raum, viele Autos, teilweise nur Autobahn. Eine längere Alternative ist der Ritt über den Camino-Klassiker Santiago de Compostela. Durch die weißen Dörfer der Sierra Ronda geht's von Algeciras nach Sevilla. Von dort auf der Camino-Variante "Via de la Plata" (auch "Mozarabischer Jakobsweg") nach Compostela. Radler schätzen auf dieser 1000-km-Strecke, dass die Pilgerherbergen nicht so überfüllt sind wie auf dem Hauptweg durch Nordspanien. Die Via de la Plata ist ein beschilderter Pilgerwanderweg, der abgesehen von einigen Gebirgspassagen gut zum Radfahren geeignet ist. Ich zog die Strecke durch Portugal vor, wo spätestens ab Porto beschilderte Camino-Routen nach Santiago führen.

Frankreich Die Pyrenäen bieten jedem Fahrstil eine andere Überquerung. Die französische Mittelmeerküste ist angenehmer zu fahren als die spanische. Die Gebirge reichen nicht so nah ans Meer. Dadurch ist mehr Raum für Straßen, schöne Seebäder und antike Stadtgründungen (Marseille, Nizza).

Monaco Selbst in Monaco, das sich als Alpenland versteht, gibt es mehrere parallel verlaufende Straßen ohne allzu große Steigungen. In diesem Sinne eine bequeme „Alpenüberquerung".

Italien Die Riviera-Küstenstraße ist fahrbar. Nicht immer ein Genuss. Eine schöne Verbindung in den Osten nach Venedig ist der Po-Radweg.

Italien macht auch eine Umrundung entweder des östlichen oder des westlichen Mittelmeeres möglich (8500 bzw. 5700 km). Die kürzeste Strecke für solche „kleinen Runden" ist die Riviera an der italienischen Westküste, die allerdings sehr anspruchsvoll ist. Immer wieder führt die Strecke in die Berge. Von Sizilien dann der Panthersprung mit der Fähre nach Tunesien (von Trapani bzw. Palermo nach Tunis).

Balkan Sehr viele Wege führen über den Balkan von Italien zum Bosporus. Alle Länder sind inzwischen ohne Visum zu beradeln. Einige verlangen den Reisepass.

Eine Verbindung fast auf der Ideallinie ist der Donauradweg durch Kroatien, Serbien, Rumänien und Bulgarien. Die inzwischen bis einschließlich Serbien beschilderte Route hat vielfach guten Radwegstandard, verläuft häufig allerdings auch auf Autostraßen.

Auch die Küstenstrecke durch Slowenien, Kroatien, Bosnien-Herzegowina, Montenegro, Albanien, Griechenland ist inzwischen gut befahrbar. Je nach Jahreszeit aber mehr oder weniger mit Autoverkehr verbunden. Kroatien hat seine parallele Küstenautobahn immerhin fast vollendet, so dass die Straße entlastet wird.

Die weitere Strecke von Griechenland (über Thessaloniki) nach Istanbul gilt als nicht übermäßig fahrradfreundlich. Eine von mir erprobte Variante: Man fährt nach Athen und anschließend mit der Fähre von Piräus nach Rhodos, von dort weiter nach Marmaris an der Südküste der Türkei. Grundsätzlich kann das Insel-Springen auch via Kreta laufen, erfordert aber sorgfältige Detailplanung bei den Fähren.

Türkei Istanbul ist auch für Radler ein Magnet – ein Magnet mit vielspurigen Straßen, hektischem Verkehr und riesigen Gullis ohne Deckel! Es gibt mehrere Möglichkeiten, Istanbul zum Teil oder ganz zu umgehen.

Wer sich nach der Einfahrt in die Stadt von Westen den asiatischen Teil Istanbuls ersparen möchte, kann von Istanbul (Yenikapı Feribot Iskelesi) mit der Fähre übers Marmara-Meer nach Yalova übersetzen. Von dort geht es sehr schön nach Iznik und weiter nach Ankara. Mit der Fähre von Istanbul ins weiter westlich gelegene Bandirma zu fahren, bietet sich an, wenn man der Küstenstrecke folgen möchte.

Eine Fähre wird man so oder so benötigen. Die beiden Bosporus-Brücken sind nicht für Fahrräder freigegeben. Eine hatte einen Fußweg, der nach hundert Selbsttötungen in vier Jahren gesperrt wurde. Nur beim alljährlichen Istanbul-Marathon im Herbst wird sie freigegeben.

Wer Istanbul ganz umgehen möchte, kann das an der westlichen Spitze des Marmara-Meeres tun: Mit der Fähre zwischen Kilitbahir und Canakkale kommt man in 20 Minuten von Europa nach Asien.

Folgt man dort der türkischen Mittelmeerküste locken Troja, Pergamon, Ephesus und ungezählte Strände. Besonders schön und überwiegend flach ist der Westteil der Südküste. Auch östlich von Antalya gibt es schöne, gebirgige Passagen.

Wer's eilig hat, kommt auf der direkten Türkei-Querung hinter Ankara durchs anatolische Hochland, dann nach Kappadokien/Göreme und schließlich durch die Killikische Pforte im Taurus-Gebirge nach Tarsus. Auch ein Traum.

Afrikanischer Teil (von West nach Ost)

Nordafrika ist schon lange mehr Europa als Afrika. Das Mittelmeer ist ein kleineres Hindernis als die Sahara. Im Juli 2008 hat die EU mit den Mittelmeer-Anrainern eine neue Union gegründet. Ganz oben auf der Agenda soll das Projekt einer durchgehenden Autobahn von Marokko bis Ägypten stehen. Im ägyptisch-libyschen Bereich ist sie eigentlich schon vorhanden. Und hat kaum Verkehr. Im Westen, dem Maghreb, ist die Küste dicht besiedelt. Haupthindernis ist hier die geschlossene marokkanisch-algerische Grenze, die man aber umgehen kann.

Der Wind weicht in Nordafrika häufig vom gewohnten europäischen Westwindschema ab. Je weiter man nach Osten kommt, desto mehr stemmen sich die zum Äquator zurückführenden Passatwinde dem Radler aus nordöstlicher Richtung entgegen.

Marokko Wer in Tanger auf seinem Fahrrad mit den Autos vom Schiff rollt, hat gegenüber Rucksacktouristen den großen Vorteil, das Rudel der Nepper und Schlepper zu umgehen, die sich an jeden westlich aussehenden Menschen hängen. Bienvenue en Afrique!

Auch das wegen ausgeprägten Drogenanbaus verrufene Rif-Gebirge, das sich parallel zur Küste Richtung Algerien erstreckt, muss den Radler nicht schrecken. Denn er hält sich mehr oder weniger an die Küste, je nachdem wie anspruchsvoll die Strecke sein soll. Die Küstenregion ist für marokkanische Verhältnisse dünn besiedelt.

Die touristische Infrastruktur in Marokko bietet dem Radler viel Komfort.

Allerdings sind auch die Schattenseiten des Massentourismus nicht zu übersehen. Fragen nach Kugelschreibern, Süßigkeiten, Trinkwasser und Aspirin sind sehr beliebt. In abgelegeneren Gegenden amüsieren sich vor allem Mädchen und junge Frauen über Fernradler, in andern Landesecken wirst du hingegen völlig ignoriert. Nach etwa 550 km ist Oujda erreicht. Eine Sackgasse. Die Grenze ist geschlossen.

Grenze Marokko/ Algerien

Die Grenze zwischen Marokko und Algerien ist seit Jahrzehnten geschlossen. Hintergrund ist der Konflikt um die von Marokko besetzte ehemals spanische Kolonie West-Sahara. Es gibt wohl nur einen, der diese Grenze in den letzten Jahren mit dem Fahrrad gequert hat: Holger Halfmann. Selbst unter hart gesottenen Fernradlern muss man ihn als Extrem-Radler bezeichnen. Seine Grenzüberquerung im Frühjahr 2001 schilderte er seinerzeit im Internet so: „Die Grenze von Marocco nach Algerien war geschlossen ... So musste ich die Grenze inoffiziell überqueren. Dies geschah aus meiner Nichtanerkennung von Staatengrenzen, denn sie sind absurde Ursache für Kriege. Wir leben alle in einer Welt."

So weit, so originell. Doch ohne Einreisestempel im Reisepass fällt man nach einer illegalen Einreise schnell auf. Folge für Holger: Knast. Dann Abschiebung. Die soll er selbst besorgen. Also radelt er ostwärts nach Tunesien. Die letzten 200 km transportiert ihn die algerische Polizei.

Es gibt eine legale Möglichkeit, die Grenze mit vergleichsweise geringem Aufwand zu umgehen: per Fähre über Spanien. Vom marokkanischen Nador oder von der direkt benachbarten spanischen Exklave Melilla mit der Fähre ins europäische Almería und von Almería ins algerische Ghazaouet. Diese Verbindung soll inzwischen ganzjährig bestehen. Sie ist kaum teurer als die wesentlich kürzere Strecke bei Tanger. Wer die Umrundung möglichst lückenlos fahren will, wird sich natürlich auf beiden Seiten die Fahrt zur geschlossenen Grenze gönnen.

Ich bin seinerzeit auf marokkanischer Seite von Tanger aus quer über den Mittleren und Höheren Atlas in die Traum-Oase Figuig gefahren. Ein paar Monate später flog ich ins algerische Béchar und erreichte von dort nach 120 km Béni Ounif, die algerische Schwesterstadt von Figuig. Von

Travellertreff – irgendwo im Nirgendwo der Sahara

beiden Seiten kommt man an den bewachten aber geschlossenen Grenzübergang heran.

Algerien

Algerien ist für Fernradler derzeit das komplizierteste Mittelmeer-Land. Die deutsche Botschaft rät, sich nur auf dem Luftweg durchs Land zu bewegen. In der Sahara dürfen sich Reisende nur in Begleitung eines Reiseveranstalters bewegen. Die Visa-Bestimmungen verändern sich häufig. Aktuelle Recherche ist unvermeidlich. Oft hilft anrufen. Erst durch ein Telefonat mit der algerischen Botschaft erfuhr ich 2002, dass die Visum-Erteilung lockerer gehandhabt wird, als es auf dem Papier schien.

War es damals noch einfacher in der Wüste, als an der von terroristischen Anschlägen bedrohten Küste zu radeln, hat sich das inzwischen umgekehrt. Nach der Entführung mehrerer Europäer im Jahr 2003 sind die Kontrollen an den Checkpoints in der Sahara restriktiver geworden. Hingegen hat der Terrorismus im Norden nachgelassen. Gewarnt wird weiterhin vor der Kabylei.

Aktuelle Fahrradberichte aus Algerien sind sehr rar. Die Küstenstraße, zu der es häufig auch weniger befahrene Alternativen gibt, ist hügelig aber nicht sehr anspruchsvoll. Algerien war der letzte Abschnitt meiner Mittelmeer-Umrundung. Im Herbst 2002 flog ich nach Béchar an die marokkanisch-algerische Grenze und fuhr ein einsames Rennen gegen den Passat-Wind aus Nordost. Eine Million Kilometer Gegenwind auf so gut wie nicht befahrenen Straßen über Béni Abbès, Timimoun, El Meniaâ (El Goléa), Ghardaia, Ouargla, Touggourt ins tunesische Tozeur. Meist fährt man durch Steinwüste und umkurvt die großen Sandwüsten des Grand Erg Occidental und Oriental. Die Warnschilder vor Sand haben dennoch ihren Sinn. Kleinste Anhäufungen auf der Fahrbahn können dem Radler zum Verhängnis werden. Durch den Fahrtwind eines Lkw rutschte ich auf Sand beinah unter dessen Fahrgestell.

Christoph auf dem Weg durch die Sahara

Tunesien

Tunesien ist für Radler hingegen ein Paradies. Rund um das Mittelmeer gibt es keine Schulkinder, die auch nur annähernd so begeistert auf Radfahrer reagieren, wie hier. Mädchen wie Jungen brechen schon von Weitem in Jubel aus, feuern an, versuchen abzuklatschen, begeistern sich an Aussehen, Gepäck oder Fortbewegung der Radler und liefern sich Wettfahrten.

Günstige Unterkunft ist allerorten zu finden. Römische Ruinen, in Karthago mit punischen Relikten durchsetzt, bieten tolle Kulissen. Das Bardo-Museum in Tunis hat die bedeutendste Mosaik-Sammlung der Welt.

Dass Tunesien eine sehr hart geführte Diktatur mit einem mächtigen Geheimdienst ist, bleibt dem Radler wie dem Touristen mehr oder weniger verborgen. Es sei denn, er beginnt, über die Politik des Präsidenten zu diskutieren.

Libyen

Das libysche Touristenvisum ist leider aufwändig und teuer. Der Reisepass muss eine offizielle arabische Übersetzung der Passdaten enthalten, er darf keine Stempel von israelischen Grenzübergängen enthalten. Deutsche Behörden stellen für solche Fälle einen zweiten Pass aus.

Derzeit wird eine touristische Einreise offenbar nur Gruppen mit mindestens vier Personen gewährt. Die müssen u.a. eine Hotelreservierung vorweisen. Die Vorschriften ändern sich häufig. Aktuelle Recherche ist unvermeidlich. Im Jahr 2001 hatte mich das Visum etwa 250 Euro gekostet.

Die Mentalität vor allem der Behörden ist geprägt von jahrzehntelanger Skepsis gegenüber westlichen Ausländern. Besonders beim Fotografieren gilt größte Vorsicht. Ich musste einen Film aus der Kamera nehmen und entwickeln lassen, nachdem ich Autos fotografiert hatte, die durch knöcheltiefes Wasser auf einer Wüstenstraße fuhren. Abzüge und Negative dieser Szene wurden einbehalten. Besonders in der Nähe von Raffinerien häufen sich die Checkpoints und die Soldaten werden ungeduldig, wenn man nach der Kontrolle nicht schnell weiter fährt. Die Kräfte im Land, die versuchen den Tourismus zu fördern, sind immer noch schwach. Mit Libyern kommt man selten in Kontakt. Eher mit Händlern aus Schwarzafrika, die je nach Heimat Französisch oder Englisch sprechen.

Libyens 2000 km lange Mittelmeer-Küste lässt sich in drei Abschnitte teilen.

- Der Westen um die Hauptstadt Tripolis (relativ stark besiedelt)
- Die Wüstenbucht der Großen Syrte (auf 1000 km kaum Infrastruktur)
- Die gebirgige Cyrenaika im Osten mit der Metropole Bengasi.

Größtenteils ist die Fahrt recht einsam, das Meer mehr zu ahnen als zu sehen. Eine meditative Fahrt.Libyen strotzt vor römischen Ruinen. Die vor allem während der kurzen italienischen Kolonialzeit im 20. Jh. ausgegrabenen Reste von Sabratha, Leptis Magna, Cyrene und Apollonia stellen fast alles Archäologische in Europa in den Schatten.

Ein ständiger Begleiter sind auch die Kriegsschauplätze von Rommel und Co. Immer noch sterben Menschen durch Minen aus dem Zweiten Weltkrieg. In unmittelbarer Umgebung der Küstenstraße scheint keine Gefahr gegeben.

Ägypten

In Ägypten ist die Küstenstraße schon seit Jahren vier- bis sechsspurig. Gleichwohl hat man als Radler meist alle Spuren für sich. Erst zum Nildelta hin nehmen die ägyptischen Urlaubsburgen und der Verkehr zu. Angenehm ist vor allem die geringe Zahl von Checkpoints. Anders als im Niltal können sich Fernradler in Nordägypten frei bewegen. Überwältigend ist es, wenn man nach tausenden Kilometern Wüste Alexandria erreicht. Einerseits ein Moloch, andererseits eine Oase der Zivilisation – nach den Entbehrungen der Sahara.

Für die Durchquerung des Nildeltas bieten sich zwei Routen an:
- Weiter der Küstenstraße folgen, bei eingeschränkter Infrastruktur während des Winters.
- Oder auf der Nr. 1 zunächst Richtung Kairo, eine vierspurige Straße mit Verkehr aus allen Richtungen. Reine Nervensache.

So wie das ganze Delta. Der Lebensraum Ägyptens. Überbevölkert. Nirgendwo kann man mal in Ruhe pinkeln. Hier ist man mitten drin im quirligen, landwirtschaftlich geprägten Ägypten. Die Straßen sind schmal, denn das Land ist fruchtbar und die Menschen auch, so dass jeder Quadratzentimeter genutzt wird. Ein Erlebnis. Ägypten pur und völlig untouristisch.

Nach 300 km lärmenden Lebens hört das fruchtbare Gebiet schlagartig auf und plötzlich sieht man Schiffe durch die Wüste ziehen. Keine Fata Morgana, sondern der Suez-Kanal.

Bei El Qantara existiert inzwischen eine Brücke, Fahrradfahrer müssen aber dennoch die Fähre zur Sinai-Wüste benutzen. Einziger ägyptisch-israelischer Grenz-Übergang für Touristen ist Taba/Eilat. Durch die Araba-Senke zum Toten Meer kann man via Jericho/Jerusalem weiter nach Norden und später nach Jordanien radeln.

Wer nicht durch Israel will, erreicht am Ostufer des Sinai unweit von Moses-Berg und Katharinen-Kloster von Nuweiba aus mit der Fähre das jordanische Aqaba.

Asiatischer Teil (von Nord nach Süd)

Syrien

Vom türkischen Antakya/Hatay gibt es zwei Wege nach Syrien über zwei kleine Grenzübergänge. Der eine führt über die Berge Richtung Westen nach Aleppo. Von dort geht es dann flach nach Süden Richtung Damaskus. Die Alternative ist auch gebirgig, führt in Küstennähe nach Latakya im Süden. Von dort geht es weiter an der nun flachen Küste bis zur libanesischen Grenze. Dann steigt die Straße über die Berge, vorbei an der größten Kreuzfahrerburg, dem Krak des Chevaliers, nach Homs.

Der Verkehr in Syrien ist gemächlich. Die Leute sind sehr freundlich. Bei Gesprächen über Israel ist man besser vorsichtig. Ein Visum bekommt man bei der Botschaft nur, wenn der Pass keine israelischen Stempel enthält. Will man auch nach Israel, sollte man immer erst durch Syrien reisen. Tipp: Ich kam mit drei Übernachtungen durch Syrien. Dafür reicht ein dreitägiges Transitvisum, das derzeit 7 Euro kostet.

Von Syrien geht's nach Jordanien. Den Libanon kann man umgehen, da die Grenze zwischen Libanon und Israel für Radler definitiv unüberwindlich ist.

Libanon

Wer dennoch einen Bogen über Beirut machen will, bekommt problemlos ein Visum an der Grenze (sofern kein israelischer Sichtvermerk im Pass ist). Der Libanon ist auf dem Landweg nur über Syrien zu erreichen. Daher braucht man dann für Syrien ein Mehrfach-Visum.

Verglichen zum relativ preiswerten Syrien ist der Libanon ein teures Pflaster. Die politische Lage hat sich nach den Turbulenzen der Jahre 2006-2008 zwar etwas beruhigt, kann sich aber jederzeit wieder zuspitzen.

Am gefährlichsten ist für Radler der Verkehr. Viele schnelle, moderne Fahrzeuge versuchen mit großer Geschwindigkeit den anderen Verkehrsteilnehmern zu entkommen. Viele Strecken sind sehr kurvig und unübersichtlich.

Der Libanon ist ein Gebirgszug von Nord nach Süd mit dem Quarnat as Sawda (3088 m) als Gipfel. Bei dem im Winter gesperrten Col des Cèdres (2340 m) kommt man dem Gipfel und den Resten der biblisch belegten Zedern des Libanon am nächsten.

Die Küstenstraße ist nördlich und südlich von Beirut dank der meist parallel verlaufenden Autobahn recht gut zu fahren.

Jordanien

Jordanien ist eigentlich ein angenehmes Reiseland. Ausgerechnet hier werden Radfahrer meist mit Steinen beworfen. Vielleicht eine Nachwirkung der verschiedenen Intifadas. Es klingt auch schlimmer als es ist. Es ist keine Steinigung, eher symbolisch gemeint.

Gerasa/Jerash ist eine riesige ausgegrabene römische Stadt. Amman dagegen uninteressant. Der Königsweg nach Süden ist der gebirgige King's Highway über Madaba, die Schlucht des Wadi Mujib und das überwältigende Petra. Wadi Rum lohnt ein paar Extra-km und von Aqaba geht die Fähre in den ägytischen Sinai.

Die östliche Parallelstraße zum King's Highway führt flach durch die Wüste – ohne Attraktionen. Auf der westlichen Parallele kann man am Toten Meer Richtung Süden fahren. Sowohl auf der Höhe von Gerasa als auch von Amman gibt es Grenzübergänge nach Israel/Palästina.

Israel/ Palästina

Im besetzten Westjordanland und in Israel lässt sich wie auf der jordanischen Seite in der Verlängerung von Jordan und Totem Meer in aller Regel bei Rückenwind bequem nach Eilat und von dort in den ägyptischen Sinai radeln.

Die Einreise von Ägypten und Jordanien ist kein Problem. Lästig ist nur, dass die Israelis in der Regel bei der Einreise darauf bestehen, Gepäck und Rad zu durchleuchten.

Länder wie Syrien, Libanon und Libyen dulden jedoch keine israelischen Sichtvermerke im Pass. Auf Wunsch stempeln die Israelis die Ein- und Ausreisedaten deshalb auf ein Extrablatt. Doch auch jordanische oder ägyptische Stempel von Grenzübergängen mit Israel führen dazu, dass Syrien, Libanon und Libyen die Einreise verwehren. Unter Umständen muss man Israel also auslassen und die Fähre über's Rote Meer vom jordanischen Aqaba ins ägyptische Nuweiba nehmen. Man versäumt dabei aber eines der spannendsten Länder.

Israels Tourismus entdeckt allmählich auch den Fahrradreisenden. Es gibt eine dünne deutsche Fahrradbroschüre des Tourismusministeriums, und markierte Radrouten sind angekündigt. Derzeit sind die meisten Straßen nicht angenehm zu radeln. Der Autoverkehr ist sehr dicht. An vielen Straßenabschnitten wird die Zahl der Verkehrstoten der letzten Jahre angegeben. Auch tödliche Unfälle mit Radfahrern (meist Rennradler) kommen immer wieder vor.

Grundsätzlich lässt sich auch in dem von Israel besetzten Westjordanland radeln. Israelis ist das allerdings verboten. Durch die von Israel gebaute und überwiegend vollendete Trennanlage („separation barrier") führen verschiedene Kontrollpunkte, an denen man aufschlussreiche Erfahrungen über den entwürdigenden Alltag der Palästinenser machen kann.

Jerusalem, Heilige Stadt für Juden, Christen und Muslime, ist dann doch das Ziel aller Ziele im Mittelmeerraum. Von Jericho, dem tiefsten Punkt der Erde (400 Meter unter Null) steigt die Straße um 1200 Höhenmeter bis Jerusalem. Belohnt wird der Radler auf den Höhen des Ölbergs vom ersten Blick auf die Altstadt von Jerusalem: Felsendom, Grabeskirche und die Mauern des herodianischen Tempelplatzes - seit Jahrhunderten Anziehungspunkte für Kreuzfahrer, Pilger, Abenteurer und Rund-ums-Mittelmeer-Radler.

Distanzen

Die Distanzen meiner Mittelmeer-Umrundung
(in Klammern die theoretisch kürzesten Distanzen)

Nord-Hälfte Algeciras – Santiago – Jerusalem: 8700 km (6000 km)
Süd-Hälfte Tanger – Jerusalem: 6800 km (5500 km)
Insgesamt: 15.500 km (11.500 km)

Anhang

Karten und Literatur

Verlage

- Arktis Verlag Schehle: *www.arktis-verlag.de* – Karten für den hohen Norden Europas
- Bergverlag Rother: *www.rother.de* – Größter Spezialverlag für Bergwanderer und Alpinisten. Auch einige Radführer und Bike Guides.
- Bruckmann Verlag: *www.bruckmann-verlag.de* – Schön gemachte Radtourenführer für europ. Ziele
- BVA: *www.bva-bielefeld.de* – Radkarten und –bücher
- Delius Klasing, Verlag: *www.delius-klasing.de* – MTB-Guides
- Esterbauer Verlag: *www.esterbauer.com* – Praktisch gemachte bikeline-Radtourenführer, vor allem für A und D, aber auch für andere europäische Länder.
- Fahrradbibliothek Dresden: *www.fahrradbibliothek.de* – Privates Projekt von Johannes Meusel (seit 1991). Umfangreiche Sammlung von Literatur, Kartenmaterial, Zeitschriftenartikeln und Prospektmaterial zu Radtouren in aller Welt. Fernleihe möglich. Vergriffene Materialien können auszugsweise kopiert oder gefaxt werden. Außerdem versch. Download-Angebote und telef. Beratung (+49-351-3367624).
- Freytag und Berndt: *www.freytagberndt.at* – Kartenverlag u. -vertrieb
- Karttakeskus, Finnisches Kartenzentrum: *www.karttakeskus.fi*
- Kettler Verlag: *www.kettler-verlag.de* – Cyklos-Fahrrad-Reiseführer für fast alle europäischen Länder. Alle mit variablem Tourennetz, Streckenskizzen, zum Teil auch mit Höhendiagrammen. Aktualisierungen auf der Verlags-Homepage.
- Kompass Verlag, Kartenverlag: *www.kompass.at* – Karten im Maßstab 1.30.000 bis 1:75.000 für Rad- und Biketouren in über 600 Regionen Europas (Gebirge und Inseln).
- Mairs-Gruppe: *www.mairdumont.com* – Kartenverlag
- Michelin: *www.viamichelin.com*
- Pietruska, Radkarten für Deutschland-Regionen: *www.pietruska.de*
- Reise Know-How, Verlagsgruppe, World Mapping Project: *www.reise-know-how.de*

Landkarten-Versand

- *www.mapfox.de* – spez. Europa, sehr gut sortiert
- *www.nordland-shop.net* – Skandinavien u. Polargebiete
- *www.geobuchhandlung.de* – spez. Karten u. Reiseführer für Nordeuropa
- *www.nordlichtbuch.ch* – Skandinavien
- *www.polenkarten.de* – Polen- und Osteuropakarten
- *www.daerr.de* – topografische Generalstabskarten aus der Sowjetzeit, von 1:1 Mio bis 1:100.000, für die gesamte Weltoberfläche (auch abgelegenste Regionen sind erfasst), GPS-tauglich.
- *www.buchhandel.de* – Bücher- und Landkartenverzeichnis, Bestellung wird an örtl. Buchhandlung weitergeleitet.

EuroVelo

EuroVelo-Zitat: *„Wenngleich den Projektinitiatoren durchaus bewusst ist, dass der überwiegende Anteil an Radfahrern nur kurze Streckenabschnitte z.B. in Tagesdistanz benutzen (wird), erfährt eine Radreise auf einem EuroVelo eine emotionale Aufwertung, wenn der Radler weiß, dass er z. B. bis nach Moskau, Athen oder Santiago de Compostela fahren könnte."*

1997 starteten die im **ECF** organisierten europäischen Fahrradverbände das Projekt **EuroVelo** (EV). 12 beschilderte Radrouten sollen ein europäisches Radfernwegenetz bilden! Die Dimensionen sind erheblich: Sie reichen u. a. vom Nordkap bis zur Südwestspitze Portugals (EV 1, 8186 km), von Wales bis Moskau (EV 2, 5500 km). Dazu noch zehn weitere Routen ähnlichen Kalibers, macht insgesamt 66.000 km.

Grundsätzlich wurden für das EuroVelo-Netz keine neuen Radrouten kreiert, sondern wo immer möglich, bereits vorhandene, nationale bzw. regionale Radrouten verknüpft. Entsprechend sind auch immer wieder in einzelnen Ländern Routenabschnitte fertig (ausgeschildert) und harren ihrer Gesamtbestimmung sprich Verknüpfung.

Flaggschiff und Aushängeschild ist die **North Sea Cycle Route** (EV 12, 5932 km, www.northsea-cycle.com). Als längster Radweg der Welt fand sie sogar Eingang ins Guinessbuch der Rekorde. Als weitgehend fertig gestellt gilt auch die Flüsseroute **„Atlantik - Schwarzes Meer"** (EV 6, 4448 km, www.eurovelo6.org).

Aktuelle Infos zum EuroVelo-Projekt: *www.ecf.com*

Europaradweg R1

www.euroroute-r1.de
2000 km Luftlinie liegen zwischen Boulogne-sur-Mer (bei Calais) und St. Petersburg. 3500 km sind es, wenn man dem Verlauf des **Europaradwegs R1** folgt. Seit über 20 Jahren verwendet sich Dipl.-Ing. Georg Marquardt aus Höxter als Initiator, Planer und Berater, besonders aber als Koordinator für die Realisierung dieses europaweiten Projektes durch insgesamt neun Länder. Durchgehend ausgeschildert ist der R1 mit eigenem Logo mittlerweile in **Deutschland** (hier zugleich als D-Route 3), **Polen** und **Estland.**

In **Frankreich, Belgien** und den **Niederlanden** nutzt der R1 die nationalen LF-Radrouten, die erst noch ein zusätzliches R1-Logo bekommen sollen. In **Litauen** und **Lettland** steht die Route zwar fest, es gibt aber noch keine Beschilderung. Noch getüftelt wird fürs **Kaliningrader Gebiet,** wo auch die Einreisemodalitäten noch immer kompliziert sind. Da die gesamte Realisierung des R1 noch im Fluss ist, existiert auch noch keine komplette Dokumentation (Karten, Tourenführer). Die Website gibt einen aktuellen Überblick (s. o.).

Literatur: Vlg. Esterbauer: „Europaradweg R1 - Von Arnheim nach Berlin" (890 km R1 durch Deutschland); Kettler Vlg.: „Masuren per Rad" (mit dem kpl. R1 durch Polen).

Der Autor

Herbert Lindenberg:
Ein Fahrrad und eine Campingausrüstung

Aufgewachsen auf der politischen Insel West-Berlin trat irgendwann das Reisen in meinen Kopf: Afrika, yeah man! Gleich nach dem Abi sollte es los gehen. Wir kamen bis München, dann war das erste Auto hin. Wir kauften ein zweites, das war noch kaputter. Ein drittes konnten wir uns nicht mehr leisten. Also blieben wir im olympiabewegten München und jobbten. Endlich hatten wir ein stabiles Auto. Der spartanische VW-Bus mit der geteilten Frontscheibe beförderte uns nach Marokko.

Später ging es durch Asien und Afrika. 20.000 Kilometer während der Semesterferien? Kein Problem! Es war eine gute Zeit für Overlander. Die Länder waren friedlich, der Sprit war billig. Mitte der Siebziger Jahre trafen wir in Indien Heinz Stücke mit seinem kleinen schwarzen Fahrrad. Der spätere „Most-travelled-man-on-earth“ (Guinees-Book) erzählte von seinen ersten 15 Jahren Unterwegssein mit dem Rad. Ziemlich abgedreht klang das, und doch völlig normal. Ungeklärt blieb, welche Rolle das Fahrrad dabei spielte.

Bis ich eine eigene Antwort darauf fand, vergingen weitere zehn Jahre. Freunde luden mich zu einer Radtour durch Deutschland ein. 1985, die erste Radtour meines Lebens, und ausgerechnet durch Deutschland! Na gut, können wir wenigstens pokern, wenn's regnet. Wir radelten los, der Länge nach von Nord nach Süd. Und ein völlig neues Land erschloss sich mir. Dieses schwierige Land, das mich nie interessiert hatte, auf einmal war es ganz anders, auf einmal war es richtig schön!

Das Fahrrad und das Reisen. Ich hing am Haken und wollte es nun genauer wissen. Zwecks Klärung kaufte ich mir ein korrektes Reiserad (ein Randonneur von Koga), minimierte meine Ausrüstung und flog nach Marokko. Das kennst du hier eigentlich alles schon, dachte ich. Aber mit dem Fahrrad erlebte ich auch dieses Land völlig neu. Im Hohen Atlas überwand ich stolz die ersten Zweitausender, und am Ende stellte ich fest: Das isses, wirklich!

Mittlerweile schwöre ich seit mehr als zwei Jahrzehnten auf das Fahrrad als Reisevehikel und kann mir gar nichts besseres mehr vorstellen. Ob ich 60 oder 160 km am Tag zurücklege, ist mir nicht so wichtig. Am liebsten schaue was auf mich zu kommt, und wenn es dunkel wird, schlage ich mich irgendwo in die Pampa – notfalls auch in den Stadtpark oder ein Wartehäuschen. Manchmal ist der Übernachtungsplatz ein wunderschöner Hauptgewinn, manchmal prekär. Das Gefühl der Freiheit wiegt am Ende alles wieder auf. Es gibt für dieses Gefühl sogar ein Rezept. Es beginnt so: Man nehme ein Fahrrad und eine Campingausrüstung ...

Danksagung

Mit Texten, Stories, Fotos, Hinweisen, Tipps und Ideen haben zu diesem Buch beigetragen:
Heiko **Ahlers** (Oldenburg) • Ulrike **Baars** (Dresden) • Peter **Beckmann** (Stuttgart) • Diethard **Brohl** (Paderborn) • Andreas und Marion **Bugdoll** (Marl, bikedoll.de) • Jan **Cramer** (Hamburg, cramers-web.de) • Manfred **Dennerlein** (Nürnberg) • Thomas **Dionisius** (Recklinghausen) • Mattias **Doffing** (Leverkusen) • Elisabeth **Eichler** (Dresden) • Ralf **Farrelmann** (Bremen) • Carmen **Fischer** und Helmut **Walter** (München, sizilien-rad.de) • Georg **Föcker** (Dorsten, alpenradtouren.de) • Manfred **Frana** (Bremen) • Timm **Freytag** und Julia **Kreß** (Köln) • Klaus **Gattner** (Burns Lake, kanada-bike.com) • Axel **Georges** (Karlsruhe) • Christoph **Gocke** (Mainz, chris-on-the-bike.de) • Jens **Griesang** (Nürnberg) • Thomas **Grieshammer** (Stuttgart) • Andreas **von Heßberg** und Waltraud **Schulze** (Bayreuth, mountainbike-expedition-team.de) • Bernd **Heckmair** (München, bernd-heckmair.de) • Christof **Herrmann** (Regensburg, worldwheeeling.de) • Andreas **Hollmann** (Bielefeld) • Martina **von Holn** (Hamburg) • Joachim **Horst** (Ueckermünde) • Reiner **Hultsch** (Dresden) • Fabian **Hüster** • Remo **Kiss** (Innsbruck) • Joachim **Klaas** (Bremen) • Gereon **Klein** (Laufersweiler) • Tobias **Klein** und Daniela **Schmidt** (Meudt, weltperrad.de) • Klaus **Klöpfel** (Bonn) • Walter **Klötzer** (Vellberg) • Olaf und Simone **Korbanek** (Rheine) • Thomas **Krawczyk** (Dessau) • Michael **Kristl** (Wernau) • Edith **Kurth** (Bremen) • Ulrich **Lamm** (Bremen, radweit.de) • Christoph **Lenssen** (Aachen) • Beate und Bernd **Lippold** • Bernd **Lock** (Bonn) • Thomas **Longin** (Freiburg) • Angela **Lüppen** (Emden) • Thomas **Metje** (Köln) • Uwe **Meul** (München) • Johannes **Meusel** (Dresden, fahrradbibliothek.de) • Helene Müller (Frankfurt) • Manfred **Nebelung** (Bad Hersfeld) • Reinhard **Pantke** (Braunschweig, reinhard-pantke.de) • Ingo **Poosch** • Andrea **Pühse** (Münster) • Jürgen und Christine **Reimer** (dia-reportagen.de) • Reiner **Ritschel** (Hannover) • Volker **Rödig** (Borchen) • **Scheidegger,** Kurt • Dieter **Schmidt** (Wendlingen) • , Daniela **Schmidt** • Jürgen **Schnieders** (Oldenburg) • Thomas **Schröder** (Hemmingen, bikeamerica.de) • Dietmar **Schulz** (Berlin) • Eckart **Schwalm** (Berlin) • T. **Seffers** (Güstritz) • Klaus **Sonnenberg** (Köln) • Hans Jürgen **Stang** (Speyer) • Ulrike **Steinhardt** (Zepernick) • Christian **Strauss** (Berlin) • Renate **Tarrach** (Köln) • Manfred Stummer(Steyr) • Tilmann **Waldthaler** (Gordonvale, tilmann.com) • Jörg **Wellendorf** (Hamburg) • Werner **Wilhelm** (Baldham) • Michael **Winter** (Rheine) • Christian **Zschalig** (Dresden) • Frank **Zühlke** (Stuttgart).

Soo viel Input - Euch allen nochmals herzlichen Dank dafür!

Die Fotografen

Herbert **Lindenberg** (Berlin)	alle Fotos – mit Ausnahme von ...
Carsten **Blind** (Asperg)	S. 93, 98, 99, 112, 145, 187, 477, 482, 483, 484, 486
Andreas **Bugdoll** (Marl)	S. 13, 58, 122, 124, 149, 175, 182, 191, 199, 201, 203, 245, 248, 256, 327, 319, 328, 330, 335, 336, 343, 372, 375, 379, 380, 395, 493, 529, 536, 587, 610
Jan **Cramer** (Hamburg)	S. 617, 618
Natalia **Domingo** (Burgos)	S. 656
Georg **Föcker** (Dorsten)	S. 297, 298, 301, 302, 303, 304, 588
Christoph **Gocke** (Mainz)	S. 2, 84, 207, 213, 216, 265, 266, 267, 268, 273, 276, 289, 345, 346, 352, 362, 408, 414, 413, 416, 418, 420, 533, 542, 641, 655 und Titelbild
Bernd **Heckmair** (München)	S. 650
Christof **Herrmann** (Regensburg)	S. 61, 227, 229, 317
Andreas **Hollmann** (Bielefeld)	S. 546
Andreas von **Hessberg** (Bayreuth)	S. 193, 195, 198, 574, 576
Joachim **Kaiser** (Berlin)	S. 169
Michael **Kristl** (Wernau)	S. 254
Johannes **Meusel** (Dresden)	S. 470, 494, 496,
Helene **Müller** (Frankfurt)	S. 156
Mirjam **Müller** (Mainz)	S. 263, 271
Dietmar **Schulz** (Berlin)	S. 411
Manfred **Stummer** (Steyr)	S. 235
Petar **Iankov**	S. 66 (www.ImagesFromBulgaria.com; Creative Com. License 2.5)
©iStockphoto LP	S. 162 (Sampsa Puikkonen / Nr. 10004332)
	S. 167 (Robert Adrian Hillman / Nr. 2044082)
	S. 175 (Robert Adrian Hillman / Nr. 1969196)
	S. 503 (Oleksiy Mark / Nr. 10930829)
	S. 522 (Johan Sjolander / Nr. 11556049)

NOTIZEN

NOTIZEN

Know-How auf einen Blick

Wales
Wangerooge
Warschau
Wien

Zypern, der Süden

Wohnmobil-Tourguides

Kroatien
Provence
Sardinien
Südnorwegen
Südschweden

Edition RKH

Durchgedreht – Sieben Jahre im Sattel
Eine Finca auf Mallorca
Geschichten aus dem anderen Mallorca
Mallorca für Leib und Seele
Rad ab!

Praxis

Aktiv Algarve
Aktiv Andalusien
Aktiv Dalmatien
Aktiv frz. Atlantikküste
Aktiv Gardasee
Aktiv Gran Canaria
Aktiv Istrien
Aktiv Katalonien
Aktiv Polen
Aktiv Slowenien
All inclusive?
Bordbuch Südeuropa
Canyoning
Clever buchen, besser fliegen
Clever kuren
Drogen in Reiseländern
Feste Europas
Fliegen ohne Angst
Frau allein unterwegs
Fun u. Sport im Schnee
Geolog. Erscheinungen
Gesundheitsurlaub in Dtl. Heilthermen
GPS f. Auto, Motorrad
GPS Outdoor-Navigation
Handy global
Höhlen erkunden
Hund, Verreisen mit
Inline Skating
Inline-Skaten Bodensee
Internet für die Reise
Kanu-Handbuch
Kartenlesen
Kommunikation unterw.
Kreuzfahrt-Handbuch
Küstensegeln
Langzeitreisen
Marathon-Guide Deutschland
Mountainbiking
Mushing/Hundeschlitten
Nordkap Routen
Orientierung mit Kompass und GPS
Paragliding-Handbuch
Pferdetrekking
Radreisen
Reisefotografie
Reisefotografie digital
Reisekochbuch
Reiserecht
Respektvoll reisen
Schutz vor Gewalt und Kriminalität
Schwanger reisen
Selbstdiagnose unterwegs
Sicherheit Meer
Sonne, Wind, Reisewetter
Spaniens Fiestas
Sprachen lernen
Survival-Handbuch Naturkatastrophen
Tauchen Kaltwasser
Tauchen Warmwasser
Trekking-Handbuch
Unterkunft/Mietwagen
Vulkane besteigen
Wandern im Watt
Wann wohin reisen?
Wein-Reiseführer Deutschland
Wein-Reiseführer Italien
Wein-Reiseführer Toskana
Wildnis-Ausrüstung
Wildnis-Backpacking
Wildnis-Küche
Winterwandern
Wohnmobil-Ausrüstung
Wohnmobil-Reisen
Wohnwagen Handbuch
Wracktauchen
Zahnersatz, Reiseziel

KulturSchock

Familienmanagement im Ausland
Finnland
Frankreich
Irland
Leben in fremden Kulturen
Polen
Rumänien
Russland
Spanien
Türkei
Ukraine
Ungarn

Europa

Elke & Dieter Losskarn

Panorama Australien

Bildband

120 Farbseiten, 18x18 cm, Hardcover mit Fadenheftung, mehr als 160 erstklassige Fotografien auf Kunstdruckpapier

Der kompakte Bildband von den Australien-Fotografen und Autoren Andrea & Günter Reindl als Ergänzung zu unseren Australien-Reiseführern und -Praxis-Bänden.

„Ein großartiges, unglaublich schönes und erlebnisreiches Jahr bis in die hintersten Ecken des Outback liegt hinter uns“, schreiben die Verfasser, die 45.000 Kilometer durch alle Bundesstaaten und rund um den 5. Kontinent fuhren. Spektakuläre Bilder, ergänzt durch sensible Texte und Tagebuchnotizen, sind das Ergebnis ihres Schaffens. Atemberaubende Landschaften, fotografiert mit gestalterischer Kraft, wechseln sich ab mit anmutigen Naturdetails und neuen Horizonten, die den ganzen Zauber und die farbenprächtige Urwüchsigkeit des 5. Kontinents verinnerlichen. „Dabei stießen wir neben neuen, unbekannten Lebensräumen immer wieder auf imaginäre Grenzlinien ...“, resümieren sie. „Down-under“ mit Seele und Auge. Ein perfektes Geschenk und ideale Erinnerung für alle, die bereits in Australien waren – oder zum Träumen für das nächste Mal.

1. Auflage ISBN 978-3-89662-390-4 · € 14,90 [D]

Rad- und andere Abenteuer aus aller Welt

Edition Reise Know-How

In der Edition Reise Know-How erscheinen außergewöhnliche Reiseberichte, Reportagen und Abenteuerberichte, landeskundliche Essays und Geschichten. Gemeinsam ist allen Titeln dieser Reihe: Sie unterhalten, sei es unterwegs oder zu Hause – auch als ideale Ergänzung zum jeweiligen Reiseführer.

Abenteuer Anden - Eine Reise durch das Inka-Reich.
ISBN 3-89662-307-9 · € 17,50

Auf Heiligen Spuren - 1700 km zu Fuß durch Indien.
ISBN 3-89662-387-7· € 17,50

Die Salzkarawane - Mit den Tuareg durch die Ténéré.
ISBN 3-89662-380-X · € 17,50

Durchgedreht – Sieben Jahre im Sattel
ISBN 3-89662-383-4 · € 17,50

Myanmar/Burma – Reisen im Land der Pagoden.
ISBN 3-89662-196-3 · € 17,50

Odyssee ins Glück – Als Rad-Nomaden um die Welt
10 Jahre, 160.000 km und 5 Kontinente
ISBN 978-3-89662-520-5 · € 17,50

Please wait to be seated – Bizzares und Erheiterndes von Reisen in Amerika. ISBN 3-89662-198-X · € 12,50

Rad ab – 71.000 km mit dem Fahrrad um die Welt.
ISBN 3-89662-383-4 · € 17,50

Südwärts – von San Francisco nach Santiago de Chile.
ISBN 3-89662-308-7 · € 17,50

Suerte – 8 Monate auf Motorrädern durch Südamerika.
ISBN 978-3-89662-366-9 · € 17,50

Taiga Tour – 40.000 km allein mit dem Motorrad von München durch Russland nach Korea und Japan · ISBN 3-89662-308-7 · € 17,50

USA Unlimited Mileage – Abgefahrene Episoden einer Reise durch Amerika. ISBN 3-89662-189-0 · € 14,90

Völlig losgelöst – Panamericana Mexiko–Feuerland in zwei Jahren
ISBN 978-89662-365-2 · € 14,90

Die goldene Insel – Geschichten aus Mallorca
ISBN 3-89662-308-7 · € 10,50

Eine Finca auf Mallorca oder Geckos im Gästebett
ISBN 3-89662-176-9 · € 10,50

Eine mallorquinische Reise – Mallorca 1929
ISBN 3-89662-308-7 · € 10,50

Geschichten aus dem anderen Mallorca
ISBN 3-89662-308-7 · € 10,50

Mallorca für Leib und Seele – Schlange im Schneckensud und andere Köstlichkeiten · ISBN 3-89662-195-5 · € 14,90

„Rad & Bike"

Fahrrad Weltführer – Das Standardwerk für Fernreiseradler,
2. Aufl., 744 Seiten. ISBN 3-89662-304-4 · € 23,50

BikeBuch USA/Canada – 624 S., über 170 Fotos und 45 Karten
ISBN 3-89662-389-3 · € 23,50

Fahrrad-Europaführer– 3. Auflage, 648 S., über 50 Karten und 200 Fotos und Abb. · ISBN 978-3-89662-384-3 · € 25,00

Das Lateinamerika BikeBuch 696 S., 92 SW- und 32 Farbfotos, 27 Karten · ISBN 978-3-89662-388-1 · € 25,00

Dorothee Krezmar und Kurt Beutler

10 Jahre, 160.000 km und 5 Kontinente

Odyssee ins Glück

Als Rad-Nomaden um die Welt

10 Jahre lang radelten Dorothee Krezmar und Kurt Beutler kreuz und quer über den Globus. Für sie war das Fahrrad das ideale Verkehrsmittel, um sich fremden Menschen und Kulturen zu nähern. Natürlich gab es auch Tiefschläge. Sie berichten von einem Bienenüberfall, in Afrika wurden sie von bewaffneten Buschmännern abgeführt und entkamen in Argentinien nur knapp den Banditen. Trotz allem stand diese Mammut-Reise unter einem Glücksstern. Auf ihrer Odyssee lernten sie eine viel bessere Welt kennen als die von den Medien gezeichnete. Beide erzählen ihre persönliche Geschichte, die gemeinsamen Erlebnisse brachten Dorothee und Kurt immer näher zusammen und sie entdeckten für sich die Langsamkeit, schließlich stand ihre Reise unter dem Motto reduce speed.

Hardcover mit Schutzumschlag, 384 Seiten, 16 S. Farbteil,
mehr als 70 s/w-Fotos, 10 Karten

Reise Know-How Verlag · ISBN 978-3-89662-520-5 · € 19,90

Joachim Held

Abenteuer Anden

Eine Radreise durch das Inka-Reich

Ein Jahr mit dem Fahrrad durch die faszinierende Welt der südamerikanischen Anden zwischen Chile und Peru – das sind 10.000 km durch Sturm, Sand und Schnee, über 5000 m hohe Gebirgspässe und staubtrockene Wüstenplateaus. Aber es sind auch 10.000 km durch das alte Inka-Reich, 10.000 packende Kilometer in die Vergangenheit.

Joachim Held entführt den Leser in den geheimnisvollen Zauber eine Kultur, in der noch immer Naturverbundenheit und uralte Mythen das Leben bestimmen. Zahllose Begegnungen verdichten sich zu einem einfühlsamen, vielschichtigen Porträt mit zahllosen historischen und kulturellen Aspekten. Eine aufrichtige Reportage, ein fesselndes Buch.

Hardcover, 320 S., über 100 Farb- u. s/w-Fotos, Abb. und Karten
Reise Know-How Verlag ISBN 3-89662-307-9 · € 17,50

Christian Krug

Auf heiligen Spuren

1700 Kilometer zu Fuß durch Indien

Fünf Monate wandert Christian Krug zu Fuß durch Indien. Das Meer – der Fluss – die Berge: Auf drei Etappen erlebt er alle Gegensätze, die dieses Land zu bieten hat. Von Karnataka bis Mumbai wandert er 800 Kilometer an der paradiesischen Konkanküste. Er sieht die Touristenstrände Goas und kommt zu menschenleeren Buchten in Maharashtra. Am Fluss Narmada im Herzen Indiens taucht er in das ländliche Leben ohne Strom und ohne Straßen ein, wandert bei 40 Grad mit heiligen Männern und trifft Menschen, die seit Jahrhunderten Pilger versorgen. Im Land der Götter, dem „Dev Bhoomi" im Himalaya, sind die Hauptquellflüsse der Ganga seine Weggefährten. Bei Eis, Schnee und Steinschlag erreicht er Gaumukh, das »Kuhmaul« auf 4000 Meter Höhe - Quelle von Indiens heiligstem Fluss.

Indien in dem Tempo erleben, das dem Menschen am meisten entspricht – zu Fuß: Erst da erschließt sich dieses unbegreifbare Land, das wie kein anderes die Gegensätze des 21. Jahrhunderts in sich vereint. Mit viel Hintergrundwissen und genauem Blick für das Verborgene erzählt Christian Krug von einem spannenden Weg mit faszinierenden Begegnungen und täglichen Überraschungen.

Hardcover mit Schutzumschlag, 360 Seiten,
über 100 Farb- und s/w-Fotos, 7 Karten
REISE KNOW-HOW Verlag ·ISBN 3-89662-387-7 · € 17,50

Werner Gartung

Die Salzkarawane

Mit den Tuareg durch die Ténéré

Die Salzkarawane ist ein jahrhundertealtes, erprobtes Transportmittel der Tuareg durch die Ténéré.

Werner Gartung nimmt den Leser mit auf diese Extremreise durch eine unbarmherzige Sahara-Wüste. Es ist nicht nur ein Abenteuerbericht, sondern beschreibt das Leben und die Kultur der Tuareg, die Begleiter der Karawanen-Schicksalsgemeinschaft und gibt Einblicke in die Tiefen ihrer Seelen: Eine literarische Reisereportage erster Güte, getragen vom Respekt vor der Wüste und den Tuareg, die das »Unbewohnbare bewohnbar machen« …

288 Seiten, Hardcover mit Schutzumschlag,
über 100 Farb- und s/w-Fotos sowie Abbildungen, Karte
REISE KNOW-HOW Verlag · ISBN 3-89662-380-X · € 17,50